Carnets
d'un moine errant

Matthieu Ricard

Carnets
d'un moine errant

ALLARY ÉDITIONS
5 RUE D'HAUTEVILLE, PARIS Xᵉ

© Allary Éditions, 2021.

N'oublie pas le maître,
Prie-le tout le temps.
Ne laisse pas ton esprit vagabonder,
Observe sa nature.
N'oublie pas la mort.
N'oublie pas les êtres,
Prie pour eux avec compassion

— Dilgo Khyentsé Rinpoché

Note de l'auteur

Il est étrange et peu naturel d'écrire ses Mémoires quand on a consacré une grande partie de sa vie à se détourner d'une vision autocentrée et de l'individualisme. J'ai toujours eu l'amour altruiste pour horizon, et l'ego ne saurait y conduire. C'est pourquoi ce texte se veut moins une autobiographie au sens traditionnel que le témoignage d'une vie inspirée à chaque instant par les maîtres spirituels que j'ai rencontrés.

Je ne vois pas l'intérêt de faire de ma personne le sujet d'un livre, je ne suis donc dans ces pages qu'un intermédiaire, un passeur, vers celles et ceux qui ont nourri ma quête spirituelle, m'ont guidé, éclairé, encouragé, m'enjoignant à devenir un meilleur être humain et à contribuer, à ma mesure, au bien d'autrui.

De mon premier voyage en Inde et de ma rencontre avec mon maître-racine, j'ai gardé un petit carnet jaune où se mêlaient mes réflexions et... quelques observations ornithologiques. D'autres suivirent, avant que des calendriers tibétains accueillent mes succinctes notes quotidiennes. C'est là que j'ai puisé la matière première, en renfort de ma mémoire et de celle de mes amis, pour évoquer le monde dans lequel vécurent les êtres remarquables que furent mes maîtres. Je m'efforce ainsi de donner un aperçu des riches enseignements dont j'ai été le témoin et récipiendaire privilégié, et retrace les grandes étapes de ma quête intérieure, libre de possessions ou attachement à un lieu précis. Je suis depuis cinquante ans un moine errant, au sens premier du terme – errer, du latin *iterare*, signifiant marcher, voyager, être en quête.

J'espère que ce témoignage vous inspirera et qu'un peu de la lumière que j'ai recueillie auprès de ceux qui me sont chers vous parviendra à travers ses pages.

PARTIE I

LA RENCONTRE DU MAÎTRE

CHAPITRE 1

12 juin 1967

Rencontre à Darjeeling, près de la frontière du Tibet, du maître spirituel qui allait orienter ma vie : Kangyour Rinpoché.

Je suis né le 12 juin 1967, à l'âge de vingt et un ans. Ce jour-là, j'ai rencontré Kangyour Rinpoché, mon premier maître spirituel.

Une route sinueuse et défoncée d'un peu plus de trois kilomètres menait en pente raide à Lébong, petit village en contrebas de Darjeeling. Au nord, à la frontière du Sikkim, du Népal et du Tibet, à près de huit mille six cents mètres d'altitude, s'élevaient les sommets enneigés du Kangchenjunga, le « Grand Glacier aux Cinq Trésors[1] ». Le conducteur coupait le contact dans la descente. Dans un pays où la majorité de la population vit avec l'équivalent d'un ou deux euros par jour, on acquiert rapidement le sens des économies. Le trajet se faisait donc, ce jour-là comme à chaque fois, essentiellement en roue libre et tenait du parcours acrobatique. Une dizaine de villageois et moi-même étions entassés avec les ballots de marchandises, quelques poules et deux chèvres dans un Land Rover maintes fois rafistolé et qui effectuait le service régulier de navette. Une petite plaque près du volant, « *Progressively manufactured by Mahindra and Mahindra** », évoquait bien la façon dont les choses se font en Inde : petit à petit et grâce au concours du plus grand nombre. À l'extérieur, trois ou quatre passagers debout sur les pare-chocs arrière s'accrochaient de leur mieux dans les virages tout en tenant leurs parapluies multicolores pour se protéger des averses.

Avant de descendre à Lébong, nous étions passés au marché prendre des fruits et quelques autres denrées pour les offrir à Kangyour Rinpoché et à sa famille. J'étais accompagné par Tulkou Péma Wangyal, le fils aîné, qui fut mon premier ami et interprète. Mon anglais rudimentaire et ma totale méconnaissance du tibétain ne me permettaient pas de dialoguer directement avec Kangyour Rinpoché, qui deviendrait bientôt mon maître en dépit de la barrière de la langue. Par chance, Tulkou Péma était monté à Darjeeling

---

* « Fabriqué progressivement par Mahindra et Mahindra ».

rendre visite au père Vincent Curmi, un jésuite canadien dont on m'avait donné l'adresse et qui m'avait offert l'hospitalité à mon arrivée la veille au soir.

Après avoir traversé une forêt de cryptomères dont les fûts majestueux s'élevaient à plus de vingt mètres de hauteur, le Land Rover nous déposa au bord de la route, quelques kilomètres après le village de Lébong. Des escaliers en pierres glissantes, verdies de mousse, puis un petit chemin raviné par l'érosion nous menèrent à un hameau d'une dizaine de maisonnettes en bois couvertes de tôles ondulées peintes en brun ou vert et sous lesquelles de grands tonneaux recueillaient l'eau de pluie qui ruisselait des gouttières. Vite remplis par les pluies torrentielles de la mousson, ils débordaient dans le caniveau. Des enfants couraient de-ci de-là dans un joyeux chahut. Au-dessus de la porte basse de l'une de ces maisonnettes, un volant de bandes de tissu bleues, rouges et jaunes indiquait la présence d'une famille tibétaine en ce village principalement peuplé de Népalais.

La porte basse franchie, je descendis quelques marches en bois et pénétrai dans une petite pièce au plancher vermoulu qui servait de cuisine et d'antichambre. J'entrevis quelques personnes souriantes, mais l'esprit déjà absorbé par la rencontre imminente que j'attendais, je garde peu de souvenirs précis de l'accueil que je reçus. Dans la deuxième pièce, à peine plus grande, se tenait Kangyour Rinpoché, assis sur un lit constitué sommairement de planches et recouvert d'un tapis tibétain jaune et rouge aux tons passés. Le long des murs, une cinquantaine de gros ballots en cuir étaient empilés jusqu'au plafond. Ils contenaient – je devais l'apprendre plus tard – la précieuse bibliothèque que Kangyour Rinpoché avait rapportée à grand-peine du Tibet. Il la sauva ainsi d'une destruction certaine par les gardes rouges de la « Grande Révolution culturelle », de la « libération pacifique du Tibet », slogans de propagande chinoise qui désignent en réalité l'invasion du Tibet par la République populaire de Chine de Mao, en 1950, et qui aboutit à l'exil du Dalaï-lama en 1959. Une table carrée, quelques coffres, un deuxième lit et une grosse horloge complétaient le mobilier. Je présentai au maître mes modestes offrandes et, ne sachant trop que faire, m'assis à ses pieds sur un petit tapis, à même le sol.

Ainsi commença l'aventure qui allait inspirer le reste de mon existence.

12 juin 1967

J'avais lu des biographies de sages, de saints et d'ermites tenant de diverses philosophies et religions, vu des photographies de maîtres contemporains, écouté des récits de voyageurs, et ce chemin m'avait mené ici et maintenant : pour la première fois, j'étais en présence d'un maître spirituel.

Il émanait de Kangyour Rinpoché priant une paisible force bienveillante et sa simple présence conférait au lieu un calme qui m'était insoupçonné. On aurait dit que chaque objet, chaque instant portaient la sérénité du maître. On n'entendait rien d'autre que le bruissement des grains du *mala*, ce rosaire bouddhiste qui défilait lentement entre ses doigts, petites perles de bois lustrées par la récitation de millions de mantras[2]. La prière lui était aussi naturelle que la respiration.

Avec le recul des années, j'ai réalisé que cette rencontre était d'un naturel si simple, d'une évidence si limpide, d'une force si paisible que les mots restent impuissants à la décrire. Il est des événements dont la perfection s'impose à nous avec une telle puissance que le langage ne peut que les trahir. C'est en les vivant que l'on prend leur mesure, et imparfaitement encore, selon les limites de notre entendement. Pour partager cette infime partie que j'ai pu appréhender de cet instant idéal, je n'ai pourtant que des mots, aussi pâles reflets de la substance de la rencontre soient-ils : amour, sagesse, connaissance, beauté, noblesse, simplicité, force d'âme, dignité, cohérence... voilà entre autres choses ce qui émanait de ce premier contact avec mon maître « très précieux », traduction du titre honorifique « Rinpoché ».

En présence d'un être remarquable, le mieux qu'il nous soit donné de faire est d'ouvrir notre cœur, notre âme, et de se laisser imprégner de ses qualités, puis de persévérer des mois, des années, toute la vie durant... Des textes bouddhistes, que j'allais découvrir plus tard, évoquent une bûche de bois ordinaire gisant dans une forêt d'arbres de santal : à force de s'imprégner des gouttes de pluie qui ruissellent de ce bois précieux, elle finit par en prendre la fragrance.

La rencontre d'un maître authentique met à vif, au plus profond de nous, la vulnérabilité et la perplexité que nous ressentons face à l'existence. La vie a-t-elle un sens ? Ou, plus modestement : puis-je donner un sens à ma vie ? Cette fois-ci, il ne s'agit plus de ruminer de sombres préoccupations, de faire l'inventaire de vieilles blessures, ou de nourrir des fantasmes sur l'avenir, mais de savourer la douceur d'un baume bienfaisant, ici et maintenant.

Il est impossible d'épuiser la présence d'un tel maître. On voudrait se fondre en lui et ne jamais s'en séparer. Ce qu'on a longtemps souhaité sans pleinement le concevoir s'offre à nous, à notre portée. C'en est terminé de la fuite stérile des minutes et des heures : en une présence si lumineuse, le temps s'épanouit en nous jusqu'à nous absorber dans un espace inépuisable. Un seul instant suffirait à nous combler, mais, mieux encore, il s'étend, s'enrichit jour après jour et se donne à nous pour que nous puissions en extraire la quintessence.

L'épouse de Kangyour Rinpoché, que tous appelaient avec respect et affection Amala, «mère», était l'incarnation rayonnante de la douceur. Sa réalisation spirituelle égalait celles des plus grands maîtres. Si Kangyour Rinpoché brillait comme un soleil, elle rayonnait comme une lune sereine. Jamais je ne vis regard aussi doux. Et après que son regard vous avait pénétré, venait son sourire qui suspendait le temps dans un espace de bienveillance inconditionnelle.

Son fils aîné, Péma, un jeune homme d'une gentillesse infinie, allait devenir l'interprète, le compagnon, le guide, puis le maître spirituel des disciples de son père, moi-même y compris. Bien que ses qualités fussent évidentes, les premiers disciples occidentaux ignoraient qu'il était l'incarnation d'un grand maître du passé, Takloung Tsétrul Rinpoché. Ce jeune homme si humble, qui se tenait, souriant, à la disposition de tous, aurait été au Tibet l'abbé vénéré d'un important monastère. Cet anonymat temporaire servait parfaitement sa modestie. Dès son plus jeune âge, il avait reçu des instructions spirituelles de son père et étudié de multiples textes auprès de lui et, à l'époque de mes premières visites, il passait avec son frère cadet, Rangröl Dorjé, une partie de l'année à Sarnath, près de Varanasi, à l'Institut des hautes études tibétaines (*Tibetan Institute of Higher Studies*), où quelques centaines d'étudiants, réfugiés comme eux, portaient sur leurs épaules le fragile héritage de la philosophie et des sciences traditionnelles du bouddhisme tibétain.

Le benjamin, Jigmé Khyentsé, âgé alors de trois ans et demi et qui devait, lui aussi, devenir l'un de mes maîtres les plus vénérés, était un enfant au regard étonnamment vif. Il passait une grande partie de son temps auprès de son père, dormant même à ses côtés.

La fille aînée de Kangyour Rinpoché, Rigdzin Chödrön vivait dans un hameau voisin, avec son mari, sa fille de trois ans, Dawa,

12 juin 1967

et la nouvelle-née Dékyi. Elle venait tous les jours rendre visite à ses parents. Ses deux sœurs cadettes, Yangchèn Chözom et Péma Chökyi, étudiaient à l'école tibétaine du camp de réfugiés de Darjeeling. L'harmonie qui régnait, et continue de régner, dans la famille de Kangyour Rinpoché a toujours été l'une des illustrations les plus inspirantes des enseignements qu'il nous offrait. Les jours passaient, presque identiques et pourtant si riches en découvertes.

Kangyour Rinpoché et sa famille se réveillaient bien avant l'aube et, durant une heure ou deux, personne ne bougeait. Assis sur leurs couches, ils murmuraient leurs prières, égrenaient leur *mala*, ou demeuraient en contemplation silencieuse. Puis résonnaient les doux crépitements du feu que l'on allumait dans la cuisine et, peu après, le bruit du barattage du thé en briques. À l'aide d'un long manche muni d'un embout qui allait et venait comme un piston dans un tube de bois cerclé d'anneaux de cuivre, on mélangeait une partie de ces briquettes à de l'eau bouillante à laquelle on ajoutait du beurre et du sel. Ce thé était accompagné de galettes de froment cuites au feu de bois dans l'âtre de terre battue. Aux murs de la cuisine, noircis de suie, étaient accrochés des louches en laiton, quelques casseroles et un calendrier indien à l'image de Krishna enfant.

Mon maître restait assis, silencieux, serein, comme une montagne de sagesse et de bonté, impressionnant certes, mais accessible. La majeure partie de la journée, il restait en méditation ou en prière, murmurait des mantras, adossé à une fenêtre qui s'ouvrait sur une mer de nuages d'où émergeait parfois la chaîne altière du Kangchenjunga. Son regard, d'une profondeur insondable, reflétait un Éveil immuable. Le tic-tac d'une horloge soulignait la qualité du silence et égrenait les heures qui s'écoulaient, chargées de la disponibilité du maître et de l'aspiration du disciple.

Dans la pièce d'entrée qui servait aussi de cuisine, assis en tailleur sur un lit à hauteur de la fenêtre, Lama Wangchèn, un merveilleux lama copiste, calligraphiait de précieux manuscrits avec un bambou taillé et de l'encre fabriquée à partir de la suie de l'âtre finement pilée et mélangée avec un peu de colle. Souvent, il pouffait d'un rire silencieux qui plissait tout son visage, rentrait la tête dans les épaules et tirait légèrement la langue comme le font parfois les Tibétains en signe de politesse.

Dès les premiers jours, ma méditation consista principalement à unir mon esprit à celui du maître, une union qui allait s'inscrire au cœur de ma pratique pour le restant de mes jours. Cette expérience, simple et profonde, consiste à mêler son esprit, étroit et confus, à celui du maître, vaste, libre et limpide, à la manière de l'espace confiné d'un vase qui se mêle à l'immensité du ciel dès que ses parois s'effacent. Dans mon enthousiasme de novice, je percevais parfois le rythme paisible de la respiration de Kangyour Rinpoché et tentais d'y synchroniser la mienne. Je pensais naïvement que cela m'aiderait à ne faire qu'un avec lui. À d'autres moments, mon esprit reposait dans la simplicité silencieuse qui régnait dans la pièce. Mais tout cela n'était guère que des tentatives d'un esprit balbutiant faisant ses premiers pas vacillants dans l'espace de la conscience. J'entamais une quête dont j'ignorais encore la destination.

Seul avec mon maître, je méditais toute la matinée – je m'y essayais tout du moins – et une bonne partie de l'après-midi. Vers onze heures, l'épouse du maître, ou l'une de ses filles, apportait un plateau en bois sur lequel étaient posés une assiette de riz, un bol de légumes cuits à l'huile de moutarde, parfumés d'épices indiennes, et une tasse de thé. Cette entrée marquait la fin de la méditation du matin.

L'après-midi, je montais parfois à Darjeeling, qui n'était alors qu'une grosse bourgade, mais le plus souvent je restais méditer jusqu'au crépuscule, d'autant que nous étions en pleine saison de la mousson. Les heures passées assis en tailleur, posture à laquelle je n'étais guère habitué, finirent par engendrer des douleurs qui occupaient souvent le devant de la scène de ma méditation. Cependant, je remarquais qu'au fond de la douleur, la nature de l'esprit ne changeait pas, qu'elle ne dépendait pas du confort ou de la gêne, de la joie ou de la tristesse. Ces sensations et les pensées qu'elles déclenchent ne font que colorer la périphérie de l'esprit, dont la nature essentielle reste immuable, tout comme la qualité fondamentale de la lumière – sa faculté d'illuminer les objets – n'est pas modifiée, qu'elle éclaire un tas d'ordures ou un amas de pierres précieuses. À la tombée de la nuit, Kangyour Rinpoché récitait des prières à voix haute, puis on allumait la pâle ampoule qui pendait à un fil cloué au plafond. La soupe du soir était servie. Vers neuf heures, la maisonnée s'endormait. On me donna l'un des deux lits restants, celui du fils ainé, Péma, je l'apprendrais plus tard. La famille dormait ici et là sur des coussins plats, carrés, rembourrés de son de riz et assemblés par deux pour former des matelas. Je me rends compte aujourd'hui qu'il

12 juin 1967

était bien rude de ma part de m'installer ainsi chez mon maître. Mais l'hospitalité tibétaine est discrète, naturelle et sans limites.

L'intensité et la profondeur de ces journées vécues en présence de Kangyour Rinpoché n'excluaient nullement la simplicité et la bonne humeur. Lors des repas, ou lorsqu'un membre de la famille, ou un visiteur, entrait, les conversations s'animaient discrètement et les rires fusaient. On retrouvait dans ces échanges comme dans toutes les activités de la vie de tous les jours le calme et la sérénité nés au cœur des méditations quotidiennes. L'empreinte de celles-ci était si profonde que le recueillement semblait se poursuivre, en filigrane, dans chaque action, geste, parole, comme si rien ne pouvait détourner de la voie de la sagesse.

Ce qui me frappait le plus dans ces moments «ordinaires», c'était l'harmonie subtile, intemporelle, délicieuse même, qui régnait autour de Kangyour Rinpoché. La notion de «nourritures spirituelles» prenait ici tout son sens: chaque instant, chaque geste, chaque mot semblait aider, inspirer, guider, rappeler, réconforter.

Le temps passé en présence de Kangyour Rinpoché agissait comme le soulagement bienvenu du voyageur qui, après des années d'errance, découvre un havre de paix et dépose son fardeau. J'avais l'impression de me trouver enfin chez moi au sein de l'existence. Tout prenait place, s'agençait sans artifice ni complication. Jamais je ne ressentis le poids du temps qui s'écoule lentement et l'ennui qu'il peut entraîner; il se passait ici quelque chose d'essentiel, riche et précieux. Jusque-là, je savais ce que je ne voulais pas – une vie vaine, insipide, vide de sens, dispersée, désenchantée –, mais sans savoir ce à quoi j'aspirais vraiment. Désormais, les choses s'éclaircissaient: j'aspirais à suivre le chemin qui mène de la confusion à la clarté, de l'ignorance à la connaissance, de la souffrance à la félicité, et de la servitude à la liberté.

Je me remémore, à cinquante ans de distance, quelques anecdotes qui émaillèrent mon premier séjour. Un après-midi, Kangyour Rinpoché prit une cloche, la fit sonner et la tint en l'air jusqu'à ce que le son cristallin s'évanouisse dans le silence. Puis, par l'intermédiaire de son fils aîné, il me demanda, un éclat espiègle dans le regard: «Qui produit le son? La cloche? Le battant? La main?» Perplexe, mais conscient qu'il y avait là un point important à comprendre, je tentais de formuler une réponse: «N'est-ce pas l'esprit qui produit le son?» Je n'étais pas dupe du fait que ma réponse restait très intellectuelle et ne traduisait pas une compréhension intime de ce que j'avançais. Kangyour Rinpoché porta sur moi un regard enjoué, rit et garda le silence. Sur le moment, les choses n'étaient pas claires pour moi, mais c'était en fait la première fois que Kangyour Rinpoché m'introduisait à la nature de mon propre esprit. Il avait voulu m'indiquer l'aspect indescriptible de sa nature lumineuse, dénuée de toute fabrication conceptuelle et toujours présente derrière l'écran des pensées.

En certaines occasions, au moment opportun, le maître demande au disciple d'examiner ses pensées, de les observer : d'où viennent-elles ? Où demeurent-elles ? Où disparaissent-elles ? Force est de constater notre incapacité à localiser l'origine de nos pensées et à leur attribuer des caractéristiques propres – forme, nature, localisation... Une fois disparues, elles ne sont allées nulle part : elles se sont simplement dissoutes dans la vacuité d'où elles ont surgi en premier lieu, tout comme les vagues surgissent de l'océan et y retournent. J'avais noté dans un petit carnet ce qui m'était un jour venu à l'esprit : « L'écume fleurit de la mer sans cesser d'être la mer et se résorbe de nouveau dans la masse océane sans que celle-ci en soit affectée le moins du monde. » Mis à part ces instructions ponctuelles, mais ô combien précieuses, Kangyour Rinpoché ne me donna pas lors de ce séjour d'enseignement formel sur le chemin du bouddhisme.

Un autre jour, je ressentis l'omniprésence du maître dans tout ce que je percevais et notai dans mon carnet de voyage quelques réflexions : « L'esprit du maître est au fond de toute chose et de chaque être, au fond de moi, de Péma, de la table, du monde entier. Cette présence n'est pas modifiée par le déroulement des événements de la vie et des pensées qui la masquent. L'ego n'a que la réalité qu'on lui donne et le disciple obtient des résultats à la mesure de sa ferveur. » En relisant ces notes aujourd'hui, je réalise que j'avais eu comme l'intuition de la pratique de ce que l'on appelle la « vision pure », la perception de la présence du maître en toute chose. Je remarquai au fil des jours que toutes les méditations qui commençaient par la dévotion s'épanouissaient plus naturellement que les autres.

Lors d'une absence de son fils aîné, dépourvu de tout interprète, Kangyour Rinpoché me montra divers objets et me demanda, à l'aide de gestes, leurs noms dans ma langue maternelle. À mesure que je lui répondais, il répétait les mots français avec amusement. Il

12 juin 1967

se saisit d'un calepin et les écrivit en phonétique tibétaine – « cuillère », « fourchette », « table », « soleil », « lune »…

De nombreuses années plus tard, alors que Kangyour Rinpoché avait emménagé dans le monastère d'Orgyèn Kunzang Chökhorling, au sud de Darjeeling, il souleva son oreiller, sortit ce vieux calepin et, avec la même facétie, me lut à haute voix ce petit vocabulaire français.

Un après-midi que j'étais absorbé dans ma méditation, Kangyour Rinpoché frappa soudainement dans ses mains pour me tirer des limbes. Un maître éminent, Pawo Rinpoché, venait d'arriver. Soucieux de ne pas contrevenir à l'étiquette de mise dans ces circonstances, je sautai sur mes pieds et me tins discrètement dans un coin de la pièce. La rencontre de deux grands maîtres offre toujours un spectacle étonnant, l'émerveillement de constater la même qualité d'être sous des visages différents. Loin d'être guindées et solennelles, ces réunions pétillent de joie, de spontanéité et d'humour. Deux soleils brillaient soudain dans la pièce. Tantôt ils s'éclairaient l'un l'autre, tantôt ils se confondaient. Pour le disciple, être témoin de ces rencontres confirme que l'Éveil n'est pas un cas isolé, un but inaccessible, mais l'aboutissement d'un chemin que d'autres ont parcouru. Elles nous confortent dans la conviction que si l'on se dédie avec une détermination inébranlable à la pratique spirituelle, on parviendra à destination : une totale liberté intérieure. En présence l'un de l'autre, les maîtres rivalisent d'une humilité parfaitement authentique, comme les branches d'un arbre chargé de fruits ploient vers le sol. Quelle leçon pour ceux qui estiment que l'acquisition de connaissances et de vertus justifie la vanité, voire l'arrogance ! Inutile de dire que cette leçon porte plus encore face à la célébrité, au pouvoir, à la richesse, au brio intellectuel ou à la beauté physique à l'aune desquelles on mesure parfois la réussite. L'humilité est l'une des qualités distinctives d'un maître véritable. Si elle fait défaut, mieux vaut passer son chemin.

J'eus l'occasion de retrouver plusieurs fois Pawo Rinpoché dans le monastère où il résidait, à Bhutia Basti. Particulièrement chaleureux, il riait très souvent, et alors son visage tout entier semblait n'être qu'un large sourire surmonté de deux yeux pétillants de gentillesse.

Tulkou Péma Wangyal, le fils de Kangyour Rinpoché, m'emmena rencontrer un autre maître éminemment respecté, qui vivait à Kalimpong, à deux heures de route de Darjeeling : Dudjom

Rinpoché (Rinpoché est une appellation respectueuse que l'on donne aux maîtres spirituels tibétains, signifiant «très précieux», «très vénérable»). La route sinueuse traversait des forêts d'immenses cryptomères, plongeait dans la vallée de la puissante rivière Teesta, que l'on franchissait sur un pont suspendu avant de remonter vers Kalimpong, à 1500 m d'altitude, agréable lieu de villégiature, généralement plus ensoleillé que Darjeeling, d'où l'on découvrait dans le lointain les contreforts du Bhoutan à l'est et du Sikkim au nord. Tulkou Péma Wangyal manifestait un respect incommensurable à l'égard de Dudjom Rinpoché, l'un des maîtres le plus impressionnants qu'il me fut donné de rencontrer, et cela avec la grande simplicité dont il ne se départait jamais. Il rayonnait de bonté, incarnation vivante de la présence éveillée qui rayonnait à chaque instant sur son visage. Il m'expliqua qu'il y avait deux sortes de méditations, l'une active, centrée sur la concentration, l'autre, dépourvue d'objet de concentration, qui épure et clarifie l'esprit au point de l'apparenter à un ciel immaculé.

Bien que le bouddhisme tibétain ne soit pas agencé selon une hiérarchie formelle, Dudjom Rinpoché était considéré comme le patriarche de la tradition Nyingmapa, et les Tibétains lui vouaient un grand respect. Cette tradition, la plus ancienne du bouddhisme tibétain, correspond à la première période de traduction, du sanskrit en tibétain, des textes canoniques du bouddhisme, du VIIIe au IXe siècle, lors de la venue au Tibet de Gourou Padmasambhava, le «Maître né-du-lotus».

☙

Trois semaines s'étaient déjà écoulées. Le moment du retour à Darjeeling, et de la poursuite de mon voyage à travers l'Inde, arriva, plus vite que je ne l'aurais souhaité. Avant de prendre congé, je posai à Kangyour Rinpoché les questions qui me tenaient à cœur :

« Dois-je venir vivre auprès de vous ?

– Termine d'abord les études que tu as entreprises, me répondit-il avant d'ajouter : il n'est pas souhaitable d'interrompre une tâche sur le point d'être achevée.

– Dois-je fonder un foyer ?

– Ne décide rien jusqu'à trente ans et les choses deviendront claires », me conseilla-t-il.

12 juin 1967

Il me dit que je devais vivre entre soixante-dix et quatre-vingts ans à condition de pratiquer la méditation. L'au revoir fut très émouvant. Kangyour Rinpoché me donna sa bénédiction : il me prit les mains, me toucha la tête avec la sienne pendant une dizaine de secondes qui semblèrent échapper à l'écoulement du temps, puis il me passa une écharpe blanche autour du cou et m'enjoignit de continuer à pratiquer. Je m'éloignai à reculons, les yeux emplis de larmes. J'avais tant reçu ! Comment intégrer toutes ces nouvelles richesses ? Enfin, je fis mes adieux à Amala ainsi qu'au lama copiste.

Aucune voiture ne passait par là et je partis donc à pied avec mon sac à dos. Tulkou Péma Wangyal m'accompagna jusqu'au Race Course de Lébong, à un kilomètre de là, où des chevaux avaient dû courir à l'époque du British Raj. Il m'expliqua que le maître spirituel percevait la ferveur du disciple, même lorsque de grandes distances les séparaient : « Il voit son disciple comme une petite flamme plus ou moins brillante selon sa dévotion. » Cette indication fut une grande source d'inspiration et de quiétude alors que je séjournais au loin, dans la grisaille de la vie parisienne. Au moment de nous quitter, et alors que je m'apprêtais à prendre les raccourcis qui menaient à Darjeeling au travers de la forêt, l'ultime recommandation de Tulkou Péma Wangyal fut : « Garde constamment le maître à l'esprit, mêle ton esprit au sien et il ne sera jamais séparé de toi. » Puis il ajouta : « Ne m'oublie pas ! » Il n'y avait guère de risques...

CHAPITRE 2

De Bénarès au Cachemire

Des visages de maîtres tibétains dans un documentaire d'Arnaud Desjardins à l'exploration de l'Inde.

Quelques mois plus tôt, au début du printemps 1967, Arnaud Desjardins et son épouse Denise m'avaient convié à venir visionner chez eux le documentaire « Message des Tibétains » qu'ils avaient réalisé au cours d'un périple de six mois en Inde accompagnés d'un interprète du Dalaï-lama, Sonam Kazi. Arnaud était un ami de mes parents et un producteur de télévision passionné par la spiritualité et les maîtres hindous ; il écrivit par la suite nombre d'ouvrages qui touchèrent un grand nombre de lecteurs. Il avait filmé les maîtres tibétains qui avaient fui l'invasion communiste chinoise et s'étaient réfugiés sur les versants indiens et bhoutanais de l'Himalaya. Dans la deuxième partie du film[1], pendant trois longues minutes silencieuses, une vingtaine de visages d'ermites et de maîtres spirituels apparaissaient les uns après les autres, face caméra. J'avais l'impression de me trouver soudain devant vingt Socrate ou saint François d'Assise vivant aujourd'hui. Bien que leur visage et leur apparence physique fussent très différents, il émanait d'eux la même force spirituelle. Jamais une séquence d'images n'avait produit en mon esprit une si forte impression. Frédérick Leboyer – médecin obstétricien célèbre pour sa méthode d'accouchement en douceur dite « naissance sans violence » – ami d'Arnaud et de ma mère, s'était lui aussi rendu à Darjeeling et me montra des portraits photographiques qu'il avait réalisés. Lui et Arnaud me confièrent que, de tous les maîtres rencontrés, celui qui les avait particulièrement impressionnés se nommait Kangyour Rinpoché, et, de fait, la vision de ce visage d'une profondeur insondable et débordant de bonté agit sur moi comme une révélation : ma décision de partir pour l'Inde était prise.

C'est donc ce film et un portrait qui furent les éléments déclencheurs de mon changement de vie. Ils résonnaient en moi comme un appel. Pourquoi avais-je ainsi perçu la force généreuse et accueillante qui émanait particulièrement de mon maître, le distinguant de tous les autres ? J'appris plus tard que selon les enseignements bouddhistes il peut exister ainsi des affinités profondes entre un maître et ses disciples Avec le temps et le recul, j'ai réalisé que le visage d'un maître exprime quelque chose d'unique et la photographie peut agir comme un révélateur et devenir elle-même le medium d'une véritable rencontre.

La beauté de ces êtres exceptionnels, irradiant de l'intérieur, est loin de répondre aux critères esthétiques de l'idéal grec ou hollywoodien. Selon ces codes, certains visages pourraient même être perçus comme «laids», pourtant ils offrent au regard la plus pure et essentielle des expériences : une fenêtre sur les qualités de l'Éveil. Cette beauté-là ne trompe pas et ne saurait cacher un cœur de pierre sous des traits angéliques. À la vue d'un sage, d'un visage d'où rayonne l'harmonie de la sagesse et de l'amour altruiste, on sait intuitivement qu'on est en présence d'une personne susceptible de nous conduire à actualiser le meilleur de notre nature qui demeure en sommeil en chacun et chacune de nous.

☙

Le 2 juin 1967, le jour du grand départ pour l'Inde arriva. Une amie, Christine O., me déposa à une porte de Paris et je partis en stop à destination de Munich, d'où devait s'envoler le 5 juin un vol charter de la Syrian Arab Airlines pour Delhi. Je flânai quelque peu en route, m'arrêtant notamment une nuit dans une auberge de jeunesse au bord du beau lac de Starnberg. À Munich, je visitai le musée de la Pinacothèque, dont ma mère m'avait souvent parlé, puis je me rendis chez un marchand de clavecins réputé qui avait fabriqué celui d'Helmut Walcha, interprète de J. S. Bach que j'admirais entre tous. Le 5 juin, à l'arrivée à l'aéroport, j'appris que la guerre des Six Jours venait d'éclater. Le vol était annulé. J'hésitai un moment, songeant à partir en auto-stop pour l'Inde, puis après nombre tergiversations, les autres passagers et moi-même fûmes transférés sur la BOAC, la compagnie nationale anglaise de l'époque. Partis le 6 au soir, nous atterrîmes à Delhi au petit matin le 7 juin. Avec seulement six cent cinquante roupies en poche[2], et bien qu'il fît 43 degrés à l'ombre, nécessité faisait loi : je décidai de traverser la ville à pied, sac au dos, pour me rendre chez Narayan Menon, un ami indien de Frédérick, qui m'avait prévenu que ce directeur de la radio nationale était un merveilleux joueur de vina, un instrument à cordes apparenté au sitar. Je parvins non sans mal à trouver son adresse dans le dédale de Delhi. Narayan m'offrit l'hospitalité et m'aida à obtenir un billet de chemin de fer pour Darjeeling. Le matin de mon départ, à ma demande, il eut la bonté de jouer, merveilleusement, un *râga*, un format traditionnel de la musique classique hindoue dont le nom signifie « passion », une passion tout intériorisée dans la profondeur de cette musique aux harmonies si complexes que j'avais découverte en France grâce à des enregistrements. L'exécution habituelle d'un *râga* s'étend sur presque une heure, débute très lentement puis progresse crescendo en mettant brillamment en valeur la virtuosité du joueur.

Quarante-huit heures de train plus tard, j'arrivai vers onze heures du soir à Siliguri, ville marchande située au pied des montagnes, point de passage obligé entre l'Inde, le Népal et le Bhoutan. Le train pour Darjeeling partait le lendemain matin et je passai une nuit quelque peu spartiate sur le quai de la gare. Mais je n'étais pas seul, loin de là !

Après les torrides plaines de l'Inde, la lente montée vers Darjeeling fut un enchantement. Le *toy train* (« train-jouet ») comme certains l'appellent était, me disait-on, le plus vieux train en service dans le monde. Son ancienneté était fièrement gravée en gros caractères dans le corps même de la locomotive : « Fabriqué en 1879. » Très vite, le train prit de l'altitude. Lorsque la pente s'accentuait, l'un des assistants du conducteur se postait à califourchon sur le pare-chocs avant de la locomotive et, quand cela s'avérait nécessaire, versait du sable sur les rails pour que les roues ne dérapent pas à la montée. La pente devenait-elle trop raide ? Un petit aiguillage permettait au train de reculer d'une centaine de mètres sur une rampe en pente douce et de prendre son élan à toute vapeur pour gravir le raidillon. Surplombant les ondulations veloutées d'immenses plantations de thé, nous frôlions de petites cascades, au milieu d'arbres immenses et de fleurs inconnues. Un aigle plana quelques instants le long du train, à dix mètres de ma fenêtre. Parfois, nous traversions d'épais bancs de brume d'où nous sortions, émerveillés, face aux collines qui émergeaient d'une mer de nuages.

Le train comportait quatre petits wagons. Les gens montaient et descendaient un peu partout, pas uniquement dans les gares : des enfants de retour de l'école grimpaient en route sur les marches extérieures et s'accrochaient joyeusement sur quelques kilomètres. S'annonçant à grand renfort de coups de sifflet, le train traversait les villages au milieu de la rue principale. Je remarquais la douceur des lieux et des habitants qui contrastait avec l'âpreté de leurs conditions de vie.

Arrivé au terminus, je découvris la petite gare de Darjeeling, située sur une place bordée de maisons, de boutiques et d'entrepôts. Des piles de charbon, destiné à alimenter les locomotives, s'élevaient ici et là. Mon esprit tout entier se tournait maintenant vers la rencontre de Kangyour Rinpoché, la finalité de mon voyage en Inde. Une attente à la fois calme et inspirée d'un événement dont j'avais du mal à mesurer l'importance, mais dont je pressentais qu'il serait semblable à nul autre. Et de fait, cette rencontre exceptionnelle, ce temps précieux et incommensurable passé dans la sérénité de la « cabane-ermitage » de Kangyour Rinpoché allait provoquer en moi un changement inéluctable et décisif.

Le périple que j'entrepris ensuite en Inde allait quant à lui enrichir mon esprit d'une tout autre manière. D'une exploration intérieure, je passai à une immersion intense dans le tourbillon bariolé des cultures du sous-continent, de la ville sainte de Varanasi (Bénarès) aux montagnes du Cachemire, en passant par le Gange à Haridwar, pour terminer avec la typhoïde dans un hôpital de Delhi. Je souhaitais aller à la rencontre d'autres traditions spirituelles. Mais cette dernière aspiration avait perdu de son acuité après avoir été comblée au-delà de toute espérance par la rencontre de Kangyour Rinpoché. Restait la découverte féconde d'un pays riche de nouveautés et d'enseignements pour le jeune occidental curieux et ouvert que j'étais. C'est donc avec enthousiasme que je partis à l'aventure.

En Inde, les voyages en train constituent le summum de l'expérience ferroviaire. Imaginez un périple de deux jours et deux nuits (le temps qu'il me fallut pour l'aller entre Delhi et Darjeeling) dans un wagon dont les compartiments n'ont pas de porte – la première classe était au-dessus de mes moyens –, où tout le monde parle avec tout le monde et aucune place n'est jamais attribuée à personne, même si vous l'occupez. Ainsi, aussi prévoyant que vous puissiez être, il est admis qu'une banquette réservée pour y passer la nuit reste disponible le jour à qui souhaite s'y asseoir. Une fois installés, les voyageurs commencent par dérouler leur *bedding*, un mince matelas roulé dans une housse en toile forte qui contient également un oreiller, un pyjama, des accessoires de toilette et autres objets usuels. Même en troisième classe (elle ne fut abolie qu'en 1977), les toilettes offraient généralement une pomme de douche fixée au plafond – une bénédiction lors des longs voyages, surtout à l'approche de la saison chaude.

Dans cette atmosphère de joyeux chambard, les conversations sont animées et en viennent rapidement à la politique – le sujet favori des discussions indiennes. Tout le monde s'en mêle, parfois d'un compartiment à l'autre. Chaque arrêt – et ils sont longs et nombreux ! – est l'occasion d'un sonore tohu-bohu de passagers qui montent et descendent, pas seulement parce qu'ils commencent ou terminent leur voyage, mais pour aller prendre l'air, boire une tasse de thé ou manger un morceau sur le quai encombré de petits étals et de marchands ambulants avec leur bouilloire de thé brûlant et leurs tasses souvent faites d'argile séchée au soleil que l'on jette après usage. Les *puri*, délicieuses crêpes cuites dans l'huile, servies avec des pommes de terre en sauce agrémentée d'épices constituent le meilleur des petits déjeuners. La gare résonne d'annonces lancées à tue-tête : *Chai garam*, thé chaud ! *Munphali*, cacahuètes ! Le conducteur du train finit par faire retentir la sirène du départ. En 1967, les locomotives étaient encore à vapeur et, tandis que le train s'ébranlait lentement, nous avions amplement le temps de monter à bord.

Les quais de gare sont aussi des lieux de villégiature. Il n'est pas rare que les trains aient six ou sept heures de retard et il faut parfois attendre une demi-journée pour prendre une correspondance. Nombre de passagers déploient un tissu à même le sol pour s'y allonger avec leur ballot en guise d'oreiller. L'arrivée en gare d'un train, annoncée par les haut-parleurs, est un événement pour ceux qui l'ont attendu si longtemps. Des années plus tard, j'étais sur le quai de la gare à Gaya, en partance pour Delhi. Le train devait partir à 16 h 30. Peu avant cette heure, on annonça son arrivée, le *Tinsukhia Mail* venant de l'Assam. Une soudaine effervescence s'empara des voyageurs qui rassemblèrent leurs bagages, prêts pour l'embarquement, ce qui n'est jamais une mince affaire. Les commentaires allèrent bon train sur le fait que, pour une fois, le train arrivait à l'heure. Bientôt, une deuxième annonce retentit. L'agitation se calma d'un seul coup. Je m'enquis de ce qui se passait. « C'est le train de la veille », me dit-on. Le nôtre était attendu tard dans la soirée.

Le matin, un préposé muni d'un bloc-notes passe dans les wagons et prend les commandes pour le repas de midi. Plusieurs options sont offertes, végétarien ou non, riz ou *chapati* (galettes de blé)… Le préposé descend à la gare suivante d'où il expédie les commandes par relais télégraphiques à une autre gare où les repas sont préparés. À la mi-journée, quand le train arrive dans cette gare, une armée de livreurs monte dans les wagons. Ils portent des piles de *thali*, des plateaux en aluminium ronds ou rectangulaires dont les compartiments en creux contiennent les mets, le tout protégé par un couvercle. Je me demande toujours comment les employés réussissent à apporter à chacun sa commande, sans jamais se tromper.

ଔ

L'Inde… Tout à la fois attachante, inspirante, déconcertante. On y navigue entre le chaos fonctionnel des métropoles fourmillantes de monde jour et nuit et la rusticité des villages surgis d'un passé lointain ; entre la cohabitation, le plus souvent pacifique, d'innombrables traditions spirituelles et la stricte observance de règles définies par le système des castes encore très présent parmi la population hindoue. « Creuset des civilisations », voilà une expression qui s'applique par excellence à l'Inde. On se mêle, on se côtoie, certes, mais on ne se mélange pas. Les signes et modes d'expression des différentes cultures et religions sont omniprésents, multicolores et bruyants. Il serait inconcevable en Inde d'interdire le port du turban, du voile, des habits religieux, voire de prohiber la nudité publique qu'affichent par exemple les sages jaïns du courant *digambara* (« vêtus d'espace ») et certains sadhous hindous. Je vis un jour un homme complètement nu se promener sur les quais bondés de la gare de Calcutta, sans susciter aucune attention particulière. La notion de « vie privée » reste à inventer. Il m'arriva un jour de lire une lettre dans une rue du vieux Delhi et d'être entouré en quelques secondes de cinq ou six curieux qui déchiffraient la missive en même temps que moi par-dessus mon épaule. Quant à la dimension sonore, dans les rues des villes et des bourgades, les haut-parleurs rivalisent d'intensité pour s'assurer que tout le monde entend, souvent simultanément, les hymnes du temple hindou, l'appel à la prière du muezzin (dans les quartiers musulmans on en entend plusieurs à la fois venus des mosquées environnantes), et les mélopées du *gurdwara* des sikhs ; et installez dans les rues de ces quartiers un haut-parleur diffusant des musiques de film à tue-tête à neuf heures du soir, et vous serez considéré comme un bienfaiteur de l'humanité.

ଔ

Ma première destination au retour de Darjeeling fut Bénarès, la célèbre ville sainte de l'hindouisme, qui a repris son véritable nom sanskrit, Varanasi. Les mots me font défaut pour évoquer les merveilles de ce lieu unique et fascinant, la beauté majestueuse des « ghats[3] », les berges du Gange aménagées en multiples gradins sacrés sur lesquels s'élèvent les temples, tandis qu'au lever du soleil les fidèles descendent vers le fleuve pour s'y baigner, animés d'une ferveur sans pareille. Les ghâts sont des lieux de rencontre, de socialisation, qui présentent toutes sortes d'activités : clubs de joueurs d'échecs en plein air, gymnastes qui exécutent leurs exercices matinaux et marchands du temple qui vendent une foule de colifichets avec une insistance bon enfant. La vieille ville, celle qui borde le Gange, est parcourue par un dédale de ruelles qui bruissent d'activité quasiment jour et nuit : artisans, qui travaillent parfois dans la rue même, marchands ambulants, mendiants, sadhous – saints hommes hindouistes qui ont renoncé à la société et à toute possession et qui vivent uniquement de dons –, pèlerins, livreurs poussant à toute allure de longues charrettes à bras chargées de marchandises, tous se mêlent dans une foule bigarrée et un tintamarre des plus revigorant. Des échoppes proposent du *lassi* à l'eau de rose, le meilleur de l'Inde dit-on, une boisson faite de yaourt battu, de sirop de rose et d'eau glacée, ou du thé à la cannelle et autres épices. D'immenses ateliers de tissage, principalement tenus par des musulmans, fabriquent les célèbres soieries prisées dans toute l'Inde, saris et châles, mais aussi de magnifiques brocarts achetés par les populations himalayennes pour décorer les temples bouddhistes.

Bien avant le lever du soleil, le flot des pèlerins en marche pour leurs ablutions sacrées dans le fleuve se met en mouvement. En certains points des ghats trônent quelques sadhous majestueux, plus particulièrement vénérés. Posés à côté d'eux, un trident planté dans le sol et un petit bol en cuivre sont les signes de leur appartenance au courant shivaïte. Ils portent leurs longs cheveux noués en un volumineux chignon au sommet de la tête ; leur corps à moitié nu est couvert de cendres, symbole de la mort et de la renaissance et rappel constant de la mortalité humaine ; des lignes horizontales de poudre rouge, jaune ou noire barrent leur front.

Un peu plus loin, des bûchers consument les corps de défunts qui, souvent, ont fait le voyage à l'approche de la mort afin que leur crémation se tienne en cette ville sainte entre toutes. Des dauphins aveugles font parfois surface dans les reflets dorés du soleil levant.

À une dizaine de kilomètres de Varanasi, je découvris Sarnath, le parc aux Gazelles où le Bouddha donna son premier enseignement après avoir atteint l'Éveil. Il y énonça les Quatre Nobles Vérités à ses cinq anciens compagnons d'ascèse : la vérité de la souffrance qui doit être reconnue ; la vérité des causes de la souffrance qui doivent être éliminées ; la vérité de la cessation de la souffrance qui doit être actualisée et la vérité de la voie vers la cessation de la souffrance qui doit être parcourue. Quel contraste entre la fébrilité perpétuelle de Varanasi et la sérénité immuable du parc, du grand Damekh Stoupa qui commémore ce premier enseignement – un monument dont l'architecture symbolise le « corps » ou dimension absolue du Bouddha, son Éveil.

Je me mêlai aux pèlerins qui déambulaient ou méditaient en silence, tandis que d'autres restaient des heures à l'ombre d'un arbre pour étudier les textes. Je visitai aussi l'Institut des hautes études tibétaines (*Tibetan Institute of Higher Studies*), où les fils aînés de Kangyour Rinpoché étudièrent pendant des années auprès des quelques grands érudits tibétains qui avaient pu fuir l'invasion chinoise et œuvraient de leur mieux pour préserver l'héritage philosophique du bouddhisme tibétain. J'y retrouvai aussi Tarthang Tulkou, que j'avais rencontré à Darjeeling et qui consacra sa vie, en Inde et aux États-Unis, à reproduire des centaines de précieux volumes pour les mettre à la disposition de tous.

Je partis également à la recherche d'un ashram, par curiosité, pour rencontrer des *swamis* des différentes traditions philosophiques hindoues. Le mot sanskrit *swami* qui signifie « celui qui est maître de lui-même » désigne un sage hindou. Je me présentai à l'ashram d'Anandamarg, qui se révéla, je l'appris plus tard, être une organisation quelque peu sulfureuse. Un jeune disciple à l'air hautain, impeccablement drapé d'orange, ses longs cheveux dénoués sur les épaules luisants d'huile de coco, vint à la porte et me demanda ce que je voulais. « Recevoir le *darshan*[4] » répondis-je, espérant faire une rencontre inspirante auprès du maître spirituel du lieu. *Darshan* signifie « philosophie, » me dit le jeune homme d'un ton quelque peu condescendant. Si je ne faisais que passer, conclut-il, je ne pouvais rencontrer le *swami*. Je repartis un peu dépité, mesurant la différence entre cet accueil glacial et celui, si chaleureux, que m'avaient accordé les Tibétains.

❧

Après Varanasi et Sarnath, je décidai de me rendre au Cachemire, une province d'une grande beauté, dont la capitale, Srinagar s'étend au bord d'un grand lac parsemé de champs de lotus.

Grâce à l'indianiste Lilian Silburn, une amie de ma mère qui séjournait à Srinagar à ce moment-là, je pus rencontrer Swami Laksmanju, spécialiste du shivaïsme du Cachemire, courant philosophique hindou qui comporte de nombreuses méthodes méditatives fondées sur la non-dualité du sujet et de l'objet. Le swami, un homme affable et simple d'approche, était engagé dans une étude de texte avec quelques disciples, dont Lilian. Je ne souhaitais pas le déranger et, après m'être brièvement présenté, je lui demandai simplement la permission de m'asseoir dans un coin de la pièce et de méditer en sa présence. Je n'eus donc pas l'occasion de lui poser des questions d'ordre spirituel, mais je fus touché par l'atmosphère paisible du lieu.

Certaines instructions méditatives inspirantes découvertes dans les textes traduits par Lilian Silburn – qui a consacré sa vie à l'étude et à la pratique de cette approche très particulière – évoquent des techniques du bouddhisme tibétain, même si ces deux traditions diffèrent sur bien d'autres aspects. À la lumière des explications de son maître, elle commentait ainsi l'un des versets qui enjoint de méditer sur le point de disparition du son d'un instrument à cordes : «Au moment où s'achève le dernier son prolongé au maximum, la pensée perd tout support et s'absorbe dans la vacuité[5].» Ce principe fit résonner en moi la question que Kangyour Rinpoché m'avait posée sur le son de la cloche.

Au crépuscule, l'immense lac Dal reflète toutes les nuances de la lumière changeante. Une mince couche de brume le recouvre alors, dont surgit doucement un pêcheur souriant qui m'offrit des lotus… Cette scène enchanteresse, d'une puissante simplicité, évoque bien la dizaine de jours sereins que j'ai vécus sur les bords du lac, peu peuplés à l'époque dès que l'on s'éloignait de Srinagar. Puis vint le moment de redescendre vers les plaines de l'Inde. J'avais l'intention d'aller à Haridwar, autre ville sainte et lieu de pèlerinage située sur les rives du Gange. Dans le bus qui nous conduisait à la prochaine gare, je rencontrai un Anglais sympathique, passionné comme moi de musique classique, qui souhaitait également s'y rendre. À Pathankot, on nous annonça qu'il n'y avait plus aucune place disponible dans le train avant une dizaine de jours. Désemparés à l'idée de ne pouvoir quitter ce quai de gare dans un avenir proche, l'opportunisme l'emporta sur la probité et nous décidâmes de voyager sans billet, à la manière des sadhous, et de nous asseoir dans le couloir du train. Nous crûmes que la chance nous souriait quand nous trouvâmes un compartiment étrangement vide. Nous nous y enfermâmes, ravis de notre coup. Mais les réjouissances furent de courte durée. Bientôt, des coups inquisiteurs puis furieux, suivis de toutes sortes d'imprécations, indiquèrent sans équivoque que le contrôleur et ses acolytes ne partageaient pas notre enthousiasme. Des bribes de conversations nous firent comprendre que la police locale nous attendait à la station suivante. Lorsque les voix s'éloignèrent, nous décidâmes de profiter de l'accalmie pour sortir du compartiment et sauter du train en marche à un endroit où il ralentissait. Nous nous étalâmes de tout notre long sur la rocaille du ballast. Ramassant nos sacs à dos, nous longeâmes la voie sur quelques centaines de mètres avant d'arriver à un passage à niveau où plusieurs dizaines de rickshaws – ces fameux tricycles de transport – attendaient que la barrière se lève. Nous fîmes signe à l'un deux qui accepta de nous véhiculer dans le moyen de transport le plus traditionnel qui soit jusqu'à la ville la plus proche, d'où nous prîmes un bus pour Haridwar. Cette incursion dans le monde de la resquille nous valut des genoux et des coudes écorchés ainsi qu'une bonne leçon sur la rapidité des rétributions karmiques de nos actes.

◌

Haridwar est l'un des quatre lieux sacrés de l'Inde. Tous les douze ans, en alternance d'un lieu à l'autre, elle est le théâtre d'un Kumbha Mela, pèlerinage sans commune mesure au cours duquel plusieurs millions de dévots viennent se baigner dans le fleuve. Le plus important des Kumbha Mela, celui d'Allahabad, au confluent du Gange et de la Jamuna, vit affluer soixante millions de personnes en 2001, ce qui fut alors considéré comme le plus vaste rassemblement de l'histoire de l'humanité. Nous sommes à un peu plus de cent kilomètres à vol d'oiseau des sources du Gange et l'eau y est encore glaciale. Je m'y suis baigné mais avais sous-estimé la force du courant : en un rien de temps, je fus emporté cent mètres plus bas. À Rishikesh, situé à une vingtaine de kilomètres d'Haridwar, je visitai l'ashram de swami Shivananda, le célèbre maître hindou qui synthétisa les différentes formes de yoga et enseigna la philosophie du Vedanta[6]. Dans un petit temple de l'ashram, des groupes de fidèles chantaient des hymnes, les *bhajan*, au rythme de tambourins. Le swami responsable du lieu m'informa que l'ashram ne pouvait pas m'accueillir pour la nuit et qu'il n'y avait pas d'enseignements pour le moment. Dans le jardin se trouvait un buste de Swami Shivananda sous lequel était gravée la devise *Be good, do good*, dont la traduction française « Soyez bon, faites le bien » sonne moins bien que la version anglaise. Ces quatre mots m'ont toujours semblé être la plus simple et la meilleure devise que l'on puisse se donner.

Je revins vers Delhi et décidai de rentrer en France par la route. Mais à Haridwar déjà, je ne me sentais pas dans mon assiette et, au fil des jours, je fus pris d'une forte fièvre. Sur les conseils d'Adrien Dufour, ministre conseiller de l'ambassade de France dont des amis communs m'avaient donné le contact, j'allai au Holy Family Hospital.

« Are you sick ? » [Êtes-vous malade ?], me demanda le médecin.

Du fait que je portais la barbe, je crus comprendre qu'il me demandait :

« Are you Sikh ? » [Êtes-vous Sikh[7] ?].

À quoi je répondis :

« No, I am French » [Non, je suis Français].

Ce qui ne l'impressionna guère sur mon état de lucidité, mais ne suffit pas à l'alerter. Le médecin me conseilla de prendre des vitamines et me précisa au passage que l'hôpital n'était pas un hôtel. Fort heureusement, en me levant, je faillis m'évanouir et une prise de température, qui dépassait quarante degrés, le convainquit *in extremis* de me garder. Les sœurs qui travaillaient à l'hôpital m'emmenèrent en fauteuil roulant vers un lit dans une salle commune. Le lendemain matin, un prêtre vint me demander si je voulais recevoir la communion et les saints sacrements. Cela pouvait peut-être attendre, répondis-je. Je fus d'abord traité pour la malaria, puis on me fit des piqûres contre le typhus et d'autres encore pour éliminer des « vers dans le foie ». Le diagnostic final fut que j'avais la typhoïde. Si l'expérience de la maladie ne fut guère agréable, les sœurs et les médecins firent toujours preuve envers moi d'une grande prévenance.

Brûlant de fièvre, trempé de sueur et incapable de manger, je dormais par intermittence. Je vécus cet épisode comme un renouveau, mais curieusement, dans ma mémoire, les deux semaines à l'hôpital se réduisent à quelques journées éprouvantes, mais ternes et confuses, contrastant fortement avec les deux semaines passées à Darjeeling qui, par la richesse de leur substance, semblaient s'être étirées sur une durée infinie et marquaient le début de ma véritable renaissance. Allégé d'une dizaine de kilos (je pesais cinquante-quatre kilos à la sortie de l'hôpital), je fus accueilli quelques jours à la résidence d'Adrien Dufour, dont la famille m'avait gratifié d'une aide des plus chaleureuses en me rendant visite à l'hôpital, m'apportant des fruits et des lectures. Ils me conseillèrent vivement de rentrer par avion.

CHAPITRE 3

De Damas à Paris

De retour en France dans ma famille, je mesure l'importance de ces jours passés en présence de Kangyour Rinpoché. Ma mère entreprend à son tour le voyage vers l'Inde.

Le vol de retour sur la Syrian Arab Airlines faisait escale à Damas pour une demi-journée et nous devions récupérer nos bagages, ce qui se résumait dans mon cas à un sac à dos et un sitar acheté à Delhi au Lahore Music House. À la sortie de l'avion, je décidai de profiter de l'occasion pour découvrir les pays que j'aurais dû survoler à si haute altitude. Mes velléités de voyage par la route ressurgissaient et je laissai partir le vol vers Paris pour poursuivre mon périple par le rail et la route. À Damas, où le français était encore parlé couramment, je fus frappé par la gentillesse et l'hospitalité des habitants. Je visitai la tombe du grand maître soufi Ibn Arabi, dont l'œuvre est considérée comme l'apogée de l'ésotérisme islamique soufi et auquel mon oncle, le navigateur Jacques-Yves Le Toumelin, faisait souvent référence. Je pris ensuite le train pour Istanbul, longeai l'impressionnante forteresse du Krak des Chevaliers, et découvris les superbes paysages de la Syrie et de la Turquie. À Istanbul, je passai quelques moments paisibles en méditation dans la grande Mosquée bleue et visitai les merveilles du musée Topkapi. Puis, c'est en auto-stop que je rejoignis la France.

Après avoir rapidement traversé les Balkans, un conducteur qui avait eu l'amabilité de me prendre en auto-stop me laissa à Tournus. J'étais encore bien affaibli par ma convalescence de la typhoïde et saturé d'expériences vives et variées, enivré de sensations intenses engrangées en deux mois et demi. Mes parents m'avaient parlé de l'abbaye romane de Tournus. Je décidai donc d'y faire une halte pour la découvrir et me ressourcer. Elle était vide, ou presque, parfaitement silencieuse. Je me recueillis un long moment sur une chaise d'église, laissais mon esprit reposer dans la quiétude du lieu empreint d'une spiritualité millénaire. Lorsque cet instant de lâcher-prise pris fin, j'eus le sentiment que mon voyage était réellement terminé. Le reste du chemin vers Paris n'était plus qu'une formalité. Je décidai de prendre le train. En arrivant, j'appris que ma mère et ma sœur Ève passaient quelques jours dans la grande maison de notre ami Gérard Godet, près de Nemours. Sans transition, je repris le train pour Nemours, puis marchai le long du canal vers la demeure de Fromonville pour arriver à l'improviste sur le porche de la maison avec mon sac à dos et mon sitar enveloppé dans une housse de satin rouge. Les retrouvailles furent chaleureuses ; et parmi ces bons amis réunis pour le week-end, se trouvait Frédérick Leboyer. Je ne me souviens pas des récits que je leur fis alors de mon voyage, mais l'essentiel était de me retrouver avec eux et de partager, au-delà des mots, la richesse de ce que j'avais vécu.

De retour à Paris, je réintégrai l'appartement familial et retrouvai ma sœur Ève, qui poursuivait ses études d'orthophoniste et s'intéressait à l'orthodoxie, inspirée par sa rencontre avec un moine de cette tradition. De retour à la vie parisienne, qui me parut bien fade, je commençai à réaliser l'impact profond que la rencontre de Kangyour Rinpoché avait eu sur moi. Mes méditations quotidiennes, encore tâtonnantes, s'emplissaient continuellement de sa présence, vaste et lumineuse. C'est alors que je me rapprochai particulièrement de Frédérick Leboyer, qui habitait près de chez nous et que je rejoignais parfois pour une méditation silencieuse en commun.

Ma mère, Yahne Le Toumelin, s'intéressait depuis toujours aux diverses formes de spiritualité, de Maître Eckhart et autres mystiques chrétiens jusqu'au Vedanta. Celles-ci alimentaient ses lectures et les discussions au sein de son cercle d'amis. Mais elle n'était pas directement reliée à une tradition vivante qu'elle aurait pu mettre en pratique. À mon retour d'Inde, je lui confiai que si elle souhaitait pratiquer une voie spirituelle, ce serait une excellente chose qu'elle aille, elle aussi, rencontrer Kangyour Rinpoché et les autres grands maîtres qui vivaient à Darjeeling, à Kalimpong et au Sikkim. En 1968, elle entreprit donc ce voyage qui dura plusieurs mois et marqua, pour elle aussi, un tournant dans son existence. En Inde, elle rencontra Mère Teresa à Calcutta et la grande sage indienne Ma Ananda Mayî. Et elle devint à son tour disciple de Kangyour Rinpoché. Lorsqu'elle rencontra le XIVe Karmapa, un autre maître éminent qui vivait au monastère de Rumtek au Sikkim, celui-ci lui conseilla de prendre des vœux de moniale. Ma mère lui expliqua qu'elle avait une vie de famille. « Si vous pouvez signer une garantie que vous serez encore en vie l'an prochain, vous pouvez attendre » répondit le Karmapa. Ma mère comprit qu'il valait mieux recevoir les vœux monastiques sur le champ, ce qui fut fait.

À son retour, elle allait interrompre, pour de nombreuses années, sa carrière de peintre lancée par l'un des pères du surréalisme, André Breton, qui exposa ses œuvres dans sa galerie, et lui consacra un chapitre dans son ouvrage *Le Surréalisme dans la peinture*. Jean Cocteau aussi appréciait son travail, et lui écrivit : « Je vous remercie de donner un paysage à ma fenêtre et une route à mes promenades. Rien n'est admirable comme les noces du hasard et du talent. » Les toiles de ma mère avaient été exposées dans plusieurs galeries et salons de peinture qui se tenaient chaque année à Paris, comme le Salon de mai. Sa métamorphose en nonne bouddhiste perturba nombre d'intellectuels et artistes de ses amis qui malheureusement la snobèrent plus ou moins ouvertement. Un célèbre marchand de tableau, Daniel Cordier, qui lui prédisait une brillante carrière dans le monde de l'art lui lâcha : « Vous êtes foutue ! » Elle me raconta aussi que le philosophe Cioran changea un jour de trottoir en la voyant marcher dans sa direction ! Mais d'autres amitiés se nouèrent, notamment avec Maurice Béjart, pour qui elle peignit les décors du ballet *Les Vainqueurs*, inspiré du bouddhisme, et qui resta un ami proche jusqu'à sa mort, ainsi que son principal danseur Jorge Donn. À l'époque, il songeait même à partir à Darjeeling avec ma mère. Il écrivit à propos de sa peinture : « Les mots "abstraction" et "réalisme" n'existent plus devant l'authenticité d'une peinture qui vibre comme une illumination. »

Un jour – je devais avoir une quinzaine d'années – au retour du lycée, je vis ma mère qui, comme à son habitude, peignait à même le sol dans la seule pièce spacieuse de l'appartement qui lui servait à la fois d'atelier et de chambre. Armée d'un chiffon imbibé de térébenthine, elle s'apprêtait à détruire un tableau bleu de deux mètres de haut dont elle n'était pas satisfaite. Pourtant, à mes yeux, il était d'une beauté qui méritait de subsister. Je m'exclamais : « J'achète !... Un franc. » Le tableau survécut. C'est aujourd'hui le seul grand tableau qui orne la petite maison de plain-pied que ma mère occupe en Dordogne. Je crains de n'avoir jamais payé le franc en question et, avec les intérêts, je dois sûrement aujourd'hui une coquette somme à ma mère de 98 ans !

CHAPITRE 4

Une enfance nomade

Savoie, Algérie, Mexique, Valmondois, Paris. Mon oncle, le navigateur Jacques-Yves Le Toumelin, me donne un avant-goût de la spiritualité.

L'essence de ce que je veux partager ne tient pas dans les événements ordinaires d'une enfance somme toute commune. Comme tout un chacun, j'appris à faire du vélo lorsque j'étais petit ; quant à mon adolescence, je crois que j'en souffris moins les affres que les autres jeunes gens de mon âge. J'étais plus romantique que passionné, plus idéaliste qu'obsédé par la concupiscence, plus amoureux de la nature que des soirées où les jeunes de mon âge se rendaient. Je pénétrai une fois dans une boîte de nuit pour en ressortir dans les minutes qui suivirent. Rétrospectivement, je ne discerne rien de saillant dans mes péripéties de jouvenceau, un thème que nombre d'écrivains plus talentueux affectionnent particulièrement.

Mon plus ancien souvenir est, curieusement, une vache. Une très grande vache dans une étable savoyarde. Elle atteignait à mes yeux d'enfant la taille que j'attribue maintenant à un éléphant. Je devais avoir deux ou trois ans peut-être. Après cela, rien pendant un certain temps. Mon premier trou de mémoire.

Mon père fut nommé instituteur dans un village d'Algérie, près de Tlemcen, pendant un an je crois, mais je n'en ai gardé aucun souvenir. Ensuite, mes premières réminiscences un peu plus cohérentes furent celles de la traversée de l'Atlantique sur le paquebot *Île-de-France* avec ma mère et Ève. J'avais quatre ans. Nous allions rejoindre mon père qui avait été nommé professeur de philosophie au Lycée français de Mexico. Quelle aventure ! Il y avait tant à découvrir sur ce bateau : les canots de sauvetage, les immenses manches à air, les ponts aux différents niveaux et l'immensité de l'océan qui s'étendait jour après jour face à mon regard ébahi… Le soir au restaurant, je trouvais drôle que ce que nous allions manger soit déjà joliment inscrit sur des feuilles blanches posées sur la table. La nuit dans ma cabine, les lumières éteintes, je restais longtemps les yeux grands ouverts et scrutais toutes sortes de nuages faits de points lumineux multicolores qui défilaient lentement dans le noir, fasciné par les formes et les couleurs nées de la persistance rétinienne.

Je m'attendais à un voyage de longue durée, tant l'océan semblait vaste. Une semaine plus tard, pourtant, New York apparut à l'horizon. Les gratte-ciel révélèrent leur majestueuse élévation alors que nous approchions. Il fallut débarquer, à mon grand regret. Dans la grande ville, ce qui me frappa le plus furent les innombrables enseignes lumineuses qui tapissaient les façades des rues et des grandes avenues. En raison de ma myopie, que personne n'avait encore diagnostiquée, cette multitude de taches colorées se fondaient en de magnifiques tableaux impressionnistes.

Nous nous envolâmes pour le Mexique à bord d'un Super Constellation. Je trouvais ce nom très joli. À l'arrivée, mon père vint nous chercher dans une longue voiture décapotable rouge aux sièges couleur crème, ce qui nous impressionna fort.

Nous restâmes deux ans à Mexico. J'allais à la maternelle du Lycée français. Nous habitions une belle maison avec un jardin qui était notre terrain de jeu. Je garde de cette époque quelques souvenirs disparates. Un jour, armé d'une fronde, je lançai par une fenêtre les quelques bijoux que ma mère avait reçus de la sienne à destination des enfants pauvres qui jouaient dans la rue. Cette bêtise bien intentionnée ne provoqua ni drame ni punition, juste le constat d'une maman compréhensive. Lors des fêtes d'anniversaire, on suspendait à une poutre des *piñatas*, animaux constitués de paille et d'un vase en terre cuite, et les enfants tapaient allègrement dessus avec des bâtons, jusqu'à ce que le vase se brise et déverse sur l'assemblée une pluie de bonbons multicolores. Je me souviens aussi d'une éclipse totale de Soleil. Nous en regardâmes le reflet sur la surface d'un seau d'eau au travers d'un morceau de verre teinté qui faisait office de lunettes de soleil improvisées.

Mon père m'emmenait parfois le dimanche assister à une corrida dans une arène voisine. J'aimais bien le son des trompettes et les couleurs chatoyantes de l'habit des toréadors, mais la barbarie de cette fête macabre ne s'imposait pas encore à mon jeune esprit. L'enfant considère bien souvent comme normal ce que ses parents font et lui montrent. C'est ainsi qu'on lui apprend à regarder sans états d'âme un animal se faire torturer à mort. Tout le monde semblait se réjouir. Le taureau, lui, n'en pensait plus rien. On l'avait tué. Pour le plaisir des spectateurs. C'est un art, disent certains. L'art de faire souffrir.

Parmi les amis de la famille, Leonora Carrington, peintre surréaliste de renom qui fut mariée à Marx Ernst, devint la plus proche amie de ma mère, dont elle inspira le style de peinture à l'époque. Elles avaient imaginé partir toutes les deux pour le Tibet. Un projet que leurs maris respectifs, mon père et Csiki Weisz, le mari de Leonora, écartaient comme une douce folie d'artiste. Lors de la Seconde Guerre mondiale, Csiki, un photographe hongrois, avait sauvé des milliers de négatifs des grands photographes Robert Capa – dont il réalisait les tirages –, David Seymour – qui fondraient plus tard l'agence Magnum – et Gerda Taro. Ces négatifs, documents exclusifs et capitaux sur la guerre d'Espagne et la naissance du photojournalisme, connurent une histoire mouvementée, et en partie obscure, rapportée sous le nom légendaire de «la valise mexicaine». C'est en effet au Mexique qu'elle réapparut trois quarts de siècle après que Robert Capa, juif et communiste, fuyant Paris, les eut confiés à Csiki Weisz. Après avoir vécu maintes péripéties, les précieux clichés revinrent à Cornell Capa, frère de Robert[1].

Il y avait aussi Luis Buñuel, dont les gros yeux sombres surmontés d'épais sourcils noirs m'impressionnaient un peu mais dissimulaient une grande gentillesse, et Jomi Ascott, un jeune poète qui gérait avec mon père la cinémathèque de l'Institut français et me téléphonait en se faisant passer pour le président de la République, Miguel Aleman. J'avais des conversations très sérieuses avec lui; et ce n'est que des années plus tard que l'on me révéla que mon interlocuteur n'était pas le président! Une voisine, Helen, m'invitait parfois chez elle. Elle me demandait de prendre entre mes mains une pierre en forme d'œuf, me disait de fermer les yeux et nous partions dans un voyage spatial à travers l'immensité de l'univers. J'aimais beaucoup ces odyssées interplanétaires. Les seules que je n'ai jamais réalisées jusqu'à présent.

Pour les vacances, nous allions sur la côte du Pacifique, à Acapulco. Nous occupions un cabanon dans les hauteurs, sous des palmiers, au bord d'une piscine. Ma mère raconte que le soir, sous les étoiles, je lui posais des questions philosophiques telles que: «Somme toute, maman, un jour de plus c'est un jour de moins.» Ou encore: «Au moment de la mort, le corps disparaît. La conscience continue bien sûr. Mais, la parole, que devient-elle ? » Ma carrière de philosophe s'arrêta là.

Avec la facilité d'assimilation propre aux enfants, j'appris vite l'espagnol, que j'utilisais pour converser avec ma sœur Ève. Je regrette de l'avoir rapidement oublié à notre retour en France, en 1952, en dépit de quelques conversations avec l'épicier espagnol du coin. Mon père fut posté en Italie, à Florence, et s'y installa avec ma mère et Ève. Je fus confié à ma grand-mère paternelle, France Ricard, qui habitait en Savoie, dans un faubourg de Chambéry. C'était une grand-mère gâteau à laquelle je dois beaucoup sur le plan affectif, mais aussi une dame «très comme il faut». Nous menions donc une vie bien rangée ; la maison était d'ailleurs impeccablement tenue. Lorsque j'avais un rhume, elle me donnait des inhalations et m'enveloppait la poitrine dans de brûlants cataplasmes de farine de moutarde que je devais garder plus d'une heure. Traitement que je me suis bien gardé de reproduire depuis lors.

Bien qu'ayant été, je crois, un enfant de nature plutôt sage, j'ai aussi à mon compte mon lot de bêtises. Certaines m'ont bien entendu marqué, comme cette fois, avec mon copain Jeannot, où je tirai avec une petite carabine à air comprimé chargée de pulpe de pomme de terre dans le postérieur d'un gros monsieur qui bêchait son jardin, ce qui nous valut les foudres dudit monsieur et une bonne correction à la maison. Et cette autre fois qui me valut la même récompense quand, à l'aide d'un arc fabriqué avec une branche de frêne et des flèches artisanales, je transperçai des draps gelés qui pendaient sur la ligne de séchage. Les flèches faisaient des petits trous bien ronds que je trouvais très jolis, mais qui réjouirent moins ma grand-mère. Je me souviens que Jeannot et moi accrochions sur le cadre de nos vélos des morceaux de carton, tenus par une pince à linge, qui en claquant sur les rayons évoquaient les pétarades d'une motocyclette. Et aussi que, de temps en temps, nous croisions une dame poussant une carriole dans la rue et qui criait : «Peaux de lapins... yop!» Je n'ai jamais su si elle en vendait ou en achetait.

Veuve, bien qu'issue de la bourgeoisie, ma grand-mère avait des ennuis financiers. Parfois, un grand-oncle fortuné à qui elle avait fait un emprunt lui rendait visite de Marseille. On me tenait à l'écart. «Nous devons parler affaires», me disait ma grand-mère. J'étais très impressionné.

En 1953, je retrouvai ma mère et Ève et nous déménageâmes avec ma grand-mère paternelle dans le village bien plus pittoresque de Valmondois, en Seine-et-Oise. Nous habitions une vieille maison à deux étages. Mon père, qui resta à Florence jusqu'en 1957, revenait pendant les vacances scolaires. Il habitait une grande chambre à l'étage avec tous ses livres. Il ne fallait pas le déranger lorsqu'il travaillait.

Valmondois fut le lieu privilégié où mon enfance s'épanouit. Dans ce village d'un autre temps, tous les anciens corps de métiers étaient encore pratiqués. Le forgeron, un colosse qui nous impressionnait beaucoup, martelait puissamment sur son enclume des fers à cheval chauffés au rouge. Peu après notre arrivée, une voisine fermière vint proposer ses produits à ma mère : « Je suis madame Poulet, je viens pour les œufs. » Le marchand de légumes passait tous les deux jours avec sa carriole bâchée tirée par un cheval résigné à son sort. Son cousin était parti en Amérique : « Le pays qu'il a découvert, *Michel Strogoff*, » affirmait-il en une tournure pittoresque de son cru.

En fin d'après-midi, nous allions chercher le lait à la ferme dans un pot en étain. Au bord du ruisseau qui traversait la vallée, le Rû, se trouvait un lavoir autour duquel se rassemblaient les lavandières qui frappaient bruyamment leur linge à coups de battoirs en bois. L'une d'elles, la vieille Virgine, toute courbée sous les ans, nous lançait dans un éclatant sourire : « Comme on est heureux ! Regardez comme il est blanc mon linge ! »

À la fin de l'été, le bouilleur de cru installait son alambic mobile au bord d'un chemin de terre et tirait de l'alcool des pommes de la vallée dont les restes s'amoncelaient en un tas d'où émanait une drôle d'odeur. Les effluves de distillation constituent mon plus proche et unique contact avec l'alcool.

Les hivers étaient rudes et nous n'avions pas de chauffage central. Ma sœur et moi nous recroquevillions dans nos lits froids et humides, j'étais perclus de douleurs aux articulations, rhumatismes précoces que le médecin de campagne, un monsieur d'allure très convenable qui portait toujours un chapeau et un pardessus, mettait doctement sur le compte de la croissance. La cuisine était la pièce où l'on se rassemblait, bien chauffée par une grosse cuisinière dans laquelle on versait régulièrement des seaux de morceaux de charbon luisants, l'anthracite, ou de « coke », de moins bonne qualité, mais plus abordable.

Dans la cour de l'école communale, nous aimions exécuter des glissades sur les plaques de neige gelée, avant que le maître d'école répande du sable ou du gros sel, pour éviter que l'un d'entre nous ne se brise un os. La cour de récréation était dominée par les trois frères Dague. Il ne fallait surtout pas s'en prendre au « petit Dague » si l'on ne voulait pas avoir affaire aux « grands Dague » avec lesquels il valait mieux ne pas plaisanter. Nous eûmes tout d'abord un vieux maître d'école dont la fille blonde, très fière de son statut de fille du prof, était la coqueluche des garçons. Lui succéda un instituteur à lunettes qui nous tapait sur les doigts avec sa règle en chêne lorsque nous faisions des fautes en écrivant avec nos plumes Sergent-Major. Lors de sa première classe de chant, notre instituteur si sérieux devint tout rouge alors qu'il entonnait d'une voix de fausset : « Ne pleure pas Jeannette… », probablement embarrassé de devoir se livrer à une activité aussi frivole que la chanson, qui ne le montrait de plus pas à son avantage. Nous devions aussi apprendre par cœur *La Marseillaise*, hymne guerrier qui me laissa perplexe : je ne comprenais pas comment un sang pouvait être « impur » et je n'avais aucune envie de « former des bataillons »… Il nous fallait aussi réciter par cœur des poèmes que j'aimais bien tels que : « Petit bonhomme, gaule tes pommes. / Ah la bonne odeur de pomme ! / Ah la bonne odeur d'automne ! »

Je m'essayais à la poésie, mais n'y montrai guère d'aptitudes, aussi il me sembla tout à fait astucieux de copier des vers trouvés dans la bibliothèque familiale. Je fis bien rire mon père lorsque je lui présentai l'une de mes « compositions » qui se terminait ainsi : « Ou, penchés à l'avant de blanches caravelles, / Ils regardaient monter en un ciel ignoré / Du fond de l'Océan, des étoiles nouvelles. » Il avait lu José-Maria de Heredia avant moi.

Ève n'était pas en reste, mais dans un style plus ingénu, annonciateur de son talent de poétesse : dans l'un de ses devoirs d'histoire, elle écrivit que « les Gaulois vivaient dans des ruches et leur chef s'appelait Vingt-cinq Hectorix », ou encore que « Pasteur inoculait la rage à des cow-boys ». Outre son imagination féconde, qu'elle conserva toute sa vie, Ève faisait déjà preuve des admirables qualités de générosité et de don de soi qu'elle allait déployer plus tard dans son métier à l'hôpital Sainte-Anne. Elle prenait spontanément soin des laissés-pour-compte et devint amie avec Boris, un jeune enfant de la DDASS en pension chez une nourrice. Boris était toujours plein de joie et déclarait en ouvrant grand les bras : « La vie, c'est grand comme ça ! », ou encore, avec une logique implacable : « La vie ne peut pas mourir, puisque c'est la vie. »

Les soirs d'été, j'apprenais le nom des étoiles avec le fils aîné des voisins, qui devint plus tard père jésuite.

La famille la plus en vue du village était les Geoffroy de Chaume. Au Mexique, mes parents s'étaient liés d'amitié avec l'un des fils, diplomate, François, et son épouse Nelita ; ce sont eux qui leur avaient suggéré de venir habiter à Valmondois. « Madame Mère » était une aïeule à la voix cassée et au visage fin couronné de cheveux blancs recouverts d'un foulard. Elle semblait sortie tout droit d'une de ces anciennes peintures à l'huile. Elle avait dix enfants qui vivaient dans différents pays mais se retrouvaient régulièrement dans la maison familiale. Un grand portail en bois massif peint en bleu délavé menait à celle-ci. Il s'ouvrait avec force grincements sur une cour pavée, au bout de laquelle s'élevaient les niveaux d'un jardin en terrasse. Dans l'entrée trônait un téléphone à manivelle en laiton encastré dans une boîte en bois, l'un des rares du village (pour notre part, nous n'en avions pas) avec lequel on pouvait appeler l'opératrice du bourg voisin, L'Isle-Adam, pour être mis en relation avec le correspondant désiré.

La pièce la plus attirante de cette vaste demeure, la salle de musique, se situait au premier niveau du jardin. Cette immense pièce aux planchers vermoulus et aux tentures de velours pourpre abritait une multitude d'instruments, du piano à queue au cor de chasse en passant par la harpe et tout un éventail de flûtes à bec, disposées ici et là ou accrochées aux murs. Les enfants étaient tous d'excellents musiciens. La fille aînée, Cécile, qui vivait en Espagne, était pianiste concertiste. Antoine était un claveciniste et musicologue de renom. Un autre fils, Jean-Pierre, qui avait vécu et s'était marié au Laos, jouait de la flûte à bec, mais aussi de toutes sortes d'instruments bizarres, dont des guimbardes en fer et en bambou, des flûtes mexicaines en terre cuite en forme de tortue, et bien d'autres encore que nous écoutions avec ravissement. J'assistais, fasciné, aux concerts familiaux, un peu triste et embarrassé de ne savoir jouer d'aucun instrument. Des années plus tard, adolescent, de retour à Valmondois, j'eus la joie de jouer enfin à mon tour pour Jean-Pierre et quelques autres amis la transcription d'une suite pour violoncelle de Bach, sur la guitare classique que mon professeur et luthier Christian Aubin avait fabriquée pour moi de ses propres mains. Je devins aussi un adepte de la guimbarde.

Ma grand-mère paternelle avait prêté de l'argent à mes parents pour acheter un petit appartement à Paris. Il fut tout d'abord loué afin de rembourser le prêt. Une fois la majeure partie du coût remboursée, nous y emménageâmes et ma grand-mère s'installa à Marseille, où vivait son second fils, Michel Ricard, qui fut officier en Indochine durant la guerre, puis en Mauritanie, et pour lequel elle s'inquiétait beaucoup, et d'autres membres de la famille. Lorsque nous étions encore à Valmondois, lors de ses permissions en France, tonton Michel, que j'aimais beaucoup, venait nous rendre visite avec sa grosse moto Puch qui me fascinait. Le déménagement fut un choc pour moi. J'avais dix ans seulement et devait quitter la nature dans laquelle je m'épanouissais pour la grisaille et l'asphalte de la ville. Mon père souhaitait vivre dans la capitale et voulait également que nous y effectuions nos études. François Geoffroy-Dechaumes avait récemment donné l'hospitalité pendant quelques mois, dans l'une de ses maisons sur la colline de Valmondois, à deux moines tibétains réfugiés en France, et lorsque ma mère plaida pour la campagne, mon père lui fit remarquer en parlant de moi sur un ton sarcastique : « Vous voulez sans doute qu'il apprenne le tibétain ! » Il ne croyait pas si bien dire.

En 1956, j'entrai au lycée Janson de Sailly, en classe de sixième, où je ne brillai guère. Je m'ennuyais ; le grand air et la liberté de la vie communale me manquaient, ici, tout semblait formel, désincarné et contraignant. En quatrième, on voulut que je redouble. Ma mère alla rencontrer le professeur principal et lui dit : « Mais monsieur, mon fils est intelligent ! » « Toutes les mères disent ça... » rétorqua le professeur, ajoutant : « Quand je parle, il me regarde les yeux écarquillés. » Mon père, qui enseignait la philosophie au lycée Jean-Baptiste Say, m'y fit admettre pour m'éviter cet embarras dans ma scolarité. Dans ce nouvel établissement, je brillai davantage pour mes talents de gardien de but lors des matches de foot que pour mes prouesses académiques. L'année suivante, de retour à Janson, je fis, au cours des dernières années de lycée, quelques progrès notables dans certaines matières, pour la simple raison que j'appréciais beaucoup mes professeurs d'histoire-géographie et de physique. De fait, je fus souvent premier dans ces matières.

Pendant les vacances, nous allions dans les Alpes ou au Croisic, en Bretagne. Le fait que ma chère grand-mère aille à la pêche, en compagnie d'autres « bonnes personnes », dont des bigoudènes bretonnes qui portaient encore leurs belles coiffes blanches, alignées sur le quai du port, m'incitait à considérer cette activité comme tout à fait respectable. Ce n'est qu'à l'âge de treize ans que je me rendis compte de son caractère aberrant. Ce revirement fut déclenché par la sœur de mon meilleur ami, dont j'étais fort épris (bien qu'elle ne prêtât guère attention à ma flamme non déclarée). Un jour, elle me regarda droit dans les yeux et me demanda : « Toi aussi tu pêches ? » Ce fut comme si un mur s'écroulait : je pris soudain conscience du caractère aberrant de cette activité qui consiste à infliger des souffrances et à interrompre une vie dans le seul but de se faire plaisir. Je renonçai à tout jamais à la pêche. Il m'avait suffi de me mettre quelques instants à la place du poisson, d'imaginer ce que je ressentirais si on me tirait de l'eau avec un gros hameçon dans la bouche. Je venais de découvrir, sans en connaître encore le mot, « l'empathie ».

◈

J'ai longtemps voulu devenir médecin, chirurgien même. Mais après avoir passé le bac et avoir été admis en Maths sup, j'hésitai entre la médecine et la physique. « Les médecins ne manquent pas, me dit mon père. La biologie est la science de l'avenir. » Pour une fois, je suivis son conseil et entrai à la faculté des sciences de Jussieu en licence de biologie, physique et chimie. Mon père m'avait donné le goût de la rigueur intellectuelle. C'était un grand travailleur et un journaliste qui connaissait et vérifiait consciencieusement ses sources. S'il dirigeait encore aujourd'hui *Le Point*, il se serait montré impitoyable envers les *fake news* et autres théories fumeuses. Il avait une mémoire étonnante et pouvait faire référence avec précision à un vaste nombre d'articles et de livres qu'il avait consultés. Né Jean-François Ricard, il prit un nom de plume un jour qu'il se trouvait à la terrasse d'un bistrot avec son grand ami l'historien Pierre Nora. Il souhaitait prendre un pseudonyme pour écrire des pamphlets égratignant des intellectuels de l'époque – il publia ainsi *Pourquoi des philosophes* ou *La Cabale des dévots* –, sans que ces polémiques n'influencent ses élèves du lycée. Le bistrot s'appelait « Chez Revel ». Le nom était trouvé. Jean-François Revel.

J'avais dix-huit ans lorsque mon père quitta ma mère ; c'était là la suite logique d'un processus débuté depuis un moment déjà, et cet événement n'eut guère d'impact sur moi. Ma mère reprit alors son nom de jeune fille, Yahne Le Toumelin, ce qui explique que ma sœur et moi portions un nom de famille différent de celui de nos parents. Peu avant mon premier voyage en Inde, mon père se remaria avec Claude Sarraute. Ils eurent un fils, Nicolas. Né en 1966, il était jeune enfant à l'époque et nous n'habitions pas sous le même toit. Ce n'est donc que plus tard que nous sommes devenus proches. Aujourd'hui, c'est avec une tendresse teintée de tristesse que ma mère évoque mon père ; il ne lui a pas accordé beaucoup d'égards. Elle vint pourtant de Dordogne lui rendre visite à l'hôpital, peu de temps avant sa mort, alors qu'il venait de perdre pratiquement conscience, et lui murmura quelques paroles affectueuses. Ma mère, qui fut toujours une personne bienveillante et généreuse, n'exprimait jamais d'animosité envers qui que ce soit et parlait de mon père sans rancœur. Mais c'est cependant des mots moins amènes, qui, à travers lui, visaient tous les intellectuels du même genre, que je découvris sous sa plume, dans l'un de ses carnets, alors que je préparais les textes du livre consacré à sa peinture, *Lumière, Rire du ciel*[2] : « C'était un intellectuel bourré de concepts qui buvait trop et qui dirigeait une entreprise de confitures d'opinion : un grand journal. » Ma mère a toujours eu l'art de la formule. À l'heure de la vaisselle, elle aimait à dire : « Je suis une femme de méninges ; je pense donc j'essuie. »

☙

Mon oncle maternel, Jacques-Yves Le Toumelin, était pour moi comme un deuxième père. L'un des pionniers de la navigation en solitaire, il réalisa, entre 1949 et 1952, un tour du monde sur un cotre norvégien de dix mètres de long sans moteur. *Kurun autour du monde*, le récit de son odyssée, reste un classique de la littérature de voyage maritime en solitaire. Plusieurs décennies après son « tour du monde tranquille », il était stupéfait d'apprendre les records de vitesse des navigateurs qui tournaient autour du globe sans escale à des vitesses peu concevables à son époque. Après son deuxième voyage, aux Antilles, il avait envisagé de naviguer vers l'Inde, un rêve qu'il ne devait malheureusement jamais réaliser.

Il fut une grande source d'inspiration et m'incita à lire nombre d'écrits métaphysiques et spirituels qui occupaient les rayons de sa bibliothèque. Fervent lecteur du Vedanta (les Upanishads de Sankarâchârya), du soufisme (Ibn Arabi), de Maître Eckhart et de la *Petite Philocalie de la prière du cœur*, il vouait une admiration particulière à René Guénon et à ses ouvrages métaphysiques. Il aimait et respectait les livres et recouvrait chaque nouvel ouvrage de papier cristal pour en protéger la couverture. D'une extrême méticulosité, il nous rappelait, à Ève et moi, qu'un marin ne pouvait pas se permettre de négliger quoi que ce soit sur son bateau, au risque de se mettre en danger. Non content d'appliquer ce principe au Kurun, il l'étendait aux dix hectares de la propriété de Gwenved, sur la presqu'île de Pen-Bron. Il nous demandait de passer de l'herbicide Roundup au pinceau sur les sections de ronces et d'ajoncs qu'il avait coupés. Il est tristement possible que cela ait joué un rôle dans la maladie de ma sœur, touchée très jeune, à 43 ans, par la maladie de Parkinson ; nous connaissons aujourd'hui la nocivité de ces produits, et leur lien avec ce mal. C'est dans cette vaste propriété, acquise sur le tard, que mes grands-parents maternels finirent leur vie. Mon grand-père, Victor Le Toumelin, était commandant au long cours sur les trois-mâts à voiles, et ma grand-mère Yvonne, une femme haute en couleur qui fut infirmière, avec sa sœur, durant la guerre de 14-18. Elle ne manquait pas de caractère et savait mener son monde. À 90 ans, elle conduisait encore sa 2CV Citroën, brûlant occasionnellement les feux rouges de Guérande.

Je garde de mémorables souvenirs des dîners autour de la longue table familiale en chêne massif, face aux eaux tranquilles du Traict du Croisic, avec quelques bons amis de la région, notamment Jean et Nanie Desnos, avec qui je naviguais tous les étés sur leur voilier, l'*Altaïr*. Les discussions se poursuivaient jusque tard dans la soirée. On y évoquait des contrées lointaines et explorait les diverses traditions spirituelles.

Régulièrement, des voyageurs et explorateurs plus ou moins excentriques passaient voir mon oncle. Je me souviens de Marcel Bardiaux, qui traversa quarante fois l'Atlantique en solitaire, de Bernard Moitessier, le « vagabond des mers » comme il se surnommait lui-même, ou du « Roi du balata », un petit bonhomme jovial, tatoué de la tête au pied, venu avec toute sa famille, et qui devait ce surnom à son art de fabriquer des figurines en latex issu de l'arbre balata qu'il vendait ensuite dans toutes les Antilles. Ou encore me revient en mémoire ce grand énergumène au visage balafré, coiffé d'un chapeau de cow-boy, équipé d'un poignet de force et de bottes en cuir, arrivé de Mongolie au volant d'une voiture américaine décapotable rouge vif, un chien de berger d'Asie centrale grand comme un veau assis sur le siège arrière. C'était là l'assemblée picaresque des amis de mon oncle qui, un jour, de passage à Paris, souhaitant rendre visite à un autre de ces pittoresques personnages, découvrit ce simple message épinglé à sa porte : « Je suis parti à pied pour Tombouctou. »

Tous les soirs, mon oncle consignait de sa belle écriture soignée, dans l'agenda de l'année, les faits marquants de la journée : travaux, visites. Il utilisait un stylo à encre dont il prenait grand soin et qu'il conserva toute sa vie. Sur sa table de travail se trouvaient aussi un chronomètre de marine qui donnait l'heure avec précision et une photo du grand sage de l'Inde Ramana Maharshi, dont le visage lumineux m'inspira à mon tour. Au-dessus, une magnifique aquarelle, réalisée par le célèbre peintre de marine Marin-Marie, donnait à voir le *Kurun* aux prises avec une forte mer.

Sur le tard, il rompit avec sa vie de « navigateur solitaire » sur les océans comme sur terre et se maria. Son épouse, Josée, donna naissance à trois enfants, Marie-Ange, Victor et Lucie, qui lui furent une grande source de joie et veillent aujourd'hui sur le patrimoine unique de Gwenved, signifiant en breton « le monde blanc », en référence au « cercle de la félicité et de la plénitude », une enclave paisible entre les dix mille hectares de marais salants de la presqu'île Guérandaise, le Traict du Croisic, les bois de Pen-Bron et l'océan Atlantique.

Après mon voyage à Darjeeling, j'ai souvent convié mon oncle à Paris lors de visites de grands maîtres tibétains. Il put ainsi rencontrer Kalou Rinpoché, l'un des premiers maîtres tibétains à avoir enseigné en Occident, et Dudjom Rinpoché, le maître si impressionnant que j'avais moi-même eu le bonheur de rencontrer lors de mon premier séjour en Inde. Profondément marqué par cette dernière rencontre, il récita tous les jours, jusqu'à sa mort, avec la pleine conscience qui le caractérisait, le mantra que le maître lui avait transmis avec le rosaire qu'il lui avait donné. Il avait, selon ses propres paroles, rencontré un « libéré vivant », c'est-à-dire un être qui est parvenu à la plus profonde réalisation spirituelle.

Dans ses dernières années, mon oncle disait parfois d'un ton pensif, comme s'il scrutait les profondeurs de l'inconnu : « La vie, c'est quand même une drôle d'histoire... », et restait silencieux quelques instants. Il nous arrivait de passer de longs moments sans prononcer un mot, assis l'un à côté de l'autre, entre deux discussions, dans la grande pièce lumineuse de sa maison aux immenses fenêtres. On y trouvait une vaste bibliothèque, sa table de travail, de magnifiques maquettes d'époque de trois-mâts, un gros poisson-lune naturalisé, hérissé de piquants, une longue table massive couverte de beaux livres, une cheminée en granit, et une longue-vue avec laquelle nous observions les oiseaux aquatiques qui abondaient à l'époque, bernaches et limicoles venus du Grand Nord. Soixante ans plus tard, leur déclin massif est une évidence autant qu'un crève-cœur. On sait maintenant que depuis 1970, les populations d'animaux sauvages dans le monde ont été réduites de deux tiers ; c'est là l'empreinte tragique que le super-prédateur que nous sommes devenus inflige au monde sauvage.

J'étais au Népal lorsque mon oncle, âgé de quatre-vingt-dix ans, est mort. Sa fille Marie-Ange me confia qu'avant de rendre son dernier souffle, il prononça le nom du fils aîné de Kangyour Rinpoché, « Péma » (Lotus), qui s'était rendu à plusieurs reprises à Gwenved. Lui avait-il rendu visite dans ses perceptions de mourant ?

☙

Je repense à ma famille, à mes êtres chers, avec émotion et réalise la chance que j'ai eu de vivre une enfance heureuse, qu'aucun drame n'a entachée, auprès de parents et de proches aimants. Je me passionnai pour l'ornithologie (je baguais des oiseaux, dont l'un, un *Pouillot fitis*, fut retrouvé en Afrique du Sud !) après avoir rencontré André Fatras, pionnier de la photo animalière, qui m'initia aussi à la photographie ; l'astronomie (j'ai même commencé à construire un télescope, projet bien vite abandonné) ; ou encore la musique classique, grâce aux disques que m'offrit mon père et que j'achetais avec mon argent de poche dans le magasin qui se trouvait juste en face du lycée Janson. Bien que mon parcours scolaire n'eut rien de flamboyant, je reçus une éducation solide dans laquelle je progressai à mon rythme, jusqu'à la faculté de biologie, discipline pour laquelle je nourrissais un intérêt sincère et profond. Pourtant, quelque chose me manquait, il y avait ce vide en moi que ni les valeurs ni les objectifs de vie que nous propose la culture occidentale contemporaine ne pouvaient combler. Au moment du choix décisif qui aurait dû orienter mon existence, il me manquait un modèle de vie cohérent et une orientation claire pour donner un sens à ma vie. Je savais ce que je ne voulais pas : un boulot tranquille et ennuyeux jusqu'à la fin de mes jours. J'éprouvais au fond de moi le pressentiment que la vie recelait un immense potentiel, mais, à cette époque, j'aurais été bien incapable d'en formuler les qualités.

Descendre au petit matin des champs immaculés de neige de printemps sur laquelle on glisse comme sur du velours, naviguer à la voile sur le bateau d'amis de mon oncle marin sous une douce brise et un azur lumineux, tout cela engendrait en moi des sentiments exaltants de communion avec la nature et même parfois le monde dans sa totalité. Au fond de moi-même, j'étais loin d'être triste ou malheureux, mais la dimension spirituelle qui ouvre tous les possibles et fait que chaque jour vaut la peine d'être vécu était encore absente.

J'eus la chance de rencontrer dans mon adolescence un grand nombre de personnes diversement remarquables. Dans l'appartement familial, rue de la Tour, nombre d'intellectuels parisiens, écrivains et philosophes – Stéphane Lupasco, Louis Althusser, André Fermigier, Olivier Todd... pour ne citer qu'eux –, des peintres – parmi lesquels Pierre Soulages et sa femme Colette, George Mathieu, Hans Hartung et Zao Wou-Ki – venaient rendre visite à mes parents. Ma mère cuisinait avec talent pour tout le monde. Pendant les vacances, nous étions parfois en compagnie de Jean Delsarte, un éminent mathématicien du groupe Bourbaki. Je rencontrai également nombre de grands musiciens. À l'âge de seize ans, j'eus le privilège de déjeuner dans un restaurant parisien avec Igor Stravinsky et son assistant, invité par une journaliste du *New York Times*, amie de mes parents, qui devait l'interviewer et connaissait ma passion pour la musique classique. Il me dédicaça une partition de son œuvre *Agôn*, que j'avais apportée, avec ces mots : « À Matthieu, *Agôn* que j'aime beaucoup moi-même. » Il y a dans ce ballet un court aparté de mandoline qui évoque les plus belles gavottes de Bach.

Aussi fécondes et instructives qu'aient pu être ses rencontres, j'étais perplexe, déconcerté, face au fait qu'il ne semblait pas y avoir de corrélation entre le génie particulier de ces individus et le fait de se comporter en être humain foncièrement bon. Aussi brillant que l'on puisse être, l'intelligence, la créativité, le savoir ne semblent avoir aucun lien direct avec la bienveillance ou la malveillance, le bonheur ou le mal-être. Il y avait des philosophes sympathiques et chaleureux, d'autres exécrables ; il en allait de même des musiciens, des jardiniers, des savants et des charpentiers. Un jour, quelqu'un me demanda qui je souhaitais prendre comme modèle de vie. Je ne sus que répondre ; l'époque n'offrait guère de personnages illustres en qui se projeter. Pelé est un magnifique point de repère pour celui qui joue au football, Sviatoslav Richter pour celui qui aspire à jouer du piano, Dostoïevski pour celui qui s'adonne à la littérature et Bobby Fisher pour celui qui se passionne pour les échecs. À l'époque peut-être, j'aurais souhaité posséder le génie particulier de ces personnes d'exception, mais pas nécessairement leur qualité d'être. Nous rencontrons rarement quelqu'un qui nous fasse penser : « J'aimerais être comme lui, ou elle. »

Tout devait changer avec la rencontre de Kangyour Rinpoché. Sa qualité d'être me montrait ce qui gît au bout du chemin, un chemin de transformation qui mène de l'égarement à la sagesse, de la souffrance à la libération et de l'égocentrisme à une bonté inconditionnelle. Un processus irréversible était enclenché, mais le moment de changer de vie n'était pas encore venu.

CHAPITRE 5
À l'Institut Pasteur

Cinq ans de recherche en génétique cellulaire dans le laboratoire du prix Nobel François Jacob. Les débuts d'une carrière scientifique mise en veille après ma thèse de doctorat.

Au retour de mon premier voyage en Inde, à la fin de l'été 1967, je posai ma candidature pour entrer à l'Institut Pasteur dans le laboratoire de François Jacob. Par un heureux concours de circonstances, au même moment, un ami commun, le professeur Pierre Aboulker, avait mentionné à François Jacob que je construisais un clavecin. Qui sait si François Jacob pensa que cela dénotait des aptitudes variées et si cette anecdote influença sa décision ? Toujours est-il qu'après une courte entrevue, il m'accepta. À dire vrai, je n'avais jamais eu ni l'intention ni les capacités de construire un clavecin. Je souhaitais bien en acquérir un qui devait venir du Royaume-Uni, fabriqué par le fameux facteur londonien William de Blaise, mais après mon voyage en Inde, je renonçai à ce projet qui aurait englouti mes économies. Reste que mon entrée à l'Institut Pasteur repose peut-être finalement sur un malentendu !

Je n'avais que vingt et un ans lors de ma première entrevue avec François Jacob ; j'avais en effet passé mon bac à seize ans et entrepris ensuite quatre ans et demi d'études universitaires. Mon futur patron me conseilla de passer tout d'abord un DEA de génétique à Gif-sur-Yvette, pour approfondir mes connaissances dans ce domaine avant de me lancer dans la recherche. Les choses se passèrent au mieux, notamment grâce aux événements de Mai 68 : j'obtins le certificat de génétique sur décision des enseignants, sans avoir à passer l'examen final. En raison de l'agitation régnante, les universités étaient en effet fermées pour la plupart. À l'automne 1968, ma mère étant repartie pour un voyage de plusieurs mois en Inde, nous occupions seuls l'appartement familial, moi, ma sœur, qui avait entrepris des études d'orthophoniste, et Christine Machenaud, ma compagne, qui allait partager ma vie durant ces années de recherche,

À l'Institut Pasteur

J'eus beaucoup de chance d'intégrer à cette époque le prestigieux service de génétique cellulaire de François Jacob. Il avait reçu, en 1965, le prix Nobel de médecine avec André Lwoff et Jacques Monod pour leurs découvertes sur le mécanisme d'expression et de régulation des gènes. En contraste avec sa notoriété, le laboratoire était petit, cinq pièces en tout : le bureau de François Jacob et celui de sa secrétaire, une grande pièce qui était son lieu de travail avec une laborantine, une pièce allouée au chercheur japonais Yukinori Hirota, avec qui j'allais travailler, et une autre occupée par mon collègue et ami Maurice Hofnung, de quelques années mon aîné, qui avait déjà débuté son travail de thèse. Jean-Pierre Changeux – neurobiologiste bien connu des biologistes pour le modèle Monod-Wyman-Changeux – disposait d'une pièce un peu plus loin. Au bout du couloir, le laboratoire de Jacques Monod était à peine plus grand. Je fus donc confié à mon mentor immédiat, Yukinori Hirota, un chercheur exigeant avec qui je m'entendis très bien. Deux laborantines, Chantal et Marie-Claude, que j'appréciais beaucoup aussi, nous assistaient dans nos travaux. C'est ainsi que je débutai une thèse de doctorat et ma courte carrière de chercheur.

Il régnait à Pasteur, dans notre rez-de-chaussée des départements de biologie moléculaire et de génétique cellulaire, une effervescence intellectuelle des plus stimulantes. Des discussions animées se tenaient dans les labos, la bibliothèque, et à tout moment dans le long couloir sur lequel donnaient les salles de travail.

L'atmosphère était à la découverte et la créativité, mais aussi à la bonne humeur. En passant d'un labo à l'autre, François Jacob sifflait le thème du quintette pour clarinette de Mozart, tandis que Jean-Pierre Changeux chantonnait des airs d'opéra. Quant à David Perrin, le fils du physicien François Perrin, il portait deux montres, une à chaque poignet. Pourquoi ? « Juste comme ça... », me répondit-il lorsque je m'enquis des raisons de cette originalité. Je portais moi-même autour du poignet des cordelettes rouges bénies par Kangyour Rinpoché et d'autres maîtres ; dans les labos voisins, la rumeur courait que j'étais devenu le « chef d'une tribu du Cachemire ».

L'Inde était cependant bien loin de moi, même si je m'y retrouvais chaque jour en pensée. Le matin tôt avant de partir à Pasteur et le soir en rentrant, je ne manquais pas de consacrer au moins une demi-heure à la méditation. La demi-heure matinale en particulier conférait une saveur particulière à la journée et se maintenait en filigrane de mes pensées comme un point de référence et une source d'inspiration. Si les circonstances venaient à m'en priver, j'avais le sentiment qu'il manquait quelque chose à mon équilibre spirituel, comme il aurait manqué quelque chose à mon hygiène physique si j'avais négligé de faire ma toilette matinale et de marcher un kilomètre pour prendre le métro qui me menait à l'Institut Pasteur.

Au déjeuner, André Lwoff, le patriarche discret à qui chacun vouait le plus grand respect, Jacob, Monod, les chercheurs étrangers en visite et la plupart des membres des deux laboratoires se retrouvaient autour d'une longue table, sous une verrière, derrière la bibliothèque. Chacun apportait sa gamelle, préparée chez lui, et les conversations allaient bon train, essentiellement focalisées sur nos recherches.

François Jacob passait de temps à autre dans notre labo pour s'enquérir de nos progrès ou passait la tête par la porte pour me convier dans son bureau. « Quoi de neuf ? » lançait-il généralement pour s'enquérir des dernières nouvelles. Je lui relatais succinctement l'état de mes recherches. Il posait des questions et offrait des suggestions qui allaient droit au cœur des problématiques puis, tout en tirant quelques bouffées de sa pipe, me demandait : « Comment va l'immense Hirota ? » (bien que de petite taille, Yukinori Hirota débordait d'énergie), puis terminait le plus souvent par un « Bon... c'est bien ». J'avais une bonne relation personnelle avec François Jacob, respectueuse et nourrie d'une sympathie qui, j'aime à le croire, était mutuelle. Doué d'une grande et généreuse intelligence, il pouvait cependant sembler un peu lointain, comme si une ombre de tristesse peut-être planait sur lui. Mais il était un fin observateur, et un homme avenant doté d'un solide sens de l'humour. Il compte parmi les personnalités qui m'ont marqué.

J'étudiais la division cellulaire d'une bactérie très utilisée en recherche, l'*Escherichia coli*, le « colibacille » qui se divise toutes les trente minutes. La chance me sourit ; je m'aperçus rapidement qu'en augmentant la teneur en sel du milieu sur lequel se développaient ces bactéries, des souches mutantes, qui cessaient de se diviser à haute température et formaient de longs filaments, recommençaient à se diviser. J'étudiai plus avant cet « effet de sel » et localisai également sur le chromosome un certain nombre de gènes impliqués dans la division cellulaire. Ces découvertes me permirent de passer ma thèse de doctorat assez rapidement, à l'âge de 26 ans.

☙

À l'époque de mes années à l'Institut Pasteur, il était de bon ton d'être trotskyste, et j'étais comme beaucoup inconscient des atrocités commises par les bolchéviques et leurs successeurs, tout comme des horreurs du régime maoïste. Il était même bien vu, parmi certains de mes jeunes amis chercheurs, de poser sur la table le *Petit Livre rouge* de Mao, jusqu'à ce que Simon Leys, ami de mon père, publie en 1971 son ouvrage accablant sur le Grand Timonier, *Les Habits neufs du président Mao*, qui suscita pourtant les cris effarouchés de l'intelligentsia parisienne. Aragon trouvait Mao «génial» et Sartre estimait que «contrairement à Staline, Mao n'a[vait] commis aucune faute», aveugles qu'ils étaient aux cinquante millions de morts dont il fut directement responsable. Mon meilleur ami, Pierrot, venait d'une famille d'ardents communistes et je tenais des discussions animées avec ses parents. J'ai alors adhéré momentanément à la «Jeunesse» du Parti socialiste unifié (PSU) dont mon père était aussi membre. Un jour, je me rendis à une réunion si ennuyeuse que mon intérêt pour le militantisme politique s'évanouit d'un coup. Plus tard, dans les années 1970, au fil de mes voyages, j'informai mon père de toutes les atrocités commises au Tibet où un cinquième de la population finit par périr dans les camps de travaux forcés chinois, les *laogaïs*, et du «génocide culturel» qui y était perpétré. Il fut alors l'un des premiers penseurs à dénoncer sur les ondes, notamment lors de ses chroniques sur Europe 1, la mainmise brutale du régime communiste chinois sur le Toit du Monde et l'absence de réaction de la communauté internationale. Plus tard, en 2000, il publia *La Grande Parade*, ouvrage dans lequel il dénonçait l'étrange soumission de nombre de penseurs et d'hommes politiques français aux régimes staliniens et maoïstes.

☙

Ces cinq années passées à Pasteur, durant lesquels j'étais attaché de recherche au CNRS, s'avérèrent éminemment formatrices. Et sous l'égide bienveillante de François Jacob et Yukinori Hirota, je me familiarisai avec la méthodologie scientifique, qui me fut très précieuse par la suite.

Une hypothèse scientifique doit non seulement se prêter à une vérification expérimentale, mais aussi présenter la possibilité d'être réfutée par des faits qui, s'ils se produisent, prouveront sa fausseté. Si une théorie est formulée de telle façon qu'elle soit invariablement vérifiée, quels que soient les faits observés, elle ne fait pas progresser l'état des connaissances. Comme l'explique Karl Popper, une théorie qui ne peut, en principe, être démentie – dite «infalsifiable» – n'est pas une théorie scientifique, c'est une idéologie.

On pourrait définir la «science» comme l'ensemble des connaissances et des moyens d'investigation qui permettent d'acquérir une juste compréhension de la réalité. La science peut s'appliquer à des domaines d'investigation très variés: la logique et les mathématiques, les données mesurables du monde physique, l'organisation, les lois et la dynamique des systèmes interdépendants qui constituent notre univers, la vie en général et le fonctionnement de notre cerveau en particulier, les comportements des êtres vivants, ainsi que les modalités de leurs expériences vécues, etc. La science inclut tous les domaines d'investigation possibles et concevables à condition que cette investigation soit menée d'une manière rigoureuse et consciencieuse qui nous rapproche de la réalité, nous permet d'en élucider la nature. En aucun cas la science ne peut ni ne doit nous éloigner du réel, ni l'ignorer ou le déformer par des fabrications mentales. Ces points de repère sont précieux dans un monde où tant d'élucubrations plus invraisemblables les unes que les autres inondent Internet et les conversations.

On m'a souvent demandé – et je me suis certes interrogé à ce sujet – si mon intérêt pour le bouddhisme, sa philosophie et sa pratique, ne m'avait pas éloigné de la démarche scientifique. Cela aurait fort bien pu se produire, mais ce ne fut pas le cas. L'un des buts principaux énoncés par la philosophie bouddhiste est de «combler le fossé entre les apparences et la réalité», c'est-à-dire de vérifier si nos impressions, nos perceptions et nos croyances sont ou non en adéquation avec la réalité. Le bouddhisme montre comment, par égarement, sans nous soucier de la validité de nos impressions, nous acceptons une vision déformée de la réalité: nous prenons pour permanent ce qui change constamment et croyons voir des entités autonomes dans ce qui n'est qu'un flux dynamique de phénomènes interdépendants. Le bouddhisme met lui aussi l'accent sur les moyens d'acquisition d'une «connaissance valide», *pramana* en sanskrit. Ainsi, le Dalaï-lama ne cesse d'insister sur la nécessité d'analyser incessamment les phénomènes jusqu'à parvenir à une conclusion qui ne peut être invalidée par la logique ni démentie par un examen impartial et critique de la réalité.

Le bouddhisme invite à se livrer à une analyse de la réalité extérieure et de la façon dont nous percevons cette réalité, mais son principal domaine d'investigation est le fonctionnement de notre esprit. Comment ce dernier peut-il construire des mondes de souffrance ou, au contraire, nous aider à nous libérer de l'égarement qui mène à la souffrance ? Les domaines d'investigation de la science contemporaine et du bouddhisme ne se recouvrent pas entièrement, mais ils ont une aspiration commune à comprendre le monde des phénomènes physiques et mentaux et à appréhender leur nature ultime.

Je n'ai donc jamais senti de tensions entre mes recherches scientifiques en biologie moléculaire auprès de François Jacob et de son équipe et mon apprentissage du bouddhisme auprès de mes maîtres. La seule divergence que je ressentais en ce début des années 1970 venait d'un manque de cohérence entre mes aspirations les plus profondes et la façon dont je menais mon existence. À mesure que passaient les années, ponctuées de voyages estivaux à Darjeeling, je me rendais compte qu'à Pasteur, mon esprit s'envolait constamment vers Darjeeling, tandis qu'arrivé à Darjeeling, j'oubliais bien vite l'Institut.

CHAPITRE 6

Sept allers-retours et un aller simple

Entre 1967 et fin 1972, je profite de mes congés pour retrouver mon maître et suivre ses enseignements. J'annonce à mon père que je vais passer de la recherche en biologie à celle de l'Éveil.

Entre 1968 et 1972, à chaque été qui approchait, j'anticipais avec une joie sans mélange le retour auprès de mon maître Kangyour Rinpoché. Dès l'envol de l'avion, chaque heure, chaque pays survolé prenait une saveur toute particulière en sachant que je me rapprochais d'autant de Darjeeling. Je me représentais la demeure de mon maître, l'imaginais assis, lumineux et bienveillant ; je me projetais déjà en sa présence. Chaque voyage approfondissait mon lien avec lui et augmentait mon désir de me consacrer pleinement à la pratique spirituelle sous son égide.

Lorsqu'en juin 1968 j'arrivai à Darjeeling, j'appris que Kangyour Rinpoché avait déménagé au hameau de Rose Bank, au sud de Darjeeling, dans une petite maison en bois de deux pièces, enserrée parmi d'autres. L'intérieur pourtant était proche de celui du foyer de mes souvenirs. Quelle émotion de revoir mon maître ! Je repris mes méditations en sa présence et, cette année-là, par l'intermédiaire de son fils Tulkou Péma Wangyal, il me donna des instructions de méditation très profondes qui avaient pour but de détruire l'attachement à la réalité solide des phénomènes. Ce ne fut que bien des années plus tard, lorsque je les pratiquais pour la seconde fois dans le cadre de la pratique graduelle de la voie du bouddhisme tibétain[1] – qui permet au disciple de franchir les étapes en fonction de ses progrès – que je pris pleinement conscience du privilège que j'avais eu de les recevoir si tôt. Je les mis en pratique avec assiduité, assis en face de mon maître, dans la petite pièce plutôt sombre, au plafond bas. Rinpoché était, lui, adossé à une petite fenêtre. Il portait une chemise rouge et une épaisse cape de laine autour de la taille. Sur la petite table en bois se trouvaient toujours sa tasse de thé et quelques objets.

Un après-midi, alors que je méditais, Rinpoché lança soudain son mala à travers la pièce. Il tomba dans mon giron, entre mes genoux croisés dans la position du lotus. Tulkou Rinpoché, son fils aîné, me dit simplement : « C'est le mala de Rinpoché. » Je ne savais que penser… Cela dépassait tout ce que je pouvais imaginer. Un peu gêné, je répondis poliment et maladroitement : « Mais Rinpoché l'utilise tout le temps. Comment récitera-t-il ses mantras ? » Kangyour Rinpoché éclata de rire et me montra la manière dont il pouvait aussi compter les mantras sur ses doigts : il posait le pouce sur la première phalange de l'index, puis sur la seconde, et ainsi de suite jusqu'à la dernière phalange et le sommet de l'annulaire, faisant dix. Tulkou Rinpoché m'expliqua plus tard que Rinpoché avait utilisé ce chapelet presque toute sa vie et qu'il avait récité pas moins de trois cents millions de mantras de sa déité tutélaire, Vajra Kilaya. Pour donner un ordre d'idée, un pratiquant qui réciterait des mantras du matin au soir pourrait atteindre le nombre de cent millions de mantras (*tongyour* en tibétain) en trois ans, au mieux. Le mala était fait de *rudra raksha*, une graine rouge orange pourvue de petites aspérités. En raison de nombreuses années d'utilisation, les perles étaient maintenant toutes lisses et de couleur marron foncé. Les deux extrémités du fil sur lequel les grains étaient enfilés passaient au travers d'un morceau de corail rouge percé en son centre, puis étaient réunies en un noeud.

Je chéris ce mala comme l'un de mes biens les plus précieux et l'ai longtemps porté autour du cou comme une relique. Mais, peut-être à cause de mon manque de mérite ou parce qu'il se desséchait, faute d'être utilisé pour faire des récitations – par respect je n'osais pas m'en servir pour réciter mes propres mantras –, au fil des ans les grains commencèrent à se fendre les uns après les autres. Lorsque l'un d'entre eux se brisait, je le conservais dans un reliquaire ou le plaçais dans un endroit élevé où personne ne le trouverait, tout en formant des vœux pour que ce grain, chargé des bénédictions de mon maître, répande le bien sur tous les êtres environnants. Aujourd'hui, ce qu'il reste de ce mala est préservé dans un *gao* (un petit reliquaire) en argent que je porte sur ma poitrine.

Une dizaine de jours après mon arrivée, lors de mon deuxième séjour auprès de Kangyour Rinpoché, celui-ci m'annonça qu'il devait se rendre à une grande cérémonie à Ghoom à l'invitation de Dudjom Rinpoché, patriarche très respecté de la tradition

Nyingmapa. Elle devait durer dix jours et autant de nuits, ce qui signifiait que je ne reverrais plus mon maître avant mon départ. Lorsque vint le moment de nous quitter, je fus submergé par l'émotion. Je m'assis tout près de lui sur un petit tabouret. Mes larmes se mirent à couler sans que je puisse les contrôler. Kangyour Rinpoché essayait de me consoler; il prit ma main dans la sienne et, plusieurs fois, il fit un geste allant de sa poitrine à la mienne. Tulkou Péma Wangyal me dit: «Il te donne son cœur», et ajouta: «Vous ne serez jamais séparés.»

༄

Au cours de mes séjours à Darjeeling, j'eus l'occasion de rencontrer plusieurs autres grands maîtres. Parmi eux, en 1968, le XVIᵉ Karmapa, Rangjoung Rigkpai Dorjé, qui irradiait d'une présence particulièrement imposante mais aussi d'une compassion inconditionnelle. C'est lui qui avait conseillé à ma mère de prendre ses vœux de moniale. Le «Bouddha Karmapa», c'est ainsi que l'on faisait parfois référence à lui, vivait au grand monastère de Rumtek, au Sikkim, petit royaume himalayen situé au pied du Kangchenjunga, encore semi-indépendant de l'Inde à cette époque. Une autre fois, alors que je me trouvais à Calcutta (désormais Kolkata) avec un lama, nous apprîmes que le Karmapa était de passage dans cette mégalopole bengali. Il nous donna rendez-vous dans l'hôtel où il résidait. Après l'entrevue, il me fut nécessaire de faire un détour par les toilettes. En sortant, je croisai de nouveau le Karmapa qui y entrait. En me voyant, il me gratifia du plus lumineux sourire que j'aie jamais vu sur un visage humain. Cet instant s'apparenta au soleil qui perce soudain les nuages et fait chatoyer un paysage ordinaire. Cette rencontre qui ne dura que quelques secondes resta gravée dans ma mémoire.

À Rumtek, j'eus également l'opportunité d'assister à la «cérémonie de la coiffe noire», l'une des plus solennelles qui soient, contrastant avec la simplicité et la spontanéité avec lesquelles le Karmapa accueillait tous ceux qui venaient à lui. Le Karmapa entra dans le temple principal du monastère précédé de musiciens et prit place sur un trône. Tandis que les moines invoquaient les maîtres de la lignée spirituelle et faisaient une offrande du mandala de l'univers, le Karmapa revêtit la coiffe rouge des *panditas*, les érudits de l'Inde, que les lamas portent aux moments primordiaux des rituels.

Sept allers-retours et un aller simple

Puis, au son des *gyalings*, instrument à vent et à anche double, un moine présenta au Karmapa un coffret peint de symboles multicolores dans lequel se trouvait, enveloppée dans une soie fine, la précieuse coiffe noire. Avec noblesse et dignité, le Karmapa ôta la coiffe rouge et se saisit à deux mains de la tiare noire ; il la posa délicatement sur sa tête et la maintint de sa main droite pendant toute la cérémonie, parfaitement immobile. On m'expliqua qu'il se visualisait sous la forme du bouddha de la compassion, Avalokiteshvara, tandis qu'il récitait silencieusement le mantra en six syllabes, *Om mani padmé hung*. *Om* est une syllabe de bon augure qui ouvre nombre de mantras ; *mani* signifie « joyau » et se réfère au vœu altruiste d'atteindre l'Éveil pour le bien de tous les êtres ; *padmé* signifie « lotus » et indique la nature de bouddha présente au cœur de notre conscience, même si nous sommes sous le joug de l'égarement, à l'image du lotus qui pousse immaculé dans la boue d'un étang ; enfin, la syllabe *hung* confère au mantra toute son efficience.

Au XIIe siècle, le premier Karmapa, Dussoum Khyénpa, eut, dit-on, une vision durant laquelle une myriade de *dakinis*, êtres célestes féminins dont le nom tibétain *khandro* signifie « celles qui se déplacent dans le ciel [de la vérité ultime] », lui offrirent une coiffe noire, faite de leurs propres cheveux. Au fil du temps, nombre de lamas et de pratiquants avancés, le XIIIe Dalaï-lama notamment, virent cette tiare noire apparaître spontanément sur la tête du Karmapa. Une réplique physique de la coiffe fut offerte au Ve Karmapa et utilisée par la suite au cours des cérémonies qui en exigent le port.

Dix minutes durant, le son hiératique et strident de deux gyalings résonna sur une note ininterrompue alors que le Karmapa portait la tiare. Il manifesta sans voiles toute la puissance de l'Éveil. Son regard resta fixé dans l'espace, droit devant lui, comme s'il contemplait l'infini. Son visage immuable exprimait de manière limpide le plan ultime de l'état de Bouddha, le *dharmakaya*. Le temps semblait suspendu.

Lors d'une entrevue avec le Karmapa, je lui demandai si quelqu'un qui atteint l'Éveil appréhende le monde dans son intégralité comme étant « éveillé » lui aussi. « C'est bien cela, répondit-il, un être éveillé a une vision parfaitement pure des êtres et des phénomènes. Il voit la nature de bouddha[2] en chaque être et perçoit la pureté primordiale des phénomènes, au-delà de la dualité entre beau et laid, plaisant et déplaisant, ami et ennemi. Simultanément, il déborde d'une compassion sans limites pour les êtres qui ignorent cette nature ultime propre aux êtres sensibles et au monde et souffrent en conséquence». Ce fut l'une de mes premières introductions à la notion de «vision pure», si importante dans le bouddhisme tibétain.

☙

En décembre 1969, je souhaitais tant revoir Rinpoché que je rassemblai mes économies pour prendre un billet d'avion et passer quelques jours auprès de lui à l'occasion des congés de fin d'année. Je ne voulais pas attendre l'été pour retourner à Darjeeling.

Arrivé à Kolkata, on m'annonça que la compagnie d'aviation Indian Airlines était en grève. Je ne pouvais pas continuer mon voyage. Tenter de poursuivre en train aurait compromis la courte semaine que je devais passer à Darjeeling. Je devais trouver un avion. J'appris qu'un groupe de touristes américains en avait affrété pour l'aéroport de Badgodra, porte d'entrée pour ma destination finale, Darjeeling, 80 km plus au nord. L'appareil était sur le point de décoller. À l'époque, les questions de sécurité ne préoccupaient personne, il était possible d'avoir accès au tarmac. Je me hâtai donc vers l'appareil, un vieux Dakota DC 3 à hélices. Je me présentai aux touristes américains en bas de la passerelle et leur demandai d'avoir la bonté de me prendre avec eux. Je leur promis, bien entendu, de payer ma part. Mais ils refusèrent catégoriquement de m'accueillir à bord. Je plaidai ma cause, en vain. Je restai sur le tarmac, dépité. Un Indien vêtu d'un vieux costume maculé de cambouis avait observé la scène. Il s'approcha de moi et me demanda de quoi il retournait. Après m'avoir écouté, il me déclara : «Je suis le pilote. Je vous prends comme membre d'équipage.» Je grimpai dans l'avion, ne prononçant pas un mot en passant au milieu des touristes américains, et montai – les DC 3 sont en pente assez forte à l'arrêt – vers le poste d'équipage à la suite du pilote. Je m'assis sur un strapontin, derrière le pilote et le copilote, et nous décollâmes. Je jubilais de ma bonne fortune et de la perspective de ce grisant voyage dans le cockpit. Au bout de dix minutes, le pilote enclencha la commande automatique, se leva et me fit signe de m'asseoir à sa place. Quelque peu interloqué, j'obtempérai avec un brin d'excitation mêlée de nervosité. Puis il s'allongea entre les deux sièges de pilotage, déplia un journal pour se couvrir le visage et s'endormit. Stupéfait, je tournai la tête vers le copilote. Il s'était endormi lui aussi. L'opérateur radio, assis derrière moi, dodelinait de la tête et somnolait par intermittence. J'imaginais la tête des touristes américains s'ils avaient su qui était seul maître à bord ! Une demi-heure plus tard, à l'approche de Badgodra, une alarme retentit – « bib, bib, bib. » Le pilote se réveilla en sursaut et reprit les commandes, que je m'étais bien gardé de toucher…

À l'arrivée, nous débarquâmes avant les passagers. Une petite table garnie de thé, des biscuits et une affichette *crew members* (membres de l'équipage) nous attendait sur la pelouse, à côté de la piste d'atterrissage. Je fus convié à m'y asseoir comme membre à part entière de l'équipe. Tandis que je dégustais une bonne tasse de thé aux épices, les touristes américains s'acheminèrent vers le terminal. Ils m'observaient à la fois surpris, curieux et légèrement agacés. Le pilote refusa toute rétribution financière de ma part. Je le remerciai avec profusion : il m'avait permis de revoir mon maître.

Au cours de cet hiver, Kangyour Rinpoché avait de nouveau déménagé et logeait dans deux pièces à l'étage supérieur de la maison de Tenzing Norgay, le sherpa qui avait, le premier, réalisé la conquête de l'Everest avec Edmund Hillary et était disciple de Kangyour Rinpoché. En réalité, ce nom de sherpa lui avait été donné de manière impropre, comme à bien d'autres guides et porteurs de la région qui accompagnent les alpinistes dans leur dangereuse ascension. Les Sherpas sont une ethnie népalaise, établie dans les hautes vallées himalayennes. Tenzing Norgay, lui, était tibétain. Il était fort sympathique et très dévoué à Kangyour Rinpoché. Il s'agissait de ma première « hivernale » à Darjeeling, qui se situe à 2 000 mètres d'altitude. Le froid y est mordant à cette saison et, le matin, les carreaux des fenêtres se couvraient de givre. Je passai cependant une semaine merveilleuse auprès de Kangyour Rinpoché et de sa famille. Chaque jour, je méditais aux côtés de mon maître, profitant de ces précieux instants en sa présence. La vivacité de ce souvenir, ce moment particulièrement serein dans ma mémoire, m'a conduit, des années plus tard, à réaliser qu'un chemin spirituel est constitué d'une multitude d'étapes qui approfondissent notre compréhension, enrichissent notre expérience, s'ajoutent et se complètent d'une manière subtile. Le phénomène est aussi profond que global, et difficile à décrire. Pourtant, l'expérience intérieure vécue est limpide, à l'image d'un délicieux thé dont les multiples et subtiles saveurs se fondent dans un instant de pure délectation.

☙

Au début de l'année 1970, Rinpoché s'installa dans ce qui allait être sa demeure définitive, une grande maison de style colonial anglais que lui avaient offerte quelques disciples occidentaux dont le nombre grandissait au fil des ans. Située sur les hauteurs, à environ deux kilomètres au sud de Darjeeling, sur Gandhi Road, cette maison allait bientôt s'agrandir d'un étage et être aménagée de telle sorte qu'elle deviendrait le monastère d'Orgyèn Kunsang Chökhorling. Le temple occupait la plus grande surface de l'étage ajouté et ses fenêtres donnaient sur la forêt en contrebas et les plantations de thé à flanc de colline dans le lointain. D'un côté, l'on trouvait la chambre de Kangyour Rinpoché et celle d'Amala, de l'autre une bibliothèque abritait les précieux volumes rapportés du Tibet ainsi que deux chambres destinées à accueillir des lamas de passage. Les autres membres de la famille de Kangyour Rinpoché occupaient les pièces du bas et une maisonnette dans le jardin. Dans le temple principal, de grands autels en bois sculpté furent fabriqués par des artisans qui travaillèrent sur place pendant plusieurs mois. Ces autels renfermaient des statues et des livres précieux et s'ornaient de peintures traditionnelles exécutées par les disciples vivant au monastère. La construction était entourée d'un terrain boisé en pente où allaient être construits huit ermitages, dont celui dans lequel, deux ans plus tard, j'allais habiter pendant sept ans.

Au printemps de cette même année, je reçus une lettre de Tulkou Péma Wangyal m'annonçant qu'au mois de juin Kangyour Rinpoché allait conférer à quelques disciples, heureux élus, la « grande initiation, » *maha-abhisheka*, à laquelle je devais absolument assister. J'avais lu la *Vie de Milarépa*, magnifiquement traduite en français par Jacques Bacot en 1925, et mesurais l'importance d'un tel événement au regard des épreuves qu'endura Milarépa, un des grands saints du Tibet, avant de recevoir cette initiation, au XIe siècle. Ce fut donc en proie à un mélange d'émoi, d'attente joyeuse et de révérence que j'entrepris le voyage cet été 1970.

Le terme initiation est une traduction courante du mot sanskrit *abhisheka* qui signifie littéralement « emplir et disperser » et qui exprime bien ce qui se joue ici : l'initiation permet d'« emplir » le disciple de qualités puis de « disperser » les voiles et imperfections qui masquent la nature de bouddha qui est en lui. Son équivalent tibétain est le *wang*; il désigne une « transmission de pouvoir » qui confère au disciple la capacité de se livrer aux pratiques méditatives. Viennent ensuite les explications détaillées qui fournissent au disciple une compréhension claire de ces pratiques afin qu'il puisse s'y livrer sans être entravé par aucun doute ou hésitation, ainsi que les instructions individuelles, adaptées aux dispositions de chacun.

L'initiation donne également accès au Véhicule de Diamant, le Vajrayana, et habilite à pratiquer les techniques méditatives pour parcourir rapidement le chemin de l'Éveil. Sans initiation, il est aussi vain de s'engager dans ces méthodes que de tenter d'extraire de l'huile en pressant du sable. On explique d'ailleurs que l'initiation mène à « maturité » le potentiel du disciple et lui permet d'actualiser la nature de bouddha présente en lui.

Arrivé en présence de Kangyour Rinpoché, j'appris qu'il s'agissait d'une cérémonie des initiations et des pratiques contemplatives contenues dans les œuvres complètes de Jédroung Rinpoché[3], le maître-racine de Kangyour Rinpoché, transmission que Rinpoché avait lui-même reçue au Tibet, au monastère de Riwoché. J'arrivai quelques jours en retard, mais je pus recevoir la plupart des précieuses initiations que conféra Kangyour Rinpoché pendant une dizaine de jours à une douzaine de disciples[4] dans une atmosphère empreinte de solennité respectueuse, mais aussi d'une joyeuse effervescence. Kangyour Rinpoché se réjouissait tout particulièrement de perpétuer les enseignements de son maître bien-aimé et les disciples étaient émerveillés et profondément reconnaissants de les recevoir. Des années plus tard, j'eus le privilège de mener à bien la réimpression des huit volumes des œuvres de Jédroung Rinpoché, à Delhi, à partir de divers manuscrits rassemblés par Kangyour Rinpoché, qui les avait fait calligraphier par deux copistes à Darjeeling.

ॐ

Frédérick Leboyer était, tout comme moi, souvent de passage à Darjeeling et nous nous retrouvions soit en présence de Kangyour Rinpoché, soit en « ville » où il m'emmenait choisir et déguster les meilleurs thés. Bien que son maître principal fût Swami Prajnanpad, un sage hindou très respecté, il nourrissait une grande vénération pour Kangyour Rinpoché et venait lui rendre visite presque chaque année. Parmi ses multiples talents, Frédérick était un excellent photographe. Muni de son Leica, il réalisa quelques-uns des plus beaux portraits de Kangyour Rinpoché et de son épouse Amala.

Au fil des années, un nombre croissant de disciples venus de l'Occident, proches de Kangyour Rinpoché, s'établirent à Darjeeling ou y effectuèrent de fréquents séjours. Ces frères et sœurs spirituels ont été pour moi de précieux compagnons. J'aurais aimé leur rendre à tous l'hommage qu'ils méritent[5], mais ne peux qu'esquisser ici et là le portrait de quelques-uns de ceux que j'ai eu la joie de côtoyer.

Il y eut ainsi Luc Cholley. La première fois que je vis ce grand costaud à l'accent chantant du Midi, il débarquait à Darjeeling tiré à quatre épingles, en costume cravate, portant un attaché-case et, comme tout pilote qui se respecte, une paire de Ray-Ban Aviator sur le nez. Sans préambule, il lança à Kangyour Rinpoché : « Je suis devant un mur ! Je ne sais pas où aller ; il faut qu'il se passe quelque chose ! » Alors qu'il racontait son histoire, Kangyour Rinpoché, son épouse et toute sa famille riaient de bon cœur, tandis que lui gardait son sérieux. On lui apporta un bon déjeuner et une fois qu'il fut plus détendu, Kangyour Rinpoché lui enseigna les rudiments de la méditation, lui exposa une vision de l'existence et lui indiqua les premiers pas sur un chemin qui allait l'inspirer pour le restant de ses jours.

C'est un livre d'Arnaud Desjardins qui avait conduit Luc à Kangyour Rinpoché. Durant son service militaire dans la marine, le bibliothécaire du bateau, avec qui il aimait converser, lui tendit un jour un livre *Le Message des Tibétains* en lui disant : « Celui-là, il va vous intéresser. » À l'intérieur, il découvrit la photo de Kangyour Rinpoché et se fit une promesse : « Un jour, j'irai à la rencontre de cet homme. » Quelques années plus tard, alors qu'il travaillait en Indonésie, il profita de ses vacances pour se rendre à Darjeeling. Il trouva le monastère, mais Kangyour Rinpoché était absent. Il fit néanmoins la connaissance d'un autre grand maître, Chatral Rinpoché. Quelques mois plus tard, le désir de rencontrer le maître dont il avait vu la photo ne l'avait pas quitté. Il demanda un congé sans solde et revint à Darjeeling. Cette deuxième fois fut la bonne.

Luc enfila un survêtement et passa dix jours à méditer en présence du maître avant de repartir en Indonésie. Kangyour Rinpoché lui fit alors don d'une pièce de monnaie tibétaine en argent massif. Luc en fit un médaillon, qu'il portait toujours autour du cou. Quelques mois plus tard, alors qu'il travaillait dans la jungle à la tête d'une équipe, un travailleur, en état d'ébriété avancé, entra un soir dans son bureau un couteau à la main et, avant qu'il n'ait pu voir le coup venir, tenta de le poignarder. La pointe du couteau fut arrêtée par la pièce en argent. Luc put le désarmer.

C'est aussi grâce à Arnaud qu'un matin de 1969, Christian Bruyat, alors étudiant à l'École normale supérieure de Lyon et qui allait devenir un de mes plus proches amis, prit la décision de se rendre en Inde. Il entendit la fin d'une interview d'Arnaud à la radio, qu'il avait conclue ainsi : « Et je pense que les derniers maîtres spirituels authentiques sont aujourd'hui les grands lamas tibétains qui se sont réfugiés en Inde pour fuir l'invasion du Tibet. » Tout comme moi, Christian se dit sur-le-champ : « J'y vais ! » Ce qu'il fit plus tard, après avoir contacté Arnaud pour savoir où rencontrer ces maîtres. Quelques mois après son voyage, il frappait à ma porte, à Paris : « Je reviens de chez Kangyour Rinpoché et il m'a conseillé de venir te voir. Il m'a dit que nous étions comme des frères » me confia-t-il simplement.

C'est ainsi que nous devînmes de véritables frères spirituels. Parfois, Kangyour Rinpoché appelait Christian « le jeune Matthieu » en raison d'une certaine ressemblance physique et parce qu'à l'époque nous portions tous les deux la barbe. Après avoir séjourné en Inde en tant que coopérant à l'Alliance française de Bangalore – dans le but de pouvoir se rendre régulièrement auprès de Kangyour Rinpoché –, il s'établit finalement à Darjeeling, et ne revint en France qu'après la mort de notre maître. Il devint alors l'un des meilleurs traducteurs du tibétain. Une grande complicité nous unissait avant sa disparition prématurée des suites de complications d'une fibrose pulmonaire. Au fil des années, Christian m'apporta une aide précieuse en relisant les manuscrits de la plupart de mes livres.

༄༅

En 1971, je retrouvai Gilles Baratier – le frère du cinéaste Jacques Baratier, un vieil ami de ma mère – dans l'avion de Delhi à Badgodra. Lui aussi allait à la rencontre de Kangyour Rinpoché. Nous prîmes une voiture pour gravir la route sinueuse, taillée à flanc de montagne, qui mène des plaines de l'Inde à Darjeeling. La nuit commençait à tomber et le chauffeur de la vieille Ambassador, l'un des deux ou trois modèles de voitures qui existaient alors en Inde, conduisait bien trop vite, ignorant les panneaux qui invitaient à la prudence avec des phrases pleines d'humour et de sagacité du genre : *If you drive like hell, you will be there soon* («Si vous conduisez à un train d'enfer, vous y serez bientôt»). Nous n'étions guère rassurés, mais n'osions trop rien dire. Et soudain, dans un virage, la voiture fila droit vers le précipice. Nous ne sûmes jamais si les freins avaient lâché ou si du jeu dans la direction n'avait pas permis au conducteur de prendre le virage – problèmes fréquents sur ces voitures indiennes bricolées à partir de pièces détachées récupérées à droite et à gauche. Par une chance inouïe, un gros tas de graviers se trouvait juste au bord de la route. La voiture fut propulsée à son sommet et s'immobilisa, juste avant de basculer dans le vide.

Un grand silence se fit. Tout était allé si vite que nous n'avions pas même eut le temps d'avoir peur. Nous sortîmes du véhicule pour constater qu'une dizaine de centimètres nous séparaient de l'abîme. Le chauffeur, qui avait certainement mieux vu venir l'accident que nous, était sous le choc. Nous lui fîmes quelques remontrances pour la forme, adoucies par le soulagement d'avoir échappé à l'enfer promis aux chauffeurs imprudents. Nous l'aidâmes à faire redescendre la voiture et repartîmes à vitesse réduite jusqu'à la prochaine bourgade, Kurseong, où nous changeâmes de véhicule. Ma mère, qui se trouvait alors à Darjeeling, me raconta que, dans l'attente de notre arrivée, Kangyour Rinpoché avait fait plusieurs remarques indiquant qu'il s'inquiétait de notre sort et avait constamment récité des prières.

Cet été-là, Kangyour Rinpoché me donna des instructions sur la nature de l'esprit. Il me posait de surprenantes questions : l'esprit a-t-il une forme ? une couleur ? une localisation ? D'où viennent les pensées ? Où vont-elles une fois dissipées ? J'étais perplexe. Je n'avais jamais formulé de telles questions. Rétrospectivement, je réalise que j'ai été privilégié de recevoir ces enseignements de manière aussi immédiate, humaine et profonde, plutôt que par le biais de lectures qui auraient défraîchi l'effet de la découverte. Kangyour Rinpoché revenait sur ces questions une à une, en posant sur moi un regard à la fois inquisiteur et amusé, tout comme Tulkou Rinpoché qui traduisait, tandis que j'essayais de mon mieux d'apporter des réponses. À la fin, Tulkou Rinpoché m'annonça que je n'avais pas trop mal réussi l'examen.

Sept allers-retours et un aller simple

Un jour, je récupérai un magnétophone auprès de disciples français et je demandai à Kangyour Rinpoché la permission d'enregistrer quelques mots pour pouvoir écouter sa voix lorsque je me trouvais loin de lui. Me regardant droit dans les yeux, il improvisa ce chant qui résume l'essence de la voie spirituelle :

> Oh, Matthieu,
> Dans l'espace de la présence éveillée spontanément surgie,
> De juste façon, demeure en équanimité dans la compréhension de la dimension absolue,
> Sans que la fange des huit considérations mondaines ne t'entache.
> Telle est l'incontestable voie du sens ultime !
> S'il advenait que tu sois happé par les huit considérations mondaines,
> Tu seras prisonnier du cercle des existences.

ॐ

En 1972, après sept allers-retours, la situation était devenue limpide : lors de notre première rencontre en 1967, Kangyour Rinpoché m'avait conseillé de terminer ce que j'avais entrepris avant de venir vivre auprès de lui. Cinq ans plus tard, c'était chose faite. Lors d'un week-end chez mon père, dans sa maison de campagne au sud de Paris, en nous promenant en forêt, je lui fis part de mon souhait de partir vivre à Darjeeling après ma soutenance de thèse. Il resta un moment silencieux, visiblement ému et déconcerté, mais essaya de n'en rien laisser paraître. Il me demanda comment je pensais me débrouiller pour vivre. Je n'avais guère d'inquiétude à ce sujet, les choses se feraient d'elles-mêmes, lui répondis-je. De nouveau, il resta silencieux. Je lui suis infiniment reconnaissant de la compréhension et du calme dont il fit preuve ; j'aurais eu beaucoup de peine à le contrarier ouvertement. J'avais fait de mon mieux pour honorer les efforts déployés par mes parents afin de m'offrir une éducation solide et une bonne situation, ainsi que le temps et les moyens investis par mon patron, François Jacob, pour me guider tout au long de ma thèse. J'étais heureux d'avoir passé ces années formatrices à Pasteur. «Tout philosophe rêve d'avoir un fils scientifique», disait mon père tandis que ma mère aimait à raconter que «j'étais promis à une brillante carrière». J'avais terminé ma thèse d'État, publié quatre ou cinq articles dans des revues scientifiques, je n'ai sincèrement aucune idée du tour qu'aurait pu prendre ma vie si j'avais poursuivi ma carrière de chercheur.

Plus tard, lorsque nous écrivîmes ensemble *Le Moine et le Philosophe*, mon père confia à un journaliste : « Matthieu avait vingt-six ans. C'était un adulte, libre de choisir l'orientation de sa vie. » En réalité, il fut plus affecté qu'il ne le laissa paraître. En 2006, au cours des longues heures que je passai à l'hôpital au chevet de mon père mourant en compagnie de son grand ami Olivier Todd, ce dernier me confia qu'il lui avait rendu visite le lendemain de mon annonce, et qu'il avait pleuré comme un enfant.

Pour François Jacob ce ne fut qu'une demi-surprise. Quelle qu'ait été son opinion à ce sujet, il fit preuve d'une grande ouverture d'esprit, sans se priver d'un mot d'esprit. Le jour de ma soutenance de thèse intitulée « Contribution à l'étude de la division cellulaire chez E. Coli K12 », le président du jury, Jean-Marie Dubert, de la faculté des sciences de Jussieu[6] – François Jacob ne pouvait qu'être membre de ce jury car il relevait du CNRS et non de la Faculté – conclut son intervention par ces mots : « Ayant eu vent de votre intérêt pour la spiritualité orientale, j'ai été surpris de constater la qualité de votre travail de recherche. » Lorsque vint son tour, François Jacob ajouta en riant : « Eh bien moi, c'est le contraire, constatant au jour le jour la qualité de son travail, c'est son intérêt persistant pour l'Orient qui m'a surpris ! » L'atmosphère était joviale. Tout le jury savait que j'allais partir vers l'Est au lieu d'aller poursuivre une recherche postdoctorale aux États-Unis, comme l'avait initialement envisagé François Jacob. J'étais heureux d'avoir passé ces années formatrices à Pasteur et partais en bons termes avec l'équipe – même si certains s'étonnaient de ma décision ou restaient dubitatifs. Mais j'avais terminé mon travail et mon choix était arrêté : j'allais faire mon « post-doc » dans l'Himalaya.

Mon père et quelques amis proches assistèrent à ma soutenance de thèse. Lors du petit pot qui suivit, je confiai à Arnaud Desjardins : « Maintenant, le vrai travail de recherche commence. »

༄

Rétrospectivement, je pense que ce fut une bonne chose d'avoir laissé les choses mûrir pour que le « grand départ » ne soit pas un saut dans le vide, mais l'aboutissement naturel d'un processus, le franchissement d'un col qui débouche sur une vallée fertile. Parvenu à ce point, attendre plus longtemps m'aurait donné le sentiment d'être pris au piège dans un monde qui ne correspondait plus à mes aspirations. Je n'étudierais plus la division cellulaire des bactéries, mais les mécanismes du bonheur et de la souffrance, de l'ignorance et de la connaissance. Je ne conçus jamais le moindre doute sur la pertinence de mon choix.

Plus tard, on me demanda s'il n'avait pas été difficile d'opérer un changement aussi brutal. Mais il n'avait de brutal que les apparences. Tentez de cueillir un fruit vert, il vous faudra tirer fort au risque de casser la branche. Quand le fruit est mûr, il suffit de de le tourner délicatement pour qu'il vous tombe dans la main.

En décembre 1972, le temps était venu de réaliser mon souhait le plus cher: vivre auprès de Kangyour Rinpoché. Je partis avec un sac à dos, un pull-over rouge tricoté par ma grand-mère et un pull bleu de la coopérative maritime du Croisic, trois chemises, deux pantalons de velours brun, un sac de couchage qui allait m'accompagner pendant vingt ans, mon appareil photo, trois objectifs, et le *Dict de Padma*, la vie de Padmasambhava, très grand saint vénéré comme un «second Bouddha», que mon père avait offert à ma mère le jour de ma naissance et dont je lisais quelques pages chaque jour. Je n'avais besoin de rien d'autre. Cette frugalité extérieure contrastait singulièrement avec la manne d'abondance que j'allais recevoir intérieurement.

Après sept allers-retours, le billet que j'achetai pour l'Inde fut, enfin, un aller simple.

PARTIE II

SEPT ANS À DARJEELING

CHAPITRE 7

À demeure auprès du maître

Fin 1972, je m'établis enfin auprès de Kangyour Rinpoché au monastère d'Orgyèn Kunsang Chökhorling et débute mes retraites dans mon premier ermitage.

Arrivé en Inde en décembre 1972, je rejoignis début janvier, après avoir obtenu un visa de longue durée, le monastère d'Orgyèn Kunsang Chökhorling à Darjeeling pour m'établir auprès de Kangyour Rinpoché. La bienveillante secrétaire de François Jacob, Gisèle, avait laissé mon salaire du CNRS courir jusqu'à la fin de mon contrat, six mois plus tard. Ce qui constitua un modeste pécule qui me tint sept ans. Je faisais une petite offrande mensuelle au monastère de Kangyour Rinpoché qui m'hébergeait. Je n'avais guère d'autres dépenses dans mon ermitage et vivais sans difficulté avec l'équivalent de cinquante euros par mois. Étrangement, sans aucune source de revenus en perspective, je ne me posai jamais la question de mes moyens de subsistance au cours des années à venir. Insouciance de jeunesse ou confiance dans l'avenir ? Toujours est-il qu'à aucun moment cette préoccupation ne m'effleura l'esprit.

À cette époque, il était difficile de séjourner plus d'un mois d'affilée à Darjeeling. La région était classée « zone d'accès restreint » en raison de sa proximité avec le Sikkim, région frontière du Tibet devenu chinois. Le col de Nathu-la, visible dans le lointain depuis Darjeeling, était étroitement gardé par les armées chinoises et indiennes de part et d'autre de la frontière. Pour nombre de disciples de Kangyour Rinpoché, il s'avérait très compliqué de faire de longs séjours. Mais mon étoile semblait favorable. En effet, ma mère, qui s'était établie à Darjeeling auprès de Kangyour Rinpoché depuis un an, s'était liée d'amitié avec la femme du chef de la police qui était d'origine tibétaine. Après moult péripéties, ce dernier m'accorda un permis de résidence à Darjeeling, renouvelable annuellement. Il me recommanda toutefois de ne pas voyager : si je sortais de l'Inde, il ne pouvait garantir que je puisse revenir dans les mêmes conditions. Peu importe, j'étais trop heureux d'être là et ne revis pas la France avant sept années.

Le chef de la police prit cependant sa retraite deux ans plus tard. Désormais, quand, chaque année, le moment du renouvellement de mon visa et de mon permis de séjour approchait, le suspense était à son comble, entretenu par le subordonné qui s'occupait des dossiers des quelques disciples occidentaux qui, comme moi, souhaitaient effectuer de longs séjours à Darjeeling et que nous appelions le «jeune espion.» Il arrivait dans mon ermitage et prenait un malin plaisir à m'annoncer d'un air sombre: «Oh, cette année c'est bien difficile, bien difficile...», puis après un silence pesant, conscient qu'il tenait ma nouvelle vie entre ses mains, avec le grand sourire de celui qui a fait une bonne blague, il sortait de sa serviette le nouveau permis d'un an. Il profitait ensuite du joyeux soulagement et de la reconnaissance éperdue que j'éprouvais à son égard pour me soumettre une requête: «Si l'un de vos amis venait de France, je serais très heureux si, par hasard, il pouvait apporter un attaché-case», et autres demandes d'importation. Je m'arrangeais toujours pour que le hasard fasse bien les choses; je tenais à rester dans ses bonnes grâces pour ne pas compromettre ma situation. Un disciple proche de Kangyour Rinpoché, Martin Watten, réussit, quant à lui, à rester en retraite dans une petite cabane en tôle peinte en vert, située à deux cents mètres au-dessus du monastère, plus d'un an après l'expiration de son permis. Il descendait discrètement de temps à autre pour recevoir des enseignements et participer aux activités du monastère. Pour le reste, il se déplaçait le moins possible, et aimait à dire à propos du «jeune espion» et de ses acolytes qui demandaient parfois s'il était bien parti: «Ils n'arrivent pas à ralentir suffisamment pour m'attraper.»

Je me rendais tous les jours auprès de Kangyour Rinpoché et je m'asseyais en sa présence pour «méditer», ou du moins essayer de percer les mystères de cette pratique dans laquelle je débutais encore. Je prenais les repas auprès de lui, avec sa famille.

Une atmosphère chaleureuse, discrète et inspirante régnait dans la pièce. Chaleureuse, en raison de la générosité qui émanait en toutes circonstances de la famille de Kangyour Rinpoché. Discrète, car, comme c'est souvent le cas dans les familles tibétaines, et surtout parmi les méditants, tous les gestes étaient mesurés, les déplacements feutrés et les paroles prononcées avec douceur. Personne n'élevait la voix, jamais un cri ne retentissait. Inspirante, grâce à la qualité d'être de Kangyour Rinpoché et de ses proches ; tous leurs comportements étaient en eux-mêmes un enseignement. Mais cette modération harmonieuse n'excluait nullement les rires qui fusaient des conversations durant les repas.

Kangyour Rinpoché se tenait sur le lit dur où il dormait, assis sur un tapis aux couleurs passées, rouge et jaune, rapporté du Tibet[1]. Les autres membres de sa famille prenaient place sur des coussins à même le sol. Bien souvent, alors que mon attention était ailleurs, Kangyour Rinpoché me lançait avec dextérité un *ti momo*, petit pain tibétain cuit à la vapeur, qui atterrissait dans mon giron ou que j'attrapais parfois au vol. Kangyour Rinpoché détournait alors son regard, jouant les innocents, puis riait de bon cœur.

Il fallut tout d'abord construire mon ermitage, ce qui ne prit qu'un mois. Il consistait en simples planches de cryptomère, appelé localement *dhupi*, le bois tendre et léger d'immenses arbres qui constituent la plupart des forêts de la région. Je me liai d'amitié avec les menuisiers népalais et leur donnais parfois un coup de main. L'unique pièce – d'environ deux mètres cinquante sur trois – comportait un lit bas et une petite caisse en bois récupérée au marché local, recouverte d'un tissu de coton rouge, qui me servait à la fois de table de chevet et de fourre-tout. Sur le rebord de la fenêtre principale, je disposais les offrandes traditionnelles, des bols, sept en tout, remplis d'eau pour les uns, d'une fleur, d'encens ou de nourriture pour les autres, avec, au milieu, une offrande de lumière, symbolisée par une mèche allumée dans une petite coupelle remplie d'huile ou de beurre végétal fondu. Dans le plafond, une trappe s'ouvrait sur la charpente sous laquelle je pouvais ranger les deux petites cantines en fer-blanc qui contenaient quelques livres et vêtements. Pour y accéder, je montais sur le rebord de la fenêtre, mobilisais mes forces et me hissais au « grenier » en un mouvement acrobatique. La porte de la chambre donnait sur un petit balcon protégé par une rambarde de bois plein qui s'ouvrait sur quelques marches en bois et un petit chemin serpentant vers le monastère, cinquante mètres plus bas. En raison de la forte déclivité de la pente, le devant de l'ermitage était soutenu par des pilotis en béton et, de ma fenêtre, je ne voyais que les grands rhododendrons qui se couvraient de fleurs carminées au printemps, tandis que moi-même, je ne pouvais être vu de personne. Au travers du feuillage, je devinais la couleur rouge brique du monastère d'où s'élevaient parfois les musiques sacrées des cérémonies.

Ces habitations simples et d'un grand dépouillement ne présentaient aucun élément du confort moderne auquel nous sommes habitués. Sans eau courante, électricité, ni commodités, je pris goût à un mode de vie simple et ascétique. Je m'éclairais à la bougie, et avais sur le balcon un seau d'eau, qu'un jeune moine remplissait tous les deux ou trois jours si j'étais en retraite, grâce auquel je faisais ma toilette, à l'aide d'une louche. Des toilettes naturelles avaient été creusées à proximité dans la forêt. Je vécus dans cet ermitage des années très heureuses et y découvris l'essence du véritable bien-être : un esprit content, serein et joyeux de suivre la direction qui l'inspire le plus dans l'existence.

Durant la mousson, de mi-juin à mi-août, il pleuvait presque tous les jours, ce qui ne me donnait guère envie d'aller vagabonder au-dehors. Les précipitations dépassent les trois mètres par an à Darjeeling et les gens aiment à dire que lorsqu'on ouvre la fenêtre les nuages entrent dans la pièce. De fait, au cours de ces périodes de brume perpétuelle, une bruine fine envahissait l'intérieur de mon ermitage dès que je laissais la fenêtre ouverte et me donnait l'impression d'habiter un nuage. L'humidité était telle que si je mettais un bonbon enveloppé dans son papier sur la table le soir, le lendemain, je ne trouvais plus qu'une petite flaque de sucre. Et cette humidité tenace persistait d'une saison à l'autre et, même lorsque le ciel était au bleu fixe, elle rendait la froidure de l'hiver d'autant plus pénétrante. Il neigeait rarement, car l'hiver était généralement ensoleillé. Je m'étais fait tailler une grosse cape de style tibétain dans un vieux sac de couchage doublé d'un tissu de couleur bordeaux et m'en enveloppais lorsque je restais assis en méditation.

Je ne parlais pas encore tibétain à l'époque, mais à intervalles réguliers Kangyour Rinpoché me donnait des instructions sur les diverses étapes du chemin spirituel par l'intermédiaire de Tulkou Péma Wangyal. Il m'enseigna tout d'abord les pratiques appelées «préliminaires», *ngöndro* en tibétain, qui sont si essentielles et fondamentales que j'allais les pratiquer tous les jours de ma vie, comme la plupart des disciples du bouddhisme tibétain.

On débute ces préliminaires par une réflexion et une méditation sur quatre thèmes majeurs afin de transformer notre vision des choses et tourner notre esprit vers le chemin de la libération : (1) la précieuse opportunité offerte par l'existence humaine, (2) sa fragilité et le caractère éphémère de toute chose, (3) ce qui doit être accompli et ce qui doit être évité si l'on souhaite se libérer de la souffrance et (4) les carences d'une vie centrée sur les préoccupations ordinaires. Chaque réflexion doit être méditée jusqu'à ce qu'elle ne fasse plus qu'un avec notre esprit.

La vie humaine peut, en effet, être gaspillée en vaines poursuites ou consacrée à progresser vers l'Éveil. Comparées à celles des autres espèces, les capacités humaines nous offrent le pouvoir de réfléchir aux causes de la souffrance, de prendre connaissance des moyens de s'en affranchir, et de s'engager sur le chemin de l'Éveil.

Le cercle vicieux du *samsara*, le monde des existences conditionnées par l'ignorance et la souffrance, ne cessera pas de lui-même. Pour s'en extraire, il faut développer la même détermination qu'un prisonnier qui n'aspire qu'à s'évader, sans pour autant être prêt à employer tous les moyens : toute action a des conséquences, et celles-ci dépendent de l'intention et de l'attitude qui la motivent. Afin de développer une vigilance ininterrompue, on doit être pleinement conscient que la souffrance résulte des actes néfastes ; elle est vouée à croître aussi longtemps que l'on nuira. Il importe donc de clairement distinguer les actes positifs des actes négatifs, d'accomplir les premiers et de se garder des seconds, aussi anodins fussent-ils en apparence.

J'employai trois jours entiers à chacune de ces quatre réflexions. Depuis, je leur consacre chaque jour un peu de mon temps de méditation.

Viennent ensuite cinq étapes qui constituent le corps de ces préliminaires : la prise de Refuge, le vœu altruiste d'atteindre l'Éveil pour le bien des êtres (la *bodhicitta*), la purification par la méditation sur Vajrasattva, l'offrande du mandala de l'univers et le gourou yoga, qui est l'union à l'esprit éveillé du maître. Chacune de ces étapes implique la récitation, cent mille fois répétée, d'un verset ou d'un mantra. Ce nombre, pour impressionnant, voire déroutant, qu'il puisse paraître, ne vise pas à effectuer une performance dont on irait rendre compte au maître spirituel ; il sert d'antidote à la paresse et encourage le pratiquant novice à persévérer dans sa pratique.

Les cinq étapes du *ngöndro* requièrent en effet environ six mois pour ceux qui s'y consacrent toute la journée. Cela me demanda un peu plus longtemps. En effet, lors de l'offrande du mandala de l'univers, la quatrième étape, on commence habituellement la séance de pratique par la récitation d'un long texte qui décrit en détail la visualisation du mandala de l'univers, puis on se concentre sur la répétition du quatrain qui résume l'offrande. Lorsque Tulkou Péma Wangyal demanda à son père combien de fois je devais réciter le texte détaillé, Kangyour Rinpoché répondit « cent mille fois », ainsi que cent mille fois le mantra de Vajrasattva pour purifier le mandala, cent mille fois une prière d'offrande en sept branches, et cent mille fois le quatrain en conclusion de l'offrande. Il me fallut donc huit mois de retraite à plein temps pour accomplir avec exhaustivité cette offrande du mandala.

Avant d'aborder la première étape de ce long parcours, il faut comprendre que nos soutiens ordinaires – parents, amis, enseignants –, aussi prévenants soient-ils, sont incapables de nous libérer du *samsara* dans lequel ils sont eux-mêmes plongés. C'est pourquoi il est nécessaire de débuter en prenant Refuge en ce qui a la capacité de nous sortir de l'égarement et, par conséquent, du *samsara* : le *Bouddha*, celui qui a atteint l'Éveil ; son enseignement, le *Dharma*, qui guide sur le chemin de la libération ; et le *Sangha*, la communauté vertueuse de tous ceux qui suivent ce chemin. Ensemble, ils constituent les trois principaux objets du *Refuge* et sont aussi appelés les « Trois Joyaux ». La notion de « prise de Refuge » ne signifie pas que l'on invoque la protection d'une puissance mystérieuse, mais que l'on s'en remet aux enseignements qui conduisent à l'Éveil, c'est-à-dire à la connaissance authentique de la nature de l'esprit et de la réalité. Pour ce faire, il est indispensable de s'appuyer sur des êtres qui possèdent déjà cette sagesse et l'incarnent dans leurs actes.

En effet, celui qui sera votre guide sur cette voie longue et périlleuse devra être en mesure de vous orienter, mais aussi de vous protéger des faux pas, entraves et impasses. Son rôle est ainsi primordial, essentiel. Et le choix de votre maître est donc la première étape de votre voyage, et peut-être la plus importante.

Ce choix est d'autant plus délicat pour nous, Occidentaux, que nous méconnaissons la sagesse et la philosophie bouddhiques ; la soif d'apprendre et de se libérer ne doit cependant pas pousser à la précipitation. En Orient, l'enseignement spirituel est au fondement de l'éducation dès le plus jeune âge, et la fréquentation des textes, des maîtres et de leurs disciples est quotidienne. Le choix du maître s'appuie donc sur une base de savoir et d'expérience acquise, dans une société où les maîtres qualifiés constituent des points de repère reconnus et respectés. Dans un tel environnement, les charlatans n'ont guère de chances d'émerger et, s'ils tentaient l'aventure, ils seraient vite déconsidérés. Il est dit en effet qu'un disciple doit examiner les qualifications d'un maître pendant plusieurs années, de loin, par ouï-dire tout d'abord, puis de plus près, avant de se confier à lui. De même, le maître examinera sur la durée les motivations et la sincérité du disciple, avant de l'accepter comme tel. Sinon, disent les textes, le maître et le disciple peuvent s'entraîner l'un l'autre vers le précipice de la souffrance. En Occident, toutefois, les choses ont tendance à aller trop vite. Des personnes en quête de spiritualité, présentant souvent une certaine vulnérabilité, se rendent dans un centre spirituel, bouddhiste ou autre, et dans la foulée reçoivent des enseignements, voire des initiations, puis s'engagent hâtivement sans avoir eu le temps de mûrir leur décision et de l'asseoir sur des raisons valables.

Un faux-maître peut séduire sous les apparences les plus attirantes, tout en étant dépourvu de la sagesse et de la bienveillance sans faille dont font preuve les maîtres spirituels authentiques. Ceux-ci possèdent, dit-on, « une réalisation spirituelle aussi élevée que le ciel et une attention au détail de la conduite éthique aussi fine que la farine ». À l'inverse, les faux maîtres, prisonniers de leur ego, de leur ambition et de leur intérêt personnel, prennent l'ascendant sur ceux qui se confient à eux pour les abuser, à l'inverse des véritables maîtres qui, eux, n'ont d'autre souci que de montrer au disciple le chemin à parcourir pour atteindre la libération de la souffrance et de l'ignorance. Prendre Refuge dans quelqu'un qui reste sous le joug des poisons mentaux revient à se réfugier dans un nid de vipères.

J'entrepris donc la première étape du long parcours qui m'attendait et, au rythme de cent mille prosternations, je récitai, en tibétain, le quatrain de la prise de Refuge composé par Kangyour Rinpoché :

> Hommage au Maître, aux Trois Joyaux, aux déités de sagesse,
> À l'assemblée des dakinis et des protecteurs éveillés !
> En vous qui êtes pleinement accomplis depuis toujours, spontanément surgis,
> Je prends Refuge en reconnaissant ma nature véritable.

L'étape suivante consiste à développer le vœu altruiste d'atteindre l'Éveil pour le bien des êtres, appelé *bodhicitta*. À quoi bon, en effet, se libérer seul ? Du plus profond de notre être, il faut donc engendrer la compassion et l'amour qui mènent au souhait d'atteindre l'Éveil afin d'acquérir le pouvoir de libérer tous les vivants de la souffrance et de ses causes. C'est ensemble que nous devons traverser « l'océan de la souffrance ». Le mot *bodhicitta*, ou esprit d'Éveil, a différents sens selon les niveaux d'enseignement. On distingue généralement l'esprit d'Éveil relatif et l'esprit d'Éveil absolu. Le premier comporte lui-même deux aspects : l'intention d'atteindre l'Éveil pour le bien de tous les êtres, associé à un entraînement de l'esprit qui permet d'acquérir une attitude altruiste véritable, et la mise en œuvre de cette intention par la pratique des six perfections, ou « vertus transcendantes » – la générosité, la discipline, la patience, la persévérance, la concentration et la sagesse.

Pour ce faire, je récitai cent mille fois le quatrain de la *bodhicitta* relative :

> Puissent tous les êtres connaître le bonheur et les causes du bonheur !
> Puissent-ils être libérés de la souffrance et des causes de la souffrance !
> Puissent-ils n'être jamais séparés de la félicité suprême qui est sans souffrance !
> Puissent-ils demeurer dans l'immensurable équanimité, exempte d'attachement
> envers les proches et d'aversion envers les ennemis !

Le second aspect de la *bodhicitta*, l'esprit d'Éveil absolu, représente la sagesse non duelle, la connaissance de la nature essentielle de l'esprit et du monde phénoménal, au-delà de toute fabrication mentale. Je récitai donc cent mille fois le quatrain de la *bodhicitta* ultime :

> Hélas ! Ces êtres que la dualité égare
> Et qui comblent l'espace : tous sont mes parents !
> Afin de brasser les tréfonds du samsara dans la pureté originelle,
> J'engendrerai l'esprit d'Éveil dans la manifestation spontanée.

Ensuite, je passai à la pratique de Vajrasattva, le bouddha de la purification, que je visualisai au-dessus de ma tête, aussi brillant qu'une montagne enneigée éclairée par mille soleils. Un nectar s'écoule de son corps, purifie toutes nos taches et dissipe les voiles de l'ignorance. Méditant de la sorte, je récitai cent mille fois le mantra en cent syllabes de Vajrasattva.

Puis j'en vins à la pratique de l'offrande du mandala, la quatrième méditation. J'offris mentalement aux bouddhas du passé, du présent et du futur le mandala, symbole de toutes les merveilles de l'univers : joyaux, forêts et montagnes, fleurs et essences médicinales, amoncelés dans l'espace. Là encore, je récitai cent mille fois un quatrain particulier :

> J'offre le milliard de mondes, l'infini mandala du Corps manifesté.
> J'offre sans attachement ce corps illusoire, le mandala du Corps de félicité.
> J'offre la pureté originelle libre d'élaboration, le mandala du Corps absolu.
> Puissent tous les êtres réaliser les purs champs des Trois Corps !

Pour réaliser ces récitations, on utilise un petit plateau circulaire en cuivre (ou, pour ceux qui le peuvent, en argent) que l'on tient dans une main. On ajoute de l'autre main des poignées de riz, tout en récitant le texte par lequel on offre l'univers tout entier. À mesure que le riz s'amoncelle, on ajoute trois cercles de cuivre sur le plateau, ce qui permet d'élever cette structure et de continuer à verser du riz sans qu'il s'écoule sur les côtés. Finalement, on place au sommet un pinacle en cuivre en forme de joyau. Puis, on renverse le tout dans un tissu étalé entre nos genoux et on recommence, des centaines de fois dans la journée. Je mêlais au riz quelques petits joyaux achetés au marché – des imitations en verre de pierres précieuses et quelques morceaux de turquoise et de corail – que je récupérais le soir avant de déposer le riz du jour dans la forêt. Il est en effet de tradition de changer le riz tous les jours. Pour préparer cette pratique, j'avais soigneusement lavé cent kilos de riz avec de l'eau safranée que j'avais ensuite étalé sur des étoffes pour les mettre à sécher au soleil sur la terrasse du monastère. Ensuite, j'avais transporté le tout dans mon ermitage et en avais rempli un grand sac de jute. Jour après jour, je puisais donc inlassablement dans cette réserve pour mes offrandes de la journée. Au bout de quatre mois, à force de tenir ce mandala à bout de bras à longueur de jours, j'eus une série de malaises. Une nuit, je rêvai que d'étranges moines armés de sabres s'apprêtaient à me couper en morceaux. Je priai alors mon maître de tout mon cœur. Soudain, mon ermitage s'emplit d'une lumière dorée au milieu de laquelle se tenait Kangyour Rinpoché, souriant et resplendissant. La vision menaçante se dissipa instantanément. Les choses revinrent à la normale et je poursuivis ma pratique.

Mais c'était sans compter avec le climat si humide de Darjeeling : arrivé au dernier tiers de mon grand sac, je m'aperçus que le riz situé dans la partie inférieure avait moisi ! Je dus obtenir une nouvelle provision de riz frais.

Le point culminant de ces cinq pratiques préliminaires, le gourou yoga, consiste à unir notre esprit à celui du maître, puis à demeurer autant que possible dans la parfaite équanimité de cette fusion spirituelle. À cette occasion, je récitai cent mille fois une invocation de Padmasambhava en sept vers, puis cent mille fois un quatrain sur l'union à la nature ultime du maître, la nature de bouddha, et enfin un million de fois le mantra de Padmasambhava, tout en mêlant mon esprit à celui de mon maître et, plus particulièrement, à sa nature ultime.

Mon maître m'accompagna pas à pas dans ce long cheminement, et je lui en suis infiniment reconnaissant. La méthode graduelle qu'il me fit appliquer pour parvenir au bout de ces préliminaires, fondateurs dans la pratique méditative, me permit d'aborder chaque étape avec fraîcheur et de ressentir profondément l'impact de chacune en moi.

༄

En 1973, mon père profita d'un voyage au Japon pour s'arrêter en Inde et me rendre visite. Il atterrit à Calcutta et je le mis en relation avec mon ami Christian Bruyat, qui s'y trouvait pour faire prolonger son permis de séjour. Christian s'occupa de prendre les billets de train et servit de guide à mon père jusqu'à Darjeeling. Le voyage fut un peu mouvementé : des voyageurs avaient disposé des sacs de riz sur le toit et tiraient le signal d'alarme pour les décharger tranquillement à l'abord de leur destination. À la suite de leur petit périple, mon père garda Christian en amitié et ils se revirent en France. Mon père passa environ trois jours à Darjeeling. Il était descendu à L'Everest, un hôtel dans le vieux style anglais à une quinzaine de minutes du monastère environ par un chemin pédestre qui traversait la forêt et que j'empruntai alors chaque jour pour aller le chercher à l'heure du déjeuner, qu'il prenait avec moi, Kangyour Rinpoché et sa famille, qui lui offrirent un accueil chaleureux. En retour, lorsque ce fin gastronome se vit servir des momos tibétains, ces raviolis cuits à la vapeur qui, il faut bien le reconnaître, sont assez fades, il s'astreint à un poli : « Hum, c'est nouveau… » Kangyour Rinpoché quant à lui ne put s'empêcher de le taquiner : « Maintenant que vous êtes là, vous pourriez rester et Matthieu pourrait rentrer en France. » Il ne parut pas tout à fait convaincu, son intérêt pour le bouddhisme étant encore à cette époque pour le moins modéré. Je me réjouissais cependant du fond du cœur que mon père rencontre mon maître. Non que je me sois attendu à ce qu'il connaisse une sorte d'épiphanie, mais parce que je me disais qu'il avait ainsi, au moins une fois dans sa vie, rencontré un maître spirituel authentique, ce qui ne pouvait que semer une graine en son esprit.

Mon père constata avec soulagement que je me portais bien et m'épanouissais dans mon nouvel environnement – que peut souhaiter de plus un père pour son enfant ? Il repartit donc rassuré. J'étais moi-même ravi de sa visite, un geste qui signifiait beaucoup pour moi, et réconforté qu'il ait pu se faire une idée de ce à quoi ressemblait ma nouvelle vie.

Ma relation avec mon père ne s'était jamais exprimée dans l'effusion ; c'était plutôt la retenue, la réserve qui la caractérisaient. Bien sûr, il avait toujours subvenu à mes besoins, jusqu'à mon adolescence, mais dès lors que j'eus terminé mes études, je ne lui fis jamais la moindre demande d'aide matérielle, et il ne m'en proposa pas. Nos relations furent toujours affectueuses, mais nous n'étions ni l'un ni l'autre très loquaces sur nos états d'âme. En y repensant, il me semble que mon père contenait ses sentiments intimes, ne souhaitant pas les laisser transparaître au grand jour, tandis que dans mon cas, je suis porté à une sérénité naturelle rarement troublée par des émotions tumultueuses. S'il était assez pudique sur le plan personnel, mon père pouvait se montrer fougueux dans les débats – en sus d'être un argumentateur redoutable – et il s'est fâché publiquement avec nombre d'intellectuels et de figures politiques, quitte parfois à se réconcilier avec eux quelques mois plus tard. Sa visite à Darjeeling fut sobre, mais des plus chaleureuses, et je lui fus reconnaissant d'avoir fait tout ce chemin pour venir me voir.

CR

De jours en mois, puis en années, le temps s'écoulait à Darjeeling, serein et fécond. Le maître était le fil conducteur de mes pensées et la source vive de ma pratique quotidienne ; sa présence imprégnait les lieux comme un parfum doux et subtil, une influence bienfaisante qui m'inspirait, bien loin de la déférence que l'on peut ressentir envers un supérieur, un homme d'influence ou une célébrité adulée. Le maître n'ordonne pas, il ne cherche pas à séduire, encore moins à manipuler, il s'offre comme guide et accueille chacun sans rien attendre en retour ; la confiance que lui porte le disciple est pour lui une récompense suffisante dont il n'essaiera jamais de tirer bénéfice. Il n'aspire qu'à venir en aide à ceux qui souhaitent s'extirper du marais du samsara. Point de repère par excellence pour le voyageur égaré, le maître lui fournit une carte et une boussole. Au disciple ensuite de se mettre en route en mobilisant les ressources nécessaires pour le périple qui l'attend. Il doit pratiquer, pratiquer et pratiquer encore… Les avancées rapides et aisées sont suspectes. Milarépa, le célèbre ermite du XIIe siècle, l'a d'ailleurs exprimé dans un chant : « Au début rien ne vient, au milieu rien ne reste, à la fin rien ne part. » Nos habitudes ancrées sont tenaces, notre confusion mentale est un voile lourd et épais, pour lever les unes et l'autre la tâche est immense et notre application, fragile. Il importe donc d'aiguillonner notre persévérance par tous les moyens possibles. Les véritables progrès se produisent imperceptiblement au fil de la pratique et résistent à l'épreuve des aléas de l'existence : « Il est facile d'être un bon méditant assis au soleil le ventre plein, mais dès qu'il est placé sur la balance des circonstances adverses, on peut évaluer son degré d'accomplissement », dit un enseignement.

Kangyour attachait la plus grande importance à la bienveillance à l'égard de tous les vivants, attentif au sort du plus petit insecte dans le jardin du monastère. Son fils aîné, Tulkou Péma Wangyal, nous expliqua un jour comment son père lui avait enseigné la pratique de la *bodhicitta*, le vœu altruiste d'atteindre l'Éveil pour le bien des êtres. Kangyour Rinpoché lui demanda tout d'abord de méditer avec constance et application le souhait suivant : « Puissé-je accomplir le bien de tous les êtres ! » et lui enjoignit de mémoriser un texte qui explicitait ce vœu.

Quelques jours plus tard, Tulkou Péma Wangyal rapporta à son père qu'il avait appris le texte par cœur et médité sur sa signification. Kangyour Rinpoché lui expliqua :

— C'est bien, mais un simple souhait ne suffit pas. Il faut le mettre en action. Au lieu de « puissé-je », tu dois te dire dorénavant : « Je *vais* accomplir le bien des êtres. »

Plusieurs jours s'écoulèrent et Kangyour Rinpoché demanda à nouveau à son fils comment se déroulait son entraînement à la *bodhicitta*. Tulkou Péma Wangyal fit état de ses efforts et de ses progrès.

— C'est bien, mais ce n'est pas encore cela dont il s'agit.

— Que faire de plus ?

— Il faut que tu te dises : « Je vais le faire, *quel qu'en soit le prix.* »

Kangyour Rinpoché lui expliqua que le sens de la *bodhicitta* était de dédier sa vie entière au bien des autres. Pour illustrer son propos, il lui raconta maintes anecdotes des vies passées du Bouddha Shakyamouni, au cours desquelles il avait offert sa vie pour sauver celle d'autrui. Tulkou Péma Wangyal persévéra dans sa méditation. À nouveau son père l'interrogea :

— C'est bien. Mais cela ne suffit toujours pas. Tu dois maintenant ajouter à ton souhait : « *Quel que soit le temps que cela puisse prendre.* »

Il lui donna l'exemple du bodhisattva Manjoushri qui fit le vœu de renaître dans le samsara aussi longtemps qu'il resterait un seul être à libérer de la souffrance.

Un matin, avec beaucoup de simplicité et dans une atmosphère de recueillement sans ostentation, Kangyour Rinpoché me donna les vœux de la *bodhicitta*, associés à ceux du Refuge et je reçus mon premier nom tibétain, Konchog Tendzin, littéralement « Celui qui détient les enseignements des Trois Joyaux ». Les noms tibétains sont des présages de bon augure et indiquent ce que l'on pourrait devenir au terme d'une pratique assidue des enseignements en réalisant pleinement le sens du nom qui nous a été donné. Au cours d'une vie, un disciple du bouddhisme tibétain reçoit plusieurs noms, notamment lors de l'ordination monastique, pour ceux qui prennent des vœux, et à la fin de la transmission d'initiations importantes. Mais c'est généralement le nom donné lors de la prise du Refuge qui devient le nom principal du disciple. J'ai su plus tard que Jamyang Konchog Tendzin était aussi l'un des noms de Kangyour Rinpoché, qu'il reçut avec les vœux de *bodhisattva*. Au cours des années, j'eus la chance de recevoir à nouveau ces mêmes vœux à maintes reprises, une expérience profonde à chaque fois renouvelée.

༄༅

Kangyour Rinpoché m'offrit aussi un enseignement riche de sagesse sur l'attitude à prendre face au cours tumultueux de la vie : le rire. Un jour, un homme de forte stature, originaire de la rude province du Golok au nord-est du Tibet, vint trouver Kangyour Rinpoché en larmes. Sa femme l'avait quitté subitement, le laissant seul avec leurs deux enfants. L'homme, disciple dévoué de Kangyour Rinpoché et de Dudjom Rinpoché, était connu pour son caractère jovial et volubile. Le voir pleurer et se lamenter était assez surprenant. Au récit de ses déboires, Kangyour Rinpoché se mit à rire de bon cœur. Plus il détaillait ses mésaventures, plus l'hilarité gagnait Kangyour Rinpoché. Bientôt, Amala et les autres membres de la famille furent pris à leur tour du même rire contagieux. Curieusement, ces rires ne semblaient aucunement déplacés. En fait, l'atmosphère s'en trouvait d'autant allégée, mais pas moins compatissante que si tout le monde avait pris un air faussement apitoyé. Ce drame offrait une illustration vivante des imperfections du samsara, notion bien connue du pauvre mari délaissé. Personne ne se moquait de notre infortuné ami bien sûr, tous riaient du vaudeville rocambolesque et illusoire des affaires du monde. Notre Golok ne se formalisa nullement : au contraire, la chaleureuse spontanéité et la nature bienveillante de Kangyour Rinpoché et de son entourage lui offrirent le meilleur réconfort qui soit. Une fois la situation dédramatisée, ils l'entourèrent d'affection et le ramenèrent avec prévenance et simplicité aux enseignements qu'il avait reçus sur l'impermanence des choses. Il finit par rire lui-même, sécha ses larmes et partit rasséréné.

Le sens de l'humour face aux tribulations de l'existence est une autre manifestation de la liberté intérieure. Kangyour Rinpoché adoptait volontiers un comportement enjoué et allègre, donnant ainsi l'exemple d'une attitude libérée des idées reçues, des automatismes mentaux et des comportements mimétiques.

Une autre fois, peu après le Nouvel An tibétain, nous étions tous assis dehors, sur la terrasse du monastère, à observer un jeune Népalais qui escaladait un grand cryptomère pour accrocher des drapeaux à prières. La longue corde sur laquelle les drapeaux étaient cousus était attachée à sa ceinture, ce qui lui permettait de tirer l'ensemble une fois parvenu au sommet de l'arbre. Un jeune Français arriva, portant autour du cou une belle sacoche contenant entre autres son passeport et son billet d'avion. Il la posa sur la table à côté de Kangyour Rinpoché. Alors que nous discutions avec mon compatriote, Rinpoché décida de lui jouer un tour : il attacha la sacoche à la corde et, lorsque le jeune homme porta son regard vers son précieux bien, celui-ci était en route vers le sommet de l'arbre. Le Népalais n'ayant aucune idée de ce dont il s'agissait la tractait avec allant. Notre ami français était fort respectueux de Rinpoché, mais il ne put empêcher que l'inquiétude se lise sur son visage et il s'exclama : « Oh, vous savez, cette sacoche contient tous mes papiers ! » Il fut visiblement soulagé quand, enfin, la précieuse sacoche redescendit sans encombre au lieu de finir accrochée entre deux arbres en compagnie des drapeaux à prières. L'incident amusa Kangyour Rinpoché au plus haut point. À aucun moment la sacoche n'avait risqué d'être perdue ou endommagée, mais la manière dont l'esprit superpose nos appréhensions aux situations fut clairement mise en évidence. Après cette entrée en matière quelque peu inusuelle, ce jeune homme, Patrick, devint disciple de Kangyour Rinpoché, et bien qu'il n'ait pu faire que de courts séjours à Darjeeling, aujourd'hui, cinquante ans plus tard, il considère Kangyour Rinpoché, comme la personne la plus inspirante qu'il ait rencontrée dans sa vie.

Quelque temps plus tard, nous peignîmes l'autel du temple principal du monastère. La partie inférieure comportait de nombreux petits battants de portes carrées de cinquante centimètres de côté qui s'ouvraient sur des espaces de rangement. Ils étaient magnifiquement décorés de fleurs et autres motifs. Mais voilà que j'avais peint l'un des battants dans le mauvais sens : lorsque j'insérai les gonds en bois dans leur réceptacle, les motifs se retrouvèrent à l'envers. Je discutai avec Tulkou Rinpoché de la possibilité de découper les gonds pour les recoller à l'autre extrémité du battant. Pendant ce temps, Kangyour Rinpoché, qui avait observé la scène, prit un gros pinceau et recouvrit la porte d'une couche de peinture fraîche ! Quand je tournai la tête et constatai le résultat, Rinpoché éclata d'un rire malicieux. La solution au problème était simple : refaire le travail à l'endroit !

○ℛ

Avec Kangyour Rinpoché, l'extraordinaire semblait tout à fait naturel. Un beau jour, je pratiquais dans mon ermitage et le souvenir des quelques animaux que j'avais tués dans mon enfance me revint à l'esprit. Si j'avais été à la pêche avant d'y renoncer définitivement vers l'âge de treize ans, je n'avais jamais chassé et étais fermement opposé à cette pratique. Combien de fois en Bretagne, devant la maison de mon oncle au bord du Traict du Croisic, ai-je fait s'envoler des bandes de gravelots et de bernaches en voyant arriver des chasseurs ?! Pourtant, lorsque j'avais une quinzaine d'années, mon oncle m'avait enjoint d'aller tirer à la carabine sur les ragondins qui ravageaient son étang. Je cédai stupidement à son insistance et tirai sur l'un d'eux à l'autre bout de l'étang. Il fit un bond et disparu sous l'eau. J'ignore si je l'ai tué, j'espère que non. « Comment ai-je pu faire une chose pareille ? » me demandai-je dans la sérénité de mon ermitage. Un acte insensé, issu d'une absence totale de respect pour la vie d'un être sensible. J'éprouvai un profond regret à l'idée de lui avoir peut-être ôté la vie, et cela pour la seule raison inepte qu'il mangeait les nénuphars de mon oncle. Je décidai d'aller soumettre ma confession à Kangyour Rinpoché.

Je descendis rapidement vers le monastère et entrai dans la grande pièce où il se tenait. Tandis que j'offrais trois prosternations, Rinpoché se mit à rire et dit quelques mots à Tulkou Péma Wangyal. Avant que je puisse ouvrir la bouche pour prononcer mes aveux, Tulkou Péma Wangyal traduisit : « Rinpoché demande combien d'animaux tu as tués dans ta vie ? » Tout semblait on ne peut plus simple et naturel. Ni lumières, vibrations, ou sensations étranges. Je souris et répondis que j'avais probablement tué un rat d'eau, mais aussi de nombreux poissons. Il rit à nouveau et ne fit aucun commentaire. Aussi étonnant, peut-être « paranormal », que puisse paraître cet événement, en fait, il survint de la plus simple et naturelle des manières. Sa question, pour insolite et inattendue qu'elle fût, et ne pouvant assurément pas relever du hasard, n'en parut pas moins évidente à cet instant. Je ne ressentis donc aucun besoin de questionner le pourquoi et le comment de cet événement à la fois surprenant et inspirant.

Un jour que je racontais cet épisode à Jonathan Cohen, un ami neuroscientifique de l'université de Princeton, il me répondit : « Il y a des millions de choses qui se produisent dans ta vie. En de rares occasions, deux choses apparemment sans rapport semblent s'associer parfaitement, par exemple lorsque deux personnes qui se connaissent se rencontrent par hasard dans une rue d'un pays étranger. » Nombre d'événements très improbables et de coïncidences surprenantes se produisent ainsi tout en ayant des explications très simples. Les rencontres que nous faisons tous les jours dans la rue, dans le train, n'importe où, ont une chance sur des millions de se produire, mais nous n'y prêtons pas attention sauf lorsqu'elles revêtent une signification particulière à nos yeux. Cela m'arriva, comme à tout le monde.

Ainsi, des années plus tard, alors que je marchais dans les rues de Paris pour aller rejoindre Nicole Lattès, mon éditrice, un taxi s'arrêta et un homme en descendit, une lettre à la main : « Je ne vous connais pas, mais j'ai lu votre livre et j'étais sur le point de vous poster cette lettre. La voici. » En voici un premier exemple.

De là, je me rendis avec Nicole à l'émission de Bernard Pivot qui recevait Trinh Xuan Thuan et moi-même à l'occasion de la sortie de *L'Infini dans la paume de la main*. Après l'émission nous dînâmes dans une brasserie. Alors que je hélais un taxi pour rentrer, un homme m'aborda. Il souhaitait discuter avec moi. Il était tard, mais je lui proposai, s'il allait dans la même direction, que nous partagions le taxi. Il monta avec moi et me parla de l'émission de Pivot. Le chauffeur entendit la conversation et me dit : « Il y a quelques heures, j'ai emmené une dame qui venait de cette émission. » Par curiosité, je lui demandai l'adresse, et il me donna celle de ma sœur. Il l'avait ramenée chez elle après l'émission ! Il m'apprit qu'on dénombrait quatorze mille chauffeurs de taxi dans Paris. Là encore, la coïncidence pouvait être troublante. Et de deux exemples.

Les raisons à l'origine de chacun de ces événements étaient tout à fait normales et banales. Écrire une lettre et se rendre à la poste, marcher dans la rue et rencontrer quelqu'un, prendre un taxi pour rentrer chez soi... ces actions sont somme toute très communes, mais débouchent parfois sur d'étonnantes coïncidences. Il peut sembler extraordinaire que des trajectoires se croisent ainsi à un instant particulièrement remarquable ; il ne s'agit pourtant que de probabilités, comme de gagner à la loterie.

En revanche, Kangyour Rinpoché n'avait aucune raison plausible de me demander de but en blanc le nombre d'animaux auxquels j'avais donné la mort. Au cours des années précédentes, jamais il ne m'avait questionné sur mon enfance ou sur ma vie en France. Je lui avais un peu parlé de mes études, ainsi que de ma famille, notamment de mon oncle et ma sœur qui m'étaient si chers. Rien de plus. Kangyour Rinpoché pour sa part ne s'adressait à moi habituellement que pour me donner ses instructions spirituelles, ou pour des remarques liées à la vie quotidienne. Et voilà que, pour la première et dernière fois en sept ans, il me posait avec un étrange à-propos une question sur un événement de mon enfance. Rien pourtant ne m'y préparait. Cette question semblait totalement déconnectée de notre vie ici, à Darjeeling, et paraissait bien lointaine et anecdotique, et pourtant, elle arrivait au moment précis où le souvenir avait ressurgi dans mon esprit et où je m'apprêtais à lui en faire part. Pour moi, cet épisode ne saurait se contenter d'une explication probabiliste. Autre chose, de plus profond et mystérieux, s'est joué ici. L'explication la plus simple serait qu'il ait lu mes pensées. D'autres événements similaires survenus plus tard, et auxquels j'assistai, tendent à confirmer cette hypothèse.

Jigmé Khyentsé Rinpoché, le dernier des fils de mon maître, nous rapporta une fois une anecdote dont il avait été témoin. Un jour, un hippie fort sympathique, appelé Dharma Dipo, vêtu d'un vieil habit tibétain, les cheveux blonds torsadés en dreadlocks, de multiples colliers autour du cou, vint s'asseoir en présence de Kangyour Rinpoché. Il avait fumé du haschisch avant de se rendre au monastère. À peine fut-il assis que Kangyour Rinpoché imita quelqu'un qui fumait un chilom, puis il éclata de rire. Comme il n'avait pas mangé ce jour-là, après dix minutes de méditation, Dharma Dipo fut tiraillé par la faim, mais il continua à méditer stoïquement. Ce n'était pas l'heure du déjeuner, mais Kangyour Rinpoché appela Amala et lui dit quelques mots. Cette dernière revint quelques instants plus tard avec un plateau de riz et de légumes qu'elle offrit au jeune hippie ; Kangyour Rinpoché insista pour qu'il n'en laissât pas une miette.

La tradition tibétaine considère que cette capacité à lire les pensées d'autrui est l'une des qualités qui dérivent naturellement d'un niveau élevé de réalisation spirituelle. Les maîtres ne se vantent jamais de telles aptitudes et n'admettent pas qu'ils les possèdent lorsqu'on les questionne à ce sujet. Ils les manifestent avec beaucoup de naturel et de simplicité au moment opportun, quand ils estiment que ces facultés vont renforcer la confiance du disciple dans sa pratique spirituelle. Il s'agit toujours d'une allusion subtile, jamais d'une déclaration ostentatoire.

CHAPITRE 8

Vie de Kangyour Rinpoché

Ses retraites, sa vie d'ermite errant, ses enseignements, la rencontre de son épouse, Amala, le départ du Tibet avant l'invasion communiste et l'établissement à Darjeeling. Kangyour Rinpoché s'éteint : quarante-neuf jours de cérémonies suivies de la crémation.

Kangyour Rinpoché naquit au Tibet oriental en 1898 sous le nom de Longchèn Yéshé Dorjé, « Vaste Espace de Sagesse Adamantine », bien avant de devenir Kangyour Rinpoché. Dès son enfance, il manifesta une vive inclination pour l'étude et la pratique du Dharma. Son maître principal, Jédroung Rinpoché (1856-1922), qu'il rencontra à l'âge de neuf ans, exerçait un grand rayonnement dans la région du monastère de Riwoché, au Tibet oriental, réputé pour son approche non sectaire[1]. Bien qu'il n'ait jamais été intronisé en tant que lama réincarné (*tulkou*), Kangyour Rinpoché était considéré comme la manifestation de Namkhai Nyingpo, l'un des vingt-cinq principaux disciples de Gourou Padmasambhava, le maître qui introduisit le bouddhisme au Tibet aux VIIIe-IXe siècles.

Vers l'âge de onze ans, accompagnant un groupe de pèlerins, Longchèn Yéshé Dorjé partit à pied rencontrer Lama Mipham, l'un des plus éminents maîtres de son temps, qui vivait alors dans un ermitage. Remarquant le jeune garçon, Lama Mipham s'enquit de son identité. « Oh, c'est juste un petit gars de notre village qui voulait venir avec nous », répondirent les pèlerins. Ce à quoi Lama Mipham répliqua : « Hum… Ce sont de jeunes enfants que naissent les grands maîtres. »

Il demanda à l'enfant :
— « Sais-tu lire ? »
— À peu près… », répondit poliment l'enfant.

Mipham sortit de son livre de prières le *Choral des noms de Manjoushri* (*Manjushri Nama Sangiti*) et le tendit à Kangyour.
— « Lis donc ça pour voir. »

Longchèn Yéshé Dorjé lut le texte en entier avec clarté, aisance et célérité.

– « Ho, ho ! Comme il lit bien ! » s'exclama Mipham Rinpoché.

Puis, ravi, il conféra aux pèlerins, et tout particulièrement au jeune Longchèn Yéshé Dorjé, la bénédiction de tous ses écrits en leur apposant les volumes sur la tête ainsi qu'une initiation de Manjoushri, le bouddha de la connaissance. Puis il fit cadeau à Kangyour de son propre exemplaire du *Nama Sangiti*, de petites pilules faites de plantes médicinales et consacrées lors d'une cérémonie centrée sur Manjoushri, ainsi qu'un petit sabre en bois jaune, symbole de la sagesse de ce bouddha qui déchire les ténèbres de l'ignorance. Après avoir reçu ces bénédictions et objets sacrés, Longchèn Yéshé Dorjé ne rencontra jamais de difficultés à mémoriser les nombreux textes qu'il étudia par la suite.

ॐ

Longchèn Yéshé Dorjé vécut de profondes expériences spirituelles dès l'enfance. Il eut des visions dans lesquelles il recevait la transmission de « trésors spirituels » (*terma*). Les *termas* sont des enseignements principalement conférés par Padmasambhava à certains de ses disciples, puis cachés dans des lieux particuliers selon ses instructions. Ces trésors spirituels étaient destinés à être redécouverts par des « révélateurs de trésors », des *tertöns*, selon des indications reçues lors de révélations, et ce, au moment où ils se révéleraient les plus utiles.

Suivant les conseils de son maître, Longchèn Yéshé Dorjé prit les vœux monastiques et consacra la première partie de sa vie à l'étude et à la pratique, avec une ardente assiduité. N'ayant pas les moyens de s'éclairer avec une lampe à huile, il lisait tard dans la nuit à la lueur de l'extrémité incandescente d'un bâton d'encens sur lequel il soufflait de temps à autre pour en raviver l'éclat. Il acquit ainsi une érudition peu commune et étonnait par sa connaissance des diverses écoles du bouddhisme tibétain. Son maître lui conseilla alors d'effectuer deux retraites consécutives de trois ans à Marthang Dorjé Dèn, l'un des centres de retraite du monastère de Riwoché consacré à la pratique de Vajra Kilaya, ajoutant ainsi à ses connaissances l'expérience et la réalisation nées d'une profonde pratique contemplative.

Alors qu'il accomplissait sa deuxième retraite, en 1922, un jour, dans la cour du cloître, lui vint dans une lumière étincelante la vision de nombreuses formes de toutes tailles de Jédroung Rinpoché, son maître bien-aimé. Des arcs-en-ciel apparaissaient dans le ciel, le tintement de cloches et des battements de petits tambours résonnaient. Longchèn Yéshé Dorjé eut le sentiment que son maître avait quitté le monde, mais ses compagnons de retraite estimèrent ce pressentiment peu probable. Un mois plus tard, la nouvelle arriva : Jédroung Rinpoché avait cessé de vivre sur cette terre, le jour même de la vision de Longchèn Yéshé Dorjé.

Il accomplit aussi d'autres retraites en divers lieux solitaires, notamment sur les pentes de Kawa Karpo, le « Pilier blanc », une montagne altière aux neiges éternelles située dans le Yunnan, à l'extrême sud-est du Grand Tibet.

Son indifférence à l'égard du pouvoir et des honneurs l'amena à quitter le monastère de Riwoché où on lui avait proposé d'assumer d'importantes fonctions. Il préféra mener une vie d'ermite itinérant, parcourant le Tibet d'est en ouest afin de recevoir les enseignements de nombreux maîtres et de les mettre en pratique dans des lieux retirés.

༄

À partir des années 1930, la majeure partie de sa vie fut consacrée à ses activités altruistes. Il conféra de nombreux enseignements et transmissions spirituelles. Par ailleurs, expert en médecine traditionnelle, il soignait les malades qui venaient à lui, veillait sur les personnes âgées, aidait les voyageurs et les pèlerins et prenait soin des orphelins.

Le nom Kangyour Rinpoché lui vint du fait qu'il donna à treize reprises la transmission par la lecture des cent trois volumes qui composent le *Kangyour*, l'intégralité des enseignements du Bouddha traduits en tibétain au IXe siècle ; il les lut vingt-quatre fois en tout. On mesure l'ampleur d'une telle activité lorsqu'on sait qu'une seule transmission de ce texte demande près de deux mois de lecture, à longueur de journées.

Alors qu'il résidait au Tibet central, dans la province de Nyémo, Kangyour Rinpoché décida de passer de la vie monastique à celle d'un yogi, et de prendre pour compagne spirituelle Jétsun Jampa Chökyi. Née en 1922 dans la province de Nyémo au Tibet central, elle se consacrait depuis son plus jeune âge à la pratique contemplative et était renommée pour sa compassion. Elle rencontra Kangyour Rinpoché à Chimphou, dans les hauteurs surplombant le monastère de Samyé, et devint sa disciple, pratiquant comme lui ses enseignements dans des lieux solitaires. En 1941, avec quelques autres disciples, elle accompagna Kangyour Rinpoché au cours d'un pèlerinage d'un an en Inde et au Népal. En 1943, Kangyour Rinpoché l'épousa et ils eurent sept enfants, mais connurent le malheur d'un perdre un.

Kangyour Rinpoché perçut très tôt la menace qui pesait sur le Tibet et, en 1956, décida de quitter le Pays des Neiges avec toute sa famille. Ses proches et disciples tentèrent de l'en dissuader, arguant qu'il n'y avait aucun danger imminent. Mais la décision de Kangyour Rinpoché était irrévocable. Quelques années plus tard, en 1959, l'histoire lui donnait tristement raison et la Chine communiste envahissait le Tibet militairement après avoir lentement mis en place les éléments de leur prise de pouvoir dès 1949.

Il séjournait à l'époque dans la province de Nyémo, une belle vallée fertile à l'ouest de Lhassa, qui était la région natale de son épouse, Jétsun Jampa Chökyi. Anticipant la tragédie à venir, Kangyour Rinpoché avait pu effectuer son périple sans encourir trop de risques, emportant avec lui, et sauvant de la destruction à venir, nombre de précieux livres, et quelques statues et reliques qu'il transporta dans de gros ballots. Bien lui en prit : l'essentiel des bibliothèques regorgeant de précieux manuscrits furent brûlées par les soldats chinois, les gardes rouges et par les Tibétains eux-mêmes sous la contrainte brutale des communistes, leurs précieux trésors parfois jetés à l'eau des rivières.

Kangyour traversa le Tibet du Sud en camion, puis affréta une caravane de yaks et de mules pour passer un col en haute altitude dans la province du Kongpo avant de redescendre dans la vallée sacrée de Pémakö, le « Lieu en Forme de Lotus », région sacrée où il séjourna quatre ans, de 1956 à 1960, eut de nombreuses visions et songea même à s'établir, avant de finalement continuer vers l'Inde et de passer les quinze dernières années de sa vie à Darjeeling.

CR

L'érudition de Kangyour Rinpoché n'avait d'égale que son humilité aussi manifeste dans son habillement que dans son habitat. Les grands maîtres contemporains qui le rencontrèrent nourrissaient un profond respect à son égard. Dudjom Rinpoché disait de lui qu'il était l'égal des éminents *mahasiddha*[2], les grands yogis bouddhistes de l'Inde, tandis qu'un autre grand maître de la tradition

Nyingmapa, Dilgo Khyentsé Rinpoché – qui allait jouer plus tard un rôle si essentiel dans ma vie spirituelle – confia à l'un de ses disciples, Lama Chöjor, que Kangyour Rinpoché était identique à son propre maître racine, Jamyang Khyentsé Chökyi Lodrö, l'un des plus grands sages tibétains du XXe siècle.

Dans le but d'assurer la transmission des enseignements aux générations futures, Kangyour Rinpoché construisit un monastère à Darjeeling, Orgyèn Kunsang Chökhorling, où des enfants tibétains reçoivent aujourd'hui encore une éducation traditionnelle. C'est aussi là que des disciples du monde entier vinrent à lui, toujours accueillis avec hospitalité, notre maître ayant à cœur de partager ses enseignements avec le plus grand nombre.

Sa liberté intérieure lui permettait de rester serein en toutes circonstances. Généreux et très attaché aux valeurs de l'amour altruiste, il nous rappelait qu'il fallait tout particulièrement apporter de l'aide aux malades, aux personnes âgées, aux démunis et aux pèlerins de passage. Kangyour Rinpoché était totalement indifférent aux préoccupations mondaines. Faisant fi des conventions ordinaires, il pouvait parfois se montrer sans concession, et faire preuve de fermeté afin que, comme dit le proverbe, « un bon disciple progresse résolument sous une discipline rigoureuse ». Il s'agissait aussi bien de suivre une discipline de conduite extérieure qu'intérieure exigeant de chacun le meilleur de lui-même.

☙

Bien qu'il ne se soit jamais rendu en Occident, Kangyour Rinpoché pensait que le Dharma devait s'y répandre. Fort de cette conviction, il donna inlassablement des enseignements aux disciples occidentaux qui venaient le rencontrer et séjourner auprès de lui, comptant sur eux pour diffuser le précieux savoir ancestral. Il fit part aussi de son souhait à d'autres grands maîtres, Dudjom Rinpoché, qui était alors le patriarche de la tradition Nyingmapa, et Dilgo Khyentsé Rinpoché notamment, de se rendre dans les pays occidentaux pour le bien de tous les êtres. À la fin de l'année 1975, à l'invitation de Tulkou Péma Wangyal, Dilgo Khyentsé Rinpoché fit un premier voyage en Occident. Il se rendit dans une demi-douzaine de pays européens, ainsi qu'aux États-Unis et au Canada. Jigmé Khyentsé Rinpoché et quelques autres personnes, dont moi-même, l'accompagnèrent de Darjeeling jusqu'à l'aéroport de Badgodra. Ce voyage mémorable fut le premier d'une quinzaine de visites de Dilgo Khyentsé Rinpoché en Occident, principalement en France, en Dordogne, où la famille de Kangyour Rinpoché, son épouse Jétsun Jampa Chökyi et ses enfants, allait s'établir à la fin des années 1970. De nombreux Occidentaux purent ainsi étudier et pratiquer le Dharma, notamment dans le cadre des retraites traditionnelles de trois ans et des séminaires organisés par le Centre d'études de Chanteloube.

ଔ

Vers la mi-janvier 1975, les signes de maladie que Kangyour Rinpoché avait commencé à présenter dès la fin de l'année précédente s'aggravèrent. Il annonça alors à ses proches qu'il allait quitter cette existence. Il mentionna, à l'intention des disciples qui se trouvaient au loin, que la distance n'importait guère pour peu qu'ils fassent preuve de dévotion.

La notion de dévotion peut paraître curieuse, voire suspecte à notre époque. Elle évoque l'idée d'une foi aveugle, ce que dénonce précisément le Dalaï-lama : la foi et la confiance doivent être fondées sur une juste appréciation de la réalité et des qualités du Bouddha, du Dharma et du Sangha, la communauté idéale des êtres réalisés. La foi aveugle est obscurcie et distordue par l'absence de discernement et s'apparente à une croyance irrationnelle. La dévotion ne consiste pas à « croire en quelque chose », mais à s'ouvrir à l'immensité et à la profondeur de la réalisation spirituelle du maître, et à son amour sans limites. Une fois ce lien particulier établi, il mène au respect et à l'admiration, ainsi qu'à l'ardent désir de réaliser à son tour les merveilleuses qualités découvertes chez le maître. La dévotion permet également d'acquérir une « vision pure » de l'ensemble du monde des phénomènes ; elle libère de la dichotomie, d'une perception qui discrimine constamment entre le beau et le laid, l'agréable et le désagréable, l'harmonieux et le discordant, l'ami ou l'ennemi. La vision pure permet de reconnaître la pureté fondamentale des phénomènes. Par « pureté », on entend le fait que tous les phénomènes – formes, sons et pensées – sont également dénués d'existence propre. En ce sens, ils sont « purs », c'est-à-dire exempts de toutes les distorsions que nos fabrications mentales projettent sur la réalité. Le corps, la parole et l'esprit du maître spirituel incarnent l'aspect éveillé des formes, des sons et des pensées. C'est pourquoi mêler notre esprit à celui du maître permet de percevoir la pureté primordiale de toutes les formes, les sons et les pensées. La dévotion, ou ferveur, telle qu'elle est conçue et pratiquée dans le bouddhisme tibétain, fait fondre la glace de nos concepts et de nos fixations pour nous permettre d'appréhender l'union parfaite des apparences et de la vacuité. C'est pour cette raison qu'en dépit de l'immense variété de pratiques et de moyens efficients que propose le bouddhisme vajrayana, l'union à l'esprit du maître, le gourou yoga, constitue le cœur de toutes ces méthodes.

Le gourou yoga nous permet donc de redécouvrir et d'actualiser graduellement la nature de bouddha qui est en nous, une nature qui représente l'aspect ultime du maître spirituel. Comme l'enseignait Dilgo Khyentsé Rinpoché : « Placer sa confiance en le maître spirituel est le plus sûr moyen de progresser vers l'Éveil. La chaleur de sa compassion et de sa sagesse fond le minerai de notre esprit pour libérer l'or de notre potentiel d'Éveil, la nature de bouddha. »

Peu avant que n'apparaissent les premiers symptômes, Kangyour Rinpoché avait conféré à l'un de ses proches disciples, Soktsé Rinpoché, qui lui en avait fait la requête, et à quelques autres dont j'eus la chance de faire partie, une dernière grande initiation. Il nous fit ainsi le don du cycle complet de son trésor spirituel centré sur la déité de sagesse Vajra Kilaya, qui incarne l'activité éveillée de tous les bouddhas pour accomplir le bien des êtres et écarte les obstacles sur la voie.

Le jeudi 23 janvier 1975, au coucher du soleil, il demanda à rester seul, et c'est ainsi qu'il quitta le monde, assis en méditation. Lorsque ses proches revinrent dans la pièce, Kangyour Rinpoché avait cessé de respirer et était entré dans la méditation de l'après-vie, le *thoukdam*, qui dura cinq jours. L'épouse de Kangyour Rinpoché, Jétsun Jampa Chökyi, entourée de ses enfants, lut à voix haute le *Trésor de l'espace absolu* (*Chöying Dzö* en tibétain), un texte composé par le grand maître du XIVe siècle Gyalwa Longchèn Rabjam qui expose la vérité ultime en une cinquantaine de pages d'une grande profondeur.

La méditation liée au *thoukdam* apporte la sensation très claire de la présence vivante du défunt. La tête reste droite ou légèrement inclinée vers l'avant, la peau demeure souple et les membres flexibles, sans rigidité cadavérique. Du corps émane une senteur douce et suave, bien différente de l'odeur déplaisante émise par les corps abandonnés de toute vie et voués à la corruption. Une telle méditation peut se poursuivre jusqu'à trois semaines. Si un disciple avancé est capable de maintenir une telle absorption méditative, celle-ci lui permet alors de franchir rapidement les étapes ultimes de la réalisation spirituelle. Les maîtres qui, comme Kangyour Rinpoché, ont réalisé la nature de l'esprit selon les enseignements de la Grande Perfection n'ont pas besoin de s'engager dans cette méditation post-mortem, mais ils le font parfois pour l'édification de leurs disciples. Il arriva qu'au Tibet des fidèles qui se retrouvaient de manière impromptue en présence d'un grand pratiquant en *thoukdam* aient l'impression d'être face à un méditant absorbé dans une profonde contemplation, sans réaliser que la vie, au sens ordinaire du terme, avait déjà quitté son corps. Durant cette période, il est précieux d'unir son esprit à celui du maître. Des signes précis indiquent la fin de la méditation : la tête s'affaisse, des humeurs blanches et rouges coulent des narines, et le corps commence à changer d'aspect, comme chez toute personne décédée.

Lorsque Kangyour Rinpoché montra les signes d'achèvement de son *thoukdam*, son corps fut lavé avec de l'eau safranée et enveloppé de bandelettes de tissu blanc, puis il fut installé dans la position du lotus, dans sa chambre, sur la couche où il était entré en méditation. Il fut revêtu de brocarts et d'ornements symbolisant le *sambhogakaya*, le « Corps de parfaite félicité », c'est-à-dire la dimension aussi appelée « corps subtil d'un bouddha qui se manifeste spontanément à partir du Corps absolu », le *dharmakaya*. Ses bras furent croisés sur sa poitrine, sa main droite tenait un *vajra*, petit sceptre à cinq pointes symbolisant la transformation des cinq principaux poisons mentaux – haine, désir-attachement, ignorance, orgueil et jalousie – en cinq sagesses ainsi que la compassion, et sa main gauche une cloche, symbole de la vacuité des phénomènes. Sa tête fut ceinte d'une couronne à cinq pétales sur lesquelles étaient peints les cinq *dhyani bouddhas* symbolisant cinq aspects de la sagesse primordiale – la sagesse de la dimension absolue, la sagesse pareille au miroir, la sagesse de l'égalité parfaite, la sagesse du discernement de toute chose et la sagesse tout-accomplissante.

C'est alors que les proches disciples présents au monastère purent lui rendre hommage. Nous nous prosternâmes devant son corps, priant de tout notre être pour qu'il reste toujours présent au cœur de nos pensées et qu'il nous guide jusqu'à l'Éveil, en cette vie ou dans celles à venir. Nous pûmes nous recueillir chaque jour quelques instants dans sa chambre. Je vécus avec intensité ces moments si particuliers, poignants, les derniers en présence du corps physique de mon maître. Je ravivai alors avec plus de force que jamais ma détermination à me consacrer à la pratique des enseignements que j'avais reçus de lui.

Le fils aîné de Kangyour Rinpoché, Tulkou Péma Wangyal, nous rappela que la mort d'un maître spirituel différait de celle d'un être ordinaire : le maître reste toujours présent pour ceux qui l'invoquent avec confiance. Un autre grand maître qui séjournait à proximité du monastère, Nyoshul Khén Rinpoché, nous dit que seuls les insensés ne s'attristent pas de la mort d'un tel maître, dont la vie est dédiée au bien de tous. Un maître d'une telle excellence, nous rappela-t-il, est des plus rares. Cependant, ajouta-t-il, si son corps de manifestation s'était dissous, sa dimension absolue transcendait toute forme de destruction.

❦

Quelques heures après la mort de Kangyour Rinpoché, Tulkou Péma Wangyal réussit à faire parvenir un message à Dilgo Khyentsé Rinpoché, qui se trouvait alors au Sikkim. Quelques jours plus tard, il arriva au monastère et accomplit les rites consacrés. Il donna aussi de précieux conseils à tous les disciples réunis et nous rappela notamment que les enseignements du Bouddha étaient si vastes qu'il était impossible pour un fidèle ordinaire de les assimiler dans leur totalité, ce qui rendait si précieux la rencontre d'un maître authentique capable d'extraire la quintessence des enseignements et de donner à chacun les instructions nécessaires pour progresser selon ses capacités et dispositions mentales particulières. Nous devions donc nous considérer comme très chanceux d'avoir reçu de tels enseignements et en aucun cas nous ne devions penser qu'il nous manquait certaines instructions indispensables. Il nous rappela comment les *mahasiddhas* – les sages accomplis du passé – avaient atteint la réalisation ultime en méditant avec persévérance sur les quelques enseignements essentiels que leur maître leur avait conférés. Nous avions le sentiment que Dilgo Khyentsé Rinpoché recueillait dans les paumes de ses mains les disciples de Kangyour Rinpoché, comme une mère nouvelle accueille des orphelins avec une bonté et une générosité sans réserve.

Le « départ » d'un maître spirituel est pour ses disciples un moment d'une tristesse insondable, comme si tous les astres du ciel s'éteignaient subitement, nous plongeant dans l'obscurité. Mais cette tristesse particulière transcende tout sentiment, toute émotion, pour nous amener au cœur de l'essentiel. Le maître reste présent dans tout ce que l'on perçoit, voit et entend. Il n'est plus dans son corps, il habite tout ce qui nous entoure, car il demeure à la source même de nos pensées, faisant un avec la nature fondamentale de notre esprit. Et ce, non pas à la manière d'une présence individuelle, mais comme la conscience claire, éveillée, qui perdure, inaltérée et inaltérable, derrière le rideau des pensées. Le maître est comme l'espace qui embrasse toutes choses, comme la lumière qui illumine le monde, comme un son qui résonne en tout lieu et en tout temps.

C'est en passant dans le *parinirvana*, la mort, que le Bouddha donna son ultime enseignement, celui de l'impermanence – une puissante exhortation à ne pas dilapider en vain la précieuse existence humaine, mais à s'adonner au chemin de la libération. Parmi tous les enseignements du Bouddha, celui sur l'impermanence s'apparente à l'empreinte du pied de l'éléphant dans la forêt – la plus grande de toutes les empreintes. Garder le sentiment de l'impermanence présent à l'esprit ne vise pas à instiller en nous des sentiments de fébrilité ou d'angoisse, mais permet de saisir avec acuité la valeur inestimable de chaque instant qui passe. Tout comme l'on ne jette pas de la poudre d'or dans un caniveau, il serait déplorable de laisser notre existence s'effriter instant par instant, jour après jour, année après année, dans l'illusoire et l'inutile, pour partir les mains vides de cette île au trésor que représente la vie humaine.

☙

Pendant quarante-neuf jours, des lamas, des moines et des nonnes venus des alentours, ainsi que les disciples occidentaux de Kangyour Rinpoché présents au moment de sa mort, et de nombreux autres venus de loin, rendirent hommage à leur maître. Des cérémonies, qui duraient toute la journée, furent accomplies dans le temple situé au premier étage du monastère, centrées sur la pratique de Vajrasattva, le bouddha de la purification. Quarante-neuf jours est la durée durant laquelle la conscience transite dans le *bardo*, l'état intermédiaire entre le moment de la mort et celui de la renaissance. C'est aussi la période durant laquelle des cérémonies sont offertes pour favoriser la renaissance dans des conditions favorables à la poursuite du chemin vers l'Éveil. Dans le cas d'un être ayant atteint le plus haut degré de réalisation spirituelle, qui maîtrise les circonstances de sa renaissance, cette durée est symbolique et est principalement observée pour donner aux disciples l'occasion de rendre hommage à leur maître et de former des vœux pour qu'il se manifeste à nouveau promptement en ce monde pour le bien des êtres.

Cette pratique permet tout à la fois de s'unir à l'esprit du maître considéré comme inséparable de Vajrasattva, d'accomplir des offrandes matérielles et visualisées – pour ce faire, on rend présentes à l'esprit toutes les beautés et perfections de l'univers, qui se multiplient à l'infini et emplissent l'espace en nuages d'offrandes –, et de purifier les obscurcissements qui voilent l'esprit, la parole et le corps de toutes les personnes présentes, afin qu'elles puissent atteindre l'Éveil. L'assemblée récite lentement le texte d'une trentaine de pages, deux fois par jour, le matin et l'après-midi. Il s'agit d'une profonde méditation guidée, qui commence par la prise du Refuge dans l'Éveil du Bouddha et se poursuit par le vœu du bodhisattva (atteindre l'Éveil pour pouvoir libérer tous les êtres de la souffrance). La partie principale se concentre sur des visualisations du bouddha Vajrasattva qui permet de cultiver la « vision pure ». Tous les êtres sans exception sont perçus comme des bouddhas, masculins ou féminins, la nature de bouddha étant présente en chacun d'eux comme l'huile dans chaque graine de sésame.

Quarante-neuf jours après la mort de Kangyour Rinpoché, dans la nuit du 17 février 1975, son corps fut placé dans la partie supérieure d'un stoupa en forme de cloche pourvu d'une ouverture sur le côté. Ce stoupa particulier fut construit sur la terrasse supérieure du monastère sous la direction de Tulkou Péma Wangyal, et nous y participâmes tous. Dilgo Khyentsé Rinpoché – qui allait bientôt jouer un rôle si important pour moi – et Dodroup Chèn Rinpoché, un autre grand maître qui s'était établi au Sikkim après avoir fui le Tibet, dirigèrent la cérémonie et, peu avant l'aube, le brasier de bois de genévrier et de santal fut allumé et consuma peu à peu le corps de Kangyour Rinpoché pendant que le rituel d'offrande au feu se poursuivait. Au cours de cette cérémonie, les participants visualisèrent le corps du maître, assis en lotus sur un support, enveloppé de tissus et de brocarts, sous la forme de Vajrasattva. Un arc-en-ciel matinal brilla peu après le lever du soleil. À la fin de la célébration, qui dura trois heures, l'ouverture du stoupa fut scellée pour laisser les cendres refroidir lentement. Dans la matinée, un halo spectaculaire se forma autour du soleil et resta visible pendant une demi-heure. Quelques jours plus tard, Tulkou Péma Wangyal ouvrit le stoupa et les cendres furent méticuleusement rassemblées. Une partie des ossements ainsi que le cœur de Kangyour Rinpoché, qui en dépit de l'intensité du feu n'avait pas été réduit en poussière, furent enchâssés dans une statue qui siège maintenant dans la chambre de Kangyour Rinpoché. Comme nombre de disciples, je fus l'heureux récipiendaire de quelques fragments d'os de mon précieux maître.

Une autre partie des reliques fut disposée dans un stoupa en cuivre recouvert d'or qui demeure dans le temple principal du monastère. Il n'est pas rare que, dans le cas de grands pratiquants, le cœur, les yeux et la langue soient retrouvés ensemble, comme momifiés, au milieu des cendres, sans avoir été carbonisés par les flammes. Ce fait est considéré comme un signe d'accomplissement. Rétrospectivement, cet étonnant phénomène me fait penser à la phrase de Cicéron : « Ce qui ne peut pas se produire ne s'est jamais produit et ce qui peut se produire n'est pas un miracle. » La chose devient intéressante lorsque l'explication la plus plausible remet en question des paradigmes dominants.

La tâche nous incombait maintenant de mettre les enseignements reçus en pratique pour le restant de nos jours. Ma mère, qui avait, elle aussi, vécu et pratiqué dans un petit ermitage de Darjeeling entre 1972 et 1975, et que je voyais presque quotidiennement lorsque nous prenions nos repas avec la famille de Kangyour Rinpoché, décida de rentrer en France après la mort de notre maître. Durant les derniers mois de son séjour, elle souffrit d'une encéphalite et fut extrêmement ébranlée. Aidé par mes amis, je passai plusieurs semaines à son chevet, parfois jour et nuit. À son retour, elle vécut tout d'abord en Bretagne dans une belle cabane en bois sur la propriété de son frère Jacques-Yves Le Toumelin, puis en Dordogne. Elle revint à plusieurs reprises par la suite faire des séjours de quelques mois en Inde, au Népal et au Bhoutan.

Lorsque Kangyour Rinpoché était encore en vie et que je venais chaque année de France le retrouver, savoir que m'attendaient les douces retrouvailles donnait au voyage une portée toute particulière. Le temps et l'espace prenaient une autre dimension, imprégnés de l'image de mon maître. Et puis venait le moment tant attendu où, le cœur ouvert à sa lumière, j'arrivais à sa résidence, franchissais la porte, renouais avec les membres de sa famille puis me retrouvais en sa présence. J'apprendrais, des années plus tard, que lorsque les Tibétains parlent du Dalaï-lama, ils n'utilisent ni son titre ni son nom personnel, mais simplement le mot «Kundun», qui signifie «présence».

Maintenant, lorsque je voyage, bien souvent, je me rends simplement d'un point à un autre. Où que j'aille de par le monde, il n'y a plus un seul endroit sur terre, si ce n'est en mon cœur, où je puisse retrouver mon maître. Comme l'a exprimé le grand yogi Shabkar après le décès de son maître : «Avant, même si la distance était grande, je savais que je pouvais contempler son visage ; aujourd'hui, même avec le meilleur cheval du monde, je n'ai nulle part où aller.»

CHAPITRE 9

Qu'est-ce qu'un maître authentique ?

Les caractéristiques d'un véritable guide spirituel. Le long cheminement qui doit présider au choix de celui-ci. Les dangers que font courir les faux maîtres.

Le cœur de la transmission spirituelle tient aux qualités du maître : sa liberté intérieure, sa compassion, sa sagesse et son désintérêt pour les futilités mondaines. Après cinq ans à aller à la rencontre de Kangyour Rinpoché, j'ai ensuite vécu deux ans en sa présence, puis j'ai passé treize ans auprès de Dilgo Khyentsé Rinpoché et de longues périodes auprès de Trulshik Rinpoché et du Dalaï-lama. Au cours de toutes ces années, je n'ai jamais décelé chez eux une pensée, une parole, ou un acte qui soit susceptible de nuire à autrui. Leur seul et unique souci semblait être d'accomplir le bien des êtres, pas seulement leur bien immédiat, mais un bien ultime : la libération du monde conditionné par la souffrance, le *samsara*.

On pourrait m'opposer que je suis de nature naïve et que leurs travers m'ont échappé. Mais une simple façade masquant des vices cachés ne résiste pas à l'épreuve du temps. Les défauts dans la cuirasse finissent toujours par apparaître, si bien dissimulés soient-ils. Ce ne fut pas le cas. Qui plus est, à la différence des dissimulateurs qui se préoccupent constamment des jugements d'autrui, l'un des traits communs à tous ces maîtres est qu'ils n'ont aucun souci de leur « image », ne cherchent jamais à « paraître », et n'ont nulle considération pour la louange ou la critique, la renommée ou l'anonymat.

C'est bien ce que l'on attend d'un maître spirituel digne de ce nom, me direz-vous. Certes, mais une telle cohérence n'en est pas moins exceptionnelle et inspirante. Elle est aussi nécessaire : comment, en effet, considérer comme « maître spirituel » quelqu'un qui se comporte de façon douteuse, voire néfaste, à l'égard des autres ?

De fait, un maître spirituel authentique n'a rien à gagner ni à perdre, mais tout à donner, à partager. Peu lui importe d'attirer quelques nouveaux disciples, il ne recherche aucune reconnaissance publique, aucun avantage personnel, et son train de vie se veut simple et dépouillé, détaché de tout faste.

Un maître qualifié ne surgit pas de nulle part : il est dépositaire d'une lignée ininterrompue de transmission spirituelle et d'expériences acquises au fil des générations. À travers lui, c'est l'Éveil du Bouddha, le trésor de ses enseignements, le Dharma, et la lignée des êtres accomplis qui constituent une communauté vertueuse qui se perpétue, le Sangha, et qui est respectée.

Au Tibet ou au Bhoutan, quand on arrive quelque part, il est fréquent de s'enquérir de la présence de sages dans la région, afin d'aller à leur rencontre. On image mal quelqu'un arrivant à Paris poser la même question aux passants, dans la rue. On se renseigne plutôt sur le supermarché, le cinéma ou la salle de sport la plus proche. L'importance accordée au maître spirituel peut paraître surprenante, voire dérangeante, dans un monde où l'on encourage l'individualisme et l'autonomisation. L'on admet volontiers pourtant que pour apprendre à naviguer, à escalader des parois verticales ou à jouer d'un instrument de musique, il soit souhaitable de bénéficier de l'expérience d'un instructeur qualifié, qui s'appuie à son tour sur l'expérience accumulée au fil des générations. Il n'y a aucune raison que l'apprentissage de la sagesse, de la compassion, de la liberté intérieure et du chemin de l'Éveil, ne fasse exception.

Si l'on aspire à faire le tour du monde à la voile, on peut commencer par lire les récits de grands navigateurs, mais ces connaissances livresques, aussi éclairantes soient-elles, sont d'un secours limité. Il est essentiel d'acquérir également un savoir-faire, des connaissances pratiques que l'on doit nous inculquer. Cheminer jusqu'à l'Éveil est un projet plus vaste encore que de *circumnaviguer*. Se lancer sur le vaste océan sans carte ni sextant, sans savoir naviguer ni avoir aucune idée de la destination du voyage relèverait de l'inconscience. Un maître qualifié apporte tout cela, des cartes et un compas, et, bien plus, il reste présent comme le pôle Nord qui oriente le compas du disciple, le prévient des embûches, guide ses aspirations et la réalisation de son potentiel et lui rappelle les paroles du Bouddha : « Je vous ai montré le chemin, il ne tient qu'à vous de le parcourir. »

Dans mon cas, je ne serais jamais resté un demi-siècle dans l'Himalaya si je n'y avais pas rencontré des êtres capables de m'indiquer ce chemin avec discernement et bienveillance. Je n'aurais fait guère mieux que prendre quelques photos des superbes paysages et être la proie des moustiques. Mais, dès mes premiers voyages, j'ai eu la conviction que si les enseignements et la pratique du bouddhisme avaient engendré des êtres aussi remarquables que Kangyour Rinpoché, son épouse, sa famille et les autres maîtres que j'ai rencontrés[1], alors je devais à mon tour puiser dans ce trésor de connaissances et cette formidable opportunité de transformation intérieure.

Dans le bouddhisme, on distingue plusieurs sortes de maîtres spirituels, selon leur fonction et leurs capacités. Il y a tout d'abord l'«ami spirituel,» celui qui nous incite à la vertu, le *kalyanamitra* en sanskrit, qui conseille, indique le chemin à suivre et enseigne les rudiments de la pratique. Il y a aussi l'érudit, le professeur (*acharya* en sanskrit), qui explique le contenu, le sens et la structure des enseignements. Cet *acharya* peut être un maître en philosophie, un *khénpo* en tibétain. C'est aussi un *khénpo* qui détient la lignée monastique et confère l'ordination.

Vient ensuite le maître du Grand Véhicule (le Mahayana), qui expose les enseignements sur la philosophie et la pratique centrés sur la sagesse et la compassion qui mènent à l'état de bouddha. Il transmet les préceptes liés aux vœux de bodhisattva, la détermination d'atteindre l'Éveil pour le bien des êtres.

Enfin, le maître spirituel confère la transmission des initiations du véhicule adamantin, le Vajrayana. Il est celui qui nous introduit à la nature de notre propre esprit et guide notre chemin vers l'Éveil ; notre «maître racine». Kangyour Rinpoché incarnait pour moi l'ensemble de ces maîtres. Il fut donc mon maître racine. En sus d'évoquer la notion de maître «principal», ce mot évoque aussi le fait que Kangyour Rinpoché est toujours présent à la «racine» de mes pensées, au cœur de mon être, unissant en sa personne le maître extérieur qui montre le chemin et le maître intérieur, la nature ultime de notre esprit. Il ne s'agit pas là d'une simple figure de style, et aujourd'hui comme tout au long de ma vie, de nombreuses fois dans la journée l'évocation de la présence de Kangyour Rinpoché, de ses qualités, accompagnée du désir de fondre mon esprit en sa sagesse, occupe le devant de mes pensées.

Ces différents maîtres élicitent des niveaux d'engagements différents de la part du disciple. S'initier à la voile sur un petit dériveur en bord de plage n'est pas la même chose que se former avec un marin chevronné pour naviguer en haute mer par tous les temps. Il revient à chacun de décider en toute connaissance de cause dans quelle voie il souhaite s'engager et à quel type de maître il est prêt à se confier, après avoir mûrement réfléchi ses objectifs et examiné sous tous ses angles l'authenticité des maîtres en question.

Les textes nous avertissent aussi de la rareté des maîtres qualifiés. Ils décrivent notamment les qualités requises d'un maître du Vajrayana : il, ou elle, doit posséder une excellente connaissance des enseignements, les avoir intégrés dans son flot de conscience et atteint un haut niveau de réalisation spirituelle. Celle-ci s'exprime notamment dans une compassion sans faille pour tous les êtres sans exception. La plus grande satisfaction d'un maître est qu'un disciple progresse vers la libération de la souffrance. Nous sommes loin des rapports de domination dont la vie courante nous donne constamment des exemples, et qui caractérise la recherche d'emprise d'un faux maître sur ses disciples. L'accueil du maître est un geste de pure générosité spontanée comparable à l'assistance offerte à un voyageur égaré, à un fugitif en danger. Le maître partage son expérience du déracinement de l'ignorance, des émotions négatives, et des souffrances qu'elles entraînent. Maîtrisant pleinement les méthodes de la pratique spirituelle, il sait discerner celles qui conviennent le mieux à tel disciple, à un moment donné de son existence. Ces qualités ne peuvent naître que d'un accomplissement intérieur, perceptible dans les enseignements les plus profonds comme dans les gestes les plus simples.

౧ఠ

Au disciple, il est donc fortement recommandé de ne pas se fier au premier venu et d'examiner tout d'abord minutieusement les qualités du maître potentiel, en commençant par s'informer auprès de tierces personnes, puis en s'assurant que l'opinion qu'il s'est faite est conforme à la réalité. Il est conseillé de laisser s'écouler plusieurs années avant d'accorder à un maître son entière confiance, car s'en remettre à un individu non qualifié revient à absorber du poison.

Le Dalaï-lama conseille avec insistance à tous, Orientaux comme Occidentaux, de mûrement réfléchir avant d'étudier auprès d'un maître pour s'épargner de possibles et amères déconvenues. Il ne s'agit pas pour autant de s'adonner à un papillonnage spirituel auprès de toutes les traditions de la planète et de tous ceux qui enseignent à tout vent. Comme le disait ma mère, Yahne : « Lorsque vous trouvez un puits avec de l'eau vraiment pure, si vous avez soif, buvez. Ne vous lancez pas dans le tourisme des puits ! »

Le Dalaï-lama a également affirmé à maintes reprises que si un prétendu maître se comporte en contradiction flagrante avec les enseignements du Bouddha et si, en particulier, ses actions nuisent à ceux qui l'entourent, il incombe aux disciples de dénoncer ses agissements.

L'un des critères de jugement est clair et sans appel : le bouddhisme vise à éliminer la souffrance et ses causes. En conséquence, tout ce qui ne remédie pas à la souffrance ou, pire, l'engendre, ne relève pas du bouddhisme. Un maître qui, en toute connaissance de cause, provoque des souffrances durables et profondes chez les autres, n'est pas un maître, mais un charlatan. Suivre un tel maître revient à sauter dans un précipice, dans lequel maître et disciple tomberont de concert.

Dans des cas moins graves, si, faute d'avoir suffisamment examiné l'authenticité d'un maître, on s'aperçoit simplement qu'il n'a pas les qualités requises, mais que l'on a malgré tout bénéficié de ses enseignements du Dharma, par respect pour ces enseignements, et plus particulièrement si on a reçu une initiation du Vajrayana, on se contentera de prendre ses distances.

Une fois que le disciple a toutes les raisons de penser qu'un maître est authentique, il est approprié de lui accorder une confiance qui transcende les ratiocinations du scepticisme. Le disciple devient comme l'apprenti alpiniste qui, une fois engagé dans une ascension, doit faire une entière et totale confiance à son guide, sans quoi tous deux se verraient mis en danger.

Les enseignements qui décrivent sans ambiguïté les qualités des maîtres à suivre et les défauts de ceux qu'il faut éviter tiennent lieu de garde-fou. *Le Trésor de précieuses qualités*[2], par exemple, composé au XVIIIe siècle par Rigdzin Jigmé Lingpa et explicité par Kangyour Rinpoché dans un commentaire lumineux, précise ces qualités et ces défauts :

> Le maître qui réunit toutes les qualités du Dharma suprême, on le rencontre bien peu par ces temps de décadence[3] ! Sur le sol d'une éthique pure, il a irrigué son esprit avec l'eau de l'étude

et de la grande compassion. Il peut dispenser les enseignements, car son esprit est apaisé et libéré. Guidé par son incommensurable compassion, il n'a qu'un seul souci : aider les autres. Il a peu d'activités mondaines et pense au Dharma avec assiduité. Le samsara le lasse profondément, et il inspire à autrui le même sentiment. Celui qui prend appui sur un tel maître deviendra vite un être accompli.

Quant aux faux maîtres, certains sont comme des brahmanes qui craignent de perdre leur résidence et leur position, d'autres sont habiles à parler, mais ne sont pas plus capables de transformer en bien l'esprit de leurs disciples qu'une meule en bois de moudre du grain. D'autres encore, qui n'ont rien de plus que les êtres ordinaires, s'attribuent inconsidérément les qualités que certains, dans leur foi aveugle, voient en eux. Fiers des offrandes qu'on leur fait et du respect qu'on leur manifeste, ces maîtres ont tout de la grenouille au fond d'un puits, qui s'imagine que son puits est aussi vaste que l'océan qu'elle n'a jamais vu. D'autres enfin n'ont que peu étudié et ne font aucun cas de leurs vœux et de leurs liens spirituels. Ils ont l'esprit vil, mais se conduisent comme s'ils avaient atteint les états spirituels les plus élevés.

Auprès de ces guides déments dont la corde de l'amour et de la compassion a été tranchée, les actes nuisibles ne peuvent que croître.

D'autres, enfin, n'ont pas plus de qualités que les gens ordinaires et ignorent l'esprit d'Éveil altruiste. Se confier à eux pour leur seul renom serait une grave erreur. C'est comme si, pour traverser l'océan, on s'en remettait à un capitaine de navire aveugle. Se tromper de la sorte nous fera errer dans les ténèbres les plus profondes.

Celui qui accorde imprudemment sa confiance à un maître sans vérifier minutieusement s'il est authentique gaspillera l'ensemble de ses vertus, et les libertés qu'il avait pour une fois acquises seront perdues. Il est comme un être qui a pris pour une corde un serpent venimeux.

Une fois que l'on a trouvé un maître authentique, l'« union à la nature du maître », ou gourou yoga, devient une pratique essentielle qui s'appuie sur la dévotion, qui, comme nous l'avons mentionné, est toute autre qu'une « foi aveugle ». Elle naît de la reconnaissance des qualités de l'Éveil dont le maître est l'illustration vivante. Cette pratique permet de briser les limites de notre vision étroite et confuse. Notre sphère intérieure se mêle alors à l'immense espace de l'Éveil du maître. Il s'agit aussi de redécouvrir la nature fondamentale de notre esprit, sa vacuité lumineuse et sa liberté originelle. Ce processus peut difficilement se produire en l'absence du catalyseur que représente le gourou yoga.

Le maître extérieur nous permet aussi de redécouvrir le maître absolu, la nature de bouddha présente en chacun de nous. Comme l'écrit Jamgön Kongtrul[4], maître éminent du XIXe siècle :

> Extérieurement, le maître apparaît sous une forme humaine et enseigne le chemin de la libération. Puis vient un moment où, par l'effet de ses instructions et de ses bénédictions, on parvient à une réalisation identique à la sienne. On se rend alors compte que le maître intérieur, ou absolu, a toujours été présent. Ce n'est autre que la nature de notre propre esprit.

Le gourou yoga s'avère également être la pratique la plus efficace pour dissiper les obstacles et progresser. À cette fin, une profonde dévotion est vitale, ainsi que l'écrivait le grand maître du XIIe siècle, Drigoung Khyabgön Rinpoché[5] :

> Si le soleil de notre dévotion
> Ne brille pas sur le sommet enneigé
> Des quatre Corps du maître,
> Point ne s'écoulera le nectar de ses bénédictions.
> Qu'à la dévotion, donc notre esprit s'évertue !

ॐ

D'après mon humble expérience, en présence d'un maître, on ressent un sentiment d'élévation qui mène le meilleur de nous-mêmes à la surface, puis s'étend à l'ensemble de notre paysage mental, apportant joie, sérénité et confiance. Cette présence réinstaure un sentiment d'adéquation avec le monde et les autres. Le mot « élévation » évoque aussi une sensation de légèreté, celle des nuages qui s'élèvent dans le ciel, portés par les courants ascendants. Ici, c'est la chaleur des qualités du maître qui exhausse les composantes ordinaires de notre mental. Désencombré des ruminations, l'esprit est prêt à entreprendre l'aventure de la transformation intérieure.

Qu'est-ce qu'un maître authentique ?

On prend confiance : cette transformation est possible et elle incarne le but le plus élevé que l'on puisse se donner.

Mais se lier à un maître spirituel est aussi une décision exigeante. Pour notre propre bien, le maître ne fera aucune concession pour éliminer les travers qui entretiennent nos souffrances. Pourquoi ferait-il preuve d'indulgence envers nos mauvaises tendances profondément enracinées ? Pourquoi ménagerait-il notre ego, cette part narcissique qui nous a causé tant d'ennuis ? À quoi bon nous laisser dilapider notre vie dans la routine de pensées futiles et l'abandon à des activités plus vaines les unes que les autres ? La compassion du maître l'oblige à nous arracher, quoi qu'il en coûte, au bourbier du samsara. Avec bonté, le sage brise le *statu quo* de notre égarement et balaye le fatras des habitudes et automatismes mentaux qui nous maintiennent dans un état d'insatisfaction chronique. Le maître peut tout aussi bien être la douceur de la caresse d'une mère que la douche froide qui nous tire de notre somnolence et dégrossit notre confusion intérieure.

Toutes ces raisons rendent éminemment précieux le temps passé auprès d'un sage et sa rencontre à intervalles réguliers. C'est ce qui nous permet de redresser le cap de notre pratique si nous avons subtilement dérivé.

S'il est indispensable qu'un maître authentique possède les qualités décrites précédemment, on ne saurait exiger du disciple qu'il soit parfait de prime abord. S'il s'engage sur le chemin, c'est bien parce que, conscient de ses défauts et limitations, il souhaite devenir un meilleur être humain. Mais on est en droit d'attendre de lui qu'il se montre cohérent avec le but qu'il s'est fixé et qu'à chaque moment il fasse tout son possible pour persévérer dans la bonne direction, éliminer peu à peu ses défauts et cultiver les qualités qui culminent dans la libération du samsara et l'Éveil. Ce qui est incohérent de la part du disciple c'est de considérer comme normaux et acceptables, voire désirables, des défauts qui vont clairement à l'encontre de la libération des causes de souffrance pour soi-même et pour autrui.

Le disciple doit accorder toute sa confiance, être diligent dans l'étude et la pratique, se détourner des ambitions ordinaires, apprendre à se contenter de peu et progresser vers la maîtrise de son propre esprit. Ainsi que l'explique Khénpo Yonga dans son commentaire sur *Le Trésor de précieuses qualités*[6], un bon disciple accepte avec résilience toutes les circonstances, bonnes ou mauvaises, comme un pont qui laisse traverser tous ceux qui se présentent. Telle une enclume, il supporte sans se décourager les conditions difficiles, la frugalité, les chaleurs de l'été et le froid de l'hiver. Il suit méticuleusement les instructions de son maître et, avec aussi peu de vanité qu'un humble balayeur, il est empli de respect envers celui-ci et ses frères et sœurs spirituels. À l'image d'une ceinture que l'on porte sans même s'en rendre compte, il est un compagnon plaisant et facile à vivre, en aucun cas il ne se montre importun. Comme du sel qui se dissout dans toutes les eaux, propres ou sales, il s'adapte avec aisance à tout ce qui se présente. Il est conscient de ses défauts et renonce à toute arrogance, à l'instar d'un vieux yak aux cornes brisées qui se place au dernier rang du troupeau. Il recherche les lieux propices à la pratique spirituelle, nourrit sans trêve l'aspiration à progresser vers l'Éveil, à être utile aux autres et à remédier à leurs souffrances.

Ainsi, si le disciple à la dérive dans l'océan du samsara, présente l'anneau de la confiance et de la persévérance à un maître qui dispose de la gaffe de la sagesse et de la compassion, ce dernier pourra le haler sur la terre ferme de la libération de la souffrance.

CHAPITRE 10

En ermitage

De 1972 à 1976, je ne passe pas une nuit en dehors du monastère. J'alterne les retraites dans mon ermitage et les activités de construction et d'ornementation du monastère.

Les enfants de Kangyour Rinpoché furent ses principaux héritiers spirituels. C'est en grande partie grâce à son fils aîné, Péma Wangyal Rinpoché, que j'ai pu poursuivre mon chemin spirituel jusqu'à aujourd'hui, cinquante ans plus tard. Au début, il me traduisait les enseignements de son père en y ajoutant de précieux conseils, fort de son expérience et de sa profonde réalisation personnelle. Après la mort de Kangyour Rinpoché, il devint le guide des retraites que j'effectuai au cours des années suivantes, à Darjeeling et ailleurs.

Nous devions découvrir plus tard qu'il avait été reconnu, par son père et par le XVIᵉ Karmapa, comme étant l'incarnation de Takloung Tsétrul Rinpoché, un grand maître du monastère de Takloung au Tibet. Il grandit et étudia avec son père, puis approfondit ses études philosophiques pendant plusieurs années à l'Institut des hautes études tibétaines (*Tibetan Institute of Higher Studies*), à Sarnath, une branche de l'Université de sanskrit de Varanasi (Bénarès). Il reçut également de nombreux enseignements des maîtres les plus éminents, parmi lesquels Kyabjé Dudjom Rinpoché, Dilgo Khyentsé Rinpoché, Trulshik Rinpoché, Sakya Trizin et bien d'autres encore. En outre, il passa de nombreuses années en retraite solitaire.

Son plus jeune frère, Jigmé Dorjé, fut touché par la poliomyélite vers l'âge de trois ans et en conserva un handicap. Étant le dernier-né et se révélant un enfant hors du commun, il bénéficiait d'une attention toute particulière de la part de sa famille. La nuit, le petit benjamin dormait blotti contre son père et passait beaucoup de temps auprès de lui au cours de la journée. D'une intelligence particulièrement vive, il charmait tout le monde par la beauté innocente de son visage et la qualité d'être émanant de lui. Sa famille a toujours fait de l'humilité et de la discrétion des vertus premières et tout le monde l'appelait simplement Jigmé, ce qui signifie « Sans

Peur» en tibétain. Pour lui aussi, ce ne fut que bien plus tard que nous apprîmes qu'il avait été reconnu par plusieurs grands maîtres, dont son père, comme l'une des émanations de Dzongsar Khyentsé Chökyi Lodrö, l'un des maîtres du XIXe siècle les plus respectés du Tibet. Depuis, nous l'appelons Jigmé Khyentsé Rinpoché.

Lorsqu'à la fin de l'année 1974, les premiers signes de la maladie de Kangyour Rinpoché apparurent, sa famille le supplia de vivre plus longtemps en ces termes : «Vous devez poursuivre votre œuvre spirituelle.» Il désigna le jeune Jigmé assis au pied de son lit : «Vous n'avez aucune inquiétude à avoir, il prendra soin de mon héritage spirituel.»

Après la mort de Kangyour Rinpoché, son fils aîné, Péma Wangyal Rinpoché, qui avait pris la direction du monastère, me guida dans mes retraites. Deux activités principales orientèrent alors ma vie à Darjeeling. Je me consacrais principalement aux retraites contemplatives, en solitaire dans mon petit ermitage, et participais également aux travaux de finition du monastère, la peinture des fresques du temple notamment.

Durant l'une de mes retraites, Péma Wangyal Rinpoché eut l'immense bonté de me donner un *phurba*, petit objet rituel en forme de dague à triple lame symbolisant le pouvoir des trois sagesses primordiales : trancher les trois principaux poisons mentaux que sont la haine, le désir-attachement et l'ignorance. Cet objet symbolique est lié à la pratique de Vajra Kilaya, une déité de sagesse dont la méditation permet d'écarter les obstacles extérieurs et intérieurs qui se dressent sur le chemin de l'Éveil. Une indication visionnaire avait permis à Kangyour Rinpoché de trouver ce *phurba* dans la voûte de la grotte de Rong Trakmar («Le Ravin du Rocher Rouge») au Tibet central, cette même grotte où naquit Péma Wangyal alors que ses parents et sa sœur aînée y vivaient depuis quelques mois. Après avoir extrait ce *phurba* de la voûte rocheuse, Kangyour Rinpoché déclara simplement qu'il avait trouvé un «clou» sans valeur et n'en fit aucun cas. Mais sa fille aînée, Rigdzin Chödrön, qui avait été le témoin discret de la découverte de cet objet précieux, avait compris l'importance de l'événement. Ce *phurba* ne m'a jamais quitté.

Au fil de ces retraites, tous mes efforts se concentraient sur la transformation intérieure. Je poursuivais ma pratique des diverses étapes du chemin spirituel, incluant des visualisations de mandalas et de «déités de sagesse» symbolisant divers aspects de l'Éveil, ainsi que la contemplation de la nature de l'esprit, pratiques dont la spécificité varie d'un disciple à l'autre et dont la reconnaissance doit demeurer dans l'intimité de la relation de maître à disciple. Il suffira de dire ici que chacune de ces pratiques permet d'éliminer graduellement les voiles qui masquent la connaissance et d'ouvrir l'esprit à de nouveaux niveaux de compréhension.

« Avec de la patience, le verger devient confiture », dit le proverbe. Sur le chemin spirituel, les changements véritables se produisent lentement mais sûrement. Ils sont à l'image du mûrissement d'un fruit ou des aiguilles d'une grande horloge qui semblent immobiles quand on les fixe du regard, tout en bougeant imperceptiblement à chaque instant. Les « feux d'artifice spirituels », les diverses expériences méditatives intenses qui surviennent parfois au cours de la pratique, sont semblables à des brumes matinales : elles ne tardent pas à se dissiper. Si l'on s'y attache, elles deviennent des obstacles. Le chemin parcouru ne se mesure pas par des avancées subites ou des bonds extraordinaires ; c'est en comparant ce que nous étions quelques années auparavant et ce que nous sommes devenus que l'on prend conscience de ce qui a été accompli en nous. On évalue alors la diminution de notre égoïsme et de nos émotions perturbatrices en même temps que l'épanouissement de notre sérénité, de notre liberté intérieure ainsi que de notre résilience face aux aléas de l'existence. Les signes de nos progrès se mesurent également à l'aune de notre altruisme, de l'harmonie et de la bienveillance que nous sommes capables de manifester dans nos rapports à autrui. Si, au terme de dix ans de pratique, on dit encore de nous : « Oh, il est toujours aussi grincheux et impossible à vivre », c'est le signe que notre méditation a fait fausse route. L'indice d'une pratique qui progresse dans la bonne direction est, dit-on, « un tempérament pacifié et maîtrisé allié à un amenuisement des émotions négatives ».

Un essayiste écrivait : « Faute d'avoir le courage d'endurer la durée, le moine connaît une sorte de pourrissement interne[1]. » Si je me fie à mon vécu, c'est exactement le contraire qui se produisit : lors des longues périodes passées en retraite solitaire, je n'eus pas à « endurer » le lent écoulement du temps ; je m'en délectais à chaque instant. Après avoir fermé la porte de mon ermitage pour enfin me consacrer aux pratiques qui me tenaient tant à cœur, les minutes et les heures se transmuaient en fils d'or qui tissaient la tapisserie de l'Éveil. Chaque craquement du bois, chaque murmure du vent, chaque goutte de pluie qui ruisselait sur les carreaux et chaque rayon de soleil qui traversait la pièce pour illuminer les dessins du bois sur les murs paraissaient en harmonie avec mon esprit.

Dans la paix d'un ermitage, les circonstances extérieures changent fort peu, c'est nous qui nous transformons. La qualité de chaque instant qui passe fait toute la différence, chaque moment d'adéquation avec le meilleur de soi-même et les maîtres spirituels qui nous inspirent.

Le contraste est infini quand on compare ces précieux instants de plénitude à l'inconstance du temps ordinaire, ces heures passées en bavardages futiles, en jours émiettés dans de vaines activités laissant nos vies s'épuiser comme le sable qui s'écoule entre nos doigts. Le temps que l'homme mondain n'arrive pas à tuer finit par le tuer dans l'insignifiance[2].

Les richesses que l'on découvre lors de ces retraites n'ont rien de matériel, elles sont tout intérieures, et d'autant plus rayonnantes de splendeurs. L'être que l'on devient alors n'est pas le fruit d'une myriade de situations, de péripéties et de rencontres toujours nouvelles, mais du lent mûrissement de nos capacités qui peuvent enfin se réaliser.

Hors d'atteinte du monde, l'ermitage permet de faire un avec ce monde et de ressentir profondément l'interdépendance de toutes les choses et de tous les êtres, au lieu de rester confiné dans la bulle de l'ego. Le crachotement des pensées discursives laisse place à l'espace du silence intérieur qui s'emplit peu à peu de la clarté de la présence éveillée, libre de projections et de fabrications mentales. La frontière entre l'intérieur et l'extérieur finit pas s'évanouir au sein de la luminosité de l'esprit.

On m'a parfois demandé si j'avais connu des moments d'hésitation ou de doute profond comparables aux « nuits obscures » que traversent certains mystiques. Il m'est certes arrivé de m'interroger sur mes capacités à me défaire de l'ignorance, des états mentaux afflictifs et des habitudes ancrées qui font obstacle à notre Éveil spirituel, lesquels ont la peau dure pour avoir été accumulés pendant si longtemps, au cours de nombreuses vies d'après le bouddhisme. Mais je n'ai pas le souvenir d'avoir douté un instant du choix que j'avais fait de vivre auprès de mes maîtres spirituels, de la valeur de leurs enseignements et de la validité du chemin dans lequel je me suis engagé. J'ai toujours ressenti une joie immense à étudier et à pratiquer et n'ai jamais éprouvé de découragement, tout en restant conscient que j'aurais pu me consacrer avec davantage de détermination à la pratique spirituelle et au service d'autrui.

Le bouddhisme définit clairement la notion d'Éveil. Il se tient devant nous comme l'Everest qui, frappé par le soleil, se découpe dans toute sa splendeur sur un ciel immaculé. Néanmoins, force est de reconnaître que cette notion est rarement claire, d'emblée, pour le débutant qui s'engage sur la voie. Le novice a la certitude qu'il s'agit d'une dimension hors du commun, mais sa représentation de l'Éveil s'affinera au fur et à mesure de sa progression spirituelle, de l'étude et de la réflexion. Et quoi qu'il arrive, je peux douter de mes capacités à gravir cette formidable montagne, mais je ne doute pas de son existence. Je peux parfois me décourager : « Ça, ce n'est pas pour moi, je ferais mieux d'aller tranquillement à la plage. » Mais si j'ai acquis la conviction profonde de m'être engagé sur la voie de la plus haute réalisation spirituelle, aussi longue soit-elle, alors je trouverai l'énergie nécessaire pour rassembler mes forces et me remettre en chemin. La pratique de la voie bouddhiste est loin d'être exempte d'obstacles. Certains textes en dressent la liste. On peut notamment se fourvoyer dans sa méditation, se sentir las, désabusé ou succomber au découragement. On s'imagine avoir atteint de profonds états de réalisation intérieure alors qu'il ne s'agit que d'expériences éphémères. D'où l'importance d'un guide qualifié qui remet les choses à leur place. Mais, en dernier ressort, il ne tient qu'à chaque pratiquant d'actualiser la nature de bouddha présente en chacun de nous.

॰

Tulkou Péma Wangyal me rendait visite parfois le soir dans mon ermitage pour m'expliquer quelques pages d'un commentaire que Kangyour Rinpoché avait composé sur le *Trésor de précieuses qualités* de Jigmé Lingpa, un enseignement qui expose la voie graduelle du bouddhisme tibétain selon la tradition Nyingmapa. Outre les fondements du bouddhisme – incluant la description des souffrance du samsara et des moyens de s'en libérer et l'importance du vœu altruiste d'atteindre l'Éveil pour le bien des êtres – ce texte offre un exposé dense et profond des quatre principaux systèmes philosophiques du bouddhisme, qui culminent avec la vue de la « Voie médiane », le *madhyamaka,* lequel distingue clairement la vérité relative ou conventionnelle – la manière trompeuse dont nous percevons le monde phénoménal – et la vérité absolue qui établit la nature ultime de la conscience et des phénomènes, réfutant tout aussi bien le nihilisme que le réalisme naïf. Les quatre derniers chapitres de ce texte qui en comporte treize, traitent des enseignements du véhicule adamantin (le Vajrayana) qui, venus de l'Inde, ont connu un essor particulier au Tibet, ainsi que les enseignements sur la nature de l'esprit, lié à la vue de la « Grande Perfection ». Plus tard, j'eus l'opportunité de demander à un copiste bhoutanais de calligraphier ce texte de quelque cinq cents pages et je pus l'imprimer à Delhi. Il fut récemment traduit en anglais et en français par mes amis du comité de traduction Padmakara.

Grâce à ces enseignements, je commençais à me familiariser avec les fondements philosophiques du bouddhisme, lequel est essentiellement une voie de connaissance permettant de comprendre la nature des phénomènes et celle de notre propre esprit. Il est également une voie thérapeutique qui propose des moyens concrets et efficaces de remédier aux causes de la souffrance.

La voie spirituelle ne consiste pas à marcher mille kilomètres dans un désert brûlant pour finalement arriver à une oasis où se baigner dans un lac d'ambroisie. Il s'agit d'un long cheminement intérieur conduisant graduellement et presque imperceptiblement à dissiper nos obscurcissements sous les lumières d'une sagesse qui s'approfondit de jour en jour. Chaque pas en vaut la peine et apporte sa manne de bienfaits.

Pour y parvenir, il faut identifier les causes de la souffrance à tous les niveaux et prendre conscience qu'il est possible de s'en affranchir. Toutefois, il ne suffira pas d'apaiser momentanément les états mentaux afflictifs comme la haine, le désir, l'orgueil ou la jalousie à l'aide d'antidotes spécifiques tels que la bienveillance pour contrecarrer la haine, par exemple. Ces antidotes sont en effet impuissants à éradiquer la cause première de la souffrance : l'ignorance, la méconnaissance de la nature véritable des phénomènes. Le seul et unique remède à cette ignorance est la compréhension de la « vérité ultime », ou vacuité d'existence propre à toute chose.

Le bouddhisme ne tombe pas pour autant dans le nihilisme, comme les penseurs du XIXe siècle l'avaient proclamé. Le philosophe Victor Cousin notamment parlait d'un « culte du néant[3] » et de « cette déplorable idée de l'anéantissement qui fait le fond du bouddhisme[4] », Il serait évidemment absurde de nier l'existence des phénomènes puisqu'à l'évidence ils se manifestent d'infinies façons par l'effet d'une multiplicité de causes et de conditions interdépendantes. Les phénomènes ne surgissent pas du néant, ne se produisent pas par hasard et ne peuvent pas être leur propre cause.

Le bouddhisme propose une voie alternative aux deux extrêmes philosophiques erronés que sont le nihilisme et le réalisme : en reconnaissant la production interdépendante des phénomènes, le bouddhisme réfute le nihilisme. En reconnaissant, au terme d'une analyse exhaustive, que tout en se manifestant, les phénomènes sont dénués d'existence propre, il infirme le réalisme naïf. En essence, l'union de la vacuité et des apparences s'avère être la plus juste manière de décrire les phénomènes et leur nature ultime.

༼ༀ༽

Entre deux retraites dans mon ermitage sur les hauteurs de Darjeeling, en 1976, je consacrai six mois à assister un artiste chargé de peindre les fresques du temple où vivait la famille de Kangyour Rinpoché. L'ensemble du sanctuaire avait été terminé du vivant de Kangyour Rinpoché. Mais il restait à peindre les fresques qui devaient orner les murs de représentations du Bouddha Shakyamouni et de ses principaux disciples, de Gourou Padmasambhava entouré des figures les plus éminentes des principales traditions du bouddhisme tibétain ainsi que de déités de sagesse correspondant aux trésors spirituels révélés par Kangyour Rinpoché.

Lorsque le moment fut venu de commencer ces fresques, Tulkou Péma Wangyal me demanda d'assister Könchog Lhadrépa, qui est aujourd'hui, quarante-cinq ans plus tard, le maître de peinture de la *Tsering Art School*, l'école d'art du monastère de Shéchèn au Népal, où je vis actuellement. Könchog esquissait tout d'abord les déités et les paysages au fusain, puis il en traçait les contours à l'encre au pinceau. Ensuite, selon ses instructions, et bien que ne sachant pas dessiner (je n'ai pas hérité des talents de peintre de ma mère et suis bien incapable de dessiner même un mouton !), j'appliquais les couleurs et exécutais les dégradés avec tout le soin dont j'étais capable. Martin Watten, un disciple américain qui devint moine plus tard se joignit à nous pendant un mois.

Je retirais une grande satisfaction de ce travail. Il régnait une atmosphère paisible et, du matin au soir, nous entrions naturellement dans le « flot[5] », cet état d'engagement total de l'esprit au sein duquel la perception du « moi » et du temps s'estompe. C'est aussi grâce à ces six mois passés en compagnie de Könchog, qui ne parlait pas un mot d'anglais, que je franchis un cap dans l'apprentissage du tibétain parlé. Je pris conscience par la suite de l'avantage capital que représentait la possibilité de converser avec les enseignants tibétains dans leur propre langue, notamment pour mon travail de traduction des textes.

Autant ces années furent intérieurement d'une indicible fécondité, autant vues de l'extérieur, elles furent dépourvues de péripéties. Le soir, lorsque je voyais le soleil se coucher, j'avais l'impression qu'il ne s'était écoulé que quelques heures depuis la veille. La pratique spirituelle n'a rien de monotone et l'esprit s'y engage si pleinement que son flot homogène et harmonieux métamorphose notre perception du temps ; l'exprimer semble alors une entreprise bien délicate tant le sentiment interne de la temporalité échappe à nos représentations habituelles, et ma vie au cours de ces journées de retraite fut à ce point dénuée de rebondissements qu'il n'y a guère matière à en faire un récit palpitant.

Les seules perturbations notables provenaient de la visite de souris de toutes tailles qui grignotaient le bois du grenier en faisant un bruit d'autant plus envahissant que le silence était presque parfait. Pour les attraper, j'avais conçu une trappe « non violente » : je plantais un clou sur une petite planche et attachais à celui-ci un petit morceau de fromage ou autre nourriture à l'aide d'un fil. Son autre extrémité était fixé à une poutre et la tension soulevait légèrement un côté d'une boîte en fer de *Britannia Biscuits* qui recouvrait le tout. La souris, attirée par l'odeur, rentrait sous la boîte et lorsqu'elle avait fini de manger le fromage, le fil s'en trouvait libéré. La boîte tombait alors dans un tintamarre assez réjouissant, enfermant momentanément le rongeur qui se débattait dans tous les sens. Lorsque venait le jeune moine qui m'apportait mon repas au cours de mes retraites, je lui confiais la boîte de biscuit, afin qu'il libère la petite bête à une distance respectable. C'était malheureusement sous-estimer soit la faculté d'orientation des souris, soit le nombre d'entre elles en quête d'un logement. Quoi qu'il en fût, une nouvelle candidate à la boîte de biscuits ne tardait guère à se présenter.

Des années plus tard, vers la fin de mon séjour à Darjeeling, en 1978, j'attrapai une de mes petites visiteuses au moment où je m'apprêtais à partir vers Bodh Gaya pour y rejoindre Dilgo Khyentsé Rinpoché, qui nous avait donné de précieux enseignements durant le mois qui suivit la mort de Kangyour Rinpoché ; il allait bientôt devenir mon deuxième maître principal. Je décidai d'emmener la souris en pèlerinage. Je réussis à la faire passer de la boîte de biscuits dans un pot en verre dont j'avais criblé le couvercle de trous pour permettre à la voyageuse de respirer. J'ajoutai une bonne provision de salade et un coton humecté d'eau. Je mis le pot dans ma besace en toile et nous partîmes. Durant les deux jours de voyage en train, mon amie sembla se porter fort bien. Lorsque j'arrivai au crépuscule devant le grand stoupa de Bodh Gaya, je la libérai devant l'arbre de la Bodhi au pied duquel le Bouddha Shakyamouni avait atteint l'Éveil deux mille cinq cents ans plus tôt. Un destin peu commun pour une souris de l'Himalaya !

Il y avait bien sûr aussi des petits incidents qui émaillaient mon quotidien de calme et de sérénité lors de ces retraites dans mon petit ermitage. Parfois, lors de tremblements de terre, il se balançait avec plus ou moins d'amplitude sur ses pilotis. Une fois, des petits chiots nés sous l'ermitage disparurent, emportés par un renard. La mère resta deux jours sans bouger, les yeux vides, comme absente, en proie à une détresse qui vous vrillait le cœur, à côté du cadavre de l'un de ses petits, abandonné là.

Une autre fois, les moinillons qui se relayaient pour m'apporter la nourriture oublièrent de m'apporter mes repas, trois jours durant. Finalement, je fis signe à l'un d'entre eux qui passait à proximité et envoyai par son intermédiaire un petit mot à la fille aînée de Kangyour Rinpoché, qui veillait sur la cuisine : « Mon esprit va au mieux, mais mon corps est légèrement indisposé après trois jours de disette. » Une demi-heure plus tard, l'un des moinillons arriva à la hâte avec un plateau chargé d'un bon repas !

Des bruits montaient de temps à autre de la route principale reliant Darjeeling aux plaines de l'Inde, située deux cents mètres plus bas : la sirène du petit train, celui que j'avais pris lors de mon premier voyage, retentissait plusieurs fois par jour et, durant la saison des fêtes hindoues – Holi, Dashain, Diwali – des haut-parleurs diffusaient à tue-tête des chansons de films de Bollywood, que je finis par connaître presque par cœur.

Des oiseaux magnifiques se posaient parfois sur les rhododendrons devant ma fenêtre. Durant la saison des pluies, le paysage sonore était dominé par une espèce de cigale qui élisait domicile dans les immenses cryptomères hauts de quinze à vingt mètres, et dont les cymbalisations stridulaient dans la brume à un volume et pendant une durée impressionnants. C'étaient les appels nuptiaux des mâles qui rivalisaient d'intensité pour attirer une épouse. Il y en avait généralement une demi-douzaine qui se répondaient dans les environs immédiats. La fin de l'appel était marquée par un decrescendo de quelques secondes et, presque aussitôt, une autre cigale reprenait de plus belle sur l'arbre d'à côté. Il y avait aussi les appels monotones et plus discrets des grenouilles arboricoles. De grands écureuils volants, d'une belle couleur rousse, planaient occasionnellement d'un arbre à l'autre, tandis que des couples d'aigles royaux décrivaient des cercles, haut dans le firmament.

CHAPITRE 11

Imprimeur à Delhi

En 1976, je quitte quelques mois le monastère pour m'initier aux techniques d'impression sur du matériel archaïque. Je publie une cinquantaine de volumes préparés à partir des précieux manuscrits emportés par Kangyour Rinpoché lors de sa fuite du Tibet. Rencontre avec l'éminent tibétologue Gene Smith.

Fin 1976, je me rendis compte que, depuis mon arrivée à Darjeeling fin 1972, j'étais le seul à ne pas avoir passé une nuit hors de l'enceinte du monastère, à l'intérieur de laquelle se trouvaient les ermitages, pendant ces quatre ans. Même Kangyour Rinpoché et sa famille étaient partis quelques temps pour se rendre aux sources thermales de Khandro Sangphouk, au Sikkim, et les autres disciples s'étaient tous absentés à un moment ou à un autre.

Au début de 1977, Tulkou Péma Wangyal me demanda de me rendre à Delhi pour imprimer les dix-neuf volumes des œuvres complètes du grand maître visionnaire Ratna Lingpa, ainsi que quelques autres textes importants. Il me confia à Lama Sangyé, un vieux lama venu du Sikkim qu'il connaissait bien et qui imprimait lui-même des textes tibétains pour le compte de Dodroub Chèn Rinpoché, un grand maître qui vivait au Sikkim.

Ratna Lingpa vécut au XVe siècle. Dès son plus jeune âge, il manifesta une inclination particulière pour la vie spirituelle. Enfant, alors qu'il gardait les troupeaux de moutons sur les hauteurs, il passait la majeure partie de ses journées en méditation tandis que ses moutons paissaient. À l'âge de vingt-sept ans, il eut une vision de Padmasambhava sous la forme d'un yogi habillé de soie sauvage jaune. Padmasambhava lui tendit trois rouleaux, un blanc, un rouge et un bleu, et lui demanda de choisir l'un d'eux. Ratna Lingpa répondit vouloir les trois. Grâce au lien de bon augure qu'instaura sa réponse, il est rapporté que Ratna Lingpa révéla en une seule vie les trésors spirituels (*terma*) qu'il était censé révéler au cours de trois vies successives. À la suite de cela, il révéla vingt-cinq cycles de précieux enseignements qui sont encore largement pratiqués de nos jours au sein du bouddhisme tibétain. Kangyour Rinpoché était le principal détenteur de cette lignée spirituelle en dehors du Tibet. Plusieurs autres grands maîtres, parmi lesquels Dudjom Rinpoché et Dilgo Khyentsé Rinpoché, souhaitaient recevoir de lui la transmission de l'ensemble des *termas* de Ratna Lingpa. Kangyour Rinpoché avait donc rassemblé les œuvres complètes de ce maître et avait demandé au calligraphe le plus habile de la région, Tripa Tenzin, de recopier l'ensemble de son écriture élégante et parfaitement uniforme. Cela lui prit plusieurs années, mais il mena cette tâche à bien. Les textes étaient maintenant prêts à être reproduits. Ce fut un privilège pour moi d'être impliqué dans ce travail d'impression.

Porteur des précieux volumes, je quittai le monastère de Kangyour Rinpoché et Darjeeling pour l'effervescence des trains indiens et de la vieille ville de Delhi. J'y retrouvai donc Lama Sangyé, ce moine âgé d'une soixantaine d'années. Il était trapu, arborait un bon sourire tout en se montrant parfois un peu bourru, trait de caractère qui se révéla finalement assez facile à vivre. Pendant quelques semaines, nous partageâmes une chambre dans un centre d'accueil pour pèlerins bouddhistes, le *Ladakh Bodh-Vihar*, situé au bord du fleuve Jamuna, puis vécûmes dans deux chambres voisines, louées chez l'habitant au cœur du vieux Delhi.

Les recueils de textes tibétains diffèrent considérablement de ce que sont pour nous, Occidentaux, les livres. Il s'agit en fait de longs folios rectangulaires, oblongs, qui ne sont pas reliés les uns aux autres. Ils sont maintenus par deux plaques en bois, ou par un carton dur, l'une posée sur le dessus et la seconde sur le dessous du recueil, maintenant ainsi les folios en place. L'ensemble est enveloppé d'un tissu en soie ou en coton muni d'une cordelette que l'on enroule autour pour le « fermer » et le protéger de la poussière et des insectes.

Il fallut d'abord numéroter les pages de tous ces volumes en chiffres arabes, puisque les imprimeurs du vieux Delhi, musulmans pour la plupart, ne lisaient évidemment pas le tibétain. Nous avions donc fait imprimer de grandes feuilles de papier avec la série des nombres allant de 1 à 1000. Il fallait ensuite les découper en petites bandes et effectuer une entaille entre chaque chiffre, pour pouvoir les séparer facilement et les coller un à un à l'extrémité des longs folios qui constituent les livres tibétains. Un travail de patience, mais qui ne présente pas de difficultés, si ce n'est que si l'on se trompe une fois, mieux vaut s'en rendre compte rapidement, au risque de devoir tout reprendre.

Dès le lendemain de mon arrivée, Lama Sangyé, qui était du matin, me réveilla à trois heures en me disant : «Allez, il faut coller les chiffres. » J'obtempérai de bonne grâce. Lorsque deux ou trois volumes furent prêts, nous allâmes au cœur de la vieille ville, à Ballimaran, une ruelle commerçante bourdonnante d'activité où la plupart des imprimeurs avaient pignon sur rue. Comme la plupart des rues de ce quartier, elle était fort étroite et dépourvue de trottoir. C'est le seul endroit au monde où je vis de sérieux embouteillages sans voiture : il y avait des rickshaws, ces tricycles pourvus à l'arrière d'un siège pour deux passagers (mais qui peut en transporter jusqu'à quatre !) véhiculés par un pauvre hère qui pédale toute la journée pour quelques roupies, des charrettes chargées de marchandises, tirées par un ou deux buffles, et des piétons, une marée de piétons. Pour traverser cette ruelle de quatre mètres de large, il fallait parfois enjamber un rickshaw, en saluant les occupants au passage. Les risquent allaient grandissant avec la fluidité de la circulation. J'appris rapidement que si j'entendais derrière moi des avertissements lancés par une poire de klaxon, mieux valait vite m'écarter, sans un regard en arrière. En Occident, dans une situation analogue, les gens se traiteraient de tous les noms. En Inde, ces réflexes d'évitement *in extremis* fonctionnent efficacement et personne ne s'offusque de ces collisions évitées de justesse. Les conducteurs comme les piétons font preuve d'une habileté remarquable pour circuler sans trop de dommages dans ce fleuve qui charrie pêle-mêle hommes, bêtes et véhicules dans un tintamarre de klaxons qui n'a rien d'agressif, comme c'est souvent le cas en Europe, mais sert simplement à mieux se localiser auditivement les uns par rapport aux autres. En Inde, on dit en plaisantant que, si les freins lâchent, on continue, mais si le klaxon tombe en panne, mieux vaut se garer.

Entre deux boutiques, un petit escalier raide et étroit menait à ce qui allait être notre lieu de travail pendant quelques mois : Mujeeb Press. L'imprimerie appartenait à Mujeeb «Sahib» (un terme de politesse), un musulman fin et intelligent qui, en dehors de ses activités d'imprimeur, côtoyait les politiciens du moment, dont les fils d'Indira Gandhi. Pour autant, l'endroit n'était guère reluisant : deux pièces au premier étage dotées de larges ouvertures dépourvues de vitres qui donnaient sur la rue. Ces deux pièces étaient séparées par une sorte de cour minuscule à ciel ouvert. Les murs avaient été passés à la chaux bien des années auparavant, et relevaient désormais plus de la peinture abstraite. Dans la pièce du fond, Mujeeb siégeait une partie de la journée dans son bureau délabré, généralement en compagnie de deux ou trois visiteurs à qui l'on servait du thé au lait avec de la cardamome, fortement sucré, le fameux *chaï* à l'indienne. Homme affable et raffiné, Mujeeb aimait converser sur toutes sortes de sujets.

Nous étions quatre ou cinq « imprimeurs », venus de différents monastères, à nous être installés dans cet espace. Nous travaillions assidûment toute la journée et rentrions tard le soir. Les méthodes d'imprimerie dataient des premières heures du procédé photo offset. Il s'agissait d'un long processus. Les folios tibétains étaient alignés les uns au-dessus des autres par groupes de six ou sept et photographiés en taille réelle avec une énorme chambre photo en bois. Une fois les films développés sur place, nous héritions de négatifs d'environ 50 x 75 cm et notre travail commençait. Ces films de fabrication locale et les produits qui servaient à les développer étaient de piètre qualité. D'innombrables petits points blancs et taches plus importantes maculaient le fond noir du négatif. Il fallait retoucher ces défauts un à un au pinceau avec un produit opacifiant sur une table lumineuse. Si, par chance, l'original était un manuscrit récemment calligraphié sur du papier blanc – c'était le cas des volumes que j'allais imprimer –, les choses allaient assez vite et il fallait alors compter une dizaine de minutes par négatif. Mais si l'original s'avérait être un manuscrit ancien sur papier tibétain rugueux, ou un imprimé fait à partir de blocs en bois, le négatif comportait d'innombrables zones claires qu'il fallait retoucher pendant des heures.

Ensuite, Souleymane, l'un des maîtres d'œuvre, découpait les négatifs page par page et les montait sur un cadre. Il emmenait le tout sur le toit pour exposer à la lumière du soleil des plaques de zinc ou d'aluminium enduites d'un produit photosensible. Les textes ressortaient en noir sur ces feuilles de métal. Nous entrions de nouveau en scène : il fallait maintenant retoucher à l'encre de Chine tous les endroits où les lettres n'avaient pas été imprimées correctement et gratter à la pierre les taches noires indésirables. Selon la qualité de l'original, on pouvait passer de dix minutes à deux heures sur un zinc. Ces plaques partaient ensuite à l'imprimerie qui se trouvait dans un sous-sol d'une rue voisine. Il y avait là deux imprimantes offset Heidelberg datant des années 1930, manipulées par un maître-imprimeur assisté de trois ou quatre gamins âgés de douze à quinze ans. Le travail des enfants prévalait encore en Inde à cette époque, servant à la fois de formation professionnelle et d'appoint financier pour les parents.

En raison du nombre de travailleurs qui œuvraient comme moi sur les textes, il n'était pas toujours facile d'obtenir suffisamment de zincs pour la journée. Mon séjour dura donc plus longtemps que prévu et la saison chaude arriva. « Chaud » à Delhi, entre fin avril et fin juin, avant la mousson, cela signifie entre 40 et 48 degrés à l'ombre le jour, et 35 la nuit. En conséquence, lorsque nous retouchions les négatifs, un ventilateur nous soufflait en permanence de l'air chaud sur la figure. C'était mieux que rien. En effet, dès qu'il s'arrêtait en raison des fréquentes pannes d'électricité, il fallait rapidement s'écarter, sinon en quelques secondes de grosses gouttes de sueur tombaient sur les films et ruinaient tout notre travail. Je préparais généralement un peu de nourriture le matin que j'emportais dans une boîte en plastique. À l'époque des grandes chaleurs, la nourriture avait presque toujours tourné à l'heure de midi. Mieux valait alors manger dans l'un des petits restaurants de rue. Je ne risquais pas de me ruiner : à midi, une assiette de riz avec les légumes au curry coûtait l'équivalent d'un euro cinquante, et le soir, un bol de *dal* (lentilles jaunes indiennes riches en protéines) et quatre *chapatis* (des galettes de blé cuites sur les parois d'un âtre en terre battue) coûtaient l'équivalent de quatre-vingts centimes.

Tant bien que mal, et avec une joyeuse persévérance, les dix-neuf volumes furent dûment imprimés, coupés au massicot et assemblés. Dans le local du relieur, je peignis les tranches des volumes en rouge selon la tradition tibétaine.

Chaque volume fut imprimé en trois cents exemplaires, un tirage qui répondait à la demande et aux besoins des lamas et des monastères auxquels nous allions offrir ces précieux textes. Nous avions fait venir des caisses en bois de 80 x 80 cm, qui avaient servi à expédier du thé venu des plantations de l'est de l'Inde, et avions empaqueté les livres en les protégeant avec des chutes de papier issues du massicot. Les caisses une fois cerclées de rubans métalliques furent confiées à une entreprise de transport qui les expédia par camion à notre monastère.

Dans le vieux Delhi, les activités ne cessaient jamais. Il m'est arrivé de traverser la ville à deux heures du matin, à la sortie d'un train, et de trouver dans la rue des gens qui frappaient dur sur des pièces de métal, tandis que d'autres conversaient tranquillement au milieu de la chaussée, comme si l'heure et le lieu étaient parfaitement adéquats pour travailler et échanger des nouvelles. Un après-midi, je fus abordé par un homme d'apparence très simple qui insista pour que j'entre chez lui prendre une tasse de thé. Il voulait discuter philosophie. Je le suivis et pénétrai dans une pièce poussiéreuse et désordonnée où des livres s'empilaient jusqu'au plafond. Il me parla sans interruption pendant une demi-heure des différences de vues entre le grand philosophe bouddhiste Nagarjuna et l'éminent représentant du Vedanta Advaïta, Sankaracharya. Tout semblait possible dans ces dédales de rues moyenâgeuses en perpétuelle effervescence.

Les échoppes, dépourvues de vitrine, de porte ou d'un quelconque mur de séparation, ouvraient directement sur la rue. Le soir venu, le propriétaire tirait un rideau de fer qu'il cadenassait au niveau du sol, de l'extérieur. Les commerçants étaient encore groupés en corporations. On trouvait par exemple dans une rue adjacente une dizaine d'ateliers, également ouverts sur la chaussée, où des artisans munis de maillets en bois martelaient à longueur de journée des lamelles d'or placées entre deux minces feuilles de cuir, pour les transformer en feuilles d'or si fines qu'il suffisait de souffler dessus pour les remettre à plat quand elles se recroquevillaient sur elles-mêmes. Ces lamelles d'or étaient destinées à orner les statues de divinités hindoues, en signe d'offrande et de révérence.

Mais Ballimaran et ses vieux quartiers comportaient aussi leur lot de souffrances. Les mendiants, les enfants estropiés tombés aux mains de mafias qui les mettaient à la rue et récoltaient chaque soir les aumônes reçues, les jeunes serveurs de restaurant et employés de boutique sans foyer qui dormaient sur leur lieu de travail, les femmes intouchables qui venaient silencieusement dans les maisons pour vider et nettoyer les toilettes. Quant aux conducteurs de rickshaws dont les familles habitaient généralement en dehors de Delhi, ils se rassemblaient à trois ou quatre le soir et, par les froides nuits d'hiver, faisaient un feu avec des cartons récoltés dans la rue. Ils devisaient et riaient de bon cœur le temps de se réchauffer un peu, puis s'enveloppaient dans une mince couverture et dormaient en chien de fusil sur la banquette de leur rickshaw. L'été torride ne posait pas de problème à ceux qui dormaient dehors, mais chaque hiver, des sans-abris mouraient de froid pendant la nuit. L'un des spectacles les plus poignants venait des veuves musulmanes réduites à la mendicité, accroupies contre un mur dans la rue, la main tendue. À la différence des autres femmes musulmanes, elles portaient une burqa blanche et ne se remariaient jamais. Si elles se trouvaient réduites à la mendicité, c'est qu'elles n'avaient plus personne pour prendre soin d'elles, car dans une famille indienne, toutes les générations vivent ensemble et les personnes âgées ne sont généralement pas abandonnées. Ces femmes voyaient les autres au travers des mailles de l'ouverture de la burqa au niveau des yeux ; il est possible que, pour certaines d'entre elles, aucun être humain ne les voyait jamais.

☙

Au cours des deux années qui suivirent ce premier séjour, je retournai à Delhi pendant deux ou trois mois afin d'imprimer d'autres volumes divers que m'avait confiés Tulkou Péma Wangyal. Lors de mon deuxième séjour, je logeai avec l'équipe coordonnée par Lama Ngodroup qui imprimait une collection de soixante volumes selon les instructions de Dilgo Khyentsé Rinpoché, volumes qui contenaient les principaux « trésors spirituels » (*termas*), révélés depuis le XIe siècle jusqu'à la moitié du XIXe siècle, période à laquelle cette collection fut rassemblée. Il y avait parmi l'équipe chargée de l'édition un érudit, Lama Puzi, qui m'expliquait, chaque jour après le déjeuner, un texte montrant comment allier harmonieusement les vues et les pratiques des trois principaux véhicules du bouddhisme, le Theravada, le Mahayana et le Vajrayana[1]. Ces amis avaient loué la moitié d'un étage occupé par une famille musulmane. J'étais amusé par le contraste entre la façon dont la mère et ses trois filles restaient dissimulées et discrètes sous leur burqa lorsqu'elles sortaient, et l'attitude sociable, bavarde et joyeuse qu'elles adoptaient une fois chez elles. Le père me suggéra même d'emmener l'une de ses filles en France, aimable proposition que je déclinai poliment. La mère n'était presque jamais sortie du quartier. De toute sa vie, elle ne s'était rendue qu'une fois au Qûtb Minâr, le minaret le plus haut de l'Inde, situé à l'autre bout de Delhi, et deux fois au Fort rouge, le Lal Qil'ah, pourtant situé à une quinzaine de minutes à pied de la ruelle où elle habitait. Même si cette sédentarité obéissait au strict code de conduite islamique régulant le comportement des femmes, elle m'évoquait néanmoins des habitants âgés du petit port de l'île de Houat en Bretagne, vers laquelle nous naviguions avec mon oncle ou ses amis, qui, pour de tout autres raisons, proclamaient ne s'être jamais rendus sur le «continent», situé à moins de 10 km de l'île.

Je consacrai ce deuxième séjour à Delhi à imprimer un ensemble de treize volumes des écrits de Gyalwa Longchèn Rabjam. Il nous manquait malheureusement deux volumes que nous n'avions pu trouver dans la bibliothèque avant mon départ du monastère. Un jour, je reçus une lettre de Darjeeling (le monastère n'avait pas le téléphone et, à part les lettres, le seul moyen de communiquer était le télégramme) me disant que ces deux tomes venaient d'être localisés dans la bibliothèque d'un lama de Kalimpong qui avait bien voulu nous les prêter pour être imprimés. Un visiteur américain, qui par chance se trouvait alors en visite au monastère, devait m'apporter ces précieux textes lors de son passage à Delhi, sur son trajet de retour. Le jour de notre rencontre, je partis le matin de bonne heure vers la nouvelle Delhi pour rencontrer cette personne au grand hôtel où il logeait. Il parut content de me voir et m'offrit une tasse de thé. Lorsque je m'enquis des livres, il m'apprit que, craignant les excédents de bagages, il ne les avait pas emportés (ils pesaient deux kilos en tout et pour tout!). Je ne trouvai rien d'autre à répondre qu'un laconique «Ah bon». Nous évoluions visiblement dans deux mondes différents et, en mon for intérieur, je ne vis pas l'utilité de lui expliquer ce que cela impliquait pour moi. Je le remerciai pour le thé et retournai dans le vieux quartier. Le lendemain, je pris le train, voyageai deux jours et deux nuits, montai au monastère de Darjeeling où je passai une nuit, pris les livres et repartis aussi vite dans l'autre sens. J'éprouvais une certaine douceur intérieure à ne pas avoir ressenti d'irritation ou de découragement, mais plutôt une confirmation que le théâtre du samsara était quand même bien étrange. Au cours de ma vie, j'eu maintes fois l'occasion d'apprécier cette douceur et de constater à quel point le ressentiment pouvait empoisonner les esprits de manière persistante. C'est l'une des toxines mentales dont on devrait se garder à tout prix.

Un jour, en début d'après-midi, alors que je lisais dans la semi-pénombre de la chambre que je partageais avec deux Bhoutanais de l'équipe de Lama Ngodroup, la présence de Kangyour Rinpoché s'intensifia en moi au point que j'eus un aperçu de la signification de ce que l'on appelle la «vision pure[2]». Je percevais la table poussiéreuse, les objets les plus ordinaires devant moi, les meubles et la chambre dans son ensemble, bref, tout ce que je voyais et appréhendais, comme étant la manifestation de Kangyour Rinpoché. Tous les sons ordinaires, le bruit de la pendule, le brouhaha un peu lointain et les klaxons de la rue, les chuchotements de mes camarades qui conversaient à l'autre bout de la pièce devenaient la résonnance de sa voix. Et toutes mes pensées s'emplissaient de la sagesse éveillée de mon maître bien-aimé. Une telle expérience – aussi limitée puisse-t-elle être dans mon cas – donne néanmoins une indication, ou une ouverture, sur ce que peut être pour de grands pratiquants l'expérience continue de la vision pure qui perçoit sans interruption toutes les formes comme les manifestations du corps du maître ou du Bouddha, tous les sons comme la réverbération des mantras, et tous les mouvements des pensées comme des échos de la sagesse primordiale. La continuité de ce mode de perception « pure » correspond également aux enseignements qui expliquent que lorsqu'un maître a quitté le monde et son corps physique, il est présent partout et toujours.

☙

C'est aussi à l'occasion de ces voyages à Delhi que je fis la connaissance d'un savant sans pareil qui devint un ami cher, E. Gene Smith. Il fut, de l'avis de tous, le tibétologue le plus érudit du XXe siècle et apporta une contribution majeure à la sauvegarde de l'héritage livresque du Tibet. Il avait été nommé directeur du Bureau indien de la bibliothèque du Congrès des États-Unis et avait accepté cette fonction dans le but de travailler à la préservation des textes tibétains. Par un heureux concours de circonstances, le gouvernement indien devait rembourser en monnaie locale une dette contractée à l'égard du gouvernement américain, ce qui permit à Gene Smith de faire financer les efforts entrepris par les Tibétains pour imprimer les textes rares et précieux dont ils disposaient. La bibliothèque du Congrès achetait à prix fort quinze à vingt exemplaires de chaque volume, ce qui suffisait à couvrir les frais d'impression de deux cents exemplaires que les Tibétains pouvaient ensuite distribuer à ceux qui en avaient besoin ou vendre à prix coûtant, s'ils en imprimaient davantage.

Gene Smith me prit en amitié et, lors de ma troisième visite à Delhi, il m'invita généreusement dans sa demeure située dans un quartier plus cossu de la nouvelle Delhi – il m'offrit ainsi des conditions nettement plus confortables que lors des visites précédentes. Chaque matin, je prenais donc le bus pour me rendre à l'imprimerie, à l'autre bout de Delhi.

Gene recevait constamment des Tibétains qui lui apportaient des textes et lui demandaient si la bibliothèque du Congrès était disposée à en financer l'impression. Il possédait une connaissance encyclopédique des traditions bouddhistes et repérait immédiatement si le livre en question s'avérait être une perle rare, un livre utile aux héritiers de la culture tibétaine et aux érudits, ou un simple doublon d'un ouvrage déjà disponible. Parfois, il poussait des cris d'enthousiasme dès qu'on lui apportait un texte que l'on craignait disparu. D'autres fois, il assénait en tibétain, avec son franc-parler : « Qu'est-ce que vous m'apportez là ? Un manuscrit incomplet, avec des fautes d'orthographe toutes les deux lignes, et dont il existe de bien meilleures versions. » Gene avait une connaissance hors pair du tibétain et possédait un œil particulièrement affûté qui repérait instantanément la moindre faute d'orthographe ou de grammaire sur une page.

Une fois le livre accepté, Gene rédigeait pour chaque volume ou recueil une préface en anglais exposant son importance et établissait une table des matières. L'ensemble des préfaces qu'il rédigea constitue une mine d'informations édifiantes sur la littérature tibétaine. Une fois les textes imprimés, la bibliothèque du Congrès en envoyait des exemplaires aux bibliothèques de diverses universités américaines et de quelques autres dans le monde. Visiblement inconscient de l'importance de ces textes, l'un de ces établissements fit un jour une demande étonnante à Gene : ne plus lui envoyer ces « battes de baseball » incommodes à ranger sur ses rayons, une allusion à la forme oblongue des livres tibétains.

Gene était un homme de forte stature, bien en chair, doté d'une voix sonore qui en imposait, même s'il était d'une extrême gentillesse et d'une serviabilité à toute épreuve. C'était un travailleur acharné qui se levait à quatre heures du matin et avait déjà accompli une bonne part de sa besogne quotidienne à l'heure du petit-déjeuner. Son fidèle majordome, Mangal Ram, et deux dalmatiens qu'il adorait constituaient sa seule famille. Mais les portes de sa maison étaient toujours ouvertes, et sa table le lieu de rendez-vous des tibétologues du monde entier de passage en Inde. C'est chez lui que je fis la connaissance de Carisse et Gérard Busquet, qui vivaient alors à Delhi. Écrivains et journalistes, ils devinrent de grands amis, et Carisse m'a fidèlement aidé à améliorer mes traductions du tibétain et d'autres écrits.

Non content de posséder une maîtrise unique de la littérature et de l'histoire tibétaine, Gene connaissait également l'indonésien et lisait le mongol et d'autres langues encore. Avant de venir s'installer à Delhi, il avait étudié avec Déshoung Rinpoché, un grand érudit tibétain qui avait émigré aux États-Unis et qu'il considérait comme son maître à penser. En Inde, Gene conçut également un immense respect à l'égard de Dilgo Khyentsé Rinpoché. Il possédait de nombreuses photographies de ce maître auquel il offrait généreusement l'hospitalité à chaque fois qu'il passait par Delhi, hospitalité que je partageais lorsque j'accompagnais Dilgo Khyentsé Rinpoché, à partir de 1979. Nous constituions en fait une petite délégation assez nombreuse alors et Gene mettait son foyer tout entier, ainsi que son majordome Mangal Ram, au service de Dilgo Khyentsé Rinpoché. Il laissait sa chambre à Rinpoché et allait loger à l'hôtel. Gene passait la journée avec nous et discutait longuement des textes avec le maître, mais aussi de sujets historiques. Khyentsé Rinpoché aimait beaucoup Gene et l'appelait affectueusement Mahapandita Jamyang Namgyal. *Mahapandita* est le titre indien conféré aux grands érudits et *Jamyang Namgyal*, le nom tibétain de Gene, signifiait « Douce Gloire Victorieuse », *Jamyang*, « Douce Gloire », étant le nom tibétain de Manjoushri, le bouddha de la connaissance. Lorsque Khyentsé Rinpoché l'appelait ainsi, Gene avait un mouvement de gêne et riait modestement ; il était d'une grande humilité et ne tirait aucun orgueil de son immense savoir.

C'est aussi chez Gene que j'eus l'occasion de rencontrer le tibétologue Michael Aris et son épouse Aung San Suu Kyi, qui avait séjourné au Bhoutan. Michael avait en effet été pendant quelques années précepteur du prince héritier de ce petit royaume. Michael était un personnage haut en couleur, tandis que Suu, peu connue à l'époque, se montrait de nature plus discrète. Je n'ai pas de souvenir précis de nos conversations, mais je ne me doutais guère alors qu'elle allait jouer un rôle central dans l'histoire de la Birmanie. Lorsqu'elle passa quinze ans en résidence surveillée, son mari, que je revis plus tard au Népal, n'eut pas l'autorisation de lui rendre visite. Il me confia qu'elle avait beaucoup lu les enseignements de Khyentsé Rinpoché, que j'avais traduits et publiés en anglais.

En plus de vingt-cinq ans de présence en Inde, Gene put sauvegarder près de dix mille volumes de textes tibétains, l'essence de l'héritage du Pays des Neiges. Il m'apprit d'ailleurs que la littérature classique tibétaine formait, en nombre de volumes, la troisième littérature classique de l'Orient, après le sanskrit et le chinois, avant même le japonais.

Lorsque les fonds disponibles pour l'achat de livres tibétains furent épuisés, Gene décida de rentrer aux États-Unis. Il y fit expédier toute sa bibliothèque, et Mangal Ram vint quelques mois à New York pour disposer le tout dans son appartement. Mais Gene ne s'arrêta pas en si bon chemin. Avec l'aide du Rubin Museum of Art, il fonda le *Tibetan Buddhism Ressources Center* (TBRC, ou Centre de ressources du bouddhisme tibétain), et constitua une équipe de Tibétains qui vivaient aux États-Unis, puis, avec l'aide d'informaticiens, digitalisa, indexa et mit à disposition sur Internet l'ensemble des textes tibétains disponibles. À ces ouvrages allaient bientôt s'ajouter tous les livres nouvellement réimprimés en Chine par des Tibétains. Le TBRC représente aujourd'hui la plus grande librairie tibétaine virtuelle du monde. Lorsque l'intégralité des ouvrages de Gene fut scannée, il songea à les donner à la bibliothèque nationale du Bhoutan ou à notre monastère de Shéchèn, au Népal. Finalement, il opta pour la ville de Chengdu, en Chine, métropole où se rendent la plupart des Tibétains descendus des hauts plateaux et où fut construite la Gene Smith Memorial Library (Bibliothèque Gene Smith). Gene décéda en 2010, mais le TBRC (devenu BDRC, Buddhist Digital Resources Center, ou Centre de ressources numériques bouddhistes) poursuit vaillamment, à Boston, son œuvre essentielle.

Rétrospectivement, je prends mieux la mesure de l'importance de ces années «d'apprenti imprimeur» à Delhi : elles furent capitales dans la mesure où elles déterminèrent ma vocation à préserver le patrimoine spirituel tibétain autant que cela m'est possible. Ayant débuté dans des conditions que l'on peut qualifier d'artisanales, cette expérience renforça ma motivation à tout mettre en œuvre pour diffuser ces textes d'une profondeur et d'une valeur inestimables non seulement pour les pratiquants, mais, à mes yeux, pour l'ensemble de l'héritage culturel et spirituel mondial. Comme le remarque le

Imprimeur à Delhi

Dalaï-lama : « Le Tibet n'a pas de pétrole pour les voitures, mais il en a pour l'esprit, et l'héritage de la culture bouddhique tibétaine ne concerne pas seulement six millions de Tibétains, mais l'humanité toute entière. »

Ainsi, entre 1977 et 1980, j'ai pu imprimer une cinquantaine de précieux volumes, d'environ 600 pages chacun[3]. Plus tard, lorsque je rejoignis le monastère de Shéchèn au Népal, je poursuivis avec l'équipe du monastère les travaux d'impression initiés par Lama Ngodroup et supervisai la saisie informatique et la publication des œuvres complètes de Dilgo Khyentsé Rinpoché, soit vingt-cinq volumes ainsi qu'une centaine d'autres de grande importance pour la tradition tibétaine et le bouddhisme en général. L'avènement de l'ère numérique marqua un grand pas en avant dans la préservation et la dissémination de ces textes et œuvres d'art.

CHAPITRE 12

Dans la vallée de Katmandou

Première visite au Népal pour recevoir plusieurs mois d'enseignements et d'initiations de deux grands maîtres : Dudjom Rinpoché et Dilgo Khyentsé Rinpoché.

Durant l'hiver 1977-1978, la famille de Kangyour Rinpoché décida de se rendre au Népal afin d'y recevoir les précieux enseignements qu'allaient donner Dudjom Rinpoché et Dilgo Khyentsé Rinpoché, plusieurs mois durant, à un grand nombre de disciples. Les disciples occidentaux qui demeuraient à Darjeeling – dont ma mère, qui se trouvait là à l'occasion d'un de ses séjours au monastère, et moi-même – se joignirent au voyage. C'est à cette occasion que nous découvrîmes le Népal, un si beau pays où j'allais vivre de nombreuses années par la suite. Le voyage en car de Darjeeling à Katmandou, la capitale, dura deux jours. Nous traversâmes la partie orientale des plaines semi-tropicales du Népal, avant de nous lancer dans l'ascension vers la vallée puis de passer le col, à 1 800 mètres d'altitude, qui débouche dans l'écrin de la civilisation népalaise dont Katmandou était encore le joyau en ces années.

Situé entre la chaîne de l'Himalaya, dominée par l'Everest, et la vaste plaine indo-gangétique de l'Inde du Nord, le Népal abrite des populations diverses et une multitude de traditions culturelles et spirituelles. Les montagnards de la chaîne himalayenne – Sherpa, Manangi, peuples du Dolpo, d'Humla, de Mugu, du Mustang, du Khumbou, etc. – sont pour la plupart de religion bouddhiste et de culture tibétaine, ce qui s'explique par la proximité entre les vallées d'altitude dans lesquelles ils vivent et les nombreux cols menant directement aux hauts plateaux du Tibet. En revanche, les habitants des vallées et des plaines sont en majorité de religion hindoue. Le brassage ethnique et culturel a engendré une coexistence empreinte de tolérance. Le Népal est doté d'un environnement naturel riche et varié, passant, en l'espace de cent cinquante kilomètres et du sud au nord, des plaines et forêts semi-tropicales encore habitées d'éléphants, de tigres et de quelques rares rhinocéros du Teraï aux plus hauts sommets du monde.

Nous arrivâmes plusieurs semaines avant le début des enseignements. Nous trouvâmes trois petites maisons paysannes à louer dans les environs de Boudhanath, un village situé un peu en dehors de Katmandou, où se trouve le grand stoupa de Jaroung Khashor, non loin duquel devaient être donnés les enseignements. C'était encore la pleine campagne à l'époque, tandis qu'aujourd'hui, quarante ans plus tard, la ville de Katmandou s'étend sans discontinuer jusqu'à Boudhanath. Amala, l'épouse de Kangyour Rinpoché, et ses filles occupèrent l'une de ces maisons, constituées de deux pièces à l'étage et d'une étable désaffectée au rez-de-chaussée, Tulkou Péma Wangyal, ses frères et deux jeunes moines de Darjeeling occupèrent une maison similaire, tandis que nous avions établi un petit dortoir dans la troisième maison adjacente, avec ma mère et quelques disciples occidentaux.

Durant ces trois semaines, Tulkou Péma Wangyal nous emmena en pèlerinage dans tous les lieux saints de la vallée de Katmandou et des environs. Un soir, je me trouvai ainsi avec lui en présence du grand stoupa de Jaroung Kashor, l'un des trois stoupas les plus vénérés de la région, avec ceux de Swayambunath et de Namo Buddha. Cet immense monument, qui mesure trente-six mètres de haut, impressionne par sa taille, sa majesté et sa splendeur sereine. Il revêt également une signification historique remarquable, sa construction étant directement liée à la propagation du bouddhisme au Tibet. D'après un texte redécouvert par Shakya Zangpo en 1512 dans le grand stoupa rouge de Samyé, au Tibet, une gardienne de volaille, appelée Samvari, s'était présentée devant le roi népalais de la dynastie des Lichhavi (qui régna du Ve au VIIIe ou IXe siècle) afin de lui demander de lui octroyer un terrain pour construire un stoupa destiné à abriter des reliques du bouddha Kashyapa[1]. Le roi acquiesça, admiratif face à la détermination de cette femme d'origine humble. Quelque temps plus tard, les ministres rapportèrent au roi que le monument élevé par Samvari à l'aide de ses quatre fils était gigantesque. Allait-on laisser ainsi une femme de modeste extraction édifier un tel ouvrage ? Ne faisait-il pas de l'ombre à Sa Majesté ? Le roi aurait répondu : « Qu'il en soit ainsi [*jaroung*] ; la permission s'est échappée de ma langue [*kashor*] » C'est ainsi que le grand stoupa de Boudhanath fut ensuite nommé Jaroung Kashor. Avec un simple buffle pour toute assistance, Samvari et ses fils poursuivirent l'œuvre de construction sans interruption, été comme hiver, quatre années durant. Ils terminèrent ainsi la partie principale du stoupa. Mais alors la pauvre gardienne de volaille sut qu'elle était au seuil de la mort. Elle appela ses quatre fils et leur serviteur[2], le buffle, et leur enjoignit d'achever la construction du Grand Stoupa. Ils accomplirent son souhait. Il est raconté qu'au moment de la consécration du stoupa, chacun d'eux fit un vœu. Le premier fils souhaita, dans sa vie future, être un maître qui apporterait le bouddhisme au Pays des Neiges ; il naquit à nouveau sous les traits de Padmasambhava. Le second fils demanda à renaître roi afin de convier le maître au Tibet ; il fut le souverain Trisong Détsèn. Le troisième aspira à devenir celui qui se rendrait en Inde pour inviter Padmasambhava à venir au Tibet ; il fut le ministre Bami Trihzi. Et le quatrième sollicita d'incarner celui qui établirait la tradition monastique et philosophique au Tibet ; il fut l'abbé Shantarakshita. Mais ils oublièrent d'honorer le buffle qui avait tant peiné à porter et tracter les matériaux de construction. Fâché, celui-ci fit le vœu de renaître sous la forme du roi qui détruirait ce que les quatre fils auraient accompli : il revint à la vie sous les traits du roi Langdarma qui persécuta le bouddhisme.

Au-delà de la légende qui l'entoure, ce stoupa revêt une signification particulière pour moi. Je vis aujourd'hui tout près, à quelques centaines de mètres, au monastère de Shéchèn, et l'histoire mouvementée de ce stoupa au fil des siècles en fait un formidable témoin de la résilience bouddhiste. En effet, il tomba en ruines et fut reconstruit au XVIe siècle par Shakya Zangpo, puis rénové au XVIIe siècle par Rangrik Répa, tandis qu'au début du XIXe siècle, Shabkar, le grand yogi de l'Amdo, recouvrit sa flèche d'or fin. À la fin des années soixante, son « arbre de vie », un tronc de sandalier ou de genévrier équarri sur lequel sont fixées les reliques, fut carbonisé par la foudre. Dilgo Khyentsé Rinpoché le remplaça et, dans le cas de ce stoupa, il fut placé au centre de la flèche. Enfin, en 2015, à la suite de deux puissants séismes, la partie supérieure du stoupa dut être totalement reconstruite pour retrouver toute sa splendeur. Les fidèles procèdent régulièrement au blanchiment à la chaux du stoupa ; des préposés à son entretien projettent de l'eau safranée en grands mouvements semi-circulaires sur le dôme de l'édifice, dessinant ainsi les contours d'immenses pétales de lotus. Du pinacle jusqu'à la base du stoupa, tout au long de lignes obliques, des drapeaux de prière aux cinq couleurs claquent au vent, qui emporte les souhaits de paix, de compassion et d'amour pour tous les êtres du monde. Grâce à la détermination et à l'engagement de chacun, aujourd'hui ce lieu saint recèle toujours en son sein de précieuses reliques. Il est, pour les disciples du monde entier, comme un phare empreint de majesté, resplendissant des milliers d'heures de recueillement qu'il a accueillies.

Mais c'est un lien plus personnel et plus profond qui me rattache à ce lieu saint. Sans que je ne m'en explique la raison, le soir de ma première visite au grand stoupa de Jaroung Khashor, alors que j'étais debout les mains jointes, en compagnie de Tulkou Rinpoché, je renouvelai les vœux du bodhisattva, de la précieuse bodhicitta, l'esprit d'Éveil, et le vœu altruiste d'atteindre l'Éveil. Je me sentais animé d'une intensité plus puissante que jamais, et souhaitai : « Dans cette vie et dans toutes mes vies, puisse mon corps jusqu'à son dernier atome ainsi que ma parole et mon esprit être entièrement dédiés au service d'autrui. » Je restai ensuite quelques instants en silence, absorbé avec une sincérité sans mélange dans cette aspiration. Depuis, chaque fois que je fais des circumambulations autour du stoupa, je m'immobilise quelques instants avant de repartir et, les mains jointes, renouvelle ce vœu en m'appuyant sur ces strophes consacrées, formulées par les grands sages indiens Nagarjuna et Shantidéva :

> Avec le souhait de libérer tous les êtres,
> Et jusqu'au cœur de l'Éveil,
> Je prends continuellement Refuge
> Dans le Bouddha, le Dharma et le Sangha.
>
> Avec sagesse et compassion,
> Aujourd'hui, en présence du Bouddha,
> Je fais naître en moi la pensée du parfait Éveil
> Pour le bien de tous les êtres sensibles.
>
> L'esprit d'Éveil est le plus précieux des joyaux :
> Engendrons-le si ce n'est chose déjà faite ;
> Engendré, que jamais il ne faiblisse
> Mais ne cesse de s'intensifier.
>
> Aussi longtemps que durera l'espace,
> Et aussi longtemps qu'il y aura des êtres,

Puissé-je, moi aussi demeurer,
Afin de dissiper la souffrance du monde.

Nos pèlerinages nous conduisirent notamment à Namo Buddha, situé à 1 800 mètres dans les collines à une quarantaine de kilomètres à l'est de Katmandou. Il est dit qu'en ce lieu sacré, à la fin de l'une de ses vies passées, celui qui allait devenir le Bouddha Shakyamouni donna son corps à une tigresse et à ses quatre petits qui mouraient de faim, et fit le vœu qu'ils renaissent tous les cinq en tant que ses premiers disciples lorsqu'il atteindrait l'Éveil.

Tulkou Péma Rinpoché, quelques amis et moi-même nous engageâmes dans l'ascension vers Namo Buddha ; celle-ci s'effectuait à pied, à partir de Panauti, par des chemins de terre qui traversaient des champs de blé et des rizières. Il nous fallait nous montrer particulièrement prudents à l'approche des buffles d'eau, qui sont d'humeur imprévisible face aux inconnus. Nous passâmes une nuit à Namo Buddha, où il n'y avait à l'époque que deux ou trois habitations près du centre de retraite de Trangu Rinpoché. Je ne me doutais pas que trente ans plus tard, j'allais faire de longues retraites dans un ermitage sur une colline à quelques kilomètres de là.

∝

Fin décembre 1977 à Boudhanath, à quelques centaines de mètres du stoupa du Jaroung Khashor, se tint l'événement pour lequel nous étions venus au Népal. Kyabjé Dudjom Rinpoché, le patriarche de la tradition Nyingmapa, consacra tout un mois à conférer à un millier de disciples la transmission des vingt volumes des œuvres de son prédécesseur, Dudjom Lingpa (qui vécut au XIXe siècle), ainsi que quelques-uns de ses propres enseignements. Ce fut une immense bénédiction pour nous que de recevoir ces précieuses transmissions.

Que contiennent ces vingt riches volumes d'enseignements ? Principalement une dizaine de cycles complets de pratiques qui s'étendent des préliminaires qui ont pour but d'orienter notre esprit vers le Dharma jusqu'aux enseignements les plus élevés de la Grande Perfection, en passant par les pratiques de visualisation et d'autres aspects de la voie graduelle. Pourquoi cette multiplicité de pratiques ? En vérité, un seul cycle se suffit parfaitement à lui-même et permet à celui qui s'y consacre avec confiance et diligence d'atteindre l'Éveil en cette vie même. Toutefois, les capacités et les dispositions mentales des êtres varient à l'infini et les conditions extérieures diffèrent selon les époques. La multiplicité de pratiques répond ainsi aux besoins spécifiques des êtres, et leur permet de progresser sur le chemin de la libération[3].

Ces transmissions sont essentielles pour maintenir vivant l'héritage spirituel du bouddhisme tibétain. Des lamas de tous âges reçoivent ces transmissions et c'est parmi eux qu'émergeront ceux qui, à leur tour, assureront la continuité de ces enseignements. Grâce à ce processus, la tradition vivante a survécu depuis l'introduction du bouddhisme au Tibet jusqu'à aujourd'hui. En effet, en l'absence de transmission de maître à disciple, ces enseignements et pratiques deviennent « lettre morte » et les disciples ne sont plus à même de les utiliser pour leur progression sur la voie. Ils deviennent semblables à des grimoires sans âme au lieu d'être la source vive de leur inspiration spirituelle.

C'était la première fois que Dudjom Rinpoché conférait ainsi l'ensemble des enseignements de son prédécesseur en dehors du Tibet. Des disciples avaient accouru de toute l'Inde et de nombreux pays. La famille de Kangyour Rinpoché ainsi que les disciples occidentaux qui les accompagnaient les reçurent avec grande joie et reconnaissance.

Dans la culture tibétaine, le plus sacré cohabite allégrement avec le plus cocasse. Un jour, pendant ces enseignements, parmi l'assemblée des centaines de disciples assis en plein champ, un vieux moine fut pris d'une envie pressante dictée par la nature. Réticent à quitter les lieux de peur de manquer une partie de la transmission, qui s'étendait sur près de quatre heures, il décida de s'épancher discrètement sous sa robe dans un gros gobelet qui lui servait à boire le thé distribué deux ou trois fois par jour. Son office rempli, il ne sut trop que faire du résultat. Se trouvant près du mur d'enceinte, il imagina qu'il pourrait jeter discrètement le contenu par-dessus le mur. Manque de chance, étant le seul à se lever dans l'assistance, son manège ne manqua pas d'attirer l'attention. D'autant qu'il rata son coup : le liquide jaune d'or lui retomba sur la tête ! L'assistance comprit ce qui venait de se passer et quelques rires fusèrent. Comble du spectacle, alors qu'il s'était étiré de tout son long pour projeter le liquide, sa ceinture s'était dénouée et sa robe monastique tomba à ses pieds, le révélant dans sa nudité originelle. L'assistance fut prise d'un fou rire général, jusqu'à Dudjom Rinpoché, témoin de la scène depuis son trône. Les initiations furent interrompues le temps que l'hilarité se dissipe.

Le dernier jour des enseignements se tint au début du mois de janvier 1978, peu après que Dudjom Rinpoché eut confié d'ultimes conseils aux disciples. Alors que la foule se dispersait, la neige commença à tomber sur Boudhanath comme une pluie de fleurs. Jamais, durant les nombreuses années que je passai en ce lieu, je ne vis ni n'entendis parler de chutes de neige à Katmandou. La capitale se trouve certes à 1 500 mètres d'altitude, mais elle est située à la latitude du Maroc et, durant l'hiver, la température tombe rarement en dessous de 3°C au cœur des nuits les plus froides de l'hiver. Ici, le ciel est presque toujours d'un bleu étincelant.

☙

L'hiver et le printemps qui suivit furent particulièrement fastes. Un mois après les transmissions conférées par Dudjom Rinpoché, de la mi-février à la fin mars 1978, un autre cycle d'enseignements tout aussi précieux fut donné par Dilgo Khyentsé Rinpoché dans le plus grand des monastères qui existaient à l'époque à Boudhanath, Ka-Nying Shédroup Ling, fondé par Tulkou Urgyen Rinpoché et ses fils.

Entre les deux enseignements, nous avons tous déménagé et, pour la modeste somme de trois cents roupies par mois, l'équivalent de trente euros d'aujourd'hui, je louais une chambre rustique au premier étage d'une maison traditionnelle népalaise, l'une de ces maisons construites en cercle autour du stoupa de Boudhanath, en bordure de l'allée dallée de pierres sur laquelle les fidèles effectuent la circumambulation du monument sacré. Le sol de cette chambre était en terre battue, étalée sur des poutres recouvertes de lattes de bois. Les murs étaient peints à la chaux et deux fenêtres aux encadrements de bois sculpté peint en bleu donnaient directement sur le stoupa. Dans une minuscule cuisine, je faisais parfois à manger sur un réchaud à kérosène pour les amis de Darjeeling qui passaient me voir, Luc, Erik, Helena, Juanita et quelques autres. Ma mère, qui était nonne depuis 1968, avait loué une chambre avec une amie dans une autre maison autour du stoupa. Comme toujours, elle se montrait très généreuse et hospitalière envers tous. Au Népal, comme à Darjeeling, nous avons toujours été proches tout en gardant chacun notre indépendance, suivant nos chemins spirituels respectifs. Nous nous retrouvions simplement parfois pour les repas en compagnie de la famille de Kangyour Rinpoché, ou lors de pèlerinages et d'enseignements ; d'autres fois, nous étions éloignés l'un de l'autre, lorsque nous faisions des retraites dans nos ermitages notamment.

De nombreux lamas étaient venus d'autres régions du Népal, de l'Inde et, pour certains, de bien plus loin encore. Certains d'entre eux dispensaient aussi des enseignements le soir à des petits groupes d'Occidentaux. J'allais d'ailleurs souvent y assister.

Très tôt le matin, bien avant le lever du soleil, entre 5 h 30 et 7 h 30, d'innombrables fidèles de tous les quartiers environnants venaient circumambuler le stoupa. Cette foule silencieuse tournait respectueusement dans le sens des aiguilles d'une montre (gardant le stoupa sur leur droite), égrenant leur mala et récitant mantras et prières. Les fidèles du matin contrastaient avec ceux qui tournaient autour du stoupa en fin d'après-midi, après leur journée de travail, avec moins de recueillement, distraits de leurs prières par les nouvelles qu'ils partageaient. Les boutiques étaient fermées le matin, mais le soir les lieux s'animaient : les commerçants de thé, de malas, de statues et *thangkas*, d'objets rituels ou encore d'encens et de plantes médicinales rapportées des montagnes dans de grands sacs en jute, les restaurateurs aux minuscules boutiques, tous ouvraient leurs échoppes ; la place se trouvait aussi envahie des marchands ambulants, des mendiants venus d'Inde, souvent estropiés, des pèlerins et ermites errants étaient assis à même le pavé, récitant des prières, leur livre posé sur leurs genoux, et recevaient les aumônes qui leur permettraient d'acheter leurs provisions de tsampa, de thé et de beurre, nécessaires pour poursuivre leur ascèse dans leur retraite en montagne ; plus rarement, un cornac amenait son éléphant faire un tour de stoupa ; quelques lumières falotes apparaissaient une fois la nuit tombée et les flammes des lampes à beurre offertes au stoupa vacillaient sous le vent ; les musiques d'une demi-douzaine d'officiants accomplissant une cérémonie dans un petit temple ouvert sur la rue résonnaient. Tout cela, conférait au lieu une dimension hors du monde. Un univers à part entière gravitait autour de ce monument sacré.

Parfois, vers dix heures du soir, alors que tout était devenu silencieux, je faisais trois tours du stoupa non pas en marchant, comme à l'accoutumée, mais en me prosternant ; je posais les deux mains à terre et les faisais glisser jusqu'à être complètement allongé, les bras étendus le plus loin possible vers l'avant, puis, je me relevais, marchais trois pas jusqu'à l'endroit atteint par l'extrémité de mes doigts, et je recommençais. Si un tour normal du stoupa prenait normalement un peu plus de cinq minutes, effectué de cette manière, il en fallait une vingtaine. Après cela, j'étais, on s'en doute, couvert de poussière et allais me baigner sous le jet d'une fontaine qui coulait jour et nuit d'une gargouille située dans une ruelle donnant sur le stoupa, où les lavandières s'assemblaient pendant la journée. Après ce bain d'eau fraîche, je regagnais ma chambre et contemplais encore quelques instants le grand stoupa, priant mes maîtres avant de m'endormir. Au Tibet, nombre de pèlerins se prosternent ainsi pendant des mois en marchant vers Lhassa ou autre grand lieu de pèlerinage. Ils préfèrent généralement la froidure de l'hiver et se prosterner sur les chemins gelés, que l'été où la pluie et la boue leur posent de plus grandes difficultés.

☙

Vint finalement, mi-février, le début des transmissions conférées par Dilgo Khyentsé Rinpoché. Il s'agissait des initiations et instructions contenues dans les trente et quelques volumes des œuvres complètes de Chogyour Lingpa, un grand maître du XIXe siècle qui fut un *tertön* (découvreur de « trésors » spirituels). C'était la première fois, depuis que les Tibétains avaient fui le Tibet, aux alentours de 1959, que ce cycle complet d'enseignements était transmis. En conséquence, une cinquantaine de lamas éminents, quelques centaines de moines et de nonnes, et autant de disciples laïques – un millier de personnes en tout – étaient venus de tout l'Himalaya et des centres de réfugiés tibétains en Inde et au Népal. Une trentaine de disciples occidentaux avaient également fait le voyage pour avoir le privilège de recevoir ces transmissions.

Dilgo Khyentsé Rinpoché préparait les initiations le matin, puis effectuait la transmission l'après-midi. En fin de journée, il donnait des explications détaillées sur un texte décrivant la manière de pratiquer les étapes graduelles de la voie vers l'Éveil, texte depuis traduit en plusieurs langues, dont le français – *L'Essence de la sagesse primordiale*[4] –, et qui constitue un trésor d'instructions pour ceux qui souhaitent s'engager sérieusement dans la pratique du bouddhisme tibétain.

Dans la vallée de Katmandou

Chaque jour, après avoir enseigné, Khyentsé Rinpoché restait quelques moments dans le temple avec un petit groupe de moines pour faire, à voix haute, des prières dédiant les mérites engendrés par la transmission des enseignements et autres pratiques vertueuses. Quelques-uns des disciples occidentaux restaient pour se joindre à ses prières. Un moine me confia que Khyentsé Rinpoché lui avait dit, en dirigeant son regard vers moi : « Tu vois cet étranger, il connaît les prières par cœur ! Le Dharma commence à se répandre en Occident. » Peu à peu un lien profond s'établissait entre Dilgo Khyentsé Rinpoché et moi.

Fin mars, lorsque les transmissions furent achevées[5], une fête eut lieu dans la cour du monastère de Ka-Nying Shédroup Ling, puis, un matin ensoleillé, Khyentsé Rinpoché et les principaux autres maîtres spirituels et jeunes lamas incarnés (*tulkous*) qui avaient reçu les enseignements partirent en procession, précédés de musiciens et moines portant des bannières, afin de faire cérémonieusement le tour du stoupa de Boudhanath, situé à quelque trois cents mètres de là. À cette occasion, les principaux lamas prirent place autour de Khyentsé Rinpoché, sur le premier des trois gradins du stoupa, ce qui me permit d'immortaliser cet instant sur la pellicule.

Comblés par toutes ces bénédictions, émerveillés par la beauté naturelle du Népal et la découverte de ses lieux sacrés, nous reprîmes le chemin de Darjeeling en car, comme nous étions venus – deux longues journées de route chaotique – pour retrouver la tranquillité du monastère d'Orgyèn Kunsang Chökhorling et, dans mon cas, mon ermitage. Je restai en retraite pour le restant de l'année.

PARTIE III

UN DEUXIÈME SOLEIL

CHAPITRE 13

Enseignements et prise des vœux monastiques

Je retrouve Dilgo Khyentsé Rinpoché lors de ses visites à Darjeeling. En 1979, il me conseille de rester auprès de lui. Je reçois quatre mois d'enseignements, prends les vœux et deviens moine.

Avant de quitter ce monde, Kangyour Rinpoché assura ses proches que les membres de sa famille et ses disciples rencontreraient des maîtres authentiques afin de poursuivre leur chemin spirituel. Sa prédiction fut manifestement accomplie : la famille et les disciples de Kangyour Rinpoché devinrent tous disciples de deux maîtres éminents, Dudjom Rinpoché et Dilgo Khyentsé Rinpoché, qui avaient été très proches de Kangyour Rinpoché. Puis, selon les circonstances de leur vie, leurs localisations géographiques, et leurs parcours individuels, ces disciples devinrent plus proches de l'un ou l'autre de ces maîtres sans pour autant que cela ne diminue le respect et la dévotion qu'ils nourrissaient pour les deux.

Il est en effet possible de suivre la guidance de plusieurs maîtres à la fois, et donc d'être le disciple de chacun d'eux. De fait, on devient le disciple de chaque maître qui nous a conféré d'importants enseignements et initiations, et c'est lorsque le maître devient le guide intime de notre pratique, étape par étape, qu'un lien plus personnel s'établit. C'est ce qui allait bientôt m'arriver à un degré inattendu, m'offrant de vivre treize années dans l'intimité immédiate d'un maître exceptionnel. Après la mort de Kangyour Rinpoché, son fils aîné, Péma Wangyal Rinpoché, guida ma pratique et mes retraites, ce qu'il continue de faire aujourd'hui encore, cinquante ans plus tard. Cependant, quelques années après le départ de mon maître racine, j'allais avoir la grande chance d'être accueilli comme proche disciple de Dilgo Khyentsé Rinpoché, qui allait non seulement me délivrer nombre d'enseignements et me faire progresser sur la voie, mais aussi avoir l'immense bonté de me faire partager son existence quotidienne, à son service. Que pouvais-je souhaiter de mieux à ce moment de ma vie ?

Ma première rencontre avec mon deuxième maître, Dilgo Khyentsé Rinpoché, eut lieu à Darjeeling en 1972. Il passait quelques jours à Orgyèn Kunsang Chökhorling, le monastère de mon maître racine Kangyour Rinpoché. Ces deux êtres remarquables étaient très proches et avaient échangé des enseignements à plusieurs reprises[1]. Lorsque Dilgo Khyentsé Rinpoché passait par Darjeeling, il était généralement reçu au monastère de Kangyour Rinpoché. Cette fois-là, ce dernier s'était absenté deux semaines aux sources thermales de Khandro Sangphouk, au Sikkim, mais j'eus, quant à moi, la bonne fortune d'être présent lors de sa venue.

Khyentsé Rinpoché m'apparut comme un être très impressionnant, aussi bien par sa stature – il mesurait près de deux mètres – que par la majesté débordante de bonté qui émanait de sa personne. Sa peau ambrée, ses grandes mains douces, ses doigts et ses ongles longs, ses gestes posés, sa voix chaleureuse, son regard d'une profondeur incommensurable, son sourire annonciateur d'une générosité sans bornes : tout en lui marquait à jamais ceux qui le rencontraient. La première fois que je le vis, je fus d'abord surpris de rencontrer un autre grand maître dans un lieu tout illuminé de la présence de Kangyour Rinpoché. Dilgo Khyentsé Rinpoché était évidemment une autre personne, mais j'éprouvai spontanément pour lui le même respect mêlé de dévotion qu'envers Kangyour Rinpoché. Au-delà des apparences, je ressentais que leurs réalisations spirituelles respectives ne faisaient qu'une. Il est frappant de remarquer que sous des physiques bien différents, les grands maîtres partagent de profondes similitudes : leurs qualités d'être sont indentiques.

Après la mort de Kangyour Rinpoché en 1975, Dilgo Khyentsé Rinpoché revint plusieurs fois au monastère d'Orgyèn Kunsang Chökhorling. Lors de l'une de ces visites, en 1978, pris d'un élan de dévotion, je décidai de lui faire don d'un *pong-dag*, littéralement le « pur abandon », sous-entendu « de tous ses biens ». À cette fin, je rassemblai les quelques objets que contenait mon petit ermitage, soit en tout et pour tout sept bols d'offrande en argent, un réveille-matin, la montre de mon adolescence, mon appareil photo, un habit bhoutanais tout neuf et quelques autres bricoles. Un matin, alors que Khyentsé Rinpoché récitait ses prières dans sa chambre, j'apportai le tout sur deux grands plateaux, aidé par le moine alors au service de Khyentsé Rinpoché, et accompagnai mon offrande d'une longue écharpe tibétaine de soie blanche, symbole de la pureté de l'intention de celui qui l'offre. Les choses se passèrent très simplement : Khyentsé Rinpoché accepta mes offrandes en souriant et, plus tard dans la journée, les redistribua à des membres de son entourage. Lui-même, qui avait vécu de la manière la plus simple possible pendant des décennies dans des grottes et des ermitages, avait fait plusieurs fois l'offrande de tous ses biens à ses maîtres spirituels et n'avait pas le moindre attachement aux choses matérielles. Une nonne reçut les bols en argent : elle a 90 ans à l'heure où j'écris ces lignes et continue de les utiliser quotidiennement lors de ses rituels. Lama Ngodroup, le principal intendant de Khyentsé Rinpoché – qui devait plus tard devenir un ami proche –, reçut mon habit bhoutanais. Il me confia qu'il avait entendu parler de la pratique du *pong-dag*, mais qu'il en était témoin pour la première fois. Quant à mon appareil photo, Khyentsé Rinpoché me le rendit. Cet appareil ne pouvait être utile à personne qu'il connaisse – Rabjam Rinpoché, seul candidat potentiel, était trop jeune pour s'en servir, me dit-il – et Khyentsé Rinpoché a sans doute estimé que cet appareil serait plus utile entre mes mains, ce qui se révéla tout à fait juste. Il me permit en effet de continuer à photographier mes maîtres spirituels et le monde dans lequel ils vivaient, ainsi que d'immortaliser de nombreuses peintures et autres représentations de l'art sacré du Tibet.

L'avant-veille de mon *pong-dag*, j'avais fait un rêve dans lequel Dilgo Khyentsé Rinpoché délivrait une initiation dont la déité principale était Mandarava, l'une des deux disciples primordiales de Gourou Padmasambhava[2]. Au cours de la cérémonie, Dilgo Khyentsé Rinpoché me posait sur la tête une coupe rituelle remplie de nectar dont il me donnait une cuillerée à boire. À mon réveil, le matin suivant, je lui demandai s'il existait des pratiques ayant Mandarava pour déité majeure. Rinpoché répondit par l'affirmative, sans plus de détails. Ce ne furent que de nombreuses années plus tard que je reçus de lui l'initiation de Mandarava qui fait partie du cycle de *L'Essence du cœur du lotus de vie infinie* (*Péma Tséyi Nyingthig*), un trésor spirituel dont Khyentsé Rinpoché avait eu la vision, dans les années 1950, alors qu'il campait au bord du lac de Lait d'Or[3], au Tibet oriental, à 4 700 mètres d'altitude. Ce cycle contient un certain nombre de pratiques, dont une, centrée sur Mandarava, la déité féminine, ou dakini, liée à ce cycle qui symbolise l'ultime félicité de la sagesse. Des années plus tard, au Népal, je devais consacrer trois mois de retraite centrée sur cette pratique.

Au cours de cette visite à Darjeeling, Khyentsé Rinpoché me donna un conseil qui fut pour moi une grande marque de bonté et de confiance à mon égard, une recommandation qui allait déterminer le chemin que je prendrais pour les treize années à venir et profondément marquer ma vie. Tulkou Péma Wangyal, qui, en dehors de son père, considérait Dudjom Rinpoché et Dilgo Khyentsé Rinpoché comme ses maîtres racines, avait fait la requête à Khyentsé Rinpoché de venir en France au printemps 1976 afin de conférer des enseignements aux disciples occidentaux de son père, Européens, Nord-Américains et Sud-Américains, pour lesquels il avait organisé une retraite qui devait durer trois ans et trois mois, la durée traditionnelle de ce type de retraite contemplative. Celle-ci devait se dérouler en Dordogne dans un bâtiment en forme de cloître autour d'un petit jardin, construit par les disciples eux-mêmes, parmi lesquels on comptait un ingénieur et deux menuisiers. Ayant été l'un des premiers disciples occidentaux de Kangyour Rinpoché, j'imaginais que j'allais faire partie de ce groupe de retraitants. Je me disais donc que mon séjour de sept ans en Inde touchait sans doute à sa fin. Je m'ouvris à Khyentsé Rinpoché de cette perspective. Il me répondit de but en blanc :

« Tant que je suis en vie, reste auprès de moi. Tu auras d'autres occasions de poursuivre tes retraites. »

Ce précieux conseil qui allait me permettre de devenir l'un de ses proches disciples était là le plus beau cadeau qui pouvait m'être fait. J'allais ainsi passer treize ans auprès de lui, au Bhoutan, au Népal et en Inde ; années au cours desquelles je l'accompagnerais trois fois au Tibet.

Durant ces treize ans, si je fus avant tout son disciple, je me plaçai aussi à son service. Khyentsé Rinpoché était âgé et peinait, notamment, à se déplacer seul. Puisque je devais vivre en sa présence, il était tout naturel que je le serve de mon mieux, jour et nuit, avec dévotion. Être ainsi au service d'un maître spirituel tel que Khyentsé Rinpoché ou le Dalaï-lama ne s'apparente pas à un « emploi » ou à une « fonction » ordinaire. Il s'agit bien plutôt d'une précieuse opportunité de vivre dans son intimité, de bénéficier de la qualité de sa présence, tout en lui venant en aide le mieux possible dans ses tâches quotidiennes. C'est aussi l'occasion d'être toujours présent lors des enseignements et transmissions. Il m'arrivait bien sûr de lui faire la demande d'enseignements spécifiques, mais bien souvent il me suffisait de faire preuve d'un peu de patience pour qu'il délivre ces mêmes enseignements à la requête de quelqu'un d'autre, ce qui me permettait d'en bénéficier aussi et de préserver ainsi un peu de son temps si précieux. Dans certains cas, assez rares, s'il souhaitait transmettre des enseignements à la seule personne qui en avait fait la requête, il intimait à ceux qui étaient présents, moi-même y compris, de quitter la pièce. Mais l'essentiel de ce qu'il m'apporta se trouvait ailleurs, dans sa profonde réalisation spirituelle et sa compassion qui rayonnaient à tout moment, dans l'intimité comme en public, en présence des rois comme des plus humbles.

☙

Lors de cette même visite décisive du printemps 1978 au cours de laquelle j'effectuai mon *pong-dag*, le don de tous mes biens, Khyentsé Rinpoché me conseilla de venir recevoir les enseignements qu'il allait donner au monastère de Mindroling, près de Dehra Dun, dans le nord de l'Inde. Pendant les quatre mois de l'hiver 1978-1979, Khyentsé Rinpoché allait conférer la transmission des soixante volumes du *Trésor des enseignements révélés*, le *Rinchèn Terdzö*. Il s'agit d'un ensemble d'enseignements et de pratiques contemplatives de la tradition Nyingmapa que le grand érudit Jamgön Kongtrul Lodrö Thayé rassembla au XIXe siècle, à une époque où nombre de lignées spirituelles menaçaient de s'éteindre ou de tomber dans l'oubli. C'est à cette occasion que j'ai commencé à faire partie de son entourage.

Lors des quatre mois de cette importante transmission, Khyentsé Rinpoché se leva chaque matin à 4 h pour effectuer ses pratiques quotidiennes. Puis vers 7 h 30, il se rendait dans le temple du monastère, assisté de Lama Chöjor qui avait la charge de préparer les mandalas et autres éléments nécessaires à la transmission des initiations, un travail qui le menait jusque tard dans la soirée.

Khyentsé Rinpoché pratiquait alors une à une toutes les visualisations, récitations et méditations liées aux initiations qu'il allait conférer ce jour-là. Puis, venait la transmission du jour, de trois à sept initiations en fonction de leur longueur et complexité et, en fin d'après-midi, il dispensait les instructions correspondantes. Il en fut ainsi quatre mois durant, à l'exception de quelques jours d'interruption lors du Nouvel An tibétain et d'une brève visite que

Khyentsé Rinpoché rendit au Dalaï-lama à Dharamsala. Parmi les nombreux disciples venus de loin pour recevoir ces transmissions figuraient une centaine de maîtres spirituels, de tulkous (considérés comme les réincarnations de maîtres défunts), de khénpos (l'équivalent de docteur en philosophie), de lamas respectés, ainsi qu'une cinquantaine d'étrangers.

Après ces journées bien chargées, Khyentsé Rinpoché quittait le temple et rejoignait sa résidence – une simple chambre précédée d'une entrée –, où il dispensait encore presque chaque jour des enseignements supplémentaires à ceux qui en avaient fait la requête. Nous étions deux à nous occuper de sa personne, un moine bhoutanais, Tséwang Lhundroup, et moi-même. Je dormais par terre dans la chambre de mon maître, afin d'être en mesure de l'aider lorsqu'il lui arrivait de devoir se lever au cours de la nuit. Je fis plusieurs fois le rêve qu'une foule de gens entraient pour rencontrer Khyentsé Rinpoché et qu'ils me trouvaient, tout confus, en train de dormir. « Seraient-ce des êtres non humains qui viennent la nuit recevoir des enseignements de Khyentsé Rinpoché ? », me disais-je pour plaisanter !

Cet hiver-là, je commençai à servir d'interprète pour Khyentsé Rinpoché et ses disciples occidentaux. À l'aide d'un magnétophone prêté par un disciple américain, je pus également enregistrer la plupart des enseignements et explications de textes qu'il leur délivrait (à l'exception des initiations qu'il est inapproprié d'enregistrer). Au fil des années, je réussis à enregistrer près de quatre cents heures de précieux enseignements à l'aide d'un autre magnétophone rudimentaire que j'avais acquis entre-temps. Les cassettes bon marché que l'on trouvait en Inde étaient pour la plupart des contrefaçons et les 90 minutes annoncées sur l'emballage n'offraient en réalité que 70 minutes au mieux ! Mais le prix des marques officielles dépassait mes modestes moyens. On aimait à me taquiner sur l'empressement que je montrais à démarrer ce vieux magnétophone, de plus en plus éprouvé par les multiples voyages, dès que Rinpoché s'apprêtait à enseigner. Bien m'en prit de persévérer, car aujourd'hui on me demande de toutes parts des copies de ces enregistrements. Par la suite, j'ai transcrit et traduit en anglais et en français un certain nombre de ces instructions, qui furent publiées en sept livres : *La Fontaine de grâce, Au seuil de l'Éveil, Le Trésor du cœur des êtres éveillés,*

Audace et compassion, Les Cent Conseils de Padampa Sangyé et *Au cœur de la compassion.*

☙

À cette occasion exceptionnelle, le grand abbé Takloung Tsétrul Rinpoché, ancien disciple de Kangyour Rinpoché au Tibet, vint passer quelques semaines au monastère de Mindroling. À son arrivée, j'avais à l'esprit le conseil que m'avait donné Kangyour Rinpoché lors de mon premier voyage en Inde en 1967. Je lui avais demandé s'il était bon de fonder une famille. Il m'avait répondu de ne rien décider avant l'âge de trente ans et que je verrais à ce moment-là. Je rapportai ce conseil à Khyentsé Rinpoché. J'avais désormais 33 ans, et les deux voies, familiale et monastique, me semblaient tout aussi envisageables l'une que l'autre. De fait, depuis mon départ de France, je vivais déjà une vie quasi monastique et j'étais parfaitement prêt à passer le pas de «la vie avec un foyer à la vie sans foyer», selon l'expression consacrée qui définit le passage à l'état monastique. Je souhaitais donc qu'il me donne lui aussi son conseil. «Tsétrul Rinpoché vient d'arriver. Il va donner des ordinations. Ce serait une excellente chose si tu prononçais des vœux», me répondit-il sans hésiter. Khyentsé Rinpoché lui-même ne conférait pas ces vœux, car il n'était pas un moine, mais un yogi marié. C'est ainsi que quelques jours plus tard, à la fin de la transmission du *Trésor des enseignements révélés,* je reçus l'ordination monastique. Tsétrul Rinpoché était assisté de cinq moines qui représentent le Sangha, la communauté monastique. Deux autres postulants la reçurent en même temps que moi. Durant la cérémonie, qui dura environ une heure et demie, l'abbé Tsétrul Rinpoché nous posa tout d'abord un certain nombre de questions pour s'assurer du sérieux de notre engagement: «Êtes-vous prêts à observer les vœux que vous allez recevoir en tous lieux, temps et circonstances?» Nous répondîmes en cœur par l'affirmative. Puis il nous conféra graduellement les cinq vœux de novice, *upasika*, les trente vœux de *shramanera* et les deux cent cinquante-trois vœux de *bhikshu* (*guélong* en tibétain.) Les quatre vœux principaux de la pleine ordination sont: ne pas tuer, ne pas voler, ne pas avoir de relations sexuelles et ne pas mentir en prétendant avoir atteint un niveau d'accomplissement spirituel supérieur. Si l'on transgresse l'un de ces quatre vœux, l'ordination est instantanément perdue.

Lorsque, le crâne rasé et vêtu des habits monastiques, je revins de la cérémonie, Khyentsé Rinpoché se montra ravi et me dit : « C'est une grande chance d'avoir ainsi pris les vœux. » Loin de me sentir entravé par les vœux monastiques, j'éprouvais une extraordinaire légèreté et une grande allégresse : j'avais le sentiment d'une liberté nouvelle, semblable à celle de l'oiseau qui s'envole de sa cage. Un mois plus tard, nous rendîmes visite à Kalou Rinpoché, un grand maître de la tradition Kagyupa, proche ami de Khyentsé Rinpoché, qui avait passé des années en retraite au Tibet et avait aussi reçu des enseignements de Kangyour Rinpoché, à Sonada près de Darjeeling. Khyentsé Rinpoché lui dit en me désignant : « Il a pris des vœux monastiques. C'est le signe qu'il compte pleinement se consacrer au Dharma. »

Je suis convaincu qu'une famille peut être une source de grandes joies dans l'existence et une expérience humaine des plus enrichissantes, cependant je sais aujourd'hui, avec le recul, que cette voie n'était pas la mienne. Le choix que je fis me donna cette précieuse liberté de vivre toutes ces années auprès de Khyentsé Rinpoché, loin de tout, de passer cinq années en retraite solitaire, réparties sur les quarante dernières. Ce mode de vie, qui engage toute ma personne, ne m'aurait pas été possible avec une famille. Je n'ai donc pas eu d'enfant, cependant, la création et la mise en œuvre des projets humanitaires de Karuna-Shechen avec mes collaborateurs m'ont permis d'apporter à des dizaines de milliers d'enfants une éducation de base et des soins de santé, contribuant ainsi, à ma manière, au mieux-être des générations futures. Par ailleurs, depuis quarante ans que j'ai reçu l'ordination monastique, et bien qu'il me soit arrivé de ressentir une tendre affinité à l'égard de certaines femmes, jamais, à aucun moment, ne me vint à l'esprit l'idée de rendre ces vœux. La présence de mon maître au plus profond de mon cœur et la valeur inestimable que j'accorde à mes vœux de moine m'ont toujours accompagné avec assurance dans le chemin que j'ai pris.

CHAPITRE 14

Dilgo Khyentsé Rinpoché, maître parmi les maîtres

Né à l'est du Tibet, il reçoit le nom de Tashi Paljor, « Gloire de Bon Augure ». Dès son plus jeune âge, il suit de multiples enseignements et initiations, s'engage dans de nombreuses années de retraite et devient un maître éminent. Son existence est si riche et accomplie qu'il semble avoir vécu plusieurs vies en une seule.

Dilgo Khyentsé Rinpoché naquit en 1910 dans la vallée de Denkhok, au Kham, la plus orientale des cinq régions du grand Tibet[1.] Quatrième fils d'une famille de notables appelée Dilgo, il reçut le nom de Tashi Paljor, « Gloire de Bon Augure », de l'un des plus grands maîtres spirituels de son temps, Mipham Rinpoché, qui vivait alors dans un ermitage à une demi-heure de marche au-dessus de Sakar, le village de la famille Dilgo. Avant même que Khyentsé Rinpoché n'ait vu le jour, Mipham Rinpoché demanda à sa mère de lui apporter le nouveau-né aussi tôt que possible. C'est ainsi qu'avant même d'avoir bu sa première goutte du lait maternel, l'enfant fut présenté à Mipham Rinpoché, qui, avec de l'eau safranée, écrivit sur sa langue la lettre dhi, syllabe-germe du mantra de Manjoushri, le bouddha de la connaissance. Mipham Rinpoché était d'ailleurs aussi le maître qui avait remarqué les qualités exceptionnelles de Kangyour Rinpoché alors qu'il n'était encore qu'un enfant.

Dès son plus jeune âge, Tashi Paljor conçut une profonde attirance pour la vie spirituelle : il souhaitait devenir moine et plusieurs lamas affirmèrent à son père qu'il était un enfant hors du commun. Mais le père, Tashi Tséring, ne voulait rien entendre : ses deux premiers fils étaient déjà ordonnés, il tenait donc à confier au plus jeune la gestion des domaines familiaux.

Un jour qu'il jouait avec son frère, le jeune Tashi Paljor tomba dans un immense chaudron dans lequel on faisait cuire la soupe pour la communauté au temps des moissons. La partie inférieure de son corps fut grièvement brûlée et il resta alité pendant de nombreux mois. Plusieurs lamas, dont Shéchèn Gyaltsap qui allait devenir le maître principal de Khyentsé Rinpoché, avertirent que si on ne laissait pas l'enfant suivre sa vocation, il ne vivrait pas longtemps. En désespoir de cause, le père dit à l'enfant :

« S'il y a une chose qui peut te sauver la vie, je ferai tout ce qu'il faut !

– Porter la robe de moine m'aiderait », répondit Tashi Paljor.

Son père fit rapidement coudre des robes monastiques. L'enfant s'en couvrit sur son lit de malade et fut transporté de joie. Très vite, la guérison s'amorça et l'enfant fut sur pied en quelques semaines. Il ne garda pour seule trace de l'accident qu'une immense cicatrice dans la chair de la cuisse gauche, du genou à la hanche. Tashi Paljor reçut alors le nom monastique de Rabsel Dawa, « Lune Étincelante », en même temps que les vœux de novice conférés par le fameux érudit Khénpo Shénga, qui lui dispensa également de nombreux enseignements.

ଔ

Devenu Rabsel Dawa, Tashi Paljor se rendit, à l'âge de dix ans, avec son frère aîné, au monastère de Shéchèn pour rencontrer celui qui devint son maître principal, Shéchèn Gyaltsap Rinpoché. À la mort de Mipham Rinpoché, en 1911, Shéchèn Gyaltsap, un de ses proches disciples, était venu à Sakar pour accomplir les cérémonies funéraires. Il avait vu Tashi Paljor, alors âgé d'un an, et dit à son père qu'il s'agissait d'un enfant fort différent des autres et que, plus tard, il souhaitait s'occuper de lui. Shéchèn Gyaltsap vivait dans un ermitage à flanc de colline, à trois quarts d'heure de marche au-dessus du monastère. De la fenêtre de ce petit ermitage, on apercevait le monastère de Shéchèn, la rivière en contrebas dans la vallée et, dans le lointain, des montagnes enneigées. Plus bas, à mi-chemin du monastère, s'élevait le centre de retraite de Shéchèn où une dizaine de moines effectuaient régulièrement la retraite traditionnelle de trois ans, trois mois et trois jours, au cours de laquelle les méditants se livrent à un ensemble de pratiques qui vont graduellement des pratiques préliminaires (le *ngondro*) jusqu'aux méditations les plus profondes sur la nature de l'esprit, la Grande Perfection, en passant par des visualisations et récitations de mantras. Ils sont guidés par un maître de retraite, qui a déjà accompli celle-ci une ou plusieurs fois, ou qui possède une grande expérience de la pratique spirituelle. Tous les trois ans, un nouveau groupe de moines postule pour entrer en retraite. Certains l'effectuent plusieurs fois de suite. Ces retraites sont également ouvertes aux pratiquants qui n'ont pas choisi la voie monastique, mais désirent s'engager dans la pratique contemplative.

Shéchèn Gyaltsap Rinpoché, bien qu'il fût moine, portait ses cheveux longs, retombant sur ses épaules, à l'image de la majorité des retraitants. C'était sans conteste l'un des lamas les plus érudits et accomplis de son temps. Une fois, il commença une retraite de trois ans, mais au terme de trois mois seulement et à la surprise générale, il reparut et déclara avoir atteint le terme de celle-ci. Le lendemain matin, un disciple qui le servait remarqua une profonde empreinte de pied dans la pierre qui faisait office de seuil pour entrer dans l'ermitage. Interrogé au sujet de ce prodige, Gyaltsap Rinpoché esquiva la question en déclarant : « Oh, ce n'est rien du tout. » Un certain nombre d'empreintes de pied ou de main laissées par de grands maîtres du passé dans le rocher sont connues au Tibet. Même si les maîtres en question ne s'en vantent jamais, voire comme Shéchèn Gyaltsap prétendent que cela n'a aucune importance, on considère parfois qu'ils accomplissent de tels prodiges comme source d'inspiration pour leurs disciples et les générations à venir. Toutefois, il est dit que de tels signes relèvent des *siddhis*, ou « accomplissements » ordinaires. Le siddhi suprême étant l'atteinte de l'Éveil spirituel. Pour toutes ces raisons, ces marques, ou « empreintes », sont vénérées par les disciples. Cette pierre fut ensuite enlevée, puis cachée pendant la révolution culturelle. De nos jours, elle est conservée à Shéchèn, parmi les reliques du monastère ; elle fut recouverte d'or par Dilgo Khyentsé Rinpoché lors de son premier voyage au Tibet en 1985.

Pendant plusieurs mois, Gyaltsap Rinpoché transmit au jeune Rabsel Dawa, ainsi qu'à son frère aîné et quelques autres disciples, de nombreuses initiations et les enseignements les plus importants du canon bouddhiste, de même qu'il fit la transmission par la lecture des œuvres de plusieurs grands maîtres du passé, dont Mipham Rinpoché en particulier.

Alors que Rabsel Dawa vivait dans l'entourage de Shéchèn Gyaltsap, un autre maître, Dzongsar Khyentsé Chökyi Lodrö vint lui aussi recevoir des enseignements. Même les maîtres les plus accomplis continuent à recevoir des enseignements d'autres maîtres, principalement pour devenir eux aussi dépositaires des enseignements dont la transmission est détenue par un autre, et ainsi pouvoir à leur tour la perpétuer et en assurer la pérennité. Qui plus est, Shéchèn Gyaltsap était l'un des maîtres les plus vénérés du Tibet oriental. Désignant le jeune disciple, Dzongsar Khyentsé Chökyi Lodrö dit: «J'ai l'intime conviction que ce jeune enfant est l'incarnation de Jamyang Khyentsé Wangpo[2]. Je vous demande tout spécialement de lui transmettre le *Précieux Trésor des instructions*[3]». Il s'agissait de treize volumes d'enseignements traitant des huit principales écoles du bouddhisme tibétain rassemblés au XIXe siècle par Jamgön Kongtrul. Et c'est ainsi que, trois mois durant, Shéchèn Gyaltsap conféra cette transmission à l'enfant et à une vingtaine de disciples.

À la fin, Shéchèn Gyaltsap intronisa Rabsel Dawa comme incarnation de l'esprit de Jamyang Khyentsé Wangpo[4]. Il ajouta cette sentence très forte: «À présent, si je meurs, je n'aurai aucun regret.»

Dilgo Khyentsé Rinpoché vécut auprès de Shéchèn Gyaltsap pendant près de cinq ans, puis à l'âge de quinze ans, il revint dans sa famille et passa un an en retraite dans une grotte aménagée en ermitage, située à une heure de marche de Sakar. Pendant l'hiver, sans sortir de sa grotte, il reçut des enseignements du grand érudit Khénpo Thoubga, qui vint en personne les lui transmettre. Sa retraite terminée, il le rejoignit dans la province voisine de Dzachouka, afin de continuer à étudier auprès de lui. C'est là, en 1926, qu'il apprit le décès de Shéchèn Gyaltsap, alors âgé de seulement cinquante-six ans. Dilgo Khyentsé Rinpoché écrivit: «Pendant un moment, je restai abasourdi. Puis, soudain, le souvenir de mon maître m'envahit avec une telle force que je me mis à pleurer. J'avais l'impression qu'on m'arrachait le cœur. Je retournai à Sakar et commençai une retraite dans les montagnes qui allait durer treize ans.» Pour le consoler, son frère aîné Shédroup lui dit: «Ne t'endeuille pas du départ de ton maître comme de la mort d'un être ordinaire. Unis ton esprit au sien, et tu recevras sa bénédiction, d'esprit à esprit.» Le matin suivant, Khyentsé Rinpoché s'assit dans une prairie et, au souvenir de son maître bien-aimé, une tristesse incommensurable envahit son esprit. Fondant en larmes, il écrivit ce chant de lamentation:

> Hélas, hélas, maître authentique,
> Bien que vous, le Bouddha en personne,
> M'ayez pris sous votre protection,
> Je n'ai pas encore clarifié tous vos enseignements:
> Comment pouvez-vous partir ainsi, me laissant orphelin?

> Les yeux ordinaires de mon mauvais karma
> Ne contemplent plus les yeux souriants de la blanche lune de votre visage
> Qui me regardaient avec tant de tendresse.
> Votre fils n'endure pas d'être privé de son père !
>
> Votre voix mélodieuse, subtile et inspirante,
> M'apportait le nectar du Dharma vaste et profond.
> Maintenant mes oreilles ne reçoivent plus sa puissance et sa pureté.
> Votre fils n'a d'autre choix que d'appeler à l'aide !
>
> La manifestation de votre lumineuse réalisation
> Transparaissait dans votre regard limpide.
> Quand aurai-je de nouveau la chance d'être sous vos yeux ?
> Je ne peux m'empêcher de clamer cet espoir !
>
> Bien que vous vous soyez résorbé dans l'espace primordial,
> Lancez-moi, dès maintenant, le crochet de votre compassion
> Tout aussi spontanée qu'immuable,
> Menez-moi en votre présence bienveillante, Ô seul et unique protecteur !

Lors d'un moment de pause, il monta au sommet d'une montagne rocailleuse. Alors qu'il s'asseyait pour reprendre son souffle, il fit l'expérience d'un vide lumineux, vaste comme l'espace, dénué de centre et de limite, une expérience comme il n'en avait jamais connue auparavant ; il demeura en cet état jusqu'à ce qu'il s'évanouisse.

ॐ

De retour dans sa famille, à Sakar, à l'âge de seize ans, Dilgo Khyentsé Rinpoché écrivit une lettre qu'il remit à ses parents, pour leur expliquer avec des mots choisis pourquoi il désirait tant se consacrer à la vie contemplative. La lettre disait notamment :

> Parents bien-aimés, vous m'avez donné une précieuse existence humaine, vous avez pris soin de moi avec amour et m'avez fait rencontrer un maître authentique. Grâce à vous, j'ai trouvé la voie de la délivrance […] Lorsque mon vénéré maître m'a donné l'initiation

de *La Secrète Essence du cœur*, j'ai fait le vœu d'abandonner les activités de cette vie et de me consacrer à la pratique du Dharma. […] Les ermitages de montagne sont ma seule destination. Votre fils va se cacher dans les tanières sauvages, mais vos visages souriants resteront toujours présents en moi. Jamais je n'oublierai les témoignages de votre amour et si je parviens à la citadelle de la réalisation, soyez-en certains : votre bonté sera récompensée !

Il passa la majeure partie des treize années suivantes en retraite dans les grottes et les ermitages situés sur les pentes des collines boisées de la vallée de Sakar. Il médita sans trêve sur l'amour, la compassion et la détermination de mener tous les êtres vers l'Éveil et la délivrance.

À cette époque, Dilgo Khyentsé Rinpoché tomba gravement malade. Khyentsé Chökyi Lodrö et de nombreux autres lamas estimèrent que le moment était venu pour lui de prendre une épouse, comme c'est le cas pour la plupart des *tertöns*, ou « découvreurs de trésors spirituels[5] ». Dilgo Khyentsé Rinpoché épousa Lhamo, une jeune fille de souche paysanne d'un village voisin de Sakar. À partir de ce moment-là sa santé s'améliora, il eut de fréquentes visions et révéla de nombreux *termas*.

Khandro (un terme honorifique utilisé pour les grandes pratiquantes ainsi que pour les épouses de maîtres spirituels) Lhamo avait une personnalité forte et courageuse, typique des femmes de l'est du Tibet. Elle avait trois ans de moins que Khyentsé Rinpoché. Tant que Khyentsé Rinpoché vécut en retraite, elle fit de même, de son côté, en compagnie de deux ou trois personnes du village de Sakar, dans un ermitage non loin de celui de Rinpoché et lui rendait visite de temps à autre, tout en se consacrant à la pratique spirituelle et en élevant les deux filles qui naquirent de leur union, Chimé Wangmo, la mère de Rabjam Rinpoché, et Déchèn Wangmo, qui, comme beaucoup de Tibétains, mourut de la tuberculose peu après son arrivée en Inde. La tuberculose était presque inexistante au Tibet à cette époque, contrairement à aujourd'hui, et les Tibétains se révélèrent particulièrement vulnérables à cette maladie. En dehors des périodes de retraites, ils vivaient et voyageaient ensemble lorsque Khyentsé Rinpoché se déplaçait.

Dilgo Khyentsé Rinpoché, maître parmi les maîtres

Au cours de sa jeunesse, Dilgo Khyentsé Rinpoché passa au moins un hiver dans une grotte située à plus de 4 500 mètres d'altitude, près du sommet de Bhala, la montagne qui domine la vallée de Sakar, coupé du reste du monde par la neige. Entre chaque retraite, il rendait visite à sa famille pendant une ou deux semaines, avant de retourner dans l'un des ermitages ou grottes qui lui étaient familiers, certains se trouvant dans la forêt, d'autres sur de hauts versants montagneux, tous situés dans un rayon de une à trois heures de marche de Sakar. Après avoir terminé ses retraites, à l'âge de vingt-huit ans, il passa de nombreuses années aux côtés de Khyentsé Chökyi Lodrö, son deuxième maître principal. Au fil du temps, au Tibet, il reçut des enseignements d'une cinquantaine de maîtres éminents et, plus tard, en exil, il continua à recueillir la transmission de textes et d'enseignements rares qui menaçaient d'être oubliés, afin d'en préserver la lignée.

Après avoir reçu de Khyentsé Chökyi Lodrö les initiations du *Précieux Recueil des trésors révélés (Rinchèn Terdzö)*, il lui confia qu'il souhaitait passer le reste de sa vie en retraite solitaire. Mais la réponse de Chökyi Lodrö fut péremptoire et ne souffrit pas de discussion : « Le moment est venu pour vous d'enseigner et de transmettre aux autres les enseignements que vous avez reçus. » De ce jour, Khyentsé Rinpoché œuvra sans relâche pour le bien des êtres avec l'énergie inépuisable qui caractérise la lignée des Khyentsé[6].

☙

Vers 1957, Dilgo Khyentsé Rinpoché, sa femme et leurs deux filles se rendirent en pèlerinage au Tibet central pour plus d'un an. Après un séjour au monastère de Tsourphou auprès du XVIe Karmapa, Khyentsé Rinpoché et sa famille apprirent que les armées de la Chine communiste venaient d'envahir le Kham et l'Amdo, détruisaient des monastères, et tuaient ou emprisonnaient de nombreux moines et laïcs. Le retour dans la province natale du Kham était désormais impossible. En 1959, tout comme le Dalaï-lama, Dilgo Khyentsé Rinpoché se résigna à quitter le Tibet accompagné de son épouse et ses deux filles, de son second frère aîné, Sangyé Nyènpa Rinpoché, abbé du monastère de Bénchèn, et d'un groupe de disciples.

La fuite fut mouvementée. Beaucoup de Tibétains tentaient d'échapper aux troupes de Mao Tsé-toung qui tiraient à vue.

Quelques jours avant de rejoindre la frontière bhoutanaise, Dilgo Khyentsé Rinpoché et son groupe apprirent que les troupes chinoises se rapprochaient dangereusement. Pour éviter d'être repérés, ils se cachaient le jour et progressaient la nuit. Arrivés enfin au col de Mönla Katchou, ils durent attendre d'obtenir l'autorisation de passer la frontière du Bhoutan à laquelle se présentait un flot incessant de réfugiés. Toutes leurs provisions étaient épuisées depuis dix jours quand le gouvernement bhoutanais les autorisa à passer la frontière. Heureusement, celui-ci fit preuve d'une grande hospitalité à l'égard des Tibétains fuyant l'oppression chinoise. Le groupe mené par Khyentsé Rinpoché arriva donc en sécurité sain et sauf, mais bien d'autres Tibétains perdirent la vie en tentant de fuir l'armée chinoise vers le Bhoutan, le Népal et l'Inde, tombés sous les balles de l'armée communiste qui les traquaient, capturés et éxécutés sommairement, ou exténués par les privations et les conditions particulièrement rudes de leur périple à travers les cols enneigés. Dilgo Khyentsé Rinpoché et les siens s'arrêtèrent quelque temps dans la belle vallée du Boumthang, à deux jours de marche après le col de Mönla Katchou, et furent chaleureusement reçus dans une famille de notables dont le fils, un moine, avait étudié au Tibet. Après avoir ainsi repris des forces, ils poursuivirent leur chemin, à travers de grandes forêts infestées de sangsues, sous une pluie continuelle, marchant une dizaine de jours avant de parvenir à la capitale, Thimphou, à quelque trois cents kilomètres de là, qui ne comptait alors qu'une dizaine de milliers d'habitants. Dilgo Khyentsé Rinpoché écrivit alors ce verset :

> Un beau pays est une illusion, un rêve ;
> Rien ne sert de s'y attacher.
> Sans conquérir les émotions intérieures,
> Combattre ses ennemis est tâche sans fin.

ॐ

Pendant ce temps, au Kham, ayant appris le départ de Dilgo Khyentsé Rinpoché pour le Bhoutan, l'un de ses proches rassembla ses écrits et livres précieux pour les mettre à l'abri dans une grotte sèche au cœur de la montagne. Malheureusement, quelque temps plus tard, en venant s'assurer de la bonne conservation des livres, il constata que des mulots avaient élu domicile dans le même refuge et avaient déchiré les tissus qui enveloppaient les livres. Il fit un feu avec des branches de genévrier et enfuma la grotte dans l'espoir d'en chasser les rongeurs. Après son départ, un coup de vent souleva les braises qui retombèrent sur les livres. Ceux-ci prirent feu et furent réduits en cendres. C'est ainsi que plusieurs volumes des œuvres de jeunesse de Dilgo Khyentsé Rinpoché furent à jamais perdus.

L'invasion chinoise provoqua bien d'autres terribles drames. Les maîtres spirituels du monastère de Shéchèn qui n'avaient pas fui connurent un sort tragique, comme tant d'autres moines et lamas. L'abbé en titre de Shéchèn, le VIe Shéchèn Rabjam, dont Khyentsé Rinpoché fut aussi le disciple, mourut en 1959 dans une prison à Dergué, torturé par les communistes chinois. Shéchèn Kongtrul, un autre maître éminent, était, lui, parti à Lhassa à la même époque que Khyentsé Rinpoché, en 1958, et ils se trouvèrent quelque temps ensemble dans la capitale du Tibet. Mais il ne put s'échapper et mourut lui aussi dans une prison chinoise, en 1960. Un témoin, qui survécut et vint à la rencontre de Khyentsé Rinpoché au Népal, lui raconta qu'un prisonnier avait surpris une conversation tenue par les gardiens de prison : le lendemain, Shéchèn Kongtrul allait être torturé jusqu'à ce que mort s'ensuive. Ce prisonnier jugea bon de prévenir discrètement la future victime de la barbarie à l'œuvre. Une heure plus tard, alors que les détenus se tenaient dans la cour de la prison, Shéchèn Kongtrul s'assit dans un coin sur un tabouret, en posture méditative, effectua la pratique dite du «transfert de la conscience» (*phowa* en tibétain), et prononça trois fois la syllabe «A», symbole de la vérité ultime. Puis il resta immobile, en méditation. Ce n'est que lorsque les prisonniers furent sommés de regagner leurs cellules que l'on s'aperçut que Shéchèn Kongtrul avait rendu son dernier souffle. Quant à Gyourmé Péma Dorjé, incarnation de Shéchèn Gyaltsap, le maître racine de Dilgo Khyentsé Rinpoché, il fut lui aussi exécuté par les Chinois en 1959 dans une prison à proximité de Shéchèn, alors qu'il n'avait qu'une trentaine d'années.

Peu après son arrivée au Bhoutan, au moment où il passait par la bourgade de Wangdi Phodrang, Dilgo Khyentsé Rinpoché apprit la mort de son deuxième maître principal, Dzongsar Khyentsé Chökyi Lodrö, qui avait réussi à s'enfuir et à rejoindre le Sikkim, en Inde. Khyentsé Rinpoché s'y rendit le plus vite possible, mais du fait de l'état des routes, il lui fallut malgré tout trois ou quatre jours pour franchir les quatre cents kilomètres qui séparent le Sikkim de Wangdi Phodrang. Il arriva tout de même à temps pour présider aux cérémonies funéraires et à la crémation. Puis, il se rendit à Kalimpong, une bourgade située entre le Sikkim et Darjeeling. Sa fuite du Tibet et les multiples privations l'avaient profondément émacié ; il souffrait en plus de diarrhées et de vomissements chroniques. Sa santé allait en se dégradant, mais il refusait de prendre tout médicament. Ses proches eurent l'impression qu'il ne tenait guère à rester en ce monde maintenant que son maître était parti. C'est alors que Dilgo Khyentsé Rinpoché reçut la visite de Chagö Namgyal Gonpo, un notable de l'entourage du roi de Dergué qui régnait sur le Kham, sa province natale, et était resté au Tibet. Namgyal Gonpo lui raconta sa dernière rencontre avec Khyentsé Chökyi Lodrö, qui logeait alors dans le temple du roi du Sikkim. Après avoir échangé quelques propos avec son maître qu'il voyait alité et très affaibli, le notable ne put retenir ses larmes. « Pourquoi pleures-tu ? » lui demanda Chökyi Lodrö. « Nous avons perdu notre pays, répondit Namgyal Gonpo, et maintenant il semble que nous soyons sur le point de perdre notre maître bien-aimé. Que vont devenir les précieux enseignements du Dharma ? Quel espoir nous reste-t-il ? » Chökyi Lodrö le rassura : « J'ai entendu dire que Tulkou Salga avait réussi à s'échapper du Tibet et qu'il était arrivé en Inde. Il prendra soin du Dharma. » Tulkou Salga, une contraction de Rabsel Dawa[7], était le nom sous lequel Dilgo Khyentsé Rinpoché était le plus connu au Tibet. Dilgo Khyentsé Rinpoché se sentit alors pleinement investi de la responsabilité que venait de lui conférer son maître en prononçant ces paroles. À partir de ce moment-là, il accepta de prendre des médicaments, de mieux se nourrir et de veiller à sa santé, qui s'améliora rapidement.

À l'invitation de la famille royale, Khyentsé Rinpoché s'installa au Bhoutan comme professeur dans l'école de Simtokha, près de Thimphou, la capitale, où il enseignait la poésie, la grammaire tibétaine et des rudiments du Dharma. Bien vite, sa réalisation intérieure et ses vastes connaissances furent reconnues et attirèrent de nombreux disciples. Il devint un maître révéré par tous, de la famille royale au plus humble pratiquant. La reine du Bhoutan Ashé Kelsang Choedrön Wangchuck lui manifesta une dévotion toute particulière et devint sa principale bienfaitrice au pays du Dragon Tonnerre.

Dilgo Khyentsé Rinpoché, maître parmi les maîtres

Au fil des années, la plupart des grands lamas réfugiés en Inde, au Népal et au Bhoutan, et quelle que soit leur école du bouddhisme tibétain, reçurent des enseignements de Dilgo Khyentsé Rinpoché. Il pouvait enseigner avec la même aisance les vues des différentes lignées du bouddhisme tibétain du fait qu'il avait reçu dans sa jeunesse des enseignements de plus de cinquante maîtres appartenant aux différentes traditions du bouddhisme tibétain. Ainsi, même Sa Sainteté le Dalaï-lama lui demanda à de nombreuses reprises de venir passer une ou deux semaines dans sa résidence de Dharamsala, afin que Dilgo Khyentsé Rinpoché lui confère des enseignements majeurs de la tradition Nyingma. Le Dalaï-lama me confia un jour : « Dilgo Khyentsé Rinpoché est l'un de mes maîtres les plus importants. Depuis notre première rencontre, j'ai reçu des indications claires établissant que j'avais un lien karmique spécial avec lui. Depuis, il m'a donné des enseignements dont je lui suis très reconnaissant. J'apprécie tout particulièrement son attitude non sectaire. En dépit de sa renommée et de ses innombrables disciples, il reste toujours humble et bienveillant. Le Bouddha a décrit en détail les qualités d'un maître authentique. Toutes ces qualités, je les ai trouvées en Khyentsé Rinpoché. »

Dilgo Khyentsé Rinpoché a tant accompli au cours de son existence qu'il paraît avoir vécu plusieurs vies en une seule. Il a ainsi passé, au cumul, plus de trente ans en retraite solitaire ; il aurait donc consacré la majeure partie de son temps à la pratique spirituelle. Cependant, même dans son grand âge, il continuait à solliciter la transmission d'enseignements et de textes qu'il n'avait pas reçus afin d'en préserver la lignée, on est donc enclin à penser qu'il s'employa principalement à l'écoute et à l'étude. Pourtant il semble qu'il enseignait continuellement, et qu'il passa l'essentiel de sa vie à transmettre le savoir. Et puis, en parcourant les vingt-cinq volumes de six cents pages chacun qu'il rédigea, on en conclut que son activité principale était l'écriture. Jusqu'à ce qu'on réalise qu'il œuvra aussi à la préservation du bouddhisme tibétain en se consacrant à l'impression de centaines de volumes de textes rares, à ériger des monastères, des stoupas et des statues. Enfin, si l'on se remémore ses multiples voyages au Bhoutan, en Inde, au Népal, au Tibet et dans le monde entier, on présume alors qu'il était sans cesse en déplacement. Pourtant, Dilgo Khyentsé Rinpoché était à l'antipode d'un homme affairé. Il semblait ne jamais faire d'effort tout en accomplissant spontanément des myriades d'activités. Il était le centre immobile d'un univers constamment en mouvement.

Il était à la fois disponible à tous ceux qui venaient le rencontrer et immuablement établi dans une contemplation profonde, tout aussi serein que s'il était seul dans un ermitage. Rien ne semblait pouvoir troubler le vaste espace de sa sérénité, ce qui ne l'empêchait pas d'être parfaitement présent à tous ceux qui se présentaient devant lui, leur accordant une sollicitude inépuisable. Il riait volontiers au cours des conversations, d'un rire qui semblait sortir des entrailles de la Terre. Il écoutait les nouvelles des uns et des autres, qu'il accueillait toujours avec bienveillance et gaieté, parfois d'une humeur taquine, mais jamais avec sarcasme ou raillerie. L'animosité semblait aussi absente de son esprit que l'obscurité du soleil. On avait naturellement l'intime conviction que tout ce qu'il vous disait ou vous conseillait était exclusivement destiné à votre bien. D'où la confiance sans faille qui s'installait dans l'esprit de ceux qui vivaient près de lui.

Pour transmettre son immense érudition, il pouvait aussi bien enseigner une demi-heure chaque jour à une seule personne, ou à un petit groupe, que des journées entières, pendant des semaines, des mois d'affilée, à plusieurs milliers de personnes. Si son programme ne lui permettait pas de répondre sur-le-champ à une requête, il envoyait chercher la personne intéressée dès qu'il avait un moment de libre, ou même lui donnait rendez-vous dès le lendemain. Bref, il ne repoussait jamais aucune demande. Peu de temps avant sa mort, lorsque ses forces et sa santé commencèrent à décliner, nous essayâmes de limiter le nombre de visiteurs. Ayant eu vent de notre initiative, Dilgo Khyentsé Rinpoché nous sermonna en disant : «Jusqu'à ce que ma tête tombe sur ma poitrine, n'empêchez jamais qui que ce soit de venir me voir.»

Chaque personne qui le rencontrait était frappée par son formidable don de transmission. Consultant à peine le texte qu'il avait sous les yeux, il parlait sans effort, sans pause ni hésitation, comme s'il lisait un livre invisible ouvert dans sa mémoire. Ce flot continu, proféré d'une voix profonde, s'écoulait, intarissable, à un rythme régulier, sans emphase. Dans sa bouche, quelques mots très simples pouvaient ouvrir la porte à toute une succession de découvertes intérieures. Son immense connaissance, la chaleur de sa présence et la profondeur de sa réalisation spirituelle donnaient à ses enseignements une saveur unique. Au cours de ses voyages dans le monde, Dilgo Khyentsé Rinpoché ne fonda aucun centre – en dehors des monastères de Shéchèn au Népal et en Inde –, mais il était accueilli avec respect dans tous les centres rattachés aux diverses écoles du bouddhisme tibétain. Il fut ainsi l'une des lumières du bouddhisme du XXe siècle, un maître parmi les maîtres.

CHAPITRE 15

Voyage en France
Le centre de retraite de Chanteloube

En 1980, j'accompagne Dilgo Khyentsé Rinpoché, invité à dispenser des enseignements en Dordogne. Je retrouve mes proches et la famille de mon maître racine, Kangyour Rinpoché.

Au printemps 1980, Khyentsé Rinpoché se rendit en France à l'invitation de Tulkou Péma Wangyal, qui, après sa première visite en compagnie de Khyentsé Rinpoché en 1975, s'était établi en Dordogne vers 1978. L'un de nos amis, disciple de Kangyour Rinpoché, Bernard Benson, qui possédait le château de Chaban, avait en effet offert des terres situées dans la vallée de la Vézère à plusieurs groupes de lamas et de maîtres tibétains qui y fondèrent des petites communautés. Celles-ci prospérèrent au fil des années pour donner naissance à quatre centres de l'enseignement et de la pratique du bouddhisme tibétain, qui rassemblaient à ce moment-là quelques centaines de personnes. Deux d'entre eux appartiennent à la tradition Nyingma et deux à la tradition Kagyu, très proches l'une de l'autre[1]. Rattaché à la tradition Nyingma, le centre de retraites de Chanteloube, où Dudjom Rinpoché, Khyentsé Rinpoché et bien d'autres grands maîtres furent reçus par Tulkou Péma Wangyal, avait été construit en grande partie par les retraitants aidés d'un maçon périgourdin; il prenait la forme d'un cloître entourant un petit jardin. Les cellules individuelles des retraitants présentaient chacune une porte qui donnait sur ce jardin. Au milieu de la rangée de cellules, le bâtiment à deux étages comportait un temple à l'étage supérieur, et une cuisine et salle à manger au rez-de-chaussée. Khyentsé Rinpoché habita à La Sonnerie, la belle maison périgourdine où avait vécu la mère de Bernard Benson et qui devint sa principale résidence lors de ses séjours en France. Il la baptisa Tashi Pélbar Ling, « Lieu étincelant de bon augure ».

Voyage en France

Les autres centres étaient inspirés par le XVIᵉ Karmapa, qui fit plusieurs visites marquantes en Dordogne, ainsi que par Dudjom Rinpoché et Pawo Rinpoché, qui y vécurent plusieurs années – autant de grands maîtres que j'avais rencontrés lors de mes premiers voyages en Inde. La douceur de la campagne et des forêts périgourdines offrait un lieu propice à l'épanouissement du bouddhisme tibétain dans sa forme la plus authentique. Nombre de mes amis occidentaux, disciples de Kangyour Rinpoché à Darjeeling, s'y sont ainsi établis. Certains d'entre eux sont devenus d'excellents traducteurs de textes tibétains au sein du comité de traduction Padmakara. Rien ne semblait pouvoir troubler la quiétude de cette douce campagne. La venue du XIVᵉ Dalaï-lama, en 1991, qui enseigna la marche vers l'Éveil de Shantidéva pendant une semaine, attira près de dix mille personnes – une première dans la région !

Faisant désormais partie de l'entourage de Dilgo Khyentsé Rinpoché, je m'étais envolé avec lui. Cela faisait sept ans que je n'étais pas revenu dans mon pays natal et ce fut une grande joie de revoir mon père, ma sœur Ève, mon oncle et bien sûr ma mère, qui vivait maintenant en Dordogne. Ma sœur, devenue orthophoniste à l'hôpital Sainte-Anne, s'occupait admirablement d'enfants en difficulté issus de milieux défavorisés. Certains d'entre eux refusaient même de parler au début de leur prise en charge, mais elle sut comment gagner leur confiance et les aider à trouver leur chemin dans l'existence. Elle fonda également un service d'orthophonie à l'institut George Eastman destiné aux enfants de la Ville de Paris. Plus tard elle décrivit sa carrière dans un livre magnifique, *La Dame des mots*. Mon père était devenu directeur de *L'Express* et je continuais à l'informer, lorsque j'avais l'occasion de le voir, sur ce que nous savions de la situation au Tibet au travers des quelques Tibétains qui parvenaient à s'y rendre. Ma mère vivait dans une petite maison que Bernard Benson lui avait prêtée et pratiquait sous la direction de Tulkou Péma Wangyal. Elle cuisinait pour la famille de Dudjom Rinpoché, le patriarche de la tradition Nyingma, lors de ses fréquents séjours en France. Celui-ci allait plus tard s'établir en Dordogne, jusqu'à sa mort. L'école Nyingma étant parfois désignée en Occident comme celle des « bonnets rouges » en raison de la couleur de leur coiffe cérémonielle, et ma mère, jamais avare de bons mots, se disait « cordon bleu chez les bonnets rouges ». Sur les conseils de Dudjom Rinpoché, pour qui elle éprouvait une grande dévotion, elle avait recommencé à peindre.

Lors de notre court passage à Paris, je découvris une ville qui avait bien changé d'apparence et notai l'apparition de grandes tours, qui n'existaient pas à l'époque de mon départ. Je m'étais alors parfaitement adapté à la vie en Orient, et je ressentis le rythme frénétique des activités citadines et le style de vie occidental plus comme un choc culturel que comme un retour «à la maison».

Dilgo Khyentsé Rinpoché et son entourage furent reçus dans l'appartement de Gérard Godet. Ancien polytechnicien, Gérard travaillait dans une entreprise de forage pétrolier fondée par son père et menait une existence bien rangée. *A priori*, il n'était pas du genre à épouser le bouddhisme tibétain et à devenir l'un des plus fervents pratiquants occidentaux. Il avait cependant eu un frère, Robert – décédé tragiquement lors d'un décollage au-dessus de Varanasi –, qui avait volé jusqu'en Inde aux commandes d'un petit avion et qui avait rencontré dans les années 1960 Jamyang Khyentsé Chökyi Lodrö, le maître de Dilgo Khyentsé Rinpoché, qui venait d'arriver au Sikkim après s'être échappé du Tibet. C'est par l'intermédiaire de son aventurier de frère que Gérard avait connu ma mère, dont il était devenu proche. Après qu'un certain nombre d'entre nous se furent rendus auprès de Kangyour Rinpoché pour en revenir profondément inspirés, Gérard décida lui aussi de faire le voyage. Je me souviens le voir partir, coiffé – sait-on jamais ce qui peut arriver?! – d'un casque colonial. Il devint l'un de mes plus proches amis, une sorte d'oncle adoptif. Bien qu'il fût également l'un des plus généreux mécènes du bouddhisme et de causes caritatives, il restait très humble et discret.

Lorsqu'il revint de Darjeeling, sa vie avait changé. Peu à peu, il réduisit ses activités professionnelles et se consacra de plus en plus à la pratique méditative. Kangyour Rinpoché appréciait ce disciple sérieux et modeste. Fin novembre 1974, peu avant la mort de Kangyour Rinpoché, il prit un vol pour Calcutta, qui fut détourné vers la Tunisie par des terroristes palestiens qui, bien que désavoués par l'OLP, réclamaient la libération de sept autres terroristes incarcérés en Égypte et en Hollande. Un homme fut tué par les auteurs du détournement. Une fois les passagers libérés, Gérard retourna à Paris. Il ne devait pas revoir Kangyour Rinpoché de son vivant.

Voyage en France

En Dordogne, Khyentsé Rinpoché donna de nombreux enseignements, principalement à l'intention de la vingtaine de disciples, hommes et femmes de tous pays, qui allaient entreprendre une première retraite de trois ans, mais aussi à tous ceux qui avaient voyagé depuis divers pays pour le rencontrer ici.

Aux futurs retraitants, Khyentsé Rinpoché conféra toutes les initiations et explications nécessaires pour mener à bien leur première année de retraite. En outre, ils allaient recevoir toutes les semaines des instructions de Péma Wangyal Rinpoché. Khyentsé Rinpoché devait revenir l'année suivante pour continuer à leur transmettre d'autres initiations et explications. À La Sonnerie, pour tous les visiteurs, il expliqua notamment les *Trente-sept stances sur la pratique des bodhisattvas,* que je traduisis oralement et dont je repris soigneusement la traduction par la suite pour les consigner dans *Au cœur de la compassion*[2], l'un des quelques livres que j'emporterais sur une « île déserte » où l'on ne peut emmener que l'essentiel. Khyentsé Rinpoché y exprime en effet la quintessence de la voie du Grand Véhicule fondée sur la pratique de l'amour altruiste dans toutes les circonstances de la vie, tout en la reliant à la compréhension de la nature fondamentale de l'esprit.

Khyentsé Rinpoché avait l'habitude d'enseigner pendant dix, quinze, voire vingt minutes d'affilée, sans faire aucune pause. Puis il s'arrêtait et je traduisais. Il avait été habitué à procéder ainsi par Tulkou Péma Wangyal, interprète hors pair, qui, par le passé, traduisait pour lui du tibétain en anglais. Il possédait une connaissance parfaite des enseignements et, doté d'une mémoire infaillible, restituait les paroles de Rinpoché avec une précision et une aisance sans égale.

J'étais bien loin de faire preuve d'une maîtrise égale, mais à l'aide des bénédictions de Khyentsé Rinpoché, je ne m'en sortais pas trop mal. Je faisais le vide en moi et me mettais dans un état de complète disponibilité. Je laissais le plan et les détails des enseignements s'imprimer en mon esprit, sans laisser d'autres pensées interférer, puis je les restituais de mon mieux, en français tout d'abord et en anglais dans un second temps. Lorsque Khyentsé Rinpoché parlait dix minutes, je traduisais pendant quinze à vingt minutes. À l'époque, mon cerveau était encore jeune et je ne prenais pas de notes, celles-ci ayant la fâcheuse tendance à conduire à simplifier le discours, et puis écrire détournait mon attention qui devait être exclusivement concentrée sur l'écoute des paroles de Rinpoché. Je me souviens d'une fois, alors que je servais d'interprète à Khyentsé Rinpoché à Boulder au Colorado, dans le centre principal de Trungpa Rinpoché, qu'il scinda son enseignement en deux parties : la première dura vingt minutes et la deuxième trente minutes. Il me fallut respectivement trente et quarante minutes pour traduire l'ensemble. C'en était fait de la séance d'enseignements de la matinée. Étant donné la longueur de ces interventions, j'avais noté quelques points clés pour me souvenir de l'ordre des thèmes abordés et je complétais les détails de mémoire. Pendant que je traduisais, Khyentsé Rinpoché lisait tranquillement son livre de prières. À la fin des enseignements, quelqu'un me demanda quel texte avait exposé Rinpoché et quelle traduction je lisais. Je lui répondis que, ce jour-là, Khyentsé Rinpoché avait enseigné directement à partir de son esprit, sans aucun support textuel, et qu'il lisait son livre de prières dans les intervalles. Quant à moi, je gardais les yeux fixés sur ma feuille de papier pour me concentrer, mais celle-ci ne comportait que quelques notes de références thématiques. Plus tard, devenu l'interprète français du XIVe Dalaï-lama, je me retrouvai dans la même situation : le Dalaï-lama parlait lui aussi par périodes d'une dizaine de minutes, puis jetait un œil vers l'interprète qui semblait subitement réaliser, à voix haute : « Oh, il faut traduire n'est-ce pas ? », ce qui provoquait l'hilarité du public, teintée d'un brin de commisération pour l'interprète.

En Inde et au Népal, j'avais l'habitude de traduire Khyentsé Rinpoché en anglais ; j'avais donc très peu parlé français au cours des sept années précédant mon retour en Dordogne. Des textes tibétains et quelques traductions anglaises constituaient l'essentiel de mes lectures. À l'issue d'un après-midi de traduction, je reçus un compliment pour le moins inattendu. Une femme vint me trouver pour me féliciter : « Vous parlez bien français, dites-moi ! » Une remarque que l'on peut faire à un étranger qui est parvenu à une certaine maîtrise de notre langue, mais pas à un natif du pays. Mon français devait donc être un peu rouillé et teinté d'accent indien, je suppose !

Mes proches amis spirituels de Darjeeling, disciples de Kangyour Rinpoché, se préparaient donc, pour la plupart, à entreprendre une retraite de trois ans. Certains allaient finalement accomplir deux, voire trois retraites consécutives, passant ainsi neuf ans à se consacrer exclusivement à la pratique spirituelle, guidés par Péma Wangyal

Rinpoché et les grands maîtres qui vinrent en Dordogne au fil des années. Parmi eux, Kyabjé Dudjom Rinpoché et Dilgo Khyentsé Rinpoché prirent une place toute particulière.

Je fis part à Tulkou Péma Wangyal du conseil de Khyentsé Rinpoché me suggérant de rester auprès de lui, plutôt que de rejoindre mes frères et sœurs spirituels dans la retraite qui allait bientôt commencer. Il fut certes un peu surpris mais savait à quel point la proposition de Khyentsé Rinpoché était une aubaine pour moi, m'offrant la possibilité de vivre de nombreuses années encore en présence d'un très grand maître spirituel.

À la fin de ce séjour d'un mois en France, fin avril 1980, je repartis donc pour l'Inde avec Khyentsé Rinpoché. Il devait retourner au Bhoutan, où il séjournait de six à huit mois de l'année, du printemps à la fin de l'automne. Or, à cette époque, le royaume était quasiment fermé aux étrangers. Dans l'avion, je demandai donc à Khyentsé Rinpoché ce que je devais faire. «Retourne à Darjeeling, me dit-il, et je te préviendrai de ma venue en Inde ou au Népal.»

Mais, sans me le dire, il avait autre chose en tête me concernant. Arrivé à Delhi, Khyentsé Rinpoché logea à la résidence de l'ambassadeur du Bhoutan. Le lendemain matin, lorsque l'ambassadeur vint lui présenter ses hommages, il lui dit: «Je voudrais emmener ce jeune moine au Bhoutan avec moi. Veuillez demander l'autorisation à la reine mère.»

CHAPITRE 16

Première rencontre avec le Dalaï-lama

Retour en Inde. J'accompagne Dilgo Khyentsé Rinpoché, invité à Dharamsala par le Dalaï-lama. Je découvre dans la plus grande intimité deux êtres exceptionnels et mesure l'importance de mon maître pour le Dalaï-lama.

Bien que je sois arrivé en Inde dès 1967, ce n'est qu'en 1980 que je rencontrai pour la première fois le Dalaï-lama. Il vivait la plupart du temps à Dharamsala, siège du gouvernement tibétain en exil, au nord-ouest de l'Inde, alors que je me rendais pour ma part dans la région de Darjeeling située à 2 000 km de là. En mai 1980, dès le surlendemain de notre retour de France, Khyentsé Rinpoché se rendit à Dharamsala pour passer quelques jours auprès du Dalaï-lama.

Dès leur première rencontre à Lhassa en 1958, le Dalaï-lama avait ressenti une affinité particulière envers Dilgo Khyentsé Rinpoché. Depuis les années 1970, Khyentsé Rinpoché venait régulièrement à Dharamsala pour lui conférer des initiations et des enseignements essentiels de la tradition Nyingmapa. Il y restait de quelques jours à deux semaines. Au fil de leurs rencontres, ce lien spirituel ne cessa de s'enrichir et de s'approfondir au point qu'aujourd'hui encore, il n'est pas rare que le Dalaï-lama mentionne Khyentsé Rinpoché comme l'un de ses maîtres principaux.

Vers neuf heures du matin, le lendemain de notre arrivée à Dharamsala, nous nous rendîmes en voiture à la résidence du Dalaï-lama. Celui-ci attendait Khyentsé Rinpoché sur le perron. Mon maître sortit de la voiture et s'avança en s'appuyant comme d'habitude sur les épaules de ses aides, Tséwang Lhundroup et moi-même. Dès que Khyentsé Rinpoché arriva sur le perron, le Dalaï-lama se prosterna prestement trois fois à même le ciment du perron en sa direction. Afin de manifester son respect en retour, Khyentsé Rinpoché essaya tant bien que mal de faire de même. Mais en raison de son âge et de sa difficulté à se mouvoir, à peine eut-il le temps de poser sa tête une fois sur le sol que le Dalaï-lama, qui avait terminé

Première rencontre avec le Dalaï-lama

avec agilité ses trois prosternations, venait aider Khyentsé Rinpoché à se relever. Puis il le conduisit dans une petite pièce attenante à la grande salle dans laquelle il donnait audience.

Les deux maîtres s'assirent l'un en face de l'autre sur de petits sièges cubiques en bois couverts d'un tapis. Le Dalaï-lama avait pris soin de faire rajouter un épais coussin sur le siège de Khyentsé Rinpoché de façon à être assis plus bas que lui, puisqu'il allait recevoir des enseignements et non pas en conférer. Ces deux sièges étaient séparés par deux petites tables tibétaines sur lesquelles étaient posés les livres qui allaient servir aux enseignements, deux tasses de thé et quelques autres objets. Khyentsé Rinpoché me présenta au Dalaï-lama et je lui relatai en quelques mots mes antécédents spirituels, auprès de Kangyour Rinpoché. Puis, Tséwang Lhundroup et moi-même prîmes congé. Le Dalaï-lama et Khyentsé Rinpoché allaient passer la journée en tête à tête, seuls.

Nous revînmes chercher Khyentsé Rinpoché vers cinq heures de l'après-midi. Les deux maîtres se séparèrent en apposant leur front l'un contre l'autre, geste d'au revoir, aussi utilisé lorsque l'on rencontre un pair, empreint d'un profond respect mutuel. Puis, prenant appui sur nos épaules, Khyentsé Rinpoché se dirigea vers la voiture, tandis que le Dalaï-lama attendait debout sur le perron. Après avoir installé Khyentsé Rinpoché à l'avant de la Jeep à côté du chauffeur, Tséwang Lhundroup et moi-même nous hâtâmes vers l'arrière du véhicule dans lequel nous grimpâmes prestement. Ayant salué une dernière fois Khyentsé Rinpoché en portant la main au niveau de son cœur, alors que la Jeep s'éloignait, le Dalaï-lama nous regarda assis à l'arrière du véhicule ouvert et, en riant, nous adressa malicieusement un salut militaire.

Ce scénario se reproduisit jour après jour presque à l'identique. Nous savions par Khyentsé Rinpoché qu'ils restaient seuls presque toute la journée, non seulement durant la transmission des enseignements, mais aussi pendant les repas et les moments de détente au cours desquels ils conversaient sur de nombreux sujets. Lorsque la tasse de thé de Khyentsé Rinpoché était vide, le Dalaï-lama la remplissait lui-même à l'aide d'un thermos.

Par deux fois, le Dalaï-lama nous convia à rester pour la journée et nous pûmes être les témoins de leur rencontre. Quel cadeau il nous fit! Je ne perdais pas une seconde de leur présence, la manière dont ils interagissaient, les conversations qu'ils avaient en dehors des enseignements eux-mêmes, les plaisanteries qui fusaient parfois. Quelquefois, le Dalaï-lama nous prit à partie et nous posa une question sur un sujet particulier, mais la plupart du temps, nous étions simplement assis en leur présence, tout à notre bonheur de nous trouver là.

Ce fut notamment le cas lorsque Khyentsé Rinpoché conféra une initiation importante et que le Dalaï-lama, dans sa grande bonté, souhaita que nous la recevions également. Un troisième moine de l'entourage de Khyentsé Rinpoché, Damchö, était responsable de préparer les objets et images utilisés pendant le rituel de l'initiation. L'une de ces initiations impliquait plusieurs centaines d'images qui devaient être présentées dans un ordre adéquat à Khyentsé Rinpoché pour qu'il en bénisse le Dalaï-lama. Dans une situation aussi solennelle, mieux valait ne pas commettre d'erreurs et je secondai Damchö dans sa tâche. J'eus aussi la permission de prendre quelques photos et de filmer l'une de ces transmissions dont on peut voir des extraits dans le documentaire que j'ai réalisé sur la vie de Khyentsé Rinpoché, *L'Esprit du Tibet*. J'ignore s'il existe d'autres documents montrant le Dalaï-lama recevant des enseignements de l'un de ses maîtres spirituels.

Outre le flot de bénédictions que nous recevions grâce à notre simple présence, l'un des plus grands enseignements que je retirai de ces moments si particuliers est l'incroyable humilité de ces deux grands maîtres qui rivalisaient de respect l'un envers l'autre. Je me souviens clairement de l'une de ces initiations. À un moment donné, le texte mentionnait que le disciple doit prendre le pied du maître et l'apposer sur sa tête. Dilgo Khyentsé Rinpoché avait intentionnellement omis de prononcer cette phrase, souhaitant éviter que le Dalaï-lama ne la prenne à la lettre. Mais le Dalaï-lama, qui suivait le texte lui aussi, l'avait repérée. Dès la fin de l'enseignement, sans rien dire, il se leva, s'approcha du siège où Khyentsé Rinpoché était assis en tailleur et, avant que ce dernier n'eut le temps de réagir, il se baissa, prit le pied de Khyentsé Rinpoché et le posa sur sa tête. Nous nous trouvions alors si loin des rivalités d'ego, d'amour-propre qui régissent tant de relations humaines, particulièrement celles des prétendus «grands» de ce monde. L'humilité de ces deux êtres si parfaits n'était ni feinte ni guindée, les conventions ne les contraignaient en rien ; elle était la pure expression naturelle d'une humilité authentique et d'un respect mutuel sans limites.

Première rencontre avec le Dalaï-lama

Rencontrer ainsi le Dalaï-lama en compagnie de Khyentsé Rinpoché représentait un grand privilège ; je pénétrais ainsi d'emblée dans l'intimité de ces deux grands maîtres. Certaines des qualités du Dalaï-lama sautent aux yeux de tous, et je ne manquai pas de remarquer sa simplicité, sa vigueur, son humour, sa bienveillance et l'attention qu'il porte à chaque interlocuteur. Mais comme toujours avec les maîtres spirituels, comment décrire l'ineffable qui pourtant est l'essence même de leur singulière différence ? On peut exprimer la qualité d'un morceau d'or pur en carats, mais comment décrire la « qualité d'être » du Dalaï-lama ? Toujours est-il que je réalisai dès cette première rencontre que ces quelques moments passés en sa présence avaient suffi à éveiller le meilleur de moi-même. Je ressentais l'authenticité du Dalaï-lama dans chacun de ses gestes et paroles comme un puissant appel à être authentique au plus profond de moi-même.

Le fait d'avoir ainsi connu le Dalaï-lama en tant que disciple de mon propre maître fit qu'il me tint toujours en grande affection. Quant à moi, je me considère comme l'un de ses plus humbles disciples.

CHAPITRE 17

Au pays du Dragon Tonnerre

Dilgo Khyentsé Rinpoché me fait découvrir son pays d'adoption, le Bhoutan, où la tradition du bouddhisme tibétain est restée intacte. Je me rends au temple de Kujé, dans la vallée du Boumthang, et au sanctuaire de Paro Taktsang, le célèbre «Antre du Tigre».

Après cette visite auprès du Dalaï-lama à Dharamsala, en mai 1980, nous prîmes l'avion de Delhi à Badgodra, petit aéroport du Bengale occidental, puis nous fîmes un détour en voiture par Darjeeling et le Sikkim avant d'arriver finalement à la frontière du Bhoutan. Lorsqu'à la ville frontière de Phuntsoling, les soldats qui gardaient le poste virent approcher la voiture de Khyentsé Rinpoché, ils déposèrent immédiatement leurs fusils et se précipitèrent pour recevoir sa bénédiction. Ce fut le premier signe que nous entrions dans un pays pas comme les autres!

Seuls les citoyens indiens peuvent entrer au Bhoutan sans visa et, à cette époque, le pays était encore fermé aux touristes étrangers. Mon visa m'avait été octroyé à la suite de la requête que Khyentsé Rinpoché avait faite à la reine mère. En plus de ce précieux sésame, il avait fallu me fournir des permis spéciaux pour que je puisse circuler d'une province à une autre.

Notre première destination importante fut le temple de Kujé, l'un des principaux lieux saints du Bhoutan, dans la province du Boumthang, à trois jours de route de la capitale Thimphou. La vallée principale du Boumthang, située à près de 3 000 mètres d'altitude, s'étend sur une vingtaine de kilomètres. Il s'agit de l'un des sites les plus enchanteurs du Bhoutan, parsemé de magnifiques sanctuaires, souvent très anciens, et d'éminents lieux de pèlerinages. Une puissante rivière aux eaux cristallines traverse ce site boisé d'une rare beauté, bordé de hautes collines auxquelles s'accrochent de nombreux petits temples et ermitages.

En mai 1980, nous approchions d'une date très spéciale, le dixième jour du mois du Singe de l'année du Singe, un événement qui ne se produit que tous les douze ans dans le calendrier lunaire fondé sur un cycle de soixante ans. Ce jour marque la naissance de Gourou Padmasambhava, apparu sur un lotus au milieu du lac de Danakosha dans le pays d'Oddiyana, région que l'on situe approximativement dans une haute vallée de la région de Swat, dans l'actuel Pakistan. À cette occasion se déroule une grandiose fresque historique à laquelle participe une centaine de moines qui dansent vêtus de somptueux habits de brocart et portent des masques représentant Padmasambhava et divers personnages ou déités liés aux chorégraphies qui se succèdent du matin au soir.

Ces cérémonies prennent une signification toute particulière dans les temples de Kujé. Le plus ancien fut construit au VIIIe siècle pour abriter et célébrer une empreinte que Padmasambhava laissa dans le roc en s'adossant à la paroi d'une petite grotte, puis reconstruit au XVIe siècle. Deux autres temples, plus grands, furent édifiés en 1900 et à la fin des années 1980. En ce dixième jour du cinquième mois, un immense *thangka*, long rouleau de tissu constitué de pièces de soie habilement imbriquées sur une toile de fond afin de représenter Padmasambhava et ses Huit Manifestations – une technique que les artistes bhoutanais maîtrisent à la perfection – et qui se déploie le long des trois étages de la façade du plus grand temple de Kujé. Ce jour-là, nous nous levâmes à 2 heures du matin afin de débuter la célébration dans le temple, puis sur le grand parterre pavé qui s'étend devant le sanctuaire. À partir de dix heures du matin et tout le reste de la journée, des danses sacrées se succédèrent. Les habitants de la vallée et des contrées environnantes vinrent en famille avec leur pique-nique pour assister à ce festival, qu'ils considèrent comme porteur de puissantes bénédictions.

Après ces grandes fêtes rituelles, nous restâmes une dizaine de jours au Boumthang, et mîmes à profit ce séjour pour visiter les hauts lieux de pèlerinage de la vallée. Avec Rabjam Rinpoché, le petit-fils de Khyentsé Rinpoché, et quelques autres moines, nous entreprîmes la longue journée de marche de Kujé jusqu'à Tharpaling, « Le Lieu de la Délivrance », à 3 600 mètres d'altitude. C'est à cet endroit que séjourna pendant plusieurs années Gyalwa Longchèn Rabjam (XIVe siècle), l'un des plus grands maîtres de l'histoire du Tibet, et qu'il rédigea certains volumes des « Sept Trésors », célèbres traités et commentaires qui comptent parmi les plus profonds du bouddhisme tibétain. Aujourd'hui encore, des ermites y font de longues retraites contemplatives.

En route, nous tombâmes sur une scène familière au Bhoutan : une joute de tir à l'arc, le sport favori des Bhoutanais et le seul pour lequel ils ont envoyé une délégation aux Jeux olympiques. Bien que sport national, il est essentiellement pratiqué lors des fêtes villageoises. On installe aux extrémités d'un champ deux planches étroites distantes d'une centaine de mètres l'une de l'autre présentant chacune une petite cible colorée de la taille d'une soucoupe. Après avoir tiré, les archers s'attroupent autour de la cible. Totalement insouciants du danger, ils attendent l'arrivée de chaque nouvelle flèche, qu'ils évitent d'un preste mouvement du corps si celle-ci vient à passer trop près d'eux. Lorsqu'une flèche touche la cible et, plus encore, si elle se fiche en son centre, les membres de l'équipe victorieuse se livrent à une joyeuse danse rituelle et entonnent des chants de victoire.

Lors de cet heureux séjour au Boumthang, je me sentais pleinement dans mon élément, me régalant de chaque instant comme d'un élixir, grâce à la présence de Khyentsé Rinpoché tout d'abord, mais aussi par le caractère sacré des lieux qui se mêlait intimement à la beauté des paysages. Une grande harmonie embrassait toute la vallée, qui semblait avoir traversé les siècles en préservant intacts son caractère historique, ses qualités spirituelles et sa nature sauvage. Les deux routes, serpentant de chaque côté de la rivière aux eaux cristallines, étaient encore en terre battue. De vastes forêts de sapins et de genévriers couvraient les versants des montagnes. Les habitants portaient les mêmes tenues traditionnelles que leurs ancêtres et parlaient tous leur propre dialecte. Ours, daims, léopards et autres animaux sauvages parcouraient librement les forêts et les hauteurs. À la saison des fruits, les ours descendaient régulièrement la nuit dans les vergers pour faire bombance. Si les visites se répétaient trop souvent, les fermiers se relayaient la nuit sur le toit de leur habitation principale et tapaient sur une casserole à l'approche de l'animal gourmand, ce qui le dissuadait généralement d'insister. Mais les accidents n'étaient pas rares et j'ai rencontré un certain nombre de villageois portant sur leur visage les profondes cicatrices de leur face-à-face impromptu avec un ours. Par la suite, j'ai toujours retrouvé avec joie les enchanteresses vallées du Boumthang.

Au retour, nous nous arrêtâmes quelques jours dans la vallée de Gangtèng, qui devint l'un de mes lieux de prédilection au Bhoutan. Au sommet d'un col, je découvris cette longue vallée qui descend en pente douce à perte de vue, et dont la forme légèrement incurvée rappelle son origine glaciaire. Au centre de la vallée, sur un promontoire, un petit village traversé d'une unique ruelle est surmonté d'un magnifique monastère. Plus loin, des étendues semi-marécageuses parsemées de buissons de petits bambous d'altitude (nous sommes à 3 000 mètres) sont l'endroit choisi par quelques centaines de grues à cou noir pour venir hiverner, en provenance du nord du Tibet et de la Sibérie. Elles sont les mascottes de la vallée. Gangtèng, aussi appelé Phobjikha, est le site d'hivernage le plus septentrional de ces grues. Pour éviter de les troubler, le gouvernement a décidé d'interdire l'implantation de poteaux électriques sur l'ensemble de cette superbe vallée glaciaire ; seule l'électricité solaire y est autorisée. Après leur arrivée en octobre-novembre, les habitants célèbrent un festival consacré à ces grands oiseaux. Ces grues repartent vers le nord au début du printemps et, avant de quitter la vallée, elles volent, dit-on, respectueusement trois fois autour du monastère. Au printemps, les hauts versants de la vallée sont couverts de rhododendrons en fleurs, en un flamboiement de rouge, rose et blanc.

ca

À la suite de ce premier pèlerinage, nous revînmes en juillet à l'ouest du pays, à l'occasion du dixième jour du sixième mois qui, selon certaines traditions, est également la date de l'anniversaire de la naissance de Padmasambhava. Khyentsé Rinpoché passa deux semaines à Paro Taktsang, le célèbre « Antre du Tigre », l'un des lieux les plus impressionnants de l'Himalaya. Il existe bien d'autres falaises vertigineuses dans cette chaîne où tout n'est qu'immensité, mais aucune au milieu de laquelle un monastère s'accroche ainsi au roc, comme par magie, à 3 000 mètres d'altitude, au milieu d'une paroi verticale qui tombe à pic d'une hauteur de 900 mètres. Lorsque je contemplai pour la première fois ce sombre mur de roche, je me demandai comment il était possible d'accéder à ce sanctuaire. On raconte d'ailleurs que Padmasambhava s'y rendit en volant, montant une tigresse, légende qui donna son nom au lieu.

Pour nous autres, communs des mortels, un chemin serpente à travers une grande forêt aux arbres centenaires aux branches desquelles pendent de longs lichens épiphytes vert pâle. Ce sont, dit-on, les chevelures de cent mille dakinis, les déités célestes qui « voyagent dans le ciel de la vérité ultime ». Khyentsé Rinpoché effectua l'ascension dans un rudimentaire palanquin fait d'une caisse soutenue par deux longues pièces de bois qui permettaient à six costauds de la porter à l'épaule.

Au terme de deux heures de montée, nous arrivâmes à un petit stoupa élevé aux abords d'un col. À partir de là, il fallait descendre un chemin escarpé taillé dans le roc qui zigzague à flanc de falaise, face à celle de Taktsang. Nous fîmes une pause et l'on servit du thé à Khyentsé Rinpoché. Une photo simple, mais évocatrice, que j'ai prise à ce moment-là montre mon maître de dos, contemplant le temple qui s'offrait à ses yeux de l'autre côté du précipice[1].

Dans la descente, à cette époque, il fallait négocier certains passages sur des poutres suspendues au-dessus du vide entre des anfractuosités de la falaise. Un filin d'acier tendu sur la paroi, d'un bout à l'autre du passage délicat, permettait aux moins assurés de se tenir d'une main. Je ne pouvais m'empêcher de me demander quel âge avaient les poutres noircies par les intempéries et si elles soutiendraient longtemps encore le poids des passants. En bas du sentier, on passe devant une cascade qui tombe de quelque deux cents mètres de haut et au pied de laquelle tournent, jour et nuit, des moulins à prières mus par le courant de l'eau.

Puis vient l'ascension finale, particulièrement raide, menant à l'entrée du monastère. L'arrivée est un soulagement autant qu'un émerveillement. Des escaliers de pierre s'élèvent sous une voûte puis débouchent sur un complexe de temples logés sur une corniche située sous de vastes surplombs rocheux. Les murs extérieurs des temples principaux sont à l'aplomb de l'à-pic, et l'art qui permit de les bâtir à la fin du XVIIe siècle, sous la direction de Tendzin Rabgyé – le quatrième régent (*dési*) du Bhoutan, petit-fils du grand yogi tibétain Droukpa Kunlék – reste un mystère.

Au IXe siècle, lors de la visite de Gourou Padmasambhava, le grand maître qui introduisit le bouddhisme au Tibet et au Bhoutan, il n'y avait là que quelques grottes dans lesquelles Padmasambhava médita et conféra des initiations spirituelles à ses plus proches disciples. Il est dit également que, revêtant la forme terrible de Dorjé Drollö[2], Padmasambhava dissimula en divers endroits de ce lieu sacré de nombreux enseignements sous la forme de « trésors spirituels ». De tels « trésors » furent ainsi révélés tout au long de l'histoire par des maîtres visionnaires, appelés *tertön*, dont Kangyour Rinpoché et Dilgo Khyentsé Rinpoché faisaient partie.

En temps normal, ces lieux étaient habités par une poignée de moines, et voilà soudain qu'ils bourdonnaient d'une activité de ruche d'abeilles. Une centaine de disciples s'étaient installés ici et là dans les pièces communes des petits temples. Khyentsé Rinpoché effectua des cérémonies et offrit, en hommage à Padmasambhava, cent mille lampes, des petites coupelles en laiton, parfois en argent pour les plus précieuses, remplies d'huile ou de beurre fondu, dotées en leur centre d'une mèche fixée dans un petit trou. Celles-ci sont disposées par centaines, voire par milliers, sur des tables dressées généralement devant l'autel d'un temple. Il donna également à une trentaine de disciples la transmission complète des initiations de *L'Essence du cœur de l'immensité (Longchèn Nyingthig)*, qui fut révélé au XVIIIe siècle par le grand maître Jigmé Lingpa. Lors de ce séjour, Jigmé Lingpa apparut à Khyentsé Rinpoché dans une vision, au cours d'un rêve. Il posa sa main sur sa tête en lui disant : « Tu es l'héritier de mes enseignements et tu peux les élaborer comme bon te semble. » Jigmé Lingpa lui indiqua également qu'afin de maintenir la paix au Bhoutan et d'assurer la pérennité du bouddhisme, il était essentiel de construire quatre grands stoupas contenant chacun cent mille stoupas miniatures, appelés *tsa-tsa*, et d'offrir cent mille lampes à beurre et cent mille circumambulations autour de ces stoupas, une fois ceux-ci édifiés. Ce qui fut mené à bien avec le soutien de la famille royale.

Khyentsé Rinpoché n'écrivit pas d'autobiographie spirituelle dans laquelle il aurait relaté ses expériences méditatives, ses rêves et ses visions, et nous ne pouvons donc qu'entrevoir ce qu'il en était à partir des quelques histoires, telles que celle-ci, qu'il a parfois relatées à de proches disciples. Ainsi, Khyentsé Rinpoché nous fit une fois ce récit : on venait de découvrir, dans un carnet, bien après sa mort, l'autobiographie secrète de Khyentsé Chökyi Lodrö, son maître. En la lisant, Khyentsé Rinpoché découvrit qu'il était présent au moment même où son maître faisait l'expérience de certaines visions extraordinaires du Bouddha et de Gourou Padmasambhava. Et pourtant, il nous révéla : « J'étais assis à côté de lui, mais rien dans son comportement extérieur n'indiquait la vision profonde qu'il était en train de vivre juste à ce moment-là. » Quoi qu'il en soit, il ne fait pas de doute que les expériences visionnaires de Khyentsé Rinpoché furent elles aussi nombreuses.

Je garde gravées en moi tant d'images de ce séjour exceptionnel dans ce lieu hors du monde de Paro Taktsang. Ainsi, on pouvait observer un flot ininterrompu de fidèles qui se croisaient sur ces sentes étroites ; les uns montaient rejoindre Khyentsé Rinpoché, les autres redescendaient dans la vallée. Un jour, après avoir rendu visite à Khyentsé Rinpoché, une trentaine de moines venus du *dzong* de Paro remontaient le chemin taillé dans le roc qui zigzague à flanc de falaise faisant face à Taktsang. Au Bhoutan, les dzongs sont des forteresses dont une partie est un monastère et l'autre le siège du gouvernement local. Je n'avais pas remarqué cette scène pourtant frappante et, une fois n'était pas coutume, Khyentsé Rinpoché attira mon attention et me fit signe de prendre une photo.

Parfois, au petit-déjeuner, les moines s'amusaient à modeler des petites soucoupes volantes en pâte de *tsampa*, de la farine d'orge grillée, et à les lancer dans l'abîme. Elles planaient une trentaine de secondes avant d'atteindre la forêt située en contrebas.

Un matin, de bonne heure, du haut d'un balcon qui surplombe le précipice, vêtu d'habits de brocart et portant la coiffe du lotus, debout, embrassant le paysage de son regard majestueux, Khyentsé Rinpoché effectua une impressionnante cérémonie destinée à revitaliser l'influence spirituelle du lieu.

On dénombre neuf grottes sacrées et sept temples à Taktsang et dans les alentours immédiats. Chaque colline porte son petit sanctuaire entouré de drapeaux de prières qui flottent au vent. Montagnes et forêts sont parsemées d'ermitages où des pratiquants se consacrent à la méditation, ne descendant qu'une fois par an dans les vallées, pendant la moisson, pour recevoir des aumônes. Chaque ferme leur fait don d'une mesure de riz et de légumes séchés, et, en l'espace d'un mois, ils en reçoivent suffisamment pour passer le reste de l'année en retraite solitaire. Des amis bhoutanais m'ont souvent dit que si je décidais de rester ainsi dans les montagnes, ils seraient heureux de pourvoir à mes besoins. Mais, à ce moment-là, il était bien plus précieux pour moi de demeurer en présence de Khyentsé Rinpoché, une présence qui valait toutes les retraites du monde.

Il existe de nombreux pèlerinages à effectuer tout autour de Taktsang et un jour nous partîmes en excursion avec Rabjam Rinpoché et quelques moines. En montant vers le nord, près d'une grande cascade, on atteint tout d'abord la grotte de Machik Lapdrön, une célèbre yogini du XIIe siècle[3] qui laissa notamment l'empreinte de son pied dans le roc de son ermitage. Afin de poursuivre l'ascension, il faut monter une dizaine de mètres le long de la falaise en gravissant des marches peu profondes évidées dans deux troncs d'arbres d'une trentaine de centimètres de diamètre adossés au rocher, l'un à la suite de l'autre.

Un jeu d'enfant pour les Bhoutanais qui semblent insensibles au vertige, cette grimpette est plus aventureuse pour un pèlerin de mon acabit, surtout lorsque la pluie rend lesdites marches glissantes, que l'on porte un sac à dos et que les robes monastiques se prennent sous les pieds! Mieux vaut alors se garder de jeter un coup d'œil au précipice qui s'ouvre juste en dessous.

On arrive ainsi au sommet de la falaise, sur un terre-plein avenant au milieu duquel s'élève le temple d'Orgyèn Tsémo, orné de belles fresques. De là, on peut redescendre par un autre chemin qui mène au temple oriental de Taktsang Sharma, construit près de la grotte de Dorjé Drollö. Le dernier passage menant à ce petit temple était autrefois un rebord large d'à peine une coudée et mesurant une cinquantaine de mètres de long taillé dans la falaise vertigineuse, sans rambarde de protection ni aucun appui pour se tenir. Pour ajouter au péril et pimenter le parcours, la première fois que j'y suis allé, cette année-là, il avait plu. Un alpiniste se rirait de ce passage, mais je dois avouer que je l'ai contemplé avec une certaine appréhension, puis me suis dit: « Bon, trêve de réflexions, j'y vais. » Ce chemin a maintenant été aménagé et les touristes ne vont de toute façon pas de ce côté-là. Autrefois, des poutres permettaient de traverser à flanc de falaise les quelques trente mètres qui séparent Taktsang Sharma des temples principaux de Taktsang, mais un jour une poutre tomba, emportant un moine dans l'abîme, et l'ensemble fut enlevé.

De Sharma, nous remontâmes vers Orgyèn Tsémo, puis continuâmes plus haut encore, traversant une forêt d'arbres immenses. Après avoir dépassé le monastère de Özer Gang, nous débouchâmes sur une prairie de haute montagne où l'on découvre les ermitages du Boumtrak, à 4 000 mètres d'altitude. Dans les années 1970 vivait là en retraite un célèbre peintre de *thangka*, les icônes du bouddhisme himalayen, peintes ou brodées sur soie. Boumtrak, littéralement « le Rocher des Cent Mille », tire son nom des innombrables marques creusées dans l'escarpement rocheux abritant les ermitages, qui seraient, dit-on, les empreintes de pied laissées par des dakinis dansant lors de rituels d'offrande.

Durant le séjour de Khyentsé Rinpoché, un jour, je fis deux fois l'aller-retour dans la vallée de Paro en quête de livres et autres éléments dont Khyentsé Rinpoché avait besoin pour conférer les enseignements et initiations. Dans les années qui suivirent, je suis monté une vingtaine de fois à Paro Taktsang. J'eus l'occasion de rester une semaine en retraite dans une petite cabane située à côté de la petite salle de restauration aménagée à mi-chemin pour les visiteurs. Tous les matins à l'aube, je pratiquais quelques heures en paix face au temple accroché à la majestueuse falaise avant que les premiers pèlerins du jour n'arrivent. Ensuite, je me retirais dans la tranquillité de ma cabane, avant de ressortir l'après-midi dès que les pèlerins étaient redescendus dans la vallée. Ce furent des moments précieux durant lesquels je pus m'imprégner intensément des bénédictions de ce lieu sacré entre tous. Ces sites sacrés sont tous de puissantes sources d'inspiration pour la pratique spirituelle. On dit qu'un mois de méditation à Paro Taktsang engendre les mêmes progrès spirituels qu'une année de retraite passée dans un lieu ordinaire et j'ai rêvé construire par là un minuscule ermitage doté d'une grande fenêtre donnant sur la falaise.

En 1998, un incendie se déclara. Les causes sont restées mystérieuses, la seule personne qui résidait ce jour-là à Taktsang ayant péri dans les flammes et les chutes de pierre. Le feu ravagea une partie des temples, dont les débris et les trésors spirituels vinrent s'écraser près de 1 000 mètres plus bas. Toutefois, certaines des plus précieuses statues ont survécu au désastre, presque intactes. Depuis, sous l'inspiration du roi et d'autres mécènes, les temples ont été magnifiquement restaurés dans un style purement traditionnel. Le monastère fut à nouveau consacré en 2005.

❧

Khyentsé Rinpoché appréciait beaucoup le Bhoutan, où la culture bouddhiste s'est épanouie sans obstacle et où ses valeurs sont profondément ancrées dans l'esprit des habitants. Ne dit-on pas qu'en ce pays «la terre est bouddhiste et le ciel est bouddhiste». Chaque colline porte son petit temple entouré de drapeaux de prières qui flottent au vent. Les torrents font tourner jour et nuit des moulins à prières. Montagnes et forêts sont parsemées d'ermitages où moines, nonnes et laïcs se consacrent aux multiples formes de la pratique bouddhiste.

Après que Gourou Padmasambhava, le «Maître Né-du-Lotus», eut introduit le bouddhisme au Bhoutan au VIIIe siècle, d'autres grands maîtres suivirent, tels le révélateur de trésors spirituels Péma Lingpa au XIVe siècle, et Shabdroung Ngawang Namgyal au XVIe siècle. Ce dernier fit rayonner les enseignements de la tradition Droukpa Kagyu[4] et unifia le pays jusqu'alors morcelé en entités régionales.

Aujourd'hui, certains grands monastères, comme celui de Thimphou, la capitale, comptent plus d'un millier de moines. Le calendrier religieux est émaillé de cérémonies et de festivals de danses sacrées. À diverses périodes de l'année, lors du dixième jour du mois lunaire, les principaux monastères célèbrent le Festival du Dixième jour (*tséchou*), consacré à Gourou Padmasambhava, de sorte que les festivités religieuses se succèdent les unes aux autres.

Bien qu'il ne fît aucunement partie de l'institution bouddhiste officielle, placée sous l'autorité de Jé Khénpo, lequel a sur le plan protocolaire le même rang que le roi, Khyentsé Rinpoché était le maître spirituel le plus vénéré du pays. Où qu'il se trouvât, chaque matin, dès avant l'aube, de longues files d'attente se formaient devant sa porte. Quand il avait terminé ses prières, les gens entraient, lui offraient du riz, de la farine d'orge grillée, du fromage blanc et du beurre frais dans des paniers de bambou multicolores et lui demandaient de prier pour eux et leurs proches. Avec un grand sourire débordant de bonté, il posait ses immenses mains sur leur tête en signe de bénédiction.

À quelques reprises, chaque année, Khyentsé Rinpoché effectuait des cérémonies très élaborées appelées *droupchèn* («grand accomplissement»). Ces cérémonies complexes sont centrées sur une ou plusieurs déités du bouddhisme tibétain. Elles consistent principalement en méditations guidées par le texte support et se poursuivent sans interruption, jour et nuit, pendant sept jours, auxquels s'ajoutent un jour de préparation et un jour de conclusion. À l'aide de poudres de couleurs, des moines dessinent des mandalas aux significations multiples et subtiles qui servent de modèles de visualisation aux participants. Méditer sur un mandala n'est pas une promenade imaginaire dans un paradis enchanteur, il s'agit de s'engager dans la redécouverte de la nature même de notre être et du monde phénoménal. Toutes les formes sont perçues comme la manifestation de la pureté primordiale, tous les sons comme l'écho de la vacuité, et toutes les pensées comme le jeu de la connaissance.

Tous les participants au *droupchèn* se réunissent de sept heures du matin à sept heures du soir et se répartissent la nuit en trois groupes qui, à tour de rôle, trois heures durant, maintiennent la continuité de la pratique rituelle et méditative. Ces cérémonies, remarquables par leur majesté, s'accompagnent de musique sacrée, de danses, de rituels et de *moudras*, gestes symboliques d'offrande. Certaines années, entre le Bhoutan et le Népal, Khyentsé Rinpoché présidait jusqu'à sept *droupchèn*. Il m'arriva de participer jour et nuit à deux *droupchèn* consécutifs, entrecoupés de trois jours d'intervalle seulement entre les deux cycles. Au bout de cette vingtaine de jours, un silence parfait régnait sur le sommeil de la première nuit sans cérémonie ! Aujourd'hui, chaque année, Rabjam Rinpoché, l'héritier spirituel de Khyentsé Rinpoché, conduit trois *droupchèn* au monastère de Shéchèn au Népal, deux au Bhoutan et un en Inde.

Lors des *droupchèn* qui se déroulaient au Bhoutan, dans la journée, je m'asseyais avec les moines en prenant soin de rester bien en vue de Khyentsé Rinpoché, qui m'appelait fréquemment pour me confier toute sorte de tâches. Toutes les nuits, je participais à l'une des séances nocturnes de trois heures chacune ; le premier jour de neuf heures à minuit, le deuxième de minuit à trois heures et le troisième de trois à six heures, et ainsi de suite pendant les sept jours de la partie principale du *droupchèn*. Durant ces séances nocturnes, j'avais demandé à m'intégrer au groupe de moines qui récitaient continuellement le mantra de la déité principale. En effet, cette récitation ne doit jamais être interrompue pendant toute la durée d'un *droupchèn*, de jour comme de nuit. Au cours de ces récitatifs, à l'arrivée d'un nouveau groupe de récitants, le moine assis en tête du rang remet à son successeur un petit sceptre appelé *vajra*, sur lequel est attachée une cordelette faite de fils de cinq couleurs symbolisant les cinq sagesses primordiales. Cette cordelette relie le récitant au mandala, au milieu du temple. Les récitants doivent être parfaitement concentrés sur leur récitation et sont assis un peu à l'écart des moines qui accomplissent l'ensemble du rituel. À chaque séance, on servait du thé chaud et des granules de riz concassé à tous les participants. Il n'était pas rare que la reine mère du Bhoutan, qui nourrissait une grande dévotion à l'égard de Khyentsé Rinpoché et parrainait la plupart de ces cérémonies, nous rendît visite tard le soir, sans être annoncée, pour tourner de nombreuses fois autour du mandala puis réciter des prières, assise sur le canapé qui lui était réservé. Parfois, comme nous étions pleinement absorbés dans notre récitation, seul l'effluve du subtil parfum français qu'elle portait nous annonçait sa présence. Ceux d'entre nous qui somnolaient un petit peu se redressaient alors soudainement pour faire bonne figure en présence de Sa Majesté. Ces moments de pratique étaient particulièrement intenses dans l'atmosphère chaleureuse de ce petit temple aux dimensions humaines, dominé par une majestueuse statue de Gourou Padmasambhava de cinq mètres de haut.

༄

Quand Khyentsé Rinpoché voyageait, on aurait pu croire que la nouvelle de son passage s'était répandue à travers tout le pays. Il ne faisait pas trente kilomètres sans tomber sur un groupe de villageois qui l'attendait au bord de la route. Les gens allumaient un feu sur lequel ils mettaient des branches humides de genévrier et l'air s'emplissait de tourbillons de fumée odoriférante. Des tapis étaient étalés devant des tables couvertes de vivres et de thé chaud. Parfois, Rinpoché bénissait les gens de la fenêtre de sa voiture; le plus souvent, il sortait et s'asseyait un moment pour offrir à la foule une bénédiction de longue vie et s'octroyer une halte.

Lors des journées de conduite, tout en contemplant le paysage, Khyentsé Rinpoché pratiquait continuellement, murmurait ses prières et récitait des mantras à voix basse en égrenant son mala[5]. Dans les années 1980 au Bhoutan, les contrées éloignées de la capitale n'étaient accessibles que par des routes de terre battue ou remblayées de pierres; le voyage se révélait donc plutôt agité. Khyentsé Rinpoché remarqua cependant que ces multiples secousses favorisaient la digestion!

Le convoi se composait généralement de la Jeep Toyota jaune que la reine mère avait offerte à Khyentsé Rinpoché et qui portait un numéro d'immatriculation de la famille royale, «Bhutan 48», d'une autre voiture affrétée pour l'occasion et d'un camion de l'armée qui transportait les disciples accompagnant Khyentsé Rinpoché ainsi que les bagages. Deux ou trois moines, quelques tulkous et des pratiquants auxquels il enseignait quotidiennement constituaient l'entourage immédiat de Khyentsé Rinpoché. La plupart du temps, ce petit convoi était précédé d'une Jeep découverte de la garde royale qui veillait à ce que tout se déroule sans encombre le long du trajet. Cette escorte constituait davantage une marque de respect qu'une véritable protection. Khyentsé Rinpoché ne courait évidemment aucun danger dans un pays où il était aimé de tous. Mais la Jeep de tête modérait parfois l'ardeur des chauffeurs un peu trop empressés ou des camions qui occupaient le mauvais côté des routes de montagne que nous empruntions.

Lorsque le convoi approchait d'un village ou d'un dzong – ces fameux monastères-forteresses –, Khyentsé Rinpoché découvrait immanquablement un cortège de moines et de dignitaires venus l'accueillir. Précédée de musiciens et de moines brandissant des bannières de brocart, une procession le conduisait alors jusqu'à sa résidence, où le maire, le juge et d'autres notables, vêtus de leur costume d'apparat, portant à la ceinture une épée au manche finement ciselé glissée dans son fourreau d'argent, se prosternaient devant lui et offraient du thé et de la nourriture. Puis, des centaines de gens se rassemblaient dans la cour du dzong et défilaient devant Khyentsé Rinpoché pour recevoir sa bénédiction.

Ce premier mois, sur les dix ans que je devais passer au Bhoutan, me plongea d'emblée au cœur de la culture spirituelle du pays du Dragon Tonnerre, un lieu à nul autre pareil. J'en reste empli d'une immense gratitude. De 1980 à 1991, jusqu'à la mort de Khyentsé Rinpoché, j'allais vivre la plus grande partie de l'année au Bhoutan. Depuis, j'y suis retourné maintes fois pour y rejoindre Rabjam Rinpoché, toujours à l'aimable invitation d'Ashé Kelsang Choedrön Wangchuck, qui est aujourd'hui la grand-mère de l'actuel monarque.

CHAPITRE 18

En retraite avec Dilgo Khyentsé Rinpoché

Je fais partie des proches présents pendant sa retraite silencieuse de quatre mois. Méditations sur les hauteurs dominant les plaines de l'Inde, à l'ouest du Bhoutan.

Durant l'hiver 1980-1981, Khyentsé Rinpoché demeura quatre mois en retraite silencieuse. Il s'était installé au-dessus de la ville frontière de Phuntsoling, sur les hauteurs surplombant les immenses plaines de l'Inde, du côté bhoutanais. Ce fut l'un des moments les plus marquants de ma vie auprès de Khyentsé Rinpoché. Nous vivions dans une petite maison basse de style indien, qui avait été offerte à Khyentsé Rinpoché par la reine mère.

Rinpoché résidait dans la pièce du fond de l'habitation, dont les fenêtres donnaient sur la jungle semi-tropicale qui recouvrait la pente raide en direction de Phuntsoling. Un autel en bois verni sur lequel étaient disposées quelques statues et des photos de maîtres spirituels glissées dans les montants des vitres, le lit tout simple où Rinpoché s'asseyait, une table en bois, un vieux canapé et une armoire constituaient tout le mobilier. Dans la pièce d'entrée, l'un des murs était couvert d'étagères qui montaient jusqu'au plafond, contenant des centaines de livres tibétains. C'est dans cette même pièce qu'habitaient l'épouse de Khyentsé Rinpoché, Khandro, et Ani Shérab, la moniale qui l'assistait. Un paravent l'isolait quelque peu du reste de cette longue pièce, qui donnait sur l'extérieur et où Tséwang Lhundroup et moi-même, les deux moines au service de Rinpoché, nous asseyions parfois dans la journée sur une longue banquette située près de l'entrée. Comme toujours, je dormais par terre sur le tapis qui s'étalait devant la table de Khyentsé Rinpoché. Une petite cuisine et une chambre avec deux lits où dormaient deux moines complétaient cette modeste maisonnée. Quant à Rabjam Rinpoché, le petit-fils de Khyentsé Rinpoché, qui depuis l'âge de cinq ans vivait auprès de lui, il habitait dans une petite chambre qui donnait sur le porche de la maison, lequel s'ouvrait sur une pelouse.

À l'extérieur s'élevaient huit stoupas blancs construits par un autre grand lama, Chatral Rinpoché. Le lieu était des plus paisibles. Seuls quelques rares visiteurs venaient parfois circumanbuler les stoupas et visiter un petit temple situé en haut d'un monticule.

Tséwang Lhundroup, un moine bhoutanais au service de Khyentsé Rinpoché, Tulkou Kunga, qui officiait en tant que scribe et recopiait les manuscrits composés par notre maître, Droupthob, un vieux lama népalais qui résidait en permanence dans cette maison et vivait de légumes qu'il cuisait tout entiers dans une petite marmite de terre cuite, ainsi que moi-même constituions son seul entourage. Khandro lui demandait souvent s'il était possible de se fournir telle ou telle chose dans les magasins de Phuntsoling. Droupthob, qui n'allait presque jamais en ville et avait son franc-parler, lui répondit un jour : « À part un père et une mère, on peut tout acheter à Phuntsoling ! »

Cinq proches disciples bhoutanais de Khyentsé Rinpoché faisaient également partie des personnes admises à partager sa retraite et logeaient non loin de là. Ils recevaient les enseignements que notre maître dispensait quotidiennement après le déjeuner, leur consacrant trois quarts d'heure environ. Ses paroles se cantonnaient alors à la transmission, sans jamais se mêler de propos ordinaires ; le reste du temps, Khyentsé Rinpoché gardait strictement le silence. Mis à part les personnes incluses dès le début de la retraite, Khyentsé Rinpoché ne rencontra aucun visiteur pendant ces quatre mois.

Il y avait également trois autres pensionnaires dans la maison : un chat blanc et gris, un chien jaune et un lapin blanc. Le chat et le chien faisaient d'excellents amis et jouaient constamment ensemble. Le lapin était curieux de ces ébats, mais dès que les deux autres tentaient de l'impliquer un peu trop activement, il s'éclipsait prestement. L'un des jeux favoris du chien consistait à prendre le chat par la peau du cou, comme l'aurait fait sa maman, et à le traîner sur le carrelage sur toute la longueur de la maison, jusqu'au porche. Le chat se laissait faire béatement. Après que Khyentsé Rinpoché eut terminé sa retraite, il convia quelques autres moines à accomplir avec lui des cérémonies d'offrande pendant quinze jours. Durant ces cérémonies, le chat aimait se poster au sommet d'un vieux canapé d'où il guettait le chien. Dès que ce dernier passait à proximité, il sautait sur lui comme un tigre sur sa proie. Après qu'il eut répété son stratagème à plusieurs reprises, nous fûmes pris d'un fou rire collectif, Khyentsé Rinpoché y compris, à tel point que la cérémonie fut interrompue pendant quelques minutes.

Tous les matins, je passais une ou deux heures à accomplir mes propres pratiques spirituelles, assis sur le tapis à quelques mètres de Khyentsé Rinpoché, qui se livrait silencieusement à ses méditations et récitations, égrenant son mala de cristal, le regard ouvert vers l'infini comme s'il contemplait un vaste espace qui ne faisait qu'un avec l'immensité de sa réalisation intérieure. Rien ne venait troubler la sérénité du lieu. De temps à autre, l'appel d'un toucan, la mélodie d'une grive rieuse, ou le cri d'un cerf aboyeur résonnaient par les fenêtres grandes ouvertes. La forêt abondait en champignons. L'idée saugrenue d'en consommer un cru m'offrit l'occasion de ma première et dernière expérience hallucinatoire, accompagnée de vertiges et vomissements.

Un jour, je reçus de France une carte postale représentant un paysage, le seul courrier, je crois, qui m'arriva durant ces quatre mois. Je la montrai à Khyentsé Rinpoché, qui, quelques instants plus tard, me tendit une feuille d'un coup d'œil complice et amusé sur laquelle il avait écrit ce verset :

> Contemplant ce superbe paysage,
> Tu te remémores ton pays natal.
> Ici, tu manges des pommes de terre,
> Et te trouves réduit à l'état de serviteur.
> Tel est le jeu du karma !

Il savait bien que mon pays natal et ses délices gastronomiques comptaient bien peu pour moi au regard de l'opportunité inestimable que j'avais d'être auprès de mon maître, au cœur même de sa retraite. Un proverbe tibétain dit d'ailleurs : « Abandonner sa terre natale, c'est accomplir déjà la moitié du Dharma. » Je n'éprouvais décidément aucun regret.

C'est aussi à cette époque que Khyentsé Rinpoché reçut la photocopie d'une lettre qu'un Tibétain avait envoyée du Tibet à des membres de sa famille réfugiée en Inde. Une lettre du Tibet, rendez-vous compte ! Des photocopies de cette missive firent le tour des communautés tibétaines en exil. Il n'y avait rien d'extraordinaire dans son contenu, juste des nouvelles familiales, mais aucun courrier personnel n'était jamais arrivé par la poste du Tibet depuis l'invasion chinoise en 1959. Le décès de Mao Tsé-toung, en 1979 fut suivi d'un allègement des restrictions certes très limité, mais appréciable.

Du fait de son vœu de silence, Khyentsé Rinpoché avait pris l'habitude d'indiquer par des gestes particuliers quelle personne il souhaitait faire venir. Dans le cas de Tséwang Lhundroup, le moine bhoutanais qui, avec moi, s'occupait de sa personne, il sonnait la cloche qu'il utilisait par ailleurs pour les rituels. Dans mon cas, il claquait des doigts, ce que j'entendais clairement même lorsque j'étais assis dans la pièce d'entrée en train d'étudier ou de prendre des notes sur les enseignements que nous avions reçus. Si quelqu'un d'autre se trouvait auprès de lui et qu'il souhaitait que je vienne, il formait un rond avec son pouce et son index qu'il mettait devant son œil, pour symboliser les lunettes que je portais. Quand il requérait la présence de Tulkou Kunga, son scribe, il mimait de sa main le geste d'écrire. Enfin, s'il voulait que nous appelions son épouse, il esquissait le contour d'une longue chevelure en passant son doigt du haut de son front jusque derrière son oreille. Lorsqu'il avait besoin de quelque chose, un livre par exemple, il écrivait une phrase avec son ongle sur une petite ardoise huilée recouverte d'une fine couche de cendres. Son écriture était difficile à lire, aussi m'arrivait-il de sortir prestement, l'ardoise à la main, et de demander l'aide de mes compagnons pour déchiffrer le message, ce qui m'épargnait de me trouver perplexe face à lui à essayer de comprendre ce qu'il venait d'inscrire.

Au cours de ces quatre mois, Khyentsé Rinpoché nous conféra un enseignement graduel qui couvrait l'ensemble de la voie du bouddhisme tibétain. Il commença par nous lire et nous expliquer *Le Chemin de la Grande Perfection*, le célèbre texte de Patrul Rinpoché sur les préliminaires de la voie. Puis il nous conféra une initiation de Padmasambhava, selon la tradition de *L'Essence du cœur de l'immensité*, le *Longchèn Nyingthig*, et nous donna toutes les explications sur les visualisations et récitations de mantras qui accompagnent cette pratique. Ensuite, pendant trois semaines, il nous enseigna chaque jour l'un des vingt-et-un exercices de yoga liés à cette même tradition. Assis sur son lit, il nous expliquait l'exercice du jour, tandis que Guélong Sangyé, l'un de ses disciples qui maîtrisait cette pratique, nous en faisait la démonstration. En fin de journée, sous l'égide de Guélong Sangyé, nous nous retrouvions tous dans le temple situé sur une petite colline à une centaine de mètres de la maison afin de répéter l'ensemble des exercices appris au fil des semaines. Chaque jour un nouvel exercice venait s'ajouter à la série des vingt et un. Au terme des vingt et un jours, pendant une semaine, à tour de rôle, chaque disciple présenta la totalité des exercices non seulement à Khyentsé Rinpoché, mais devant tous les autres pratiquants réunis à l'heure consacrée aux enseignements. Un examen de passage, en quelque sorte ! Lorsque vint mon tour, je m'appliquai de mon mieux, mais je butai, comme toujours, sur un exercice particulièrement difficile qui consistait à sauter en l'air et à croiser rapidement les jambes avant de retomber assis à plat, en parfait lotus. Jeunes et sveltes en ce temps, Rabjam Rinpoché et la plupart de mes compagnons maîtrisaient parfaitement bien cet exercice. Dans mon cas, en raison de mes jambes occidentales formées sur le tard à ce genre de posture, je ne parvenais à retomber qu'en demi-lotus. Khyentsé Rinpoché manifesta une indulgence bienveillante, et, mêlant exceptionnellement quelques mots de conversations ordinaires à ses enseignements, il me dit : «Te voilà prêt à montrer ces exercices à tes amis qui effectuent la retraite de trois ans en France.» Des paroles qui s'accomplirent l'année suivante, quand Khyentsé Rinpoché enseigna, plus succinctement, ces exercices aux retraitants du centre d'études de Chanteloube en Dordogne, et me demanda à cette occasion de leur présenter les exercices en détail. À Phuntsoling, j'avais pris des notes détaillées fondées sur des explications de Khyentsé Rinpoché sur chaque aspect des mouvements. Ces notes se sont avérées précieuses, des décennies plus tard, lorsque des disciples de la lignée de Khyentsé Rinpoché souhaitèrent se familiariser avec ces exercices.

Pour conclure le cycle d'enseignements de cette retraite, Khyentsé Rinpoché conféra l'introduction à la nature de l'esprit et les enseignements du texte connu sous le nom de *Yéshé Lama, L'Insurpassable sagesse primordiale*, le principal enseignement du grand maître Jigmé Lingpa sur la Grande Perfection.

Au terme des quatre mois, un matin ensoleillé, Khyentsé Rinpoché se leva, torse nu, vêtu comme à l'accoutumée de sa longue jupe de soie sauvage jaune et, s'appuyant sur les épaules de Tséwang Lhundroup et les miennes, il sortit sur la pelouse devant la maison. Rompant son vœu de silence, il se remit à parler, comme si de rien n'était. Il avait terminé sa retraite…

Nous sommes revenus l'hiver suivant à Phuntsoling où, à la requête de Drigoung Khyabgön Rinpoché, le patriarche de la tradition Drigoung Kagyu[1], Khyentsé Rinpoché conféra pendant deux mois et demi la transmission des dix-huit volumes du *Trésor des instructions spirituelles*, le *Damngak Dzö*. À cette occasion, une grande tente fut érigée par les autorités locales sur un terre-plein non loin de la maison de Khyentsé Rinpoché afin d'abriter un millier de disciples venus de toutes parts, parmi lesquels figuraient nombre de lamas incarnés (*tulkous*), des érudits, et d'innombrables pratiquants, moines, nonnes et laïcs.

Ma mère, Yahne, avait été invitée par Khyentsé Rinpoché à passer six mois au Bhoutan. Arrivée durant l'été, elle eut souvent l'occasion de rencontrer la reine mère, lorsqu'elle rendait visite à Khyentsé Rinpoché. C'est ainsi qu'elle devint proche d'elle et que la reine la prit sous sa protection, ne cessant jamais de lui manifester son amitié, notamment en lui envoyant chaque année des cadeaux, jusqu'à ce jour. À Phuntsoling, ma mère fut logée dans une résidence appartenant à la famille royale, située à une centaine de mètres de la maison de Khyentsé Rinpoché. Elle put donc recevoir les enseignements que donna mon maître cet hiver-là.

Le Trésor des instructions spirituelles, rassemblé au XIXe siècle par le grand maître Jamgön Kongtrul, contient l'essence des initiations et instructions des huit lignées principales du bouddhisme tibétain, aussi appelées *Les Huit Grands Chars de la lignée de la pratique*[2]. Ces lignées se sont formées entre les IXe et XIIe siècles sous l'inspiration de leurs fondateurs, qui furent des maîtres spirituels particulièrement éminents. Elles ne diffèrent pas sur les points fondamentaux du bouddhisme, mais sur l'importance plus ou moins grande apportée à l'étude ou à la contemplation, et offrent un ensemble exhaustif de pratiques qui varient quelque peu dans la forme, mais permettent toutes de parcourir l'intégralité du chemin spirituel qui mène à l'Éveil.

Pendant ce cycle d'enseignements, je préparais chaque jour les textes que Khyentsé Rinpoché allait transmettre. Le dernier volume des *Huit Grands Chars de la lignée de la pratique* comportait un recueil d'une centaine de brefs enseignements donnés en Inde et au Tibet. Chaque jour, en fin d'après-midi, Khyentsé Rinpoché expliquait un ou plusieurs de ces enseignements. Parmi ces courts textes, j'avais pour tâche de repérer ceux qui correspondaient aux autres enseignements que Khyentsé Rinpoché allait aborder ce jour-là et de les lui présenter en fin d'après-midi afin qu'il les transmette, de sorte que l'ensemble des cent enseignements soient traités à la fin des deux mois.

Lorsque l'exposition du cycle du *Trésor des instructions spirituelles* fut terminée, Khyentsé Rinpoché me confia avec grande bonté le jeu des dix-huit volumes qu'il avait utilisés durant les enseignements et qui contenaient quelques notes écrites de sa main. Il m'expliqua : « C'est seulement quand on ignore le contenu de tels enseignements que l'on risque d'adopter un point de vue sectaire. Lorsque l'on en prend connaissance, on comprend qu'ils mènent tous à l'Éveil et ont le même sens ultime. » Je conserve précieusement ces volumes dans la bibliothèque de la maison de ma mère en Dordogne.

CHAPITRE 19

Le Palais de grande félicité

Cérémonies annuelles à Déchèn Chöling, dans l'atmosphère si particulière du palais de la reine mère et de la résidence de Dilgo Khyentsé Rinpoché. Les attentions de la famille royale à notre égard.

Tous les ans, à la requête de la reine mère, Khyentsé Rinpoché, accompagné d'une douzaine de moines triés sur le volet, accomplissait pendant une semaine des cérémonies dans le palais royal, Déchèn Chöling, situé à quelques kilomètres de la vallée de Thimphou, la capitale du Bhoutan. Les cérémonies avaient lieu au deuxième étage de cette grande et belle demeure de trois étages en pierres de taille. On y accédait par de larges escaliers de bois aux marches glissantes tant elles avaient été polies avec soin. Le nom complet du palais, Déchèn Chöling Phodrang, signifie «Terre du Dharma de la Grande Félicité».

En dehors des cérémonies, il régnait un silence rarement perturbé en ces lieux. Les conversations se tenaient à voix basse et l'on marchait à pas feutrés sur un plancher fait de longues et larges planches équarries à la main qui luisaient comme des miroirs. Les serviteurs de la reine lustraient quotidiennement le sol avec les feuillages d'une plante odoriférante qui leur conféraient une brillance parfaite et une élégante couleur rouge sombre, tout en laissant planer dans les pièces un subtil parfum de sous-bois.

À l'intérieur, des boiseries magnifiquement décorées dans le style traditionnel bhoutanais alternaient avec des murs en adobe décorés de fresques aux couleurs pastel, peintes à l'aide de pigments naturels extraits de plantes et de minéraux provenant de l'Himalaya. L'une de ces fresques, peinte sur les conseils de Khyentsé Rinpoché, représentait un lama du XVIe siècle, Jatshön Nyingpo, «Essence de l'arc-en-ciel», assis dans l'espace au milieu de deux cercles de flammes. Le long des murs se succédaient de grands coffres en bois peint dotés de fermetures en fer forgé. Tout procédait d'un grand raffinement et d'une subtile élégance, dénuée de toute trace de luxe ostentatoire.

Le Palais de grande félicité

Le palais était entouré de splendides roseraies, de jardins à l'anglaise et d'un parc occupé entre autres par deux cerfs accompagnés d'une douzaine de biches. À une centaine de mètres au-dessus du palais, en haut d'une belle pelouse parsemée de pommiers, s'élevait une longue maison basse, construite dans le style traditionnel, que la reine avait mise à disposition de Khyentsé Rinpoché. C'était là sa résidence principale au Bhoutan, si tant est que l'on puisse employer ce terme pour un maître qui n'avait aucune résidence fixe et se déplaçait constamment ici et là, en fonction des enseignements qu'on lui sollicitait et des retraites qu'il effectuait en des lieux retirés. Néanmoins, il passait environ un mois par an dans cette résidence et c'est là qu'il conservait la plupart de ses livres et objets précieux. Dans le verger qui entourait sa maison s'élevait une rotonde entourée d'arbres à l'ombre desquels Khyentsé Rinpoché donnait parfois des enseignements. Les disciples pouvaient y accéder par une entrée séparée, ménagée dans le mur d'enceinte de la partie supérieure du parc. C'est là qu'il conféra notamment la transmission des *Sept Trésors* de l'omniscient Gyalwa Longchèn Rabjam, l'un des plus grands maîtres et exégètes de la tradition Nyingmapa du bouddhisme tibétain.

Son épouse, Khandro Lhamo, avait également sa chambre à Déchèn Chöling, mais elle résidait principalement à la nonnerie de Sissinang, un petit monastère qui fut offert à Khyentsé Rinpoché peu après son arrivée dans le pays. Elle rejoignait Khyentsé Rinpoché lors de la plupart de ses enseignements et cérémonies et lorsqu'il voyageait hors du Bhoutan. Elle pouvait se montrer méfiante envers ceux qui gravitaient parfois autour de Khyentsé Rinpoché pour retirer de sa présence quelques avantages personnels et savait tenir à distance ces malvenus. Nous éprouvions tous un grand respect à son égard. Elle fit toujours preuve d'une grande bienveillance envers moi et je jouissais de toute sa confiance. J'aimais passer un moment auprès d'elle et elle partageait alors avec joie les histoires et anecdotes de leur vie au Tibet. Elle m'offrait également ses conseils sur la meilleure façon de servir Rinpoché et de lui être utile.

☙

Les cérémonies étaient dédiées à la pérennité de la paix dans le pays et à la longue vie du roi et de sa famille. Les premiers jours étaient consacrés à la pratique de longévité, un texte extrait du cycle du *Tsédroup Sangdu*, un trésor spirituel révélé par le grand maître visionnaire du XVe siècle Ratna Lingpa. Au cours de cette cérémonie, les participants se visualisent eux-mêmes sous la forme du bouddha de la vie infinie, Amitayus, et rassemblent en leur cœur la quintessence des éléments naturels et les bénédictions des bouddhas et bodhisattvas sous la forme d'une force vitale régénératrice. Ainsi, les pratiquants visualisent qu'ils extraient la quintessence de l'élément terre, celle des montagnes, des forêts, des plantes médicinales, de l'or et de toutes les pierres précieuses; la quintessence de l'élément eau, celle des océans et de leurs puissantes vagues, des fleuves et cascades, et de la lune; la quintessence du feu, la puissance du soleil et de l'embrasement qui marquera la fin d'un univers; la quintessence du vent, la force des grandes tempêtes et du mandala du vent qui soutient l'univers; la quintessence de l'espace, l'immensité infinie de la vérité absolue, la vacuité d'existence propre, nature ultime de tous les phénomènes. Sous la forme d'un nectar lumineux, ces quintessences se dissolvent dans le cœur du disciple qui se visualise sous la forme d'Amitayus. Ainsi, la force de vie est régénérée. Ensuite, le disciple offre cette quintessence de vie aux grands maîtres spirituels qui œuvrent pour le bien de tous, à des êtres chers, à des personnes malades et à tous les vivants.

Khyentsé Rinpoché nous rappelait que le sens véritable de la «vie infinie» était la reconnaissance de la nature ultime de l'esprit, qui se trouve au-delà de la vie et de la mort. Les chants particulièrement doux et mélodieux, les visualisations hautement évocatrices, la présence majestueuse de Khyentsé Rinpoché accompagné seulement d'une douzaine de moines, la majesté de la grande pièce où nous nous tenions et l'atmosphère de profond recueillement du palais conféraient à cette cérémonie une solennité très particulière.

Pendant la durée des cérémonies, Khyentsé Rinpoché logeait dans une chambre adjacente à la grande pièce où se déroulaient les célébrations. Cette chambre avait d'ailleurs vu naître le roi. Les appartements de la reine mère se situaient à l'étage supérieur. Elle y vivait entourée de quelques fidèles intendants toujours sur le qui-vive. Elle parlait d'une voix douce, mais une grande autorité émanait d'elle. Au fond de la grande pièce de réception magnifiquement décorée, un autel en bois sculpté abritait une statue de Gourou Padmasambhava peinte à l'or fin, flanquée de statues de déités et de reliquaires contenant de précieux objets, parmi lesquels un bracelet de Yéshé Tsogyal, la plus proche disciple de Padmasambhava.

La reine et ses visiteurs s'asseyaient sur de larges banquettes recouvertes de brocarts, devant des tables finement sculptées sur lesquelles s'élevaient des pyramides de fruits dans des récipients en argent ciselé par les meilleurs orfèvres de la région. Les merveilles du Bhoutan, son histoire, dont elle était férue, et les récits de la vie des grands maîtres du passé occupaient l'essentiel de ses conversations, toujours très agréables. Elle attribuait la paix et la prospérité qui régnaient dans le royaume à la bienveillance et aux bénédictions de Khyentsé Rinpoché et resta fidèle à son souvenir des années après la mort de notre maître.

La reine consacrait ses matinées à la prière et récitait chaque jour dix mille mantras de Padmasambhava, pour lequel elle éprouvait une dévotion qui n'avait d'égale que celle qu'elle nourrissait à l'égard de Khyentsé Rinpoché. Elle priait avec intensité, souvent les yeux fermés, accompagnant son invocation de mouvements de ses mains jointes tandis que son visage était parcouru d'expressions changeantes. De temps à autre, elle s'adressait à voix basse à une précieuse statue ou à une photographie de Khyentsé Rinpoché.

Lorsque Khyentsé Rinpoché séjournait dans sa maison dans l'enceinte du palais, tous les deux ou trois jours, la reine venait lui rendre visite. Elle traversait le parc et empruntait un petit chemin dallé de pierres plates, suivie de quelques serviteurs qui apportaient des présents – vitamines, pots de curcuma, miel bhoutanais, et toutes sortes d'élixirs –, le tout soigneusement empaqueté dans du papier bhoutanais fabriqué à la main à partir de fibres issues de l'écorce d'edgeworthia.

À l'annonce de son approche, pour éviter de se retrouver de façon inopportune devant la reine, les visiteurs venus rencontrer Khyentsé Rinpoché s'égaillaient dans la nature, se dissimulaient derrière la maison ou attendaient dans la grande pièce dans laquelle nous entreposions les milliers de volumes imprimés en Inde sous la direction de Rinpoché. En effet, personne n'était supposé croiser la reine de manière impromptue dans l'enceinte de son palais. Pour avoir l'honneur de la rencontrer, il fallait soumettre une requête au préalable. À son arrivée, seuls demeuraient donc Khyentsé Rinpoché et son entourage immédiat. Après avoir accueilli la reine, nous nous retirions dans l'antichambre et les laissions tenir de longues conversations dont nous parvenaient les calmes et douces intonations. De temps à autre, nous jetions un coup d'œil discret en soulevant un bord du lourd rideau de feutre rouge et jaune qui masquait la porte, pour nous assurer qu'ils ne manquaient de rien ou savoir si la reine s'apprêtait à prendre congé. Le moment venu, elle s'approchait pour recevoir la bénédiction de Rinpoché, puis sortait de la pièce à reculons, les mains jointes sur le cœur.

Avant de redescendre vers son palais, elle conversait quelques instants avec nous ; elle nous entretenait des derniers événements ou nous décrivait certains temples ou lieux sacrés d'une vallée avoisinante qu'elle me conseillait de visiter. Peu après son retour au palais, il n'était pas rare que l'un de ses serviteurs revienne, porteur de quelques mets ou friandises qui nous étaient destinés. Les autres visiteurs « clandestins » ressortaient alors de leur cachette et Rinpoché reprenait les enseignements là où il les avait laissés.

Comme je ne mangeais pas de viande et que, en conformité avec les vœux monastiques, je ne me nourrissais plus après le repas de midi, j'avais pris une apparence un peu malingre. La reine m'avait pris sous sa protection et m'envoyait de temps à autre du fromage de *dri* (la femelle du yak) ou des pâtisseries, ce qui ne manquait pas de m'attirer les plaisanteries répétées des jeunes tulkous et des proches de Rinpoché. Aujourd'hui, trente-cinq ans plus tard, Dzongsar Khyentsé Rinpoché, l'incarnation de Dzongsar Khyentsé Chökyi Lodrö, le deuxième maître de Dilgo Khyentsé Rinpoché, me taquine encore à propos des attentions dont m'entourait la reine mère. Ces faveurs donnaient d'ailleurs lieu à des contrastes qui illustraient l'impermanence de toute chose. Lorsqu'il lui arrivait d'accompagner Khyentsé Rinpoché dans l'un de ses déplacements, la reine m'invitait occasionnellement à m'asseoir à côté d'elle dans sa Mercedes, mais dès le lendemain je me retrouvais ballotté pendant des heures à l'arrière d'un camion, sous la pluie, parce que Khyentsé Rinpoché m'avait envoyé chercher des livres dont il avait besoin. C'était là une bonne mise en pratique de l'« unique saveur[1] » facilitée par la joie que j'éprouvais, jour après jour, à vivre auprès de Rinpoché.

À chaque fois que nous nous préparions à partir pour quelque temps dans une autre province du Bhoutan, Khyentsé Rinpoché me demandait de sortir des douzaines de volumes de la bibliothèque qui couvrait tout un mur de sa chambre. Comme tous les livres tibétains, ils consistaient en folios non reliés, enveloppés dans un tissu et identifiables par une languette d'étoffe porteuse du titre du texte écrit à la main. Il m'indiquait alors ceux qu'il souhaitait emporter et nous avions bientôt préparé deux ou trois gros ballots de toile renforcée contenant chacun une trentaine de volumes. Mes recherches quotidiennes dans cette vaste et riche bibliothèque me permirent d'en acquérir une connaissance assez précise.

La veille ou l'avant-veille du départ, il m'arrivait de me rendre auprès du secrétaire de la reine mère, le docteur Zangpo – il avait été médecin dans sa jeunesse –, qui siégeait dans un bureau situé dans le parc. Ma mission pouvait consister par exemple à lui faire la demande de mettre à la disposition de Rinpoché un véhicule supplémentaire. Quelle que soit la question posée, sa réponse débutait invariablement par «Non, non...». Je l'appelais donc «docteur No-no». Si je voulais vérifier la date du départ et lui demandais : «Nous partons bien demain, n'est-ce pas?», immanquablement, j'avais droit à : «Non, non, non... Le départ aura lieu demain matin à 10 heures!» Tout le monde le craignait, mais je m'entendais bien avec lui, sa personnalité m'amusait beaucoup.

C'est aussi lors de ces séjours à Déchèn Chöling qu'à la demande de Khyentsé Rinpoché je pus photographier la collection des précieux *thangkas* – les peintures traditionnelles sur tissu bordées de brocart – appartenant à la reine. Une splendide série de vingt-trois *thangkas*, notamment, illustre les vies passées du Bouddha, inspirée d'un texte appelé «L'Arbre des souhaits». Cet ensemble exceptionnel de peintures sur tissus fut exécuté dans le style raffiné appelé *Karma Gardri*, du Tibet oriental, et fut offert à la fin du XIXe siècle au premier roi du Bhoutan, Urgyèn Wangchuck, par le XVe Karmapa, Khakyap Dorjé. Outre les photographies de ces vingt-trois *thangkas*, j'eus l'occasion de prendre au fil des ans plus de trente mille clichés sur l'art himalayen, qui sont préservés aux Shechen Archives, au Népal, et mis à la disposition de tous ceux qui en font la demande[2].

Derrière le palais s'élevait une colline boisée traversée de ruisseaux. À mi-hauteur, on y découvrait la résidence de la mère du troisième roi, Jigmé Dorjé Wangchuck (décédé en 1972, à l'âge de 57 ans). Nommée Ashé Phuntsok Chödrön, elle fut, elle aussi, une grande bienfaitrice du bouddhisme et une fervente disciple de Dudjom Rinpoché. Khyentsé Rinpoché allait lui rendre visite une ou deux fois par an. C'était une femme d'allure noble et calme, assise dans un fauteuil roulant, qui consacrait son temps aux pratiques spirituelles.

Je ressentais alors une profonde affinité avec le Bhoutan, ses sublimes paysages, son air pur et ses rivières limpides, son peuple simple, dévoué et énergique, ainsi que son style de vie profondément inspiré des valeurs bouddhistes.

Intimement liée à l'histoire du pays, la spiritualité se reflète jusque dans la description des paysages : les montagnes sont des « éléphants couchés », symboles de force tranquille, ou des « lions fièrement campés », dont le rugissement exprime la proclamation du Dharma ; les plaines dessinent des lotus à huit pétales ; les pans de ciel découpés par les parois rocheuses évoquent des « cercles de joie » (*gakhyil*) ; les lacs prennent la forme de vases d'abondance ou de coupes d'ambroisie. Le pays tout entier est sacré, chaque vallée est un lieu de pèlerinage, et chaque roc, grotte et rivière est lié à une histoire. Ici un ermite a médité, là un saint a laissé dans le rocher l'empreinte de son pied, là encore réside un génie du sol. Telle source est habitée par un *naga*, être mi-homme mi-serpent, telle forêt ne sera jamais coupée, car elle a été bénie par un maître du passé.

Jusqu'à présent, le Bhoutan a su remarquablement allier la préservation de sa culture bouddhiste traditionnelle et les contributions les plus utiles de la civilisation occidentale en matière de préservation de l'environnement, d'amélioration de la santé publique et d'éducation. Comme l'a remarqué un haut fonctionnaire canadien, qui aida en son temps le Bhoutan à intégrer l'Organisation des Nations unies : « Le Bhoutan pourrait devenir comme n'importe quel autre pays du continent asiatique, mais aucun de ces pays ne pourra jamais plus redevenir comme le Bhoutan. »

CHAPITRE 20

Une courte séparation

Deuxième voyage en France. Dilgo Khyentsé Rinpoché repart au Bhoutan après ses enseignements en Dordogne. Je reste quatre mois de plus au centre de retraite afin de traduire oralement Le Trésor de précieuses qualités. *Premier éloignement d'avec mon maître.*

Au printemps 1981, Dilgo Khyentsé Rinpoché fut de nouveau invité en France, en Dordogne, par Tulkou Péma Wangyal pour conférer une nouvelle série d'enseignements aux disciples qui avaient entamé une retraite de trois ans. Depuis que j'étais devenu son disciple et étais entré à son service, je me trouvais constamment aux côtés de mon maître, ainsi que deux ou trois autres moines, afin de veiller sur lui et répondre à toute demande ou besoin qu'il manifestait. Je l'accompagnai donc pendant ce séjour d'un mois au cours duquel, outre des enseignements collectifs, il donna des conseils individuels à chacun des retraitants. Il enseigna également aux visiteurs venus de toutes parts, dans la résidence périgourdine où il habitait, désormais renommée Tashi Pélbar Ling.

Peu avant de repartir pour le Bhoutan, Dilgo Khyentsé Rinpoché me demanda de rester quelques mois, à la requête de Tulkou Péma Wangyal, afin de traduire oralement pour les retraitants de Chanteloube un commentaire du *Trésor de précieuses qualités* écrit par un grand érudit, Khénpo Yönten Gyatso, disciple de Patrul Rinpoché. J'avais le cœur serré de voir Khyentsé Rinpoché repartir, sachant qu'il allait justement continuer d'enseigner en détail ce texte essentiel. J'enjoignis à une amie qui partait avec lui d'enregistrer dans son intégralité et sans perdre une minute de ses paroles toutes les explications qu'il allait donner. Je dois avouer qu'une fois les voitures qui emmenaient Khyentsé Rinpoché et son entourage à Paris parties, alors que je me retrouvai seul dans sa résidence, en proie à un profond dépit, assis sur le tapis de chambre, je me mis à tambouriner des poings sur le plancher. J'avais encore du chemin à parcourir pour atteindre la perfection de la patience et de l'équanimité !

Dans l'avion qui le ramenait à Delhi, Khyentsé Rinpoché écrivit ce conseil, qu'il m'envoya à son arrivée en Inde.

> Pour un temps, cet humble vieillard s'en va vers l'Inde,
> Et Konchog Tendzin reste en France :
> Animé d'une foi inébranlable, prie afin que maître et disciple jamais ne soient séparés,
> Et il est certain que bientôt nous serons réunis.
>
> Par moments, observe les joies et les peines des différentes contrées,
> Et ceux qui, ne récitant pas un seul *Mani*, aide précieuse pour leurs vies futures,
> S'emploient avec frénésie aux affaires de ce monde.
> Réfléchis : les activités du samsara ont-elles la moindre essence ?
>
> À d'autres moments, examine bien ton propre esprit :
> Si des états mentaux afflictifs surviennent, libère-les à l'instant où ils surgissent et préserve cet état.
> Si tu demeures dans l'état naturel des choses telles qu'elles apparaissent,
> Contemple le visage de la continuité primordiale
> Et laisse ton esprit reposer dans la rencontre du maître ultime,
> L'état de simplicité naturelle de l'esprit.
>
> À d'autres moments, encore, si tu ressens quelque euphorie,
> Défais-toi de toute saisie,
> Et offre la primeur de ta joie à ton maître racine.
> Ne t'accroche pas à la félicité,
> Maintiens le flot de sa libération spontanée à mesure qu'elle surgit.
> Nourriture et vêtement viendront à toi spontanément.
>
> De temps à autre, si tourments ou maladies surviennent,
> Comprends qu'ils te purifient de tes obscurcissements et sont un rappel de la compassion.
> Goûtant joies et peines au sein de l'unique saveur, contemple l'ainsité.

Une courte séparation

Demeure parfaitement à l'aise dans la félicité libre d'espoir et de crainte.

N'oublie pas ton maître : médite-le au centre de ton cœur !
N'oublie pas les instructions essentielles : penses-y au moment crucial ;
N'oublie pas la mort : elle te servira d'encouragement à la vertu ;
Ne relâche pas ta persévérance : attise-la de jour comme de nuit.

Toute séparation est le signe d'une réunion prochaine,
Cependant, aussi joyeuse la réunion soit-elle,
Viendra le jour où inéluctable sera la séparation, c'est certain.

Contemple ce spectacle illusoire avec ton esprit illusoire ;
Reconnaissant l'illusion, fais l'expérience du sens primordial.

Si tu te conduis en accord avec le Dharma, en cette vie tu ne manqueras de rien ;
Dans les vies à venir, tu iras de félicité en félicité
Et conquerras la citadelle de la nature ultime qui transcende l'intellect.
Je prierai pour toi avec constance, fils fortuné !

Ces instructions furent envoyées en chemin par ce vieillard bavard pour dissiper ta tristesse. Bois à satiété les gouttelettes étincelantes de cette ambroisie, et tes expériences et ta réalisation s'épanouissant, puisses-tu atteindre la citadelle immuable[1].

À toute chose malheur est bon. J'ai ainsi partagé pendant trois mois la vie des retraitants de Chanteloube. Tous les jours, après le déjeuner, je traduisais oralement du tibétain en anglais, pendant une heure et demie, quelques pages du lumineux commentaire de Khénpo Yönten Gyatso sur le *Trésor de précieuses qualités*, l'explication la plus détaillée qui soit du profond texte en vers de Jigmé Lingpa. Je pus ainsi terminer la traduction orale du premier des deux volumes de sept cents pages chacun. Lorsque j'avais des doutes sur le sens de certains passages, je soumettais mes questions à un grand érudit, Nyoshul Khén Rinpoché, qui résidait lui aussi à La Sonnerie, renommée Tashi Pélbar Ling par Dilgo Khyentsé

Rinpoché, la maison périgourdine qu'il occupait lorsqu'il se trouvait en Dordogne.

Khyentsé Rinpoché appréciait la sincérité et l'engagement de ses disciples occidentaux, tout particulièrement ceux qui se consacraient à de longues retraites. Il considérait certains d'entre eux comme d'excellents pratiquants. Il était également reconnaissant envers Tulkou Péma Wangyal et sa famille de rendre ainsi la voie du Dharma accessible à tant de personnes qui, sans eux, n'auraient jamais eu la moindre idée du chemin de libération de la souffrance offerte par le bouddhisme. Mais hormis cette aspiration essentielle, il était aussi peu attiré par le chatoiement des lumières artificielles de la société occidentale, sa frénésie de consommation et ses succédanés de félicité brandis par les hérauts de l'hédonisme et de l'individualisme qu'un lion l'est par une touffe d'herbe. Lorsque nous atterrissions en Inde au retour d'un voyage, il disait souvent avec satisfaction : « Nous voici de retour au pays ! » Cela peut paraître étonnant si l'on compare les conforts de l'Occident au capharnaüm d'une ville indienne ou à la rusticité de la vie au Népal et au Bhoutan. Mais pour lui, bien sûr, l'essentiel était ailleurs, et il affectionnait particulièrement le Bhoutan, notamment pour la façon dont le Dharma y était préservé.

Au terme de ces trois mois passés en France, je rejoignis enfin Khyentsé Rinpoché au Bhoutan. Il m'accueillit d'un « bienvenu » chaleureux et posa sa grande main sur ma tête. Je repris ma vie auprès de lui comme si jamais nous n'avions été éloignés. Il continua d'enseigner *Le Trésor de précieuses qualités* à Rabjam Rinpoché tous les jours pendant un an, à raison d'une demi-heure chaque jour. Compte tenu des fréquents déplacements de Khyentsé Rinpoché, nous fûmes les seuls à les recevoir en toutes circonstances.

Les voyages de Khyentsé Rinpoché de par le vaste monde étaient aussi porteurs de bienfaits intangibles liés à sa réalisation spirituelle et à sa simple présence. Je fus maintes fois témoin de la façon dont la simple vue ou rencontre de Khyentsé Rinpoché avait le pouvoir de transformer la perception des gens, les prenant par surprise et provoquant parfois des répercussions durables dans leur existence. Stan Lai, par exemple, un Taïwanais à qui l'on doit le renouveau du théâtre dans ce pays au cours des trente dernières années, vint en Dordogne pour rencontrer Dudjom Rinpoché, dont il était le disciple. Mais il ne trouva pas sa maison. Au détour d'une petite route, il découvrit un petit écriteau «Tashi Pélbar Ling» à l'orée d'un chemin. Pensant que ce devait être le lieu qu'il cherchait, il entra dans la maison. La personne qui le reçut lui indiqua la maison de Dudjom Rinpoché en ajoutant que, s'il le souhaitait, il pouvait également rencontrer Khyentsé Rinpoché. C'est ainsi que Stan fut conduit en présence de Khyentsé Rinpoché, dans sa chambre. Il s'assit dans un coin de la pièce, se contentant très simplement de le contempler, éberlué, incapable de prononcer un mot. Très vite, les larmes lui vinrent aux yeux. Il passa une demi-heure en présence de Rinpoché, pleurant en silence, bouleversé au plus profond de lui-même de découvrir qu'un tel être accompli existait en ce monde. Plus tard, je devins un ami proche de Stan, qui portait cette première rencontre gravée dans son cœur. Il revit plusieurs fois Khyentsé Rinpoché, notamment quelques mois avant sa mort, au Bhoutan, puis traduisit en chinois plusieurs de ses enseignements que j'avais moi-même traduit en anglais. Plus tard, il fit aussi la traduction en chinois du *Moine et le Philosophe* et du *Plaidoyer pour le bonheur*.

À la fin des années 1980, un ambassadeur de France, Roland Barraux, et son épouse se rendaient presque chaque dimanche à notre monastère, à pied depuis la résidence française à une bonne heure de marche de là. Nous avons fini par les connaître et les avons conviés à rencontrer Khyentsé Rinpoché. L'ambassadeur fut vivement impressionné et, avant de quitter le Népal, il vint quérir quelques conseils spirituels auprès de Khyentsé Rinpoché. Avant de prendre congé, il invita Rinpoché à lui résumer l'essence du bouddhisme en un mot. «Compassion», répondit notre maître. Plus tard, il m'écrivit que peu après sa nomination comme ambassadeur en Somalie, alors que des rebelles avaient pris le contrôle d'une partie de la capitale en janvier 1991, l'ambassade fut envahie. Heureusement, cette dernière était située sur le front de mer, et avec son épouse et quelques employés, ils eurent juste le temps de monter à bord d'une embarcation, abandonnant tout derrière eux. Il me rapporta s'être remémoré les paroles et la bienveillance de Khyentsé Rinpoché dans ces circonstances difficiles. Plus tard, ayant pris sa retraite, Roland Barraux écrivit une biographie des quatorze Dalaï-lamas[2].

Le pouvoir d'attraction et d'inspiration de Khyentsé Rinpoché se manifestait tout aussi bien dans les circonstances et les environnements les plus ordinaires. Lors d'un voyage à Hong Kong, au moment où Khyentsé Rinpoché apparut dans le hall d'arrivée de l'aéroport où un grand nombre de visiteurs attendaient des passagers, presque tous se tournèrent vers lui; nombre de ceux qui étaient assis se levèrent, bien qu'ils n'aient aucune idée de qui il était. Ils restèrent quelques instants à contempler Khyentsé Rinpoché silencieusement, comme interdits devant sa majesté naturelle.

Chögyam Trungpa Rinpoché – un maître tibétain qui eut, par ses enseignements et ses écrits, un impact marquant sur le bouddhisme en Occident et qui considérait Khyentsé Rinpoché, dont il avait reçu de nombreux enseignements au Tibet, comme l'un de ses maîtres principaux – fit un jour cette remarque: «Si le Bouddha Shakyamouni vivait de nos jours, il ressemblerait à Dilgo Khyentsé Rinpoché.»

CHAPITRE 21

La transmission des Trois Corbeilles

À mon retour au Bhoutan dans la haute province de Boumthang, Khyentsé Rinpoché confère la transmission des cent trois volumes des paroles du Bouddha.

En juin 1983, nous sommes retournés dans la province de Boumthang, à l'est du Bhoutan, pour un événement exceptionnel : la transmission orale des cent trois volumes des sermons du Bouddha et des textes associés qui constituent le canon bouddhiste traduit au IXe siècle en tibétain à partir du sanskrit. Selon la tradition tibétaine, pour qu'un texte soit pleinement vivant et que l'on puisse retirer tous les bienfaits spirituels de son étude, il doit être lu par un maître qui l'a lui-même reçu oralement d'un détenteur de la transmission, et ainsi de suite, jusqu'à la source même des textes et enseignements. C'est ainsi que, dans le cas des volumes du canon bouddhiste appelé *Tripitaka* en sanskrit (*Trois Corbeilles*[1]), *Kangyour* en tibétain (*Les Paroles traduites*), une telle transmission s'est perpétuée de maître à disciple de manière ininterrompue depuis la traduction de ces textes en tibétain et, avant cela, en Inde, au fil des générations. On mesure à quel point une telle transmission est riche de siècles de bénédictions successives et, ainsi, d'un puissant pouvoir de transformation spirituelle.

L'endroit où Dilgo Khyentsé Rinpoché logeait habituellement lorsqu'il se trouvait à Kujé était situé à l'étage supérieur du temple, ce qui aurait exigé qu'il empruntât plusieurs fois par jour de longs escaliers en pierre à un âge où il avait de plus en plus de peine à marcher. Alors, comme savent si bien le faire les Bhoutanais avec savoir-faire et célérité, une résidence en bambou destinée à Rinpoché et son entourage fut construite en quelques jours au milieu de la prairie qui s'étend devant le temple de Kujé, le site le plus sacré du Boumthang. Non loin de cette petite maison, un espace couvert par des bâches montées sur une armature de bambou fut rapidement mis en place par les autorités locales pour abriter près d'un millier de personnes venues des vallées avoisinantes et de tout le Bhoutan pour recevoir cette précieuse transmission.

Dès le lendemain de notre arrivée, les cent trois volumes du Kangyour furent apportés solennellement en procession par cent trois moines, un volume sur l'épaule droite de chacun d'eux, précédés de musiciens et de porteurs d'encensoirs. Khyentsé Rinpoché allait faire la lecture de ces textes tous les matins durant quatre heures d'affilée, tandis que l'après-midi l'un de ses proches disciples, Sengdrak Rinpoché, qui avait reçu cette transmission de lui quinze ans auparavant au Népal, prendrait la relève. Ainsi, la lecture de l'ensemble allait pouvoir s'effectuer en deux mois. Khyentsé Rinpoché commença par le *Soutra de l'ère fortunée*, qui décrit les mille et deux bouddhas qui apparurent et apparaîtront en notre ère. Juste avant de revenir au Bhoutan, Khyentsé Rinpoché avait souhaité passer par Gangtok, au Sikkim, pour recevoir la transmission de ce premier volume de l'épouse de son maître vénéré, Khyentsé Chökyi Lodrö. Elle avait elle-même reçu cette transmission de Khyentsé Chökyi Lodrö, alors que Khyentsé Rinpoché l'avait reçue d'un autre lama. Rinpoché avait tant de dévotion pour son maître qu'il souhaitait inclure sa lignée et ses bénédictions dans les transmissions qu'il allait donner au Bhoutan.

Il conféra également une centaine de courtes initiations, à raison de quelques-unes chaque jour, extraite d'un ensemble de textes appelé *Drouptap Gyatsa*, «Les Cent Méthodes d'accomplissement». Comme à son habitude, il donnait par ailleurs dans sa chambre des enseignements aux disciples qui lui en faisaient la requête. Il demanda également à Sengdrak Rinpoché de lui conférer la transmission par la lecture des œuvres d'un grand yogi et ermite des XI-XIIe siècles, Gyalwa Götsangpa, dont Sengdrak Rinpoché était l'un des rares détenteurs.

L'entourage de Khyentsé Rinpoché avait aussi beaucoup à faire. En ce qui me concernait, j'étais chargé de remplir de mantras et de reliques les statues que les fidèles apportaient à Khyentsé Rinpoché pour qu'il les consacre. J'en remplis ainsi une bonne centaine au cours de notre séjour, chacune requérant une heure de labeur.

Recevoir la transmission du Kangyour dans l'un des lieux les plus sacrés du Bhoutan prenait une résonnance toute particulière pour moi puisque le nom de mon premier maître, Kangyour Rinpoché, lui avait été conféré pour avoir effectué cette transmission à treize reprises dans sa vie. Quel curieux destin m'avait conduit ici, seul occidental parmi des milliers de disciples à baigner ainsi dans l'intimité d'un si grand maître!

Chaque jour, des représentants de divers monastères, des bienfaiteurs, ou de simples disciples offraient à Khyentsé Rinpoché un mandala symbolisant l'univers, des représentations du corps, de la parole et de l'esprit des Trois Joyaux (le Bouddha, le Dharma et le Sangha) respectivement sous la forme d'une statue, d'un livre sacré et d'un petit stoupa en cuivre ou en argent, et d'autres offrandes. C'était là un moment solennel accompagné de prières dédiées à la longue vie du maître, d'une distribution de thé chaud, d'une galette de pain et d'une petite offrande monétaire à tous les moines et disciples de l'assemblée.

Il y avait parmi nous un moine que tout le monde aimait bien et qui accompagnait Khyentsé Rinpoché presque partout où il se rendait. Il souffrait d'un handicap cérébral de naissance: il ne pouvait ni lire ni écrire, sa diction était un peu brouillée, ses gestes maladroits, sa tenue notoirement négligée et la goutte lui pendait souvent au nez. Mais il était très dévoué à Khyentsé Rinpoché et d'un naturel jovial, il trouvait toujours une place dans une voiture ou un camion pour nous accompagner, et tout le monde l'accueillait volontiers. Il s'appelait Péma, «Lotus», nom auquel les gens ajoutaient l'adjectif *tsaké*, «simplet». Il avait aussi son franc-parler, simple et spontané. Un jour, le général en chef des armées bhoutanaises vint présenter ses respects à Khyentsé Rinpoché. En sortant, ce général reconnut Péma, qui se tenait dans la cour, et l'interpella: «Ah, tu es là aussi, Lotus simplet», ce à quoi Péma répondit du tac au tac: «Et toi, tu es là avec ton air d'éternel pleurnichard.» Le général encaissa sans broncher.

Une autre fois, Péma décida de présenter lui aussi cette offrande du mandala à Khyentsé Rinpoché. Il n'avait bien sûr pas un sou. Il en parla à tout le monde et l'on se cotisa pour lui permettre d'accomplir son souhait. Il fit son offrande avec toute la solennité dont il était capable et Khyentsé Rinpoché l'accueillit avec un grand sourire. J'étais ému aux larmes de voir l'ami Péma si fier et heureux d'avoir pu exprimer ainsi sa dévotion si sincère. Mon tour vint aussi de faire cette offrande de mandala, de thé et d'argent à Khyentsé Rinpoché, devant toute l'assemblée.

Les notables du Boumthang et des vallées voisines présentèrent quant à eux des offrandes empreintes de davantage de faste et de protocole. Vêtus de leurs plus beaux atours, les hommes portaient un grand châle de soie sauvage orange, rouge, bleue ou verte selon leur rang et leur fonction – seuls le roi et le Jé Khénpo, le principal dignitaire religieux du Bhoutan, étaient autorisés à porter un châle jaune. Certains arboraient un sabre à leur ceinture dans un fourreau d'argent ciselé. Les femmes se paraient de splendides robes aux dessins complexes et multicolores tissées à la main par les artisanes les plus expertes de la vallée. Khyentsé Rinpoché accueillait tous ces fidèles avec la plus parfaite équanimité, quel que soit leur statut social.

Nous reçûmes également la visite de Heinrich Harrer, l'alpiniste autrichien qui s'apprêtait à gravir un sommet himalayen lorsque la Seconde Guerre mondiale éclata. Fait prisonnier en Inde par les Anglais, il réussit à s'échapper du camp de détention de Dehra Dun avec l'un de ses compagnons d'alpinisme, Peter Aufschnaiter. Ils traversèrent la chaîne de l'Himalaya vers le Tibet et parvinrent à Lhassa où ils vécurent plusieurs années. Heinrich Harrer offrait régulièrement des cours d'anglais et de mécanique au Dalaï-lama. Il consigna ses mémoires dans un livre qui devint un best-seller, *Sept Ans d'aventures au Tibet* et fut adapté au cinéma. Au Boumthang, il fit une rencontre pour le moins inattendue. Des amis suisses du troisième roi du Bhoutan, Fritz et Lisina von Schulthess, qui séjournaient régulièrement dans ce royaume himalayen depuis 1952, avaient fait venir un fermier suisse, Fritz Maurer, ainsi qu'un certain nombre de vaches laitières, helvétiques elles aussi. Maurer se maria avec une Bhoutanaise, devint citoyen du pays et apprit aux paysans locaux à fabriquer de délicieux fromages, à récolter le miel et à produire du jus de pomme en bouteille. Lorsque Heinrich Harrer le rencontra, il se présenta, passablement fier de lui, déclarant : « Harrer, sept ans au Tibet. » Maurer, qui n'avait pas lu le livre, ne saisit pas l'allusion et répondit avec candeur : « Maurer, trente-cinq ans au Bhoutan. »

Le dernier jour, les principaux lamas présents offrirent une cérémonie élaborée dédiée à la longue vie des deux maîtres afin d'exprimer l'immense gratitude qu'éprouvaient les disciples pour les enseignements qu'ils venaient de recevoir.

La transmission des Trois Corbeilles

Le jour suivant, Khyentsé Rinpoché procéda à la crémation des restes d'un grand maître, Namkhai Nyingpo. Il était décédé au Tibet dans une prison chinoise mais ses disciples avaient réussi à dissimuler sa dépouille. Avec le temps, son corps s'était momifié et sa taille en était considérablement réduite. Les disciples avaient réussi à le transporter jusqu'au Bhoutan et demandé à Khyentsé Rinpoché d'accomplir les rites funéraires qui n'avaient pu avoir lieu au Tibet.

Pour conclure son séjour au Boumthang, Khyentsé Rinpoché, accompagné d'une centaine de moines et disciples laïques, conduisit l'une de ces grandes cérémonies qui durent sans interruption jour et nuit pendant sept jours, un *droupchèn*, centré sur la pratique de la « vie infinie » révélée par le grand tertön du XVe siècle, Ratna Lingpa.

Puis nous repartîmes en cortège vers Thimphou et Paro, pour d'autres enseignements et cérémonies.

CHAPITRE 22

Le Lama du Roc du Lion

Portrait de Sengdrak Rinpoché, l'un des plus proches disciples de Khyentsé Rinpoché, admiré de tous, particulièrement du Dalaï-lama.

Lors d'un passage à Paris, en 1993, le Dalaï-lama reçut un petit groupe de journalistes. L'un d'eux lui demanda quelle était la personne qu'il admirait le plus. « Sur un plan général, c'est le Mahatma Gandhi », répondit le Dalaï-lama. « Et sur le plan spirituel ? » poursuivit le journaliste. « Je ne saurais parler de mon maître principal, c'est un sujet trop intime. » Puis le Dalaï-lama s'anima soudain et ajouta, prononçant ses mots avec conviction : « Mis à part lui, c'est Sengdrak Rinpoché, Sengdrak Rinpoché ! C'est un parfait pratiquant du Dharma, à la fois humble et accompli, un exemple pour tous. » Les journalistes n'avaient bien entendu pas la moindre idée de qui il s'agissait. Moi-même, qui avais bien connu Sengdrak Rinpoché, fus totalement pris au dépourvu mais empli de joie par cette réponse. Sengdrak Rinpoché était pour sûr un très grand pratiquant, mais il n'avait rencontré le Dalaï-lama qu'à quelques reprises et restait toujours si humble et discret. Visiblement, le Dalaï-lama n'avait pas manqué de remarquer ses qualités exceptionnelles.

Quelques années auparavant, en Inde, alors que Dilgo Khyentsé Rinpoché voyageait en voiture en compagnie de son petit-fils, Rabjam Rinpoché, et d'un autre lama, ce dernier lui avait demandé : « En matière de pratique spirituelle, qui considérez-vous comme votre meilleur disciple ? » Dilgo Khyentsé Rinpoché avait répondu sans hésiter : « Sengdrak Tulkou. »

En 2003, sur le point de mourir à l'âge de quatre-vingt-onze ans, Khandro Lhamo, l'épouse de Dilgo Khyentsé Rinpoché souhaita que Sengdrak Rinpoché vienne de son ermitage, à la frontière entre le Népal et le Tibet, pour la bénir avant qu'elle ne rende son dernier souffle.

Qui était donc Sengdrak Rinpoché que tant de maîtres éminents et de personnes remarquables tenaient en si haute estime ? Il n'était ni un lama de haut rang, ni un maître célèbre entouré d'une foule de disciples, ni l'abbé d'un grand monastère. C'était l'une des âmes les plus simples, les plus allègres et les plus réconfortantes que j'ai rencontrées. Rien ne semblait pouvoir l'ébranler ; les hauts et les bas de l'existence glissaient sur lui comme la rosée sur un pétale de rose. Lorsqu'il parlait, ses yeux pétillaient de gaieté ; il émanait de lui une telle impression de légèreté qu'on aurait cru qu'il allait s'envoler comme un oiseau. Bien qu'il ait passé de nombreuses années en retraite contemplative, guidé par les plus éminents maîtres de son temps, il se comportait comme s'il était le plus ignorant des novices : aucun masque, aucun des artifices liés à l'étiquette et qui créent de la distance entre les gens ne venaient troubler sa douce personnalité.

Sengdrak Rinpoché avait effectué pas moins de quinze fois les pratiques dites « préliminaires » (*ngondro*) du bouddhisme tibétain, dont nombre de pratiquants prétendent de nos jours pouvoir se dispenser. Ce qui représente au total un minimum de douze années de méditation continue. Lorsqu'il étudiait auprès de son maître principal, ce dernier pouvait lui demander de passer six mois à méditer un seul verset de l'enseignement du *Mahamoudra* (le *Grand Sceau*), qui traite de la nature de l'esprit. Puis, un autre verset se voyait l'objet d'une méditation tout aussi longue et assidue.

Et pourtant, en dépit de ses nombreuses années de pratique, son humilité le poussa à décliner l'offre d'un disciple argentin qui l'invita à venir enseigner en Occident : « Je ne suis pas prêt. Il faudrait que je fasse d'abord quelques *ngondro* supplémentaires », répondit-il.

Lorsque je l'ai connu, il vivait la plupart du temps à Barkhang, un ermitage à flanc de montagne situé au Népal. Au fil des ans, un groupe de quelque deux cents méditants se rassembla autour de lui, des hommes et des femmes, des moines, des nonnes et des laïcs de tous âges ; il disait d'eux : « S'ils souhaitent pratiquer, ils peuvent rester aussi longtemps qu'ils le veulent ; s'ils veulent partir, je ne les retiens pas. »

Il me confia qu'adolescent, il avait connu des années très difficiles lors de ses premières retraites. Ses émotions, le désir charnel notamment, étaient si fortes qu'il avait cru devenir fou. Il évoquait ses tumultes intérieurs avec un grand sourire, comme s'il s'agissait d'une bonne blague. Peu à peu, en se familiarisant avec les différentes méthodes destinées à apaiser l'esprit, il avait trouvé une parfaite liberté intérieure. Depuis, chaque instant n'était pour lui que pure joie. Et cela transparaissait de tout son être !

« Sengdrak » est l'abréviation de Sengué Drakpa, « L'Homme du Roc du Lion », un nom inspiré du lieu de vie de son incarnation précédente. Il me raconta un jour comment il avait été reconnu comme la réincarnation de Sengué Drakpa Rinpoché, un maître de la tradition Droukpa Kagyu[1] du bouddhisme tibétain. Il me dit :

Je suis né dans une famille très pauvre. Mon père était potier. Selon une croyance populaire au Tibet, lorsqu'un *tulkou* naît dans une famille, celle-ci rencontre de nombreux obstacles. Dans mon cas, mon père mourut un ou deux ans après ma naissance. Puis ce furent les parents de ma mère et, en l'espace d'un mois, six personnes de ma famille disparurent. Les trois têtes de bétail que nous possédions moururent à leur tour. Finalement, ma mère et moi nous sommes retrouvés seuls. La situation de ma mère était si précaire qu'elle devait demander de l'aide aux familles du village. Souvent, elle devait emprunter aux uns pour rembourser les autres.

Le lieu appelé Sengué Drak [Roc du Lion] tenait davantage de l'ermitage que du monastère. Cinq candidats avaient été sélectionnés comme réincarnations possibles du lama qui le dirigeait. Quatre d'entre eux étaient des fils de familles riches et avaient des liens personnels avec le lama précédent.

Quant à moi, j'étais incapable de me taire ! Dès que j'ai su parler, je me suis mis à répéter que Sengué Drak était mon monastère et que je voulais y retourner. Lorsque j'accompagnais ma mère chez des gens qui avaient connu le précédent Sengué Drakpa, aussitôt que je voyais un objet qui lui avait appartenu, je le prenais en déclarant qu'il m'appartenait. C'est arrivé de nombreuses fois.

Tout petit, il m'arrivait de me déshabiller pour improviser des exercices de yoga rappelant ceux des Six Yogas de Naropa. Tous les jours, j'insistais pour monter sur le toit de notre hutte en tenant un bâton que j'utilisais comme une trompe. Je faisais semblant de souffler dedans comme pour appeler les ermites à reprendre leur séance de méditation, ce que le précédent lama avait coutume de faire.

Quand la liste des candidats fut présentée à Droukpa Chögön Rinpoché, un maître éminent de notre lignée spirituelle, les émissaires vantèrent surtout les qualités des quatre premiers – les fils de familles riches –, persuadés que le *tulkou* (« corps manifesté ») serait reconnu parmi eux. Ils mentionnèrent brièvement, à la fin, le « fils de Wangdu ». Après avoir consulté la liste, Droukpa

Chögön déclara que le fils de Wangdu était sans erreur possible l'incarnation du lama de Sengué Drak.

Peu après, Droukpa Chögön rendit visite au XVIe Karmapa, Gyalwa Rigpai Dorjé. À cette occasion, il lui soumit la liste des cinq candidats. Après être resté quelques instants silencieux, et sans même prendre la peine d'effectuer une divination, le Karmapa confirma : « De nos jours, bien des monastères veulent pour *tulkou* un enfant de belle apparence, issu de famille aisée. Mais si l'on se préoccupe de la prospérité des enseignements du Bouddha au lieu de celle du monastère, il ne fait aucun doute que le fils de Wangdu est la véritable incarnation. »

Dès l'âge de cinq ans, j'eus la chance de vivre en présence de mon maître principal, Ladakh Tripön Rinpoché. Comme mon monastère se trouvait sans ressources, il s'occupa de moi comme si j'étais son fils. J'habitais dans sa chambre. Il m'enseigna les rudiments de la lecture. Tous les soirs, il me récitait lentement le quatrain d'une prière et me demandait de le mémoriser. Le lendemain matin, je devais le réciter.

Un jour, des bienfaiteurs offrirent à Tripön Rinpoché les cent trois volumes du *Kangyour*, le recueil des enseignements du Bouddha, dont la petite bibliothèque du temple-ermitage où il vivait ne possédait pas encore d'exemplaire. À cette occasion, Rinpoché demanda à ses disciples de lire tous ces volumes à voix haute. Je savais à peine lire et ne pouvais qu'ânonner lentement les mots, mais Rinpoché me dit : « Joins-toi aux moines et lis avec eux. » Il ajouta avec un sourire : « Plus tard, tu pourras dire que tu as lu le *Kangyour* à l'âge de cinq ans ! » Je me rendis dans le temple et lut de mon mieux pendant de nombreux jours. Chaque jour, je ne pouvais en fait lire qu'une douzaine de feuillets.

En 1983, bien des années plus tard, quand Dilgo Khyentsé Rinpoché me demanda si je pouvais le seconder pour donner la transmission orale du *Kangyour* au Bhoutan, je compris à quel point les paroles de Tripön Rinpoché avaient été prophétiques.

J'avais cinq ans également quand Tripön Rinpoché donna la transmission des Six Yogas de Naropa. Il tint à ce que j'assiste aux enseignements et ajouta que plus tard je pourrais les revoir en détail avec ses disciples. Je reçus donc la transmission complète, y compris les exercices les plus difficiles. Sans vouloir me vanter, je ne pense pas avoir entendu dire que quiconque ait reçu les Six Yogas à l'âge de cinq ans ! Tripön Rinpoché pensait sans doute que dans le futur j'apporterais ma contribution, aussi humble soit-elle, à la perpétuation de sa lignée spirituelle.

De fait, Sengdrak Rinpoché y contribua grandement. Aussi humble fût-il, il était devenu une référence pour tous au sein de la lignée Droukpa Kagyu. Il détenait aussi de nombreux enseignements de la lignée Nyingma, qu'il avait reçus de Dudjom Rinpoché, Dilgo Khyentsé Rinpoché et Trulshik Rinpoché.

Un jour, je l'ai vu rivaliser de modestie avec un autre de mes maîtres spirituels, Péma Wangyal Rinpoché, lui aussi d'une grande humilité, qui tentait de se courber plus bas que lui. Quelques minutes plus tard, Sengdrak Rinpoché me dit avec un sourire malicieux que pour saluer plus bas que Tulkou Rinpoché (le titre par lequel nombre de gens désignaient Péma Wangyal Rinpoché), il faudrait pouvoir passer sous le plancher !

Une autre fois, alors que je me trouvais en retraite, j'appris qu'il allait entreprendre une retraite d'un an. Je lui fis parvenir une lettre en tibétain, dans laquelle je demandai notamment : «Vous avez déjà atteint l'état de bouddha ; essayez-vous de l'atteindre une seconde fois ?» Je voulais dire qu'aux yeux du débutant que j'étais il ne semblait pas nécessaire à quelqu'un d'aussi accompli que lui spirituellement de se livrer à de longues retraites. Par la suite, il me rappela ma respectueuse taquinerie en riant.

J'eus la chance de recevoir de lui de nombreux enseignements, notamment la transmission d'un grand nombre des volumes du *Kangyour* à l'époque où il seconda Khyentsé Rinpoché dans cette tâche, et celle des écrits éminemment inspirants de Gyalwa Götsangpa[2] qu'il offrit à Khyentsé Rinpoché à sa demande. Gyalwa Götsangpa était un grand yogi qui vécut au XIe siècle et au début du XIIe, passa de nombreuses années dans des grottes et était renommé pour son renoncement total.

Mais c'est surtout la qualité de sa présence, de son immuable bienveillance, de sa joyeuse sérénité et de sa réalisation spirituelle qui offraient aux autres le meilleur enseignement qui soit. Il présentait à chaque instant l'exemple parfait d'un être ayant atteint le fruit ultime d'un chemin spirituel authentique.

En 2005, à l'âge de cinquante-huit ans, une leucémie l'emporta. Alors que ses forces l'abandonnaient, il accepta à la demande insistante de ses disciples de descendre de la montagne pour suivre un traitement dans un hôpital de la vallée de Katmandou. Mais la maladie était déjà trop avancée. Il demanda à voir Rabjam Rinpoché, le petit-fils de Dilgo Khyentsé Rinpoché. Il lui confia qu'il allait mourir sous peu et qu'il souhaitait que son corps soit transféré au monastère de Shéchèn pour y rester quelques jours sans être touché. Le docteur Barry Kerzin, qui est aussi moine bouddhiste et devint plus tard l'un des médecins du Dalaï-lama, était auprès de lui à l'hôpital. Il me raconta que le lendemain de la visite de Rabjam Rinpoché, dans l'après-midi, Sengdrak Rinpoché demanda à Barry, alors qu'il surveillait les indicateurs vitaux, de lui faire un signe lorsque le moment semblerait venu. Lorsque Barry estima qu'il ne restait à Rinpoché que quelques instants à vivre, il le lui indiqua. Sengdrak Rinpoché, qui était allongé depuis plusieurs jours, s'assit sur son lit d'hôpital, le corps droit, croisa les jambes en posture du lotus, ouvrit grand les yeux en regardant légèrement vers le haut l'espace devant lui, et rendit son dernier souffle en prononçant la lettre «A», symbole de la réalité ultime.

Dans le respect de ses volontés, on transporta avec grand soin son corps jusqu'au monastère de Shéchèn en préservant sa posture assise. Pendant une semaine, le corps exhala un doux parfum. À aucun moment il n'en émana des effluves de décomposition. Ses membres restèrent parfaitement souples. Bien que défunt, il avait toute l'apparence d'un simple méditant, mais il s'agissait d'un type de méditation post-mortem appelé *thoukdam*. Rabjam Rinpoché rendit chaque jour visite au corps et témoigna que trois jours durant il sentit, avec le dos de sa main, une chaleur émaner de lui à la hauteur du plexus solaire, près du cœur. Au bout d'une semaine, la tête de Sengdrak Rinpoché s'affaissa, un peu de fluide s'écoula de ses narines, et le corps perdit l'apparence d'une personne en méditation. On prépara la dépouille et on l'emmena dans l'ermitage de Barkhang. Quelque temps plus tard, le patriarche de la lignée Droukpa Kagyu, Droukchèn Rinpoché, arriva en compagnie de nombreux fidèles pour effectuer la cérémonie de crémation. Ainsi prit fin la vie d'un être remarquable, dédiée à l'essence de la pratique spirituelle. Un passage dans la mort harmonieux qui fut le point culminant d'une vie édifiante, bien que trop courte certes; un exemple pour tous les pratiquants.

CHAPITRE 23

Au quotidien auprès de mon maître

Sévérité et bonté du maître : de précieux enseignements en actes.

Pendant treize ans, je fus l'un des deux ou trois moines qui accompagnaient Khyentsé Rinpoché en toutes circonstances et veillaient sur lui. J'étais notamment celui qui dormait par terre dans sa chambre pour être toujours présent au cas où il aurait eu besoin d'aide pendant la nuit, pour se rendre aux toilettes par exemple, car il peinait à marcher. Ainsi, jusqu'à sa mort, en 1991, j'ai passé presque toutes mes nuits en sa présence. Il se couchait vers vingt-deux heures, après avoir terminé les prières du soir consacrées aux protecteurs des enseignements du bouddhisme – un rituel d'environ quarante-cinq minutes auquel participaient Rabjam Rinpoché et un moine qui récitaient les textes à voix haute. Je déroulais alors mon sac de couchage sur l'un des tapis tibétains qui recouvraient le sol de sa chambre. Mes vêtements pliés me servaient d'oreiller. C'était merveilleux d'être si proche de mon maître, bercé par sa respiration paisible. Parfois, son souffle se suspendait pendant quelques secondes, puis reprenait. Il y avait là quelque chose d'extrêmement apaisant : tout était calme, silencieux, immobile. Seul le souffle d'un être éveillé emplissait le silence. J'y voyais une occasion de mêler mon esprit au sien, vaste et lumineux, et de reposer dans la simplicité dans cette union. Tout en pratiquant, le sommeil m'emportait.

Aujourd'hui encore, je me remémore la qualité particulière que donne à l'espace tout entier la simple présence en un lieu d'un maître spirituel authentique. Rien de mystique dans tout cela. Il ne s'agit pas de « vibrations » ou de tout autre phénomène paranormal, mais de la simple qualité du partage d'un même espace ; respirer le même air qu'un être accompli, partage qui nous rappelle à chaque instant la valeur de la sagesse, de la bonté et de la liberté intérieure qu'il incarne. Des années plus tard, après la mort de Khyentsé Rinpoché, alors que j'accompagnais le Dalaï-lama sur un vol entre Marseille et Paris, j'eus soudain le sentiment de retrouver cette même présence, palpable, qui emplissait l'espace de l'avion, habituellement « vide » de toute qualité spirituelle. Il est possible de faire revivre un tel sentiment en toutes circonstances en se remémorant le maître spirituel et en mêlant son esprit au sien.

Khyentsé Rinpoché se réveillait entre quatre et cinq heures du matin. Il donnait le signal du réveil en s'asseyant sur sa couche. Je me levais alors, roulais mon sac de couchage, m'éclipsais quelques instants pour me livrer à de rapides ablutions et m'habiller, puis je revenais auprès de lui et allumais la lumière. Je me prosternais trois fois devant lui, avant de m'approcher pour recevoir sa bénédiction. Je retirais et pliais ses couvertures faites de peaux de mouton doublées de longs fils de laine et les rangeais dans une armoire. Ensuite, je recouvrais les épaules de Khyentsé Rinpoché d'une cape et apportais le livre de prières de plusieurs centaines de pages que Rinpoché dépliait sur un coussin posé devant lui. Dans la fine coupe en jade qu'il utilisait quotidiennement, je lui servais de l'eau chaude prise dans un thermos préparé la veille au soir. Puis j'ouvrais une mallette qui contenait diverses fioles remplies de petites pilules fabriquées à base de plantes médicinales mélangées de reliques de maîtres du passé. Ces pilules sont préparées avec soin puis placées autour d'un mandala et consacrées lors des *droupchèn*, ces cérémonies qui durent plusieurs jours. Si celles-ci sont principalement dédiées à la progression vers l'Éveil, elles comportent aussi des sections centrées sur la longévité et d'autres qualités bénéfiques. On considère donc que ces pilules sont le support des bénédictions engendrées par ces cérémonies. J'en mettais une de chaque sorte dans des petites coupelles disposées sur sa table, destinées à Khyentsé Rinpoché lui-même, à son épouse, à Rabjam Rinpoché et aux autres lamas qui se trouvaient présents. Je recevais également le contenu d'une coupelle.

Ensuite, Rinpoché se livrait, en silence, à diverses pratiques méditatives pendant deux à trois heures. Je m'asseyais par terre en face de lui, ouvrais mon propre livre, m'appliquais à mes pratiques et prières quotidiennes, tout en remplissant à intervalles réguliers sa tasse de thé. Vers sept heures et demie, on lui apportait un bol de tsampa, la farine d'orge grillée qui fait partie de l'alimentation de base des Tibétains, mélangée à du thé au beurre salé. Tséwang Lhundroup s'occupait ensuite de sa toilette et ramenait ses longs cheveux gris en un petit chignon. Lorsque nous étions à Dehra Dun pour recevoir les enseignements du *Rinchèn Terdzö*, je m'y étais essayé, mais ne parvenais pas à torsader correctement la natte afin que le chignon tienne de lui-même. Je fus dispensé de cette tâche au bout de quelques jours, les Bhoutanais étant bien plus habiles de leurs mains que moi ! Nous conservions précieusement les longs cheveux qui restaient sur le peigne, pour les donner comme reliques aux disciples.

Imaginez que l'on vous donne une tunique portée par Socrate, ou une boucle de cheveux de Jésus-Christ : ces objets évoqueraient certainement avec force la présence de ces êtres remarquables. Lorsque les gens conservent des cheveux d'une personne bien-aimée, ce support ravive de façon tangible son souvenir. Les reliques des grands sages du passé ne sont pas seulement des réminiscences agréables, elles font revivre en notre esprit la sagesse et la compassion infinie d'un être éveillé. Selon le Dalaï-lama ces bénédictions résultent d'une ouverture intérieure aux qualités d'un sage qui se produit en présence d'objets nous reliant directement à lui.

Vers huit heures et demie, Khyentsé Rinpoché rompait son silence et s'installait dans une pièce plus spacieuse pour recevoir les visiteurs qui s'étaient déjà rassemblés devant sa porte. Selon leurs souhaits, il leur conférait des instructions spirituelles, des conseils pratiques, des enseignements ou une simple bénédiction. Il consacrait des statues ou des peintures sacrées, rencontrait les visiteurs venus de loin – pèlerins, messagers envoyés par d'autres lamas – et échangeait des nouvelles avec eux.

Lorsqu'une cérémonie importante était prévue, Rinpoché se rendait dans le temple où se réunissait la communauté des moines ; il y restait assis toute la journée sur le trône principal, les jambes croisées. Pendant les intermèdes de la cérémonie, il restait là et recevait des visiteurs. Lorsqu'un disciple lui demandait un enseignement, il lui intimait souvent de venir à l'heure du déjeuner qu'il prenait dans le temple, sur un plateau. Tout en conversant avec le visiteur, il partageait presque toujours son repas en disant : « Mange donc ! » Puis, il débutait l'enseignement après avoir ouvert le texte contenant les instructions que le disciple avait requises. Sa connaissance des enseignements et des pratiques contemplatives était telle que je n'ai jamais imaginé rester sans réponse éclairante aux questions que je lui posais. Pourtant, Khyentsé Rinpoché ne faisait jamais état de son vaste savoir ni de sa réalisation spirituelle. Lorsqu'il expliquait les différentes étapes de la voie et décrivait les signes d'accomplissement spirituel, il précisait : « Je n'ai acccompli aucune réalisation moi-même, mais c'est ainsi que mes maîtres spirituels parlaient de ces signes.» Lors des initiations, il disait souvent: «Jusqu'à mon maître inclus, ces enseignements ont été transmis par une succession de maîtres pleinement accomplis, semblables aux maillons d'une chaîne en or.»

En ce qui concerne les conseils dont chaque disciple a besoin pour progresser, ceux qu'il prodiguait allaient au cœur du sujet, dissipaient les doutes et ouvraient de nouvelles perspectives. Ses conseils, parfois donnés à brûle-pourpoint, correspondaient à ce dont nous avions précisément besoin à ce moment-là, nous évitant de nous fourvoyer sur des chemins de traverse.

Il pouvait s'agir de conseils de vie, comme celui qu'il me donna de prendre mes vœux monastiques ou de vivre auprès de lui plutôt que de rejoindre la première retraite de trois ans organisée en Dordogne. C'était plus souvent des conseils d'ordre spirituel, m'enjoignant par exemple de me livrer à telle ou telle pratique à tel moment de mon cheminement spirituel. Il offrait aussi des recommandations concernant la vie de tous les jours. J'avais par exemple préféré ne pas prendre un vermifuge pour éviter d'occire le ver solitaire qui semblait avoir élu domicile dans mes intestins. Ani Jinpa, une nonne hollandaise, eut vent de cette invasion et rapporta l'affaire à Khyentsé Rinpoché dont elle était proche disciple. Rinpoché lui demanda d'apporter la dose de médication adéquate – un grand verre empli d'un liquide blanchâtre, qu'il posa sur sa table. Le lendemain, à l'aube, il me fit signe de m'approcher, me tendit le verre et m'intima: «Bois!» Je m'exécutai. Il ajouta: «Ta vie humaine est plus précieuse que celle d'un ver.» Le jour d'après, il me demanda d'un ton facétieux s'il fallait demander à un moine de sonner la conque qui appelle généralement la communauté à prier pour une femme qui a du mal à accoucher. Il voulait ainsi s'assurer que le ver en question avait bien quitté mon enveloppe corporelle.

❦

Khyentsé Rinpoché était profondément doux et patient, mais sa présence imposante inspirait le respect. On avait de la peine à le quitter et hâte de le retrouver. Un maître spirituel du Tibet, disciple de Khyentsé Rinpoché, Khénpo Péma Wangyal, me fit observer que l'on se sent naturellement attiré par une personne dont le cœur déborde de compassion, tout en éprouvant une crainte révérencieuse du fait qu'elle a pleinement réalisé la vacuité des phénomènes. Il évoquait cette anecdote concernant le grand ermite Patrul Rinpoché. Un jour, un disciple lui fit remarquer : « Certaines personnes vous aiment, alors que d'autres vous craignent et osent à peine prononcer un mot en votre présence. Pourquoi en est-il ainsi ? » Patrul Rinpoché marqua une pause et répondit : « Peut-être que certains m'aiment parce que je pratique la compassion et la bonté sans discontinuer. J'en effraie d'autres parce que je considère que l'ego et les phénomènes sont vides d'existence propre. »

Dans sa bienveillance avisée, un maître spirituel n'a aucune raison de ménager les errances du disciple qui ne font que perpétrer inutilement ses propres souffrances. J'en fis l'expérience directe. Lorsqu'en 1980 Khyentsé Rinpoché eut la bonté de me prendre auprès de lui, il devint pour un temps d'une sévérité sans concession. Rien de ce que je faisais ne semblait trouver grâce à ses yeux. Posais-je quelque chose à gauche, il me réprimandait, le posais-je à droite, il réagissait de même. À tel point que son épouse, Khandro Lhamo, finit par lui faire remarquer : « Mais pourquoi êtes-vous si sévère avec ce garçon ? » Khyentsé Rinpoché ne répondit pas. Dabzang Rinpoché, un lama qui connaissait bien mon maître, me confia : « Khyentsé Rinpoché se comporte ainsi avec les disciples dont il pense qu'ils peuvent progresser. Aux autres, il ne fait jamais de reproches. » Ce « régime de faveur » se poursuivit quelque temps. Jamais je n'eus la moindre pensée rebelle, car même si je ne saisissais pas les tenants et les aboutissants de sa rigueur, je pressentais qu'elle recelait un enseignement profond qui dépassait ma compréhension ordinaire.

Peu après mon arrivée au Bhoutan, nous avons passé deux semaines à Paro Taktsang, l'Antre du Tigre, au-dessus de la vallée de Paro. Mon premier maître, Kangyour Rinpoché, avait découvert ici un *terma*, un trésor révélé, centré sur la divinité de sagesse Vajra Kilaya. Jugeant cette occasion des plus propices, je fis un matin la requête à Khyentsé Rinpoché de bien vouloir réciter le texte de la pratique que Kangyour Rinpoché avait révélée en ce lieu. Il me répondit sans aménité que nous ne disposions pas de suffisamment d'exemplaires pour accomplir cette récitation. Pendant quelques jours, je calligraphiai donc à la main, de mon écriture tibétaine quelque peu maladroite, une copie du texte que je conservais dans mon livre de prières. Lorsque j'eus terminé, je présentai l'original à

Khyentsé Rinpoché et mentionnai que j'avais maintenant un second exemplaire. Sur le moment, il ne dit rien.

Le lendemain, il exprima l'intention d'aller s'asseoir dans la grotte de Padmasambhava et me demanda d'apporter les textes. C'est en cette grotte de quelques mètres de profondeur où l'on peut tout juste se tenir debout, l'endroit le plus sacré de l'Antre du Tigre, que Padmasambhava avait conféré de précieuses initiations aux trois disciples qui l'accompagnaient.

Khyentsé Rinpoché prit place sur une chaise et je m'assis à ses pieds. Il n'y avait guère d'espace pour d'autres personnes, aussi les quelques moines qui nous accompagnaient restèrent-ils aux abords de la grotte. En commençant la lecture, Khyentsé Rinpoché me prit la main et la garda dans la sienne tout le temps de cette pratique, soit un quart d'heure environ. Les mots me manquent pour décrire l'indescriptible félicité qui semblait s'écouler de l'immense main de Khyentsé Rinpoché dans la mienne et emplir tout mon corps d'un nectar bienfaisant. Je crois ne jamais avoir éprouvé une aussi grande douceur de ma vie. Je me dissolvais littéralement au sein de sa bonté.

Toutefois, la sévérité éclairée que manifestait Khyentsé Rinpoché à mon égard ne se relâcha pas. L'année suivante, de retour au Boumthang, nous logeâmes dans une maisonnette en bambou tressé, construite pour héberger Khyentsé Rinpoché, son épouse et son entourage durant son séjour. Un soir, je sortis et restai quelques instants immobile dans la profondeur de la nuit noire, écoutant le bruit de la rivière qui coulait en contrebas. J'essayais de sonder les raisons de la sévérité de Khyentsé Rinpoché sans parvenir à une conclusion logique. Je pris soudain conscience, sans pour autant pouvoir l'articuler avec précision, qu'il se passait là quelque chose d'essentiel, quelque chose d'indispensable qui me permettrait d'aller de l'avant sur mon chemin spirituel. J'eus la conviction profonde qu'il dissolvait certaines des couches les plus profondes des obscurcissements de mon esprit, des tendances ataviques qui perpétuent la souffrance, l'attachement au «soi» et à la réalité. La sévérité de Khyentsé Rinpoché n'avait rien à voir avec mon comportement au jour le jour : elle visait les racines mêmes de mon ignorance.

Khyentsé Rinpoché était le cœur le plus aimant que l'on puisse imaginer, mais pourquoi aurait-il ménagé mon ego ? Cela ne m'aurait pas rendu service ! Qu'il fût sans merci envers cet imposteur qui m'affligeait depuis des temps immémoriaux témoignait de son extrême bienveillance. Pour le bouddhisme en effet, l'attachement à la notion d'un « soi » unitaire, autonome et durable, qui siégerait au cœur de notre être, procède d'une illusion qui mène à solidifier la division entre « soi », les « autres », et le « monde ». Cette division engendre des pulsions d'attirance et de répulsion pour ce qui est censé favoriser ce « soi » ou le menacer, pulsions qui se diversifient en animosité, désir, égarement, orgueil et jalousie et se traduisent par de multiples souffrances. L'intransigeance de Khyentsé Rinpoché, sans raison évidente à première vue, avait donc pour but d'extirper le sentiment exacerbé de l'importance de soi, cette source première de souffrances sans cesse renouvelées. Ceux qui vivaient auprès de Khyentsé Rinpoché savaient bien qu'il percevait toute hypocrisie, tout faux-semblant, et qu'il ne laissait pas ses disciples se fourvoyer dans les travers de la distraction et des préoccupations mondaines qui nous dominent aisément si l'on n'y prend pas garde.

Au fil du temps, les remontrances de Rinpoché se firent moins fréquentes. C'était uniquement lorsque je commettais une négligence ou dérivais quelque peu de ma pratique spirituelle que Rinpoché me rappelait soudainement à l'ordre.

Après la mort de Kangyour Rinpoché, je me souviens m'être fait la réflexion, alors que j'imprimais des textes à Delhi, que sur le plan de ma pratique, livré à moi-même, je me laissais un peu aller ; j'avais besoin d'être sérieusement repris en main. Ce fut chose faite avec Khyentsé Rinpoché. Une telle dérive peut être très subtile. Je ne m'étais certainement pas écarté de la voie, n'avais pas pris de mauvaises habitudes ni négligé ma pratique, et ma dévotion envers Kangyour Rinpoché était plus intense que jamais. Il s'agissait plutôt du genre de relâchement qui se produit lorsqu'on se retrouve plongé dans le monde ordinaire sans avoir au préalable conquis la citadelle de la liberté intérieure. On en vient à marcher à petits pas sur le chemin spirituel en se satisfaisant d'un train-train quelque peu relâché. Khyentsé Rinpoché eut tôt fait de secouer mon indolence et de raviver la vivacité et l'assiduité de ma pratique.

Plus tard, je me rendis compte que le fait d'avoir longtemps vécu dans la présence « formidable » de mes maîtres – au sens étymologique latin de *formidabilis*, qui inspire la crainte ; non pas la crainte d'être blessé, mais l'émoi mêlé de respect et d'émerveillement que l'on éprouve devant une montagne imposante – avait fini par engendrer en moi une solide confiance intérieure. À la manière d'un acier que l'on trempe en l'élevant à haute température puis en le refroidissant soudainement, le traitement que me réserva Khyentsé Rinpoché me conféra une fortitude qui devait m'être précieuse. Lorsqu'il m'arriva par la suite de côtoyer certains grands de ce monde – chefs d'État, princes, célébrités ou milliardaires –, je n'ai jamais été intimidé en leur présence, tout en gardant, comme il se doit, un comportement déférent. Ils me paraissaient presque enfantins en comparaison de mes maîtres.

༃

Khyentsé Rinpoché exprimait toujours un immense respect à l'égard de ses propres maîtres spirituels. Un jour, à propos d'un ensemble de versets qui traitent de la nature de l'esprit et qui font partie d'un cycle très pratiqué de prières en sept chapitres adressées à Gourou Padmasambhava, Khyentsé Rinpoché me confia que s'il récitait cette prière quotidiennement, il ne se permettait pas en revanche de s'en servir pour introduire ses disciples à la nature de l'esprit et utilisait d'autres textes : « En effet, disait-il, ce sont les versets que cita mon maître bien-aimé pour me montrer la nature de l'esprit. Ce moment fut si précieux que je n'oserai jamais utiliser ces versets pour enseigner moi-même. » Il faisait alors allusion à Shéchèn Gyaltsap, son maître principal. Voici l'un de ces versets :

> Ainsi, tout ce qui se manifeste dans l'esprit,
> Tout ce qui surgit, pensées ou émotions issues des cinq poisons,
> Sans les inviter ni les poursuivre,
> Laissez les pensées reposer dans leur manifestation naturelle,
> Laissez-les se libérer dans la dimension absolue.

Lorsqu'il me demandait d'aller chercher l'un des volumes écrits par Shéchèn Gyaltsap, il disait, par exemple : « Apporte-moi le deuxième volume du *Très Bienveillant* [*Katrinchèn*, en tibétain] » et évitait autant que possible de prononcer le nom de son maître. Il est fréquent qu'un maître tibétain faisant référence nominalement à son propre maître, notamment au cours d'un enseignement, emploie une formule telle que : « Celui dont il m'est difficile de prononcer le nom, mais que je me permettrai de nommer dans le seul but de faire comprendre de qui je parle. »

On sait dans quelles conditions dramatiques, à partir de 1959, plusieurs centaines de milliers de Tibétains durent quitter le

Tibet pour échapper à l'invasion et aux persécutions de la Chine communiste. Il leur fut très difficile, sauf exceptions, d'emporter de nombreux livres, aussi précieux fussent-ils. C'est ainsi que seuls deux ou trois des treize volumes des œuvres complètes de Shéchèn Gyaltsap Rinpoché trouvèrent leur chemin hors du Tibet, à l'image de trop nombreuses œuvres inestimables. Lorsque trente ans plus tard, alors que le Tibet commençait à s'ouvrir, un lama apporta à Khyentsé Rinpoché, dans sa chambre au Népal, un volume d'un enseignement particulièrement important écrit par Shéchèn Gyaltsap[1], Khyentsé Rinpoché le posa longuement contre sa tête et nous dit : « Pour moi, ce volume est plus précieux que tout l'or de la Terre. »

Au Sikkim, Khyentsé Rinpoché séjournait toujours un jour ou deux dans la maison où son deuxième maître principal, Dzongsar Khyentsé Chökyi Lodrö, avait passé les derniers mois de sa vie. Il conduisait alors des cérémonies d'offrandes dans les appartements de son maître, où vivait encore sa veuve, Khandro Tséring Chödrön. Mais Khyentsé Rinpoché ne s'asseyait jamais sur la banquette où son maître se tenait par le passé et il refusa même d'utiliser les toilettes de la salle de bains attenante à la grande pièce où il logeait. Il nous disait : « Jamais je n'oserai m'asseoir sur le siège où s'est assis mon maître. » C'est là l'une des règles de respect qui régit les rapports du maître et du disciple : un disciple ne s'assied jamais sur le trône, le lit ou la chaise utilisés par son maître spirituel, de même qu'il n'utilisera pas les objets courants dont il se sert ou s'est servi. Khyentsé Rinpoché étendait cette marque de respect jusqu'au siège des toilettes !

En janvier 1990, au Népal, à la requête de Péwar Rinpoché, un proche ami spirituel de Khyentsé Rinpoché venu du Tibet, et qui fut, lui aussi, disciple de Khyentsé Chökyi Lodrö, Khyentsé Rinpoché conféra l'initiation du Kalachakra, la Roue du temps. Seuls une dizaine de disciples assistèrent à l'initiation, qui dura deux jours, se tenant dans la grande pièce à l'extérieur de sa chambre, là où il recevait habituellement ses visiteurs. À un moment de cette transmission, Khyentsé Rinpoché s'interrompit quelques instants, gardant le silence, et nous vîmes des larmes couler sur ses joues. Après l'initiation, il confia à Péwar Rinpoché que le souvenir de son maître lui conférant cette même initiation avait ressurgi avec tant de force qu'il n'avait pu contenir ses larmes.

Au quotidien auprès de mon maître

Il m'est arrivé plus d'une fois, dans mon ermitage ou ailleurs, en laissant mon esprit s'emplir du souvenir de Kangyour Rinpoché ou de Khyentsé Rinpoché, en évoquant leur manière d'être, le son de leur voix et l'expression de leur visage, qu'ils deviennent si présents que l'émotion me submerge et que je pleure toutes les larmes de mon corps de manière incontrôlable pendant de longues minutes. Ces pleurs n'expriment ni tristesse ni désespoir, mais une fervente communion. S'ils sont empreints d'une saveur douce-amère, celle-ci relève de la douceur de la pensée du maître mêlée d'une amère nostalgie, du désir poignant qu'ils soient encore présents à nos côtés et que l'on puisse entendre le son de leur voix. Leur manifestation est presque palpable dans ces instants exceptionnels.

༄

J'eus la grande fortune de recevoir les instructions qui introduisent à la nature de l'esprit de mon maître-racine Kangyour Rinpoché, mais aussi à plusieurs reprises de Khyentsé Rinpoché. Il conférait notamment cette introduction lorsqu'il enseignait *L'Insurpassable sagesse primordiale* (*Yéshé Lama*), de Jigmé Lingpa, qui traite de la Grande Perfection; et de même lorsqu'il conférait la transmission de *L'Essence du cœur de Chétsun* (*Chétsun Nyingthig*), une initiation très profonde appartenant également au corpus d'enseignements de la Grande Perfection. Ces moments étaient toujours particulièrement impressionnants. Lorsque Khyentsé Rinpoché en venait à l'initiation de la « manifestation de la présence éveillée » (*rigpai tsélwang*), en s'accompagnant de la cloche et d'un petit tambour, il entonnait d'une voix majestueuse, comme surgissant des profondeurs de la Terre, une invocation à tous les maîtres de la lignée de la Grande Perfection, leur demandant de venir en ce lieu bénir l'assemblée. Cette invocation se poursuivait de sublimes versets sur la nature ultime de l'esprit, la présence éveillée, *rigpa*, qui transcende tout concept, la simplicité primordiale et lumineuse de notre esprit, cette faculté première de « connaître », libre de constructions mentales. À la fin, Rinpoché prononçait soudainement et avec force l'interjection *Phêt!*, puis, après un instant de silence, son regard portant loin droit devant lui, tout en esquissant un geste symbolique, un *moudra*, de sa main droite pointée vers les disciples, d'une voix majestueuse, il demandait à trois reprises : « Quelle est la nature de l'esprit? Quelle est la nature de l'esprit?

Quelle est la nature de l'esprit ? » Le temps alors se voit comme suspendu ; les pensées ordinaires s'évanouissent ; seule subsiste la limpidité lumineuse de la présence éveillée.

Je me souviens de ce jour lorsque Khyentsé Rinpoché conféra à trois ou quatre disciples l'essentielle initiation de *L'Essence du cœur de Chétsun* dans sa petite maison de Paro au Bhoutan. Il s'assit sur un coussin à même le sol, nous étions tout près de lui. Lorsqu'il demanda à nouveau « Quelle est la nature de l'esprit ? », l'intimité du lieu donna à ses paroles une résonance encore plus profonde. Ce moment restera à tout jamais gravé dans ma mémoire comme l'une des plus pures introductions à la nature de l'esprit que l'on puisse concevoir. Sa simple évocation me la fait revivre avec force. Khyentsé Rinpoché décrivit lui-même mieux que quiconque ce moment privilégié parmi tous dans la vie d'un disciple, en relatant la manière dont il reçut cette instruction de Shéchèn Gyaltsap, à l'âge de treize ou quatorze ans :

> Au cours des initiations, j'étais souvent bouleversé par la magnificence de son expression et de ses yeux au moment où il montrait la nature de l'esprit et pointait du doigt dans ma direction. J'avais l'impression que, si ce n'était ma faible dévotion qui me le faisait voir comme un homme ordinaire, il ne différait en rien du grand Padmasambhava en train d'initier ses vingt-cinq disciples principaux. Ma confiance ne cessait de croître et quand, à nouveau, le doigt pointé, il me fixait du regard en disant : « Quelle est la nature de l'esprit ? », je pensais avec une grande dévotion : « Voilà vraiment un grand yogi capable de voir la nature absolue du réel ! » et je commençais à comprendre, moi aussi, comment méditer.

Un après-midi, en 1986, je me trouvais seul avec Khyentsé Rinpoché dans la grande et magnifique pièce qu'il occupait lorsqu'il séjournait au dzong de Punakha. Il lisait ses prières assis dans un fauteuil ; j'étais à ses pieds sur le plancher de bois brun, poli par le passage des ans et des êtres. À un moment, il baissa les yeux vers moi et me demanda : « As-tu appréhendé *rigpa*, la présence éveillée ? » Je répondis timidement que oui, j'entrevoyais parfois cette présence éveillée, la conscience pure. Je n'étais évidemment pas en position de pouvoir affirmer que j'avais vraiment et pleinement réalisé le caractère lumineux de l'esprit, mais pour répondre sincèrement à mon maître, je ne pouvais pas non plus prétendre ne pas savoir du tout de quoi il s'agissait. Khyentsé Rinpoché fit ce commentaire : « C'est bien cela. Tu n'as pas à chercher autre chose. » Selon ma modeste compréhension de cet épisode, Khyentsé Rinpoché tenait à me montrer que *rigpa* était d'une extrême simplicité, toujours présente, même si on l'oublie, derrière l'écran des pensées, comme le soleil et le ciel immaculé restent présents, inaltérés, derrière les nuages qui les voilent momentanément. Si le méditant l'appréhende dans un moment d'ouverture intérieure, il ne doit pas chercher « ailleurs », ou s'attendre à « autre chose » que cette nature inaltérable de son propre esprit, la conscience pure libre de toute fabrication mentale. Khyentsé Rinpoché exprime ce point de manière lumineuse dans ses explications du *Trésor du cœur des êtres éveillés*[2] :

> L'esprit n'a ni forme, ni couleur, ni substance ; voilà pour son aspect vide. Mais il peut connaître les choses et percevoir une variété infinie de phénomènes ; c'est son aspect lumineux, c'est-à-dire connaissant. L'union inséparable de ces deux aspects – vacuité et luminosité – constitue ce que l'on appelle l'esprit originel immuable.
>
> Pour le moment, la clarté naturelle de votre esprit est voilée par vos égarements. Mais au fur et à mesure que ces voiles se dissiperont, vous commencerez à découvrir la radiance de la conscience éveillée, jusqu'au moment où vos pensées se libéreront à l'instant même où elles apparaîtront, comme un trait sur l'eau disparaît dès qu'on le trace. Quand on reconnaît directement la nature de l'esprit, c'est ce que l'on appelle nirvana. Quand elle est voilée par la méprise, c'est ce que l'on appelle samsara. Mais le samsara comme le nirvana n'ont jamais été distincts du continuum de la nature absolue. Quand la conscience éveillée atteint son degré de plénitude, les remparts de la confusion mentale s'écroulent et la citadelle de l'absolu, au-delà de la méditation, peut être conquise une fois pour toutes.

La pièce où nous logions à Punakha possédait de grandes fenêtres donnant sur la rivière en contrebas ; sous ces larges baies vitrées se trouvait une plate-forme en bois où était disposé le lit de Rinpoché. Rabjam Rinpoché, Tséwang Lhundroup et moi-même dormions sur des tapis étendus sur le plancher, sous le regard de Khyentsé Rinpoché.

Il arriva qu'un matin, je ne me réveillai pas. L'aube venue, Khyentsé Rinpoché s'assit pour dire ses prières. Lorsque Rabjam Rinpoché sortit du sommeil à son tour, il remarqua que je dormais encore. Il s'approcha pour me secouer. Khyentsé Rinpoché, qui ne parlait jamais avant huit heures du matin, lui fit signe de la main de me laisser. Lorsque je finis par ouvrir un œil, je ne fus pas long à réaliser la situation. D'un bond, je jaillis hors de mon sac de couchage. Dans ma précipitation, ma longue jupe intérieure de moine dont la cordelette était mal serrée resta dans le sac. Je me retrouvai debout, nu comme un ver. Je réintégrai tout aussi vite mon sac de couchage, le temps de remettre ma jupe et de la nouer correctement. Khyentsé Rinpoché, bientôt rejoint par Rabjam Rinpoché, fut pris d'un tel fou rire qu'il en interrompit ses prières pendant quelques minutes. Durant les moments qui suivirent, il lui suffisait de me regarder pour que son grand corps majestueux soit à nouveau secoué par des vagues de rire silencieux.

Un jour que je me trouvais avec Rabjam Rinpoché en présence de la reine mère du Bhoutan, elle lança: «Le père de Matthieu devrait, lui aussi, venir visiter le Bhoutan!» Et c'est ainsi qu'en cette même année de 1986, elle convia mon père et son épouse Claude à venir en visite. Invitation qu'ils acceptèrent avec joie. J'allai les chercher à l'atterrissage de leur avion à l'aéroport de Paro, et nous fîmes route vers Punakha, où se trouvaient la reine et Khyentsé Rinpoché, qui accomplissait une grande cérémonie annuelle. À mi-chemin, sur un col, un déjeuner chaud nous attendait, disposé sur de belles étoffes de laine multicolores typiques du Bhoutan, les *yatra*, étendues dans l'herbe par des serviteurs de la reine envoyés à notre rencontre. Après que mon père et Claude se furent installés dans la *guest-house* gouvernementale de Punakha, nous pénétrâmes dans l'immense dzong et je les emmenai assister à la cérémonie, aussi majestueuse que spectaculaire pour un non-initié: une centaine de moines, des musiques riches en sonorités déconcertantes pour une oreille occidentale, un mandala en trois dimensions, Khyentsé Rinpoché et Rabjam Rinpoché présidant la cérémonie depuis leurs trônes, et la reine mère accompagnée de deux de ses filles assises sur une banquette couverte de brocarts. Mon père et Claude furent conviés à prendre place aux côtés de la reine, qui leur souhaita la bienvenue d'une voix douce, avec son charme et son élégance habituelle. Toute l'après-midi durant, mon père assista à la cérémonie, qui culmina par des danses virevoltantes accompagnant une prière d'invocation

Le 12 juin 1967, à l'âge de vingt et un ans, je rencontre à Darjeeling Kangyour Rinpoché, mon premier maître spirituel, qui allait inspirer le reste de mon existence.

Darjeeling, à demeure auprès du maître

L'épouse de Kangyour Rinpoché, Jétsun Jampa Chökyi, m'a accueilli dans son foyer à mon arrivée en Inde. Nous l'appelions tous «Ama-la», ce qui signifie «mère».

Dudjom Rinpoché en 1966, un maître éminemment respecté, qui faisait grande impression. Cette photo et le documentaire d'Arnaud Desjardins sur les moines tibétains en exil me décidèrent à partir à leur rencontre.

Kangyour Rinpoché, en 1968, dans la petite maison qu'il occupait avec les siens à Rose Bank, près de Darjeeling.

Pawo Rinpoché en 1967, un grand maître chaleureux au sourire éclatant. Il vivait près de Darjeeling, où je le rencontrai plusieurs fois.

Darjeeling, à demeure auprès du maître

Le monastère de Orgyèn Kunsang Chökhorling, à Darjeeling, auprès duquel se trouvait l'ermitage où je vécus de 1972 à 1979.

Kangyour Rinpoché avec ma mère, Yahne, qui entreprit le voyage vers l'Inde peu de temps après moi, en 1968.

Une enfance nomade

Yahne et Jean-François, mes parents, vers 1945.

Ma sœur Ève et moi, à Chambéry, au retour du Mexique, en 1952.

Une enfance nomade

Mon oncle Jacques-Yves Le Toumelin sur le *Kurun*, son cotre norvégien de dix mètres, sans moteur, sur lequel il réalisa un tour du monde en solitaire entre 1949 et 1952.

Mon oncle était pour moi comme un deuxième père. Il me fit découvrir de nombreux écrits métaphysiques et spirituels. Il me confiait parfois la barre de son bateau. Vers 1955.

Années de transition

Lors de mon premier voyage en Inde, en 1967, au Cachemire.

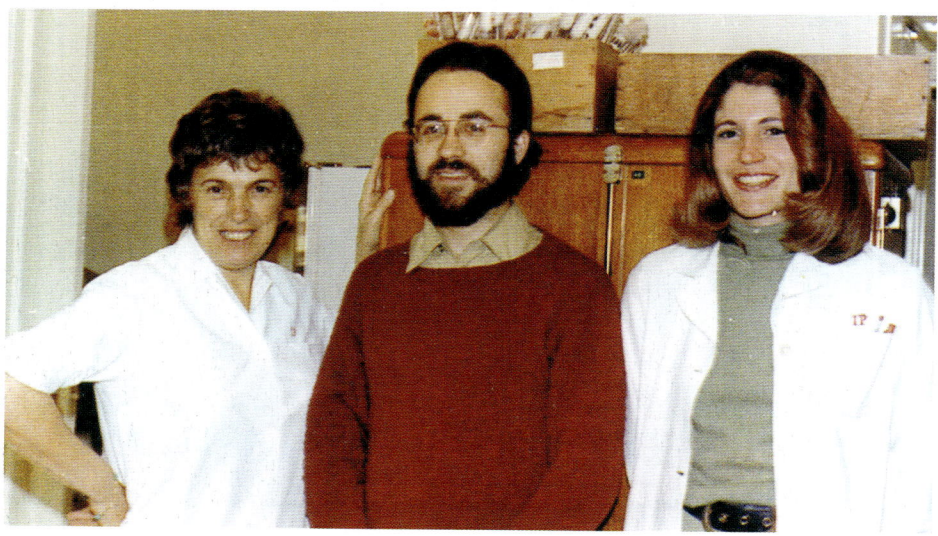

À l'institut Pasteur en 1970. Je suis entouré de Paulette et Chantal, laborantines de Yukinori Hirota, avec qui je travaillais sous l'égide du prix Nobel François Jacob.

Après la mort de Kangyour Rinpoché en 1975,
Dilgo Khyentsé Rinpoché devient mon deuxième maître spirituel.

Dilgo Khyentsé Rinpoché, mon deuxième maître

La plus ancienne photographie connue de Dilgo Khyentsé Rinpoché. Elle a été prise entre 1935 et 1940, probablement à Sakar au Tibet. Il porte un châle blanc, symbole de la capacité d'un grand yogi à pratiquer le *tummo*, la chaleur intérieure, par les plus grands froids.

En 1972, Dilgo Khyentsé Rinpoché et Trulshik Rinpoché, son plus proche ami spirituel, au monastère de Thubtön Chöling, dans les montagnes du Khumbu au Népal. Des années plus tard, Trulshik Rinpoché deviendrait pour moi un guide important.

Dilgo Khyentsé Rinpoché, mon deuxième maître

Aussi spirituellement accompli soit-il, le Dalaï-lama continue à recevoir des enseignements d'éminents maîtres spirituels de toutes les écoles du bouddhisme tibétain. À Dharamsala, en 1991, il reçoit la transmission d'une initiation de Dilgo Khyentsé Rinpoché, qui fut l'un de ses principaux maîtres spirituels.

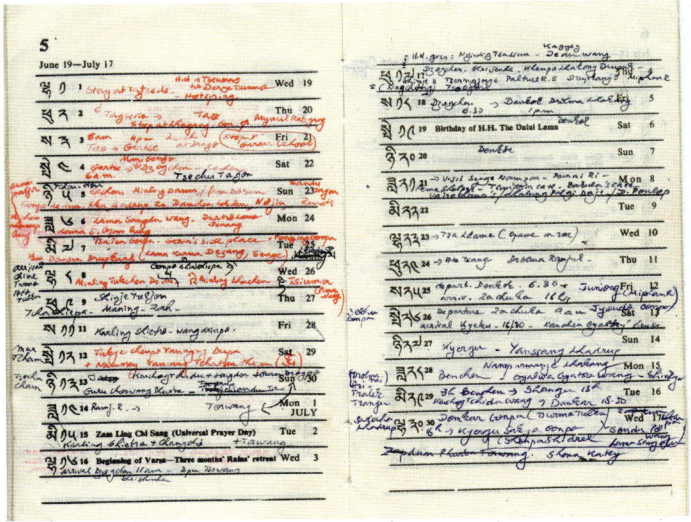

De 1980 à 1990, je notai chaque jour sur des calendriers tibétains nos déplacements et les enseignements donnés par Dilgo Khyentsé Rinpoché.

Dilgo Khyentsé Rinpoché, mon deuxième maître

Dilgo Khyentsé Rinpoché dans sa maison près du temple de Paro Kyichou. Instant saisi de mon quotidien aux côtés de mon maître. 1983.

Khandro Lhamo, épouse de Dilgo Khyentsé Rinpoché, ici âgée de soixante-quinze ans. Elle me guida dans mon service auprès de mon maître et me témoigna toujours confiance et bienveillance. 1987.

Rabjam Rinpotché, petit-fils de Dilgo Khyentse Rinpoche et abbé des monastères de Shéchèn, que j'ai connu à l'âge de huit ans et auprès de qui je vis depuis quarante ans. 2010.

Au Bhoutan

Paro Taktsang (l'Antre du Tigre), à 3 000 mètres d'altitude, l'un des sites les plus sacrés du Bhoutan. On dit que Padmasambhava, le maître qui introduisit le bouddhisme au Tibet entre le VIIIe et le IXe siècle, s'y rendit sur le dos d'une tigresse qui volait dans les airs. Les temples sur la roche à pic ont été construits au XVIIe siècle.

Au Bhoutan

Dilgo Khyentsé Rinpoché, en route vers la province de Boumthang, fait une pause au col de Pélé La à 3 700 mètres d'altitude. Il tient en son giron le chaton de son petit-fils, Rabjam Rinpoché. 1980.

Au temple de Paro Kyichou, Dilgo Khyentsé Rinpoché s'apprête à conférer une bénédiction de longue vie au IVᵉ roi du Bhoutan, Jigmé Sengué Wangchouk, qui fut son disciple. 1986.

Dilgo Khyentsé Rinpoché avec la reine mère du Bhoutan, Ashé Kelsang Choedrön Wangchuck, qui lui manifestait une dévotion toute particulière et devint sa principale bienfaitrice. 1985.

Au Népal

À l'initiative de Dilgo Khyentsé Rinpoché, un nouveau monastère de Shéchèn fut construit dans les années 1980, à Boudhanath, au Népal, pour perpétuer la tradition du monastère mère du Tibet oriental, détruit lors de la Révolution culturelle chinoise.

À la fin d'une grande cérémonie (*droupchén*) qui dure neuf jours dont sept jours et sept nuits sans interruption, le mandala dessiné avec du sable de différentes couleurs (*page suivante, haut*) est dispersé pour symboliser la nature éphémère de toutes choses. Le sable est ensuite placé dans une urne et transporté en procession jusqu'à la rivière voisine pour y être versé.

Au retour, dans la cour du monastère, les moines forment ce qu'on appelle un « cercle de joie » (*gakhyil*), ressemblant au symbole chinois yin yang, avant de rentrer dans le temple pour la conclusion du rituel.

Au Népal

Deux moines s'apprêtent à disperser les poudres de couleur du mandala qui a servi de support lors de la grande cérémonie (*droupchén*) du monastère de Shéchèn.

Khyentsé Rinpoché me confia la tâche de remplir les cent cinquante statues d'argile fabriquées au monastère de Shéchèn au Népal. À l'intérieur de chacune sont placés un « arbre de vie », des reliques de saints, des centaines de rouleaux de mantra et de prières, des minéraux, de la terre et des fleurs de nombreux lieux saints, et autres objets sacrés. 1980.

Au Tibet

En 1985, Dilgo Khyentsé Rinpoché revient au Tibet, après trente ans d'exil. La première partie du voyage nous fait traverser le Tibet central. Nous sommes ici au col de Tangula à 5 058 mètres d'altitude, devant le Nöjing Khangsang.

Tulkou Péma Wangyal, fils aîné de Kangyour Rinpoché, contemple les ruines du monastère de Mindröling qui fut le siège de certains des plus grands maîtres et érudits du Tibet avant que la Chine communiste n'ordonne sa destruction. 1985.

Au Tibet

Traversée du fleuve Tsangpo (Brahmapoutre) sur un bac à fond plat, pour nous rendre au monastère de Samyé, au Tibet central. 1985.

Au Tibet oriental, quand il n'existe pas de route, Dilgo Khyentsé Rinpotché est transporté sur une litière. Il est précédé par un moine portant un parasol de brocart en signe d'honneur. 1985.

à Gourou Padmasambhava. Une belle entrée en matière pour découvrir ce merveilleux pays qui ne manqua pas de tenir mon père et Claude sous son charme !

Le lendemain, pour ne pas provoquer un excès de cérémonies, je les emmenai passer une nuit dans la somptueuse vallée glaciaire de Gangtèn où hivernent les grues à cou noir. Puis, nous rejoignîmes la vallée de Paro où je leur servis de guide pour découvrir Paro Taksang, l'Antre du Tigre. Mon père monta une mule pour gravir l'étroit chemin jusqu'aux temples situés à 3 000 mètres d'altitude. Leur séjour s'acheva par un déjeuner offert en leur honneur par la reine en son palais de Thimphou. Ce fut un séjour réussi, au cours duquel mon père s'émerveilla des splendeurs du Bhoutan, que je fus ravi de lui faire découvrir. Nous partageâmes un de ces moments rares et précieux, tout en simplicité et non-dits, entre un père et son fils. Un de plus avec celui de Darjeeling, et je fus heureux d'avoir pu donner à mon père un aperçu, que j'espérais inspirant, de ma nouvelle vie.

CR

Khyentsé Rinpoché enseignait dans les endroits les plus inattendus. Au Bhoutan, des cérémonies consacrées à la longue vie du roi avaient lieu chaque année dans l'immense dzong de Thimphou, l'impressionnante « forteresse-monastère » peuplée pour une moitié par des moines et pour l'autre par les fonctionnaires du gouvernement bhoutanais. Ces cérémonies se déroulaient dans les appartements privés du roi, et le protocole n'en autorisait l'accès qu'à une liste d'invités triés sur le volet. Khyentsé Rinpoché n'était donc accompagné que de son entourage immédiat et des moines en charge de l'événement. Il ne voulait pas pour autant interrompre ses enseignements et avait trouvé une solution ingénieuse : à la pause de midi, une demi-douzaine de disciples arrivait discrètement, un par un, et se rassemblait dans la salle de bains attenante, qui se trouvait être très spacieuse. Khyentsé Rinpoché venait alors s'asseoir sur le trône des toilettes, sur lesquelles on avait placé un coussin, et, une heure durant, comme si de rien n'était, poursuivait les enseignements du moment. Puis les disciples s'éclipsaient aussi discrètement qu'ils étaient venus.

Un hiver, Khyentsé Rinpoché se rendit aux sources thermales de Khandro Sangphouk, au Sikkim, pour y faire une cure thermale (il éprouvait de fortes douleurs dans les genoux). Il avait choisi ce lieu car cette source avait été bénie par les maîtres du passé. Quelques disciples l'accompagnaient, parmi lesquels Dzongsar Khyentsé Rinpoché et Rabjam Rinpoché. Khyentsé Rinpoché passait plusieurs heures par jour dans l'eau chaude des bassins de quelques mètres de diamètre taillés dans la roche. L'eau qui débordait ruisselait jusqu'à une rivière en contrebas. À cette occasion, il conféra à ceux qui l'accompagnaient la transmission des six volumes des écrits de son maître spirituel Khyentsé Chökyi Lodrö. À cette fin, ils fabriquèrent un flotteur en bois sur lequel Khyentsé Rinpoché, qui baignait dans l'eau jusqu'à la poitrine, posait le volume qu'il lisait ensuite à voix haute. C'est ainsi qu'il transmit cet enseignement à ses disciples, eux aussi immergés dans le bassin. En cinq jours de bains, il lut à voix haute l'intégralité des œuvres de Khyentsé Chökyi Lodrö. Je faisais bien, initialement, partie du voyage, mais le lendemain de notre arrivée, nous apprîmes que les autorités locales avaient eu vent de ma présence et étaient en route pour me demander de quitter cet État du nord-est de l'Inde, qui fut longtemps semi-indépendant. J'étais entré au Sikkim, comme d'habitude, dans la voiture de Khyentsé Rinpoché, laquelle était précédée d'une escorte de la garde royale bhoutanaise, et notre convoi n'avait donc pas été tenu de s'arrêter à la frontière du Sikkim. Mais en tant qu'étranger, j'étais dans l'obligation de posséder un permis spécial qui devait être demandé une semaine à l'avance. Je n'avais jamais le temps de remplir ces formalités. Le capitaine de la garde bhoutanaise me raccompagna de l'autre coté de la frontière en catimini, et je dus attendre Khyentsé Rinpoché à Darjeeling. Je ne pus donc recevoir cette «transmission sur l'eau». Khyentsé Rinpoché vivait et respirait l'enseignement du Bouddha. Par-delà tous les contextes culturels particuliers, il avait le pouvoir d'amener les autres à remettre profondément en question leurs priorités dans l'existence et possédait l'expérience nécessaire pour les guider vers la liberté intérieure. Le sentiment que nous éprouvions tous en sa présence est magnifiquement exprimé dans une prière écrite par son prédécesseur, Jamyang Khyentsé Wangpo :

> Lorsque je vois votre corps, les apparences ordinaires cessent,
> Lorsque j'entends votre voix, la sagesse primordiale de la grande félicité naît,
> Lorsque je pense à vous, toutes les peurs du monde sont balayées,
> Ô, seul et unique père, je vous invoque, pensez à moi avec tendresse.

CHAPITRE 24

Quelques manifestations de l'Éveil

Cohérence de chaque instant, réalisation spirituelle qui transparaît de multiples façons, dans le sens de l'humour, le rapport à la douleur ou encore la clairvoyance.

Que ce soit avec Kangyour Rinpoché, Dilgo Khyentsé Rinpoché ou le XIVe Dalaï-lama lorsqu'il m'arrivait de lui servir d'interprète, je n'ai jamais observé la moindre contradiction entre ce que ces êtres exceptionnels prônaient et la façon dont ils se comportaient. Avoir été ainsi témoin, des années durant, de la cohérence entre ce qu'ils enseignaient et ce qu'ils incarnaient m'a donné une confiance inébranlable en leur personne et leurs instructions. Si, par exemple, je ne suis pas sûr qu'un pilier soit stable ou qu'une corde soit résistante, j'hésiterais à m'y fixer. Mais si j'ai maintes fois vérifié leur solidité, je m'y appuierai sans crainte, ou m'y suspendrai de tout mon poids.

J'ai tendance à faire confiance *a priori* à tout le monde. Rabjam Rinpoché, le petit-fils de Khyentsé Rinpoché, et abbé du monastère de Shéchèn où je vis, dit parfois en plaisantant que c'est mon principal défaut ! Pourtant, même si j'estime qu'il vaut mieux aborder les autres avec cette attitude plutôt que de les soupçonner du pire, je suis bien conscient que l'on est parfois déçu des agissements d'autrui et j'en ai fait l'expérience à quelques reprises. Déception qui ne s'est jamais produite, en un demi-siècle de vie intime auprès de mes maîtres.

ৎ৯

Dire que les grands maîtres ont souvent un robuste sens de l'humour peut surprendre ou prêter à confusion. Il s'agit en fait d'une fantaisie bienveillante et leurs traits d'esprit ne s'exercent jamais au détriment d'autrui ; il n'est pas question de se moquer ou de rabaisser qui que ce soit. Si la plaisanterie d'un prétendu maître spirituel venait à heurter profondément les sentiments de quelqu'un et lui causer du tourment, il y a fort à parier que le maître en question serait à placer dans les rangs des charlatans.

L'humour d'un maître authentique reflète sa liberté à l'égard des considérations mondaines. N'étant en rien affecté par les fluctuations du gain ou de la perte, par les tiraillements de la critique et les infatuations de la louange, par la soif de situations plaisantes et l'aversion envers les circonstances déplaisantes, par les trompettes de la renommée ou le glas de l'infamie, un être spirituellement accompli contemple avec une inaltérable légèreté le théâtre toujours changeant des péripéties de l'existence. Il rit volontiers de ses propres mésaventures et lorsqu'il rit de celles d'autrui, c'est avec gentillesse et complicité. Percevant le caractère illusoire de toute chose, de par sa compassion, le maître spirituel tente de nous montrer affectueusement que les succès et les échecs mondains ne sont guère plus sérieux que des jeux d'enfants.

En effet, ce dont un être éveillé rira de bon cœur, c'est du caractère artificiel de la plupart des préoccupations ordinaires. Certaines personnes estiment que les grands maîtres spirituels peuvent se permettre de rire des tribulations du commun des mortels parce qu'ils se sont affranchis des contingences ordinaires et que les soucis quotidiens ne les affectent guère. Mais ils sont loin d'être pour autant insensibles ou indifférents à la souffrance humaine. Bien au contraire : face à la tragédie et aux multiples souffrances des êtres, c'est une compassion inconditionnelle qui se manifestera en premier lieu et avec toute sa puissance. Lors de l'une des rencontres organisées avec des scientifiques à la résidence du Dalaï-lama à Dharamsala, quelqu'un avisa ce dernier qu'un enfant venait juste d'être mordu par un chien enragé. Le visage du Dalaï-lama s'assombrit instantanément. Il se recueillit quelques instants, le regard légèrement baissé et lorsqu'il reprit la conversation, on voyait que ses yeux étaient embués de larmes. Le Dalaï-lama verse souvent des larmes, le plus discrètement possible, lorsqu'il enseigne sur la souffrance des êtres. En une occasion, alors qu'il résidait à notre monastère de Shéchèn à Bodh Gaya, en Inde, il tomba gravement malade et dut être conduit en voiture jusqu'à Patna, puis en hélicoptère vers un hôpital. À un moment donné, il vit sur le bord de la route une famille de mendiants qui migrait à travers la campagne portant leurs ballots sur la tête. Il nous confia plus tard : « J'ai versé des larmes pendant plusieurs minutes en étant témoin de leur infortune, mais curieusement, je n'ai pas versé une larme tandis que je ressentais des douleurs intenses dans l'abdomen pendant des heures. »

Quelques manifestations de l'Éveil

Un maître ne saurait rire de la souffrance d'autrui, mais il peut arriver, dans des circonstances particulières, qu'animé de la plus profonde bienveillance, il allège le poids d'une situation calamiteuse par un rire libérateur. Un témoin direct m'a rapporté une rencontre entre Dudjom Rinpoché, l'un des plus grands maîtres du XXe siècle, et une disciple occidentale souffrant d'un cancer. Celle-ci informa Dudjom Rinpoché que son médecin ne lui donnait plus que quelques mois à vivre. Tout en posant sur elle un regard empreint d'une immense douceur, Dudjom Rinpoché accompagna sa réponse d'un rire chaleureux. Ne comprenant pas le tibétain, cette femme fut quelque peu interloquée, tout en percevant qu'il n'y avait aucune trace de malice dans cet éclat joyeux. L'interprète traduisit les paroles du maître : « La seule différence entre vous et moi, c'est que vous avez une idée plus précise de la date de votre mort, alors que je ne sais absolument pas si je mourrai aujourd'hui ou un peu plus tard. Mais pour vous comme pour moi, si la mort est inéluctable, son heure est imprévisible. » Cette prise de conscience permet de donner à chaque instant qui passe toute sa valeur, de se consacrer à l'essentiel et d'éviter de se perdre dans des pensées, des paroles et des actes d'importance secondaire. Après cela, il donna à la patiente de profonds conseils pour vivre plus sereinement sa maladie jusqu'à la fin.

Lorsqu'on me propose aujourd'hui de participer à un événement quelconque « l'an prochain », je réponds spontanément : « Peut-être, si je suis en vie. » Cette réponse ne manque pas de m'attirer des réponses inquiètes du genre : « Vous n'avez pas de problème de santé, j'espère ? » Ce faisant, je ne fais pas des manières, mais la conscience que j'ai de l'impermanence des choses ne m'autorise pas à répondre autrement.

༄༅

En l'an 2000, à Dharamsala, lors de la rencontre de l'institut Mind and Life[1], consacré à l'organisation de dialogues entre des scientifiques de haut niveau et le Dalaï-lama et d'autres contemplatifs, rencontre qui portait cette fois là sur le thème des émotions destructrices, Paul Ekman, l'un des plus éminents spécialistes des émotions, faisait partie des chercheurs participant à ce séminaire. Il ne connaissait pas le Dalaï-lama, ne s'intéressait guère au bouddhisme et avait tout d'abord pensé décliner cette invitation. Mais sa fille, Ève, qui tenait absolument à rencontrer le Dalaï-lama, réussit à convaincre son père de venir en Inde et de contribuer à ces cinq jours de dialogues. Au milieu de la matinée puis de l'après-midi, une pause était l'occasion pour les participants de prendre le thé et de bavarder entre eux. C'était aussi pour certains une opportunité d'approcher le Dalaï-lama afin de bénéficier de quelques minutes de conversation plus intime et de lui poser des questions. C'est ainsi que Paul Ekman et sa fille se retrouvèrent assis de part et d'autre du Dalaï-lama, qui, comme il le fait souvent lorsqu'il converse avec quelqu'un, prit leurs mains dans les siennes et les conserva durant toute la conversation. Paul nous raconta plus tard qu'il fit l'expérience très profonde de la chaleur humaine qui émanait du Dalaï-lama. Il nous confia : « Je n'aurais jamais pensé que la bonté humaine puisse être palpable. »

Tout au long de la semaine, Paul Ekman eut des discussions si éclairantes avec les autres chercheurs présents sur la nature des émotions et sur la façon de les gérer, qu'à la fin de la rencontre, il nous annonça qu'il allait réviser au moins la moitié des chapitres du livre dont il venait de terminer la rédaction, *Emotions revealed*, un livre destiné au grand public qui synthétisait plus de trente ans de recherche dans le domaine des émotions. Paul Ekman revit de nombreuses fois le Dalaï-lama et réalisa avec lui un livre d'entretiens[2]. Il disait qu'il avait trouvé en lui le grand frère idéal qu'il n'avait jamais eu. Quelque temps après son retour aux États-Unis, sa femme, Mary-Ann Mason, première femme doyenne de l'université de Berkeley, lui fit remarquer : « C'est curieux, cela fait plus de quatre mois que tu ne t'es pas mis en colère. » Paul est un homme bon, mais il était connu pour ses « coups de sang », brefs, mais intenses. Or, presque à son insu, ils avaient disparu depuis sa rencontre avec le Dalaï-lama et ne réapparurent pas par la suite. C'est aussi une expérience que nombre d'entre nous ont vécu auprès de Khyentsé Rinpoché. Dans certains moments de détente où nous nous trouvions assis par terre autour de lui, dans l'herbe ou sur une natte, il lui arrivait, tout en conversant, de poser sa main sur la tête de l'un d'entre nous, une main si grande qu'elle recouvrait aisément tout notre crâne. Je me souviens de l'une de ces occasions, dont l'aspect un peu prosaïque contrastait particulièrement avec l'expérience que je vécus alors. En raison de son âge et de sa mobilité réduite, lorsque Khyentsé Rinpoché se rendait aux toilettes, nous étions toujours un ou deux à l'accompagner. Quand il y était assis, c'était l'occasion de quelques conversations décontractées, voire de plaisanteries. Une fois, alors que j'étais accroupi pour être à sa hauteur, Khyentsé Rinpoché, tout en parlant à l'autre moine, étendit sa main douce et chaude sur le sommet de ma tête, l'enveloppant de ses longs doigts. Il la laissa reposer ainsi une ou deux minutes. J'eus l'impression qu'un nectar à la fois chaleureux, lumineux et bienfaisant circulait de sa main vers moi et emplissait l'ensemble de mon corps d'une félicité sans pareille. Le temps était comme suspendu au sein de cette paix indescriptible. Je gardai le silence, évitant de perturber ce moment précieux entre tous. La bonté humaine est certainement palpable, tout à fait palpable…

ɞ

En de nombreuses occasions, ceux qui accompagnaient Khyentsé Rinpoché constatèrent que sa relation à la douleur différait notoirement de celle de la plupart d'entre nous. Dans les années 1970, au Népal, il dut consulter le seul et unique dentiste qui pratiquait dans la vallée de Katmandou. On faisait allusion à lui en soulignant que c'était «le dentiste du roi», mais dentiste du roi ou pas, il n'était guère équipé et ne pouvait pas proposer de piqûres anesthésiques à ses patients, dont on entendait parfois les gémissements depuis la salle d'attente. Lorsqu'il traita Khyentsé Rinpoché pour une dent dont le nerf était à vif, nous étions quelque peu inquiets. Mais pendant toute la séance de soins, Khyentsé Rinpoché resta impassible, le regard posé dans l'espace devant lui, comme s'il contemplait paisiblement un beau paysage. Sur le chemin du retour, l'un de ses proches s'enquit de son état et lui demanda s'il n'avait pas trop souffert durant le traitement. «Oui, ça faisait un peu mal», répondit laconiquement Khyentsé Rinpoché.

Quelques années plus tard, lors d'un séjour en Dordogne, un thérapeute français adepte des techniques orientales, vêtu d'un pantalon et d'une chemise d'une blancheur immaculée, proposa à Khyentsé Rinpoché, par l'intermédiaire de Tulkou Péma Wangyal, une séance de moxibustion. Il s'agit d'une forme d'acupuncture par le feu au cours de laquelle on approche un cigare de feuilles d'armoise incandescentes tout près de la peau, en des points stratégiques du corps, pour remédier, dans le cas présent, à un petit problème de digestion. Khyentsé Rinpoché, qui récitait ses prières du matin dans sa chambre, torse nu comme à l'accoutumée, acquiesça, sans paraître particulièrement intéressé ni inquiet. Le thérapeute commença donc sa séance, mais en beau parleur qu'il était, tout en maintenant l'extrémité incandescente du cigare tout près de la peau de Rinpoché, il tourna la tête vers l'un d'entre nous pour expliquer les bienfaits de cette thérapie. Au bout d'un moment, il fut soudainement alerté par une odeur de chair brûlée. Reportant enfin son attention au bon endroit, il s'aperçut avec horreur qu'il avait causé une profonde brûlure dans l'abdomen de Khyentsé Rinpoché. Au comble de l'embarras, il s'excusa avec profusion, puis demanda d'un air penaud pourquoi Khyentsé Rinpoché n'avait rien dit. Celui-ci, qui n'avait pas bronché de toute la séance, répondit sans lever le regard de son livre de prières : « Oh, je croyais que ça faisait partie du traitement. » J'étais présent moi-même, un peu en retrait, derrière le médecin, et j'avais regardé Khyentsé Rinpoché à plusieurs reprises. À aucun moment, je n'ai perçu ne serait-ce qu'une expression fugitive de douleur ou d'inconfort en lui. On sait pourtant à quel point la douleur provoquée par une brûlure peut être vive. La cavité créée par la blessure mit deux semaines à se refermer.

Sur la voie du bouddhisme tibétain, on enseigne, entre autres, la pratique du « goût unique », qui consiste à faire avec une même équanimité l'expérience du plaisir et de la douleur, du confort et de l'inconfort, des situations plaisantes ou déplaisantes, des sons harmonieux ou discordants, des touchers soyeux ou rugueux, du bon ou mauvais goût de la nourriture. Cette expérience n'a rien à voir avec l'apathie ou l'indifférence et les cinq sens ne sont pas anesthésiés pour autant. Il s'agit plutôt de laisser les sensations des sens se manifester dans le vaste espace de la présence éveillée et non dans l'espace étroit d'un esprit sélectif, inquiet, tiraillé entre ce qu'il aime ou n'aime pas, ce qu'il désire ou repousse sur la base de l'espoir et de l'appréhension. Lorsque l'on s'est suffisamment entraîné à cette pratique, les perceptions extérieures et les sensations intérieures se manifestent avec tout autant de clarté, mais notre esprit n'est pas perturbé outre mesure par la nature de ces sensations, par l'attirance ou le rejet.

J'ai pu moi-même observer à maintes reprises à quel point Khyentsé Rinpoché ne se départait jamais de cette expérience du goût unique. Un jour, quelqu'un qui lui offrait l'hospitalité s'excusa de l'inconfort des lieux. « Tant que le toit ne fuit pas sous la pluie, tout va bien », répondit Khyentsé Rinpoché. Après avoir passé trente ans dans des ermitages et des grottes, hiver comme été, et connu les détresses et les périls de l'exil, il avait vécu toutes les vicissitudes imaginables, et ce genre de tracas n'entrait pas dans le cadre de ses préoccupations. De fait, au fil des années passées en sa présence, je ne me souviens pas de l'avoir jamais entendu se plaindre des conditions extérieures.

J'essaie, très modestement, d'en prendre un peu de la graine et ne suis pas trop regardant sur le confort, le bruit, la température, le beau ou le mauvais temps, et la qualité de la nourriture. Je sais apprécier les bonnes choses et en jouis avec plaisir, mais si elles viennent à manquer, cela m'est indifférent. Ainsi, lors de nos séjours au dzong de Thimphou, je me trouvais contraint à des périodes de semi-jeûne. Au Bhoutan, la chasse et la pêche sont interdites dans l'ensemble du pays, mais la majorité des Bhoutanais, fermiers de haute altitude pour la plupart, ne sont pas végétariens[3]. Or, lorsque nous résidions au Bhoutan, dans l'enceinte du grand dzong de Thimphou, la nourriture n'était pas préparée par la nonne qui cuisinait habituellement pour Rinpoché et ses proches, nonne qui, étant elle-même végétarienne, cuisinait un plat que nous partagions tous deux. Pas question de ce régime de faveur ici. Le seul plat proposé était mêlé de viande et je devais donc me contenter d'un bol de riz et des piments qui l'accompagnaient. Il me fallait trouver le juste équilibre : le riz seul était trop lourd et indigeste, mais un excès de piment le rendait immangeable. À cette époque, je ne pesais que soixante petits kilos, loin des soixante-quinze d'aujourd'hui ! C'était là un bon moyen de garder mon poids et ma forme.

Lors d'un voyage en avion entre l'Inde et la France, à la fin du repas, un jeune lama prépara le thé de Khyentsé Rinpoché et y ajouta le contenu d'un sachet qui se trouvait à côté de la tasse. Il remua le tout consciencieusement et l'offrit à Khyentsé Rinpoché. Celui-ci dégusta lentement la tasse de thé, tout en contemplant par le hublot l'océan de nuages que nous survolions. Puis il rendit la tasse au jeune lama. Il restait un peu de thé que ce dernier but comme une bénédiction. Une grimace déforma alors son visage et il devint tout rouge : sans le savoir, il avait versé dans le thé de Rinpoché un sachet entier de moutarde forte. Le mélange était imbuvable. Confus, il demanda à Khyentsé Rinpoché pourquoi il ne lui avait rien dit. À l'image de la scène avec le thérapeute distrait,

Rinpoché répondit : « Je croyais que c'était la façon de préparer le thé par ici. »

Il survint malheureusement des circonstances bien plus graves dans lesquelles Khyentsé Rinpoché souffrit d'intenses douleurs. Sa vie touchait à sa fin, il en fit le constat sans aucun doute, et il ne souhaita pas se rendre à l'étranger pour recevoir les traitements intensifs qui lui furent alors proposés. Une maladie grave le rongeait, c'était évident. La nuit, il ne s'allongeait plus, mais dormait assis en posant sa tête sur une tablette recouverte de deux oreillers placés devant lui. Il ne se plaignait jamais, mais nous voyions bien, lors de certains silences, quand il fermait les yeux, que la douleur était très présente dans l'espace de son Éveil intérieur. À aucun moment pourtant nous n'avions l'impression qu'elle le submergeait. Il ressemblait à un marin aguerri observant une tempête depuis la crête d'une énorme vague, conscient de son ampleur, mais imperturbable. Bien sûr, ce ne sont là que des suppositions de ma part fondées sur ma compréhension nécessairement limitée de l'espace infini de la liberté intérieure d'un être comme Khyentsé Rinpoché. Ce fut néanmoins, pour nous qui étions proches de lui, un enseignement à la fois poignant et très profond.

J'ai eu l'occasion de participer à des recherches en neurosciences sur la relation entre la méditation – l'entraînement de l'esprit – et la perception de la douleur. On sait que l'anticipation de la gravité ou de l'innocuité de ce que l'on va ressentir joue un rôle prépondérant dans l'expérience de la douleur. En général, on supporte mieux des douleurs dont la durée et l'intensité sont prévisibles, ce qui permet d'être prêt à les traverser et donc à même de mieux les gérer, que des douleurs imprévues dont l'intensité risque de croître et dont la persistance est inconnue. L'impact de la douleur dépend donc en grande partie de notre attitude mentale. Nous acceptons, par exemple, les effets douloureux d'un traitement médical, fort de l'espoir de guérir, ou d'un entraînement sportif intense pour exceller dans sa discipline. De nombreuses personnes sont prêtes à donner leur sang ou un organe pour sauver la vie d'un proche. Le fait d'octroyer ainsi un sens altruiste à la douleur que l'on va subir nous confère un pouvoir sur elle, et nous libère de la détresse et du sentiment d'impuissance.

La méditation peut-elle elle aussi influencer notre perception de la douleur ? Plusieurs laboratoires de recherche se sont penchés sur cette question. J'eus la chance de participer aux recherches de David Perlman et Antoine Lutz dans le laboratoire de Richard Davidson à l'université de Madison. Lorsque j'entrais dans l'état de « présence ouverte » au moment où j'étais soumis à une douleur intense, je percevais cette douleur avec la même lucidité et la même acuité que les sujets non entraînés, mais l'aspect désagréable de la douleur se révélait pour moi considérablement amoindri[4]. De plus, je n'anticipais pas la douleur avec anxiété et, après la sensation douloureuse, je revenais rapidement à un état émotionnel normal. Ces réactions à la douleur ont été confirmées chez nombre de méditants aguerris, et il a aussi été démontré que ces derniers s'y habituent plus vite que les novices[5].

D'autres études réalisées par l'équipe de Tania Singer à l'institut Max Planck de Leipzig, auxquelles j'ai également participé, montrent que lorsque des pratiquants expérimentés s'engagent dans une méditation sur la compassion à l'égard d'une personne qui souffre, et qu'on les soumet eux-mêmes à une douleur physique (une décharge électrique au niveau du poignet par exemple), la compassion pour autrui atténue considérablement le ressenti déplaisant de leur propre douleur. Lorsque je m'ouvrais à une compassion inconditionnelle à l'égard d'une personne en souffrance, sans tomber dans la détresse empathique, le signal de la décharge électrique prenait place dans un espace mental de bienveillance empli d'un profond sentiment d'harmonie, de sorte que la douleur physique m'apparaissait bien plus supportable.

☙

Un être comme Khyentsé Rinpoché qui jouit d'une parfaite liberté intérieure a peu de considération pour les conventions ordinaires. Un jour, alors que nous préparions une cérémonie dans la chambre du roi au palais de la reine mère, à Déchèn Chöling, il nous manquait un morceau de soie rouge, l'un des éléments destinés à l'offrande du feu. Nous ne savions pas où en trouver et la ville se trouvait à cinq kilomètres de là. Khyentsé Rinpoché me demanda une paire de ciseaux, que je lui apportai. Il se retourna et, sans la moindre hésitation, coupa un bon morceau d'une fine soie rouge qui ornait le dossier du petit trône royal sur lequel il siégeait. Il me la tendit avec un air malicieux en disant de sa profonde voix chaleureuse : « Tels sont les moyens habiles d'un yogi du véhicule adamantin!» Riant en mon for intérieur, j'apportai, comme si de rien n'était, le précieux morceau de soie aux moines qui s'affairaient dans la pièce voisine.

Rinpoché n'avait certainement pas accompli cet acte à la légère. Il aurait pu en décider autrement et m'envoyer chercher de la soie dans les magasins de Thimphou. Selon mon humble compréhension des choses, il considéra sans doute que le fait d'utiliser pour la cérémonie cette soie provenant de la chambre du roi était de bon augure pour la famille royale elle-même.

En ce qui me concerne, il me rappelait que les apparences relatives sont semblables à des rêves, à des illusions, et que les notions de «neuf» et «ancien», «précieux» et «sans valeur» ne sont que des concepts qui nous maintiennent dans l'univers étroit de nos conventions ordinaires. C'est seulement maintenant, en écrivant ces lignes, que j'avance ces quelques explications. Sur le moment, je ne me posai aucune question. Tout se passa de la façon la plus naturelle, avec une pointe d'humour et de joyeuse complicité.

☙

On attribue souvent aux êtres réalisés spirituellement des capacités hors du commun. Je n'ai jamais eu l'occasion de voir un yogi léviter ou voler dans les airs, mais j'ai assurément été témoin à maintes reprises de la faculté de grands maîtres spirituels à connaître les pensées d'autrui, manifestée le plus souvent de manière impromptue. J'ai déjà rapporté un épisode de ce type, lorsque Kangyour Rinpoché me questionna sur le nombre d'animaux que j'avais tués dans ma jeunesse au moment même où je m'apprêtais à lui présenter une confession à ce sujet. Mais j'expérimentai cette capacité hors du commun à d'autres occasions encore.

Un jour, un jeune tulkou conversait avec Khyentsé Rinpoché, assis sur le tapis de sa chambre. Alors que le jeune tulkou s'apprêtait à se lever, Khyentsé Rinpoché lui fit signe de la main de rester encore un peu. Dix minutes plus tard, le même scénario se reproduisit. Finalement, au bout de vingt minutes, Khyentsé Rinpoché lui fit remarquer laconiquement: «Eh bien, ton ticket de cinéma est fichu maintenant». Le tulkou avait en effet bien prévu d'aller au cinéma en ville, à Katmandou, sans en avoir averti personne (les moines ne sont pas supposés aller au cinéma). Khyentsé Rinpoché savait à l'évidence de quoi il retournait et avait décidé de lui jouer un tour destiné à lui éviter de faire une bêtise.

Lorsque le tulkou raconta cette histoire à Rabjam Rinpoché, celui-ci ne se montra pas le moins du monde surpris ; il lui semblait évident que son grand-père pouvait lire nos pensées. Il en avait fait lui-même l'expérience à maintes reprises. Par exemple, alors qu'il avait environ seize ans, accompagné d'un tulkou de son âge qui était son meilleur ami, il loua une moto pour faire une escapade. Les voilà tous les deux partis pour Parphing, un lieu de pèlerinage situé à moins d'une heure de Katmandou. Ils avaient décidé d'y passer la nuit. Ils avaient en poche des petits bouts de buvard imbibés d'une goutte de LSD qu'une âme « généreuse » avait eu la « judicieuse » idée de leur donner. Ils décidèrent de tenter l'aventure. Rabjam Rinpoché ne vécut pas d'expérience propre à révolutionner sa vision du monde ; par contre tout se mit à tourner autour de lui et il eut le plus grand mal à conserver son équilibre en descendant les marches de l'escalier de la chambre qu'ils occupaient à Parphing. Le lendemain matin, ils rentrèrent au monastère ni vu ni connu. Comme tous les matins, Rabjam Rinpoché vint saluer Khyentsé Rinpoché. Celui-ci lisait son livre de prières et lâcha à Rabjam Rinpoché : « Alors, on a la tête qui tourne en descendant les escaliers ? » Se sentant mis à nu par la clairvoyance de Khyentsé Rinpoché, Rabjam Rinpoché garda un silence penaud. Cet incident le conforta dans sa conviction que même si Khyentsé Rinpoché le laissait rarement transparaître, il lisait dans nos pensées à livre ouvert.

À la fin des années 1980, Trulshik Rinpoché, sans doute le plus proche ami spirituel de Khyentsé Rinpoché, vint rendre visite à Khyentsé Rinpoché au palais de la reine mère du Bhoutan, à Déchèn Chöling. Arrivé au portail, Trulshik Rinpoché fut accueilli par Rabjam Rinpoché et quelques membres de l'entourage de notre maître ainsi que de la reine. Empruntant le petit chemin bordé de buissons de roses, il s'arrêta un instant et, contemplant le palais, cita à voix haute une phrase bien connue d'un soutra traitant de la discipline monastique : « Quel attrait pourrais-je bien trouver à un palais royal ? » Cette strophe encourage les moines à mener une vie simple, austère et dépouillée de signes extérieurs de richesse. Tout en riant, Trulshik Rinpoché poursuivit son chemin, gravit les escaliers jusqu'au deuxième étage et arriva en présence de Khyentsé Rinpoché. À peine eut-il franchi la porte de la grande pièce où se tenait Khyentsé Rinpoché que celui-ci l'interpella de loin : « Alors, on récite "Quel attrait pourrais-je bien trouver à un palais royal" et pourtant on y vient quand même, n'est-ce pas ? » Trulshik Rinpoché rit de bon cœur et, sans autre commentaire, s'approcha pour toucher de son front celui de Khyentsé Rinpoché, un geste de respect mutuel que se montrent deux grands maîtres en se rencontrant. Puis il s'assit auprès de Khyentsé Rinpoché et entama une tout autre conversation comme si de rien n'était. Plus tard dans la journée, Rabjam Rinpoché évoqua cet incident avec Trulshik Rinpoché. Ce dernier ne manifesta aucun étonnement : « Bien sûr qu'il sait tout ce que je pense ! »

Quelques semaines plus tard, Khyentsé Rinpoché et Trulshik Rinpoché séjournèrent à Kujé Lhakhang, dans la province de Boumthang. Dzongsar Khyentsé Rinpoché avait demandé à Trulshik Rinpoché de faire venir quelques-uns de ses moines du Népal pour enseigner aux siens comment remplir les stoupas de multiples ingrédients consacrés et effectuer les cérémonies adéquates, tâches qui s'avèrent fort complexes. Trulshik Rinpoché vint trouver Rabjam Rinpoché dans sa chambre pour lui faire part de son inquiétude : les moines de Dzongsar Khyentsé n'étaient toujours pas arrivés et ses propres moines devaient impérativement repartir quelques jours plus tard pour le Népal afin d'être présents pour le début de la retraite monastique d'été. Tandis que la conversation se poursuivait, Tséwang Lhundroup, le moine au service de Khyentsé Rinpoché à mes côtés, descendit de l'étage pour délivrer ce message : « Khyentsé Rinpoché me charge de vous rassurer. Les moines de Dzongsar Khyentsé sont en route ! » La question était réglée.

En 2007, avec mon ami Wolf Singer, directeur de l'institut Max Planck en neurosciences de Francfort, je passai une dizaine de jours dans nos ermitages de Namo Bouddha qui s'étagent sur de magnifiques collines arborées face à l'Himalaya, à deux heures de Katmandou. Nous avions pour but de poursuivre les dialogues qui donnèrent lieu à la publication de notre ouvrage *Cerveau et méditation*. De retour dans la vallée, au monastère à Katmandou, Rabjam Rinpoché invita Wolf à dîner et nous rapporta quelques anecdotes sur la clairvoyance des maîtres spirituels. Ceux qui étaient présents, et je faisais partie du petit groupe, y allèrent d'histoires similaires qu'ils avaient vécues. À un moment donné, Wolf, quelque peu abasourdi, finit par s'exclamer : « N'en jetez plus ! Qu'une seule de ces histoires soit vraie et nous sommes dans le pétrin ! » Il expliqua qu'il ne doutait nullement de notre sincérité et ne contestait pas ce que nous avions vécu, mais si la transmission de pensée était un fait avéré, il faudrait alors remettre en question le paradigme des neurosciences selon lequel les pensées résultent exclusivement de processus cérébraux. De ce point de vue, rien ne permettrait d'expliquer comment un cerveau pourrait savoir ce qui se passe dans un autre, excepté le fait d'induire et d'interpréter les pensées d'une personne à partir de ses expressions faciales, du ton de sa voix, et d'autres éléments de langage corporel. Pour que deux cerveaux partagent la même pensée au même moment, il faudrait que la plupart des réseaux neuronaux de ces deux cerveaux se trouvent quasiment dans le même état, ce qui est inconcevable. « Le problème, conclut-il, c'est que même si l'on admet la véracité de ces témoignages, il n'existe aucun mécanisme connu grâce auquel la pensée pourrait se propager d'un cerveau à l'autre. Qui plus est, ce sont des phénomènes qui se produisent de temps à autre, mais ne sont pas reproductibles à volonté dans le cadre d'une expérimentation scientifique rigoureuse. Il y a donc peu d'espoir de les faire valider par la science avec les outils dont nous disposons. »

La question que l'on peut évidemment se poser, c'est à partir de quand une accumulation suffisante de narrations, d'observations et d'expériences vécues finit par avoir force de preuve. Pour perplexe que fut Wolf face aux récits de nos expériences de clairvoyance, au cours de nos dialogues il me relata lui-même une expérience troublante à laquelle il n'avait jamais trouvé d'explication plausible.

Wolf allait chercher ses deux filles, alors jeunes, qui participaient à une fête dans une ville voisine où il ne s'était jamais rendu. Il roula une heure dans une tempête de neige jusqu'à l'adresse qu'il avait notée, mais qui se révéla erronée. On ne lui avait pas donné de numéro de téléphone et les portables n'étaient alors pas répandus à l'époque. Il ne lui restait plus qu'à rentrer chez lui, à une heure de route, et attendre que ses filles l'appellent pour lui donner la bonne adresse. Très contrarié, il continua à rouler, tournant à droite, à gauche, au petit bonheur la chance. Il finit par se retrouver dans une impasse. Pour une raison qu'il ne put expliquer, il décida de se garer là. De l'autre côté de la rue s'élevait un immeuble de plusieurs étages. Il descendit, traversa la rue pour regarder le nom des habitants sur la plaque d'entrée et, soudainement, aperçut à travers la porte vitrée l'une de ses filles qui remontait du sous-sol où avait lieu la fête. Wolf nous rapporta : « Elle a ouvert la porte en me disant : "Tu arrives pile à l'heure. La fête se termine. Tania ne va pas tarder à remonter aussi." Quand je leur ai raconté ce qui m'était arrivé, elles n'ont pas été surprises du tout. Elles m'ont dit : "Tu es notre père, c'est normal que tu saches où nous sommes." Le fait que j'aurais pu me remémorer une multiplicité de données stockées dans mon inconscient et les utiliser pour me diriger est une interprétation qui serait compatible avec ce que nous savons maintenant des mécanismes cérébraux. Mais elle est fort improbable, car je n'étais jamais allé dans cette ville. Et si l'interprétation de mes filles était vraie, nous aurions de quoi remettre en question nos conceptions du cerveau et de la nature en général, et nous devrions admettre que nous passons à côté de quelque chose d'essentiel. » Comme me le confia un jour notre regretté ami, le neuroscientifique Francisco Varela : « La meilleure attitude est de laisser la porte ouverte à de nouvelles réponses sur la question de la nature de la conscience. »

CHAPITRE 25

Le monastère de Shéchèn au Népal

En 1980, fondation du monastère de Shéchèn, inspiré par Dilgo Khyentsé Rinpoché pour préserver la tradition du monastère tibétain du même nom qui fut détruit. Réalisation des statues du temple et cérémonies de consécration.

En 1980, Khandro Lhamo, l'épouse de Dilgo Khyentsé Rinpoché, ainsi que Trulshik Rinpoché, maître éminent, proche disciple et ami spirituel de Khyentsé Rinpoché, suggérèrent à celui-ci de construire au Népal un petit monastère qui deviendrait le siège de Rabjam Rinpoché, son petit-fils. Khyentsé Rinpoché réfléchit quelques instants puis répondit avec un large sourire que le monastère qu'il bâtirait ne serait pas petit, mais le plus grand possible. Il décida qu'il serait situé près du stoupa de Jaroung Kashor, à Boudhanath, réalisant ainsi la prédiction de son maître, Dzongsar Khyentsé Chökyi Lodrö, selon laquelle la construction, à cet endroit, d'un monastère de la tradition Nyingmapa contribuerait grandement à la préservation du bouddhisme et favoriserait la paix dans la région.

Il s'agissait de perpétuer l'héritage spirituel du Tibet tel qu'il était incarné par le monastère originel de Shéchèn, au Tibet oriental. En effet, le premier monastère de Shéchèn fut établi dans l'est du Tibet au XVIIe siècle. Le Ve Dalaï-lama (1617-1682) envoya trois de ses principaux disciples dans la province du Kham, avec la mission d'y fonder chacun un monastère de l'ordre Nyingmapa, celui de l'«Ancienne Traduction», ainsi nommé parce qu'il correspond à la première période de traduction des textes sanskrits en tibétain au IXe siècle. La plupart des ouvrages majeurs furent traduits à cette époque-là, y compris le *Kangyour*, les 103 volumes de sermons du Bouddha.

Rabjam Tenpai Gyaltsèn, qui naquit en 1650, fut l'un des trois disciples envoyés par le Ve Dalaï-lama. Une fois arrivé au Kham, il eut une vision dans laquelle Padmasambhava lui enjoignait de construire un monastère près d'un rocher blanc dont la forme évoquait un lion bondissant. «D'immenses bienfaits en résulteront pour les enseignements du Bouddha», avait alors prédit Padmasambhava. En accord avec cette instruction, Rabjam Tenpai Gyaltsèn construisit en 1695 le premier monastère de Shéchèn, Urgyen Chödzong, où il dispensa des enseignements à de nombreux disciples. Il exprima également le souhait qu'un plus grand monastère soit ultérieurement édifié de l'autre côté de la rivière qui traverse le vallon de Shéchèn.

Son vœu fut accompli par le second abbé de Shéchèn, Rabjam Gyurmé Kunzang Namgyal, qui fonda Shéchèn Tennyi Dargyéling en 1735. Shéchèn devint rapidement l'un des six principaux centres monastiques de l'ordre Nyingmapa. L'élévation spirituelle des maîtres et des ermites qui y vécurent, la qualité de l'enseignement dispensé dans son collège philosophique et l'authenticité de son art sacré (rituels, chants, musique et danses) établirent la renommée de ce haut lieu de spiritualité. Quelque cent quarante monastères du Tibet oriental se considéraient, sur le plan spirituel, comme des branches de Shéchèn. Dilgo Khyentsé Rinpoché savait que le monastère avait été entièrement détruit par les Chinois (de fait, en 1985, lorsqu'il retourna au Tibet après trente ans passés en exil, il ne trouva que des ruines) et il jugea important de construire un monastère au Népal pour préserver la tradition.

Un achetâmes un terrain et les travaux débutèrent dès 1980. La première année, nous nous trouvâmes rapidement à court de fonds. Une cavité de trente-cinq mètres carrés et de six mètres de profondeur avait déjà été creusée pour établir les fondations. À la mousson, elle fut remplie d'eau et certains parlaient avec amusement de la «piscine de Shéchèn»! Khyentsé Rinpoché avait demandé au fils aîné de Kangyour Rinpoché, Tulkou Péma Wangyal, de trouver de l'aide en Occident pour la construction, ce qu'il fit avec diligence. L'un des principaux mécènes fut Gérard Godet, un ami proche que je voyais fréquemment lorsque je venais à Paris.

Dès que les bâtiments commencèrent à s'élever, une cinquantaine de sculpteurs, peintres, orfèvres, couturiers, fabricants de masques et autres artisans, tous disciples de Dilgo Khyentsé Rinpoché, accoururent du Bhoutan majoritairement, mais aussi du Tibet et de l'Inde, pour contribuer au projet. Khyentsé Rinpoché insista pour que le travail soit accompli avec le plus grand soin. Pendant près de dix ans, ces artisans s'affairèrent pour établir Shéchèn comme l'un des plus beaux exemples de la tradition architecturale et artistique bouddhiste à l'extérieur du Tibet.

Le monastère de Shéchèn au Népal

Durant leur séjour, ces artistes occupèrent les habitations destinées à la communauté monastique. Lorsqu'ils eurent accompli leur tâche, ils repartirent chez eux et furent remplacés par les moines, dont moi-même : le monastère devient alors mon principal lieu de résidence.

Khyentsé Rinpoché me confia la tâche de remplir les quelque cent cinquante statues en argile exécutées au monastère, hautes de quelques centimètres à six mètres. Les Népalais maîtrisent parfaitement la technique du bronze à la cire perdue ; les Tibétains quant à eux excellent dans la sculpture sur cuivre repoussé, mais ce sont les Bhoutanais qui sont les plus réputés de l'Himalaya pour les sculptures en argile. Ils la malaxent longuement en y intégrant des fibres de papier de riz, l'humidifiant avec de l'eau mêlée de substances consacrées. Au Népal, ce papier est en réalité fabriqué à partir d'écorce de daphné (*daphne papyracea*) et, au Tibet, de racines d'une plante à fleurs (*stellera chamae jasme*) qui pousse en abondance dans les pâturages de montagne.

Le visiteur qui contemple des statues dans un temple tibétain ignore généralement qu'elles sont pleines de mantras et de prières imprimées sur papier, de reliques et de substances précieuses. Ce remplissage répond à des règles précises, décrites dans des manuels. La préparation de ce contenu demande presque autant de temps que la réalisation de la sculpture elle-même. Au fil du temps, j'avais appris de Khyentsé Rinpoché et de Trulshik Rinpoché, mais aussi en consultant les manuels en tibétain rédigés par les grands érudits du passé, tous les détails de ce processus. La préparation des mantras demandait des semaines de travail à une dizaine de moines et c'était au moment de placer le tout dans les statues que j'intervenais.

Chaque statue contient en son cœur un « arbre de vie », un tronc de section carrée orienté dans sa position naturelle, le côté orienté à l'est dans la nature étant tourné vers la face de la statue. L'est, le point cardinal situé dans la direction du soleil levant, symbolise la renaissance et l'accroissement. Cet arbre de vie est soigneusement poli, peint en rouge et couvert à des endroits précis de mantras écrits à l'or fin. Des reliques de saints du passé – cheveux, fragments d'os, vêtements – sont fixées à cet arbre et le tout est enveloppé de fine soie jaune avant d'être mis en place dans la statue. Je les préparais soigneusement à partir des nombreuses reliques préservées par Khyentsé Rinpoché dans des coffrets en bois finement décorés, parmi lesquelles figuraient des vêtements de Padmasambhava et de sa disciple Yéshé Tsogyal, un fragment de la ceinture de méditation du fameux ermite du XIe siècle Milarépa et bien d'autres encore. Des mantras spécifiques sont collés sur la face intérieure de chaque partie du corps, yeux, oreilles, mains, etc. De nombreux rouleaux de mantras et de prières sont insérés de façon à remplir entièrement l'espace libre. À chaque niveau correspondent des mantras différents. Si la statue fait plusieurs mètres de haut, une véritable bibliothèque l'habitera. J'ai toujours apprécié le temps passé à accomplir méticuleusement ce travail manuel et honoré le privilège de voir et manipuler ces précieuses reliques.

Dans les statues de grande taille, on place également dans sa base des vases remplis de substances spécifiques issues de plantes et de minéraux ainsi que des mantras destinés à favoriser la prospérité du lieu et des personnes, l'apaisement des maladies, et la protection contre les calamités. On inclut également de la terre, des pierres et des fleurs séchées provenant de divers lieux sacrés. Tout en bas, on place parfois quelques armes dont l'écrasement symbolique par la statue établit des liens de bon augure pour contrecarrer les guerres et conflits armés.

Ainsi, dans l'un des deux temples satellites situés au nord du monastère de Shéchèn, une statue de Padmasambhava de six mètres de haut contient cent mille statues miniatures de Padmasambhava, le maître hors du commun qui introduisit le bouddhisme au Tibet au VIIIe siècle, ainsi que les cent trois volumes du *Tripitaka*, ou *Trois Corbeilles* (le canon bouddhique traduit du sanskrit en tibétain), que mon premier maître Kangyour Rinpoché avait réussi à rapporter lui-même du Tibet, volumes qui furent offerts par Tulkou Péma Wangyal. Différentes terres, pierres et fleurs rapportées de lieux sacrés, des plantes médicinales, des morceaux d'or ou d'argent, des turquoises et autres objets de valeur sont également déposés dans le socle de la statue. Enfin, une fois totalement remplie, on scelle la base.

Quelques instants après avoir mis la dernière main au remplissage de l'immense statue de Padmasambhava, un travail qui avait duré plusieurs mois, j'allai trouver Khyentsé Rinpoché, qui présidait une cérémonie dans le temple, et lui annonçai la nouvelle. Il posa sa grande main sur la mienne et me dit : «*Katro !*» (une interjection d'appréciation affectueuse), ajoutant : «Tu verras ton maître racine,

Kangyour Rinpoché, en cette vie. » Sur le moment, je pensai qu'il voulait dire que j'aurais peut-être un jour une vision de Kangyour Rinpoché, tout au moins au moment de ma mort, comme cela arrive aux pratiquants doués d'une grande dévotion envers leur maître spirituel.

Dans le cas des plus grandes statues en argile, on les remplit au fur et à mesure de leur construction. Ainsi, lors de l'érection de la statue de Padmasambhava et de celles des trois bouddhas du temple principal, le Bouddha Shakyamouni au centre avec à sa droite le bouddha Kashyapa qui symbolise les bouddhas du passé et à sa gauche le bouddha Maitreya qui représente les bouddhas à venir, les artistes m'appelaient une fois par semaine pour remplir la statue jusqu'au niveau qu'ils venaient de terminer. Pour finir, des mantras étaient placés dans la tête de la statue par un trou ménagé au sommet du crâne, et enfin elle se voyait scellée pour toujours. Le visage, voire le corps tout entier de la statue, est parfois peint à l'or fin et la surface dorée est polie avec une agate pour lui donner tout son éclat.

D'autres objets sacrés, comme la Roue du Dharma flanquée de deux biches (rappelant le premier enseignement du Bouddha dans le parc aux Biches de Sarnath) placée au bord de la terrasse du dernier étage de la façade du monastère, sont en cuivre doré et également remplis de reliques et de mantras. La dorure s'effectue de manière traditionnelle. On lamine d'abord l'or en feuilles très minces, puis, pendant plusieurs jours, on le malaxe avec du mercure dans un mortier pour former un amalgame. Je me suis livré à cet exercice lorsque j'étais à Darjeeling : ce travail semblait être sans fin, heure après heure, jour après jour. Cet amalgame est appliqué sur le cuivre et le tout est porté à haute température à l'aide d'un chalumeau. Le mercure s'évapore et l'on obtient un précipité d'or. Les vapeurs de mercure sont très toxiques, mais, d'après la tradition, les orfèvres tibétains croient que boire de grandes quantités de bière de millet aide à éliminer le poison plus facilement !

Khyentsé Rinpoché effectua pas moins d'une centaine de cérémonies de consécration de ces statues et des fresques des différents temples du monastère, alors qu'une seule est effectuée habituellement, montrant ainsi l'importance qu'il leur accordait. Il consacra aussi la bibliothèque située au troisième étage, l'une des plus grandes de l'Himalaya, dont je fus en charge de nombreuses années.

Aujourd'hui encore, je sais où trouver la plupart des volumes qui s'y trouvent, parmi quelques milliers. Ces cérémonies consistent à invoquer la sagesse, la compassion et le pouvoir des déités symbolisées par les statues et les peintures ; d'une certaine manière, on donne vie à un corps inerte en lui insufflant un esprit : ces objets deviennent alors inséparables des qualités spirituelles qu'ils incarnent.

Les murs du temple principal sont couverts de fresques illustrant l'histoire du bouddhisme au Tibet, et comprennent de nombreux portraits des principaux maîtres des diverses lignées spirituelles tibétaines. Le travail fut réalisé selon les indications précises de Khyentsé Rinpoché par deux artistes chevronnés, Könchog Lhadrépa (avec qui j'avais peint les fresques du monastère de Kangyour Rinpoché à Darjeeling) et Wangdu, assistés d'une douzaine d'apprentis. Khyentsé Rinpoché consacra également les deux plus petits temples, celui dédié à Padmasambhava, à ses huit manifestations et à ses vingt-cinq disciples principaux, représentés par de magnifiques statues, et l'autre à Tara, incarnation féminine de la compassion qui fit le vœu de se réincarner en femme jusqu'à ce qu'elle atteigne l'état de bouddha.

☙

Lieu ouvert et plein de vie, le monastère abrite des étudiants et pratiquants de tous âges, des novices jusqu'aux moines âgés. À l'heure actuelle, le monastère de Shéchèn compte cinq cents résidents, dont une centaine d'enfants et d'adolescents. Il est administré par les moines eux-mêmes, qui assument à tour de rôle des responsabilités diverses, sous l'inspiration et la tutelle de Rabjam Rinpoché. Khénpo Gyourmé Tsultrim, qui entra au monastère à l'âge de dix ans en 1980, et devint docteur en philosophie, est chargé de l'administration de l'ensemble des monastères de Shéchèn au Népal et en Inde. Ces études philosophiques dépassent le cadre de ce que l'on entend généralement par «théologie». On y apprend certes les grands principes du bouddhisme et une description détaillée des étapes de la voie qui mène à l'Éveil, mais le curriculum, qui peut demander neuf à treize ans, comprend également des études très poussées en philosophie. On y examine les différents points de vue philosophiques exposés au sein du bouddhisme et ceux proposés par l'hindouisme en Inde, là où le bouddhisme est né. L'étude du madhyamaka, la «voie médiane», notamment, vise à distinguer la vérité conventionnelle, ou « relative », liée à nos perceptions du monde des phénomènes, de la vérité ultime, ou « absolue », qui élucide par une profonde analyse philosophique la nature ultime de la « réalité » et de la conscience. Sont enseignés également des traités sur les diverses catégories d'événements mentaux (on en distingue 58 principaux), des traités de la théorie de la perception, sur la formation des concepts, et bien d'autres encore. On étudie également la logique dans des traités qui n'ont rien à envier en complexité et en sophistication aux manuels de logique occidentaux.

Un grand monastère comporte toujours trois ou quatre parties : le temple principal, siège de la vie monastique, des rituels, des musiques et danses sacrées ; les bâtiments adjacents où les novices reçoivent une éducation élémentaire ; le collège philosophique au sein duquel les moines poursuivent des études approfondies pendant une douzaine d'années ; enfin, le centre de retraite situé à l'écart, dans le calme des montagnes. Là, les moines, devenus ermites, s'engagent dans une vie contemplative pour un certain nombre d'années. En 2000, le monastère de Shéchèn acquit un terrain situé à deux mille mètres d'altitude sur une colline élevée, à deux kilomètres environ du précieux stoupa de Namo Bouddha, le cœur du lieu saint, et y fonda le centre de retraite de Péma Ösel Ling, le « Lieu de la Lumière du Lotus ». Il comporte un centre de retraite de trois ans, une résidence pour Rabjam Rinpoché et une demi-douzaine de petits ermitages individuels – j'occupe l'un d'entre eux lorsque j'effectue moi-même une retraite – qui furent tous construits en briques séchées au soleil. C'est aussi là où je fais des retraites depuis l'an 2000. Un peu plus tard, un refuge pour les personnes âgées, moines, nonnes ou laïques qui souhaitent se consacrer à la pratique spirituelle, fut également érigé sur le versant sud. Les moniales de Shéchèn, au nombre de deux cents, vivent dans un monastère au Bhoutan, au lieu dit Sissinang, et un centre de retraite leur est également dédié.

Le monastère a aussi pour vocation de former des jeunes se destinant à la vie spirituelle et scolastique. Les novices ont un emploi du temps très chargé. Levés à cinq heures et demie, ils commencent la journée par des prières récitées en commun. Puis, ils prennent le petit-déjeuner et se rendent à leurs cours. Mis à part le repas de midi et quelques pauses, ils étudient jusqu'à la prière du soir, à cinq heures, et poursuivent souvent leur étude après le dîner. Outre les matières traditionnelles propres au bouddhisme, ils reçoivent également une éducation générale, calquée sur le programme scolaire népalais. Ce rythme n'est perturbé qu'à l'occasion d'enseignements donnés dans le temple principal, ou de cérémonies programmées à des dates précises du calendrier lunaire. L'apparente rigueur de leur discipline et le fait qu'ils ne voient que rarement leurs familles, qui habitent souvent loin du monastère, n'empêchent en rien ces enfants de manifester une joie de vivre et une force d'âme peu commune.

J'ai toujours été frappé par l'esprit de camaraderie qui régnait chez ces jeunes novices. Passez en France à proximité de la cour de récréation d'une école, et vous constaterez un tohu-bohu d'activités le plus souvent joyeuses et ludiques. Il n'est pas rare cependant de voir des enfants se chamailler, jusqu'à se bagarrer. Le bizutage des plus jeunes est pratique courante. Je peux témoigner sincèrement qu'en vingt ans de vie monastique, je n'ai pas une seule fois été témoin d'une rixe ou d'une violente dispute verbale entre ces enfants. Pourtant, les novices sont loin d'être passifs et inactifs : dès qu'ils ont un moment, ils jouent au football avec des ballons de fortune (souvent crevés), ils improvisent des battes de cricket avec de petites planches, et ils courent dans tous les sens comme tous les enfants du monde. Mais étonnamment, jamais d'âpres disputes. Lorsqu'ils sortent de classe et se dirigent vers le réfectoire par exemple, on les voit marcher à deux ou trois côte à côte, un bras entourant affectueusement l'épaule de leur camarade. La force de l'exemple donné par les professeurs, des moines pour la plupart, et l'accent mit dans leur éducation et dans la culture bouddhique sur la bienveillance, la compassion, et les valeurs humaines expliquent, selon moi, cette absence de violence.

Certes, certains enfants entrent très jeunes dans le noviciat (normalement l'âge minimum est de douze ans, mais il nous arrive de recueillir bien avant des orphelins ou des enfants de familles déshéritées). C'est bien souvent un choix parental que les jeunes enfants acceptent avec joie : plutôt que d'aller dans une école gouvernementale, ils préfèrent étudier au monastère, qu'ils ont connu auparavant pour l'avoir visité lors de cérémonies et de festivals. Il arriva plusieurs fois que des parents décident de reprendre leur enfant après quelque temps, pour des raisons diverses, mais que ceux-ci s'échappent pour revenir au monastère. C'est là un geste encourageant qui témoigne de la qualité de l'environnement qui leur est offert !

Je me souviens d'un moinillon de huit ans, que sa famille avait envoyé du Bhoutan. Il venait de temps à autre rendre visite à Khyentsé Rinpoché dans sa chambre le matin. Du fait qu'il observait tout avec curiosité de ses yeux grand ouverts, les moines lui avaient donné le surnom de Oukpa, « hibou ».

Presque tous les moines se voient attribuer un surnom. L'un répond au nom de Washington, parce que petit, quand quelqu'un lui demandait d'où il venait, pour une raison inconnue, il affirmait qu'il était originaire de cette ville (il n'avait jamais quitté le Népal). Un jeune moine nouvellement admis qui ressemblait comme une goutte d'eau à un moine résident fut immédiatement baptisé Duplicata.

Pour en revenir à Oukpa, lorsqu'il venait rendre visite à Rinpoché, il se tenait devant lui en prenant un air des plus sérieux. Un matin, Khyentsé Rinpoché lui demanda :
— Comment est ton esprit ?
— ... (*silence*)
— Est-il bleu, vert ou blanc ?
Oukpa fit non de la tête.
— Est-il rond ou carré ?
Oukpa marqua une pause et répondit par la négative.
Khyentsé Rinpoché lui caressa la tête de sa grande main, et l'enfant partit.

À plusieurs reprises, Khyentsé Rinpoché continua de poser à Oukpa ce genre de question sur la nature de l'esprit. Ceux qui, comme moi, faisaient partie de l'entourage proche de Rinpoché en firent part à Rabjam Rinpoché, qui en fut naturellement intrigué. Des années plus tard, Oukpa, qui s'appelait en fait Gyourmé Sangyé, étudia tout d'abord au collège philosophique du monastère. Puis il devint un excellent méditant, accomplissant six ans de retraite à Namo Buddha, dans les collines en dehors de la vallée de Katmandou. Aujourd'hui, il fait office de maître de retraite pour ceux qui se retirent pour trois ans à cet endroit.

Lorsqu'ils atteignent l'âge de seize ans, les adolescents choisissent, en accord avec leur maître d'étude, d'étudier dans le collège philosophique ou de rester au sein de la communauté monastique et de participer aux divers rituels quotidiens ainsi qu'à ceux fixés par le calendrier liturgique. Ils peuvent également se destiner à la vie contemplative dans notre centre de retraite de Namo Budddha, Péma Ösel Ling («Lieu de la Lumière du Lotus»). Ils ont enfin la possibilité de quitter le monastère pour mener une vie laïque. Les vœux monastiques ne sont en effet prononcés qu'à l'âge de vingt ans, ce qui laisse amplement le temps aux novices de décider de l'orientation de leur existence. Après avoir terminé leurs études philosophiques, quelques étudiants ont également entrepris un programme de recherche philologique en collaboration avec des universités occidentales dans le cadre des recherches sur des manuscrits anciens et sur l'évolution de diverses interprétations philosophiques des textes bouddhistes au fil des siècles.

CR

L'abbé en titre de Shéchèn, Rabjam Rinpoché, le petit-fils de Khyentsé Rinpoché, est la septième incarnation du fondateur de Shéchèn au Tibet oriental. Son prédécesseur immédiat fut le VIe Shéchèn Rabjam, qui décéda en 1959 sous les tortures infligées par le régime communiste. Dès l'âge de cinq ans, le jeune Rabjam Rinpoché vécut principalement auprès de son grand-père et reçut tous ses enseignements. C'est toujours avec une émouvante éloquence qu'il évoque Khyentsé Rinpoché : «Ma première perception de Khyentsé Rinpoché a été celle d'un grand-père merveilleusement gentil. Puis, en grandissant, j'ai commencé à le percevoir comme mon maître spirituel et j'ai progressivement développé une foi inébranlable en lui. Quand j'ai commencé à étudier, je me suis rendu compte qu'il possédait toutes les qualités d'un maître authentique, telles qu'elles sont décrites dans les textes. J'ai toujours eu une confiance totale en lui, qu'aucune pensée ordinaire n'a jamais remise en question.»

Je connus Rabjam Rinpoché lorsqu'il vint à Darjeeling avec Khyentsé Rinpoché. Il était alors âgé de huit ans et se révélait un jeune tulkou particulièrement joyeux et attachant. J'ignorai à l'époque que j'allais vivre auprès de lui pendant tant d'années au Bhoutan, au monastère de Shéchèn et ailleurs. Nous partageâmes de précieux moments et devînmes très proches. Rabjam Rinpoché est à la fois quelqu'un d'une grande dignité, mais aussi d'un abord simple et chaleureux.

Dans le bouddhisme tibétain, la tradition des tulkous remonte au XIIe siècle. Le terme «tulkou» désigne la réincarnation d'un grand maître spirituel qui, de son vivant, décide de se manifester à nouveau dans le monde sous forme humaine afin d'œuvrer au bien des êtres. Dans certains cas, peu de temps avant sa mort, le maître laisse des indications concernant son futur lieu de naissance, son nom, ses parents, etc. sous forme de lettres, de poèmes ou d'autres indices. Dans d'autres cas, c'est le jeune enfant lui-même qui, par son comportement et ses paroles, indique clairement qu'il est la réincarnation d'un maître défunt. Dans certaines circonstances enfin, sans doute les plus courantes, un maître ou un ermite respecté reçoit des indications, au cours de rêves ou de visions, indiquant le lieu où l'on doit chercher l'enfant, le nom des parents, ou autres signes. Ensuite, munis de ces indications, de proches disciples du maître défunt partent à la recherche de la jeune incarnation. Une fois que le tulkou a été identifié avec suffisamment de certitude, il est intronisé et entreprend alors de longues années d'études et de retraite contemplative qui lui permettront d'œuvrer à la libération de la souffrance de nombreux êtres.

Le bouddhisme réfute la notion d'une identité personnelle qui s'apparenterait à l'«âme» des religions théistes. Pour le bouddhisme, une «personne» est définie par un flux dynamique de conscience en perpétuelle transformation qui ne saurait abriter en elle-même un «soi» unitaire et autonome. La continuité de ce flux d'un mode d'existence à un autre n'a donc rien à voir avec la métempsychose ou toute autre forme de «transfert» d'une entité personnelle d'un corps à un autre, d'une vie à la suivante. Plus qu'un «individu» en tant que tel qui reviendrait à la vie, ce que l'on désigne par le mot ambigu de «réincarnation» se réfère donc ici à la continuité de ce flux de conscience. Si, dans le cas des êtres ordinaires, cette conscience reste dominée par la confusion et l'ignorance, s'agissant des êtres qui se sont libérés des voiles de l'inconnaissance qui obscurcissent la perception juste et vraie de la réalité, il s'agit d'un continuum de sagesse et de compassion qui se manifeste sous une forme corporelle susceptible d'accomplir le bien des êtres.

À la fin des années 1970, lors d'un pèlerinage à Namo Buddha au Népal, Khyentsé Rinpoché rêva qu'il arrivait au sommet d'une montagne où se trouvait un petit temple. À l'intérieur, il vit, assis côte à côte, le VIe Shéchèn Rabjam, Shéchèn Gyaltsap et Shéchèn Kongtrul. Il se prosterna devant eux et s'enquit des tourments qu'ils avaient endurés lors de l'invasion chinoise. D'une seule voix, ils répondirent : « Pour nous, naissance et mort sont des rêves, des illusions ; dans la nature absolue, il n'est ni croissance ni déclin. »

Khyentsé Rinpoché exprima son désir de se joindre à eux dans les terres pures des bouddhas, arguant qu'il ne voyait pas l'utilité de rester plus longtemps dans ce monde où les enseignements du bouddhisme déclinaient et tant d'enseignants étaient des charlatans. Shéchèn Kongtrul le fixa du regard et lui dit : « Tu dois te consacrer au bien des êtres et perpétuer les enseignements du Bouddha jusqu'à ton dernier souffle. Nous nous incarnerons tous les trois en une seule personne afin de t'aider dans ta tâche. » Peu après, Chimé Wangmo, la fille aînée de Khyentsé Rinpoché, donna naissance à un fils que le XVIe Karmapa reconnut comme étant l'incarnation du VIe Shéchèn Rabjam.

J'ai été à plusieurs reprises le témoin direct de cette découverte d'un tulkou. En 1983, un événement en particulier réalisa la prédiction que mon maître m'avait faite. Dilgo Khyentsé Rinpoché séjournait quelques jours au monastère de Ka-Nying Shédroup Ling, non loin de Shéchèn. Tôt un matin, alors que Khyentsé Rinpoché récitait ses prières en silence et que j'étais assis par terre à proximité, essayant, je le confesse, de réciter les miennes sans trop somnoler, un jeune enfant entra dans la grande salle, accompagné de quelques personnes. Passé la porte, il se prosterna par trois fois en direction de Khyentsé Rinpoché. Ce dernier me regarda et, rompant de manière inhabituelle son silence matinal, me somma d'un ton sans appel : « Lève-toi ! Ne reconnais-tu pas ton maître racine ? » Je me levai d'un bond et m'écartai, stupéfait, pour laisser passer l'enfant qui venait à la rencontre de Khyentsé Rinpoché.

Je compris alors qu'il s'agissait du plus jeune fils de Tulkou Urgyen Rinpoché, arrivé avec sa mère de la région himalayenne de Yolmo, située au nord-est du Népal. Sans qu'il l'ait encore fait savoir, Khyentsé Rinpoché l'avait reconnu comme étant l'incarnation de Kangyour Rinpoché. Plus tard dans la matinée, j'allai lui rendre hommage et toute la journée je me sentis emporté dans un espace de joie intérieure, d'allégresse, comme j'en avais rarement connu. Plus tard, Khyentsé Rinpoché me confia : « Si moi, un vieil homme, suis capable de reconnaître un tulkou, celui-ci est indéniablement Kangyour Rinpoché. » L'enfant fut aussi reconnu par le XIVe Karmapa comme étant l'incarnation de Tertön Yongey Mingyur Dorjé, un grand maître qui vécut, bien avant Kangyour

Rinpoché, au XVIIe siècle, au Tibet oriental, et dont il porte désormais le nom. Bien souvent, on identifie ainsi toute une série d'incarnations précédentes au fil de l'histoire. Depuis cette aube mémorable, j'ai toujours été très proche de cet enfant, connu aujourd'hui sous le nom de Yongey Mingyur Rinpoché, l'un des enseignants les plus inspirants du bouddhisme tibétain.

En 2011, je lui rendis visite à Bodh Gaya en Inde, et lui confiai que j'avais été plusieurs fois tenté de descendre au hasard d'un train dans une petite gare de campagne, de trouver une cabane près d'un village et d'y rester tranquille sans liens avec le reste du monde. «Mais, ajoutai-je, ce n'est pas toujours facile de délaisser nos responsabilités du moment» (à cette époque, les projets humanitaires de Karuna-Shechen étaient en plein essor). «Mais non, c'est très facile, me répondit-il, il suffit d'un instant.» Je ne pouvais me douter alors que quelques semaines plus tard, une nuit, il allait quitter son monastère incognito, sans argent ni bagage, pour mener pendant quatre ans une vie d'ermite errant, pérégrinant des plaines de l'Inde aux grottes de haute altitude dans l'Himalaya. Il réapparut fin 2015 et reprit, plus lumineux que jamais, ses enseignements et autres activités.

CR

La vie monastique à Shéchèn est ponctuée de rituels d'une grande magnificence, qui s'étendent souvent sur toute une journée et, dans certains cas, peuvent se poursuivre pendant neuf jours et neuf nuits sans interruption. Trois de ces longues cérémonies de neuf jours, ou *droupchèn*, se tiennent chaque année. Les fidèles laïques des environs viennent souvent dans la journée afin d'y assister pendant quelques heures. Durant les cérémonies, la liturgie, chantée d'une voix douce et grave, s'entrecoupe de périodes de silence permettant aux participants de réciter intérieurement des mantras – formules sanskrites sacrées agissant de façon subtile pour protéger l'esprit de la confusion et le pacifier – et d'offrandes musicales où se mêlent les sons des longues trompes, hautbois, cloches, tambours et cymbales. Ces cérémonies se terminent parfois par des danses sacrées qui sont elles-mêmes des méditations chorégraphiques et un partage spirituel avec la communauté des fidèles.

Lors de l'une de ces cérémonies, nous eûmes une visite insolite : un daim tacheté, un *chital*, doté de magnifiques ramures, entra dans la grande cour pavée du monastère. Il gravit les marches du temple, passa la porte et pénétra quelques mètres à l'intérieur pendant que la cérémonie, réunissant deux cents moines et présidée par Khyentsé Rinpoché, battait son plein. Il resta quelques minutes, immobile, contemplant la scène. Puis il fit tranquillement demi-tour, sortit par le porche, traversa la cour et disparut dans les ruelles de Boudhanath. En quarante ans de présence au Népal, jamais je ne vis ni n'entendis parler d'un daim tacheté se promenant librement au milieu d'habitations ; personne n'avait la moindre idée de sa provenance.

Un sadhu, ascète itinérant hindou, venait de temps à autre rencontrer Khyentsé Rinpoché. Ils ne parlaient pas la même langue, leurs échanges silencieux passant notamment par leurs sourires et leurs rires sincères. Le sadhu demandait généralement à Khyentsé Rinpoché de le bénir de ses mains, puis il sortait une flûte en bambou de son sac, jouait une mélodie, puis s'en repartait, satisfait et heureux. Il venait aussi parfois dans le temple durant les grandes cérémonies et restait quelques instants debout près du siège de Khyentsé Rinpoché.

Khyentsé Rinpoché donna de nombreux enseignements au monastère de Shéchèn au Népal, certains duraient plusieurs semaines et rassemblaient un millier de fidèles dans le temple principal, et plusieurs milliers dans la grande cour où ils étaient diffusés par des haut-parleurs. Il invitait également d'autres maîtres à lui conférer, ainsi qu'à tous ceux présents, des enseignements dont il souhaitait assurer ainsi la pérennité.

Un vieux moine sherpa de quatre-vingt-dix ans venait parfois rendre visite à Khyentsé Rinpoché. Il était très gentil et nous étions devenus des amis proches. Toutefois, personne ne faisait grand cas de lui : sa tenue était assez négligée et sa voix cassée n'impressionnait guère. Un après-midi, alors que Khyentsé Rinpoché et Trulshik Rinpoché se tenaient tous deux dans une petite pièce tout en haut du monastère, ce vieux moine arriva pour rencontrer notre maître. Après qu'ils aient conversé quelques moments, Khyentsé Rinpoché m'envoya chercher le texte tibétain de la biographie de Patrul Rinpoché, un grand maître du XIXe siècle. Puis il la tendit au vieux moine et lui demanda de lui conférer la transmission, ainsi qu'à Trulshik Rinpoché, par la lecture du texte. Le vieux moine avait longuement séjourné au Tibet oriental dans sa jeunesse et avait reçu cette transmission de l'auteur même de cette biographie. Rabjam

Rinpoché arriva sur ces entrefaites et fut émerveillé de voir ces deux grands maîtres recevoir ainsi des enseignements d'un humble moine.

༄

Lorsque Khyentsé Rinpoché résidait au monastère, les allées et venues des nombreux visiteurs lui donnaient l'apprence d'une ruche bourdonnante d'activités. Mais il suffisait qu'il s'absente quelques heures pour que le monastère paraisse «vide», pas seulement au sens figuré : dès que l'on traversait le parvis ou que l'on empruntait les escaliers menant aux appartements de Khyentsé Rinpoché au deuxième étage, on ne rencontrait plus personne. Seuls les moines vaquaient à leurs occupations habituelles.

En général, étant l'un des deux moines voués à assister Khyentsé Rinpoché, mes journées étaient cadencées par d'incessants va-et-vient, pour appeler quelqu'un que Rinpoché demandait, pour accomplir une tâche qu'il m'avait assignée, pour monter et descendre les trois étages du monastère afin de prendre les livres dont il avait besoin dans la bibliothèque. Dennis Tenzin, un moine américain peu conventionnel que tout le monde appelait affectueusement *Mad Monk* (Moine fou), fit remarquer avec son humour habituel : «Lama Ngodroup [le moine chargé de l'intendance] fait marcher le monastère; Matthieu, lui, court dans le monastère, et moi, je cours loin du monastère.» Il m'arrivait aussi de partir chercher quelque chose pour Khyentsé Rinpoché, puis de rencontrer en route deux ou trois personnes qui me demandaient un service et de revenir vers Khyentsé Rinpoché en ayant oublié ce qu'il m'avait demandé. Me voyant les mains vides, il me disait, laconique : «C'est ça, la libération des pensées sans laisser de traces ?» Il faisait ironiquement référence à la méthode qui consiste à laisser les pensées discursives se libérer d'elles-mêmes à mesure qu'elles surgissent en notre esprit, comme un dessin tracé du doigt à la surface de l'eau. Alors, je repartais aussitôt, tout penaud de mon étourderie.

Quant à Dennis, il n'avait jamais un sou, mais un jour, il reçut un généreux cadeau de l'un de ses nombreux amis et décida de l'employer à se construire une petite maison qui lui permettrait d'effectuer des retraites à Thouptèn Chöling, dans les montagnes du Solu Khumbou, au Népal, où se trouvait le monastère de Trulshik Rinpoché, qui était son maître principal avec Khyentsé Rinpoché. Dennis était très sociable et avait l'habitude de faire le tour des lamas et des monastères pour bavarder et plaisanter. Il avait toujours plein d'histoires à raconter. Sa maison construite, il continua à aller de-ci de-là, à Katmandou et dans les environs. Un jour qu'il rendait visite à Khyentsé Rinpoché, celui-ci lui fit remarquer : «Ta maison est en retraite, pas toi!» Dennis se dit qu'il ferait quand même mieux de se tenir plus sérieusement à sa décision et consacra trois ans à la pratique méditative dans son nouvel ermitage.

Au bout d'un an cependant, il en eut assez de rester dans sa chambre et décida de mettre fin à sa réclusion. Il se prépara donc à sortir et accomplit les cérémonies d'offrandes qui marquent habituellement la fin d'une longue retraite. La veille de sa sortie, il reçut la première lettre que Khyentsé Rinpoché lui ai jamais envoyée. Elle disait : «Je suis très heureux que tu sois en retraite et espère que tu la poursuivras jusqu'au bout.» Il ne se sentit pas le cœur d'arrêter et accomplit les trois années de retraites qu'il s'était initialement promis de faire.

Je n'avais pas de chambre au monastère. La nuit, je dormais dans la chambre de mon maître pour veiller à ses besoins. L'aube venue, je pliais mes affaires dans une petite armoire. Après la mort de Khyentsé Rinpoché, je continuai pendant quelques années à dormir par terre sur un tapis dans la grande pièce où il donnait audience dans la journée, juste à l'extérieur de sa chambre. Puis un jour, Khénpo Gyourmé Tsultrim, l'administrateur du monastère, m'invita à monter à l'étage supérieur, à côté de la bibliothèque, et me montra une petite pièce de trois mètres sur trois, qu'il avait fait repeindre et meubler sans rien m'en dire. Il m'annonça : «Voilà, c'est ta chambre!» Je dois avouer que j'étais ravi de disposer enfin d'une chambre. Sur les douze dernières années, il ne m'était arrivé qu'une poignée de fois de dormir dans un lit! Récemment encore, j'occupais cette chambre. Après les tremblements de terre de 2015, nous dûmes cependant reconstruire les habitations des moines. À leur achèvement en 2019, Rabjam Rinpoché m'«expulsa» de ma petite chambre pour m'installer dans une pièce plus confortable tout près de sa résidence. Je réalisai alors que, pour la première fois de ma vie, à l'âge vénérable de soixante-quatorze ans, j'avais une grande chambre avec salle de bains. Tout compte fait, je dois avouer que ce petit confort supplémentaire était bien agréable!

༄༅

Lorsqu'il séjournait au Népal, généralement en hiver et au printemps, Khyentsé Rinpoché était fréquemment invité dans divers monastères, parfois fort distants de Katmandou, les parties montagneuses du Népal étant principalement peuplées de communautés pratiquant le bouddhisme tibétain. L'une des plus mémorables visites auxquelles je participai eut lieu en 1988. Khyentsé Rinpoché fut convié à reconsacrer le monastère de Thangboché, au cœur du pays sherpa. Le monastère avait subi les ravages d'un incendie et venait d'être restauré. À 4 200 mètres d'altitude, sur le chemin de l'Everest, il fait face au majestueux sommet de Thamserkhu et de l'Ama Dablam qui s'élèvent à plus de 6 000 mètres, à deux ou trois jours de marche de Lukla, l'aéroport de montagne le plus proche. Cet aéroport est d'ailleurs des plus impressionnants et demande d'avoir le cœur bien accroché et du sang-froid pour atterrir et décoller sur l'unique petite piste en pente de cent mètres de long, entourée de maisons, qui se termine sur une falaise abrupte. Les hélicoptères s'y posent facilement, mais les avions doivent bien viser le début de la piste à l'atterrissage et profiter de la pente ascendante pour freiner sur cette courte distance. Au décollage, au contraire, ils tirent profit de la déclivité de cette même pente pour gagner suffisamment de vitesse et s'élancer dans le vide en bout de piste !

Khyentsé Rinpoché s'y rendit en hélicoptère. Mais en raison de l'altitude et de la charge trop importante de notre groupe (Khyentsé Rinpoché, trois de ses moines et les bagages), l'appareil devait effectuer deux voyages. Il fut décidé que Tséwang Lhundroup et moi-même partirions en éclaireurs avec les bagages et que Rinpoché suivrait tranquillement avec Lama Ngodroup. Alors que nous approchions du monastère de Thangboché, toute une foule en liesse attendait. Dès que l'hélicoptère fut en vue, la procession des moines s'ébranla, jouant des grandes trompes, des *gyalings* (sorte de hautbois à anche double) et des cymbales. Des piles de genévriers furent allumées pour nous accueillir avec des volutes de fumée odoriférante. Nous nous posâmes et sortîmes pour décharger prestement les bagages. La musique et les clameurs se turent instantanément. La foule s'était rendu compte que Khyentsé Rinpoché ne figurait pas parmi les arrivants ! Des touristes qui avaient observé la scène me confièrent : « Je trouvais curieux que le grand lama s'occupe ainsi des bagages. » L'hélicoptère repartit et, une demi-heure plus tard, Khyentsé Rinpoché arriva en grande pompe. Ce qui me permit de prendre des photographies mémorables de son arrivée.

೧ह

Aujourd'hui, le monastère de Shéchèn continue de prospérer sous l'inspiration de Rabjam Rinpoché, qui a mis en place un système harmonieux et démocratique de gouvernance, au sein duquel les moines se relaient tous les trois ans à divers postes de responsabilité et se réunissent toutes les semaines pour discuter des affaires courantes. Après la disparition de Khyentsé Rinpoché, de nombreux maîtres, dont Trulshik Rinpoché et Rabjam Rinpoché, ont transmis d'importants cycles d'enseignements. Le monastère remplit donc la fonction pour laquelle notre maître bien-aimé l'avait conçu : perpétuer et préserver l'héritage spirituel du Tibet.

À la suite des deux séismes en 2015, le temple principal dut être entièrement restauré, sous la direction de mon ami Luc Cholley. Une fois les murs rebâtis, les artistes de l'école de peinture du monastère, la Tsering Art School, toujours sous la direction de Könchog Lhadrépa, reproduisirent les grandes fresques à l'identique des originaux, une tâche consciencieuse qui leur demanda trois ans.

Ce monastère et mon ermitage à Namo Bouddha sont mes deux principaux points d'attache en ce monde, du fait que je n'ai en France ni maison, ni possession particulière, même si je suis toujours le bienvenu chez mes frères et sœurs spirituels en Dordogne, où habite la famille de Kangyour Rinpoché, ainsi que chez ma mère âgée de quatre-vingt-dix-sept ans, ma sœur Ève et son époux Yann.

CHAPITRE 26

Premier voyage au Tibet
Lhassa et le Tibet Central

En 1985, j'accompagne Dilgo Khyentsé Rinpoché de retour au Tibet après trente ans d'exil. Manifestations de ferveur des habitants. Visite de quelques rares sanctuaires épargnés par la destruction chinoise.

En 1957, Khyentsé Rinpoché avait quitté sa région natale, le Kham, pour effectuer un pèlerinage au Tibet central. Deux ans plus tard, accompagné de ses proches, il dut fuir l'armée chinoise et chercher refuge au Bhoutan. En 1985, et après un exil de plus de vingt-cinq ans, Dilgo Khyentsé Rinpoché était de retour au Tibet. J'eus l'immense chance de participer à cette aventure, l'une des plus mémorables de mon existence !

Khyentsé Rinpoché souhaitait vivement retourner au Tibet. Aussi avait-il émis la demande au roi du Bhoutan, avec qui il partageait une relation privilégiée – celui-ci se considérant comme son disciple –, d'intercéder en sa faveur auprès du gouvernement chinois. À l'époque, les Chinois désiraient se faire un allié des Bhoutanais afin de contrebalancer l'influence de l'Inde dans ce royaume himalayen devenu indépendant de l'Inde en 1949, et membre des Nations unies depuis 1971. Après l'indépendance, l'Inde a continué de soutenir le Bhoutan économiquement. Elle y a construit des routes et maintenu une présence militaire discrète afin de dissuader tout agresseur éventuel, la Chine en premier lieu. Qui plus est, des pourparlers étaient en cours pour finaliser le tracé de la frontière entre le Bhoutan et le Tibet annexé par la Chine. Le gouvernement de Pékin tenait à assurer la bonne marche de ces négociations. Autant de raisons qui motivèrent une réponse favorable à la requête du roi, Khyentsé Rinpoché et son entourage se voyant alors reçus en tant que délégation officielle. Les Chinois durent toutefois être surpris à la réception de la liste des dix membres de cette délégation : six Tibétains, trois Bhoutanais et… un Français. Mais, ils firent comme si de rien n'était. Personnellement, cette autorisation exceptionnelle me transporta de joie. Le Tibet occupait mon imaginaire depuis l'enfance, alimenté par les récits de ma mère tout d'abord puis, à l'adolescence, par la lecture des aventures d'Alexandra David-Néel et des quelques biographies existantes de grands maîtres du passé dont la *Vie de Milarépa* traduite en 1925 par Jacques Bacot et, plus tard enfin, par les évocations fréquentes et si vivantes de mes propres maîtres. Comment rêver d'une plus belle découverte du Pays des Neiges qu'en compagnie de Dilgo Khyentsé Rinpoché, mon révéré maître spirituel. Je vécus donc ce voyage comme une opportunité exceptionnelle impliquant une curiosité et une pleine attention de chaque instant, conscient du privilège qui m'était accordé. À ma connaissance, aucun étranger n'avait pénétré au Tibet oriental, le Kham, depuis l'invasion chinoise de 1959. Les Tibétains que j'allais y rencontrer m'affirmeraient d'ailleurs n'en avoir jamais aperçu. Pour eux, j'allais représenter une telle anomalie que certains s'exclameraient même : « Khyentsé Rinpoché est venu avec un Indien ! »

Mais pour l'heure, il nous fallait déjà rejoindre notre destination ; et pour cela, notre groupe de onze voyageurs s'envola de New Delhi en direction d'Hong Kong, où nous restâmes quelques jours, puis, le 26 mai 1985, nous arrivâmes en Chine, à Chengdu, la capitale de la province du Sichuan qui partage sa frontière ouest avec le Tibet.

Khyentsé Rinpoché était accompagné de son épouse, Khandro Lhamo, de son petit-fils Shéchèn Rabjam Rinpoché, de Tulkou Péma Wangyal, qui veillait à tous les besoins de Rinpoché, de Lama Ngodroup, de Tulkou Kunga, le scribe secrétaire, et de Amji Shérab Jordèn, un médecin tibétain qui vivait au Bhoutan. Trois Bhoutanais complétaient donc notre petit groupe : Tséwang Lhundroup, le moine qui, avec moi, était attaché à la personne de Khyentsé Rinpoché, Tséring Tempèl qui servait Rabjam Rinpoché, et Norbou Gyaltsèn, un capitaine de la garde royale bhoutanaise détaché auprès de Khyentsé Rinpoché par le roi pour veiller à sa sécurité.

Le soir de notre arrivée à Chengdu, le gouverneur du Sichuan, Lobsang Dawa, donna un dîner en l'honneur de Khyentsé Rinpoché. Le gouverneur était un Tibétain élevé en Chine qui, comme nombre de fonctionnaires, n'avait qu'une maîtrise limitée de sa langue natale, étant tenu d'utiliser le chinois comme langue principale. L'atmosphère était festive et de nombreux toasts furent portés, nos hôtes se chargeant seuls de leur faire un sort puisqu'aucun d'entre nous ne buvait d'alcool. La présence d'un Français portant les atours d'un moine tibétain ne manqua pas d'intriguer les officiels formatés par la propagande qui assénait que le peuple tibétain était arriéré, plongé dans les ténèbres de l'obscurantisme. Le mot *mongdé*, que les Chinois utilisaient à l'époque pour désigner le bouddhisme, signifie littéralement «adeptes de la stupidité». Lorsque les officiels s'enquirent aimablement de mes antécédents – en s'accordant à m'appeler, à l'oral comme à l'écrit, «Machou Lika», les «r» se prononçant «l» en chinois –, c'est avec un malin plaisir que je leur répondis: «J'ai entrepris une carrière scientifique et obtenu un doctorat en génétique cellulaire. C'était certes passionnant, mais j'ai trouvé qu'en fin de compte l'étude de la philosophie et de la pratique du bouddhisme tibétain était encore plus intéressante.» Mes interlocuteurs furent visiblement interloqués par ce cheminement qui prenait le contre-pied de leurs idées reçues. J'ose espérer être alors parvenu à semer quelque doute dans leur esprit.

De nombreux Tibétains avaient eu vent de l'arrivée de Khyentsé Rinpoché et, descendus à la hâte des hauts plateaux du Kham, situés entre 250 et 800 km selon les régions, ce qui à l'époque représentait un à trois jours de voiture, se pressaient vers lui. Ils souhaitaient tout aussi ardemment voir Rabjam Rinpoché, l'abbé en titre de Shéchèn. Le lendemain matin de notre arrivée, une vingtaine de visiteurs se rassemblèrent dans la grande chambre qu'occupait celui-ci au Jinjiang, le seul grand hôtel de Chengdu à l'époque. Comme il est de tradition, avant d'entrer, ils enlevèrent leurs chaussures – pour la plupart de vieux godillots en piteux état –, ce qui provoqua une certaine inquiétude de la part du personnel de l'hôtel : peu après, le téléphone sonna et le réceptionniste s'enquit : «Faut-il cirer les paires de chaussures que vous avez déposées devant votre porte?»

Au-delà des personnes, deux mondes bien différents se rencontraient ainsi en ces lieux. Alors que je me trouvais dans le vestibule de l'hôtel, deux vieux moines vêtus d'épaisses pelisses doublées de peaux de mouton me demandèrent où se trouvait Khyentsé Rinpoché. Je proposai de les conduire en sa présence. Lorsque les portes de l'ascenseur s'ouvrirent, ils s'y engouffrèrent, s'immobilisèrent un instant, regardant à droite et à gauche, se retournèrent comme un seul homme et sortirent précipitamment en remarquant pertinemment : «Ça ne mène nulle part!» Je dus utiliser toute ma force de persuasion pour les convaincre que cette caisse apparemment sans issue allait bien les emmener là où se trouvait Khyentsé Rinpoché.

À la suite de l'invasion chinoise, le Tibet fut morcelé en cinq parties[1]. La Région autonome du Tibet, créée en 1965 par le gouvernement de Pékin, ne constitue qu'un tiers du territoire du Grand Tibet d'avant l'invasion chinoise de 1959. Le Kham, la région natale de Khyentsé Rinpoché, qui constitue une grande partie du Tibet oriental, est aujourd'hui incluse dans la province chinoise du Sichuan et ne porte même plus le nom de «Tibet». Les officiels informèrent Khyentsé Rinpoché qu'ils avaient organisé une visite du Tibet central, la région de Lhassa, et qu'il était impossible de se rendre dans le Kham, les routes n'étant pas en état. Khyentsé Rinpoché rétorqua que le Tibet central n'était pas sa destination pour cette fois. Nous leur fîmes valoir que le Kham était le but de sa visite et qu'un groupe de moines du monastère de Shéchèn arrivés le matin même pour rencontrer Khyentsé Rinpoché nous avaient assuré que le trajet était tout à fait praticable. La réponse des officiels ne souffrit aucune contradiction, nous ne devions nous référer qu'à des «sources fiables», autrement dit, seul ce qui émanait du gouvernement chinois était «vrai». Les moines de Shéchèn avaient probablement été victimes d'hallucinations sur l'état des routes! Tulkou Péma Wangyal, qui tenait lieu de porte-parole de Khyentsé Rinpoché dans ces interminables tractations, ne se départit cependant pas de son calme et continua de faire valoir nos intentions avec une ténacité sans faille. Pour ma part, je m'efforçai autant que possible de passer inaperçu ; je ne voulais surtout pas risquer de compromettre la chance extraordinaire que j'avais d'être du voyage.

Finalement, Khyentsé Rinpoché déclara que s'il ne pouvait aller au Tibet oriental, il repartirait au Bhoutan, sans aller nulle part. Inquiets des conséquences politiques possibles aussi bien vis-à-vis du roi du Bhoutan qu'au sein de leur propre ministère, les tortueux fonctionnaires du pouvoir se résignèrent à proposer que nous nous rendions d'abord au Tibet central afin qu'ils aient le temps de «mettre la route en état» et de préparer les logements adéquats. En vérité, les officiels chargés de notre voyage voulaient ainsi prendre le temps de préparer méticuleusement la visite de Khyentsé Rinpoché dans sa province natale afin d'en contrôler tous les détails. Le retour de ce grand maître était en effet attendu avec fièvre et enthousiasme

Premier voyage au Tibet

par la population et le gouvernement tenait à s'assurer que tout se déroulerait comme il l'entendait. Khyentsé Rinpoché donna son accord et on nous annonça que le départ pour Lhassa avait été fixé au lendemain matin.

○○

Le gouvernement se chargea des préparatifs et, chaperonnés par quelques officiels dont un haut fonctionnaire délégué par le ministère des Affaires étrangères venu de Pékin, nous fûmes bientôt dans un avion d'une ligne intérieure en direction de la capitale du Tibet.

Ce premier survol du Toit du Monde me permit de découvrir, émerveillé, d'immenses plateaux verdoyants qui tournaient à l'ocre à mesure que l'on progressait vers l'ouest, entrecoupés de chaînes de montagnes, de glaciers et de sommets altiers. Avant d'atterrir, nous survolâmes les méandres du Tsangpo, l'un des plus grands fleuves de l'Asie du Sud, qui prend sa source à l'ouest du Tibet au Mont Kailash, fait 2 900 km de long, et devient le Brahmapoutre en Inde avant de se jeter dans le Gange, puis dans le golfe du Bengale. L'aéroport de Gongkar, à 3 700 mètres d'altitude, se trouve sur les rives du Tsangpo. À la sortie de l'avion, je fus immédiatement frappé par l'air vif et raréfié qui emplissait mes poumons d'une soudaine bouffée de fraîcheur, ainsi que par le bleu intense du ciel.

Un convoi de véhicules 4x4 nous emmena rapidement à Lhassa, la « Cité des Dieux », capitale historique et quasi mythique du Tibet. La route n'était pas goudronnée à l'époque, et le voyage prit trois heures, tout d'abord vers l'ouest, le long des rives sablonneuses du Tsangpo, puis vers le nord-est dans la vallée de la rivière Kyitchou. Soudain, le majestueux Potala, la résidence des Dalaï-lamas dont j'avais tant entendu parler, apparut devant nous. Entrés dans Lhassa sans marquer un arrêt, nous nous engouffrâmes dans un complexe de résidences officielles aux allures de casernes. Une grande grille se referma derrière nous. Quelques visiteurs triés sur le volet, avertis de la venue de Khyentsé Rinpoché, se présentèrent brièvement. Égal à lui-même, Khyentsé Rinpoché se montra heureux d'être là et ne se départit pas de sa sérénité coutumière, propre à ceux qui ont su s'affranchir de l'espoir et de la crainte. Assis torse nu sur son lit, une cape doublée de peaux de mouton sur les épaules, souriant, il répondait inlassablement aux requêtes de tous ceux qui venaient à lui et leur offrait conseils et enseignements, mais de façon brève et discrète pour éviter d'attirer l'attention des autorités sur les conversations délicates qu'ils auraient pu avoir à propos des pires moments de l'invasion chinoise et sur la répression à laquelle ils étaient encore soumis.

Le lendemain matin, au réveil d'un sommeil léger (les premières nuits en haute altitude sont souvent accompagnées de maux de tête), je me trouvai dans un état de jubilation intense : nous allions visiter le Jokhang, le temple principal de Lhassa, qui abrite la statue la plus vénérée du Tibet, le Bouddha couronné connu sous le nom de « Jowo », le « Précieux Seigneur. » Il est dit que cette statue représente fidèlement le Bouddha âgé de sept ans. Originaire du Bengale, elle fut tout d'abord transportée en Chine, puis à Lhassa au VIIe siècle par la princesse chinoise Wencheng, qui l'offrit en présent de mariage à Songtsén Gampo, le premier des grands rois bouddhistes du Tibet. Tous les Tibétains aspirent à s'y rendre au moins une fois dans leur vie et certains vont jusqu'à se prosterner pendant des mois tout au long du chemin qui les mène de leur lointaine province à Lhassa, mesurant la distance à l'aune de la longueur de leur corps.

Suite à la révolution culturelle, lancée en 1966 par Mao Tsé-toung, cette statue en bronze massif, de la taille d'un homme, fut reléguée pendant vingt ans dans un entrepôt. Elle échappa miraculeusement à la destruction, alors que la majorité des précieuses statues du Tibet furent vandalisées, fondues pour récupérer les métaux qui les constituaient, ou vendues sur les marchés d'antiquités à l'étranger. Le Jokhang, lui, fut pendant une vingtaine d'années employé pour partie comme prison, pour partie comme porcherie. Lors de la libéralisation, très relative, qui suivit la mort de Mao Tsé-toung, le Jowo fut réinstallé dans son petit temple, recouvert à nouveau d'or fin, coiffé d'une couronne de joyaux et vêtu de brocarts. Seule une entaille faite au-dessus du genou par la hache d'un garde rouge témoigne encore des sévices passés. Sous-jacente aux moments de paix et de bénédictions vécus en présence du Jowo, affleurait paradoxalement la conscience renforcée des terribles destructions qui ravagèrent l'héritage spirituel et culturel du Tibet.

Encadrés par les officiels, nous avions réussi à entrer discrètement dans le Jokhang, mais notre sortie fut plus agitée. Quelques personnes avaient reconnu Khyentsé Rinpoché à son arrivée et la nouvelle de la présence d'un grand lama venu d'Inde, l'un des maîtres spirituels du Dalaï-lama qui plus est, s'était répandue comme une traînée de poudre. À l'ouverture des portes du Jokhang, des centaines de personnes se pressaient sur l'esplanade devant le temple. Dès qu'ils aperçurent Khyentsé Rinpoché, ils se précipitèrent vers lui dans l'espoir de recevoir sa bénédiction, ou tout au moins de s'approcher pour voir son visage et être vus de lui.

Les agents de la sécurité, quelque peu débordés, durent ménager un couloir au milieu des fidèles pour que Rinpoché puisse rejoindre sa voiture. Quant à nous autres, nous nous frayâmes tant bien que mal un chemin et, en essayant de m'extraire de la foule qui me pressait de toute part, je perdis mon châle monastique. Je réussis finalement à monter dans la voiture de Rinpoché. Nous étions noyés dans une marée humaine qui se pressait de tous côtés. Certains voulaient toucher la voiture de leur tête pour recevoir la bénédiction de Rinpoché, qui ne pouvait leur offrir que son grand sourire débordant de bienveillance. Quel spectacle ! Assis sur le siège arrière, je filmais cette extraordinaire scène de ferveur qui prenait les officiels chinois de court. Le cortège se mit lentement en mouvement afin de ne heurter personne et nous rentrâmes à la résidence.

ᛒ

Le lendemain, au Jokhang, devait se tenir la consécration d'une grande statue de Gourou Padmasambhava, le « Maître-Né-du-Lotus » qui, venu d'Inde, établit le bouddhisme au Tibet au IXe siècle et y est vénéré comme le second bouddha. Quelques années avant l'invasion chinoise, Jamyang Khyentsé Chökyi Lodrö, l'un des deux principaux maîtres de Dilgo Khyentsé Rinpoché, avait prédit que si l'on construisait une grande statue de Padmasambhava dans le Jokhang, face au Jowo, le Tibet aurait une chance de préserver sa liberté. Malheureusement, en raison d'intrigues religieuses et politiques, seule une petite statue de Padmasambhava habillée sous la forme d'un pandit, un érudit indien (et non sous sa forme traditionnelle telle qu'elle avait été décrite dans la prédiction) fut érigée dans le temple. Lorsque Jamyang Khyentsé Chökyi Lodrö apprit la nouvelle, il remarqua laconiquement : « Puisqu'il en est ainsi, ils trouveront bien un endroit pour s'établir en Inde. » Il augurait ainsi de l'exode de tous ceux qui allaient fuir la persécution communiste.

Afin d'accomplir, même tardivement, la prédiction de Khyentsé Chökyi Lodrö, Lhungtok, un fidèle de la province de l'Amdo, homme de haute stature, jovial et déterminé, obtint la permission de faire ériger une statue de Padmasambhava de cinq mètres située juste en face du Jowo, lequel est enchâssé dans un petit sanctuaire aménagé au milieu du temple principal du Jokhang. Lhungtok avait prévu de faire consacrer cette statue le dixième jour du mois lunaire, date anniversaire de la naissance de Padmasambhava qui se trouvait être le surlendemain de l'arrivée de Khyentsé Rinpoché. Lhungtok, ravi de cette heureuse coïncidence, invita Khyentsé Rinpoché à accomplir la cérémonie. Nous retournâmes au Jokhang tôt le matin et, plusieurs heures durant, Khyentsé Rinpoché s'appliqua à la consécration de la nouvelle statue, à renouveler celle du Jowo et de l'ensemble du temple. Il offrit une couche d'or fin sur tout le corps du Jowo, qui fut appliquée en une demi-heure par un artiste attitré, pendant que Khyentsé Rinpoché faisait des prières pour la paix au Tibet et dans le monde, ce qui nous permit de découvrir la statue tout entière, dépouillée des parures dont elle est habituellement revêtue. À cette occasion, Khyentsé Rinpoché fut rejoint par Rigdzin Chènpo de Dorjé Trak, un maître éminent qui, resté au Tibet, avait passé de nombreuses années en prison et vivait discrètement à Lhassa depuis sa libération. Guèn Dawa, un ancien moine qui avait dû rendre ses vœux durant la révolution culturelle, était également présent, lui qui avait accompagné Khyentsé Rinpoché dans ses déplacements dans Lhassa à la fin des années 1950.

La richesse spirituelle et historique des lieux était présente à chaque instant en mon esprit, se mêlant aux fortes impressions de la solennité du moment. Cette expérience unique prit ainsi une densité singulière et je m'imprégnai de la profusion de bénédictions qu'offrait ce temple illustre.

Avant de quitter le Tibet, en 1959, Khyentsé Rinpoché, assis dans un petit coin du Jokhang, en vue de la statue du Bouddha couronné, avait pendant plusieurs mois répété cent mille fois la longue offrande du mandala en trente-sept points. Un jour, alors qu'il pratiquait ainsi à l'écart, l'odeur d'un encens très particulier attira son attention. Quelques instants plus tard, un jeune lama au visage souriant et portant des lunettes entra dans le temple accompagné de quelques moines plus âgés à l'aspect hiératique. Ce n'était autre que le XIVe Dalaï-lama, Tenzin Gyatso, alors âgé de 23 ans. Celui-ci demanda à Khyentsé Rinpoché d'où il venait, s'entretint avec lui quelques instants et le convia à lui rendre visite au Potala.

Nous avons visité le Potala, cet immense palais monastère construit sous l'inspiration du Ve Dalaï-lama. Édifié à flanc de colline, il domine majestueusement la ville de sa façade de sept étages d'un blanc immaculé, percée de centaines de petites fenêtres bordées de noir et surmontées de volants de tissus multicolores qui flottent au vent. En visitant ces lieux historiques, guidé par nos mentors chinois, je ne pouvais qu'imaginer ce que la vie avait pu être au temps des Dalaï-lamas en ce lieu maintenant désert. Quelques années plus tard, des cohortes de touristes chinois et étrangers allaient le parcourir tout essoufflés par l'ascension des multiples escaliers et la traversée des longs couloirs.

Dans la pièce qui fut successivement la chambre de nombreux Dalaï-lamas, je me remémorai cette anecdote que le présent quatorzième d'entre eux raconte souvent : « Enfant, je regardais par la fenêtre les enfants de Lhassa qui jouaient joyeusement et librement tout en bas sur l'esplanade, alors que je devais étudier des heures durant sous la férule de mes précepteurs. L'un d'entre eux avait un petit martinet. Le manche doré était enveloppé de soie jaune, parce que j'étais le Dalaï-lama, disait-il en s'esclaffant, mais la douleur était tout aussi cuisante ! »

Nous visitâmes également le Norboulingka, la résidence d'été du Dalaï-lama, située au milieu d'un beau jardin et de dimension plus humaine que l'immense Potala, et Chakpori, le collège de médecine traditionnelle, ainsi que les ruines du grand monastère de Séra qui, avant l'invasion, abritait six mille moines. Tout au long de ces visites, nombre de ceux qui avaient connu Khyentsé Rinpoché avant 1959 réussirent à lui rendre visite. Certains pleuraient en racontant les drames vécus au court de ces longues années d'occupation. Rinpoché les écoutait attentivement, les bénissait, et ils repartaient apaisés par le baume de sa bienveillance.

༄

De Lhassa, on nous emmena vers l'ouest. Nous passâmes le col de Khampa La, à 4 800 mètres d'altitude, d'où l'on découvre le sublime panorama du Lac de Turquoise de Yamdrok, dont les multiples bras dessinent la forme d'un scorpion. Il faut dix-huit jours, dit-on, pour faire le tour du lac, dont on ne voit qu'une partie depuis le col. Au loin, à plus de 7 000 mètres d'altitude, s'élève le sommet majestueux de Nöjin Khangzang, couvert de neiges éternelles. Je serais volontiers resté quelques heures à m'imprégner de la beauté et de la majesté du panorama. Je m'imaginai un petit ermitage un peu à l'écart du col où j'aurais pu rester en retraite, mêlant mon esprit à l'immensité du ciel, des montagnes et du lac, mettant en pratique les enseignements de mes maîtres.

En route, nous nous arrêtâmes pour visiter le célèbre stoupa de Gyantsé Kumbum, le plus ancien et le plus haut du Tibet avec ses trente-deux mètres répartis sur six niveaux occupés par des chapelles. Puis nous fîmes étape à Shigatsé, au monastère de Tashi Lhunpo, grande institution de l'école Guéloukpa et siège traditionnel des Panchèn Lamas. Nous visitâmes ensuite le monastère de Shalu, fondé au XIe siècle. Shalu fut un centre important de la tradition Sakya. Seul le temple principal, datant du XIVe siècle et renommé pour ses peintures murales, parmi les plus belles du Tibet, fut épargné par la Révolution culturelle. Shalu fut aussi le siège du plus prolixe des auteurs tibétains, Butön Rinchèn Droup (1290-1364), qui composa pas moins de 227 volumes traitant de la philosophie et de la pratique du bouddhisme. Nous passâmes la nuit au monastère de Sakya, dont seul le bâtiment principal, aux murs en terre battue épais de près de deux mètres, n'avait pas été détruit. Le temple est entouré d'immenses couloirs aux murs tapissés de milliers de volumes de textes anciens empilés jusqu'au plafond sur une dizaine de mètres de hauteur. Dans la bibliothèque du monastère étaient aussi préservés de précieux manuscrits en pali et en sanskrit qui avaient été rapportés d'Inde aux XIIe et XIIIe siècles par Sakya Pandita et d'autres traducteurs illustres.

Mais ces quelques monastères partiellement épargnés, pour des raisons aléatoires et diverses (dans certains cas, leur ancienneté fit hésiter les quelques personnes responsables qui encadraient les gardes rouges), témoins d'un passé si riche et vivant, se révélèrent des exceptions. Partout où nous passions, nous découvrions les tristes ruines des hauts lieux de la culture bouddhique tibétaine, dont il ne restait au mieux que quelques pans de murs. Le cœur serré, lourd du sentiment poignant de l'impermanence de toute chose, je ressentais une sourde tristesse devant l'ampleur des souffrances endurées par les Tibétains. J'étais atterré par la folie de ceux qui, au nom d'idéologies sectaires, avaient réduit en poussière ces trésors, fruits du patient labeur de moines, d'artistes et d'artisans soucieux d'offrir l'écrin le plus digne et le plus précieux à la richesse de leur spiritualité et à la profondeur de leur sagesse. Comble de la cruauté fanatique, bien souvent, les communistes chinois avaient forcé les Tibétains, sous la menace, à désacraliser et détruire eux-mêmes ce qu'ils avaient de plus cher.

Dilgo Khyentsé Rinpoché ressentait plus cruellement que nous cette dévastation, lui qui avait connu ces lieux intacts et bien des lamas qui y vivaient. Nombre des maîtres spirituels qui n'avaient pas pu fuir le Tibet à temps furent exécutés ou moururent de faim, de maladie ou sous les tortures infligées dans les prisons et les camps de concentration chinois.

J'imaginais avec nostalgie les splendeurs disparues, habitées par la présence des grands maîtres défunts.

Mais Khyentsé Rinpoché était trop conscient de la nature éphémère et illusoire des choses pour manifester des émotions ordinaires, comme la colère ou le ressentiment. Ici et là, à la requête des moines et lamas qui étaient retournés depuis peu dans leurs monastères ou ce qu'il en restait, Khyentsé Rinpoché conféra des enseignements. Il donna également sa bénédiction aux fidèles qui se rassemblaient avec ferveur partout où il passait.

☙

De Shigatsé, nous nous sommes rendus à Samyé, l'« Inconcevable », ainsi nommé car ses dimensions spirituelles défient toute description. C'est là qu'au VIIIe siècle le maître Padmasambhava et l'abbé Shantarakshita fondèrent le premier grand monastère du Tibet sous le patronage du roi Trisong Détsèn. Pour atteindre Samyé, nous dûmes traverser le Tsangpo, large de près d'un kilomètre à cet endroit. Une quinzaine d'entre nous se sont donc entassés sur une longue barque plate propulsée par un moteur hors-bord, et nous avons rejoint l'autre rive en zigzaguant pour éviter les bancs de sable. De là, nous nous installâmes dans une grande remorque tirée par un tracteur qui nous emmena cahin-caha sur la piste de sable qui longe le fleuve jusqu'à la plaine où s'élève le monastère de Samyé, enclavé dans un demi-cercle de collines au nord et bordé par le fleuve au sud.

Adolescent, j'avais lu et relu pendant des années, au rythme de quelques pages par jour, le *Dict de Padma,* la vie de Padmasambhava traduite du tibétain de manière merveilleusement poétique et inspirante, bien qu'assez libre, publiée en 1930 par Gustave-Charles

Toussaint, alors diplomate en Chine[2]. Curieusement, mon père, peu porté sur la spiritualité, avait trouvé ce livre chez un bouquiniste à Aix-les-Bains en Savoie et l'avait offert à ma mère le jour de ma naissance. Il ne se doutait certainement pas qu'un jour la vie me mènerait en ce lieu unique au monde et primordial dans la vie de Padmasambhava. C'est aussi là que, sous l'inspiration de Padmasambhava et du grand pandit indien Vimalamitra, une centaine de traducteurs tibétains associés à des érudits venus d'Inde traduisirent du sanskrit au tibétain la vaste majorité du canon bouddhiste existant en Inde. Aussi est-il difficile de décrire le mélange de joie et de ferveur que je ressentis lorsque le monastère se révéla enfin à mon regard émerveillé.

Ce monastère béni par tous les maîtres du Tibet qui y donnèrent des enseignements pendant plus de douze siècles avait terriblement souffert du passage de l'Armée rouge. Du temple principal ne subsistaient que le rez-de-chaussée et le premier étage ; seuls quelques-uns des nombreux autres temples tenaient encore debout. Les cent huit stoupas qui couronnaient le mur d'enceinte avaient été démantelés. À l'intérieur du temple principal, de rares vestiges des fresques ravagées témoignaient de la beauté des trésors perdus. Les statues avaient été éventrées ou détruites. Par miracle, au premier étage, une précieuse statue du bouddha de la vie infinie, Amitayus, haute de plusieurs mètres et faite d'un alliage de cinq métaux appelé « lima », avait été épargnée. Même la fameuse statue grandeur nature de Gourou Padmasambhava – appelée « Semblable à moi », faite à l'image du « Maître-Né-du-Lotus » avait aussi été détruite. À sa place, une vieille photo racornie témoignait de sa majesté d'antan. Quelques statues de facture récente avaient été installées sur l'autel du temple. Khyentsé Rinpoché resta de longs moments à prier pour le renouveau du bouddhisme au Pays des Neiges et pour le bienfait des Tibétains.

Je prenais souvent des photos, ce qui me valut une remarque équivoque du fonctionnaire en chef venu de Pékin, accompagnée d'un sourire entendu : « Tu es censé être au service de Dilgo Khyentsé, mais il semble que tu sois tout autant photographe, n'est-ce pas ? »

Avant de quitter le Tibet central, Rinpoché présenta une liste de requêtes aux officiels chinois. Il demanda en particulier que soit accordée la permission de restaurer Samyé, soulignant son importance pour l'héritage culturel mondial. Le gouvernement donna son accord et le même Amdo Lhungtok qui avait œuvré à l'édification de la statue de Padmasambhava au Jokhang rassembla des fonds et de la main-d'œuvre afin d'entreprendre les travaux. Le roi du Bhoutan, inspiré par Khyentsé Rinpoché, offrit également, par l'intermédiaire du gouvernement chinois, une importante contribution destinée à la restauration du site. En 1990, après un chantier d'envergure, Khyentsé Rinpoché allait revenir une dernière fois au Tibet afin de consacrer le temple superbement restauré.

Avec Tulkou Péma Wangyal, nous montâmes également vers les fameux ermitages de Chimphou, à deux heures de marche au-dessus de Samyé, là où Gourou Padmasambhava enseigna à ses vingt-cinq plus proches disciples, et où Gyalwa Longchèn Rabjam et Rigdzin Jigmé Lingpa, deux des plus grands maîtres de l'histoire du Tibet, vécurent longtemps en retraite.

Après la traversée du fleuve, nous visitâmes Tséring Jong, le lieu où vécut, au XVIIIe siècle, Rigdzin Jigmé Lingpa au fond d'une petite vallée, puis nous nous rendîmes au monastère de Mindroling. J'ai encore en mémoire la silhouette de Tulkou Péma Wangyal juché sur l'un des murs en ruine de ce qui avait été l'un des hauts lieux de la tradition Nyingmapa du bouddhisme tibétain, contemplant l'étendue des ravages. Quelques précieuses fresques avaient été épargnées, notamment celle représentant Gourou Padmasambhava située dans un passage près de l'entrée de l'un des temples. On rapporte que lorsqu'un des maîtres les plus respectés de l'histoire de ce monastère, Minling Terchèn Gyourmé Dorjé (1646-1714), revint d'un long voyage, cette image de Padmasambhava s'exclama : *Ougyé !*, une formule utilisée pour accueillir quelqu'un qui arrive de loin et signifiant : « Vous devez être bien fatigué ! »

En fin d'après-midi, Rinpoché reçut la visite de Gangri Lopön, un maître de retraite qui avait passé de nombreuses années dans les ermitages et les grottes de Gangri Thökar, la « Montagne aux Pics Enneigés » où vécut au XIVe siècle, à près de 4 000 mètres d'altitude, Gyalwa Longchèn Rabjam, « Victorieux de l'Espace Infini », qui composa dans l'une de ces grottes ses célèbres traités connus sous le nom des « Sept Trésors » et qui exposent les aspects les plus profonds de la philosophie et de la pratique du bouddhisme. Khyentsé Rinpoché et Gangri Lopön ne s'étaient pas vus depuis trente ans. Ils passèrent plusieurs heures à converser intimement.

Assis silencieusement, je ne perdis pas un instant de cette rencontre et me délectai de l'heureuse quiétude avec laquelle ces deux êtres spirituellement accomplis se retrouvaient comme s'ils s'étaient quittés la veille, sans effusion de sentiments, et dégageant cette noblesse naturelle propre aux sages doués d'une parfaite liberté intérieure. Le lendemain matin, ils se quittèrent sans affectation tout en sachant qu'ils ne se reverraient plus.

Nous repartîmes vers Lhassa où Khyentsé Rinpoché célébra de nouvelles cérémonies d'offrande au Jokhang; puis il se rendit à Tsurphou, le monastère où avait vécu les incarnations successives des Karmapa, tandis que j'accompagnais Tulkou Péma Wangyal à Nyémo, une belle vallée constellée de lieux de pèlerinage, lieu de naissance de sa mère où il avait encore de la famille.

Quinze jours après notre arrivée au Tibet central, nous reprîmes l'avion vers Chengdu. Après un si riche début, je ne m'attendais pas à ce que l'épopée que nous allions vivre au Tibet oriental dépasse encore toutes mes attentes !

CHAPITRE 27

Le Tibet oriental

Scènes de liesse sur le parcours de Dilgo Khyentsé Rinpoché au Tibet oriental, sa région natale. Je photographie plus de dix mille miniatures qui furent dissimulées pendant la révolution culturelle.

Le court été tibétain débute à la mi-juin, en même temps que la saison des pluies. Sans nous attarder, nous quittâmes la grisaille de la capitale du Sichuan, Chengdu, et la chaleur moite des plaines pour atteindre Datsédo, deux jours plus tard. Avant l'invasion chinoise, Datsédo était la ville frontière entre la Chine et le Tibet. Située à 2 500 mètres d'altitude, c'est là que transitaient les caravanes qui apportaient les briques de thé servant à préparer la boisson favorite des Tibétains, le thé au beurre salé. Chazam, le « Pont de Fer », marquait le point symbolique de cette ancienne frontière. Il fut bâti à la fin du XIVe siècle par le grand yogi Thangtong Gyalpo, dont on dit qu'il vécut cent vingt-cinq ans et construisit cent huit ponts au Tibet et au Bhoutan. Pour ce faire, il forgeait de longues chaînes constituées d'énormes maillons d'un fer très pur qui n'a pas rouillé en six siècles. Nombre de ces ponts sont encore utilisés de nos jours et sont devenus des lieux de pèlerinage. En 1985, Datsédo n'était qu'une bourgade à l'architecture sino-tibétaine. Aujourd'hui, c'est une préfecture dotée de grands magasins et d'hôtels luxueux.

En quittant la vallée encaissée de Datsédo, mon esprit s'éclaircissait, embrassant l'espace ouvert à mesure que la route s'élevait vers le col qui mène au plateau tibétain. Libéré de ses préoccupations habituelles, il était tout entier absorbé dans la contemplation du majestueux paysage qui se déployait à l'infini. Le silence des pensées s'accordait à celui de la nature en altitude. Au col de Jara Lhatsé, à 4 000 mètres, soudain, apparut le Kham, telle une révélation. Quittant les gorges et les forêts, on entrait dans l'immensité des plateaux verdoyants où paissaient d'innombrables yaks. Je découvrais les tentes de nomades, tissées en crin de yak noir, soutenues en hauteur par des piquets extérieurs reliés par des guirlandes de drapeaux de prières multicolores. Ce nouveau monde m'exaltait :

les silhouettes des femmes affairées à baratter le beurre, les enfants curieux de ces visiteurs inattendus, les gambades des jeunes yaks apeurés par nos véhicules et les aboiements des mastiffs qui tiraient furieusement sur leurs chaînes autour des tentes d'où s'élevait une petite fumée blanche...

Nous croisions des caravanes de cavaliers qui progressaient sur des tapis de fleurs chamarrés, sifflant pour rassembler les yaks de leurs troupeaux et quelques moutons sur lesquels veillaient de gros chiens. Vêtus d'épaisses peaux de mouton ou de manteaux de laine, ils partaient avec leur famille en transhumance vers les pâturages d'été en altitude. Les femmes arboraient dans leurs cheveux tressés des ornements de corail, d'ambre et de turquoise, certaines portaient dans les plis de leur manteau un nourrisson bien emmitouflé, au teint très clair et aux joues rougies par le vent.

Ici et là, des chevaux en liberté galopaient dans la prairie. Nous longions des rivières aux eaux cristallines et traversions les quelques forêts de sapins épargnées par la déforestation massive qui laissait les flancs de montagnes à nu, hérissés de souches écimées. Des corridors étaient aménagés pour faire glisser les troncs vers les routes ou les rivières. Durant le voyage depuis Chengdu, nous avions croisé d'innombrables camions lourdement chargés de troncs d'arbres centenaires destinés à la consommation chinoise, tandis que les grandes rivières en charriaient, elles aussi, une multitude.

Il nous fallait changer nos repères et nous adapter à la démesure. Au sud, dans le lointain, spectacle hors normes, le Minyak Kangkar émergeait de son palais de nuages, du haut de ses 7 600 mètres. Au nord, plus près de nous, surplombant de verts pâturages, se dressait l'altière éminence rocheuse coiffée de neiges éternelles du Minyak Rabgang, l'une des six montagnes sacrées du Tibet.

De juin à août, les prairies sont tapissées de boutons d'or, les premiers à éclore, puis fleurissent les gentianes bleues et les blancs edelweiss. Un paradis éphémère qui sera bientôt emporté par les froidures de l'automne et les glaces de l'hiver. Une multitude de pikas, des petits rongeurs appelés *abras* en tibétain, parcourent la prairie en tous sens et rentrent précipitamment dans leur terrier à l'approche d'un intrus. À la vue d'un aigle, les marmottes lancent leurs cris d'alarme stridents.

Lors de ce premier voyage, il n'existait que des pistes en terre battue sur lesquelles nos véhicules cahotèrent quatre jours avant d'atteindre le monastère de Shéchèn. Aujourd'hui, le même trajet peut se faire en une longue journée. Les populations ont beau être disséminées sur les hauts plateaux, le bouche-à-oreille avait fait son œuvre : villageois et nomades s'étaient donné rendez-vous tout au long de la route, par petits groupes. Ils avaient préparé des feux et brûlaient des ramées de pin et de genévrier qui emplissaient l'air de volutes blanches odorantes et jetaient à la volée des brassées de fleurs sur notre passage. Ils avaient aussi disposé le long de notre trajet de grands pichets en bois remplis de yaourt et des jarres de cuivre pleines d'eau pure, symbole de bon augure.

À l'approche du convoi, les fidèles enthousiastes faisaient de leur mieux pour nous arrêter et se précipitaient contre la vitre de Rinpoché afin de recevoir sa bénédiction. Les enfants aux joues rougies par la bise étaient soulevés à la hauteur du véhicule et Rinpoché apposait sa main sur leur tête en les enveloppant de son regard aimant accompagné d'un doux sourire. Pour notre part, nous distribuions des cordelettes de protection que les gens s'attachaient autour du cou, ainsi que des substances à base de plantes médicinales mêlées de reliques de saints du passé. Ces granules brunes, appelées *mèndroup* (médecine bénie), avaient été consacrées au Népal lors d'une cérémonie de sept jours et sept nuits. Certains posaient rapidement une question ou demandaient une prière pour un parent défunt ou malade. Ces scènes se répétant tout au long de la route, nous ne progressâmes guère lors ce premier jour sur les hauteurs du Kham.

Une grande foule nous accueillit au monastère de Lhagong. Khyentsé Rinpoché prit place sur un trône érigé devant le porche du monastère et, une demi-heure durant, dispensa des enseignements sur les fondements du Dharma : comment prendre refuge dans l'Éveil du Bouddha, comment cultiver l'amour altruiste et la compassion, comment régler sa conduite afin de n'infliger en aucun cas de torts à autrui et si possible apporter du bien-être aux autres. Ensuite, il bénit la foule qui défila devant lui. Dans l'assistance attentive, je remarquai les visages solennels aux traits affirmés et au regard limpide comme le ciel. Il s'en dégageait une confiance et une assurance inflexible que les longues années d'occupation chinoise n'avaient en rien entamées. Leur force d'âme transparaissait dans leurs yeux lumineux. De vieux moines tournaient inlassablement d'énormes moulins à prières, le regard rivé sur Khyentsé Rinpoché.

Certains fidèles gardaient longuement leurs mains jointes devant leur poitrine, le visage empreint d'une ferveur d'autant plus intense qu'aucun lama de cette envergure n'était venu en ce lieu depuis si longtemps !

Nous passâmes la nuit à Tawu dans les logements à la disposition des fonctionnaires de passage. Le lendemain matin, avant de repartir, Khyentsé Rinpoché donna des conseils spirituels et sa bénédiction aux habitants de cette petite ville, qui s'étaient réunis sur une esplanade.

À la mi-journée, près d'un col, une délégation de moines venus du monastère de Shéchèn nous attendait au milieu d'une vaste prairie fleurie. Nous en profitâmes pour nous octroyer une halte et un pique-nique en ce lieu enchanteur, tandis que les plus âgés, qui avaient connu Khyentsé Rinpoché dans les années 1950, se lançaient avec lui dans des conversations animées, tout à la joie de retrouvailles qu'ils n'espéraient plus. La plupart d'entre eux avaient passé une vingtaine d'années dans les camps de travaux forcés que les Chinois avaient établis dans la région, mais ils ne s'appesantissaient guère sur leurs souffrances passées, évoquant plutôt les possibilités de renaissance qui s'offraient au monastère. Tout en l'écoutant avec un grand sourire, Khyentsé Rinpoché tirait affectueusement la barbe d'un maître de chants (celui qui entonne la récitation des rituels et en connaît tous les détails) particulièrement loquace, assis dans l'herbe devant lui. L'ambiance était à la fête. Puis les moines remontèrent à l'arrière du camion qui les avait amenés, la tête au vent, sur la route en lacets qui nous fit passer deux hauts cols et descendre dans des vallées verdoyantes.

Le surlendemain, nous arrivâmes à proximité de Shéchèn, la destination de notre voyage. Une dizaine de kilomètres avant le monastère, dans la lumière éblouissante du Tibet oriental, trois cents cavaliers au visage tanné, coiffés de chapeaux blancs aux allures d'abat-jour, appelés « chapeau de bienvenue », et arborant des bannières multicolores qui claquaient au vent, nous attendaient dans une large plaine. Les moines étaient venus en grande pompe accueillir Khyentsé Rinpoché pour son retour, après un trop long exil. Le convoi s'arrêta et les cavaliers défilèrent en cercle autour de la voiture de Dilgo Khyentsé Rinpoché. Chacun se décoiffait respectueusement en passant devant lui, avant de repartir au galop afin d'être présent à notre arrivée au monastère. Les moines n'étaient pas les seuls à l'attendre ; descendus des hauteurs, les nomades de la région se pressaient aux alentours pour assister à ce grand événement. Au détour d'un méandre de la rivière que nous longions, nous découvrîmes enfin la vallée en pente douce de Shéchèn, constellée d'une multitude de tentes blanches où campaient ceux qui avaient voyagé de loin pour rencontrer Khyentsé Rinpoché. Leurs chevaux formaient de petits points noirs, blancs et bruns sur les versants de la vallée.

Du monastère original, construit au XVIIe siècle, il ne restait que des ruines. Quelques pans de murs en terre battue, larges d'un mètre cinquante, rappelaient que s'élevait autrefois en ce lieu l'un des monastères les plus réputés pour ses maîtres spirituels et ses érudits. Dans le Kham, les destructions de monastères furent particulièrement sévères. Seule une demi-douzaine des milliers de monastères éparpillés dans la région étaient encore debout, plus ou moins intacts. Du vaste complexe monastique de Shéchèn, seul subsistait un petit bâtiment auparavant rattaché au collège philosophique situé au fond de la vallée à quelques centaines de mètres des ruines du temple principal. Tout le reste avait été rasé.

À l'approche de la voiture de Rinpoché, la stridence des hautbois, le tintement des cymbales et le mugissement grave des trompes de quatre mètres de long éclatèrent depuis la terrasse de ce qui subsistait du petit temple du collège philosophique où Khyentsé Rinpoché et nous, son entourage, allions habiter deux mois durant. Une procession de moines et de musiciens emmena tout d'abord Rinpoché jusqu'à une grande tente blanche sous laquelle il prit place, avec son épouse Khandro Lhamo et son petit-fils Rabjam Rinpoché. Dès qu'ils s'y furent assis, une longue file de moines et de laïcs commença à défiler devant eux, le regard empreint d'une intense ferveur, offrant des écharpes blanches, un geste de respect traditionnel au Tibet. Au moment où ils recevaient leurs bénédictions, peu d'entre eux parvenaient à retenir leurs larmes, pris dans un maelstrom d'émotions mêlant dévotion et joie au dur rappel des tragédies qu'ils avaient traversées. Certains murmuraient quelques phrases ou prononçaient leur nom pour rappeler à Khyentsé Rinpoché qui ils étaient – près de trente ans avaient passé… Khyentsé Rinpoché leur souriait, reconnaissait un visage familier et leur disait quelques mots de réconfort. Je servais Khyentsé Rinpoché et pris quelques clichés de ces moments émouvants. Au bout de plusieurs heures, après que ce flot eut fini par se tarir, trois importants monticules d'écharpes cérémonielles s'étaient accumulés devant chacun des trois personnages de marque : Khyentsé Rinpoché, Rabjam Rinpoché et Khandro Lhamo. Khyentsé Rinpoché put alors s'entretenir avec les anciens du monastère pendant que du thé au beurre salé était généreusement servi. Ils avaient tant de choses à lui raconter : les terribles épreuves qu'ils avaient endurées, les nouvelles des survivants, la lourde liste des disparus... Mais, ce jour-là, priorité fut donnée à la joie de se revoir. Avec le retour de leurs maîtres spirituels, le soleil se levait à nouveau dans leur cœur après une longue nuit obscure, repoussant quelque peu les ténèbres des souvenirs douloureux.

Pour ma part, je vivais un moment rare, d'une grande intensité et profondément inspirant, je m'abreuvais à cette source cristalline sans chercher à conceptualiser l'expérience vécue, qui se trouvait bien au-delà de mon entendement. Mon esprit restait ainsi ouvert à la nouveauté de l'instant, laissant les événements s'imprimer directement en lui comme les images sur une pellicule. Les mots se trouvent alors, aujourd'hui encore, malgré le recul, impuissants à retranscrire mon vécu intime : il y a parfois des réalités nues qui dépassent le cadre étroit des concepts.

Les jours suivants se déroula un festival de danses sacrées auquel participèrent cent cinquante danseurs et musiciens, tous moines du monastère. Chaque année, ce festival constitue un événement marquant du calendrier de Shéchèn, mais, sous l'occupation chinoise, sa célébration était impensable. Les moines avaient été chassés du monastère, emprisonnés pour la plupart pendant une vingtaine d'années ou réquisitionnés pour les travaux forcés. Certains furent contraints de se marier et de rompre leurs vœux. Il en fut de même dans les monastères de moniales. Durant cette sombre période, les moines et les nonnes ne pouvaient plus porter leurs habits monastiques et ceux qui étaient surpris en train de murmurer des prières se voyaient sévèrement punis. À Shéchèn, depuis un an, un semblant d'assouplissement s'initiait ; les moines avaient été autorisés à se regrouper et à redonner vie à leurs traditions. Les masques et les costumes de danse en brocart ayant été détruits, on en avait fabriqué des neufs à la hâte. Entre 1985 et jusqu'il y a quelques années, timidement et sous le contrôle du gouvernement, le Tibet a connu une forme de renaissance qui, même placée sous le joug d'un régime totalitaire, n'en est pas moins vécue avec joie. La plupart des monastères ont été reconstruits et un nombre limité de moines et de nonnes ont pu reprendre leurs études et leur pratique spirituelle.

Lorsque s'achevèrent les danses, à la requête des nombreux lamas des environs, des ermites et des érudits venus de toutes parts, ainsi que des moines de Shéchèn, Khyentsé Rinpoché conféra pendant une semaine une série d'initiations, de transmissions de textes par la lecture et d'instructions spirituelles.

Puis Khyentsé Rinpoché tint à passer une nuit à l'endroit où s'élevait jadis, haut dans la montagne, l'ermitage de Shéchèn Gyaltsap, son maître principal. Comme il ne pouvait plus marcher sans aide, on l'y transporta sur une chaise à porteurs. De l'ermitage, il ne restait rien. Rinpoché campa à la belle étoile sur le petit replat, et les autres dormirent çà et là, dans la forêt et les grottes voisines. Je fus parmi ceux, avec Rabjam Rinpoché, qui installèrent leur sac de couchage auprès de Khyentsé Rinpoché. Il pratiqua et récita ses prières comme à l'accoutumée, reposant imperturbablement dans l'équanimité de l'Éveil. La communion de la réalisation spirituelle qui l'unissait, à travers le temps, à son maître, Shéchèn Gyaltsap, était incommensurable, mais ne se manifestait pas par les transports émotionnels qui sont souvent associés dans la culture occidentale aux grands événements. Ce retour aux sources, en ce lieu où Khyentsé Rinpoché avait vécu auprès de son maître et reçu tant d'enseignements, fut à la fois remarquable et d'une grande simplicité. Un ermitage a maintenant été reconstruit sur le site de l'ancienne retraite de Shéchèn Gyaltsap.

ೞ

Avant de quitter Hong Kong, Khyentsé Rinpoché, qui habituellement ne s'intéressait guère à mes activités photographiques, m'avait enjoint de me procurer une bonne quantité de pellicules : j'aurais bientôt l'opportunité de photographier de précieuses miniatures, des peintures traditionnelles sur toile (les fameux *thangkas*), des statues et autres objets sacrés qui avaient échappé au saccage de l'héritage spirituel tibétain. Outre la cinquantaine de rouleaux de diapositives que j'avais emportée (un nombre inhabituel pour moi, car j'avais peu de moyens et photographiais avec parcimonie), je m'étais muni de la même quantité de films négatifs qui me permettraient de réaliser aisément des tirages. Cela devait amplement me suffire d'après mes estimations, mais j'étais en réalité loin du compte. Une fois arrivé au monastère de Shéchèn, Khyentsé Rinpoché demanda aux responsables des monastères de la région d'apporter ce qu'ils avaient pu sauver de la destruction. Il s'agissait principalement de *tsaglis*, des miniatures de la taille d'une main, généralement peintes sur une toile couverte d'un enduit, qui représentent les nombreuses déités du bouddhisme tibétain. Chacune d'entre elles symbolise un aspect particulier de l'Éveil, comme la sagesse, la compassion, et l'activité pour le bien des êtres. Elles sont utilisées durant des rituels d'initiation qui confèrent aux disciples la permission d'effectuer les pratiques contemplatives associées aux principes ou aux qualités qu'elles symbolisent. Lorsque les *tsaglis* du monastère de Dzongsar arrivèrent, elles occupaient deux caisses pleines – soit plus de cinq mille exemplaires! J'avais à peine de quoi en photographier le tiers. Il n'y avait ni téléphone ni électricité à Shéchèn à l'époque; mais par l'intermédiaire des personnes qui allaient et venaient entre Shéchèn et Chengdu, j'ai pu commander une nouvelle provision de films. Sans attendre, je m'attelai à la tâche d'immortaliser ces inestimables documents, m'installant sur la terrasse du temple du collège philosophique. Une difficulté matérielle se présenta rapidement: l'identification de chaque carte était calligraphiée au dos. Compte tenu de leur nombre, il m'était impossible de photographier l'endroit et l'envers de chacune d'elle. Nous décidâmes donc de recopier les informations à la main – tâche dont se chargèrent Péma Wangyal Rinpoché et Tulkou Kunga, qui avaient tous les deux une belle écriture. Puis je découpai et collai les identifications sur la marge inférieure des images, lesquelles sont généralement entourées d'une large bordure rouge. Enfin, je photographiai une série d'images et décollai les étiquettes. Cette mission nous occupa de nombreux jours. Il y avait aussi quelques centaines de mandalas de plus grande taille à imprimer sur pellicule. Tous ces précieux films sont maintenant préservés aux Shéchèn Archives du monastère de Shéchèn au Népal et mis à disposition de tous ceux qui souhaitent en faire des tirages. Nous les avons également digitalisés.

CR

À l'époque, les photos des maîtres spirituels étaient encore rares. Sur l'autel familial des foyers tibétains se trouvait tout au plus une petite photo en noir et blanc de tel ou tel sage connu. Sachant que cela constituerait des présents appréciés, nous avions donc fait tirer à Chengdu un millier de portraits de Khyentsé Rinpoché pour les distribuer aux fidèles. Nous ne nous rendions pas compte à quel point ils allaient être recherchés. Nous commençâmes à les distribuer à chacune des personnes qui venaient rencontrer Khyentsé Rinpoché. Bientôt la nouvelle se répandit aux alentours et, où que nous allions, nous étions assaillis par des personnes qui nous en réclamaient.

Un jour, un nomade nous promit d'épargner la vie de cent yaks et moutons en échange d'une seule photographie! Les familles de nomades possèdent généralement une vingtaine d'animaux, parfois quelques centaines dans les régions les plus prospères. Les *dris* (femelles du yak) et *dzomos* (un hybride entre un yak et une vache) sont utilisées pour leur lait, qui sert principalement à produire du beurre et du fromage. En général, les nomades tuent très peu d'animaux et, récemment encore, ils refusaient de les vendre aux marchands chinois qui les destinent aux abattoirs des grandes villes. Une famille de nomades tue chaque automne un yak d'une demi-tonne et fait sécher la viande pour constituer ses réserves de l'année. Une tradition veut que ces nomades fassent la promesse à un lama d'épargner un certain nombre d'animaux qui mourront de leur belle mort. Pour symboliser cet engagement, ils coupent un petit bout de l'oreille de l'animal et y passent un fil rouge qu'ils remettent au lama dépositaire du serment. Cette coutume se nomme *tsé thar*, ce qui signifie littéralement «libération de la vie».

Lorsque ce nomade nous proposa ainsi d'échanger une photo contre la vie de cent animaux, nous reconnûmes que c'était là une bonne affaire qui épargnerait la vie d'un grand nombre d'animaux supplémentaires. Lorsque les photos commencèrent à se raréfier, nous marchandâmes chaque photo contre la grâce d'un nombre croissant d'animaux. Ce troc miséricordieux, ajouté aux promesses que les nomades avaient faites par ailleurs à Khyentsé Rinpoché, permit de sauver en deux mois environ trois mille têtes de bétail. Les nomades nous apportaient des guirlandes de petits bouts d'oreilles enfilées sur une cordelette en gage de leur promesse.

Il nous arriva de nous livrer à un marchandage plus cocasse encore. Tulkou Péma Wangyal et moi-même étions en train de nous baigner dans l'eau glaciale de la rivière qui serpente au milieu de la vallée de Shéchèn (il n'y avait bien sûr ni douche ni salle de bains dans la région, pas même l'eau courante). Tandis que nous nous adonnions à nos ablutions, un vieux moine nous observait ; il avait l'air de se faire la réflexion que les moines venus d'Inde avaient vraiment des coutumes bizarres. À cette époque, les Tibétains prenaient un bain une ou deux fois par an, le plus souvent dans des sources d'eaux chaudes – il y en existait d'ailleurs une à dix kilomètres du monastère. Ils passaient alors plusieurs heures dans l'étuve naturelle à décaper énergiquement la crasse de l'année et à se frotter mutuellement, parfois à l'aide de pierres plates.

En sortant de l'eau, nous suggérâmes sur un ton taquin au vieux moine de se baigner, une idée qu'il écarta en riant. Il nous expliqua que s'il se lavait dans la rivière avec du savon chinois parfumé, les gens jaseraient et diraient que sa discipline monastique s'était quelque peu relâchée. Nous avançâmes un argument de choc : « Si tu te baignes, nous te donnons une photo de Khyentsé Rinpoché. » Le vieux moine hésita quelques instants, mais la tentation était trop forte. Il déposa ses vieux habits sur la berge, entra dans l'eau en ne gardant que sa jupe intérieure et se frotta quelques instants avec le savon que nous lui avions offert. Puis il se rhabilla prestement et repartit avec la précieuse photo.

Aujourd'hui, la modernité a trouvé son chemin jusqu'en ces contrées reculées et les photos de toutes tailles abondent. Mais fort heureusement, la coutume d'épargner une certaine proportion de têtes de bétail perdure. En 2010, par exemple, lorsque nous retournâmes au Tibet avec l'incarnation de Khyentsé Rinpoché, Dilgo Khyentsé Yangsi Rinpoché, plusieurs centaines de yaks furent rassemblés par leurs propriétaires dans la plaine de Shéchèn pour que Yangsi Rinpoché bénisse les animaux ainsi épargnés.

༁

Lors de ce premier voyage, en 1985, la plupart des monastères de la région invitèrent Khyentsé Rinpoché à leur rendre visite. Il fit de son mieux pour exaucer leurs souhaits, autant que les autorités l'y autorisaient.

Khyentsé Rinpoché passa notamment quelques jours au monastère de Dzogchèn, voisin de celui de Shéchèn. Au XVIIe siècle, le Ve Dalaï-lama délégua deux maîtres éminents, Dzogchèn Péma Rigdzin et Shalam Rabjam Tenpai Gyaltsèn, afin qu'ils fondent au Tibet oriental deux monastères de tradition Nyingma. C'est ainsi que furent établis Dzogchèn et Shéchèn, situés à une quinzaine de kilomètres l'un de l'autre. De la route principale, on franchit un petit col d'où l'on découvre la « Plaine en forme de Lotus » à l'entrée de laquelle s'élève le monastère principal de Dzogchèn, qui est aussi renommé pour son collège philosophique, Shri Sinha, où enseignèrent les plus grands érudits de leur temps parmi lesquels Patrul Rinpoché. Nombre d'ermites ont effectué des retraites sur les versants boisés de la vallée et sur les hauteurs qui mènent aux glaciers de Khang Sitrön.

Pendant le séjour de Khyentsé Rinpoché au monastère de Dzogchèn, Tulkou Péma Wangyal m'emmena visiter ces hauts lieux. Nous étions accompagnés de Tséring Phuntsok[1], l'un des fonctionnaires tibétains qui encadraient notre groupe et qui possédait une excellente connaissance des environs. D'humeur agréable, il nous avait pris en amitié. Nous partîmes, un bâton à la main et un petit sac à l'épaule. Tséring Phuntsok emporta également une bouilloire pour préparer le thé.

Nous montâmes d'abord à Ngakchoung, une prairie située au bord de la pente abrupte qui dominait la vallée de Dzogchèn, où Patrul Rinpoché et Mipham Rinpoché, deux remarquables maîtres du XIXe siècle et du début du XXe siècle, vécurent en retraite[2]. À cette occasion, Tulkou Péma Wangyal me raconta un épisode de la vie de Patrul Rinpoché.

Tous les jours, Patrul Rinpoché partait vers un endroit retiré pour effectuer sa pratique, tandis que son disciple de cœur Nyoshul Lhoungtok restait au pied d'un grand sapin où il pratiquait également avant de préparer le thé. À son retour, Patrul s'asseyait avec lui. Un soir, au crépuscule, Patrul étendit son tapis de feutre et s'allongea sur le dos pour contempler le ciel et y mêler son esprit. Loungtog fit de même. Patrul lui demanda :

– Tu vois les étoiles qui brillent dans le ciel ?
– Oui.
– Tu entends les chiens qui aboient au monastère de Dzogchèn ?
– Oui.
– Tu entends ce que nous disons ?
– Oui.
– Eh bien, c'est cela même !

Lhoungtok confia plus tard à ses propres disciples : « À cet instant même, j'ai été introduit directement à la nature de la conscience éveillée, vide, dans toute sa nudité ! Une certitude inébranlable m'a envahi du tréfonds de moi-même et m'a libéré de tous mes doutes. » La présence de son maître et les nombreuses années de pratique de la méditation constituèrent, à ce moment-là, une conjoncture propice qui induisit de la manière la plus simple qui soit cette profonde réalisation de la sagesse primordiale, l'inséparabilité de la conscience éveillée et de la vacuité.

Nous restâmes quelques instants tranquilles, nous imprégnant de l'enseignement de cette profonde anecdote, avant de poursuivre notre ascension.

Au-dessus de Ngakchoung trois lacs se succèdent graduellement : le premier au milieu de prairies fleuries, le deuxième dans un cirque de rochers et le troisième au pied des neiges éternelles. À proximité du premier lac, Tséring Phuntsok alluma un feu et fit bouillir du thé, ce qui nous permit de déguster un bon bol de tsampa – de la farine d'orge grillée mélangée à du thé chaud. Nous étions entourés de gentianes, de coquelicots bleus, de fleurs jaunes en forme de tulipe et d'une profusion d'edelweiss. Ces derniers poussent partout sur les prairies en altitude du Kham et je me remémorai alors combien nous étions fiers, ma grand-mère et moi, de découvrir un rare edelweiss sur une pente rocheuse escarpée, lors de nos randonnées estivales dans les Alpes.

Au bord du deuxième lac s'ouvraient des grottes qui pendant des centaines d'années furent les lieux de retraite de nombreux ermites, dont le grand yogi Kunga Paldèn, que Dilgo Khyentsé Rinpoché rencontra lorsqu'il avait dix ans. Ce dernier nous conta qu'un jour d'hiver, Kunga Paldèn entendit quelqu'un l'appeler. Étonné de cette visite inattendue, il sortit de sa grotte. Un homme, qui tenait un cheval noir par la bride, lui annonça que sa vieille mère mourante voulait à tout prix le revoir une dernière fois. Quelque peu décontenancé, Kunga Paldèn suivit l'homme sur quelques dizaines de mètres, puis, reprenant ses esprits, il comprit soudain qu'il était impossible que quelqu'un puisse monter jusque-là, surtout à cheval, à cette époque de l'année, la montagne étant couverte d'une épaisse couche de neige. Il se dit qu'il devait s'agir d'une hallucination créée par un esprit malin. Il pria son maître spirituel de toute la force de sa dévotion en fermant les yeux. Lorsqu'il les rouvrit, l'homme et le cheval avaient disparu. Kunga Paldèn s'aperçut avec effroi qu'il n'était plus qu'à quelques mètres de l'escarpement qui tombe à pic dans le lac, vingt mètres plus bas. Il l'avait échappé belle[3] !

Pour arriver au lac supérieur, il fallait escalader des éboulis de rochers, ce qui n'était guère commode habillés que nous étions de nos robes monastiques. Tulkou Péma Wangyal et moi-même les avons donc pliées et déposées sous un rocher. Nous relevâmes nos jupes intérieures au niveau des genoux et parvînmes finalement jusqu'au lac, miroir éternellement tranquille au pied des pics enneigés. Après avoir récité quelques prières, offert de l'encens, et immortalisé ce moment en prenant quelques photos, nous redescendîmes sans nous arrêter pour être de retour avant la nuit.

Le lendemain, nous nous rendîmes tous les trois vers le fond de la vallée pour visiter la grotte de Yamantaka où Patrul Rinpoché composa son célèbre enseignement *Le Chemin de la Grande Perfection*, dans lequel il fait notamment l'éloge des lieux où «la lassitude du samsara, la détermination de s'en libérer, la confiance, la vision pure, la concentration et la contemplation naissent sans effort». Je peinai à faire le lien entre cette humble grotte et un livre si essentiel qui a maintenant été traduit tout d'abord en français par mon ami Christian Bruyat, puis dans d'innombrables langues. La grotte se situe dans un écrin paisible entouré de petits arbres à deux heures de marche du monastère. À quelques centaines de mètres, les flots tumultueux et glacés d'un puissant torrent dévalent des glaciers qui ferment le fond de la vallée à quelques kilomètres de la grotte. Celle-ci s'ouvre dans un immense rocher incrusté dans la montagne. L'espace intérieur s'étire sur environ trois mètres sur quatre. Un petit autel est disposé sur un rebord rocheux. L'ermite qui y vivait lors de notre visite avait établi sa couche sur un fin matelas étendu sur des planches. Dans la forêt avoisinante, des petites clairières tapissées de fleurs constituaient les lieux de méditation de prédilection de nombreux yogis. Non loin de la grotte, un roc émerge de la prairie ; Patrul Rinpoché aimait s'y asseoir pour enseigner.

Sur le versant sud, à l'opposé, s'ouvrait une autre grotte, Tséring Djong «Le Bosquet de la Déesse de Longue Vie» où nous allâmes en traversant la rivière sur un pont de rondins branlants. Dodroup Thrinlé Öser et Do Khyentsé Yéshé Dorjé, deux maîtres des XVIIIe et XIXe siècles, y restèrent longtemps en retraite. Lorsque Thrinlé Öser y vivait, ses provisions s'épuisèrent plus vite qu'il ne l'avait imaginé, mais il refusa d'interrompre sa retraite et décida de s'astreindre à ne se nourrir que d'un seul bol de tsampa par jour. La légende dit que la protectrice du Dharma Tséringma lui apporta quotidiennement, en personne, un bol de yaourt.

☙

Khyentsé Rinpoché fut aussi autorisé à se rendre dans sa vallée natale, à Denkhok, sur les berges du Drichou (le fleuve Yangsé). Le Drichou sert de frontière naturelle entre le Kham et le Tibet Central, appelé aujourd'hui « Région autonome du Tibet ». Dilgo Khyentsé Rinpoché naquit à Sakar, la « terre blanche », située sur la rive opposée du Drichou. En traversant le pont, contrôlé par l'armée, on quitte la province du Sichuan pour celle de la Région autonome du Tibet, laquelle relève d'une autre administration, qui ne reconnaissait pas l'autorisation que possédait Khyentsé Rinpoché, uniquement valable pour le Sichuan. En outre, aucune route carrossable ne permettait de rejoindre Sakar. Khyentsé Rinpoché ne put donc pas s'y rendre. Mais dès que la nouvelle de son arrivée fut ébruitée, les proches de la famille Dilgo, les villageois et nomades des environs vinrent à sa rencontre à Denkhok, et les retrouvailles furent riches d'émotions.

À cette occasion, de nombreux lépreux – nous avons dû en rencontrer une vingtaine en deux jours – vinrent demander à Khyentsé Rinpoché de prier pour eux. L'année suivante, à l'occasion d'une visite de Khyentsé Rinpoché en France, je suggérai à un ami proche qui parlait le tibétain, Christian Bruyat, de se rendre dans la région avec un membre de Médecins sans frontières afin d'étudier la possibilité d'établir un programme de soins. Bien qu'à l'époque la partie tibétaine de la province du Sichuan fût encore interdite aux étrangers, ils parvinrent, non sans difficulté, à Denkhok et constatèrent la forte incidence de lèpre dans la vallée. Quand ils proposèrent aux autorités locales de les aider à mettre en place un programme de traitement et de prévention, on leur répliqua que la lèpre ne sévissait pas dans la région, qu'ils n'avaient rien à faire là et devaient décamper sur-le-champ. Avant de quitter le Kham, Christian réussit à rejoindre le monastère de Dzogchèn et à monter jusqu'à la grotte où Patrul Rinpoché composa *Le Chemin de la Grande Perfection,* qu'il avait donc traduit en français.

Khyentsé Rinpoché profita de notre séjour pour se rendre au temple principal de Denkhok, qui abrite une petite statue des plus précieuses dont de nombreux pèlerins viennent recevoir la bénédiction. Au XVIIe siècle, à une époque où la vallée avait été ravagée par des inondations, une délégation s'était rendue à Lhassa pour rencontrer le Ve Dalaï-lama et lui demander une protection spirituelle pour les riverains du Drichou. Après avoir prié durant ses méditations quotidiennes, le Dalaï-lama décida d'envoyer une statue de Tara, *Dolma* en tibétain (littéralement «Libératrice», ou «Celle qui fait passer sur l'autre rive» de l'océan du samsara), qui fit le vœu de renaître femme jusqu'à ce qu'elle atteigne l'Éveil, l'état de bouddha. Il se rendit dans son temple privé et passa en revue les diverses statues de Tara qui s'y trouvaient afin de choisir celle qu'il enverrait à Denkhok. À ce moment, dit-on, l'une des statues se manifesta et déclara: «J'y vais.» Depuis, celle-ci fut connue sous le nom de la «Tara parlante de Denkhok».

Un autre jour, Rabjam Rinpoché, Tulkou Péma Wangyal et moi-même, escortés par une nièce et un neveu de Khyentsé Rinpoché qui vivaient dans la vallée, effectuâmes une longue randonnée dans les hauteurs de Denkhok, parsemées de grottes et d'ermitages. Trois heures durant, nous gravîmes un chemin abrupt bordé de genévriers et traversâmes des prairies avenantes émaillées de fleurs – notamment celle qui vit naître le XIVe Karmapa ! – et qui invitaient à faire une pause. Le Drichou s'éloignait de plus en plus au loin, en contrebas, dans la vallée à laquelle il donne vie. Nous approchâmes de l'une de ces prairies, appelée la «Prairie de Lotus», bordée de versants où s'ouvraient des grottes en lesquelles une douzaine d'ermites, des moines, des nonnes, ainsi que des pratiquants laïcs, menaient sereinement leur vie contemplative dans un silence que seuls troublaient parfois, comme pour en souligner la profondeur, le cri d'une marmotte, l'appel rauque d'un grand corbeau[4] ou la mélodie flûtée d'une *jolmo*, la grive rieuse. Ainsi que l'écrivait Kaldèn Gyatso, ermite et poète tibétain du XVIIe siècle :

> Aspires-tu à la solitude des montagnes ?
> Des grottes accueillantes s'ouvrent à flanc de falaise
> Sous des sommets drapés de brume.
> Demeurer en ces retraites est source d'une indicible joie, temporelle et ultime.

Depuis toujours, dans la tradition bouddhiste, participer à la vie des ermites en subvenant à leurs humbles besoins est un privilège pour les fidèles des environs. Ils viennent de temps à autre leur rendre visite et leur apportent des provisions. Si le méditant demeure en retraite fermée, ils déposent simplement les vivres à l'entrée de l'ermitage. Certains ermites descendent une fois par an dans les vallées pour demander l'aumône de nourriture pendant un mois, puis remontent avec des provisions pour l'année. Parfois ce sont leurs familles qui pourvoient à leurs besoins.

Nous nous approchâmes de l'une des grottes qui s'ouvrait sur une petite corniche ensoleillée. Nos deux guides savaient que le retraitant du lieu acceptait de recevoir les rares pèlerins qui montaient jusque-là. Les lieux étaient aménagés très simplement : on y avait construit quelques murets de pierre pour la rendre plus fonctionnelle. Après s'être courbé pour franchir la porte basse, on débouchait sur une antichambre minuscule. L'inventaire fut rapide : un âtre de glaise, une pile de bois sec, une bouilloire et quelques sacs de toile contenant des provisions. Nous gravîmes deux marches, écartâmes un lourd rideau de toile, et nous trouvâmes en présence de l'ermite. L'austère pièce était faiblement éclairée par une lucarne et on pouvait tout juste se tenir debout en son centre. D'un côté, un petit autel avait été disposé dans la roche. De l'autre, à même le sol, se trouvait la couche de l'ermite qui lui servait aussi de siège le jour. À son chevet, sur une étagère rustique, s'empilaient des livres enveloppés de tissus multicolores : des recueils d'instructions spirituelles, des biographies de maîtres du passé et quelques traités philosophiques. Ces textes sacrés sont traditionnellement calligraphiés ou imprimés à partir de planches de bois gravées.

L'ermite nous accueillit chaleureusement. Il avait trente-six ans et se trouvait en retraite dans cette grotte depuis quatre ans. Après de nombreuses années d'étude dans un monastère de la vallée, où il avait obtenu le titre de *khénpo*, équivalent d'un doctorat en philosophie, il avait ressenti un profond désir de se consacrer à la méditation.

Il nous offrit du thé – à vrai dire, de l'eau chaude à la surface de laquelle flottaient quelques feuilles de thé. Dans cette atmosphère recueillie, les palabres semblaient déplacées. Nous nous enquîmes de sa santé, échangeâmes quelques propos sur la pratique spirituelle et je lui promis de lui faire parvenir un texte qu'il recherchait et que j'avais réimprimé en Inde. Puis, le silence se fit. L'atmosphère de recueillement qui baignait les lieux nous invita à partager ce silence pendant quelques instants plutôt que le rompre en bavardages creux.

Le Tibet oriental

Puis nous prîmes congé, non sans avoir déposé discrètement une offrande pour contribuer à la poursuite de son ascèse – ironiquement, quelques billets à l'effigie de Mao Tsé-toung !

Nous descendîmes ensuite légèrement en contrebas, vers la grotte où, dit-on, Gourou Padmasambhava médita alors qu'il implantait le bouddhisme au Tibet, au VIIIe siècle et au début du IXe. Près d'un millénaire plus tard, au XIXe siècle, Patrul Rinpoché y passa également de nombreux mois en retraite. Ce sage, aussi humble qu'érudit, qui attachait la plus grande importance à ne rien posséder, errait par monts et par vaux, et s'arrêtait dans les grottes, les forêts et les ermitages perdus sans autre intention que de méditer, puis repartait sans destination particulière. Il cultivait constamment l'amour altruiste, ainsi que la compassion, et répétait à tous : « Ayez bon cœur et agissez avec bienveillance ; il n'est rien de plus important. » Son souvenir est resté très présent, et il est l'un des guides spirituels les plus vénérés du Tibet oriental.

Le moment vint de redescendre vers Denkhok et rejoindre Khyentsé Rinpoché. Une heure et demie plus tard, nous fûmes de retour au village, fourbus, les genoux tremblants, comblés par la satisfaction du pèlerinage accompli. Quelques fleurs cueillies à l'entrée de la grotte et mises à sécher dans un carnet allaient me permettre de souvent y retourner en pensée.

Le lendemain, nous quittâmes la douceur de Denkhok pour remonter vers les hauts plateaux, passant par l'ancien royaume de Ling et d'autres contrées d'altitude peuplées de nomades. Au lieu de retourner à Shéchèn, nous obliquâmes vers le nord pour Dzachouka (appelée aujourd'hui Serchou par les Chinois), à 4 200 mètres d'altitude. Une nouvelle réception grandiose nous y attendait avec ses cavaliers, ses musiciens, ses nuages d'encens, et son rassemblement de grands lamas et de moines du monastère de Guémang avec qui Khyentsé Rinpoché avait tissé des liens étroits avant de quitter le Tibet.

Puis nous prîmes la route pour Kyerkou (aujourd'hui appelée Yushu par les Chinois), où Khyentsé Rinpoché fut accueilli chez le prince de Nangchèn, un homme d'une soixantaine d'années au visage fin et distingué. Pendant la révolution culturelle, les Chinois se montrèrent sans pitié envers lui. Il dut subir les injures et les crachats des gardes rouges et répondre à des interrogatoires interminables accompagnés de sévices. Puis il fut interné des années durant dans un camp de travail dans des conditions inhumaines. Il fit le récit de ses tribulations à Khyentsé Rinpoché, très simplement et sans aucune trace d'apitoiement ni du moindre ressentiment. Il termina sur un sourire qui semblait dire : « Comment une telle folie a-t-elle pu être possible ? » Il vivait maintenant très modestement en compagnie de sa mère âgée. Le gouvernement lui avait finalement octroyé un poste au sein de l'administration locale. Il se montra particulièrement heureux de revoir Khyentsé Rinpoché, qu'il avait connu enfant, et qui écouta ses confidences avec sa bienveillance coutumière.

Pendant tout notre séjour, je pus constater à quel point Khyentsé Rinpoché se montrait naturellement à l'aise partout, comme s'il n'avait jamais eu à quitter son pays natal. Parfois, il m'expliquait quelques points de l'histoire du lieu que nous visitions ou me rapportait une anecdote sur une personne remarquable qui y avait vécu.

༺༻

Nous quittâmes Yushu et fîmes halte pour une nuit à Dzachouka, puis d'une seule traite, nous nous rendîmes à Dergué. Nous passâmes Mani Guénkok pour nous arrêter au bord de l'un des plus beaux lacs du Tibet oriental, Yiloung Lhatso, situé à 4 300 mètres d'altitude. Le nom de ce lac, « Divin Lac du Ravissement de l'Esprit », tire son origine d'une légende locale : une princesse tibétaine qui partait se marier dans la région de Dergué fut séduite par la beauté des lieux, au point qu'elle décida de s'y établir. Elle envoya un ultimatum à son prétendant : « Venez si vous le souhaitez. Je n'irai pas plus loin. » Le prétendant s'empressa de venir. Ce grand lac aux couleurs sans cesse changeantes, miroitant du vert sombre au plus clair turquoise, bordé de sapins, s'inscrit dans un cercle de montagnes altières. Un glacier descend presque jusqu'aux berges à l'extrémité lointaine de l'immense étendue d'eau. La plupart des grands rochers de granit qui bordent les rives, parfois partiellement immergés dans l'onde ou se dressant sur les pentes douces des berges, sont gravés de mantras, souvent peints des couleurs associées traditionnellement à chacune des syllabes qui les constituent. De nombreux drapeaux de prières apportés par les pèlerins sont accrochés entre les arbres. De petites plages de sable fin permettent aux plus téméraires de se baigner.

Mais la température de l'eau avoisinant les 10 °C, il n'y a guère de candidats, bien que l'aventure se révèle des plus revigorantes.

Khyentsé Rinpoché se délassa un moment dans ce lieu enchanteur et présenta une offrande de fumée odoriférante de branches de genévrier, accompagnée d'un rituel invoquant les déités de sagesse et les déités locales en leur enjoignant de veiller à la paix dans le monde et au bien-être de chacun.

De là, nous entreprîmes l'ascension du col de Tro-lha dans un décor grandiose. La route est entourée de glaciers pris au piège de monumentales montagnes de roche noire dont les sommets acérés déchiquettent le ciel d'un bleu intense. En haut du col, un panneau indique 5 050 mètres d'altitude. Nous roulions en voiture à 200 mètres au-dessus du mont Blanc !

Le col sitôt franchi, nous nous élançâmes dans une descente vertigineuse dont les lacets serpentent au bord d'un précipice sans fin ; un trajet particulièrement dangereux l'hiver sur des routes glacées. Puis, après avoir longé un moment de paisibles pâturages, nous nous engageâmes dans de profondes gorges qui nous conduisirent, deux heures plus tard, à Dergué, la capitale de ce qui fut le plus influent royaume de la province du Kham et l'un des centres spirituels majeurs du Tibet oriental. C'est aujourd'hui la préfecture de la région, une petite ville nichée entre des falaises vertigineuses contre les parois desquelles résonne jour et nuit le fracas d'une rivière tumultueuse.

Dergué recèle un joyau unique au monde, un lieu hors du temps : la plus grande imprimerie artisanale de l'histoire de l'humanité. Elle abrite 270 000 planches de bois gravées de textes bouddhiques, traités d'histoire, de philosophie, de médecine traditionnelle et d'astrologie, biographies, grammaire, poésie… Tout le travail, depuis la gravure des planches de xylographie jusqu'à l'emballage des livres, en passant par la fabrication de l'encre et du papier, se fait à la main, selon les mêmes techniques en vigueur depuis trois siècles.

Dans le bouddhisme, les livres sont considérés comme des « supports » de la parole du Bouddha et des grands érudits. Plus précieux que les images ou les statues, on ne les pose jamais par terre, on ne marche ni ne s'assied dessus. On les entrepose respectueusement dans un endroit élevé des temples ou des maisons. Avant de les étudier, il faut en avoir reçu la transmission par la lecture à voix haute d'un maître qui en a lui-même hérité ainsi. Puis on reçoit et on étudie les commentaires qui élucident le sens du texte. Au pays où « apprendre » se dit « écouter », c'est le son qui transmet le savoir. Lire, c'est faire surgir à partir des mots écrits la passerelle invisible du sens qui, de bouche à oreille et de siècle en siècle, relie le lecteur au Bouddha et à ses principaux exégètes.

En 1729, Tènpa Tséring, le sixième roi de Dergué, inspiré par des rêves de bon augure, fit construire une imprimerie dédiée aux textes bouddhiques. Son successeur, Phuntsog Tènpa, poursuivit son œuvre en commanditant la gravure des cent trois volumes du *Kangyour*, le recueil des paroles du Bouddha traduites en tibétain. Puis il fit édifier un bâtiment plus important – celui que l'on découvre de nos jours. Soucieux de voir les planches gravées avec soin, il alla jusqu'à offrir à chaque ouvrier, pour certains volumes, la quantité de poudre d'or qui pouvait se loger dans les creux de chaque planche. Plus la gravure est profonde, plus l'impression est claire. La mission que s'était assignée Phuntsog Tènpa fut reprise par les générations suivantes, et Dergué devint la plus grande imprimerie de ce genre au monde. Sachant qu'un artisan habile peut au mieux graver une face par jour, les centaines de milliers de planches actuelles correspondent au travail de dix graveurs pendant cent cinquante ans.

L'hôte de Khyentsé Rinpoché était l'un de ses plus proches compagnons spirituels d'antan, Péwar Rinpoché, un lama doublé d'un grand érudit, portant ses cheveux longs rassemblés au-dessus de la tête en un petit chignon, et qui fut lui aussi un proche disciple de Dzongsar Khyentsé Chökyi Lodrö. Péwar Rinpoché était par ailleurs le *tulkou* de l'abbé du monastère Sakya de Péwar, situé entre Palpoung et Dzongsar.

Khyentsé Rinpoché fut reçu en grande pompe par une procession riche en couleur et en musique qui lui ouvrit la voie, fendant la foule pressée des deux côtés de la ruelle en pente menant à l'imprimerie. Pendant que nous visitions les multiples étages de ce bâtiment historique formant un fascinant labyrinthe, Khyentsé Rinpoché resta au rez-de-chaussée et accomplit une cérémonie pour raviver la consécration du temple principal dont quelques statues fort précieuses avaient échappé à la destruction. Tout en restant profondément concentré sur la cérémonie, il profitait des intervalles pour évoquer avec Péwar Rinpoché les souvenirs de leur passé commun auprès de leur maître spirituel.

Le Tibet oriental

C'est grâce à la détermination héroïque de Péwar Rinpoché et à celle d'un médecin nommé Ngawang Shérab que l'imprimerie existe encore. En 1966, au plus fort de la Révolution culturelle, les gardes rouges s'apprêtaient à la détruire. Les deux hommes s'y enfermèrent, bloquant les lourdes portes et clouant les fenêtres. Le répit occasionné par ce stratagème s'avéra salutaire. Le chef tibétain du district, Yarling Dorjé, soumis à un interrogatoire brutal, recevait chaque jour quatre cents coups de fouet. Toutefois, entre deux séances de torture, il parvint à contacter Pékin par télégramme (il n'y avait pas encore de téléphone dans la région à cette époque). Il prévint un haut fonctionnaire qu'il savait que l'imprimerie allait être détruite, comme tous les monastères des environs, et lui demanda de trouver un subterfuge pour éviter ce désastre.

« Ces quelques jours nous ont paru des siècles, raconte Péwar Rinpoché. Nous profitions de la nuit pour faire sortir par les fenêtres des livres rares et les dissimuler. Nous sommes aussi parvenus à cacher un exemplaire de chacun des cent trois volumes du *Kangyour* pour qu'il puisse, si le pire arrivait, servir de modèle à la gravure de nouvelles planches. Les gardes rouges ont commencé par détruire le Dergué Gönchen – le grand monastère voisin de Dergué. Mais trois jours plus tard, un télégramme arriva de Pékin : "Ne détruisez ni le temple ni l'imprimerie, nous devons laisser un exemple édifiant de la stupidité des Tibétains qui gaspillent leur temps en activités spirituelles inutiles." Il était trop tard pour le monastère, mais l'imprimerie était sauvée ! »

Ce ne fut cependant qu'en 1979 qu'elle fut autorisée à rouvrir. En 1987, des fonctionnaires tibétains travaillant pour les Chinois décidèrent de détruire l'ancienne bâtisse et de construire à sa place un immeuble en béton pour abriter les planches gravées. Péwar Rinpoché sauva l'imprimerie une seconde fois : il plaida ardemment la cause du superbe édifice ancien, dont les murs en terre battue sont épais de deux mètres à la base, arguant qu'il appartenait à l'héritage culturel mondial. Il ne fallait pas le détruire, mais au contraire le restaurer et le consolider. Il ajouta, conscient que l'argument était à la limite de l'acceptable pour les autorités chinoises, que l'imprimerie faisait l'objet d'une grande vénération de la part du peuple, et qu'on venait de loin en pèlerinage pour la voir. Péwar Rinpoché fit également un voyage éclair pour rencontrer le Panchen-lama, que les Chinois souhaitaient encore ménager à cette époque. Et une fois de plus, il eut gain de cause. L'imprimerie est désormais protégée en tant que trésor culturel.

Le seuil franchi, on est surpris par la pénombre qui contraste avec l'extraordinaire luminosité extérieure. L'imprimerie n'a jamais été électrifiée, par crainte des incendies, et les fenêtres traditionnelles laissent passer peu de lumière. L'activité fébrile qui règne à l'intérieur frappe d'emblée le visiteur. Une centaine d'ouvriers y impriment des feuilles de papier tibétain sur de longues planches de bois finement gravées. Autour d'eux s'accumulent, une par une, les pages de textes anciens aux sujets variés. Le crissement des rouleaux qui passent sur le papier et le chuchotement monocorde des ouvriers qui comptent les pages emplissent l'air du doux son de leur tâche méticuleuse.

Les imprimeurs travaillent deux par deux. Assis face à face, ils se balancent en cadence d'avant en arrière, concentrés sur leurs gestes rapides et précis. À l'aide d'une brosse, ils commencent par encrer le bois gravé sur lequel ils déposent une feuille de papier qu'ils pressent ensuite énergiquement à l'aide d'un rouleau. Chaque tandem d'imprimeurs produit environ mille pages par jour. Cela peut paraître considérable, mais si l'on songe que le *Kangyour* comprend plus de 46 000 pages, cela donne une idée du travail que représente l'impression de ce seul recueil.

L'encre est fabriquée à partir de pigments minéraux, rouges pour imprimer le *Kangyour* et noires pour la plupart des autres textes. À intervalles réguliers, les planches sont nettoyées dans des auges en bois, et les résidus servent à préparer des pilules que les pèlerins considèrent comme des bénédictions. Aux étages supérieurs, plongés dans le silence, sont entreposées et répertoriées les planches gravées, dans un dédale sans fin d'étagères qui s'élèvent jusqu'au plafond.

Devant le bâtiment principal, de l'autre côté du parvis, se trouve la fabrique de papier. Pendant des années, les Chinois ont interdit l'usage de ce papier artisanal, imposant aux Tibétains le papier industriel importé de Chine. Mais de nos jours, la production a repris, à une échelle plus modeste que par le passé.

La plante qui sert à le fabriquer – *stellera chamae jasme* – pousse en abondance dans les pâturages de montagne. On écrase ses racines au pilon dans une auge en pierre, on chauffe cette pulpe, puis on la brasse dans des barattes semblables à celles qui servent à préparer le thé au beurre. On la verse ensuite sur un cadre tendu de mousseline reposant sur de l'eau, puis on la laisse sécher, et il ne reste plus qu'à décoller du cadre la feuille de papier ainsi obtenue.

ख़

De Dergué, nous prîmes le chemin du retour pour redescendre du plateau tibétain. Trois jours de route cahotante, traversant cols et vallées, croisant des convois militaires et d'innombrables camions qui transportaient de lourdes charges de bois jusqu'aux plaines du Sichuan.

Au fil du temps, nous nous étions liés d'amitié avec les officiels tibétains qui nous accompagnaient, tout en restant très prudents avec les délégués chinois qui gardaient leurs distances. Ils portaient un revolver à la ceinture, parlaient fort et buvaient copieusement le soir. Alla Trouktrouk, l'un des officiels tibétains, occupait un poste important dans l'administration de la province et nourrissait une grande admiration envers Khyentsé Rinpoché, qu'il ne pouvait exprimer ouvertement. Une fois que nous fûmes devenus amis, il me confia qu'au début du voyage, lors d'une réunion avec les officiels, la question de mon statut avait été soulevée pour établir si j'étais bien un simple moine au service de Khyentsé Rinpoché ou une sorte d'espion. Ils furent finalement d'avis que je ne jouais pas un double jeu ! Un jour, alors que nous visitions un monastère, Alla Trouktrouk me glissa discrètement quelques billets dans la main en me demandant à voix basse d'en faire don sur l'autel. Sa position lui interdisait de le faire ouvertement lui-même.

Vers la fin de notre voyage au Kham, Tséring Phuntsok me parla de ce qu'il connaissait de l'histoire contemporaine occidentale et s'indigna des abominations perpétrées par Hitler, nom qu'il prononçait « Hi-teu-leu ». Comme nous avions déjà passé pas mal de temps ensemble et que je sentais que je pouvais me permettre de le taquiner un peu, je lui répondis :

— Mais quelqu'un d'autre a tout autant de morts sur la conscience, sinon plus.

— Qui donc ? me demanda-t-il d'un air surpris.

— Eh bien, votre grand-oncle, lui rétorquai-je avec un brin de malice.

Il comprit que je faisais allusion au Grand Timonier, Mao Tsé-toung, envers lequel il nourrissait une révérence sans borne. Il ne répondit rien, mais sembla accuser le coup d'un air pensif. Je l'ai revu trente ans plus tard à Chengdu, où il a pris sa retraite. Il passe maintenant ses journées à lire des textes bouddhistes, à réciter des prières et à se promener dans le parc de son quartier. Il s'est éloigné de l'idéologie maoïste, dont il a réalisé les méfaits, elle qui avait enflammé son esprit endoctriné dans une école chinoise.

Un autre officiel tibétain, le chef de la police de la région, devint particulièrement dévoué à Khyentsé Rinpoché. Il nous raconta plus tard que quelques années après cette visite mémorable, il refit tout le périple que nous avions accompli ensemble, en une sorte de pèlerinage. Au retour vers Chengdu, nous sommes repassés par Datsédo, et il m'invita chez lui. Il me conduisit dans une petite pièce et ouvrit les battants d'une armoire tout à fait ordinaire. Avec un grand sourire et un air complice, il me révéla un autel bouddhique qu'il avait disposé à l'intérieur, sans que personne ne l'ait jamais su, hormis sa famille. Il est devenu depuis un grand ami.

Avant de quitter le Sichuan, nous avons visité Leshan, à quelques heures de Chengdu, où se dresse une immense statue du bouddha Maitreya. Haute de 71 mètres, elle a été taillée aux VIIIe-IXe siècles dans une falaise au confluent de trois rivières. Cette statue fait face au Mont Emei, l'une des quatre montagnes sacrées bouddhistes de Chine, dédiée au bodhisattva Samantabhadra, et qui était notre prochaine destination.

De retour à Chengdu, sur la terrasse du toit de l'hôtel, je photographiai à ciel ouvert le dernier lot de miniatures que je n'avais pu terminer à Shéchèn, m'étant trouvé à court de films. Ravi et soulagé d'avoir pu accomplir cette tâche que Khyentsé Rinpoché m'avait confiée, je pus rendre à son propriétaire sa précieuse collection, dont les reproductions ont été utiles à de nombreux lamas et tibétologues jusqu'à ce jour.

Avant de repartir, selon les vœux de Khyentsé Rinpoché, nous fîmes un pèlerinage à la montagne aux Cinq Pics, le Wutaï Shan, dans le nord-est de la Chine, un lieu sacré lié au bouddha de la connaissance, Manjoushri.

Ainsi s'acheva un voyage d'une profusion de découvertes, d'une richesse d'émotions et d'une profondeur d'enseignements hors du commun. À cette époque, faute de moyens, je ne photographiais que lorsqu'un sujet s'imposait avec force et évidence. À la fin de ce périple de trois mois, j'avais pris cinquante rouleaux de

Le Tibet oriental

Kodachrome, une première pour moi. Aujourd'hui, avec un appareil numérique, j'en prends autant en quelques jours, lors d'un festival de danses sacrées, par exemple. Ce que nous avons vu et vécu lors de ce voyage fut extraordinaire, si bien que lorsque je reçus les diapositives développées, il n'y en avait presque aucune à écarter. Aujourd'hui, j'élimine trois quarts des clichés après les avoir passés en revue... Ces images ont formé le cœur de mon premier livre de photographies, *L'Esprit du Tibet, la vie et le monde de Dilgo Khyentsé Rinpoché*[5].

Partout où il se rendit, Rinpoché enseigna, réconforta et inspira tous ceux qui vinrent à lui. Je compris mieux que jamais que le bouddhisme n'est pas une philosophie exotique aux idéaux inaccessibles, mais une philosophie fondée sur les principes fondamentaux qui distinguent le bonheur de la souffrance, la connaissance de l'ignorance. Un épanouissement authentique et durable ne peut venir que de la liberté intérieure. Cette liberté, à son tour, ne peut être obtenue qu'en cultivant la sagesse, l'amour et la compassion, tout en se délestant de l'égoïsme, de l'animosité, de l'avidité et de la confusion mentale. Khyentsé Rinpoché était l'incarnation vivante de toutes ces qualités. Il n'avait rien à perdre ou à gagner, mais tout à donner.

Au cours de ce premier voyage au Tibet, mais aussi lors des suivants, Khyentsé Rinpoché fut accueilli avec une intense ferveur. Pour les Tibétains, sa visite était chargée d'une immense signification, et ils avaient du mal à en croire leurs yeux. Beaucoup s'écriaient : « Mais c'est un rêve ! » Pendant plus de trente ans ils avaient tenu bon face à de si lourdes épreuves : leur foi et leur force d'âme n'avaient pas diminué d'une once.

Khyentsé Rinpoché reçut d'innombrables offrandes – des milliers de yaks, des centaines de chevaux, des turquoises, des coraux et des morceaux d'ambre, et bien d'autres choses encore, y compris des offrandes monétaires. Il reversa l'intégralité de ce qu'il avait ainsi recueilli ; les têtes de bétail furent rendues à ceux qui les avaient offertes, et les dons des fidèles furent distribués à quelque deux cent trente monastères pour qu'ils soient reconstruits ou restaurés. Mais ce geste de générosité lui paraissant insuffisant, il y ajouta tout l'argent qu'il possédait lors de son départ du Bhoutan. Il remit aux autorités gouvernementales la liste de tout ce qu'il avait ainsi distribué. Des années plus tard, les officiels racontaient encore que si certains lamas thésaurisaient les offrandes des fidèles, Dilgo Khyentsé Rinpoché, lui, les redistribuait et y ajoutait encore ses propres deniers. Ce sont ces nombreuses qualités qui ont établi Khyentsé Rinpoché comme un guide particulièrement aimé dans cette région ; les gens étaient si attachés à lui qu'après sa mort, son petit-fils et héritier spirituel Shéchèn Rabjam Rinpoché se vit toujours accueillir avec les mêmes égards que son grand-père.

Ce voyage marqua un tournant dans mon existence. J'allais retourner plus de vingt fois au Tibet et y entreprendre les projets humanitaires qui, sous l'inspiration de Rabjam Rinpoché, ont mené à la fondation de notre organisation humanitaire Karuna-Shechen, dont je décrirai plus loin les activités.

Alors que nous décollions vers Hong Kong, le 3 août, après trois merveilleux mois au Tibet, sur le point de retrouver la fourmillante cité moderne de Hong Kong, l'inlassable et bienveillante disponibilité que Khyentsé Rinpoché avait manifestée jour et nuit durant ce voyage m'apparut comme une parfaite illustration des paroles de Shantidéva, l'une des grandes lumières de l'Inde bouddhiste du VIIIe siècle :

> Tout le bonheur du monde
> Vient du cœur altruiste,
> Et tout son malheur,
> De l'amour de soi.

CHAPITRE 28

Un maître caché
Zenkar Rinpoché

Je découvre le vrai visage de l'interprète de la délégation chinoise, Alak Zenkar Rinpoché, un maître très discret.

Ce premier voyage au Tibet me permit également de rencontrer un maître spirituel aussi remarquable par ses qualités qu'il pouvait paraître ordinaire au premier abord.

À notre arrivée en Chine, quand le vol depuis Hong Kong atterrit à Chengdu, une délégation chinoise d'officiels attendait au pied de la passerelle pour accueillir Khyentsé Rinpoché ; certains lui offrirent même une longue écharpe cérémonielle de soie blanche selon la coutume tibétaine. L'un d'eux, un homme de petite taille à la démarche claudicante, portant d'épaisses lunettes, s'approcha en arborant un large sourire et s'adressa à Khyentsé Rinpoché en tibétain. Comme il faisait de toute évidence partie de la délégation officielle, je ne pus m'empêcher de penser : « Un collabo de plus… »

Cette réaction restera gravée dans mon esprit comme le parfait exemple d'un jugement hâtif et inconsidéré, d'autant plus qu'il se révéla totalement faux. Cette personne était bien davantage que l'impeccable interprète tibétain-chinois qui allait accompagner Khyentsé Rinpoché durant son voyage. C'était l'un des modèles de vie les plus admirables qu'il m'ait été donné de rencontrer. On fait généralement référence à lui en l'appelant Alak Zenkar Rinpoché, mais il a horreur des titres et préfère son nom ordinaire, Tudeng Nyima. D'une immense érudition, il a accompli au cours de sa vie un travail colossal pour préserver les textes traditionnels tibétains.

Alliant une humeur toujours égale à une force de caractère hors du commun, Zenkar Rinpoché sourit constamment, mais campe résolument sur ses positions quand il sait quelle est la meilleure marche à suivre dans une situation donnée. Fin diplomate – comme l'était Tulkou Péma Wangyal avec qui il forma un duo particulièrement efficace –, il facilita grandement les rapports entre Dilgo Khyentsé Rinpoché et les autorités chinoises lors des interminables conciliabules que provoquaient chaque requête de Khyentsé Rinpoché souhaitant visiter tel ou tel lieu de son passé.

Alak Zenkar incarne à merveille l'alliance rare d'immenses qualités humaines, intellectuelles et de l'humilité la plus authentique. Les textes bouddhiques comparent de tels êtres aux arbres dont les branches chargées de fruits ploient bas vers le sol, alors que les vaniteux dénués de vertus pointent fièrement vers le ciel à l'image des arbres aux branches dénudées.

Zenkar Rinpoché fut, entre autres accomplissements, le maître d'œuvre d'un remarquable dictionnaire tibétain en trois volumes qui fait autorité. Avec l'aide de son équipe, il redécouvrit et fit imprimer des milliers de manuscrits et de textes xylographiés que l'on pensait disparus. Nombre de ces ouvrages, généralement constitués de longs folios non reliés, avaient été abandonnés pêle-mêle dans des hangars lors de la Révolution culturelle (quand d'autres se voyaient brûlés ou jetés dans les rivières). Après les avoir remis en ordre avec son équipe, il les fit scanner, dans des conditions souvent difficiles, puis imprimer. Ils sont maintenant à la disposition de tous ceux qui le désirent. Il fit en sorte de travailler en bonne entente avec les autorités chinoises, dont il gagna le respect, une condition indispensable pour accomplir la tâche colossale qu'il s'était assignée sans rencontrer trop d'obstacles.

Il avait pourtant lui aussi traversé de terribles épreuves. Au moment de la « libération pacifique du Tibet », selon la formule consacrée que Zenkar Rinpoché ne manquait pas de nous rappeler avec un sourire entendu en prononçant la formule avec emphase, et surtout lors de la Révolution culturelle, il fut comme tant d'autres interrogé et torturé longuement. Certains de ces interrogatoires duraient jusqu'à dix heures d'affilée, et il devait les endurer parfois nu, en plein hiver, debout sur un tabouret avec interdiction de s'asseoir. Lorsqu'il finissait par s'écrouler sur le ciment glacé, il ressentait alors une véritable félicité, le temps de la demi-minute de paix pendant laquelle ses tortionnaires le laissaient sur le sol ; il relâchait enfin ses muscles endoloris et ressentait un intense soulagement. Parfois, on le suspendait au plafond par une corde attachée aux poignets, juste assez haut pour que ses pieds ne touchent pas terre. Il rapportait tous ces sévices inhumains, et d'autres encore, avec un

Un maître caché

humour détaché, comme s'il s'agissait de simples anecdotes. Ses geôliers s'acharnaient particulièrement sur lui – il était coupable d'avoir été reconnu comme l'incarnation d'un grand maître du XIXe siècle, Do Khyentsé Yéshé Dorjé. *Zenkar*, le nom attaché à Tudeng Nyima, qui signifie « châle blanc », se référait au fait que son prédécesseur portait l'écharpe blanche des yogis au lieu de l'habit monastique couleur bordeaux.

À la suite du mouvement de libéralisation tout relatif qui s'initia en Chine à la mort de Mao Tsé-toung en 1976, l'érudition et les qualités de Zenkar Rinpoché furent rapidement reconnues, et les autorités le sollicitèrent pour diriger des projets de sauvegarde de textes anciens et pour conseiller une maison d'édition gouvernementale, les Presses des minorités de la province du Sichuan, qui publiait des livres en langue tibétaine. Il disposait d'un salaire, mais continuait de mener une vie des plus austères, dormant sur une natte à même le sol d'une petite pièce étroite garnie d'étagères surchargées de livres. Il me confia qu'à l'époque il divisait son maigre salaire en deux : la première moitié servait à aider de jeunes Tibétains à poursuivre leurs études et à contribuer modestement à des projets caritatifs en Afrique – une première sans doute venant d'une personne vivant en Chine à cette époque ! –, l'autre était dédiée à subvenir à ses besoins fondamentaux et à ses notes de téléphone. « J'aime beaucoup téléphoner », disait-il avec malice sans préciser qu'il ne téléphonait pas pour bavarder, mais pour mener à bien ses différents projets et rester en contact avec ses nombreux amis et collaborateurs.

Prenant petit à petit conscience de son incommensurable richesse intérieure, je finis par considérer Zenkar Rinpoché comme l'un de mes précieux maîtres spirituels.

Plus tard, Zenkar Rinpoché eut l'occasion de séjourner hors de Chine, en Angleterre et aux États-Unis notamment, où il devint très proche de Gene Smith, qui fut, nous l'avons vu, le plus respecté parmi les spécialistes occidentaux de la littérature tibétaine. Une complicité fondée sur une admiration mutuelle s'établit rapidement entre les deux hommes, qui partageaient le même dévouement envers la culture livresque tibétaine. Chacun trouvait en l'autre un interlocuteur éminent avec lequel échanger avec érudition et modestie.

En Occident, Zenkar Rinpoché maintint la simplicité et le mode de vie frugal qui le caractérisaient. Lorsqu'il vivait à Londres, il s'habillait dans des friperies ou au marché aux puces. Invité à une réception donnée en l'honneur d'un tibétologue anglais, il arriva vêtu d'un manteau bien trop long pour lui : « Je ne l'ai payé qu'une livre sterling », me confia-t-il avec une délectation malicieuse.

Il était quasiment impossible de lui offrir un présent à l'exception de choses qu'il puisse immédiatement transmettre à d'autres ou partager avec eux, comme une boîte de gâteaux. Alors qu'il séjournait au monastère de Shéchèn, au Népal, l'érudit tibétain Tarthang Tulkou, qui vivait en Californie et s'occupait lui aussi de réédition de textes tibétains, lui rendit visite. Il voulait inviter Zenkar Rinpoché aux États-Unis pour qu'il corrige des textes. En partant, il déposa sur la table une écharpe de cérémonie avec une enveloppe contenant mille dollars puis s'éclipsa, sourd aux protestations de Zenkar Rinpoché. Ce dernier bondit de son siège, rattrapa Tarthang Tulkou dans les escaliers et fourra l'enveloppe dans le sac de ce dernier. Quand je le croisai en train de remonter dans sa chambre, il me raconta ce qui venait de se passer et conclut d'un ton ravi : « J'ai gagné ! »

Une autre fois, alors qu'il séjournait en Dordogne, il eut besoin d'une nouvelle paire de lunettes (il souffre d'une forte myopie). Tulkou Péma Wangyal, qui le connaissait intimement, savait que Zenkar Rinpoché n'accepterait jamais qu'on les lui offre. Comme il voulait malgré tout lui en faire cadeau, il téléphona à un opticien de Périgueux qu'il connaissait. Il lui expliqua en deux mots la situation et lui demanda de ne facturer que trente euros la paire de lunettes, alors que son véritable coût était de plusieurs centaines d'euros en raison de la complexité des verres, ajoutant qu'il paierait le reste de sa poche. Zenkar Rinpoché se rendit donc à Périgueux en compagnie d'un ami, choisit la paire de lunettes qui lui convenait, déclara qu'il devait absolument la payer et revint fort satisfait, en ne tarissant pas d'éloges sur les opticiens de Dordogne : « De si bonnes lunettes, à un prix imbattable ! » Chacun des protagonistes se félicita de cette excellente affaire.

Lorsque Zenkar Rinpoché repartit pour Paris, Tulkou Péma Wangyal glissa à son insu quelques billets dans sa sacoche, en guise d'offrande. Quelques heures plus tard, Zenkar Rinpoché téléphona de l'aéroport au coupable de ce forfait en lui signalant : « Quelqu'un a mis du poison dans mon sac ! »

Un maître caché

À ce jour, en dépit de sa santé fragile, Zenkar Rinpoché poursuit en Chine et ailleurs ses efforts inlassables pour sauvegarder les textes anciens, les faire imprimer et les mettre gratuitement à la disposition de tous.

Nombreux sont ceux qui ont été profondément touchés par le désintéressement et le don de soi dont Zenkar Rinpoché ne cesse de faire preuve, ainsi que par sa simplicité et son mode de vie qui rappellent tant ceux de Patrul Rinpoché, le grand ermite errant du XIXe siècle dont il republia les œuvres complètes aux Presses des minorités de la province du Sichuan.

En 2018, Zenkar Rinpoché me suggéra de venir le rencontrer à Hong Kong, où il se rend fréquemment, pour échanger à propos de nos projets de publications tibétaines et partager quelques précieux moments. Je profitai pleinement de rester des journées entières avec lui chez notre amie commune Ingrid, qui se dévoue aussi à notre association Karuna-Shechen. Nous discutâmes à bâtons rompus et, après le déjeuner, alors qu'il s'assoupissait un peu, Zenkar Rinpoché me dit : «Continue de parler, même si j'ai l'air de dormir.» Je lui posai ainsi des questions sur des textes que j'étais en train de traduire, comblé de joie de me trouver bien tranquillement en compagnie d'un être d'une telle qualité ! Nous restions ainsi ensemble du matin au soir. Lorsqu'à la fin du quatrième jour je pris congé de Rinpoché, devant prendre l'avion le lendemain matin, il me dit avec son humour subtil, qui recèle toujours un enseignement : «Bon, je vois que tu es pressé !» Pour lui, nous avions largement de quoi discuter et étudier les textes pendant une semaine ou deux, et il notait le fait que les Occidentaux sont toujours pressés d'aller «quelque part» et «ailleurs» pour faire «autre chose.»

CHAPITRE 29

Initiation de la Roue du Temps
Kalachakra

En 1985, après trois jours de voiture, Dilgo Khyentsé Rinpoché arrive à Bodh Gaya, où deux-cent mille fidèles se sont rassemblés. Le Dalaï-lama confère l'initiation du tantra de la Roue du Temps.

Au début du mois de décembre 1985, Khyentsé Rinpoché partit en voiture pour Bodh Gaya en Inde, ce qui représentait trois jours de traversée des vallées d'altitude du Bhoutan et des plaines de l'Inde. Il allait y recevoir du Dalaï-lama la transmission de la grande initiation du *Tantra de la Roue du Temps*, le Kalachakra, un événement majeur entre tous. Une fois de plus, j'eus la chance de l'accompagner.

Cinq siècles avant la naissance du Christ, un ermite grandement amaigri par une ascèse exceptionnelle quitta son lieu de méditation au terme de six années passées dans la forêt. Il marcha d'un pas mal assuré vers la rivière Nairanjana et s'effondra en chemin. Il revint à lui grâce aux soins d'une jeune villageoise, Sujata, qui lui offrit du riz au lait. Après avoir recouvré quelques forces et s'être baigné dans les eaux de cette large rivière bordée de sable argenté et de palmiers, il réalisa que mortifier le corps ne mène pas à l'Éveil.

Il se dirigea vers un arbre majestueux à l'ombre duquel il s'assit en faisant le vœu de ne pas se lever avant d'avoir acquis la compréhension de la nature ultime de l'esprit et de la réalité. Il passa donc la nuit assis sous le *Ficus religiosa* que l'on appelle désormais l'arbre de la Bodhi, ou pipal, son nom commun. Ce lieu allait être connu sous le nom de « Trône de Diamant de l'Inde », *Vajra Asana*, l'actuel Bodh Gaya. Cet homme n'était autre que Siddhartha Gautama, qui, à l'aube, devint l'Éveillé, le Bouddha.

En ce frais mois de décembre, je m'assis devant l'arbre de la Bodhi et contemplai les milliers de pèlerins, venus de tous les pays bouddhistes, qui méditaient à proximité, se prosternaient en direction du Grand Stoupa ou accomplissaient d'innombrables

Initiation de la Roue du Temps

circumambulations. Soudainement, je réalisai avec émerveillement que toutes ces personnes manifestaient leur admiration non à un empereur, une célébrité, un milliardaire, un bâtisseur de pyramides, un explorateur aventureux ou un champion sportif, mais à un être qui avait transformé son esprit. Il avait atteint l'Éveil voilà plus de deux millénaires et, aujourd'hui encore, cet éveil intérieur était célébré avec une grande ferveur.

Ces pèlerins n'adorent pas une divinité, mais expriment leur respect envers l'ultime sagesse du Bouddha. Les deux à trois mille prosternations qu'ils effectuent par jour, glissant sur de lisses planches de bois, sont un vibrant hommage au corps, à la parole et à l'esprit éveillés du Bouddha. Ils prient afin de purifier leur propre corps, parole et esprit de tout obscurcissement. Pour eux, l'ennemi est l'ignorance, le champ de bataille est le samsara – le monde de l'existence conditionnée – et la victoire est la libération de la souffrance.

On dit que non seulement le Bouddha Shakyamouni, mais également les mille et deux bouddhas de cette ère – ou *kalpa,* la durée séparant la formation d'un univers particulier de sa dissolution finale – ont atteint et atteindront l'Éveil en ce lieu que l'on considère comme un «jardin suspendu» en cet âge où, selon la cosmologie bouddhiste, seuls subsistent des résidus de l'âge d'or. Le poète bouddhiste Asvagosha le dénomma «le nombril du monde».

De l'avis des archéologues et historiens, l'empereur Ashoka[1] construisit le premier monument commémorant l'Éveil du Bouddha près de l'arbre de la Bodhi, vers le IIIe siècle avant J.-C. Selon Huien Tsang, le célèbre pèlerin et érudit chinois qui laissa un récit détaillé de ses pérégrinations, un édifice plus important fut érigé au VIIe siècle. Une communauté de plusieurs milliers de moines se rassembla autour de ce monument. Les vagues d'invasions musulmanes qui déferlèrent au XIIe siècle causèrent la disparition du bouddhisme sur le sol indien et la destruction du monument. Au XIVe siècle, les rois de Birmanie restaurèrent le temple principal, mais il tomba en ruine faute d'entretien. Au fil du temps, le sable déposé par les inondations et le vent le recouvrirent partiellement. Ce ne fut qu'au XIXe siècle qu'un Anglais déterminé, Alexander Cunningham, entreprit de le restaurer avec l'appui du royaume de Birmanie et lui donna son apparence actuelle. Ainsi le stoupa et le temple qu'il contient ressuscitèrent.

Il y a trente-cinq ans, peu de pèlerins se rendaient encore à Bodh Gaya, qui se dressait au milieu de la verdoyante campagne du Bihar. Aujourd'hui, même si des dizaines de milliers d'entre eux affluent du monde entier pour se recueillir sur le lieu de naissance du bouddhisme, Bodh Gaya reste un espace d'une grande sérénité, contrastant avec l'agitation chaotique de la ville voisine de Gaya.

ॐ

En ce mois de décembre 1985, pas moins de deux cent mille personnes s'étaient rassemblées à Bodh Gaya. En Occident, un tel événement aurait demandé des mois de préparation et une logistique complexe. Ici, en l'espace d'une dizaine de jours, un immense abri en bambous couverts d'une bâche, une estrade joliment décorée d'où le Dalaï-lama conférait ses enseignements et des milliers de tentes faisant office de restaurants le jour et de dortoirs la nuit avaient poussé comme des champignons. Les marchands indiens étaient également au rendez-vous : sur des étals de fortune, ils vendaient toutes sortes d'articles et avaient établi d'autres restaurants dans les champs avoisinants.

En tant que membre de l'entourage de Dilgo Khyentsé Rinpoché, et aussi parce que j'avais reçu la permission d'immortaliser l'événement, je me retrouvai idéalement placé, dans une petite enclave réservée aux photographes juste en face du Dalaï-lama. Je pus donc prendre de précieux clichés de cet événement historique, tout en restant le plus discret possible.

Des centaines de fidèles avaient réussi à faire le voyage depuis le Tibet. Traversant les hauts cols enneigés, souvent à plus de 5 000 mètres, ils avaient déjoué la surveillance des gardes-frontières – qui avaient pour ordre du gouvernement de ne pas les laisser se rendre en Inde. Le retour n'était d'ailleurs pas moins risqué, et s'ils se faisaient prendre, ils subiraient des représailles, risquant quelques mois de prison et même de sévères châtiments corporels. Aussi, voir ces Tibétains assis aux premiers rangs était particulièrement émouvant. Pendant une dizaine de jours, presque sans interruption, ils purent contempler de leur regard d'azur le maître spirituel qu'ils chérissaient tant, le symbole vivant de la cause du Tibet, et s'abreuver de son inspirante présence. Ils portaient leur tenue traditionnelle, des bottes de feutre et un manteau en peau de mouton, ou une veste chinoise élimée, mince rempart contre le froid mordant de

Initiation de la Roue du Temps

l'Himalaya qu'ils avaient dû traverser. Ils posaient sur toute chose un regard singulier, bien différent de celui des Tibétains réfugiés en Inde depuis plus de trente ans. Pour ces nouveaux arrivants, tout était nouveau, la liberté avant tout. Au sein de ce public attentif, on ne pouvait que remarquer ces visages d'une beauté rugueuse, animés d'une ferveur qui jaillissait du cœur de leur être.

Outre le groupe des Tibétains, venus courageusement de leur pays natal et qui se trouvaient à gauche du Dalaï-lama, les cinquante premiers rangs de l'audience étaient entièrement occupés par plus de dix mille moines et moniales ! Pour prendre la mesure de cette formidable foule monastique, il faut savoir que l'on comptait à l'époque un peu plus de cent mille Tibétains réfugiés en Inde. Dix pour cent de cette population avaient donc choisi les ordres, une situation unique dans l'histoire du monde.

D'éminentes figures de chacune des quatre traditions principales du bouddhisme tibétain, venues recevoir cette initiation, avaient été placées sur des « trônes » à angle droit du Dalaï-lama, s'avançant devant lui, à droite et à gauche. D'un côté siégeait Dilgo Khyentsé Rinpoché, qui représentait l'école Nyima, aux côtés duquel on trouvait Takloung Shabdroung, qui représentait l'école Kagyu, suivi de Minling Doungsé, lui aussi de l'école Nyingma. En face d'eux se succédaient Sakya Trizin, le patriarche de la tradition Sakya, Gandèn Tripa, le patriarche de l'école Guélouk, et Drigoung Khyabgön, qui représentait, lui aussi, l'école Kagyu. Tous les autres lamas, tulkous et érudits occupaient des banquettes plus basses qui s'étiraient sur une cinquantaine de mètres à droite et à gauche du Dalaï-lama ; en face de lui s'étendait à perte de vue la foule des disciples ordonnés et laïques.

Une centaine de disciples occidentaux étaient aussi présents ; on leur avait réservé une zone d'où ils pouvaient voir clairement le Dalaï-lama et ils disposaient de petits transmetteurs FM leur permettant de recevoir la traduction simultanée des enseignements.

Les paroles du Dalaï-lama résonnaient, claires et limpides, dans l'espace ouvert, et sa voix, relayée par des haut-parleurs pour une fois d'excellente qualité, portait au loin sans aucune interférence, les quelque deux cent mille auditeurs gardant un silence attentif.

Le Dalaï-lama commença par établir une distinction parmi la grande assemblée : certaines personnes étaient présentes pour s'imprégner sérieusement des enseignements, d'autres étaient venues animées d'une authentique curiosité, et d'autres encore (qu'il appelait les «Ah là là!») avaient entendu dire qu'il se passait quelque chose d'important et voulaient simplement voir de quoi il retournait. Il encouragea chaque auditeur à réfléchir attentivement aux enseignements. «Sinon, dit-il, lorsqu'on vous demandera ce que le Dalaï-lama a enseigné, tout ce que vous pourrez dire c'est: "Oh, il a bien parlé". »

Pendant les six premiers jours, le Dalaï-lama commenta *L'Entrée dans la pratique des bodhisattvas*, ou *Bodhicaryâvatâra* en sanskrit, l'un des poèmes les plus inspirants sur l'amour altruiste et la bonté fondamentale de l'être humain, composé par Shantidéva au VIIIe siècle. Ce texte expose la quintessence de la voie du bodhisattva fondée sur la compassion et la sagesse transcendante. Rappelons qu'un bodhisattva fait le vœu d'atteindre l'Éveil pour le bien de tous les êtres, afin de les guider vers la cessation de la souffrance. En dix chapitres composés en vers, ce texte, qui est étudié dans tous les monastères et constitue l'enseignement le plus cher au cœur du Dalaï-lama, explique à quel point il est précieux d'engendrer l'esprit d'Éveil, ce vœu pareil à l'éclair qui déchire la nuit de la confusion du samsara. Ensuite, il explicite les moyens de le préserver et de s'y exercer avec diligence tout en restant vigilant, en cultivant la patience, le courage, la concentration et enfin la connaissance au-delà de l'intellect, la sagesse ultime.

Lors de ces enseignements préliminaires à la grande initiation du Kalachakra, le *tantra de la Roue du Temps*, le Dalaï-lama résuma les enseignements du bouddhisme en deux points essentiels: la vue et la conduite. La notion de vue désigne ici la compréhension des liens d'interdépendance qui régissent tous les phénomènes, y compris le bonheur et la souffrance. Elle se réfère également à la vacuité d'existence propre de ces phénomènes. La conduite consiste à éviter tout acte nuisible; elle est source de bienfaits pour tous les êtres. Il expliqua ainsi la notion d'interdépendance:

> Nous avons l'habitude de penser que tout ce qui nous arrive de bon comme de mauvais provient d'une cause unique, d'une entité indépendante. Quand l'expérience est plaisante, nous nous attachons à sa cause présumée; quand elle est déplaisante, nous éprouvons de la répulsion envers elle. Quand nous comprenons que tous les phénomènes résultent de l'interaction de nombreuses

causes et conditions, extérieures et intérieures, l'attirance et l'aversion ne trouvent plus d'objet évident vers lequel se diriger et ne naissent plus avec la même facilité.

Il nous montra ensuite comment l'essence des enseignements du Bouddha étaient clairement résumés dans ce quatrain tiré des soutras :

> Sans commettre le moindre acte nuisible,
> Pratiquez parfaitement la vertu,
> Maîtrisez complètement votre esprit :
> Tel est l'enseignement du Bouddha.

Il commenta ainsi ce quatrain :

> Notre bonheur dépend de cette maîtrise. Il est essentiel de pacifier nos états mentaux afflictifs. Comme antidote à la haine, appliquons la bonté. Pour vaincre l'attachement, méditons sur les aspects déplaisants des objets de désir. Brisons l'orgueil en cultivant l'humilité et en analysant le caractère illusoire de l'ego. Dissipons l'ignorance en méditant sur les liens d'interdépendance.

Parfois, le Dalaï-lama illustrait son propos d'anecdotes ou remarquait quelque chose d'insolite dans la foule et éclatait d'un rire spontané et sonore. Il nous raconta notamment cette histoire :

> Un officiel tibétain avait un perroquet qu'il aimait beaucoup. Il lui donnait à manger à la main, puis lui caressait la tête. Le perroquet semblait apprécier ces caresses au plus haut point. Mais quand je l'approchais, il essayait toujours de me mordre. J'ai fini par être jaloux. Je me suis dit : « Je suis le Dalaï-lama. Pourquoi ce perroquet me traite-t-il si mal ? » Le perroquet n'avait évidemment aucune idée de tout cela. Ensuite, pendant quelques jours, j'essayai de l'amadouer en lui donnant des noisettes. Le perroquet les prenait, mais l'instant d'après, il redevenait tout aussi agressif. Alors, je perdis mon sang-froid. Avec une brindille, je lui donnai une tape sur le bec. Après cela, c'en fut fini de la possibilité de notre amitié !

Ces anecdotes si chères au Dalaï-lama lui permettent de nous rappeler qu'il est un être humain comme un autre. Il aime à dire qu'il nous parle « d'être humain à être humain », et non pas du point de vue d'une personne éminente et prédominante. Sa sensibilité est si grande et vive qu'il passe en un instant du rire aux larmes. Ainsi, lorsqu'il récita ces vers de Shantidéva :

> Puissé-je être le protecteur des abandonnés,
> Le guide de ceux qui cheminent et,
> Pour ceux qui désirent l'autre rive,
> Être la barque, la chaussée, le pont ;
> Être la lampe de ceux qui ont besoin de lampe.
>
> De même que la terre et les autres éléments
> Servent aux multiples usages des êtres innombrables répandus
>   dans l'espace infini,
> Ainsi, puissé-je être de toutes les façons utiles aux êtres qui
>   occupent l'espace,
> Aussi longtemps que tous ne seront pas délivrés.

Il resta silencieux quelques instants, le visage discrètement baissé, pour éviter de faire étalage de l'émotion qui l'étreignait, puis il reprit son discours. À la fin de chaque session d'enseignement, il concluait par ce vœu de Shantidéva :

> Tant que durera l'espace,
> Tant qu'il y aura des êtres,
> Puissé-je moi aussi demeurer
> Afin de soulager la souffrance du monde.

Avant l'aube et jusqu'après le crépuscule, cette promesse présente à l'esprit, des milliers de pèlerins faisaient le tour de l'arbre de la Bodhi et du temple monumental qui le jouxte. Ils murmuraient des mantras, égrenaient leur *mala*, chantaient les paroles du Bouddha, louaient sa sagesse.

Les quatre jours suivants, le Dalaï-lama conféra avec une grande attention et un souci de clarté la grande initiation du *Tantra de la Roue du Temps*, le *Kalachakra*. Il nous guida à l'aide d'explications détaillées et décrivit les visualisations que nous devions concevoir en recevant cette transmission. La Roue du Temps symbolise le « quatrième temps », la vérité ultime, au-delà des notions de passé, présent et futur. Au fil de nombreuses et complexes étapes de cette initiation fondée sur un mandala qui comporte plus de sept cents déités représentatives de divers états mentaux qui sont transmués en sagesse au sein de l'Éveil et de l'activité altruiste des bouddhas, il nous introduisit à la notion de « vision pure », qui est centrale dans le véhicule des tantras. Cette vision consiste à comprendre et à intégrer pleinement par l'expérience le fait que tous les phénomènes sont à l'origine purs au sein de l'union de la vacuité et de ce qui se manifeste. Toute chose apparaît, à l'infini, par le jeu de l'interdépendance, tout en étant dénuée d'existence propre. Ce sont nos constructions mentales qui attribuent aux phénomènes une réalité intrinsèque dont ils sont dépourvus, qui voilent temporairement la nature de vacuité de l'intégralité du réel. Cependant, il expliqua :

> Même si les émotions négatives voilent la nature lumineuse de l'esprit, elles ne la pénètrent pas. La nature fondamentale de l'esprit n'est jamais corrompue. Elle possède la faculté de connaître la totalité des phénomènes, extérieurs ou intérieurs. Rien ne peut altérer cette qualité naturelle, inhérente à la trame même de l'esprit. La possibilité de dissiper les voiles adventices qui l'obscurcissent est présente dès l'origine.

Il mit ainsi l'accent sur le fait que l'ignorance – la croyance en la réalité des choses – est la source du monde conditionné par la souffrance, le samsara :

> Pourtant, si on y réfléchit, aussi puissante soit-elle, l'ignorance n'est jamais qu'une erreur, une perception erronée. Son contraire, la compréhension de la vacuité des phénomènes, repose sur une vérité naturelle dont les preuves sont cohérentes. Faisons l'effort de nous familiariser avec cette compréhension et la connaissance ira en s'épanouissant, tandis que l'ignorance perdra de sa puissance. Dans ce combat inégal, les concepts erronés, antinomiques à la connaissance, sont condamnés à perdre.

Vers la fin de cette initiation, le maître confère à celui qu'il considère comme son principal héritier spirituel dans l'assistance le titre de « Détenteur des enseignements », au cours d'un rituel qui ressemble à une intronisation. Le lama élu se tient debout, sous un dais de soieries multicolores, devant le trône du Dalaï-lama, qui lui remet les emblèmes symboliques de cette royauté spirituelle, parmi lesquels une roue qui représente la mise en mouvement de la roue du Dharma. C'est Khyentsé Rinpoché que le Dalaï-lama désigna à cette occasion, en présence de tous les patriarches du bouddhisme tibétain. Ce fut pour nous un moment particulièrement émouvant.

Le dernier jour, une cérémonie d'offrandes et de remerciements élaborée fut célébrée en l'honneur du Dalaï-lama. À cette occasion, les moines récitèrent pendant une heure le rituel de l'Offrande aux maîtres de la lignée spirituelle, ou Lama Chöpa. Rompant avec les habitudes ancestrales, le Dalaï-lama demanda à un moine occidental, qui avait longtemps vécu dans un monastère tibétain en Inde et maîtrisait parfaitement ce rituel, de faire office de maître de chant, c'est-à-dire de diriger la liturgie qui se répandait sur l'immense foule à travers les haut-parleurs. Le Dalaï-lama glissa une petite plaisanterie en annonçant que c'était le jour des *inji gosèr*, littéralement les « étrangers à tête blonde ». « Tête blonde » est une épithète familièrement utilisée par les Tibétains pour désigner les étrangers, cette teinte de cheveux leur étant totalement inconnue.

Après les chants, le Dalaï-lama conclut ces onze jours d'enseignements par ce conseil :

> Dorénavant, embrassons l'idéal des bodhisattvas, soyons de bons êtres humains. Il ne sert à rien de bien nous tenir sous cette tente si nous nous disputons dès que nous en sortons ! Notre avenir dépend de notre bon cœur et de la pureté de notre esprit. Moi-même, je fais de mon mieux. Faites-en autant. Si nous sommes foncièrement bons, nous serons heureux, tout ira bien. Nos qualités représenteront peu à peu un exemple pour les autres. Ce devenir est entre nos mains.
>
> Je vous remercie de m'avoir écouté avec une grande attention. En toute occasion, je m'efforce d'engendrer la pensée de l'Éveil. Telle est ma pratique et j'encourage toujours les autres à s'y consacrer. Je la conçois comme une pratique dépourvue de tout danger, une source de grands bienfaits et de puissantes bénédictions.

Les deux cent mille fidèles se séparèrent sur des paroles chaleureuses et des vœux de bienveillance. Puis, comme un nuage d'étourneaux prenant son envol, ils se dispersèrent dans toutes les directions, certains pour entreprendre un périlleux retour au Tibet. La foule disparut aussi soudainement qu'elle s'était formée. Le lendemain, ce lieu bourdonnant d'activité encore quelques heures plus tôt, empli ces derniers jours de la présence du Dalaï-lama, n'était plus qu'un grand champ vide, parsemé de quelques coussins et sacs de jute oubliés ou abandonnés. Deux cent mille personnes étaient venues, avaient séjourné puis étaient reparties. Je me remémorai ces vers de Shabkar :

> À voir des milliers de visiteurs
> Qui se séparent et se dispersent,
> Je songe qu'en vérité cette séparation
> Illustre l'impermanence des phénomènes.
> Comme les nuages d'automne, la vie est éphémère.
>
> Parents, proches, sont comme des passants sur la place du marché.
> Telle la goutte de rosée à l'extrémité d'une tige,
> Telle une bulle à la surface de l'eau.
> La vie est fragile et transitoire.
> Les affaires du monde sont bien futiles !
>
> Seul compte le chemin spirituel.
> La chance de s'y consacrer
> N'apparaît qu'une fois : maintenant[2].

CHAPITRE 30

Deuxième voyage au Tibet oriental

En 1988, Dilgo Khyentsé Rinpoché retourne à nouveau dans son pays natal. Découverte du monastère de Dzongsar où vécut l'un de ses principaux maîtres. Visite des grottes et ermitages où Dilgo Khyentsé Rinpoché demeura de longues années en retraite.

En mai 1988, Khyentsé Rinpoché souhaita effectuer une nouvelle visite au Tibet oriental. Fort du succès du premier séjour qui s'était déroulé sans encombre à la plus grande satisfaction des populations et des autorités locales, le gouvernement bhoutanais demanda cette fois à son homologue chinois la simple permission pour Khyentsé Rinpoché et son entourage de revenir au Tibet oriental, en visite privée et non en tant que délégation officielle bhoutanaise. Outre son souhait de résider un certain temps dans son pays natal, Khyentsé Rinpoché désirait aussi profiter de ce voyage pour emmener avec lui deux jeunes lamas incarnés et leur permettre de visiter les lieux où avaient vécu leurs prédécesseurs. Le premier de ces tulkous, Jamyang Dzongsar Khyentsé, avait été reconnu comme l'incarnation de Dzongsar Khyentsé Chökyi Lodrö, l'un des sages et érudits les plus respectés du Tibet qui fut également l'un des deux principaux maîtres spirituels de Dilgo Khyentsé Rinpoché. Le second, Namkhai Nyingpo Rinpoché, espérait, quant à lui, visiter le monastère de ses prédécesseurs dans la province de Lodrak, au Tibet méridional. Le petit-fils de Khyentsé Rinpoché, Shéchèn Rabjam Rinpoché, accompagnait comme toujours son grand-père et maître spirituel.

Ces jeunes lamas étaient parfois fort facétieux et j'étais plus qu'à mon tour la victime indulgente de leur créativité en ce domaine. Lors du vol qui nous menait de Hong Kong à Chengdu, je me trouvais assis à côté de Dilgo Khyentsé Rinpoché. J'essayais de me faire tout petit sur mon siège pour laisser le plus de place possible à son corps de grande stature. Soudain, je ressentis une brûlante démangeaison dans le cou et le dos. Alors que je commençai à me trémousser, coincé entre Rinpoché qui regardait par le hublot en récitant ses prières et un moine endormi à ma gauche, j'entendis fuser des rires à moitié étouffés venant des jeunes Rinpochés assis derrière nous : Dzongsar Khyentsé Rinpoché avait eu l'excellente idée de me verser dans le cou un sachet entier de poil à gratter. En raison de la quantité massive dont j'avais bénéficié, le poil à gratter engendrait une sensation de brûlure comparable à celle du poivre sur une peau irritée, sensation qui éclipsait largement la banale démangeaison qui donne son nom à cette farce et attrape.

Comprenant ce qui s'était passé, je leur lançai un vigoureux «Vous trouvez ça drôle ?», qui n'eut d'autre effet que de confirmer l'efficacité de la poudre et de déclencher un fou rire qui revint en vagues fréquentes jusqu'à l'atterrissage, une heure plus tard. J'eus au moins la consolation d'avoir égayé ceux qui sont devenus à leur tour mes maîtres spirituels, puisque trente ans plus tard, Dzongsar Khyentsé Rinpoché raconte encore cette anecdote avec la même jubilation.

CR

Les autorités organisèrent une rencontre entre Khyentsé Rinpoché et le Panchen-lama[1], qui vivait à Pékin. Le Panchen-lama représente la seconde plus haute autorité spirituelle du Tibet, immédiatement après le Dalaï-lama. Khyentsé Rinpoché, Rabjam Rinpoché, Tulkou Péma Wangyal, Dasho Késang Dorjé, un officier de l'armée bhoutanaise dépêché par le roi du Bhoutan pour veiller sur notre maître (celui-ci devint d'ailleurs un proche disciple de Khyentsé Rinpoché, un ami et un excellent pratiquant), et notre cher Karma Namgyal, l'ancien chef de la police de Dergué, firent un aller-retour Chengdu-Pékin en trois jours.

Je n'étais pas du voyage, mais Rabjam Rinpoché me raconta que deux rencontres eurent lieu. La première fut informelle et Khyentsé Rinpoché en profita pour demander au Panchen-lama d'établir entre eux un lien spirituel en lui transmettant un texte sur Manjoushri, le bouddha de la connaissance. Ils conversèrent intimement et le Panchen-lama fit même une plaisanterie sur le temps respectif que le Bouddha Shakyamouni et lui-même avait vécu en ascèse : le Bouddha était resté six ans au bord de la rivière Nairanjana, contre quatorze pour lui. Il faisait allusion à mots couverts aux dures années qu'il avait passées dans les prisons chinoises puis en résidence surveillée. Au cours de son incarcération, il écrivait chaque jour une lettre aux autorités pour dénoncer les dévastations qu'elles avaient infligées au Tibet et leur demander de traiter les Tibétains avec respect.

Le lendemain, un banquet officiel fut donné en l'honneur de Khyentsé Rinpoché par le Panchen-lama. Six mois plus tard, en janvier 1989, il décédait d'une crise cardiaque dans son monastère de Tashilhunpo, à Shigatsé au Tibet, à l'âge de cinquante ans. Même si aucune preuve formelle ne fut apportée, nombre de Tibétains pensent qu'il a été empoisonné pour avoir prononcé, trois jours auparavant, un discours dans lequel il critiquait sans détours la politique chinoise, affirmant sa loyauté envers le Dalaï-lama ; une prise de position plus que susceptible d'irriter le gouvernement chinois[2].

L'incarnation du Panchen-lama fut reconnue au Tibet par un lama de son monastère, Chatral Rinpoché, et entérinée par le Dalaï-lama en 1995. L'enfant, âgé de six ans, fut immédiatement enlevé avec sa famille par les autorités chinoises, emmené à Pékin, puis séquestré dans un lieu inconnu. Le plus jeune prisonnier politique au monde n'a pas été vu depuis et personne ne sait où il se trouve.

En dépit des nombreuses demandes du Comité des droits de l'enfant des Nations unies, de divers organismes de défense des droits de l'homme et de personnalités politiques, le gouvernement chinois se contente de répondre que le Panchen-lama se porte bien et reçoit une « bonne » éducation (on peut le craindre !), mais que « pour sa sécurité », il est inapproprié de lui rendre visite. S'il est encore en vie, il a plus de trente ans aujourd'hui.

ॐ

Pendant que Khyentsé Rinpoché se trouvait à Pékin, avec les autres membres de son entourage, je me rendis au mont Emei, à quelques heures de voiture de Chengdu. Comme lors du premier voyage au Tibet, nous montâmes au sommet de cette montagne sacrée, à près de 3 000 mètres d'altitude. En 1988 s'élevaient quelques temples bouddhistes chinois, dont l'un avait abrité deux statues très vénérées du bodhisattva Samantabhadra. L'une, de style tibétain, était jadis tournée vers le Tibet ; l'autre, de style chinois, était orientée vers la Chine. Aucune des deux ne survécut à la Révolution culturelle. Les levers de soleil au sommet du mont Emei, qui émerge souvent d'un océan de nuages pour offrir une spectaculaire vue à 360°, constituent une expérience unique. Si l'on se tient à un certain endroit le dos au soleil, il arrive que notre ombre projetée sur les nuages s'entoure d'un halo d'arc-en-ciel parfaitement circulaire que les pèlerins appellent « le halo du Bouddha ». Nous avions fait l'ascension en autocar par une petite route, mais nous décidâmes de redescendre à pied par le chemin qu'empruntaient les pèlerins d'antan. Une véritable aventure ! Ce chemin comporte cinquante mille marches espacées les unes des autres d'environ soixante-quinze centimètres. Arrivés en bas de la montagne, après une interminable marche de neuf heures, nous étions à peine capables de poser un pied devant l'autre. Pendant plusieurs jours, mes jambes percluses de courbatures refusèrent de descendre la moindre marche de face, il me fallait affronter chaque descente de biais.

À son retour de Pékin, Khyentsé Rinpoché et son entourage au complet prirent la route du Kham vers le monastère de Shéchèn où, comme lors du premier voyage, une réception grandiose les attendait. Khyentsé Rinpoché conféra des enseignements pendant une semaine, en alternance avec les jeunes lamas qui furent eux aussi très sollicités par les disciples venus de tous les monastères de la province.

Au Tibet oriental, la notion de « vie privée » ne fait guère partie du vocabulaire, surtout pour les maîtres spirituels qui reçoivent d'innombrables visiteurs aux attentes diverses – enseignements, conseils spirituels, bénédictions… Lors de visites de courte durée, comme celle-ci, cela peut provoquer une certaine cohue dans leur chambre, où une dizaine de personnes peuvent se presser à tout moment, en dehors des événements publics de la journée. Pour jouir de quelques instants de tranquillité en fin de journée et en début de matinée, les jeunes lamas décidèrent d'aller camper dans une prairie située à dix minutes à pied au-dessus du monastère. C'était sans compter sur l'opiniâtreté des Tibétains. La plupart des tentes traditionnelles n'ont pas de tapis de sol, ce qui laisse donc un espace ouvert à leur base. Lorsque Dzongsar Khyentsé Rinpoché se réveilla au petit matin et s'assit dans son sac de couchage, il découvrit une quinzaine de paires d'yeux qui l'observaient attentivement : ils appartenaient aux curieux qui, couchés dans l'herbe, avaient passé la tête sous le rebord de la tente afin de ne pas perdre une minute du spectacle. Dzongsar Khyentsé Rinpoché, à qui l'on venait d'apporter une écuelle d'eau pour faire sa toilette, sortit cérémonieusement une bombe à raser – un produit alors inconnu au Tibet – et en quelques secondes se couvrit le visage de mousse blanche. Un « Oh… » de stupéfaction parcourut l'assistance. Il est bien difficile d'échapper au zèle des Khampas.

☙

La semaine suivante, Khyentsé Rinpoché retourna dans sa vallée natale, à Denkhok, sur les berges du Drichou. Il n'y avait toujours pas de route carrossable pour se rendre à Sakar, le village où il était né, situé en Région autonome du Tibet de l'autre côté du Drichou. Les arrangements officiels concernant le voyage de Khyentsé Rinpoché au Tibet oriental ne prévoyaient toujours pas qu'il traverse cette frontière. Il ne put donc pas, cette fois non plus, se rendre dans son village natal. Toutefois, les autorités firent une exception pour quelques membres de son entourage. C'est ainsi que Rabjam Rinpoché, Tulkou Péma Wangyal, deux moines et moi-même fûmes autorisés à traverser le fleuve. Autrefois, des barques rudimentaires conduisaient sur l'autre rive. À présent, un pont enjambait la rivière ; il fallut ensuite marcher deux heures et passer un petit col qui redescendait sur Sakar, une verdoyante vallée en forme de fleur de lotus. À 3 200 mètres d'altitude, on cultive encore la terre. À la lisière des champs d'orge et de blé, une cinquantaine de maisons autour des ruines d'un petit monastère formaient le paisible village où Khyentsé Rinpoché avait passé son enfance. C'est là qu'à l'âge de treize ans il s'était résolu à délaisser le confort de la demeure familiale pour la simplicité austère des grottes et des ermitages de la région.

Alors que Rabjam Rinpoché et quelques autres personnes qui nous accompagnaient avaient fait le trajet (environ huit kilomètres au total) à cheval, Tulkou Péma Wangyal et moi-même avions insisté pour le faire à pied. Il fallait marcher si vite pour suivre les chevaux qu'en fin de parcours j'étais sur le point de m'effondrer. Mais à peine étions-nous arrivés que Tulkou Péma Wangyal, qui semblait mû par une énergie inépuisable, me secoua pour me sortir de ma torpeur : il souhaitait entamer sans plus attendre l'ascension vers l'ermitage de Gothi, au sommet d'une colline qui domine d'un côté la vallée de Sakar et de l'autre celle où s'écoulent les eaux nacrées du Drichou. C'est là, dans un petit temple-ermitage au milieu d'une prairie que le grand érudit et ermite Mipham Rinpoché passa les dernières années de sa vie et bénit Khyentsé Rinpoché dès sa naissance.

Le lendemain matin, à l'aube, Jamyang Lodrö, un villageois qui, dans sa jeunesse, apportait parfois des provisions à Khyentsé

Rinpoché, nous servit de guide pour notre pèlerinage vers les lieux de retraite de notre maître. Au milieu d'une forêt dense, nous remontâmes le cours d'une rivière que nous dûmes franchir à plusieurs reprises et non sans périls : les « ponts » n'étaient faits que de quelques troncs d'arbres – parfois un seul ! – jetés en travers de son cours. Nous arrivâmes à Karpo Nang, le « Bosquet Blanc », où Khyentsé Rinpoché s'était construit un petit ermitage en bois où sa mère lui rendait visite une fois par mois. Durant ses retraites, il restait assis à l'intérieur d'une « caisse de méditation » en sapin, d'environ un mètre vingt de côté pour une cinquantaine de centimètres de haut, dans laquelle il méditait le jour et dormait la nuit, assis sur un coussin plat, enveloppé dans une cape de laine, adossé au fond de la caisse. Certains pratiquants effectuent ainsi de longues retraites pendant lesquelles ils méditent mangent et dorment dans ces caisses afin de maintenir la continuité de leur pratique et d'entrer dans un état de présence éveillée à l'instant même où ils sortent de leur sommeil. L'intérieur de l'ermitage lui-même, également construit en bois, mesurait environ deux mètres cinquante au carré. Khyentsé Rinpoché voyait souvent les loups de son unique petite fenêtre ; ils venaient même parfois se frotter contre les coins de son ermitage. Les environs regorgeaient aussi de cerfs, de *bharals*, grands moutons bleus de l'Himalaya et, de temps à autre, il était même possible d'apercevoir des léopards. Khyentsé Rinpoché aimait donner à manger aux oiseaux sauvages, dont certains se laissaient apprivoiser au point de se poser sur lui. L'un d'eux reçut le nom de Tsultrim Gyatso, « Océan de Discipline ».

Je m'imprégnai de l'atmosphère paisible des lieux, que rien ne venait perturber, un cadre idéal pour laisser s'écouler le flot de la pratique spirituelle. Je visualisai mon précieux maître Khyentsé Rinpoché en retraite, mêlai mon esprit au sien et m'ouvris à ses bénédictions.

Au cœur d'une sombre forêt, à une heure de marche du Bosquet Blanc, la grotte où médita, au XIIe siècle, le maître indien Padampa Sangyé s'ouvrait dans un pan de roche. Khyentsé Rinpoché, qui y vécut en retraite, décrivit ainsi ce lieu :

> Ma grotte avait une échelle, mais pas de porte, et des oursons venaient souvent grogner en contrebas. Mais ils ne pouvaient pas monter. Dehors, la forêt était peuplée de renards, de martres,

d'ours et de toutes sortes d'oiseaux. Des léopards vivaient aux alentours. Un jour, ils attrapèrent un petit chien qui me tenait compagnie. Au printemps, un coucou me servait de réveil. Dès que je l'entendais, vers trois heures du matin, je me levais et commençais une séance de méditation. À cinq heures, je ravivais les braises de la veille qui étaient encore chaudes, et préparais du thé dans mon unique casserole, sans quitter mon caisson de méditation, en me penchant simplement par-dessus le montant de bois. J'avais beaucoup de livres. La grotte était spacieuse – assez haute pour que je puisse me tenir debout. Fraîche en été, elle gardait un peu de chaleur en hiver. Mon frère aîné, Shédroup, habitait dans une cabane voisine avec deux moines qui préparaient la nourriture de midi.

Non loin de là, au fond d'un vallon que traversait un torrent, percée dans une falaise et s'ouvrant sur une petite plateforme rocheuse accessible par un chemin escarpé, on découvrait la grotte de Tsamkhang Trak, où Khyentsé Rinpoché resta sept ans d'affilée. Son épouse, Khandro Lhamo, et leur première fille, Chimé Wangmo, qui naquit à cet endroit, vivaient alors dans une cabane en rondins en bas de la falaise, ainsi que quelques autres pratiquants, et lui rendaient visite de temps à autre. Dans la tranquillité de ce havre propre à la contemplation, Khyentsé Rinpoché composa nombre de poèmes, d'instructions spirituelles, de prières et de chants de réalisation. Il y rédigea près d'un millier de pages, qui furent, hélas, perdues lorsqu'il dût fuir le Tibet.

༄༅

Khyentsé Rinpoché passa également au moins un hiver seul dans une grotte, coupée du reste du monde, à plus de 4 500 mètres d'altitude. Celle-ci s'ouvre dans la paroi de l'impressionnante montagne rocheuse de Bhala qui domine la vallée de Sakar. Il y accédait durant l'été, avec quelques aides qui portaient les provisions et le combustible (des bouses de yak séchées) nécessaires pour plusieurs mois de séjour. À la fin de l'automne ou pendant l'hiver, une fois la neige tombée, plus personne ne pouvait y accéder ni en descendre jusqu'au printemps.

Quelques années plus tard, en 2003, je pus m'y rendre en compagnie de deux moines et de Raphaële, disciple de longue date de Khyentsé Rinpoché et amie proche qui s'occupe avec moi des projets humanitaires de Karuna-Shechen au Tibet. Après plusieurs heures de chevauchée à travers des prairies couvertes de fleurs et quelques arrêts pour boire une tasse de thé ou un bol de délicieux yaourt dans une tente de nomades, nous dûmes gravir à pied, une heure durant, une pente escarpée recouverte de débris de roches qui se dérobaient sous nos pas. À bout de souffle, nous débouchâmes enfin au bord d'une corniche rocheuse au fond de laquelle s'ouvrait une grotte de six à sept mètres de profondeur pour trois mètres de haut. À part quelques pierres assemblées en forme de foyer, sur lesquelles Khyentsé Rinpoché avait peut-être fait bouillir son thé soixante-dix ans auparavant, rien n'indiquait que la grotte avait été habitée. Aucun mur ne protégeait l'entrée et le fait qu'un ermite ait pu y passer plusieurs hivers, par des températures avoisinant parfois les – 30 degrés, défie l'imagination. À cette époque, Khyentsé Rinpoché avait-il fermé l'entrée avec un muret de pierre ?

La grotte donnait sur un paysage immense : la vue embrassait la petite vallée de Sakar, en bas à gauche, et au-delà d'un petit col, le majestueux fleuve Yangtsé traversait la vallée de Denkhok. Au loin s'échelonnaient des chaînes de montagnes et les sommets enneigés de Tro Sitrön qui culminent à près de 6 000 mètres. Devant cette perspective grandiose, l'esprit se mêlait sans peine à l'immensité du paysage et s'accordait à la profondeur du silence en intime harmonie avec les altières falaises dominant la vallée, un silence parfois émaillé de l'appel rauque d'un grand corbeau ou des cris aigus d'un couple d'aigles planant dans l'azur.

Nous restâmes ainsi à méditer un moment, évoquant avec dévotion la mémoire de Khyentsé Rinpoché. Puis, nous redescendîmes, croisant des nomades affairés à rassembler les yaks de leurs troupeaux pour la traite du soir. Nous rentrâmes à Sakar fourbus, mais nourris de précieux souvenirs qui restent très présents en nos cœurs.

༄༅

Pour revenir de Sakar à Denkhok, nous décidâmes de traverser le fleuve et de prendre une voiture, au lieu de marcher. Nous embarquâmes à bord d'un radeau constitué de grands troncs de sapins arrimés les uns aux autres. Les deux bateliers ramaient de toutes leurs forces, mais le courant était si puissant que nous dérivions inexorablement. Là-dessus, une tempête de sable se leva, donnant à la traversée un goût d'aventure légèrement inquiétante. Nous récitâmes force mantras et, vingt minutes plus tard, nous débarquâmes sains et saufs sur l'autre rive, plus d'un kilomètre en aval. Une voiture nous ramena à Denkhok.

Après avoir passé une semaine à Denkhok et rencontré tous les fidèles de la vallée qui le souhaitaient, Khyentsé Rinpoché revint à Shéchèn. Pendant un mois, il y conféra des enseignements, participa à des cérémonies et au festival de danses sacrées annuel.

ॐ

Pour ce deuxième voyage, Khyentsé Rinpoché avait fait la demande expresse de pouvoir retourner à Dzongsar, le monastère de son maître Khyentsé Chökyi Lodrö où il avait vécu de nombreuses années. Il attachait d'autant plus d'importance à cette visite qu'il souhaitait que les fidèles de la vallée de Dzongsar puissent rencontrer l'incarnation de Khyentsé Chökyi Lodrö qui voyageait avec lui. C'est à cette fin qu'il avait proposé au jeune lama de l'accompagner. Une telle rencontre constituait un événement majeur pour les habitants de la région.

Il n'existait pas de route carrossable pour s'y rendre et trois jours de marche étaient nécessaires pour arriver à Dzongsar. Les autorités locales s'étaient assurées que le chemin était praticable et avaient vérifié et renforcé les quelque vingt petits ponts que nous allions emprunter pour traverser les torrents parsemant le parcours.

Après une nuit passée à la préfecture de Dergué, les voitures nous déposèrent au pied d'une montagne. Une formidable expédition se préparait. Tout d'abord, il nous fallut toute la matinée pour atteindre le col de Gosé, à près de 5 000 mètres d'altitude. Le nom du col signifie « Cheveux Blancs », car, dit-on, si l'on a les cheveux noirs quand on commence à le gravir, ils sont blancs quand on atteint le sommet ! Khyentsé Rinpoché voyageait sur un palanquin porté par une douzaine de personnes. Le long du chemin, les habitants des villages et des camps de nomades se bousculaient pour prendre la relève tous les quarts d'heure ; porter Khyentsé Rinpoché constituait un grand honneur. Alors que l'ensemble de leur charge dépassait aisément cent soixante-dix kilos, ils marchaient si vite que, même sans aucun bagage, nous autres venus d'Inde avions de la peine à les suivre.

À proximité du sommet, nous atteignîmes une prairie où une petite tente avait été dressée au bord du chemin par des membres d'une branche locale de la famille Dilgo, de Khyentsé Rinpoché. Nous fîmes une halte bienvenue pour nous reposer et nous restaurer. Une vingtaine de membres de la famille, de tous âges, dont seuls les anciens avaient connu Khyentsé Rinpoché, profitèrent quelques instants de sa présence, avant de se séparer sans doute à jamais.

Malgré son âge, presque quatre-vingts ans, et les conditions d'un transport rude et cahotant, Khyentsé Rinpoché ne semblait jamais las du voyage. Il portait une veste de mouton jetée sur ses épaules nues ; comme la plupart du temps, il resta torse nu, même à ces hautes altitudes. Il était heureux de revoir les paysages et les lieux sacrés de son enfance. Au col de Gosé, le groupe fit une halte pour se reposer et jouir du spectacle : un panorama grandiose de collines et montagnes qui s'étageaient à perte de vue dans la lumière bleutée. Les hommes lancèrent de joyeux *Kihi hi! Lha gyélo!* («Que les dieux soient victorieux!»), souhaits que les Tibétains font toujours au passage d'un col.

De l'autre côté, un immense paysage de prairies d'altitude, de falaises rocheuses et de cimes enneigées s'offrit à notre regard. Tout en bas, dans l'une des vallées, on apercevait, à peine visible, la tache brune du monastère de Palpoung. Après avoir descendu pendant deux heures une pente douce, nous avons campé à mi-chemin pour la nuit. Des moines du monastère étaient montés à notre rencontre et avaient érigé plusieurs grandes tentes. Le lendemain matin, alors que nous approchions de Palpoung, un double arc-en-ciel surgit au-dessus des toits du monastère.

❦

Le troisième jour après avoir quitté Palpoung, il nous fallut gravir un nouveau col, moins élevé cette fois. Celui-ci débouchait sur une grande prairie en pente douce. Soudain, nous découvrîmes pas moins d'un millier de cavaliers alignés, vêtus de leurs habits de cérémonie, ayant mis pied à terre, et tenant chacun son cheval par la bride. Ils venaient de la proche vallée de Dzongsar accueillir Dilgo Khyentsé Rinpoché, et plus particulièrement Dzongsar Khyentsé Rinpoché, l'incarnation de leur révéré et très cher Jamyang Khyentsé Chökyi Lodrö.

Précédés de cette longue file de cavaliers, nous descendîmes ensuite vers la vallée, Khyentsé Rinpoché toujours porté sur un palanquin tandis que les plus jeunes lamas montaient des chevaux caparaçonnés de brocart. Partout dans la vallée, les villageois avaient, comme de coutume, allumé des feux sur lesquels ils avaient empilé des branches de genévrier qui envoyaient vers le ciel de longues et blanches volutes d'odorantes fumées.

Lorsque nous parvînmes dans la vallée, toute la population nous attendait. Elle forma une longue procession qui nous précéda sur le chemin en lacets montant jusqu'à l'éminence sur laquelle avait été construit le grand monastère de Dzongsar. Malheureusement, à l'exception de quelques bâtiments, il ne restait que des ruines. Avant sa destruction en 1958, le monastère de Dzongsar était un véritable «village monastique», comportant quelque vingt-trois temples, plus d'une centaine de résidences pour les moines et de nombreux centres de retraite.

Au moment d'entamer la dernière ligne droite qui menait à l'entrée du monastère, tout le monde leva les yeux au ciel : un halo luminescent s'était formé tout autour du soleil, signe que les Tibétains considèrent de très bon augure. Nous longeâmes les ruelles qui traversaient ce vaste ensemble, en grande partie dévasté, pour arriver à l'un des bâtiments qui avait survécu. Il s'agissait de l'ancienne résidence de Jamyang Khyentsé Wangpo, maître qui eut un rayonnement majeur au XIXe siècle et fut de ceux qui préservèrent le bouddhisme tibétain à une époque où la transmission de nombreux enseignements menaçait d'être interrompue. Dilgo Khyentsé Rinpoché et le jeune Dzongsar Khyentsé Rinpoché étaient tous deux considérés comme des incarnations de Jamyang Khyentsé Wangpo ; le premier était celle de l'aspect éveillé de son esprit et le second celle de son aspect corporel. Parfois, un grand maître spirituel se «réincarne» sous la forme humaine de trois personnes, ou tulkou ; chacun exprimant les trois aspects fondamentaux du maître défunt : le corps, la parole et l'esprit.

Nous restâmes un peu moins d'une semaine à Dzongsar. Pendant que Khyentsé Rinpoché conférait des initiations et des enseignements aux moines et à la population, Tulkou Péma Wangyal et quelques-uns d'entre nous partirent presque tous les jours en pèlerinage vers les lieux saints des environs – grottes, ermitages et lacs sacrés – guidés par des moines ou villageois, envoyés par Lodrö Phuntsok, l'une des personnes les plus remarquables de la vallée de Dzongsar. Médecin tibétain réputé, il avait été le fer de lance du renouveau de la vallée de Dzongsar et, quelques années plus tard, dirigea la reconstruction du monastère.

Le lendemain même de notre arrivée, nous nous lançâmes dans une marche d'une douzaine d'heures. Nous gravîmes tout d'abord la pente abrupte située derrière le monastère pour rejoindre les grottes de Kyungtrak, le « Roc du Garouda ». Puis, une heure durant, nous montâmes en zigzaguant une côte hérissée de rochers et de quelques genévriers qui poussent encore au-dessus de 4 000 mètres d'altitude. Apparurent alors les premières fleurs de haute montagne, tel le méconopsis. Les Tibétains l'appellent *gaochoung*, « petit reliquaire », en raison de sa belle fleur jaune qui ressemble à une petite tulipe aux fins pétales qui retombent le long de sa haute tige à la manière d'un reliquaire suspendu. Un couple de grands corbeaux, espèce devenue rarissime en Europe (ils sont deux fois plus grands que le corbeau commun), se posa quelques instants près de nous, puis s'envola dans un concert de croassements graves et sonores qui se répercutèrent sur les falaises. Un gypaète barbu, à la tête d'un orange flamboyant, planait au-dessus de nous.

Parvenus à un col marquant le point culminant de notre ascension, nous embrassions du regard dans toutes les directions des massifs montagneux dont les plus lointains sommets se fondaient dans l'azur du ciel. Nous traversâmes ensuite longitudinalement des éboulis où des rochers de toutes tailles, empilés pêle-mêle, alternaient avec des coulées luisantes de débris d'ardoise qui se dérobaient sous nos pieds, menaçant de nous précipiter en contrebas. Ici et là émergeaient d'étranges plantes grasses aux fleurs violettes et aux feuilles velues, des plaques de mousse émeraude constellées de minuscules fleurs blanches et quelques plantes médicinales rares. À près de 5 000 mètres d'altitude, nos pas devenaient plus hésitants et notre souffle plus court. Au terme de près d'une heure de cette traversée périlleuse, nous parvînmes enfin à l'entrée du cirque au creux duquel repose le « Lac de Turquoise où Rugit la Lionne des Neiges », Seng-nur Yutso.

Ce lac est, dit-on, la demeure d'un génie *naga,* mi-homme mi-serpent, qui serait apparu plusieurs fois à sa surface lors de visites de grands maîtres du passé. Par temps ensoleillé, les eaux prennent une couleur bleu turquoise qui vire au vert pâle voire au noir si le ciel se couvre. Le cirque est formé d'arêtes déchiquetées dont les éboulis dévalent vers le lac. Au sud-est, un barrage de rochers bordés de petites prairies retient les eaux dont le trop-plein s'écoule vers la vallée. Un chemin permet aux pèlerins de faire le tour du lac en récitant prières et mantras.

Au fond du cirque, sur un replat surplombant le lac d'une vingtaine de mètres, s'élèvent trois minuscules ermitages construits de grandes pierres plates. Leur intérieur est si exigu qu'une seule personne peut juste s'y tenir assise. De nombreux sages ont fait des retraites dans ces hauts lieux sacrés, dont Jamyang Khyentsé Wangpo. Avant de partir, Lodrö Phuntsok nous avait relaté un prodige survenu en ce lieu : en novembre 1866, Jamyang Khyentsé Wangpo se rendit au bord de ce lac en compagnie d'un autre maître visionnaire, Chogyour Lingpa, du roi de Dergué et d'une centaine de fidèles. La surface du lac était gelée, excepté en son centre où la glace s'ouvrait comme une fenêtre au bord de laquelle ils firent cercle. C'est là que le *naga*, le génie du lac, offrit à Chogyour Lingpa un reliquaire en or contenant de précieux enseignements issus de Padmasambhava.

Quelques pèlerins s'étaient rassemblés sur le terre-plein à l'entrée du lac pour procéder à une offrande d'encens. Lors d'une telle offrande, ils visualisent dans la fumée de genévrier des fleurs, des joyaux, de la nourriture et des parfums présentés aux bouddhas et aux génies du lieu en priant afin que les êtres, dans leur infinité, soient délivrés de la souffrance et connaissent paix et prospérité.

Mais nous ne pouvions pas nous attarder. Nous descendîmes dans une longue vallée qui nous mena une heure plus tard à l'ermitage de Karmo Taktsang, la « Blanche Tanière du Tigre ». Cet ermitage consiste en un temple entouré d'une dizaine de cellules suspendues à une petite falaise perdue dans la forêt. C'est ici notamment que le grand sage et érudit Mipham Rinpoché passa treize ans en retraite solitaire. Il y composa de nombreux traités contemplatifs, dont est extrait ce verset :

> Lorsque les vagues de pensées
> N'affectent pas plus la sérénité de l'esprit
> Que les nuages n'altèrent le ciel,
> Telle est alors la « libération des pensées en leur véritable nature ».

Une douzaine de pratiquants y effectuaient une retraite de cinq ans. Dans la plupart des centres de retraite, les principales heures de la journée, le lever, les heures de début et de fin de séances de pratique, et celle du coucher sont indiquées par un moine qui souffle longuement dans une conque – un son doux qui porte au loin. Il en va de même dans notre centre de retraite à Namo Bouddha où j'entends le son de la conque tous les matins vers 4 heures (mais certains retraitants se réveillent d'eux-mêmes encore plus tôt). Parfois, c'est un gong qui est employé. Mais à Karmo Taktsang, un centre de retraite de modeste dimension, c'est l'un des retraitants qui indique l'heure du réveil en chantant, d'une voix tout d'abord douce puis s'élevant graduellement ; c'est l'« appel au maître qui est au loin », qui commence par les mots « *Lama Khyèno !* » (« Maître, vous savez ! »), une invocation demandant au maître spirituel de tourner son esprit et sa compassion vers le disciple. Le moine chante ces deux mots en imitant les tonalités de la frappe du gong : trois coups bien prononcés, puis un certain nombre de coups plus rapides qui vont decrescendo, conclus par trois derniers coups plus fort et espacés. Le moine chante ainsi : « Lama Khyèn… Lama Khyèn… Lama Khyèn… Lama Khyèn, Khyèn, Khyèn, Khyèn, Khyèn, Khyèn… Lama Khyèno ! Lama Khyèno ! Lama Khyèno ! », plaçant ainsi d'emblée le réveil sous le signe de la dévotion au maître.

Deux ou trois moines pratiquaient aussi en ces lieux sans être en retraite fermée pour cinq ans. Ils accueillaient les pèlerins de passage et veillaient aux tâches matérielles du lieu. Ils nous montrèrent notamment un rocher plat sur lequel Mipham Rinpoché s'asseyait volontiers lorsqu'il méditait à l'extérieur de son ermitage ou enseignait à ses disciples. Ils nous offrirent une collation agrémentée de revigorantes tasses de thé au beurre salé bien chaud. Puis, c'est au pas de course que nous parcourûmes la dernière heure de la descente qui nous ramenait à la route principale, afin de rejoindre le monastère avant la nuit. Finalement, partis à l'aube, c'est dans l'obscurité que nous revînmes à Dzongsar, fourbus mais émerveillés par tant de découvertes et riches de bénédictions.

☙

Le lendemain matin, nous reprîmes notre bâton de pèlerin et, traversant des prairies fleuries, nous gravîmes deux heures durant le chemin qui mène à Péma Shelphouk, la « Grotte de Lotus de Cristal », l'un des lieux de pèlerinage les plus vénérés de la vallée de Dzongsar. La grotte, dont la voûte est tapissée de cristaux de roche, s'ouvre dans l'un des deux gros rochers en forme de pain de sucre au milieu d'un cirque verdoyant. C'est ici que, durant l'hiver 1856, les deux maîtres visionnaires Chogyour Lingpa et Jamyang Khyentsé Wangpo révélèrent le trésor spirituel appelé « Les Trois Sections de la Grande Perfection[3] », qui recèle de profonds enseignements sur la manière de reconnaître la nature ultime de l'esprit.

☙

Le troisième jour de nos pérégrinations, nous entreprîmes un pèlerinage plus long, sur quarante-huit heures, qui devait nous mener tout d'abord à Terloung Dilgo, la vallée natale de Jamyang Khyentsé Wangpo, puis à l'impressionnant ensemble de grottes de Dzongshö Déshèk Dupa, où Jamgön Kongtrul rassembla les soixante volumes de l'édition originale du *Trésor des enseignements révélés*, le *Rinchèn Terdzö*. Tulkou Péma Wangyal et moi-même avions l'habitude d'accomplir tous les pèlerinages à pied de sorte que ce soit bien nous, et non le cheval, qui, bon gré mal gré, réalisions ces longs périples. Mais cette fois-ci, on nous avertit que si nous ne chevauchions pas, il serait impossible d'arriver à Dzongshö avant la nuit. Nous partîmes donc en caravane. Cette fois-ci, Dzongsar Khyentsé Rinpoché et Rabjam Rinpoché nous accompagnèrent.

En route, arrivés à Terloung, hameau à proximité d'une petite rivière composé d'une douzaine de maisons en terre battue, nous visitâmes celle, toute simple, où naquit Jamyang Khyentsé Wangpo. La petite chambre qu'il habitait était préservée telle quelle : éclairée par deux petites fenêtres, elle comportait un autel en bois foncé, abritant une statue du Bouddha et quelques livres, ainsi qu'une table-coffre devant une caisse de méditation carrée d'environ un mètre vingt de côté et cinquante centimètres de haut, dans lequel Khyentsé Wangpo se tenait, de jour comme de nuit. La grosse cape doublée de longs poils de laine dans laquelle il s'enveloppait était disposée dans le caisson de telle façon qu'elle évoque une personne assise, rappel évocateur du grand maître qui la porta. Après nous être recueillis quelques instants, nous nous hâtâmes de poursuivre notre route.

Ce ne fut qu'au crépuscule que nous arrivâmes devant cet ensemble impressionnant d'éminences rocheuses dans lesquelles se découpent les grottes de Dzongshö. La grotte où Jamgön Kongtrul avait séjourné était l'une des plus spacieuses, d'environ dix mètres de profondeur et quatre mètres de haut, et aménagée le plus sommairement. On y trouvait un autel, des couches basses pour les deux ou trois moines qui pouvaient y habiter à la fois, un âtre en terre battue situé près de l'une des deux fenêtres qui avaient été aménagées dans le mur de pierre qui fermait l'entrée de la grotte et la protégeait des intempéries. C'est là que Jamgön Kongtrul avait vécu, pratiqué et travaillé avec les érudits qui l'avaient rejoint pour rassembler et mettre en forme tous les textes qui finirent par constituer la collection du *Rinchèn Terdzö*. C'est aussi là que nous fûmes reçus et passâmes la nuit. Les moines ne s'attendaient certainement pas à une visite de Dzongsar Khyentsé Rinpoché et Rabjam Rinpoché et s'affairaient dans tous les sens pour les recevoir le mieux possible et préparer une soupe de pâtes fraîches faites à la main, qui fut fort bien accueillie et des plus revigorantes.

Le lendemain matin, nous fîmes le tour des huit autres grottes du massif de Dzongshö, chacune liée à une déité de sagesse particulière et où, de temps à autre, des ermites viennent accomplir une retraite.

Au retour, à l'approche de Dzongsar, mon cheval se retrouva en territoire connu et se fit la réflexion que plus tôt il serait rentré mieux cela vaudrait pour lui. Il partit ventre à terre sans que, du haut de mes piètres qualités de cavalier débutant, je ne parvienne à ralentir sa course. Tout le monde rit de bon cœur de la mine désemparée que j'arborai sur mon fougueux coursier, tirant vainement sur les rênes tout en appelant à l'aide. L'un des cavaliers khampas qui nous accompagnaient réussit à me rattraper au grand galop, à se saisir de la bride de mon cheval et à le contrôler.

☙

Il fut alors temps de quitter la belle vallée de Dzongsar et de prendre le chemin du retour. Nous redescendîmes vers Chengdu et, de là, nous envolâmes pour Delhi et le Bhoutan où Khyentsé Rinpoché poursuivit son œuvre bienfaitrice.

Ce deuxième voyage au Tibet renforça le sentiment profond d'affinité que je ressens envers le Kham, la partie orientale du Grand Tibet, qui est plus haute et plus verte que les autres régions. Tant de maîtres spirituels y ont enseignés ! Et l'on y découvre tant de lieux éminemment inspirants qui mènent sans détour à l'éveil de l'esprit ! Si le gouvernement relâchait quelque peu son étau et autorisait de plus longs séjours, c'est sans doute là que je m'établirais.

CHAPITRE 31

Deux érudits

En Inde, je sers de guide au grand érudit Khénpo Wanglo dans les lieux saints du bouddhisme et lors de sa rencontre avec le Dalaï-lama. Au Tibet, je deviens proche d'un autre grand érudit, Khénpo Péma Wangyal, qui me fait un remarquable cadeau...

Khénpo Wanglo

Durant l'hiver 1988-1989, Khyentsé Rinpoché retourna faire un séjour à Bodh Gaya pour consacrer un nouveau temple bhoutanais. C'est à cette occasion qu'il me demanda d'escorter un grand érudit venu du Tibet, Khénpo Wanglo[1]. Ma tâche consistait à lui servir de guide sur les principaux lieux saints bouddhistes de l'Inde, mais aussi à l'assister lors d'une rencontre prévue avec Sa Sainteté le Dalaï-lama à Dharamsala.

Lors des deux visites de Khyentsé Rinpoché au Tibet, en 1985 et 1988, un groupe de six éminents érudits âgés, originaires du monastère de Guémang, se rendirent au monastère de Shéchèn à la rencontre de Khyentsé Rinpoché, qu'ils avaient bien connu avant l'invasion du Tibet[2]. Les retrouvailles furent à chaque fois joyeuses. Au cours du deuxième voyage, Khyentsé Rinpoché les invita, s'ils parvenaient à obtenir l'autorisation de voyager hors de Chine, à lui rendre visite au Népal, ce qu'ils réalisèrent au cours de l'hiver 1988. Et parmi eux se trouvait Khénpo Wanglo, un sage et lettré au regard malicieux, au visage taillé à la serpe et au nez proéminent (un trait physionomique peu commun au Tibet) qui décida de rester quelques mois auprès de Khyentsé Rinpoché et de le suivre en Inde et au Bhoutan, ce qui réjouit beaucoup ce dernier.

En compagnie de Khénpo Wanglo et de ses trois moines, nous commençâmes par visiter l'université de Nalanda, située à 50 km de Bodh Gaya. Nalanda fut établie au Ve siècle sous la dynastie Gupta (du IVe au VIe siècle ap. J.-C.). Le complexe érigé en briques rouges était autrefois entièrement décoré de peintures et de sculptures d'un raffinement inégalé dans le monde bouddhiste. Aujourd'hui, ses ruines s'étendent sur quatorze hectares. Deux cent cinquante ans avant l'ère chrétienne, l'empereur Ashoka avait déjà fait construire en ce lieu un immense stoupa à la mémoire de Sharipoutra, l'un des deux plus proches disciples du Bouddha Shakyamouni. Les ruines de ce stoupa sont aujourd'hui le plus imposant vestige de Nalanda. Les plus célèbres érudits bouddhistes de l'Inde (les *panditas*), parmi lesquels Nagarjuna, Aryadéva, Chandrakirti et Shantidéva, y enseignèrent. Au sommet de sa gloire (du VIe au XIe siècle), Nalanda abritait plus de dix mille étudiants et deux mille professeurs. L'université était considérée comme un chef-d'œuvre architectural et comportait huit ensembles de bâtiments et dix temples en plus de nombreuses salles de méditation et d'étude. Elle était entourée de parcs et de lacs. La bibliothèque, appelée Dharma Gunj (Montagne de vérité) ou Dharmaganja (Trésor de vérité), était renommée dans toute l'Asie pour ses centaines de milliers de volumes. On dit que le terrible incendie qui la ravagea, allumé par les envahisseurs musulmans menés par le Turc Bakhtiar Khilji[3] en 1203, dura plusieurs mois.

Le XIVe Dalaï-lama rappelle souvent que le bouddhisme tibétain s'inscrit dans la continuité directe de la tradition de Nalanda et que ses grands lettrés actuels sont les gardiens de la tradition vivante de Nalanda. Il était émouvant de voir Khénpo Wanglo, cet éminent érudit du XXe siècle, assis sur les ruines de ce qui fut le haut lieu de la philosophie bouddhiste et l'une des premières universités du monde.

De retour à Bodh Gaya, nous visitâmes le cimetière de Silwai Tsél, «Le Frais Bocage», l'un des lieux où Padmasambhava et d'autres grands êtres réalisés aimaient tout particulièrement méditer jadis. Après avoir traversé la rivière Nairanjana, nous marchâmes encore quelques kilomètres dans une plaine sablonneuse. Tout comme Khyentsé Rinpoché, Khénpo Wanglo devait s'appuyer sur les épaules de deux de ses moines; son grand âge lui rendait difficiles les déplacements sur de grandes distances. Arrivé au cimetière où s'élevait un stoupa, il fit quelques prières, puis entama la pratique du *chö* (littéralement «trancher»), qui a pour but de trancher à sa racine l'attachement à notre corps, à notre ego et à la réalité en général. À cette fin, les pratiquants visualisent que leur corps est découpé en morceaux par une dakini céleste puis transformé en ambroisie qu'ils offrent à tous les bouddhas, à tous les êtres, aux protecteurs de l'Enseignement (le Dharma) et à tous ceux auprès desquels ils ont contracté des dettes karmiques. Les yogis qui effectuent ce rituel dans des cimetières ou d'autres lieux reculés chantent une mélodie particulièrement envoûtante en s'accompagnant d'un tambour. Dans certaines traditions, le méditant finit même par se lever et se mettre à danser. Parvenu à ce point du rituel, Khénpo Wanglo se mua en un vigoureux jeune homme et exécuta cette danse en tournant autour du stoupa, exécutant à intervalles réguliers de grands bonds tout en frappant son tambour. Une cinquantaine d'enfants du village s'étaient rassemblés et profitaient de ce spectacle inhabituel, riant de bon cœur. À la fin de la série de sauts, l'exécutant émet trois cris puissants (*Phêt!*), qui résonnent comme des coups de tonnerre. Lorsque Khénpo les proféra de toutes ses forces, les enfants, terrifiés, s'éparpillèrent comme des moineaux et repartirent en courant vers leur village.

☙

Khénpo Wanglo avait entendu dire qu'en Inde on attrapait toutes sortes de maladies. Il avait donc décidé que, pendant tout son séjour, il ne consommerait que la nourriture qu'il avait apportée du Tibet : un grand sac de *tsampa* (farine d'orge grillée), de la poudre de fromage séché et du beurre à moitié rance. Tel fut son régime pendant la durée de notre pèlerinage. En revanche, c'était plus compliqué pour ce qui concernait les boissons. Lorsque nous prîmes le train de Gaya à Delhi, près de quinze heures de voyage, Khénpo demanda de l'eau chaude. Le thermos que nous avions rempli à quatre heures du matin avant de monter dans le train était maintenant vide. J'expliquai à Khénpo que nous pouvions commander du thé aux marchands ambulants qui passaient dans les wagons, mais qu'ils n'avaient malheureusement pas d'eau chaude, leurs grandes bouilloires en aluminium étant déjà remplies de thé au lait sucré lorsqu'ils montaient dans les compartiments. Au bout d'une heure ou deux, Khénpo accepta finalement de prendre une tasse de thé. Comme c'est souvent le cas dans les trains indiens, elle lui fut servie dans une petite coupelle en terre séchée au soleil. C'est là une coutume très hygiénique, car ces coupelles ne servent qu'une fois : après avoir bu le thé, on les jette par la fenêtre où elles se brisent sur le ballast, retrouvant au fil des saisons leur condition première. Khénpo ne connaissait pas cette coutume et, après avoir bu son thé, il tînt à conserver précieusement la petite tasse en argile. Les passagers indiens qui partageaient notre compartiment de troisième classe ouvert sur le couloir lui firent comprendre par gestes qu'il pouvait la jeter par la fenêtre. Khénpo sourit, pensant que les gens d'ici avaient d'étranges habitudes, puis il me confia sa coupelle pour que je la jette. Une heure plus tard, un autre marchand de thé passa et Khénpo, qui commençait à prendre goût au thé indien, en demanda une autre tasse. Cette fois-ci le thé fut servi dans une vraie tasse avec une soucoupe. Après l'avoir vidée, Khénpo s'apprêtait à jeter la tasse par la fenêtre. Les Indiens levèrent les bras au ciel en s'écriant : « Non, non, on ne jette pas ces tasses-là ! » Khénpo sourit de nouveau et me la rendit. « Ces Indiens ne savent pas ce qu'ils veulent », semblait-il penser.

Un peu plus tard, Khénpo sortit son grand bol en bois, celui qu'il utilisait quotidiennement pour sa nourriture, le remplit de poudre de tsampa et y ajouta une motte de beurre. Puis, en attendant que nous trouvions du thé chaud pour le mélanger à la tsampa, il posa son coude sur le rebord de la fenêtre ouverte. La main dans laquelle il tenait le bol dépassait à l'extérieur. Nous ne tardâmes pas à entendre des cris provenant des compartiments situés derrière nous : le vent produit par la vitesse du train avait déjà vidé la moitié du bol de son contenu, qui était allé saupoudrer les passagers en aval par les fenêtres ouvertes !

~ ~

Nous arrivâmes enfin à Dharamsala chargés d'une lettre de Khyentsé Rinpoché adressée au Dalaï-lama lui présentant Khénpo Wanglo et lui demandant de le recevoir en audience. Le Dalaï-lama fut ravi de rencontrer ce grand érudit et passa presque une heure avec lui. Il lui posa de nombreuses questions sur la situation au Tibet et sur les traditions du monastère de Guémang et le questionna notamment sur l'une des traditions propres à ce monastère et qui consistait, dix jours durant, à enseigner le tantra de Guhyagarbha sur la base du commentaire de six cents pages écrit par Gyalwa Longchènpa, que l'enseignant devait réciter par cœur, tout en l'expliquant. Le Dalaï-lama fut un peu surpris d'apprendre que les érudits de Guémang mémorisent le commentaire, mais pas le texte racine[4] du tantra qui fait une cinquantaine de pages. En effet, dans tous les autres collèges philosophiques, ce sont toujours les textes racines que les élèves apprennent par cœur, avant que les maîtres d'études leur fournissent des explications fondées sur les commentaires.

Si le Dalaï-lama comprenait bien tout ce que Khénpo Wanglo disait, en dépit des particularités du dialecte de Dzachouka qu'il parlait, Khénpo, lui, ne saisissait pas toujours correctement les paroles du Dalaï-lama, qui s'exprimait dans la plus exemplaire et canonique langue de Lhassa. Parfois, il se tournait vers moi pour que je l'éclaire sur le sens de ses paroles. Je me trouvais ainsi dans la situation cocasse d'un moine français qui devait servir d'interprète entre deux des plus grands érudits du Tibet, dans leur propre langue !

Un autre problème de langue survint une fois entre Khyentsé Rinpoché et Khénpo Wanglo; tous les deux étant pourtant originaires de la même région du Tibet, mais l'un vivant au Népal et au Bhoutan depuis trente ans, quand l'autre était fraîchement arrivé du Pays des Neiges. À la requête de Khyentsé Rinpoché, Khénpo Wanglo donna un enseignement de dix jours à Shéchèn, au Népal, sur le « Commentaire qui dissipe les ténèbres dans les dix directions de l'espace », ce même commentaire de six cents pages dont il avait parlé avec le Dalaï-lama. Lorsque Khénpo Wanglo avait effectué le pèlerinage à Nalanda, en Inde, il avait appris que le dimanche était un jour férié, ce qui se traduit en hindi par le mot *chutti*. Les Tibétains réfugiés en Inde et au Népal utilisent ce même terme, *chutti*, pour désigner les congés, ou les vacances, notions qui sont quasiment inconnues dans la culture tibétaine. Or, dans le dialecte de Dzachouka que parlait Khénpo Wanglo, il existe le mot *chötri*, signifiant « explication du Dharma », qui se prononce presque de la même manière que *chutti*. Un samedi donc, au Népal, alors que Khyentsé Rinpoché et Khénpo Wanglo conversaient tranquillement, Khénpo mentionna qu'il y aurait bien un enseignement, *chötri*, le lendemain. Ce à quoi Khyentsé Rinpoché répondit : « Pas besoin de congé [*chutti*] », pensant que Khénpo Wanglo se croyait obligé de respecter les coutumes indiennes du repos dominical. Quelque peu interloqué, Khénpo Wanglo renchérit : « Mais si ! Il y aura bien un enseignement demain. » Khyentsé Rinpoché, qui pensait toujours qu'il s'agissait de congés, parut quelque peu contrarié. Fort heureusement, Tséwang Lhundroup et moi-même, comprenant qu'ils ne parlaient pas de la même chose, dissipâmes le malentendu, au sens littéral du terme.

Au Népal, Khénpo Wanglo était aussi accompagné d'un jeune tulkou de Guémang, âgé de seize ans, qui venait juste de finir de mémoriser les six cents pages du commentaire de Longchènpa. Pour célébrer cet accomplissement sous la forme d'une offrande faite à Khyentsé Rinpoché, Khénpo Wanglo proposa que le jeune tulkou récitât le texte d'une traite en sa présence. Cette prodigieuse récitation eut lieu dans la petite chambre à coucher de Khyentsé Rinpoché. Khénpo Wanglo et quelques-uns d'entre nous étions assis en cercle sur le tapis autour de Rinpoché, qui effectuait ses prières sur son lit, tandis que le jeune tulkou récita par cœur, six heures durant (avec une courte interruption) les six cents pages du texte, sur un ton soutenu et mélodieux, sans jamais hésiter ni se tromper (un moine suivait le texte en même temps). J'étais émerveillé par cette capacité de l'esprit humain à retenir parfaitement un ensemble d'informations si riche et complexe, mais aussi par la persévérance dont avait fait preuve ce jeune homme pour mener à bien cet apprentissage. À la fin, Khyentsé Rinpoché le félicita chaleureusement et lui passa une écharpe cérémonielle de soie blanche autour du cou.

ೞ

Fin 1988, Khyentsé Rinpoché invita Khénpo Wanglo à passer quelques mois au Bhoutan pour accomplir un pèlerinage et dispenser des enseignements à Rabjam Rinpoché, Jigmé Khyentsé Rinpoché, le fils cadet de Kangyour Rinpoché, Namkhai Nyingpo, et quelques autres tulkous. C'est ainsi que pendant deux mois, Khénpo enseigna tous les jours le *Trésor de précieuses qualités* ainsi que d'autres textes. Khénpo apprécia immédiatement les qualités et l'intelligence hors du commun de Jigmé Khyentsé Rinpoché. Il lui fit un jour cette remarque : « Si tu venais avec moi quand je rentrerai au Tibet, tu pourrais acquérir une excellente connaissance des textes. » Jigmé Khyentsé Rinpoché, qui aimait beaucoup Khénpo Wanglo, fut intrigué par cette possibilité. « Combien de temps me faudrait-il rester ? » demanda-t-il. Ce n'est en effet pas une mince affaire que d'aller habiter à 4 200 mètres d'altitude au monastère de Guémang dans des conditions pour le moins austères, loin de sa famille. « Oh, trente ans devraient suffire », répondit laconiquement Khénpo Wanglo. Tout un programme…

ೞ

En 1969, le Bhoutan traversait une période troublée, le frère aîné de la reine mère ayant été assassiné. Khyentsé Rinpoché conseilla à celle-ci d'ériger dans le temple de Kyichu, à Paro, une immense statue de Padmasambhava pour assurer la paix dans le pays. Pendant vingt-trois années consécutives, Khyentsé Rinpoché dirigea tous les ans dans ce temple un *droupchèn*, une longue cérémonie qui s'étend sur une semaine, jour et nuit. La reine mère y assistait du premier au dernier jour. Elle passait plusieurs heures dans le temple, assise sur un canapé recouvert de brocarts adossé à l'un des murs du petit temple. Rabjam Rinpoché et une trentaine de moines venus du monastère de Trongsar accomplissaient la cérémonie. Bien souvent, la reine conviait à ses côtés des invités souvent venus de loin. Khénpo Wanglo ne participa pas aux cérémonies, mais Khyentsé Rinpoché avait présenté à la reine ce grand érudit venu du Tibet. Un jour, elle l'invita à venir s'asseoir à ses côtés pour l'après-midi. Rabjam Rinpoché avait préparé Khénpo en lui disant que, normalement, il seyait de répondre à la reine quand elle engageait la conversation, mais qu'il était d'usage de se tenir coi si elle priait ou restait silencieuse. En s'adressant à elle, la bienséance voulait que l'on inclinât légèrement la tête en signe de respect. La reine, qui parlait tibétain, demanda à Khénpo ce qu'il pensait du Bhoutan. Habituellement, les invités se répandaient en louanges dithyrambiques sur ce beau pays qui est sans conteste paré de qualités uniques au monde. Au Tibet oriental, pour indiquer le degré d'appréciation que l'on ressent envers quelque chose, la coutume veut que l'on lève l'index pour signifier «excellent», le médium pour dire «moyen», et le petit doigt pour exprimer un avis négatif. Khénpo, quant à lui, n'étant guère coutumier des us et coutumes diplomatiques, estimait sincèrement que le Bhoutan était plutôt «moyen». Se souvenant du conseil de Rabjam Rinpoché, il se courba plus que nécessaire en avant et, levant les deux mains à la hauteur de ses épaules, présenta deux superbes «doigts d'honneur» à la reine. Depuis son trône, Rabjam Rinpoché, horrifié et totalement impuissant, ne put que contempler la scène. La reine, d'une courtoisie sans égale, continua de converser avec Khénpo Wanglo comme si de rien n'était. Du thé et des friandises furent servis et Khénpo prit congé. Le soir venu, Rabjam Rinpoché lui expliqua respectueusement ce que signifiait ce geste dans le monde moderne. «Ah! C'est pour ça que quand je fais ce geste devant mes étudiants en Inde, ils pouffent de rire!» s'esclaffa Khénpo.

Deux érudits

Khénpo Péma Wangyal

Grand érudit et pratiquant s'il en est qu'il me fut aussi donné de rencontrer, Khénpo Péma Wangyal aurait dû partager le sort de ses infortunés compagnons à l'arrivée des envahisseurs chinois en 1959. Il dut sa liberté à une affection qu'il portait depuis toujours : une maladie de peau qui s'était momentanément aggravée, probablement provoquée par les circonstances qui l'affectaient profondément. Les Chinois crurent ainsi qu'il était atteint de la lèpre et lui ordonnèrent de décamper. Khénpo ne fut donc pas emprisonné comme les autres moines et dignitaires de Guémang. Durant les dix années les plus dures de la répression, il vécut seul, en retraite, dans un petit ermitage à flanc de montagne, juste en contrebas de l'endroit où eut lieu la crémation de Patrul Rinpoché, au XIXe siècle. Khénpo avait étudié auprès d'un disciple direct de Patrul Rinpoché, Khénpo Kunphel. De ce fait, il me raconta nombre d'anecdotes au sujet de Patrul que j'ai consignées dans *Le Vagabond de l'Éveil*. Les nomades de la vallée lui apportaient de temps à autre des provisions. Lorsque la situation politique s'assouplit quelque peu, il revint au monastère de Guémang et reprit ses enseignements.

Khénpo Wanglo était le neveu du fameux érudit Khénpo Yönten Gyatso, auteur d'un commentaire limpide et très complet, en deux volumes de sept cents pages, du *Trésor de précieuses qualités* de Jigmé Lingpa. C'est ce texte même que Khyentsé Rinpoché avait enseigné tous les jours à Rabjam Rinpoché et moi-même pendant un an en 1981. Il en existait à Guémang des planches de bois gravées qui avaient échappé aux destructions de la Révolution culturelle. J'avais donc acquis au Tibet un exemplaire de ce texte imprimé sur place et je savais que Khénpo Wanglo, décédé en 1999, et d'autres grands érudits (appelés *khénpo* en tibétain) de Guémang avaient recopié à la main entre les lignes d'abondantes notes explicatives énoncées par Khénpo Yönten Gyatso au moment où il enseignait ce texte.

Lors d'un voyage au Kham, j'avais fait la requête à Khénpo Péma Wangyal, le khénpo principal de Guémang, un maître spirituel envers lequel j'éprouvais une grande dévotion et qui compta beaucoup pour moi, de demander à un moine du monastère de recopier ces notes sur mon exemplaire, de sorte que nous puissions les transcrire sur ordinateur et les publier en Inde. Je lui renouvelai humblement ma requête, l'année suivante. Alors que j'accompagnais

Rabjam Rinpoché qui était en visite au Kham en 2002, Khénpo Péma Wangyal se rendit au monastère de Shéchèn afin de le rencontrer. Après avoir conversé avec Rabjam Rinpoché, il se tourna vers moi, appela l'un de ses moines et me tendit deux gros volumes, d'une longueur de cinquante centimètres chacun, imprimés sur papier tibétain et comportant les notes calligraphiées d'une belle écriture. Il me dit : « C'est l'exemplaire personnel de Khénpo Wanglo avec les notes inscrites de sa propre main lorsqu'il étudiait avec le grand Khénpo Thoubga. » Il ajouta d'un air taquin : « Ça ira ? »

J'étais confondu de reconnaissance de recevoir un si précieux ouvrage.

൞

À chaque fois que je me rendais au Tibet oriental, je venais passer quelques jours à Guémang auprès de Khénpo Péma Wangyal et d'un plus jeune khénpo, Khénpo Donnyi, qui était venu en Inde avec Khénpo Wanglo et qui administre, aujourd'hui, le monastère. Lorsque je me trouvais en présence de Khénpo Péma Wangyal, il avait pris l'habitude espiègle de me regarder de côté et de dire d'un ton malicieux au moine qui le servait : « Qui c'est celui-là ? Connais pas... » Puis avec un grand sourire, il touchait ma tête de la sienne. Il me manifesta toujours une grande bonté et me donna de précieux enseignements sur la nature de l'esprit. Un jour, lors d'une visite à Guémang, il me demanda :

– Alors, tu la comprends cette nature de l'esprit[5] ?

– De temps à autre, répondis-je, ne voulant pas me vanter de la comprendre vraiment, tout en admettant que j'en avais une petite idée.

– Étrange, étrange ! s'exclama Khénpo, comment peut-on comprendre la nature de l'esprit de temps à autre ? On la comprend ou on ne la comprend pas.

Et il éclata de rire.

Il vint plusieurs fois au Népal séjourner auprès de Khyentsé Rinpoché. Lors de l'une de ses visites, il fut accompagné par un autre khénpo de Guémang, Yéshé Gyatso, grand érudit lui aussi. Ils étaient assis tous les deux sur le tapis devant Khyentsé Rinpoché et, au fil de la conversation, ce dernier leur dit : « Pendant que vous êtes à Shéchèn, soyez bon de délivrer des enseignements aux élèves du collège philosophique. » Khénpo Péma Wangyal répondit : « Mais je ne sais rien!» Puis il ajouta en montrant son collègue: «Et *lui non plus* ne sait rien!» Khénpo Yéshé Gyatso s'empressa de hocher la tête en signe d'assentiment. Deux éminents lettrés d'une humilité à la mesure de leur immense savoir.

Lorsque je vis Khénpo Péma Wangyal pour la dernière fois en 2017, je pleurai abondamment au moment de le quitter, comme si j'avais le pressentiment de me trouver auprès de lui pour l'ultime fois. En 2018, je ne fus pas autorisé à retourner en Chine et Khénpo quitta ce monde en avril 2019, à l'âge de quatre-vingt-dix ans. Il tiendra toujours une place particulière dans mon cœur.

CHAPITRE 32

En exil à Darjeeling

À la suite d'une fâcheuse rumeur sur mes activités de photographe, je me trouve exilé du Bhoutan et séparé de Dilgo Khyentsé Rinpoché. Je passe six mois en retraite au monastère de Kangyour Rinpoché à Darjeeling. Je reçois de précieuses lettres de mon maître.

Le 31 octobre 1988, le IVe roi du Bhoutan, Jigmé Sengué Wangchouk, épousa quatre sœurs dont il avait déjà huit enfants. Une cérémonie fastueuse se déroula dans le dzong de Punakha, édifice mi-monastère, mi-forteresse, en présence de tous les dignitaires du royaume, revêtus de leurs plus beaux habits d'apparat, et de la famille royale au complet. Au cœur du temple de Chakrasamvara, lieu où Khyentsé Rinpoché accomplissait dix jours de cérémonies tous les ans, le roi siégeait sur un splendide trône doré à la feuille. À sa droite, sur des trônes de moindre taille, mais tout aussi magnifiques, étaient placés le Jé Khénpo, le plus haut dignitaire religieux du Bhoutan dont le rang égale celui du roi, et deux reines. À sa gauche se tenaient Dilgo Khyentsé Rinpoché et les deux autres reines. Ils étaient arrivés en une longue procession précédée de danseurs et musiciens. La cérémonie d'intronisation des reines dura toute la matinée. L'atmosphère et le décorum des lieux donnaient l'impression d'être revenus aux siècles d'antan. Tout indice de la culture et des mœurs du xxe siècle avait totalement disparu. En ma qualité de serviteur de Khyentsé Rinpoché, j'étais le seul étranger présent. À un moment donné, la reine mère m'appela pour me confier son petit appareil photo en m'enjoignant de prendre quelques clichés. Aucun autre photographe n'assistait à cette cérémonie. Je me dis qu'afin d'exaucer au mieux le souhait de la reine mère et d'être sûr d'obtenir des images de bonne qualité, je ferais bien de prendre également quelques images avec mon Nikon FM2 grâce auquel je pus, durant de nombreuses années, illustrer abondamment la vie de Khyentsé Rinpoché.

Quelques jours plus tard, à Thimphou, la capitale, une cérémonie plus sobre fut organisée pour les ambassadeurs, certains invités venus de l'étranger et quelques journalistes. Ni Khyentsé Rinpoché ni son entourage n'étaient présents à cet événement. Des photos de ce mariage public parurent dans la presse internationale, notamment dans *Newsweek*, où l'on découvrait le roi entouré de ses quatre reines, assis sur des fauteuils, une situation qui n'approchait en rien le faste des cérémonies de Punakha.

De retour au Népal, j'envoyai mes diapositives à développer chez Kodak à Bombay et elles me revinrent par la poste au monastère de Shéchèn. Je projetais de les offrir en personne à la reine mère à mon retour au Bhoutan quelques mois plus tard. Mais entre-temps, une rumeur courut à la cour : j'aurais vendu mes photos à la presse étrangère. Le gouvernement fut très irrité à mon égard. J'envoyai une lettre explicative accompagnée de mes diapositives en pensant que le malentendu serait vite dissipé. Rien n'y fit. Je fus banni du pays jusqu'à nouvel ordre. Khyentsé Rinpoché intercéda en ma faveur, mais en vain : j'étais désormais perçu comme un fourbe du pire acabit. La reine mère m'avait toujours manifesté la plus grande bienveillance, mais on l'assura que j'avais trompé sa confiance.

Face à cette situation, Khyentsé Rinpoché envisagea tout d'abord de m'envoyer étudier dans le collège philosophique de Dzongsar, dans l'Himachal Pradesh, au nord-ouest de l'Inde. Mais, un matin, à son réveil, il me dit que la meilleure solution pour moi était d'effectuer une retraite à Darjeeling, au monastère où j'avais passé tant d'années auprès de Kangyour Rinpoché. Il me préviendrait dès qu'il sortirait du Bhoutan pour que je puisse le rejoindre.

L'épouse de Khyentsé Rinpoché spécula sur les intrigants qui auraient pu me dénoncer sans raison, mais je préférai préserver ma paix intérieure. À quoi bon nourrir des suspicions et de l'animosité ? Mieux valait utiliser cet obstacle comme une opportunité pour approfondir ma pratique et ma dévotion envers mes maîtres. Pourquoi aurais-je été troublé ? Je n'avais rien à me reprocher et me remémorai l'adage taoïste : « Faveur et disgrâce surprennent également. » Bien sûr, j'étais triste de ne plus pouvoir séjourner au Bhoutan avec Khyentsé Rinpoché et de me trouver séparé de lui pour plusieurs mois, mais j'allais utiliser ce temps pour m'immerger dans une retraite contemplative.

À la réflexion, je reste convaincu qu'il est éminemment plus confortable de n'avoir rien à se reprocher en son for intérieur et d'être en paix avec soi-même, même si les propos les plus désobligeants sont tenus à votre égard, que d'être couvert de louanges alors que l'on sait, au fond de soi-même, que l'on a commis des actes répréhensibles. Je mesure la chance que j'eus alors d'éviter de sombrer dans l'aigreur et le ressentiment.

☙

Lorsque Khyentsé Rinpoché quitta le Népal, où nous avions passé l'hiver, pour retourner au Bhoutan, en juillet 1989, je fis donc route vers Orgyèn Kunsang Chökhorling, le monastère de mon maître Kangyour Rinpoché, à Darjeeling. J'y fus accueilli à bras ouverts par Kougno Nyima Sangpo, un lama âgé, très chaleureux, dont j'étais proche et qui fut un disciple de Kangyour Rinpoché au Tibet. Péma Wangyal Rinpoché, qui vivait maintenant en France avec sa famille, lui avait confié le monastère. La première semaine, je passai de précieux moments de recueillement dans la chambre de Kangyour Rinpoché et partageai la compagnie de Kougno Nyima Sangpo. J'assistais également le monastère dans les tâches administratives ; j'allais aussi rendre visite à quelques vieux amis dans la petite ville de Darjeeling, notamment Durga et Mohan Das Pradhan qui tenaient le grand magasin de photo de la ville. Lorsque je vivais à Darjeeling auprès de Kangyour Rinpoché, entre les années 1967 et 1975, et que je me rendais en ville, je ne manquais jamais l'occasion de passer les voir dans leur studio tapissé de grandes photos de sommets himalayens tirées en noir et blanc puis peintes à la main par des artistes locaux ; les tirages couleurs étaient très onéreux à l'époque. Ils possédaient aussi une collection de précieux clichés de lamas qui avaient séjourné à Darjeeling, ainsi qu'une photographie qu'ils avaient prise du Dalaï-lama en 1959, peu après sa fuite du Tibet par le col de Nathu-la, au Sikkim, qui est visible depuis Darjeeling.

J'exprimai à Kougno Nyima Sangpo mon souhait d'entrer en retraite. Il m'attribua une petite chambre tout en haut du monastère, sur la terrasse où se trouvait également le temple des protecteurs du Dharma. Mon ancien ermitage était occupé par un vieux moine. Une situation idéale, car personne ne venait sur le toit, à part un jeune moine qui renouvelait les offrandes dans le petit temple le matin et les rangeait le soir. De plus, je pouvais me livrer à un peu d'exercice en faisant le tour du petit sanctuaire à la tombée de la nuit. Je fis vœu de silence pour les mois à venir et ne communiquai plus que par écrit.

En exil à Darjeeling

Après onze années passées auprès de Khyentsé Rinpoché, à recevoir ses enseignements et à le servir de mon mieux, je me retrouvai soudainement inactif, et m'aperçus que j'étais physiquement épuisé. J'avais vécu une période extraordinairement riche et féconde, au-delà de toute attente, mais aussi très intense en raison de l'incessante activité qui régnait autour de Rinpoché. Je commençai ma retraite en douceur. Je faisais des siestes et prenais le temps de me régénérer. Puis j'augmentai graduellement mes heures de pratique.

Je profitai aussi de cette période de retraite pour consacrer chaque jour deux ou trois heures de l'après-midi à terminer la traduction de la *Vie de Shabkar*, l'autobiographie exceptionnelle d'un grand yogi tibétain (1781-1851) dont le récit se déroulait sur un millier de pages. Je travaillais déjà sur cet ouvrage depuis plusieurs années, mais en retraite à Darjeeling, je progressais à un bon rythme et traduisais cinq à sept pages par jour.

La présence intangible de Khyentsé Rinpoché emplissait mes pensées à chaque instant de la journée. Le soir, je sortais sur la terrasse et me prosternais maintes fois sous le ciel étoilé en direction du Bhoutan. J'imaginais mon maître à la tombée de la nuit : il délivrait des enseignements à quelques proches disciples de sa voix profonde qui coulait comme un fleuve, sans aucune hésitation, puis récitait ses prières du soir avant de s'endormir sous sa lourde pelisse. Je l'imaginais dans la douce lumière matinale, assis sur son lit, tel un empereur de l'Éveil, une cape de soie orange doublée de fines peaux de mouton blanches sur ses épaules, ses cheveux longs défaits, torse nu, paré de son collier d'agates et de turquoises héritées de maîtres du passé et de son reliquaire en or qui enchâssait la statuette de Manjoushri, legs de Mipham Rinpoché. Je le voyais recevoir les premiers visiteurs, tenir la main et caresser la joue de l'un d'entre eux, rire de bon cœur, donner de précieux conseils... L'évocation de Khyentsé Rinpoché se mêlait au souvenir tout aussi vivace de mon maître racine, Kangyour Rinpoché, qui repose immuablement au fond de mon cœur.

Ma retraite était donc doublement nourrie par la présence invisible de ces deux êtres éveillés qui ne faisaient qu'un en moi. Plus que tout autre forme de pratique, je m'adonnai au gourou yoga, l'union avec la nature ultime de l'Éveil du maître, pratique qui a toujours constitué l'essence de mon chemin spirituel. L'union de son propre esprit à celui du maître permet de retrouver la simplicité primordiale de la nature de l'esprit, en laquelle il suffit de se reposer, sans espoir ni crainte.

Cette retraite fut aussi l'occasion de commencer à intégrer l'incroyable trésor d'enseignements que j'avais reçus durant ces onze années. J'avais de quoi pratiquer pendant cinq ou six vies! Khyentsé Rinpoché m'envoya plusieurs lettres de conseils spirituels qui valaient tout l'or du monde. À l'arrivée de chacune de ses missives, je la posais respectueusement sur ma tête, la contemplais un moment sans l'ouvrir, puis la décachetais délicatement avant de la lire posément. Je laissais à chaque mot le temps de s'infiltrer jusqu'au plus profond de mon être. Ces lettres et poèmes si précieux valaient bien quelques mois d'exil!

Je composais tant bien que mal des réponses en tibétain. Je lisais et comprenais couramment le tibétain, mais j'étais souvent pris d'hésitations concernant l'orthographe et des points de grammaire, comme d'ailleurs dans toutes les langues, étant dyslexique. C'est donc muni d'un dictionnaire que je composais des poèmes maladroits qui, je le savais, allaient bien faire rire Khyentsé Rinpoché. Mais imaginer que ses pensées d'amour et de bienveillance se tournaient vers moi, avec son sourire amusé, me réchauffait le cœur. L'un des poèmes de Khyentsé Rinpoché disait[1]:

> En la demeure du maître qui atteignit la réalisation de la sagesse primordiale du Tout Excellent [*Kunsang*][2],
> Lieu suprême où fut tournée la roue des enseignements [*Chökhorling*] qui mûrissent et libèrent,
> Tu fais diligence dans ta pratique, tes lectures et écritures[3].
> J'ai été très heureux de recevoir ta lettre, pleine d'affection.
>
> En cette forêt paisible, semblable à une terre gardée secrète,
> Où dans un humble ermitage discrètement je demeure,
> Moi-même et ceux qui m'entourent nous en sommes réjouis.
> Continue à m'envoyer souvent de tes nouvelles, ami de longue date!
>
> Au sein du plaisant bocage du Satsam Chörten,
> J'ai fixé les limites extérieures de ma retraite,
> Et demeure tranquille, en l'aise parfaite,
> À l'instar d'un pourceau dans sa bauge.

En exil à Darjeeling

Bien que je ne possède pas la vaste certitude d'un yogi adamantin
Qui perçoit toutes les formes comme des déités, les sons comme des mantras
Et les pensées comme la dimension absolue, le dharmakaya,
Avec une fervente dévotion envers les patriarches de la lignée, détenteurs de l'Éveil,
Comme d'une flûte, sans trêve, je fais résonner les accents mélodieux de mes prières.

Lune Brillante [Rabsel Dawa[4]] siège dans le firmament au-dessus des Vallées du Sud [Bhoutan],
Tandis que le nénuphar du disciple empli de foi et de persévérance fleurit à Darjeeling.
Mais il ne fait aucun doute que par la force des prières et du karma
Sans cesse te rejoindront les rayons d'ambroisie lumineuse, source de joie.

Lorsque ces mots te parviendront,
Délecte-toi de la douce saveur de la joie et de la dévotion.
Tel un daim empli d'aise et de contentement,
Esquisse quelques pas de danse joyeuse !
Ha ha !

En conclusion d'un long poème envoyé quelque temps plus tard, Khyentsé Rinpoché, écrivit :

Fils, j'ai écrit ces lignes pour susciter ton allégresse et ta surprise.
Les gens du monde sont bernés par les fantasmagories de leur propre esprit.
Pour le yogi qui tient la longe de l'éveil-vacuité mis à nu,
Les miroitements bariolés des diverses contrées ne font qu'éclairer davantage les enseignements ;
Ils aident à progresser dans la pratique et engendrent une profonde certitude.

Un seul regard de la simplicité primordiale de l'éveil-vacuité à l'état pur
Suffit à réduire en poussière les cités de l'égarement érigées depuis des temps sans commencement.

> Captivé par le spectacle de la complétude au sein de la nature des trois dimensions de la bouddhéité,
> Ce vieil homme en état d'ébriété pour avoir trop consommé la liqueur des moyens de vie inappropriés,
> Écrit ces lignes pendant la cérémonie de Rigdzin Dupa.
> En pensant à maintes reprises à l'ami cher à son cœur,
> Il envoie cette missive du bosquet de plantes médicinales où réside l'essence de la vertu,
> Priant pour que maître et disciple bientôt soient réunis.

Je passai ainsi cinq mois en retraite, cinq mois d'une douce tranquillité, alliant la pratique et la traduction. J'essayai aussi d'associer une aspiration altruiste à chaque action ordinaire en formulant une brève prière appropriée à chaque moment de la vie quotidienne, fondée sur un soutra du Bouddha :

> Au moment de vous endormir, souhaitez : « Que tous les êtres parviennent à l'Éveil. »
> Au réveil : « Que chacun s'éveille à la bouddhéité. »
> En vous levant : « Que tous les êtres s'incarnent en un corps de Bouddha. »
> En vous habillant : « Puissent-ils entretenir le sens de retenue et de la décence. »
> En allumant le feu : « Que les émotions négatives des êtres humains soient brûlées. »
> Au moment des repas : « Puisse chacun goûter le nectar de la méditation profonde. »
> En ouvrant une porte : « Que la porte de la libération s'ouvre à tous les êtres. »
> En la fermant : « Que l'huis des royaumes inférieurs se ferme pour tous les êtres. »
> En montant un escalier ou une colline : « Puissé-je emmener tous les êtres vers les royaumes supérieurs. »
> En descendant : « Que je parte libérer tous ceux qui souffrent dans les royaumes inférieurs. »
> Devant le bonheur : « Puisse chacun connaître la félicité de la bouddhéité. »
> Devant la souffrance : « Que toutes les douleurs s'apaisent. »

En exil à Darjeeling

Ce retour à Darjeeling me permit également de revenir sur les périodes les plus formatrices de ma vie, celles qui m'ont profondément forgé intérieurement. Plus que d'autres, deux temps forts ressortent particulièrement : les sept années passées à Darjeeling en présence de Kangyour Rinpoché suivies des mois passés dans mon ermitage après sa mort, pendant lesquels je me concentrai sur les pratiques qu'il m'avait enseignées ; et les treize ans vécus auprès de Dilgo Khyentsé Rinpoché. Au cours de la première période, j'étais resté exclusivement à Darjeeling, à l'exception d'un bref voyage au Népal et deux séjours à Delhi pour imprimer des livres. Au contraire, avec Khyentsé Rinpoché, j'avais beaucoup voyagé, été exposé à des situations nouvelles, bien souvent extraordinaires – dix ans au Bhoutan et trois voyages au Tibet. Présence immuable au centre de myriades d'activités, en dehors des périodes de retraites, Dilgo Khyentsé Rinpoché se déplaçait fréquemment pour enseigner et répondre aux requêtes de nombreux maîtres ou de monastères. Mais la parfaite tranquillité de Darjeeling comme la multiplicité de situations nouvelles auprès de Dilgo Khyentsé Rinpoché étaient toutes deux imprégnées de ce qui comptait plus que tout à mes yeux : la présence d'un maître spirituel, semblable à une senteur qui emplit l'intégralité de l'être à chaque inspiration, une profonde unité au sein de la diversité.

Ces deux périodes furent tout aussi formatrices l'une que l'autre, chacune à leur manière, et il serait vain d'évaluer leur importance respective. Si l'on veut établir une comparaison musicale, la chaconne de la deuxième partita pour violon de J. S. Bach est, pour les mélomanes, l'un des plus hauts sommets de la musique de tous les temps. Toutefois, en écoutant le quintessentiel chœur final de la *Passion selon saint Jean*, il apparaît clairement futile d'essayer d'établir des degrés de sublimité dans ce qui déjà s'élève au-delà des mots. Je peux donc reconnaître ces deux périodes comme étant les plus essentielles de ma vie, mais leur vertu et leur achèvement transcendent, eux aussi, toute forme de comparaison. Peut-on comparer deux soleils, deux cieux, deux eaux de source pures, ou les deux ailes d'un oiseau ?

À la mi-décembre 1989, Khyentsé Rinpoché fut de retour au Népal. Je conclus ma retraite, pris congé de mes amis et le rejoignis.

CHAPITRE 33

Retrouvailles et adieux

Je rejoins Dilgo Khyentsé Rinpoché au Népal. À l'été 1990, Dilgo Khyentsé Rinpoché se rend une dernière fois en France puis, à l'automne, au Tibet. Nos adieux à l'aéroport de Katmandou en avril 1991.

Un matin du mois de mars 1990, après les cérémonies annuelles qui suivent le nouvel an tibétain, alors que je me trouvais seul avec Khyentsé Rinpoché, je me permis de lui dire qu'il serait extrêmement précieux pour tous qu'il conférât la transmission des œuvres complètes de Shéchèn Gyaltsap, son maître-racine. Nous avions reçu du Tibet la quasi-totalité de ses écrits et les avions réimprimés en Inde. Khyentsé Rinpoché était le seul détenteur encore vivant de cette transmission. Il ne dit rien, mais un mois plus tard il décida de conférer ces enseignements dans la grande bibliothèque située en haut du monastère. Une trentaine de disciples, dont trois de ses principaux héritiers spirituels, Rabjam Rinpoché, Jigmé Khyentsé Rinpoché et Tulkou Péma Wangyal (qui, lui aussi, avait fait la requête de ces enseignements), reçurent donc pendant plusieurs semaines la transmission par la lecture des treize volumes des écrits de Shéchèn Gyaltsap. Ces ouvrages, composés dans un style limpide, comportent de profonds commentaires sur divers aspects de la voie[1].

Le dernier jour, une cérémonie de longue vie[2] fut dédiée à Khyentsé Rinpoché par ses proches disciples. Rabjam Rinpoché évoque ainsi ce moment : « Alors que je faisais l'offrande des symboles de longue vie, j'eus l'impression oppressante que Rinpoché ne vivrait plus très longtemps. J'éclatai en sanglots et je sortis de la pièce. Dans les escaliers, je rencontrai Ani Jinpa, nonne hollandaise disciple de Rinpoché, qui me demanda : "Que s'est-il passé ? Rinpoché a-t-il dit quelque chose d'alarmant ?" Je ne sus que répondre. » Ce fut le dernier cycle d'enseignements que Rinpoché donna au Népal. Depuis, Rabjam Rinpoché le transmet à son tour aux tulkous et moines du monastère de Shéchèn, au Tibet oriental.

Durant l'été de cette même année 1990, Khyentsé Rinpoché effectua une visite de six semaines en France, la quinzième depuis

Retrouvailles et adieux

1975. Il enseigna en Dordogne et dans plusieurs centres bouddhistes, assisté de proches disciples tibétains venus d'Europe et des États-Unis.

༄

Fin septembre 1990, Khyentsé Rinpoché retourna une dernière fois au Tibet pour consacrer le monastère de Samyé, dont les étages supérieurs avaient été magnifiquement reconstruits grâce à la requête qu'il avait faite auprès du gouvernement chinois. La restauration du temple principal était achevée et Khyentsé Rinpoché fut invité à le consacrer. Seul Khyentsé Rinpoché et trois Bhoutanais de son entourage furent autorisés à faire le voyage. Mais nous conçûmes un stratagème pour assister à cet événement historique. Tulkou Péma Wangyal, Amala (l'épouse de Kangyour Rinpoché), accompagnés de leur famille au complet, le grand érudit Nyoshul Khén Rinpoché, et une trentaine de disciples occidentaux, dont ma mère et moi-même, organisâmes un voyage en apparence touristique dans le but de nous retrouver à Samyé en même temps que Khyentsé Rinpoché. Notre subterfuge réussit et nous pûmes rejoindre Khyentsé Rinpoché au monastère.

La cérémonie de consécration, très élaborée, dura trois jours et se tint autour du dixième jour du mois lunaire, dédié à Padmasambhava, le 29 septembre 1990. Khyentsé Rinpoché donna également des enseignements et des initiations aux soixante moines de Samyé et à ceux qui étaient venus assister à la consécration.

J'essayais tant bien que mal de jouer sur les deux fronts, voyageant avec le groupe de prétendus « touristes », tout en essayant, dans la mesure du possible, de rester auprès de Khyentsé Rinpoché. À Samyé, Khyentsé Rinpoché dormait dans le temple principal et je tentai de passer les nuits, comme à l'accoutumée, allongé sur un tapis par terre à proximité de lui. Mais les officiels chinois chargés de la visite de Khyentsé Rinpoché eurent vent de ma présence dès la première tentative et me firent clairement savoir que ma place se trouvait avec le groupe de touristes qui campait à proximité du monastère. Interdiction de m'immiscer dans l'entourage de Khyentsé Rinpoché.

Extérieurement, le monastère principal avait retrouvé toute sa splendeur. Les toits en cuivre doré à l'or véritable resplendissaient de mille feux sous le soleil matinal. À l'intérieur, de nouvelles statues avaient remplacé celles qui avaient été détruites. La fille de Khyentsé Rinpoché, Chimé Wangmo, avait offert la restauration d'une statue très précieuse du Bouddha couronné, le Jowo Changchoub Chènpo, qui siégeait dans un temple du premier étage et dont le corps n'avait pas été entièrement détruit. Khyentsé Rinpoché avait demandé au roi du Bhoutan d'envoyer trois sculpteurs parmi les plus talentueux du Bhoutan, qui réparèrent admirablement la statue et remodelèrent son visage avec une rare finesse.

Les souhaits de Khyentsé Rinpoché, émis quinze ans auparavant, avaient porté leurs fruits, mais la restauration de l'ensemble de Samyé était loin d'être terminée. Il restait à rebâtir les huit temples subsidiaires qui entouraient le temple central dans les huit directions cardinales et intermédiaires, quatre immenses stoupas, ainsi que cent huit stoupas plus petits qui surmontaient le mur d'enceinte. Ils ont été reconstruits depuis.

Khyentsé Rinpoché se rendit aussi à Lhassa, où il offrit cent mille lampes à beurre dans le temple du Jowo, le Bouddha couronné. Notre groupe ne fut pas autorisé à le suivre dans ses autres déplacements, dans la vallée de Réting notamment. Nous décidâmes donc d'accompagner la famille de Kangyour Rinpoché dans divers lieux où ce dernier avait vécu, notamment la grotte de Rong Drakmar, où Tulkou Péma Wangyal naquit et où Kangyour Rinpoché révéla un trésor spirituel.

Puis la famille de Kangyour Rinpoché rentra en France. Quant à moi, j'escortai un groupe constitué de l'essentiel des disciples occidentaux qui entreprirent un pèlerinage en Chine, aux monts Emei et Wutai Shan, deux des cinq montagnes sacrées de Chine, respectivement dédiées au bodhisattva Samantabhadra et au bouddha Manjoushri, lieux que j'avais visités auparavant en compagnie de Khyentsé Rinpoché. Nous devions prendre l'avion de retour vers la France à Pékin. Sur la place Tian'anmen, un peu plus d'un an après les manifestations qui furent réprimées dans un bain de sang, notre petit groupe se ressembla pour réciter des prières. Deux d'entre nous, Martin Watten et moi-même, portions les habits des moines tibétains. Nous eûmes droit à des sourires et encouragements émus de quelques passants et aux regards et paroles courroucés de policiers qui nous sommèrent de circuler.

↭

Retrouvailles et adieux

À son retour du Tibet, Khyentsé Rinpoché fit un bref séjour au Bhoutan, où je ne pouvais toujours pas me rendre, puis il partit pour Bodh Gaya, en Inde. Bien qu'il eût alors quatre-vingts ans, il ne semblait pas affecté par l'âge et son charisme était toujours aussi éclatant. Toutefois, à la mi-décembre, alors qu'il donnait la transmission des enseignements de son prédécesseur Jamyang Khyentsé Wangpo, il montra d'inquiétants signes de maladie. Il dut interrompre ses activités plusieurs jours, ce qui était très inhabituel de sa part. Le Dalaï-lama arriva justement à ce moment à Bodh Gaya, et vint rendre visite à trois reprises à Khyentsé Rinpoché, lui demandant de lui conférer quelques initiations.

Au début du mois de janvier 1991, Khyentsé Rinpoché conféra les vœux de bodhisattva au pied de l'arbre de la Bodhi, à l'endroit même où le Bouddha avait atteint l'Éveil. Puis il présida la récitation, accomplie par une centaine de moines, de cent mille répétitions de la *Prière de l'action parfaite* et du *Choral du nom de Manjoushri*, qui font chacune plusieurs pages. Fin janvier, il se rendit à Dharamsala à l'invitation du Dalaï-lama et, huit jours durant, lui offrit une dernière série d'importantes initiations de la tradition Nyingmapa. Le 28 janvier, sur le porche de sa résidence, le Dalaï-lama toucha longuement de son front celui de Khyentsé Rinpoché, récitant des prières pour qu'ils se retrouvent dans de nombreuses vies à venir, puis ils prirent congé l'un de l'autre. Leur dernier adieu...

À son retour au Népal, il était indéniable que la santé de Khyentsé Rinpoché se détériorait inexorablement. Il maigrissait, avait besoin de plus en plus de repos et passait une grande partie de son temps en prière ou en méditation, consacrant quelques heures par jour seulement, contrairement à ses habitudes, à ceux qui avaient un motif important de le rencontrer.

En avril 1991, le séjour de Khyentsé Rinpoché au monastère de Shéchèn au Népal touchait à sa fin. Il allait repartir pour le Bhoutan. Tôt le dernier matin, dans sa chambre à coucher, il donna un enseignement sur les pratiques préliminaires de *L'Essence du cœur de l'immensité*, le *Longchèn Nyingthig*, à un petit groupe de disciples. Bien que j'eusse reçu de lui ces enseignements au moins une vingtaine de fois, ses explications renouvelées me permettaient à chaque fois d'atteindre une compréhension plus claire et profonde. Tandis que je buvais ses paroles avec une pleine et entière attention, une immense tristesse m'envahit ; bientôt d'abondantes larmes coulèrent de mes yeux. J'étais assis, silencieux, en retrait de sorte que personne ne remarquât mon émoi. J'avais le sourd sentiment que c'était la dernière fois que j'écoutais mon maître bien-aimé. Il partait pour le Bhoutan ; j'en étais exclu ; il était très souffrant ; le reverrais-je un jour ? Je ne formulai pas ces pensées de manière explicite, mais c'était ce que recouvrait la profonde tristesse qui s'empara alors de moi.

L'enseignement terminé, les disciples partis, vint l'heure du départ de Khyentsé Rinpoché. Je m'approchai de lui pour recevoir sa bénédiction et lui dire que je ne viendrais pas à l'aéroport pour prendre congé, comme c'était la coutume. Il posa longuement ses mains sur ma tête et ne dit rien, comprenant que je préférais en rester sur cet adieu intime et éviter le brouhaha des adieux publics.

Plusieurs voitures prirent la route de l'aéroport. Au dernier moment, je ne pus résister et montai dans l'une d'elles. Un disciple népalais proche des autorités avait fait en sorte que Khyentsé Rinpoché puisse se rendre directement en voiture au pied de l'avion. C'est donc de la fenêtre de la voiture, avant de passer le portail qui menait à la piste, qu'il donna sa bénédiction à ceux qui étaient venus lui souhaiter un bon voyage. Je laissai passer tout le monde et me présentai en dernier. En me voyant, Khyentsé Rinpoché rit, me prit l'oreille dans un geste affectueux qu'il faisait parfois, et me dit en souriant : « Tu es venu quand même. » Ce furent les derniers mots que j'entendis de sa bouche… Mon amie Raphaële prit une photo, juste au moment où Khyentsé Rinpoché me tirait l'oreille. Une dernière image du dernier instant. En écrivant ces lignes, l'émotion m'étreint et je ne peux m'empêcher de pleurer à chaudes larmes.

☙

Khyentsé Rinpoché avait envisagé de se rendre une quatrième fois au Tibet, au monastère de Shéchèn, mais il dut y renoncer. Il décida en lieu et place d'effectuer une retraite de trois mois au Bhoutan, en face de la Tanière du Tigre, à Paro Taktsang, l'un des lieux les plus sacrés de l'Himalaya.

À la suite de celle-ci, il parut en meilleure santé. Il rendit visite à quelques-uns de ses disciples qui pratiquaient en retraite et leur parla du maître ultime, au-delà de la naissance et de la mort comme de toute manifestation physique. Mais peu après, son état se dégrada à nouveau.

Retrouvailles et adieux

Un incident affaiblit encore un peu plus mon maître tant aimé. Un soir, le moine qui me remplaçait auprès de Rinpoché, au lieu de se coucher en même temps que lui, partit se promener. Pendant ce temps, Khyentsé Rinpoché eut besoin de se rendre aux toilettes et se leva seul. Il glissa, tomba sur le carrelage, heurta durement son genou et resta à terre un long moment, jusqu'au retour du moine. Celui-ci fut effaré de sa négligence, mais le mal était fait. L'état du genou de Khyentsé Rinpoché empira au point de s'infecter, ajoutant à la maladie dont il souffrait. Plus tard, la reine mère demanda à Lama Ngodroup, le moine âgé qui servit Khyentsé Rinpoché pendant trente ans : « Cela ne serait pas arrivé si Matthieu avait été là, n'est-ce pas ? »

Lama Ngodroup acquiesça et la reine mère fondit en larmes.

La reine mère commença à nourrir des doutes sur les dénonciations dont j'avais été l'objet et demanda au ministre des Affaires étrangères de lui envoyer les coupures des journaux incriminés. Il n'en existait pas et le ministre fut fort en peine de répondre.

Pendant douze jours, Khyentsé Rinpoché ne put ni manger ni boire. Il envoya un message à Trulshik Rinpoché, au Népal, avec ces quelques mots : « Je partirai le 19. » Trulshik Rinpoché se rendit en hâte au Bhoutan et passa quelques jours au chevet de Khyentsé Rinpoché, à Paro.

Le dix-neuvième jour du neuvième mois lunaire, le 28 septembre 1991, à la requête de la reine mère, Khyentsé Rinpoché fut transporté à l'hôpital de Thimphou. Au crépuscule, il demanda à ceux qui étaient près de lui de l'aider à s'asseoir droit et entra dans un sommeil paisible. Aux premières heures du matin, sa respiration cessa, et son esprit se fondit dans l'espace absolu.

C'est ainsi que prit fin la vie extraordinaire de Dilgo Khyentsé Rinpoché, une existence consacrée, depuis son plus jeune âge, à étudier, pratiquer et enseigner. Où que ce fût, de jour comme de nuit, dans un même flot de bonté, de sagesse, d'humour et de dignité, il voua toute son énergie à la préservation et à la pratique de l'enseignement bouddhiste sous toutes ses formes.

༄

J'appris la nouvelle le lendemain matin par un appel téléphonique de Tulkou Péma Wangyal, qui était en transit à Bangkok, en route pour le Bhoutan. Je me trouvais alors en Dordogne où j'étais allé au début l'été et où j'avais servi d'interprète au Dalaï-lama au cours de dix jours d'enseignement de *La Marche vers l'Éveil*. Je ne sais comment décrire ce que je ressentis, tant cela dépasse le cadre des émotions ordinaires. C'était comme si, soudainement, l'univers tout entier sombrait dans le silence. Le temps se suspendit ; l'univers s'emplit de la seule présence de Khyentsé Rinpoché ; une présence tangible, faite non de souvenirs précis, mais de sa qualité d'être, de la dimension ultime de sa sagesse et de la douceur de sa compassion, au-delà des concepts et des sensations. Sans lui, le monde ne serait plus jamais le même, mais la présence de Khyentsé Rinpoché n'était plus soumise au temps, aux lieux et aux circonstances. Je logeais alors à La Sonnerie, Tashi Pélbar Ling, justement le lieu de résidence de Khyentsé Rinpoché en Dordogne. Lui, mon maître bien-aimé, habitait l'espace tout entier. Je rejoignis quelques disciples qui s'étaient réunis pour réciter des prières. Il était inutile de se parler entre nous. Les mots étaient vains…

Le lendemain de la mort de Rinpoché, Rabjam Rinpoché demanda au roi du Bhoutan si je pouvais revenir. La permission fut accordée. Je pris le premier avion pour l'Inde, puis vers le Bhoutan. Je participai à toutes les cérémonies qui suivirent. Des disciples du monde entier reçurent la permission de rendre hommage au corps de Khyentsé Rinpoché. Il fut embaumé selon les méthodes traditionnelles tibétaines, sous la supervision de Tulkou Péma Wangyal, qui s'était déjà occupé de la même manière du corps de son propre père et de celui de Dudjom Rinpoché. Le corps de Khyentsé Rinpoché fut ainsi préservé pendant un an, avant sa crémation, afin de permettre aux disciples venus de loin, du Tibet notamment, de venir jusqu'à lui, au Bhoutan puis au Népal, où il fut transporté et demeura trois mois. Au Népal, pendant les sept premières semaines, la communauté tibétaine offrit chaque vendredi cent mille lampes à beurre et petites bougies, qui se consumaient lentement, le soir, sur les terrasses étagées du grand stoupa de Boudhanath, près du monastère de Shéchèn.

En 1992, je revins brièvement en France pour servir à nouveau d'interprète au Dalaï-lama de passage à Paris. Je le revoyais pour la première fois depuis le décès de Khyentsé Rinpoché. Lorsqu'il arriva dans le lobby de l'hôtel, il m'aperçut, vint vers moi, me passa un bras autour des épaules, inclina sa tête contre la mienne et me serra silencieusement contre lui pendant quelques longues secondes.

Il ne prononça pas un mot, mais tout commentaire eut été superflu : ce geste marquait son soutien et l'attachement qu'il portait à la mémoire de Khyentsé Rinpoché.

En novembre 1992, le corps de Khyentsé Rinpoché fut incinéré près de Paro, au Bhoutan, au cours d'une cérémonie de trois jours à laquelle participèrent plus d'une centaine de grands lamas, le roi et toute sa famille, les ministres bhoutanais, ainsi que cinq cents disciples occidentaux et une foule de cinquante mille personnes. Ce fut un rassemblement sans précédent dans l'histoire de ce pays, qui ne comptait alors que six cent mille habitants. Pendant ces trois jours, Rabjam Rinpoché nourrit chaque jour près de dix mille visiteurs venus de loin et qui campaient dans les environs immédiats, en pleine campagne. Le Dalaï-lama avait souhaité venir au Bhoutan à cette occasion ; le roi avait donné son approbation et tout était organisé en vue de cette visite. Mais, ayant eu vent de la nouvelle, le gouvernement chinois exerça de telles pressions sur les Bhoutanais, menaçant d'abandonner les pourparlers sur le tracé définitif des frontières entre le Bhoutan et la Chine, que ce projet dut être abandonné.

Un stoupa funéraire en argile haut de quatre mètres fut construit pour la crémation. Au terme d'une semaine de cérémonies auxquelles participèrent des moines de toutes les traditions du bouddhisme tibétain, y compris une délégation venue du monastère du Dalaï-lama, le corps de Khyentsé Rinpoché, enveloppé de soieries et couronné du diadème des bouddhas des cinq sagesses, fut porté en procession par ses plus proches disciples jusqu'au lieu de son incinération. Il fut placé dans la partie supérieure de l'édifice d'argile en forme de cloche, où étaient disposées des bûches de bois précieux, du santal blanc et rouge et autres essences. Puis le feu fut allumé et pendant trois heures, les cérémonies de la crémation furent accomplies par quatre groupes de moines placés aux quatre directions cardinales du stoupa. Chaque groupe était présidé par un lama de l'une des quatre écoles principales du bouddhisme tibétain.

L'ouverture du stoupa funéraire fut ensuite scellée durant plusieurs jours pour laisser les cendres refroidir. Pendant ce temps, des centaines de fidèles exécutaient respectueusement des marches autour de l'édifice jusque tard dans la nuit, en chantant les versets d'une prière invoquant Khyentsé Rinpoché. Dans la journée, de nouvelles cérémonies furent accomplies. Puis, le stoupa fut enfin ouvert et les cendres, ossements et autres reliques furent soigneusement recueillis. En dépit de la température intense qui avait régné pendant plusieurs heures à l'intérieur du stoupa, le cœur de Khyentsé Rinpoché était resté presque intact, desséché par le feu, mais nullement détruit. La partie supérieure de l'édifice funéraire fut ensuite reconstruite pour accueillir la majeure partie des reliques de Khyentsé Rinpoché. L'autre partie de ces reliques fut enchâssée dans d'autres stoupas et statues de par le monde et des fragments furent donnés comme objets de dévotion aux disciples. L'immense stoupa du monastère de Shéchèn, à Bodh Gaya, qui contient une relique du Bouddha Shakyamouni, reçut une part de celle de Dilgo Khyentsé Rinpoché ; toutes deux sont réunies dans ce même monument avec bien d'autres reliques encore.

> N'oubliez jamais que votre vie passe aussi vite qu'un éclair dans le ciel d'été ou qu'un signe de la main. Maintenant que vous avez la possibilité de pratiquer, ne perdez pas un instant. Consacrez toute votre énergie au chemin spirituel.
>
> Dilgo Khyentsé Rinpoché

Une page du bouddhisme tibétain s'était tournée, mais l'héritage de Khyentsé Rinpoché devait perdurer à travers ses enseignements. Les vingt-cinq volumes de ses œuvres complètes furent imprimés, de nombreux enseignements oraux furent traduits du tibétain en de nombreuses langues. Plusieurs centaines d'heures d'enregistrement sonores sont maintenant archivées. Sa biographie a été publiée en anglais et, pour ma part, j'ai tenté, à travers plusieurs livres de photos, de célébrer sa vie et son œuvre. Ses disciples principaux et héritiers spirituels perpétuent aujourd'hui sa lignée.

Son petit-fils, Rabjam Rinpoché, alors âgé de vingt-cinq ans, dut assumer la responsabilité des deux monastères de Shéchèn au Népal et au Tibet et du monastère de nonnes au Bhoutan. Je m'employai de mon mieux à l'aider dans cette lourde tâche. Afin d'accomplir un souhait que Khyentsé Rinpoché avait exprimé à maintes reprises, il mena à bien la construction d'un monastère de Shéchèn à Bodh Gaya, en Inde, édification qui fut supervisée par Luc Cholley. Huit autres stoupas furent érigés sur les principaux lieux de la vie du Bouddha. Rabjam Rinpoché considère que sa mission principale est de diffuser l'héritage spirituel de son grand-père et maître spirituel. Avant tout, il encourage tous ceux qui viennent à lui de s'inspirer des enseignements de Khyentsé Rinpoché, qu'il résume ainsi :

> Il a toujours insisté sur l'importance de mêler notre esprit au Dharma et d'unifier la pratique et la vie quotidienne. Il avait l'habitude de dire que ce n'est pas lorsque les situations sont propices, agréables et calmes que l'on peut juger un vrai pratiquant, mais à l'approche de circonstances défavorables. C'est alors que les points faibles de la pratique apparaissent clairement. Il insistait sur la nécessité d'intégrer la qualité de la méditation à tous les actes de l'existence. Au terme d'années de pratique, disait-il, on prend la mesure du progrès des pratiquants si l'on constate qu'ils sont devenus de meilleurs êtres humains, qu'ils ont développé la paix intérieure, sont plus libres des émotions destructrices et moins vulnérables aux circonstances extérieures. Si leurs poisons mentaux restent tout-puissants et s'ils sont excessivement préoccupés par eux-mêmes, ils ont manqué le but de la voie elle-même.

En 2010, Rabjam Rinpoché nous confiait :

> Aujourd'hui encore, près de trente ans après sa mort, Khyentsé Rinpoché est constamment présent dans mes pensées et je rêve très souvent de lui. Une nuit, par exemple, sur le chemin de Bodh Gaya, je rêvais que j'entrais dans une pièce où Khyentsé Rinpoché se trouvait assis. Surpris, je lui demandais : « Comment est-ce possible, vous n'êtes plus avec nous ? » Rinpoché me répondit : « Tu te trompes, je suis toujours avec toi. » Je lui dis que j'avais fait un mauvais rêve dans lequel il était décédé et que j'avais cherché son incarnation. Je touchai les pieds de Rinpoché. Je pleurai et je m'accrochai à lui. Je me suis réveillé les larmes aux yeux. Le rêve était si clair que je ne savais plus si j'avais rêvé ou si la vie était un rêve. Je suis donc convaincu que même si Rinpoché n'est physiquement plus là, ses bénédictions sont toujours avec nous.

Il m'arrive souvent, moi-même, de rêver de Khyentsé Rinpoché, dont la présence irradie d'une intensité telle que je me réveille en pleurs. Parfois, dans ces rêves, il me demande : « Où étais-tu tout ce temps ? » Et je recommence à le servir comme par le passé. Parfois, je le vois en train de délivrer des enseignements à ses disciples.

Aujourd'hui encore, je n'ai d'autres aspirations que de suivre son enseignement et de servir modestement à perpétuer sa vision et ses activités pour le bien des êtres.

Cette prière, composée par Trulshik Rinpoché, exprime parfaitement les aspirations que peuvent avoir des disciples séparés de leur maître par l'impermanence de toute chose et de tout être :

> Bien que mes yeux ne contemplent plus votre corps qui libère par la vue,
> Bénissez-moi de sorte que toutes les apparences se manifestent comme votre corps.
> Bien que mes oreilles n'entendent plus votre voix qui libère par l'écoute,
> Bénissez-moi de sorte que tous les sons se manifestent comme votre voix.
> Bien que mes pensées ne soient plus directement en lien avec votre esprit qui libère par la souvenance,
> Bénissez-moi de sorte que toutes les pensées se manifestent comme votre esprit éveillé.

PARTIE IV

PRÉSERVER L'HÉRITAGE

CHAPITRE 34

Archiviste

Au monastère de Shéchèn au Népal, je travaille à la préservation des trésors de la culture bouddhiste. Je me consacre à l'édition des œuvres complètes de Dilgo Khyentsé Rinpoché et d'autres textes majeurs, notamment le Trésor des enseignements révélés. *Quarante mille photographies que j'ai prises sur l'art himalayen sont numérisées.*

Khyentsé Rinpoché était très souvent occupé à composer un texte, que ce soit un commentaire ou un manuel explicatif des diverses pratiques spirituelles. Il gardait à portée de main des feuilles vierges, au format des livres tibétains et, dès que se présentait un instant d'accalmie, il rédigeait quelques pages. Sur le moment, nous n'avions aucune idée de ce sur quoi il travaillait, mais une fois le manuscrit terminé, il le confiait à Tulkou Kunga, son secrétaire. L'écriture de Khyentsé Rinpoché devenait de plus en plus difficile à déchiffrer à mesure qu'il avançait en âge. Tulkou Kunga, qui parvenait malgré tout très bien à la lire, calligraphiait une seconde version du texte que Khyentsé Rinpoché vérifiait. Il existe trois formes principales d'écritures tibétaines : une calligraphie cursive, employée pour rédiger les lettres et les manuscrits ; une écriture appelée « sans tête » – parce que dépourvue de la barre horizontale qui « coiffe » les mots –, elle favorise l'élégance tout en permettant une rédaction rapide ; enfin, une graphie dite « avec tête » – chaque lettre qui compose le mot est surmontée d'un trait horizontal. On pourrait comparer ce troisième type à nos lettres capitales ; celui-ci s'utilise principalement dans la gravure des textes sur des blocs en bois, les xylographes, qui servent à imprimer les livres à la demande. Quelques volumes des œuvres de Khyentsé Rinpoché furent ainsi gravés au monastère de Thoubten Chöling, au Népal, sous la direction de Trulshik Rinpoché. Mais la majorité de ses compositions restait à l'état de manuscrit et constituait de nombreux volumes que nous conservions précieusement.

Après la mort de Khyentsé Rinpoché, aidé d'une équipe de quatre moines, je consacrai une bonne partie de mon temps à rassembler ces écrits et à les saisir informatiquement. Nous disposions depuis peu d'une écriture tibétaine digitale de qualité et d'un logiciel permettant de formater les textes dans le style traditionnel. Nous fîmes par ailleurs appel à un érudit, disciple de Rinpoché, Lama Puzi, pour nous aider dans cette tâche colossale. Il vint de l'Inde pour mettre en ordre tous ces écrits et relire soigneusement les textes saisis. Je me chargeai personnellement de la saisie de texte du premier volume qui contient les biographies des deux maîtres principaux de Khyentsé Rinpoché, Shéchèn Gyaltsap et Khyentsé Chökyi Lodrö. Je formatai également la totalité des volumes. Au terme de trois ans de labeur assidu, vingt-cinq volumes de six cents pages chacun furent prêts à être imprimés. Ils constituent aujourd'hui les *Œuvres complètes* de Khyentsé Rinpoché, qui furent publiées en Inde par Shechen Publications entre 1994 et 1995.

À l'occasion de l'intronisation de la réincarnation de Dilgo Khyentsé Rinpoché, en décembre 1997, au monastère de Shéchèn, au Népal, Trulshik Rinpoché conféra pour la première fois au jeune *tulkou* et à une assemblée d'un millier de personnes la transmission de l'intégralité de ces vingt-cinq volumes. Trulshik Rinpoché en avait lui-même reçu la transmission de Khyentsé Rinpoché au fil des ans.

Khyentsé Rinpoché écrivait par ailleurs de nombreuses lettres, poèmes ou chants spirituels à d'autres lamas, à ses disciples, ainsi qu'à ses neveux et nièces dispersés au Tibet et en Inde (il était alors le seul survivant d'une fratrie de dix enfants). J'écrivais pour lui les lettres en anglais qu'il me dictait en tibétain. Nous avons pu inclure dans le recueil de ses *Œuvres* tous les poèmes et conseils spirituels que nous avions réussi à rassembler. Bien d'autres doivent exister de par le monde !

En dehors des écrits de Khyentsé Rinpoché, sur une trentaine d'années, nous réussîmes à réimprimer plus de quatre cents volumes[1], parmi lesquels près de cent cinquante furent digitalisés et sont maintenant disponibles sur le site de la Fondation Tsadra[2], qui soutient généreusement depuis vingt ans nos travaux de publication, ainsi que sur le site du BDRC (Buddhist Digital Resource Center) fondé par E. Gene Smith.

Ces volumes furent imprimés à Delhi par Samdroup Tséring qui coordonne actuellement les publications de la Shechen Publications, la maison d'édition liée à notre monastère du Népal. Ils sont ensuite mis à la disposition de nombreux monastères et bibliothèques, des maîtres détenteurs de la transmission de ces textes, des érudits et des pratiquants.

Ces textes, supports indispensables de la transmission des enseignements, auraient pu disparaître à jamais à la suite des ravages perpétrés au Tibet durant la Révolution culturelle. Rappelons que le contenu d'innombrables bibliothèques fut brûlé ou jeté dans les rivières. Conscients de l'importance de leur héritage spirituel, nombre de Tibétains choisirent, lors de leur fuite, d'emporter des livres plutôt que leurs biens personnels. Un certain nombre d'ouvrages qui restèrent au Tibet furent dissimulés dans des grottes et d'autres cachettes jusqu'à ce que la mort de Mao permette un relatif assouplissement de l'oppression chinoise. Mais, en dépit des efforts héroïques déployés par les Tibétains, nombre de textes importants furent irrémédiablement perdus, certains ne survécurent qu'en quelques exemplaires, voire en un seul. C'est pourquoi Shéchèn et d'autres monastères se donnèrent pour mission de rechercher avec persévérance ces ouvrages afin de les réimprimer.

J'avais pour ma part débuté cette formidable entreprise vers la fin des années 1970, à l'instigation de Péma Wangyal Rinpoché, et imprimé à Delhi, comme je l'ai raconté, une cinquantaine de volumes pour le compte du monastère de Kangyour Rinpoché.

ᙏ

En 2004, alors que je me trouvais dans mon ermitage de Namo Buddha, le centre de retraite du monastère de Shéchèn, à deux heures de route de Katmandou, je m'interrogeai : quel projet réjouirait Dilgo Khyentsé Rinpoché s'il était encore en vie ? Bien que la tâche soit monumentale, il m'apparut clairement qu'une édition soignée des soixante-sept volumes du *Trésor des enseignements révélés,* le *Rinchèn Terdzö,* compilation de textes conçue et annotée par Jamgön Kongtrul Lodrö Thayé au XIXe siècle, accomplirait de la manière la plus favorable et conforme la vision de Khyentsé Rinpoché. Jamgön Kongtrul avait amorcé le célèbre mouvement Rimé au Tibet, mouvement que l'on pourrait aujourd'hui qualifier d'œcuménique dans la mesure où il s'élevait contre le sectarisme qui malheureusement gagnait en force à l'époque entre les différentes écoles philosophiques et traditions. Jamgön Kongtrul montra que les pratiques spirituelles et les moyens d'accomplissement exposés dans les principales traditions qui ont fleuri au Tibet menaient tous au but suprême : l'actualisation de la bouddhéité. À cette fin, il rassembla les *Cinq Grands Trésors*, soit quatre-vingt-dix volumes qui exposent les vues et les méthodes contemplatives des différentes écoles et lignées qui se sont épanouies au Tibet. Non content de rassembler les textes les plus importants de ces diverses lignées, il composa lui-même d'innombrables commentaires, recueils de pratiques et ordonnancements de rituels liturgiques. L'un de ces *Cinq Trésors* constitue une magistrale encyclopédie du bouddhisme en quatre volumes, *Le Trésor du Connaissable*.

Le mouvement Rimé fut soutenu activement par d'autres grands maîtres du XIXe siècle qui œuvraient de concert, principalement Jamyang Khyentsé Wangpo et Patrul Rinpoché, mais aussi Lama Mipham, Jamyang Lother Wangpo et, indépendamment, plus au nord en Amdo, par Shabkar. Ce mouvement non sectaire fut encouragé au XXe siècle par le XIVe Dalaï-lama et par Dilgo Khyentsé Rinpoché entre autres, qui contribuèrent grandement à favoriser l'harmonie entre les tenants des diverses traditions spirituelles et vues philosophiques.

Le *Rinchèn Terdzö* est le plus volumineux des *Cinq Grands Trésors* composés par Jamgön Kongtrul. Il comprend non seulement les principaux trésors révélés (*terma*) du bouddhisme tibétain, mais aussi les textes permettant de conférer les initiations ainsi que les explications nécessaires à leur pratique. Contemporain de Jamgön Kongtrul, Jamyang Khyentsé Wangpo voyagea pendant treize ans à travers les régions du Tibet afin de retrouver nombre de textes qui furent inclus dans le *Rinchèn Terdzö*. Il en reçut également les transmissions qui, dans certains cas, n'étaient plus détenues que par un ou une poignée de lamas. Il les conféra ensuite à Jamgön Kongtrul ainsi qu'à d'autres disciples[3]. C'est donc grâce à ces deux maîtres éminents que ces précieux ouvrages existent encore aujourd'hui.

Dilgo Khyentsé Rinpoché avait conféré cinq fois la transmission des soixante volumes du Rinchèn Terdzö, qui se déroulait sur trois à quatre mois à chaque fois. Dans les années 1970, il rassembla ses ressources financières et les confia à Lama Ngödroup pour qu'il imprime à Delhi une première édition de cette collection augmentée de quelques volumes annexes. Toutefois, Khyentsé Rinpoché n'en fut pas très satisfait, car la plupart des originaux, imprimés à partir de gravures sur bois, n'étaient pas assez clairs pour permettre une reproduction directe et durent être recopiés par une équipe de calligraphes bhoutanais en utilisant du papier-calque, ce qui entraîna de nombreuses erreurs. Qui plus est, dans les deux éditions du Tibet, il subsistait de nombreuses erreurs et omissions. S'il ne s'était agi que de points de détail, de simples « coquilles » dans les textes, nous aurions pu nous épargner ces années de labeur, mais il en allait de l'authenticité des transmissions qui sont conférées de maître à disciple. Digitaliser ces textes allait assurer leur pérennité et en permettre une plus grande diffusion.

Quand je redescendis de Namo Buddha, je fis donc part à Rabjam Rinpoché de cette idée d'une nouvelle édition complète du *Rinchèn Terdzö*. Il l'adopta sur-le-champ avec enthousiasme et réunit tous ceux qui allaient être impliqués dans ce projet pour une petite cérémonie de bon augure : du riz aux raisins et du thé au beurre furent servis, et nous récitâmes des prières invoquant les bénédictions des maîtres du passé, afin de favoriser le projet et qu'il soit mené à bien sans obstacle.

Une grande pièce nous fut allouée et, peu de temps après, les moines se mirent à saisir les textes. Nous étions aux premiers jours de treize années de travail assidu, dans le calme et la concentration. Les moines qui tapaient les textes sur ordinateur maîtrisèrent rapidement les techniques informatiques, et l'on avait l'impression qu'ils œuvraient sans effort. On aurait dit qu'ils étaient entrés dans le « flot », l'expérience optimale, dont parle le psychologue Mihaly Csikszentmihaly[4] : « Un effort ni tendu ni relâché, à la mesure des capacités de l'agent, au sein duquel on oublie la notion du temps et le sentiment du moi. » Même les visiteurs qui venaient converser brièvement avec l'un d'entre nous, d'emblée, baissaient le ton et s'entretenaient à voix basse. Par précaution, je fis la requête aux moines de saisir chaque volume en deux exemplaires, réalisés par deux « scribes » différents. Ils comparaient ensuite les deux versions à l'aide d'un logiciel et toutes les différences détectées, à la lettre près, étaient examinées et corrigées, conformément à l'original, éliminant ainsi, entre autres erreurs, les fautes de frappe. C'est ainsi non soixante-dix, mais cent quarante volumes qui furent digitalisés !

Au bout de six mois, Rabjam Rinpoché et moi-même réussîmes à convaincre Dagpo Tulkou, qui vivait au monastère de Mindroling à Dehra Dun, en Inde, de venir superviser cette nouvelle édition. Dagpo Tulkou est reconnu aujourd'hui comme l'un des érudits les plus qualifiés au monde en matière de vérification des textes. Il s'établit à notre centre de retraite de Namo Buddha, dans la maison de Rabjam Rinpoché, avec son assistant, Tséwang Rigdzin et un jeune Népalais chargé de la cuisine et des tâches courantes. Dagpo Tulkou m'expliqua que c'est en se remémorant des propos que lui avait tenus Dudjom Rinpoché des années auparavant qu'il avait finalement accepté cette grande responsabilité à laquelle il allait consacrer de nombreuses années de sa vie. Ce grand maître, et grand érudit, lui avait confié qu'il serait vraiment nécessaire de corriger le *Rinchèn Terdzö*. Il avait lui-même envisagé de diriger ce travail alors qu'il vivait encore au Tibet, et avait estimé que dix lettrés experts en la matière pourraient accomplir cette tâche en y consacrant à trois reprises les quatre mois de la belle saison. En ce qui nous concerna, il fallut treize ans à cet érudit, son assistant et les moines qui saisissaient les textes pour accomplir cette gigantesque tâche. Dagpo Tulkou travailla d'arrache-pied, se libérant seulement un après-midi tous les quinze jours, dédié à une promenade. Il releva méticuleusement les erreurs, compara avec soin les deux éditions du Tibet et vérifia, dans de nombreux cas, les sources originales des textes inclus dans ce corpus. Jamgön Kongtrul avait indiqué qu'il serait bon d'inclure dans une future édition un certain nombre de textes, qu'il n'avait pu se procurer ou finaliser de son vivant. Dagpo Tulkou s'assura également de la vérification de ces textes supplémentaires, qui portèrent la nouvelle édition à soixante-dix volumes. Lorsque je séjournais à Namo Buddha, je prenais souvent le repas de midi avec Dagpo Tulkou ; il aimait me montrer les points à corriger qu'il avait repérés dans le volume sur lequel il travaillait. Ma contribution consista à être globalement responsable de ce projet et à en coordonner les activités : la formation des moines qui saisissaient et formataient les textes en style tibétain (ce que je fis moi-même pour les premiers volumes), la recherche (parfois jusqu'au Tibet) des textes originaux dont Dagpo Tulkou avait besoin pour compléter ses vérifications, le maintien du lien avec la Fondation Tsadra, et avec Samdroup, la personne qui imprimait les textes à Delhi, en Inde, pour le compte de Shechen Publications. Il m'incomba aussi de maintenir le « moral des troupes » durant ce labeur de longue haleine.

Konchog Lhadrépa, le maître de peinture de l'école d'art du monastère de Shéchèn, la Tsering Art School, réalisa les illustrations figurant dans ces volumes et prépara une nouvelle série d'illustrations[5] qui furent incluses pour la première fois dans l'ensemble du *Rinchen Terdzö*.

Enfin, le 29 mars 2018, une joyeuse cérémonie présidée par Shéchèn Rabjam Rinpoché eut lieu au monastère de Shéchèn, au Népal, pour célébrer l'achèvement de la publication du *Rinchèn Terdzö*. Les soixante et onze volumes, enveloppés dans des tissus orange, furent portés en procession par les moines qui tenaient chacun un volume sur l'épaule droite, puis placés sur l'autel du grand temple. S'ensuivit une cérémonie d'offrandes et d'expression de gratitude à l'égard de tous ceux qui avaient participé à ce projet. Un hommage très spécial fut rendu à Dagpo Tulkou pour avoir œuvré avec une persévérance et une expertise hors pair, aux moines qui avaient saisi les textes, et à Éric Colombel, président et fondateur de la Fondation Tsadra sans laquelle ce projet n'aurait pu être réalisé. Pour conclure, l'assemblée récita des prières pour dédier les mérites engendrés par cet accomplissement au bien des êtres, à la longue vie des maîtres spirituels et à la propagation des enseignements.

Quant à moi, j'éprouvais un immense soulagement : ce projet avait été mené à bien et aucun obstacle n'était venu l'interrompre. Après cette ambitieuse mais essentielle entreprise, je décidai de passer la main dans le domaine des publications et c'est désormais mon ami le moine anglais Sean Price qui s'occupe de coordonner les nouveaux projets.

༅༅

Depuis 1979, j'avais enregistré près de quatre cents heures d'enseignements donnés par Khyentsé Rinpoché et je disposais d'une cinquantaine d'heures de film témoignant des dernières années de sa vie et, notamment, de son premier retour au Tibet en 1985. Ces enregistrements sont maintenant numérisés et catalogués, tandis que les vidéos ont fourni l'essentiel de deux documentaires : *L'Esprit du Tibet* que je réalisai avec Vivian Kurz, puis *Lune étincelante,* un film plus achevé qui comporte des animations illustrant la jeunesse de Khyentsé Rinpoché et quelques séquences inédites. Il fut réalisé par Nétèn Chokling Rinpoché à l'occasion des célébrations du centenaire de la naissance de Khyentsé Rinpoché en 2010.

Au fil des ans, je photographiai d'innombrables miniatures, *thangkas,* peintures murales, statues, et autres objets artistiques sacrés et rituels au Tibet, au Bhoutan et au Népal. Les archives de Shéchèn dont je m'occupe abritent tous ces négatifs et diapositives ainsi que trente-cinq mille clichés numérisés sur l'art himalayen pour lesquels j'ai établi un catalogue détaillé. J'ai fait de même pour la collection de photographies que j'eus la précieuse opportunité de prendre pendant un demi-siècle, documentant la vie des maîtres spirituels (plus de cent cinquante mille images, dont six mille constituent la sélection principale accompagnée de légendes).

Ces clichés sont conservés dans les archives du monastère de Shéchèn, au Népal, et mis à la disposition de tous ceux qui désirent les utiliser. J'offris également douze mille images numérisées au Rubin Museum of Art de New York, figurant sur leur site Internet consacré à l'art himalayen[6]. C'est là ma modeste contribution matérielle à l'héritage spirituel de ces maîtres dont l'apport le plus précieux demeure l'héritage intangible qui réside dans l'esprit et le cœur de leurs disciples et de leurs héritiers spirituels : les enseignements qui nous guident sur la voie de l'Éveil.

CHAPITRE 35

Perpétuation des arts sacrés

Création, au monastère de Shéchèn, de la Tsering Art School, école de peinture traditionnelle. Nous donnons plus d'une centaine de représentations de danses et musiques sacrées à travers le monde, de Venise à São Paulo, en passant par la Cartoucherie de Vincennes.

L'art sacré bouddhique aide à pénétrer la nature de la réalité et permet de jeter un pont entre la vie contemplative et la vie active. Loin de susciter les passions, il les calme. L'art sacré s'inscrit plus particulièrement dans le cadre de la méditation sur la « vision pure », c'est-à-dire sur la perception de la pureté primordiale de tous les phénomènes. Vision propre au bouddhisme Vajrayana qui consiste à reconnaître que la nature de bouddha est présente en chaque être et que tous les phénomènes apparaissent tout en étant vides d'existence propre. De ce point du vue, ces phénomènes sont dits « purs », libérés des distorsions et projections mentales qui nous mènent à considérer que certaines choses sont intrinsèquement « belles » ou « laides », « plaisantes » ou « déplaisantes », « désirables » ou « indésirables », et certaines personnes fondamentalement et irrémédiablement « bonnes » ou « mauvaises », « amies » ou « ennemies ».

Selon l'art sacré tibétain, le peintre et le sculpteur établissent une correspondance entre les formes, les symboles et le chemin spirituel. Le musicien relie l'univers des sons à la résonance de la prière et des mantras. L'écrivain et le poète contemplatif nous enseignent l'essence du non-attachement qui dénoue le nœud de l'avarice, de la discipline qui renonce à tout acte susceptible de causer de la souffrance, de la patience qui supporte l'adversité et triomphe des élans de la colère, de la diligence qui permet de s'astreindre à la pratique sans distraction, de la concentration qui maîtrise les émotions perturbatrices et les pensées discursives, et enfin de la sagesse qui dévoile la nature ultime des choses, sagesse alliée à une compassion inconditionnelle pour les êtres en proie à l'ignorance et à la souffrance.

Khyentsé Rinpoché accordait une grande importance à la préservation de l'héritage artistique du Tibet. La vision de Rinpoché m'inspirait d'autant plus que j'étais moi-même passionné par l'art tibétain, la peinture de *thangkas* en particulier. De plus, comme j'avais eu la grande chance d'assister tous les ans aux danses sacrées qui se déroulaient au Bhoutan, au Népal et au Tibet, j'avais pleinement conscience de la richesse des arts propres à la culture bouddhique tibétaine.

J'explorai donc diverses pistes pour trouver les financements nécessaires à l'accomplissement de la vision de Khyentsé Rinpoché dans ce domaine. Je rencontrai Tom Derksen, le représentant à Katmandou d'un organisme d'aide, l'Organisation néerlandaise de développement (SNV), dont la femme était bouddhiste. Il donna son approbation pour le financement de la moitié du projet. L'autre moitié fut apportée par une bienfaitrice américaine, Jocelyn, en mémoire de sa petite fille, aspirant à devenir peintre mais décédée dans une avalanche, qui portait le même prénom tibétain, Tséring, que la sœur de Rabjam Rinpoché qui connut elle aussi un destin tragique. L'école fut ouverte en 1996 et appelée Tsering Art School en l'honneur de ces deux jeunes défuntes. Et c'est ainsi que fut créé, dans l'enceinte du monastère de Shéchèn au Népal, une école de peinture sacrée qui, depuis une vingtaine d'années, dispense un cursus de six ans sur la peinture traditionnelle (*thangkas* et mandalas) à une soixantaine d'étudiants, moines et laïques de toutes nationalités. C'est également dans le bâtiment de cette école que se trouve le Bureau des archives où je travaille. À la même époque, j'obtins également un financement de la Commission européenne pour la construction, sur le terrain du monastère, d'un collège philosophique offrant un curriculum de neuf ans d'études (qui suivent six ans d'études élémentaires et trois ans d'études monastiques sur les rituels et les arts sacrés).

L'une des missions de la Tsering Art School est de préserver de manière authentique l'un des plus beaux styles de peinture tibétaine, celui de la tradition Karma Gardri. Prévalent au Tibet oriental, ce style se distingue par sa transparence, sa simplicité et la beauté des paysages qui entourent les personnages et déités représentés sur le *thangka*. Khyentsé Rinpoché demanda à l'un de ses disciples, Konchog Lhadrépa, de diriger l'école de peinture construite sur le terrain du monastère. Konchog avait reçu sa formation de l'un des meilleurs peintres de cette école, qui avait réussi à fuir le Tibet et à se réfugier au Sikkim. C'est également Konchog que j'avais assisté pendant plusieurs mois pour peindre les fresques du monastère de Kangyour Rinpoché en 1976. Il est aujourd'hui l'un des meilleurs représentants du style Karma Gardri hors du Tibet. Préserver l'authenticité de cet art est d'autant plus important que de nombreux ateliers de peinture à vocation strictement commerciale, destinés aux touristes de passage, proposent des pseudo-*thangkas* qui relèvent davantage de l'imagination fantaisiste d'exécutants formés à la hâte que des traditions ancestrales.

La majorité des étudiants qui ont terminé leur formation restent à la Tsering Art School pour enseigner à leur tour, mais aussi pour exécuter des œuvres qui leur sont commandées du monde entier. Ce sont eux également qui se consacrent à la restauration des fresques du monastère de Shéchèn, détruites lors des tremblements de terre de 2015.

༄

Les *thangkas* et les peintures murales sont les modes d'expression majeurs de la peinture himalayenne. Les *thangkas* sont peints sur des toiles préparées avec un enduit et tendues à l'aide de cordelettes sur un châssis de bois. Les pigments, d'origine naturelle conformément à la tradition, sont mélangés à de l'eau et de la colle, puis appliqués comme une peinture *a tempera*. Les formes des déités sont déterminées par un canon iconographique précis et leurs proportions s'inscrivent dans une «grille» qui varie d'une déité à l'autre. Ces contraintes n'empêchent pas le talent personnel de l'artiste de s'exprimer dans le traitement particulier du sujet et la technique générale appliquée au tableau ; la variété des paysages et des différences subtiles dans les postures ainsi que les expressions sont ainsi la marque d'un peintre particulier. Une fois l'œuvre terminée, la toile est bordée de brocarts multicolores.

Tout au long de l'exécution de son œuvre, l'artiste doit se visualiser lui-même sous la forme de la déité qu'il peint. Il imagine également ses instruments – les pinceaux, récipients contenant les couleurs, etc. – sous la forme des attributs que la déité tient dans ses mains et enfin récite constamment son mantra. Ces artistes sont de véritables peintres de l'Éveil.

Les peintures et les statues sont les supports symboliques du corps du Bouddha, les textes sacrés sont ceux de sa parole et les stoupas de son esprit éveillé. La peinture sacrée a également une fonction didactique, comme c'est le cas des fresques et des *thangkas* illustrant la vie du Bouddha ou l'histoire de ses vies antérieures (*Jataka*). D'autres peintures représentent les visions de déités ou de Terres de bouddha dont certains maîtres spirituels firent l'expérience.

Mais le but principal des peintures sacrées est de servir de support à la pratique spirituelle. Le bouddhisme tibétain comporte une vaste gamme de pratiques méditatives dont certaines impliquent la visualisation d'une ou de plusieurs déités et la récitation de leurs mantras. Ces déités ne sont pas considérées comme des entités résidant dans quelques paradis, mais comme les symboles ou des expressions de divers aspects de l'Éveil, parmi lesquels la connaissance de la nature ultime de la réalité, la compassion et les activités pour le bien des êtres. En se visualisant sous la forme d'une déité de sagesse, il sera plus facile pour le disciple d'actualiser la «nature de bouddha» qu'il porte en lui.

Le méditant commence par se concentrer sur la déité représentée sur le *thangka* et s'imprègne des moindres détails – forme, couleurs, attributs, etc. Une fois que l'image s'établit clairement en son esprit, il cesse de la contempler et tourne son attention sur la visualisation intérieure de la déité, accompagnée de la récitation du mantra qui lui est associé. Il tente également de reconnaître la nature de son propre esprit comme ne faisant qu'un avec l'esprit éveillé de son maître spirituel et de tous les bouddhas.

༄

Si la danse et la musique profanes sont proscrites par la règle monastique, les danses sacrées, *tcham*, constituent pour les moines une méditation et un partage spirituel avec la communauté laïque qui vit en symbiose avec le monastère.

Ce partage est celui d'une expérience acquise au cours de longues cérémonies, puis offerte en gestes symboliques accompagnés de musiques. Ces danses, dit-on, «libèrent» par la vue, tout comme la musique sacrée libère par l'ouïe, la bénédiction d'un maître spirituel par le toucher, une substance bénie par le goût, et la méditation par la pensée. «Libérer» signifie ici s'émanciper du joug des poisons mentaux – la haine, la convoitise, l'ignorance, l'orgueil et la jalousie – qui ruinent notre paix intérieure et celle d'autrui.

La tradition des danses sacrées fut instaurée lors de fêtes spirituelles appelées *ganachakra*. Ce rituel d'offrande, complexe et séculaire, aux différents niveaux de signification, a pour rôle essentiel d'accumuler mérites et sagesse. Ces fêtes sacrées comportaient autrefois des séquences chorégraphiques accompagnées de visualisations, destinées à cultiver une perception pure des phénomènes. Au fil du temps, ces danses furent enseignées à certains disciples et leur signification expliquée et structurée. Une transmission ininterrompue de maître à disciple, enrichie par les visions de grands méditants, permit de maintenir cette tradition.

L'origine des danses sacrées remonte à Padmasambhava, qui implanta le bouddhisme au Tibet, aux VIIIe et IXe siècles. Par la suite, le répertoire de ces danses fut enrichi par des maîtres visionnaires qui, au fil des siècles, apportèrent un souffle nouveau à la chorégraphie sacrée des danseurs. Le cas le plus célèbre est celui du grand maître du XIIIe siècle, Gourou Chökyi Wangchouk, qui eut une vision au cours de laquelle il montait un cheval blanc qui fendait les airs jusqu'à la Glorieuse Montagne Cuivrée, la «Terre pure» de Padmasambhava. Là, il découvrit une multitude d'êtres célestes qui dansaient en présence du maître. À la suite de cette expérience, il instaura le Festival du Dixième Jour (*tséchou*) qui commémore la venue de Padmasambhava au Tibet.

Dans le cadre d'un art sacré, le renouveau n'est pas le fruit d'une invention personnelle ou d'une aventure artistique, mais d'une profonde réalisation spirituelle qui ouvre les portes à une grande richesse visionnaire. Après qu'un maître a révélé ou établi une nouvelle danse, le rôle des dépositaires de la tradition consiste ensuite à transmettre le contenu de ces chorégraphies sacrées le plus fidèlement possible, de génération en génération.

Chaque année, la plupart des grands monastères sont le théâtre d'un festival de danses sacrées qui rassemble les fidèles par centaines, voire par milliers. Au Tibet, les nomades venant y assister campent plusieurs jours autour du monastère. Au Bhoutan, des notables aux simples paysans, personne ne voudrait manquer ce spectacle qui dure plusieurs jours.

L'endurance des moines est alors mise à rude épreuve : les cérémonies qui précèdent les danses durent presque toute la nuit alors que les « moines danseurs » exécutent les différentes séquences chorégraphiques de neuf heures du matin à cinq heures de l'après-midi sur le parvis du monastère en ajoutant la parole aux mouvements du corps : le danseur devant réciter des mantras sans interruption. Au corps et à la parole, s'ajoute encore l'esprit : l'exécutant visualise clairement et sans distraction la déité qu'il incarne.

Le symbolisme s'étend à tous les accessoires utilisés lors des cérémonies et des danses sacrées. Ainsi les masques que portent les danseurs se prêtent-ils à différents niveaux d'interprétation : ceux qui traduisent une expression paisible symbolisent la sagesse et l'amour altruiste, tandis que ceux qui arborent une expression courroucée ou passionnée illustrent la purification et la transcendance des poisons mentaux qui nous asservissent.

Selon la vision du Vajrayana qui s'est épanouie en Inde à travers le rayonnement de l'université de Nalanda, mais aussi grâce à l'influence des grands yogis, ou *mahasiddha* (« grands accomplis »), le Bouddha Shakyamouni se manifesta en certaines occasions exceptionnelles à des disciples doués de prédispositions hors du commun, au roi Indrabodhi notamment, sous la forme de déités de sagesse telles que Kalachakra, « La Roue du Temps », et Guhyasamaj, « La Somme des secrets ». Le but était de leur permettre de progresser rapidement sur le chemin spirituel au moyen de techniques méditatives hors du commun. Ces « moyens habiles » ont en effet pour principal objectif de cultiver la vision pure, c'est-à-dire la perception de toutes les formes comme étant les diverses manifestations d'une déité de sagesse, tous les sons comme des mantras, et toutes les pensées comme les émanations de la conscience éveillée. Le pratiquant peut également considérer formes, sons et pensées comme les manifestations du corps, de la parole et de l'esprit éveillé du Bouddha. Si les danses et les chants profanes sont prohibés par le *vinaya*, les règles de la discipline monastique, ils sont en revanche sublimés dans le cadre de la vision pure par les pratiquants qui se visualisent sous la forme d'une déité de sagesse.

Tous les ans depuis 1980, je photographiai ces danses sacrées et, en 1999, je publiai un livre sur ce sujet, intitulé *Moines danseurs du Tibet*[1], mais je n'ai jamais envisagé de m'entraîner à cet art. Pourtant, un jour, je faillis bien devoir danser ! Au Bhoutan, une cérémonie conduite par Khyentsé Rinpoché dans le dzong de Punakha fut le cadre d'une séquence de danses sacrées quotidienne, faisant partie intégrante de ce long rituel. Un matin, la reine mère suggéra que j'y participe. Je dois avouer m'être éclipsé prudemment une heure avant le moment fatidique afin d'éviter de révéler au grand jour et devant toute la communauté monastique ma totale incompétence!

Entre 1995 et 2004, les moines de Shéchèn ont donné plus d'une centaine de représentations de leurs danses sacrées à travers le monde. Sous l'inspiration de Rabjam Rinpoché, deux amis, Jean-Pierre et Cécile Devorsine, organisèrent une dizaine de tournées. Ces danses se composent généralement de séquences reprises plusieurs fois. Une version écourtée en fut donc élaborée de sorte que les moines puissent présenter huit danses différentes en une heure et quart. Rabjam Rinpoché, présent lors de la première tournée, dit à ce sujet aux journalistes: «Une cuillérée de miel a la même saveur que le pot tout entier.» Une trentaine de moines participaient à ces tournées qui nous menèrent chacune vers une quinzaine de destinations en trois semaines. Je jouais le rôle d'accompagnateur, d'interprète, de présentateur – je présentais une introduction d'une dizaine de minutes sur la signification des danses et sur l'importance de l'héritage culturel du Tibet au début du spectacle –, voire d'éclairagiste! Lors des premières tournées, en effet, un spécialiste, François Picard, avait conçu pour nous un «plan lumière» avec des ambiances lumineuses spécifiques à chaque danse, impliquant plus de cinquante projecteurs de types et de couleurs variés. Mais nous ne pouvions pas emmener avec nous ce spécialiste partout où nous nous rendions. Arrivé sur les lieux, quelques heures avant la représentation, sans perdre une minute, avec l'aide du plan, je travaillais donc avec les techniciens du théâtre pour mettre en place la série de projecteurs adéquats et pour enregistrer sur une console la séquence des effets et des transitions désirés pour chaque dance. Le soir, après avoir présenté le spectacle au public, je courais vers la régie lumière alors que le gong retentissait dans l'obscurité et que le rideau s'ouvrait sur quatre musiciens intervenant en prélude à la première danse. Puis je prenais les manettes pour le reste de la soirée. À partir de 1998, un éclairagiste de talent, Vincent Féron, intégra notre équipe à l'occasion du Festival des musiques du Monde de São Paulo et fit merveille pour mettre en valeur la beauté des danses. Nous sommes allés de la Cour d'honneur du Palais des Papes à Avignon à la Biennale de Venise, invités par la chorégraphe Carolyn Carlson, puis les moines dansèrent dans un théâtre antique à ciel ouvert sur l'île San Pietro. Vinrent ensuite Montreux, le Cirque Royal de Bruxelles, une gare transformée en théâtre à Dortmund, le théâtre de Lausanne, où Maurice Béjart assista aux danses et rencontra les moines. Nous fûmes accueillis en 2001 par Ariane Mnouchkine au Théâtre du Soleil qui avait pris place à la Cartoucherie de Vincennes, où nous restâmes une dizaine de jours dans des roulottes ; c'est là que nous célébrâmes le Nouvel An tibétain avec l'équipe du théâtre qui initia les moines au jeu du baby-foot. Des conférences furent aussi organisées, avec le dissident chinois Harry Wu notamment. Nous avons même présenté l'une des danses aux moines de la Trappe de Cîteaux, où nous fûmes invités à passer une nuit. Un documentaire sur les moines danseurs fut également réalisé pour la télévision et diffusé en France puis dans le monde entier[2]. Un jour que j'emmenais les moines à Dieppe – nombre d'entre eux n'avaient jamais vu la mer –, ils répétèrent sur la plage une danse particulièrement acrobatique durant laquelle les moines sautent et touchent leur front de la pointe de leurs pieds, et je pris alors la photo des «moines volants» qui fut souvent publiée et exposée. Nous circulions de ville en ville en autocar lors de ces tournées très sympathiques et amusantes qui nous permettaient de présenter le riche patrimoine spirituel de ces méditations dansées à un large public. Elles se révélèrent cependant très prenantes et au bout d'une dizaine d'années, après une ultime représentation au festival des Musiques sacrées de Fès en 2004, nous avons décidé de faire une pause.

☙

La musique instrumentale et le chant jouent un rôle central au sein des rituels et des danses. Selon les circonstances, la musique peut être une offrande, une invocation, un appel à la prière, une invitation, une cadence rythmique, ou un support de méditation. De ce fait, elle s'inscrit, elle aussi, dans le cadre de l'apprentissage de la vision pure, grâce à laquelle tous les sons seront perçus comme des mantras dont la nature ultime est la vacuité. En ce sens, la musique sacrée contribue à l'élévation spirituelle.

Les mélodies de certains chants, pratiqués seuls ou en commun, sont destinées à engendrer la ferveur. C'est le cas notamment de l'*Appel au Lama qui est au loin*, une poignante supplique que le disciple adresse au maître. Dans d'autres cas, un maître spirituel ou un pratiquant entonne, sur une mélodie inspirante, un poème chanté qui transmet un enseignement (sur l'impermanence, le renoncement...) ou exprime l'essence de la réalisation spirituelle. Les grands yogis Milarépa et Shabkar, parmi bien d'autres, étaient renommés pour enseigner de cette manière.

Si l'art est une expression naturelle à l'humain, force est de constater que dans le cadre des arts sacrés, toutes les formes d'expression sont harmonieusement liées au progrès spirituel.

Tout au long des cinquante années passées dans les montagnes de l'Himalaya, je me suis constamment efforcé de comprendre et de documenter ces différentes formes d'art sacré. Chaque fois que j'en eus l'occasion, lors des longues cérémonies du *droupchèn* ou des danses monastiques, j'enregistrai les musiques sacrées et contribuai de mon mieux aux recherches des musicologues, comme mon amie Mireille Helffer qui étudia les rituels et musiques du monastère de Shéchèn. Je rassemblai une vaste collection de photographies sur la peinture et la sculpture tibétaine et bhoutanaise, qui est à la disposition de tous. Au-delà d'un travail d'archiviste et de documentaliste, il s'est toujours agi essentiellement pour moi de contribuer à la préservation de l'authenticité des traditions vivantes perpétrées par les représentants du bouddhisme tibétain.

CHAPITRE 36

À la recherche de la réincarnation de Dilgo Khyentsé Rinpoché

Le Yangsi, réincarnation de Dilgo Khyentsé Rinpoché, est reconnu grâce aux indications de Trulshik Rinpoché, son disciple le plus accompli. Cérémonie dans la grotte de Maratika. Le Yangsi rencontre le Dalaï-lama. Intronisation en grande pompe au Népal.

Après la mort de Dilgo Khyentsé Rinpoché, son petit-fils Rabjam Rinpoché fit un rêve. Il y confiait à Rinpoché à quel point son décès, si soudain, avait été un choc pour lui.

« J'essayais de te prévenir, mais tu as ignoré mes messages, lui fit remarquer Khyentsé Rinpoché.

– Où allez-vous renaître ? s'enquit Rabjam Rinpoché.

– Ne t'inquiète pas, je donnerai de claires indications. »

Telle fut la réponse.

Rabjam Rinpoché et les principaux disciples de Khyentsé Rinpoché firent la requête à Trulshik Rinpoché, son ami spirituel et disciple le plus accompli, de rechercher sa réincarnation. Par modestie, Trulshik Rinpoché déclinait habituellement ce genre de mission, mais dans ce cas, il acquiesça d'emblée.

Trulshik Rinpoché ne donna aucune nouvelle pendant plus de trois ans. Puis, en avril 1995, depuis son monastère de Thoubtèn Chöling, situé dans le district du Solu Khumbou, au nord-est de Katmandou, il envoya un messager porteur d'une lettre pour Rabjam Rinpoché. Cette missive relatait ce qu'il disait n'être qu'un rêve : « C'était un rêve, mais je ne dormais pas », écrivait-il humblement. Dans ce qui ressemble davantage à une vision, Dilgo Khyentsé Rinpoché lui était apparu, arborant tout d'abord une expression sévère, puis joyeuse. Il chanta un poème indiquant une année de naissance, le nom de deux parents et le lieu où se trouvait un enfant « qui était indubitablement Tashi Paljor (le nom de naissance de Khyentsé Rinpoché) revenu à l'existence (*yangsi* en tibétain) ». Trulshik Rinpoché ne voulait pas accorder trop d'importance à sa vision, la mettant modestement sur le compte de l'imagination. Mais au lieu de s'évanouir comme elle était venue, cette vision s'imposa à lui de plus en plus clairement au cours de la journée. Trulshik Rinpoché reçut également des signes selon lesquels le temps n'était pas encore venu de divulguer la nouvelle. Il garda donc les détails secrets pendant un an, jusqu'en avril 1995. Ce ne fut qu'à ce moment-là qu'il envoya à Rabjam Rinpoché sa lettre contenant le poème et les explications.

Dans le poème, les noms des parents figuraient en sanskrit. L'enfant, venu au monde l'« année de celui qui naît dans un nid », devait être recherché au nord-est de Shéchèn, une indication qui aurait pu nous mener fort loin, jusqu'au Tibet! Rabjam Rinpoché me fit venir à sa résidence et nous cherchâmes dans un dictionnaire les équivalents tibétains de ces noms sanskrits. Le poème ainsi décodé, la recherche fut brève. Il s'avéra en effet que le nom personnel (habituellement connu des intimes seulement) de Tsiké Chokling Rinpoché (*Mingyur Déwai Dorjé,* Immuable Félicité Adamantine) et celui de son épouse (*Déchèn Paldrön,* Glorieux Flambeau de la Félicité) correspondaient parfaitement à ceux du poème. Le couple avait bien eu un fils né, selon le calendrier tibétain, en l'année de l'Oiseau, le dixième jour du cinquième mois lunaire – jour anniversaire de Padmasambhava –, soit le 30 juin 1993. Le monastère de Ka-Nying Shédroup Ling où ils vivaient était bien situé au nord-est de Shéchèn, à Boudhanath. En renaissant si près de nous et en nous donnant des indications aussi claires, Khyentsé Rinpoché nous avait épargné des recherches ardues et lointaines!

Rabjam Rinpoché envoya donc une réponse à Trulshik Rinpoché, détaillant le fruit de ses recherches et demandant s'il devait poursuivre sa quête. Par retour de messager, Trulshik Rinpoché confirma que cela n'était plus nécessaire. En effet, avant même de recevoir ces nouvelles informations, il avait eu un autre rêve, un matin, peu avant l'aube: vingt-cinq stoupas dorés se déplaçaient, comme s'ils étaient montés sur roues, dans un grand champ qui séparait le monastère de Shéchèn de celui de Ka-Nying Shédroup Ling. Il eut alors la conviction que ces stoupas contenaient les reliques de Dilgo Khyentsé Rinpoché. Tandis qu'il se demandait quel était le stoupa principal, l'un d'eux s'immobilisa devant lui; un merveilleux oiseau d'une espèce inconnue sortit de la fenêtre ménagée dans la partie supérieure de l'édifice et se mit à chanter. Trulshik Rinpoché s'approcha et déposa une écharpe de soie blanche devant l'oiseau. Au même moment, les vingt-quatre autres stoupas s'alignèrent derrière le premier et partirent en procession se dissoudre dans le monastère de Ka-Nying Shédroup Ling, à l'endroit précis où vivaient Chokling Rinpoché et sa famille. Par ce rêve, Trulshik Rinpoché avait confirmé l'identification du jeune *tulkou*, avant même que Rabjam Rinpoché n'ait pu lui faire parvenir les détails de sa découverte.

Trulshik Rinpoché envoya ensuite une lettre au Dalaï-lama pour lui demander de bien vouloir confirmer son intuition. Ce dernier, attachant une grande importance à cette question, effectua une retraite d'une semaine, espérant obtenir des indications probantes. À l'issue de cette semaine de méditations, sans donner d'autres précisions, il répondit : « Je n'ai aucun doute que ce jeune enfant est la véritable incarnation de Dilgo Khyentsé Rinpoché. »

Trulshik Rinpoché enjoignit à Rabjam Rinpoché de garder le secret pour quelques mois encore. Le temps venu, Rabjam Rinpoché partit à la rencontre de l'enfant et de ses parents. J'eus la chance de l'accompagner. Ce fut, on s'en doute, un moment fort émouvant : nous scrutions chaque expression du visage du petit avec émotion, émerveillement et respect. Les parents furent transportés de joie en apprenant que leur plus jeune fils avait été reconnu comme l'incarnation de leur propre maître spirituel. Ils nous rapportèrent qu'un autre lama âgé, Chogyé Tri Rinpoché, leur avait confié qu'il avait eu, lui aussi, des signes indiquant que leur fils était l'incarnation de Khyentsé Rinpoché, mais il estimait qu'il n'était pas de son ressort d'en parler ouvertement.

Quelque temps plus tard, Rabjam Rinpoché, qui est doué d'un grand sens de l'humour, nous confiait qu'il avait un peu de mal à visualiser l'immense corps de Khyentsé Rinpoché logé dans ce tout jeune enfant et que cette situation lui rappelait un film, *Honey, I shrunk the kids* (*Chérie, j'ai rétréci les gosses*) dans lequel un scientifique un peu farfelu réduit accidentellement la taille de ses enfants.

Un épisode, qui s'était déroulé quinze ans auparavant, prit aussi tout son sens à l'occasion de cette révélation. À la fin des années 1970, Chokling Rinpoché, le père du jeune *tulkou*, était venu trouver Dilgo Khyentsé Rinpoché pour l'informer que, tout comme ses incarnations précédentes, il souhaitait vivre la vie d'un yogi marié et non celle d'un moine célibataire. Il était considéré comme la troisième incarnation du grand tertön du XIXe siècle Chokgyur Déchèn Lingpa. Il avait alors demandé conseil à Khyentsé Rinpoché qui

À la recherche de la réincarnation de Dilgo Khyentsé Rinpoché

lui avait répondu qu'il allait y réfléchir. En 1980, Dilgo Khyentsé Rinpoché s'était rendu à Darjeeling. Parmi les personnes venues à sa rencontre se trouvait une jeune femme, Déchèn Paldrön, issue d'une famille de Gyantsé, au Tibet. La nuit précédente, Dilgo Khyentsé Rinpoché avait eu un rêve prémonitoire et, en accord avec ce rêve, il avait demandé à la jeune femme et à ses parents si elle souhaitait devenir l'épouse de Chokling Rinpoché. Après avoir délibéré, ils avaient répondu le lendemain par l'affirmative.

Quelques mois plus tard, en 1981, au Népal, une cérémonie avait été organisée à la résidence de Khyentsé Rinpoché, une petite maison construite à l'écart du terrain sur lequel le monastère de Shéchèn allait bientôt être édifié. Chokling Rinpoché et Déchèn Paldrön étaient arrivés parés de leurs plus beaux atours, accompagnés de leurs proches. Dilgo Khyentsé Rinpoché avait improvisé une cérémonie de mariage et leur avait conféré une bénédiction de longue vie. Trulshik Rinpoché, qui avait assisté à la scène, fut très surpris, car il n'existe pas de cérémonie de mariage à proprement parler dans le bouddhisme tibétain; tout au plus offre-t-on une bénédiction pour la prospérité et la longévité du couple et de leurs futurs enfants. Trulshik Rinpoché n'avait jamais vu Dilgo Khyentsé Rinpoché agir de la sorte. La cérémonie terminée, il lui avait demandé pourquoi il faisait tant de cas de ce mariage. «Vous verrez, vous verrez… En temps utile», fut sa sibylline réponse. De fait, il venait de marier les parents de sa propre réincarnation, autant dire ses futurs parents!

Selon la tradition, une fois la réincarnation annoncée, plusieurs étapes s'enchaînèrent : l'attribution d'un nom, la cérémonie de la première coupe de cheveux et l'intronisation solennelle.

☙

Le 27 décembre 1995, à l'est du Népal, non loin de la frontière de l'Inde et du Sikkim, à la tête d'une procession de moines et de laïcs tenant chacun un bâton d'encens, Trulshik Rinpoché attendait en scrutant le ciel. Le vrombissement d'un gros hélicoptère russe rompit le silence des montagnes. Parmi les vingt-deux passagers se trouvaient la jeune réincarnation de Dilgo Khyentsé Rinpoché, sa mère, son frère aîné Pachog Rinpoché, Khandro Lhamo (la veuve de Dilgo Khyentsé Rinpoché), Rabjam Rinpoché et quelques-uns d'entre nous. Dès que l'appareil se fut posé, les pales immobilisées dans un nuage de poussière, le Yangsi descendit, porté par un vieux moine. Trulshik Rinpoché lui offrit une écharpe de cérémonie en soie d'un blanc immaculé et apposa longuement son front contre le sien. C'était la première fois qu'il rencontrait physiquement l'incarnation de son maître, celle qu'il avait identifiée lors de ses expériences visionnaires. Puis, il mena le Yangsi en procession vers le petit temple où il allait loger pour quelques jours.

Le lendemain matin, un nombre inhabituel de lamas, de moines, moniales et disciples de divers pays se retrouvèrent dans l'immense grotte de Maratika. Un lieu sacré où, dit-on, au IXe siècle, Gourou Padmasambhava et sa compagne spirituelle indienne, Mandarava, obtinrent le *siddhi*, le suprême accomplissement de la «vie infinie», la réalisation de la vacuité lumineuse de l'Éveil qui transcende toute notion de naissance et de mort. Il s'agit d'un lieu très impressionnant à 1 000 mètres d'altitude, en région semi-tropicale. Il se situe à une journée de marche d'un petit aéroport de montagne, ou à trois jours de marche de la route principale qui relie le Népal à l'Inde (une route carrossable a été ouverte depuis). Au-dessus d'un petit village comptant environ trois dizaines de maisons, il faut descendre des marches sur une trentaine de mètres pour aboutir sur la large esplanade d'une immense caverne rocheuse. Des centaines de chauves-souris vont et viennent, s'accrochent aux multiples aspérités de la voûte et des parois de ce gigantesque sanctuaire rupestre circulaire de soixante-dix mètres de diamètre et de quinze mètres de haut.

Une émouvante cérémonie se tint sous la vaste coupole de la grotte. Trulshik Rinpoché, entouré d'autres lamas, offrit au Yangsi le nom conféré par le Dalaï-lama : Orgyèn Tendzin Jigmé Lhundroup, «Détenteur intrépide et spontanément accompli des enseignements de Padmasambhava», ainsi qu'une bénédiction de longue vie. Des lampes à beurre et des bougies allumées sur les corniches et dans les anfractuosités des parois rocheuses illuminaient la caverne de lueurs dorées. Le Yangsi, sa famille et celle de Khyentsé Rinpoché, le représentant du Dalaï-lama et quelques proches avaient pris place sur une petite plate-forme rocheuse, autour des trônes de fortune érigés pour Trulshik Rinpoché et Yangsi Rinpoché. Environ deux cents personnes étaient assises en contrebas, sur l'esplanade de la grotte, parfois venues de bien loin, et à pied, pour voir le soleil se lever de nouveau dans leur cœur. La prière que le Dalaï-lama avait

À la recherche de la réincarnation de Dilgo Khyentsé Rinpoché

écrite quelques jours après que Dilgo Khyentsé Rinpoché eut quitté ce monde s'était réalisée :

> Plus il y a d'êtres vulnérables,
> Plus il est dans votre nature de les aimer.
> Afin de mûrir et libérer tous les êtres en cet âge sombre,
> Révélez promptement la lune étincelante du visage de votre émanation !

Puis, Trulshik Rinpoché commença à distribuer les pilules bénies lors d'une cérémonie de longue vie. Après l'avoir observé quelques instants, le jeune Yangsi, âgé de deux ans et demi, prit la coupelle des mains de Trulshik Rinpoché et insista pour poursuivre lui-même la distribution. Il donna une pilule à l'épouse de Dilgo Khyentsé Rinpoché, à Khandro Lhamo, puis à sa propre mère et à ceux qui étaient proches du trône. Lorsque le moine qui l'assistait dans ce rituel s'apprêta à reprendre la petite coupe, le Yangsi désigna la foule, indiquant qu'il voulait distribuer des pilules à une autre personne de l'assistance. Le moine montra quelques fidèles du doigt, mais le Yangsi les écarta d'un signe de tête. Un moine descendit en contrebas parmi la foule dans la direction indiquée par l'enfant et, tout en regardant le Yangsi, pointa de la main divers participants. Lorsqu'il désigna un Bhoutanais âgé, le Yangsi hocha la tête en signe d'acquiescement et l'invita à s'approcher. Ce dernier se présenta devant le Yangsi qui lui remplit la main de pilules. L'homme était en pleurs. Il s'agissait de Norbou Gyaltsèn, un capitaine à la retraite de la garde royale bhoutanaise qui avait servi Khyentsé Rinpoché pendant de nombreuses années. Il avait notamment été des nôtres lors du premier voyage au Tibet, en 1985. Arrivé la veille au soir à pied avec sa famille et un groupe de Bhoutanais, il voyait le Yangsi pour la première fois. La plupart des gens ne comprirent pas pourquoi cet homme avait été désigné plutôt qu'un autre, mais ceux qui connaissaient l'identité de ce fidèle furent émerveillés. J'avais maintes fois entendu raconter comment de jeunes lamas réincarnés reconnaissaient spontanément des personnes qu'ils avaient connues dans leur vie précédente, mais c'était la première fois que j'étais le témoin direct d'un tel fait.

Environ six mois plus tard, lorsque le Yangsi se rendit au Bhoutan, le roi souhaita le mettre à l'épreuve. À l'arrivée du Yangsi, une délégation de moines, de représentants du gouvernement et de membres de la famille royale l'attendaient à l'aéroport. Sans nous prévenir, le roi avait envoyé cinq hommes qui avaient à peu près le même âge, portaient les mêmes habits traditionnels bhoutanais, mais dont l'un d'eux avait été, lui aussi, un membre proche de l'entourage de Dilgo Khyentsé Rinpoché pendant une dizaine d'années. Lorsque le Yangsi arriva, une vaste assemblée l'accueillit ; un vieux lama, personne de confiance de la famille royale, attira alors l'attention du Yangsi sur les cinq hommes alignés et lui demanda ingénument : « Reconnaissez-vous l'un de vos serviteurs ? » Le Yangsi, alors âgé de trois ans, était d'humeur badine, mais à cette question, il se fit sérieux, fixa un instant les cinq hommes du regard et, sans hésiter, pointa le doigt l'un d'entre eux en affirmant d'un ton catégorique : « Celui-là ! » Puis il passa à autre chose, jouant et riant. Le vieux moine s'empressa de téléphoner au palais pour transmettre la nouvelle : « Il avait passé l'épreuve avec succès. »

Il est évident que de tels faits peuvent se révéler déconcertants pour un esprit occidental et je n'ai aucune explication ni interprétation à proposer relevant des connaissances actuelles de la science. Je ne peux que rapporter ce dont je fus témoin. Le bouddhisme propose une cause des plus simples : le Yangsi avait des réminiscences de sa vie précédente. Que dire d'autre ?

De nombreux événements de ce genre se produisirent lorsque le Yangsi avait entre deux ans et demi et cinq ans. Peu après que nous l'eûmes rencontré chez ses parents, un matin, je reçus un appel téléphonique au bureau du monastère. Une petite voix me dit : « Matthieu, travaille bien ! » Lorsque je compris qu'il s'agissait du Yangsi, j'en fus comme électrifié. J'en parlais à sa mère dans l'après-midi et il avait, paraît-il, demandé à me téléphoner de sa propre initiative. Je m'appliquai de mon mieux à mettre ses instructions à exécution !

Une autre fois, nous effectuions un court déplacement en voiture, au Népal, et le Yangsi était assis à l'avant, Rabjam Rinpoché, un moine et moi-même à l'arrière. Soudain, le Yangsi se retourna sur son siège et m'attrapa l'oreille qu'il tira doucement quelques instants. Comme le fit remarquer Rabjam Rinpoché : « La seule personne au monde que j'aie vue tirer l'oreille de Matthieu de cette façon était... le précédent Khyentsé Rinpoché. » En effet, Dilgo Khyentsé Rinpoché avait parfois ce geste affectueux, notamment lorsque je pris congé de lui pour la toute dernière fois à l'aéroport de Katmandou.

À la recherche de la réincarnation de Dilgo Khyentsé Rinpoché

Après le Nouvel An tibétain, en mars 1997, nous emmenâmes le jeune *tulkou* à Dharamsala pour rencontrer Sa Sainteté le Dalaï-lama qui allait effectuer la cérémonie de la première coupe de cheveux. Jusque-là, les cheveux du jeune enfant n'avaient jamais été approchés par une paire de ciseaux. Une cérémonie intime se tint à la résidence du Dalaï-lama en présence de Pénor Rinpoché, alors patriarche de l'école Nyingmapa, de Rabjam Rinpoché, de la famille du Yangsi et de quelques-uns d'entre nous. Le Dalaï-lama, qui était d'humeur joyeuse à l'occasion de cette rencontre avec l'incarnation de l'un de ses principaux maîtres spirituels, taquina affectueusement l'enfant, lui recommandant notamment d'être bien sage en soulignant ses mots d'un geste de l'index levé. Il conseilla à Rabjam Rinpoché de lui donner une bonne éducation, mais d'éviter de le traiter comme une «sommité» avant qu'il n'ait manifesté des qualités spirituelles de lui-même. Plus tard dans la matinée, l'administration tibétaine en exil accompagnée des représentants de divers monastères voisins organisa une cérémonie publique dans le temple principal de Dharamsala, durant laquelle de nombreux fidèles vinrent offrir au Yangsi des écharpes de cérémonie.

Il y avait indubitablement «quelque chose» chez le Yangsi qui sortait de l'ordinaire par comparaison avec les autres enfants de son âge. Lors de ce voyage en Inde, je fus frappé par l'impression qu'il faisait sur les gens que nous croisions. Lorsque nous attendions dans un aéroport ou sur le quai d'une gare, alors qu'il était simplement porté dans les bras de l'un d'entre nous et regardait autour de lui, il ne fallait pas longtemps avant qu'un petit attroupement de curieux se rassemble et le dévisage avec curiosité. Le même phénomène, dans des proportions plus évidentes encore, se produisait avec son prédécesseur, Dilgo Khyentsé Rinpoché. Lorsque dans son grand âge, assis dans son fauteuil roulant, il attendait l'arrivée d'un train sur un quai de gare, des Indiens venaient à lui, lui touchaient les pieds de leurs mains – un geste traditionnel de respect – et demandaient sa bénédiction, tandis qu'une vingtaine d'autres le contemplaient, formant un demi-cercle à distance respectueuse. Nous autres, membres de l'entourage, nous nous comportions bien sûr aussi avec le plus grand respect envers Rinpoché, mais exempts de toute ostentation qui aurait risqué d'attirer l'attention des passants.

À l'automne 1997, à Boudhanath, au Népal, sous la direction vigilante de Rabjam Rinpoché, les moines du monastère de Shéchèn s'affairèrent trois mois durant afin de préparer l'intronisation du Yangsi. Une planification minutieuse fut mise en place et chacun des trois cents moines se vit attribuer un rôle spécifique à jouer afin d'assurer le bon déroulement de cet événement mémorable.

Pendant les trois jours qui précédèrent l'intronisation, Trulshik Rinpoché effectua une cérémonie dans un temple situé au deuxième étage du monastère qui abrite une statue de Dilgo Khyentsé Rinpoché étonnamment réaliste – son visage fut modelé dans la cire par un artiste du musée Grévin de Paris – ainsi qu'un petit stoupa doré contenant ses reliques. L'extérieur du monastère avait été fraîchement repeint pour l'occasion ; le parvis était recouvert d'une grande tente jaune et décoré de bouquets de fleurs multicolores.

Enfin, le grand jour arriva, le 5 décembre 1997. L'intronisation du jeune Dilgo Khyentsé Yangsi fut célébrée en grande pompe et attira plus de quinze mille personnes de près de quarante nationalités différentes. Lorsque se fut levée la brume matinale, le flot des hôtes de marque et des fidèles afflua. Chacun fut solennellement reçu par Rabjam Rinpoché et conduit jusqu'au temple. Parmi les invités figuraient les patriarches des principales écoles du bouddhisme tibétain[1], cent trente-sept *tulkous*, des représentants du Dalaï-lama et de la famille royale bhoutanaise, de grands érudits occidentaux comme E. Gene Smith et Michael Aris, l'époux d'Ang San Su Ki, les ambassadeurs de France et des États-Unis, l'acteur Richard Gere, ami du monastère, et d'innombrables disciples venus du monde entier.

Puis, le petit Yangsi arriva avec sa famille. Escorté par Rabjam Rinpoché, il traversa le parvis sur lequel des symboles de bon augure avaient été dessinés avec du riz coloré. Une procession de musiciens et de danseurs virevoltants le devançait, ainsi que deux lions des neiges (ces grandes marionnettes mues par deux personnes dissimulées à l'intérieur, l'une pour la tête et les pattes antérieures et l'autre pour les pattes arrière). Au moment où il atteignit la cour au son retentissant des trompettes et au crescendo des cymbales, un frémissement de célébration émue et joyeuse parcourut la foule. Le plus grand nombre possible de personnes fut accueilli dans le temple, tandis que les fidèles assemblés dans la cour et les jardins extérieurs suivaient attentivement la cérémonie retransmise sur des écrans.

À la recherche de la réincarnation de Dilgo Khyentsé Rinpoché

Dans le temple, le Yangsi s'assit d'abord sur une chaise, face au trône qui lui était destiné, pendant que Trulshik Rinpoché accomplissait une cérémonie de purification afin de dissiper tout obstacle qui pourrait peser sur sa vie ou entraver ses activités. Puis, l'enfant prit place sur le trône de son prédécesseur. Trulshik Rinpoché lui offrit une statue, un livre, un stoupa, un vase et un objet rituel (un *phurba*, dague à triple lame représentant le pouvoir des trois sagesses primordiales de trancher les trois principaux poisons mentaux), symbolisant respectivement le corps, la parole, l'esprit, les qualités et l'activité d'un bouddha, et lui conféra une bénédiction de longue vie.

Une description de l'avènement du bouddhisme sur cette terre, de son épanouissement au Tibet, ainsi qu'une évocation de la série des émanations de Dilgo Khyentsé Rinpoché jusqu'à l'actuel Yangsi, fut proclamée à haute voix par un moine qui déroulait au fur et à mesure de sa lecture le rouleau long de deux mètres sur lequel Trulshik Rinpoché avait rédigé le texte. Puis Trulshik Rinpoché offrit le mandala représentant l'intégralité de l'univers, ainsi que les huit symboles et les huit substances de bon augure qui furent présentés au Bouddha après son Éveil.

Après cette intronisation qui dura une heure environ, les grands lamas firent, chacun à leur tour, les offrandes symboliques des qualités du Bouddha, chacune coiffée d'une longue écharpe de soie blanche, symbole de la pureté de leurs intentions. Certains représentants des grands monastères firent cent huit offrandes différentes – statues, livres, objets rituels, tapis, rouleaux de brocart, sacs de grains, ballots de thé, etc. –, portées par une procession de moines. Puis les milliers de disciples et fidèles – Népalais, Tibétains, Bhoutanais, Indiens, Occidentaux, Thaïs, Chinois, Vietnamiens, Japonais, et bien d'autres encore – défilèrent un par un dans un calme empreint d'allégresse pour présenter au Yangsi une écharpe blanche et une offrande.

Ainsi, pendant sept heures d'affilée, le Yangsi, âgé seulement de quatre ans et demi, resta patiemment assis sur son trône avec aisance et dignité. Parfois joueur et rieur – il mettait sa coiffe de lotus en faisant des mimiques facétieuses ou tapait vigoureusement sur la tête de quelqu'un qu'il connaissait en guise de bénédiction –, d'autres fois solennel, il accueillait chacun avec attention, associant la liberté joyeuse d'un jeune enfant à la gravité innée de celui qu'il incarnait. «Un enfant de 2 000 ans…», tel fut le titre d'un article publié par le magazine chrétien *La Vie* à la suite d'une rencontre avec le Yangsi. À aucun moment, au cours de cette longue journée, il ne manifesta une humeur capricieuse ni ne donna l'impression d'être contrarié ou ennuyé. Pour conclure, Rabjam Rinpoché exprima ce souhait: « Que les qualités de cet enfant s'épanouissent jusqu'à égaler celles de notre vénéré maître dans sa vie précédente ! » Il ajouta : « L'intronisation d'un *tulkou* établit un lien propice afin qu'il accomplisse le bien des êtres et préserve le Dharma. »

Rabjam Rinpoché souhaitait que je reste disponible pour l'assister dans les diverses tâches à accomplir lors de ces cérémonies. Il avait donc demandé à un ami médecin, Greg Rabolt, par ailleurs excellent photographe, de documenter l'événement. Pour éviter le remue-ménage, Greg était le seul photographe autorisé dans le temple, en plus d'une petite équipe de tournage française menée par notre ami Jean-Pierre Devorsine. Un photographe professionnel qui vit à Katmandou, un peu dépité, me fit remarquer : « Un médecin comme photographe ? Bon, la prochaine fois que vous êtes malade, appelez-moi ! »

En fin d'après-midi, une danse sacrée bhoutanaise rarement exécutée, le *ngak-cham* de Dramitsé (incluse depuis lors dans le « patrimoine culturel immatériel de l'humanité » de l'Unesco), fut présentée par les danseurs de Shéchèn dirigés par un maître de danse bhoutanais. Elle fut suivie, pour le plus grand plaisir de la foule, par une « danse des lions des neiges », animée et burlesque. Pendant les trois jours qui suivirent, tous les matins, le Yangsi reçut dans le temple les représentants des monastères népalais, indiens et bhoutanais. L'après-midi, des danseurs appartenant à différents groupes exécutèrent des danses culturelles et religieuses. Parmi eux figurait la troupe du TIPA (Tibetan Institute for Performing Arts) venue de Dharamsala, les jeunes danseurs du village d'enfants tibétains de Bir, le groupe Guésar, venu de Kalimpong, et constitué de pratiquants originaires du monastère de Riwoché au Tibet, et plusieurs groupes du Bhoutan. Un déjeuner fut chaque jour offert à plus de mille personnes pendant les cinq jours que durèrent les célébrations.

À partir du 12 décembre 1997 et pendant une dizaine de jours, les initiations et les explications des vingt-cinq volumes des *Œuvres complètes* de Dilgo Khyentsé Rinpoché furent pour la première fois conférées dans leur totalité par Trulshik Rinpoché[2]. Elles étaient principalement destinées au jeune Yangsi, mais aussi à l'incarnation bhoutanaise de Dudjom Rinpoché et à plus d'un millier de personnes rassemblées dans le temple de Shéchèn.

Le temps fastueux des cérémonies était passé, vint celui de l'éducation. Après avoir grandi auprès de son maître spirituel et grand-père, Rabjam Rinpoché décida de consacrer désormais les années à venir à veiller attentivement sur le jeune *tulkou*. Il mena cette tâche à bien en l'entourant de sa présence affectueuse et en lui transmettant les enseignements qu'il avait lui-même reçus de Dilgo Khyentsé Rinpoché. Le Yangsi eut par ailleurs un excellent précepteur en la personne de Khénpo Yéshé Gyaltsèn et il étudia la philosophie bouddhiste pendant plusieurs années en compagnie de deux jeunes *tulkous* de son âge. Il acquit par ailleurs une excellente maîtrise de la langue anglaise grâce à Sally, une jeune femme anglaise qui vivait dans son entourage au Bhoutan.

ఌ

En 2010, année commémorative du centenaire de la naissance de Khyentsé Rinpoché, Rabjam Rinpoché emmena le Yangsi, alors âgé de dix-sept ans, au Tibet oriental afin de visiter les principaux endroits où son prédécesseur avait enseigné, puis en France, en Amérique du Nord, en Malaisie et à Hong Kong.

En décembre 2010, soixante moines et moniales, ainsi qu'un groupe de pèlerins de toutes nationalités, accompagnèrent Yangsi Rinpoché et Rabjam Rinpoché dans les huit principaux lieux saints bouddhistes de l'Inde et du Népal[3]. Selon les vœux formulés par Dilgo Khyentsé Rinpoché avant sa mort, un stoupa fut consacré sur chacun de ces sites. Durant ces rituels de consécration, les lamas et les moines visualisent que tous les Bouddhas du passé, du présent et du futur siègent dans l'espace au-dessus du stoupa. Ils leur font ensuite des offrandes matérielles de fleurs, de lumières, de parfums, de nourriture… qu'ils disposent devant le stoupa, et qu'ils visualisent multipliées à l'infini jusqu'à emplir tout l'espace. Puis ces bouddhas sont invités à se dissoudre dans le stoupa et à lui donner vie par leur présence qui unit sagesse et compassion. Pour conclure, de nombreuses prières sont prononcées pour le bien de tous les êtres, la longue vie des maîtres spirituels et la pérennité des enseignements du Bouddha.

Après cette année de voyages et de célébrations, le Yangsi reprit ses études au collège philosophique de Shéchèn au Népal ainsi qu'au Bhoutan auprès de son précepteur. De 2012 à 2015, pendant les trois années que Rabjam Rinpoché passa en retraite contemplative au Bhoutan, le Yangsi assuma la direction des trois monastères de Shéchèn, parfaitement secondé par les moines formés par Rabjam Rinpoché. Néanmoins, en 2018, il décida de se retirer quelque temps des affaires monastiques pour être présent auprès de son père, Chokling Rinpoché, qui subit une longue hospitalisation à Singapour (il décéda en décembre 2020) et effectuer des retraites contemplatives.

Tel un lotus qui révèle sa pureté au fur et à mesure de son éclosion, Yangsi Rinpoché développe des qualités qui laissent espérer qu'il œuvrera au bien des êtres avec tout autant d'abnégation et de dévouement que son prédécesseur.

CHAPITRE 37

Moine photographe

J'avais découvert très jeune ma passion pour la photographie. En Orient, j'immortalise mes maîtres spirituels et leur environnement. Publication de mes premiers albums de photographie.

En 1995, je me trouvais à New York avec une sélection de mes diapositives sur la vie de Dilgo Khyentsé Rinpoché, prises notamment lors de nos voyages au Tibet. Une connaissance qui enseignait la photographie à l'université de New York me proposa de me présenter à Michael Hoffman, directeur d'Aperture, une maison d'édition réputée dans le monde de la photographie. Au fil de près de trente années écoulées, j'avais accumulé de précieuses images de la vie de mes maîtres et de leur monde, mais je ne les avais jamais utilisées autrement que pour les montrer à des amis et les mettre à la disposition de mes condisciples.

Un rendez-vous fut pris. Lorsque je me présentai à la réception, Michael Hoffman, qui se trouvait dans son bureau, ne se montra guère intéressé. Il me confia plus tard avoir dit à son épouse et principale collaboratrice, Melissa Harris : «Encore un photographe qui nous apporte des images du Tibet, va donc voir et dis-lui que je suis occupé.» Melissa descendit me retrouver dans une petite salle de réunion. Nous discutâmes quelques instants, puis je projetai les diapositives que j'avais apportées. Au bout de quelques minutes, Melissa téléphona à Michael en lui disant : «Je crois que tu ferais bien de descendre.» Michael arriva et un lien de sympathie s'établit tout de suite entre nous. Nous eûmes une conversation chaleureuse, mais il ne semblait toujours pas intéressé par mes images. Je lui proposai alors : «Pendant que nous parlons, permettez-moi de faire défiler les diapositives», et je lançai la projection. Les portraits de mes maîtres et les images du monde dans lequel ils évoluaient se succédèrent peu à peu sur l'écran jusqu'à finalement retenir le regard de Michael. Au bout de cinq minutes, il commenta : «Très puissant, très puissant. Faisons un livre!» Ainsi débuta une belle amitié avec Michael qui, un jour que nous nous trouvions dans son bureau, où je ne manquais pas de lui rendre visite à chaque fois que je venais à New York, me lança, sur le ton de la plaisanterie : « Je pars quelques mois dans ton monastère, prends ma place à Aperture ! » Notre relation fut féconde et aboutit à la parution, en 1996, de *Journey to Enligthenment, The Life and World of Dilgo Khyentse Rinpoche*, publié en France quelques années plus tard sous le titre *L'Esprit du Tibet*; puis je publiai *Moines danseurs du Tibet*. C'est ainsi que je devins « photographe ». Les étiquettes tiennent à peu de choses. Cela dit, je ne dois pas avoir le karma *ad hoc*, car aujourd'hui encore, après la publication de nombre d'albums, on me demande régulièrement : « Votre livre est très beau, mais qui a fait les photos ? »

Pourtant, c'est l'une des occupations que j'aime le plus. J'ai écrit nombre d'ouvrages, mais ne me définirais pas comme un écrivain-né; chaque texte me demande un travail appliqué et de nombreuses reprises avant d'atteindre sa forme achevée. En revanche, dans le domaine de la photographie, au fil des années, la technique m'est devenue familière et j'éprouve toujours un grand plaisir à immortaliser des instants, puis à partager mes images.

En 2000, alors que j'exposais à « Visa pour l'Image » à Perpignan, je rencontrai Hervé de La Martinière, Olivier Föllmi et Yann Arthus-Bertrand. De cette rencontre avec Hervé naquit une amitié solide et une collaboration fructueuse qui vit la publication notamment de : *Himalaya bouddhiste* (avec Olivier et Danielle Föllmi), *Tibet, regards de compassion*; *Un voyage immobile*; *Bhoutan*; *108 Sourires*; *Visages de paix, terres de sérénité*; *Hymne à la beauté*; *Contemplations et Émerveillement*. Je me fais aujourd'hui la réflexion que *Un demi-siècle dans l'Himalaya*, paru en 2017, cinquante ans exactement après mon premier voyage en Inde, est l'exact pendant en images du témoignage que je présente dans ces *Carnets*.

꽁

Tout a commencé vers l'âge de douze ans, après avoir reçu un Foca Sport en cadeau d'anniversaire. Je photographiais des flaques d'eau et des reflets de lumière. On disait : « Ne comptez pas sur Matthieu pour les photos de famille. » Je n'étais pas un enfant des villes et je me suis toujours senti mieux dans la nature. Je me mis à photographier plus sérieusement vers l'âge de quinze ans, guidé par mon ami André Fatras, l'un des pionniers de la photographie animalière en France. Notre rencontre eut lieu dans des circonstances bien particulières : il s'échoua en canot pneumatique, manquant de peu de sombrer, sur la plage de la Turballe près de la maison de mon oncle en Bretagne. Il avait descendu la Loire avec sa femme de dix-neuf ans et un bébé d'un an, dans le but de rencontrer mon oncle, le navigateur en solitaire Jacques-Yves Le Toumelin. Par chance, il tomba sur ma mère qui se promenait sur la plage. Mon oncle les accueillit bien volontiers et ils campèrent quelques jours sur la lande de Gwenved.

Par la suite, je fis de fréquents séjours chez lui en Sologne où il photographiait la faune sauvage, les oiseaux en particulier. Chez Dédé, je suis « Mama » ou « Moule à Gaufres ». Il n'y a pas d'origine à ce sobriquet, chez Dédé, chacun se voit simplement affublé d'un surnom. Récemment, j'ai envoyé un email à Martine, surnommée « Mati », l'épouse de Dédé, en signant « Moule à Gaufres » ; pendant deux semaines je reçus un nombre impressionnant de publicités me proposant d'acheter des moules à gaufres à bon prix ! Dédé et Mati eurent une vie passionnante, séjournant sept fois aux îles Kerguelen, mais aussi au Spitzberg, dans l'Amazonie de la Guyane française, en Inde, en Islande, aux Galápagos et connurent bien d'autres destinations exotiques. *Paris Match* publia notamment une image mémorable : leur fils Benjamin, habillé en manchot empereur, au milieu d'une centaine de milliers de ses « congénères », seule une petite ouverture qui lui découvre le visage permet de l'identifier. Je reste proche d'eux et leur rends visite en Sologne ou dans leur immense caverne voûtée dans les Causses que Dédé a peu à peu rendue habitable avec ses copains au prix de vingt ans de labeur. Un lieu unique en son genre : une grande baie vitrée laisse entrer le soleil levant par l'ouverture orientée à l'est, et une autre permet au soleil couchant d'illuminer la caverne par l'ouverture opposée.

Je continuai à apprendre la photographie sur le terrain et, avant de quitter la France en 1972, j'avais publié quelques photos de nature dans diverses revues, dont des couvertures de *Réalités* et *Connaissance de la campagne*. Mes meilleures images de cette époque ont été perdues après que TOP-Réalités, la petite agence à laquelle je les avais confiées, eut fermé ses portes en mon absence. Après m'être établi dans l'Himalaya, je photographiai surtout mes maîtres spirituels et leur univers. Mon but était de partager la splendeur, la force et la profondeur dont j'étais témoin. J'utilise la photographie comme une source d'espoir, dans l'intention de restaurer la confiance dans la nature humaine et de raviver l'émerveillement devant la part sauvage du monde.

༄

Henri Cartier-Bresson avait étudié la peinture avec ma mère dans l'atelier d'André Lhote, juste avant la Seconde Guerre mondiale, et était resté ami de mes parents. J'avais fait la connaissance d'Henri dans mon adolescence et lui avais montré mes premières photos qui ne l'avaient pas du tout impressionné ! Il me confia alors un principe que lui avait enseigné ce maître en peinture : « Une bonne composition doit pouvoir être regardée tout aussi bien à l'envers qu'à l'endroit. » Henri appliquait cette méthode pour juger de la composition d'une photographie.

Lors de la première publication, aux États-Unis, de *L'Esprit du Tibet,* je montrai mes épreuves à Henri Cartier-Bresson. Cette fois-ci, il observa les planches du livre en silence, s'arrêtant longuement sur chaque page, particulièrement sur les portraits des maîtres spirituels. Je partis pour l'Inde le lendemain. En arrivant, un fax d'Henri m'attendait : « Je me promenais dans les jardins du Luxembourg et cette phrase m'est venue : "La vie spirituelle de Matthieu et son appareil photo ne font qu'un, de là surgissent ces images fugitives et éternelles." »

Au fil du temps, je devins proche d'Henri et de son épouse Martine Franck, elle-même grande photographe de Magnum. Je leur rendais souvent visite lors de mes passages à Paris.

Tous ceux qui l'ont côtoyé savent qu'en sus de son génie qui lui valut le surnom d'« œil du siècle » Henri – HCB dans le milieu de la photo – était doté d'un caractère original. Lorsqu'il dédicaçait ses livres, il lui arrivait de signer « En rit ». Entre autres anecdotes, je me souviens qu'en 2007 il vint au vernissage d'une exposition de photos que je donnais à Paris au Forum des Halles. M'apercevant, il me lança : « Qu'est-ce que tu fais là ? Il ne faut jamais être présent lors du vernissage de tes expositions ! » Un jour qu'il avait donné rendez-vous à un journaliste de *Newsweek,* un dimanche matin à huit heures et demie – horaire peu habituel ! –, il me convia à prendre le petit déjeuner. Nous étions attablés avec Martine quand le journaliste arriva. Quelque peu intimidé, il s'assit en face d'Henri et posa son stylo et un bloc-notes sur la grande table ronde en bois ciré. Pointant le carnet du doigt, Henri demanda : « Vous êtes de la police ? » Après cette entrée en matière un brin déstabilisante, le journaliste posa la question classique : « Qu'est-ce qui fait un bon photographe ? » Ce à quoi Henri rétorqua : « Je ne suis pas photographe. Je préfère le dessin. Et puis tout le monde peut être photographe. Il suffit de posséder un appareil photo. » Martine intervint pour tempérer ces propos : « Mais enfin, Henri, tu sais bien que ce n'est pas vrai ! » Le reste de l'interview se déroula plus normalement, au grand soulagement du journaliste.

En 1991, Henri, qui s'intéressait depuis longtemps au bouddhisme, vint en Dordogne pour prendre quelques portraits du Dalaï-lama qui conférait des enseignements pendant une semaine à une dizaine de milliers de personnes, sous une grande tente blanche en haut d'une colline surplombant la vallée de la Vézère. À la pause de la mi-journée, je l'emmenai rencontrer le Dalaï-lama dans la petite tente où il recevait des visiteurs. Je présentai Henri comme l'un des photographes les plus admirés de notre temps. Le Dalaï-lama lui demanda ce qui caractérisait une bonne image. Henri parla de son fameux concept d'« instant décisif » et de l'importance de rester dans le moment présent. Rompu à la logique, le Dalaï-lama fit remarquer à Henri : « Mais, au moment où vous prenez la photo, vous pensez au résultat qui est dans l'avenir, et au moment où vous la regardez, vous retournez dans le passé. Vous n'êtes donc *jamais* dans le moment présent ! » Henri n'était pas dénué de sens de la repartie, mais il ne sut trop quoi répondre.

Ce n'est qu'à l'âge vénérable de quatre-vingt-dix ans qu'Henri s'engagea pleinement dans le bouddhisme. Il étudia auprès de Dagpo Rinpoché, un maître spirituel respecté qui vit en France depuis les années 1970 et dont il suivait les enseignements depuis plusieurs années déjà, à qui il demanda la transmission des vœux du Refuge dans les Trois Joyaux, le Bouddha, le Dharma et le Sangha. En 2004, deux semaines avant sa mort à l'âge de quatre-vingt-quinze ans, je passai quelques moments tranquilles auprès de lui. Sur sa table de chevet étaient simplement posés un petit bouddha, qui ne le quittait jamais, et un verre d'eau.

༄

La force d'une vision, d'une image, s'impose avec évidence dès qu'elle se présente. Je la scrute attentivement pour déterminer la meilleure façon de lui rendre justice, la technique aidant à retrouver l'impression subjective que j'ai ressentie en contemplant une scène. J'aime autant les couleurs riches que la « couleur sans couleur » : un oiseau blanc passant devant une chute d'eau sous la neige tombante. Danielle Föllmi – qui créa, avec son époux, Olivier, l'association HOPE (Himalayan Organisation for People & Education) et sa propre maison d'édition où je publiai, avec sa collaboration, *Himalaya bouddhiste* – m'a dit un jour que je « peignais avec la lumière ». Je ne pense pas être à la hauteur d'un si beau compliment, dont je fus touché, mais il correspond tout au moins à l'idéal que je poursuis dans la photographie.

Lorsque j'ai réalisé les images d'*Un voyage immobile, l'Himalaya vu d'un ermitage,* je suis resté assis au même endroit pendant un an, comme si j'attendais la lumière. Mais je n'attendais rien et je n'avais pas le projet de réaliser un livre : je séjournais simplement dans mon ermitage pour effectuer une retraite. De l'aube au crépuscule, je contemplais un paysage sublime : la chaîne himalayenne se déployait majestueusement sous mes yeux. Parfois, une lumière impromptue embrasait quelques instants la scène qui s'offrait à mon regard émerveillé et je prenais quelques images. Les « moments magiques » qui constituent ce recueil, tous saisis de la terrasse de mon ermitage ou à quelques centaines de mètres de là, sont le fruit de cette « attente sans attente », de l'harmonie de la nature se mêlant à la félicité de la méditation.

Il m'arrive de ne prendre aucune photo pendant des mois. Puis vient le jour où les personnages, le lieu et la lumière m'apparaissent de si belle façon que je ne peux résister à en capter une image, une offrande à tous ceux qui poseront leurs yeux sur elle. Cartier-Bresson disait : « Les photos me prennent et non l'inverse. » C'est ainsi que je ressens les choses ; l'idéal est alors de vivre sur les lieux où l'on photographie, de sorte que le temps joue en votre faveur : qu'une scène exceptionnelle s'offre à votre regard et vous êtes présent.

J'ai maintes fois contemplé et admiré l'œuvre des grands photographes du passé, Ansel Adams, Ernst Haas (son chef-d'œuvre *La Création,* en particulier que je revisite régulièrement), Galen Rowell et bien d'autres encore. Aujourd'hui, j'ai noué des liens d'amitié avec nombre de photographes de nature que j'admire – Jim Brandenburg, Vincent Munier et Yann Arthus Bertrand, pour ne citer qu'eux. Je continue d'apprendre à leur contact. Il m'arrive de contempler une image particulièrement frappante ou inspirante et de m'imprégner longuement de sa beauté, de sa composition, ou du message qu'elle transmet, une image qui restera dans ma mémoire et enrichira ma vision. Une photographie réussie est une image que l'on ne se lasse pas de contempler et qui procure un sentiment d'élévation.

Un autre photographe éminent, Robert Capa, fit cette remarque : « Les photos sont là et il ne reste plus qu'à les prendre. » De fait, au fil des années, c'est le regard qui s'éduque, qui s'affine et qui permet de mieux voir ce qui se présente, de faire honneur à ce que le monde et les êtres nous offrent, puis de faire vibrer les couleurs et chanter la lumière pour retrouver le sentiment de saisissement, de rupture des cogitations mentales et de ravissement qui a été le nôtre en contemplant une scène, un visage, l'immensité d'un ciel, la majesté d'une montagne, l'évanescence d'un reflet, les dédales d'une écorce ou l'intimité d'une fleur.

Les images de violence et de souffrance sont nécessaires pour éveiller les consciences et inspirer notre détermination à intervenir, à contribuer, à remédier aux injustices. Toutefois, nous ne devrions jamais perdre de vue le potentiel de beauté intérieure présent en chaque être. Il importe de maintenir un juste équilibre pour éviter de tomber dans le « syndrome du mauvais monde » qui nous convainc que l'être humain est foncièrement mauvais. En vérité, nous avons tous au plus profond de nous, à la manière d'une pépite d'or, un formidable potentiel de bonté, de sagesse et d'éveil. Cette « bonté originelle » n'est pas une image d'Épinal, par trop idéaliste. Que trouvons-nous au cœur même de notre conscience ? Ni la haine ni l'obsession ou l'arrogance, mais la conscience pure, lumineuse. À l'occasion de la publication de l'un de mes albums de photos, *Visages de paix, terres de sérénité*, en 2015, l'hebdomadaire *L'Express* publia un article intitulé « Reporter de paix », une épithète que j'accepte avec joie.

Certes, il n'est pas évident de traduire ces valeurs en images. Mais le photographe peut s'efforcer d'évoquer la beauté intérieure d'un maître spirituel, le rayonnement de sa bienveillance, la douceur d'un enfant au regard innocent ou la sérénité d'un vieillard au sourire édenté ; il peut partager l'émerveillement qui l'a transporté à l'apparition d'un paysage sublime.

Parfois, je vais chercher au loin certaines images. À l'âge de seize ans, je vis une photo emblématique d'Ansel Adams faite à la chambre photographique : un lac bordé de rochers au premier plan, avec une grande profondeur de champ et des montagnes en arrière-plan. Après avoir découvert une photo des lacs de Tsophou et afin de retrouver une scène similaire, quarante ans plus tard, je marchai quatre jours durant dans les montagnes bhoutanaises avec des amis autochtones afin de rejoindre ces lacs. Nous atteignîmes notre destination un après-midi. Le vent soufflait et les conditions ne se prêtaient pas à la photographie. J'annonçai à mes amis que j'allais dormir sur place. Nous étions à 4 400 mètres d'altitude et avions laissé nos tentes deux heures de marche plus bas, au camp de base du Jomo Lhari. Ils n'étaient guère enthousiastes, mais hésitèrent à m'abandonner à mon triste sort. Nous rencontrâmes une famille de nomades qui nous hébergea sous leur tente pour la nuit. Je savais ce qui allait se passer au lever du jour : à six heures du matin, le lac était comme un miroir et le sommet altier du Jitchou Draké, haut de 6 900 mètres, se dédoublait parfaitement à sa surface. J'accueillis avec délectation dans mon appareil une image en hommage à celle d'Ansel Adams. Elle valait assurément bien quatre jours de marche !

J'ai beaucoup photographié la part sauvage du monde, les grands espaces et les paysages grandioses. L'émerveillement devant la nature sauvage à lui seul ne réglera pas la crise écologique, mais il engendre une prise de conscience et le respect des forces extraordinaires à l'œuvre dans la nature. L'émerveillement conduit au désir de prendre soin de son objet, et le désir provoque l'action. Pour autant, sommes-nous touchés assez profondément pour tout mettre en œuvre avec la détermination nécessaire à changer radicalement nos modes de vie ? Nos activités entraînent actuellement la sixième extinction de masse des espèces depuis l'apparition de la vie sur Terre. Il est encore possible d'éviter ce bouleversement, mais, faute de volonté politique et d'engagement individuel, nous n'en prenons pas le chemin. Il est urgent d'agir et si mes photographies des beautés naturelles peuvent contribuer, en une part ne serait-ce qu'infime, à une prise de conscience, ce sera déjà une belle récompense.

Pour sortir de l'ornière des recommandations sans effet, il est indispensable de prendre la pleine mesure des alertes lancées par les scientifiques et de suivre les courants d'idées qui promeuvent l'altruisme et le bien-être véritable en tant qu'authentiques guides dans nos prises de décisions. Il ne s'agit pas simplement de survivre, mais de vivre mieux, en harmonie avec notre écosystème. L'un des biens les plus précieux que le monde nous offre est sa beauté chaque jour renouvelée.

Il y a aussi des photos que je regrette de ne pas avoir prises. Un jour, à Calcutta, je vis passer un homme qui tirait tant bien que mal une calèche à laquelle était attaché un cheval qui suivait au bout d'une corde. J'ai encore cette image en tête, pas sur la pellicule.

Il arrive que j'hésite à prendre des photos, en présence d'un maître spirituel notamment. Je préfère profiter pleinement de sa présence que de jouer au reporter. Toutefois, si les circonstances s'y prêtent, je prends quelques images, le plus discrètement possible, dans le but de partager avec d'autres la beauté spirituelle dont j'ai été témoin. Il faut savoir être présent tout en restant invisible, et déclencher l'appareil aussi discrètement que possible, en demandant respectueusement en son for intérieur la permission de pénétrer l'espace intime de ces êtres d'exception.

De fil en aiguille, ni vraiment professionnel ni complètement amateur, j'ai participé à de nombreuses expositions et publié douze albums de photographies accompagnées de textes en français et un certain nombre dans d'autres langues. Peut-être me dira-t-on un jour : « Magnifiques photos, mais qui a écrit les textes ? »

CHAPITRE 38

Un cœur immense : le Dalaï-lama

Devenu l'interprète français du Dalaï-lama, j'ai la chance de rencontrer, grâce à lui, des personnalités exceptionnelles comme Desmond Tutu, Jody Williams ou encore le Père Ceyrac. Je l'accompagne à la Grande Chartreuse, dans les Alpes françaises, un lieu où aucune visite n'est normalement autorisée.

Tant de bonté ! Tant de bonté... Rien que de la bonté. Ces quelques mots suffiraient à décrire l'essence des qualités du XIVe Dalaï-lama. Comme me le disait Thubten Jinpa, son interprète principal qui l'accompagna lors de ses multiples voyages dans le monde entier : « Je n'ai jamais rencontré personne qui soit à ce point concerné par l'ensemble de l'humanité. » Au cours de l'un des dialogues organisés par l'Institut Mind and Life, le Dalaï-lama nous confia que, durant ses pratiques matinales, il n'est pas un jour où il ne verse de larmes en pensant aux souffrances incommensurables des êtres.

On peut bien sûr évoquer la sagesse, une immense érudition, une vie consacrée à l'étude et à l'enseignement du bouddhisme, au partage des valeurs éthiques fondamentales indispensables à tout être humain, croyant ou non-croyant, une sincère ouverture au dialogue avec la science contemporaine et bien d'autres qualités admirables encore. Mais c'est vraiment la bienveillance inconditionnelle qui place le Dalaï-lama dans une dimension spirituelle et humaine hors du commun. Selon Dudjom Rinpoché, nombre de maîtres sont remarquables par leur niveau de réalisation spirituelle, mais un maître exceptionnel se reconnaît à la magnitude de son amour des êtres et de sa compassion pour ceux qui souffrent.

Et j'eus la chance de rencontrer de nombreuses fois cet authentique être de compassion, notamment en décembre 1989, au moment où il passa par Paris avant de se rendre à Oslo pour recevoir le prix Nobel de la Paix. Je me trouvais par hasard en France et j'allai accueillir le Dalaï-lama à son arrivée à son hôtel. Jusqu'à cette époque, lors de ses visites en pays de langue française, s'il parlait en tibétain, ses propos passaient par deux interprètes, tibétain-anglais puis anglais-français. Du fait que j'avais maintes fois accompagné Khyentsé Rinpoché lors de ses visites à Dharamsala, le Dalaï-lama savait que je parlais couramment le tibétain et que je possédais une connaissance raisonnablement suffisante du bouddhisme. Durant la courte audience qu'il m'accorda à son hôtel, le Dalaï-lama dit à son secrétaire qu'il serait plus efficace de faire appel à un interprète – moi-même en l'occurrence – qui traduise indifféremment du tibétain comme de l'anglais vers le français. J'étais bien sûr très heureux et honoré de pouvoir ainsi le servir, conscient également de la responsabilité dont il m'investissait. Je devins alors, du jour au lendemain, son interprète français pour les trente années suivantes.

C'est ainsi que je fus le témoin privilégié de nombre de scènes édifiantes sur la nature profondément humaine de cet être d'exception, notamment lors de rencontres inopinées, particulièrement révélatrices de son pouvoir d'amour inconditionnel. Je me souviens d'un soir, à la sortie d'un dialogue avec des étudiants de l'Université de Bordeaux. Le Dalaï-lama traversait la foule compacte de ceux qui n'avaient pu trouver de place dans l'amphithéâtre. Un couple âgé se tenait sur le côté, n'osant se mêler à la bousculade ; le mari se tenait debout derrière sa femme, assise, frêle et fragile, dans un fauteuil roulant. Le regard sans cesse en alerte du Dalaï-lama se posa sur eux. Il fendit la foule, prit les mains de la vieille femme dans les siennes, et la considéra en souriant, sans prononcer d'autres mots que les indicibles paroles d'une bonté sans limites. Après ces quelques instants qui semblèrent une éternité, j'entendis le vieil homme confier à sa femme : « Tu vois, c'est un saint homme… »

Combien de fois ai-je vu le Dalaï-lama aller serrer la main du portier ou de la standardiste derrière sa vitre, et prendre un malin plaisir à donner une grande tape dans le dos du garde républicain figé, sabre au clair, dans son superbe uniforme, éberlué, mais ravi que quelqu'un le traite comme un être humain à part entière.

Lors de l'une de ses visites en France, il fut reçu par le président François Mitterrand à l'Élysée. À la fin de l'entrevue, le président raccompagna le Dalaï-lama sur le perron. Mais au lieu de prendre place dans la voiture qui l'attendait au bas des escaliers, repérant les gardes dans leur guérite, le Dalaï-lama, se jouant du protocole, se dirigea vers eux et leur serra la main pendant que le président, quelque peu médusé, hésitait entre rentrer avant le départ de son hôte ou attendre qu'il ait fait son petit tour. Finalement, il attendit et salua le Dalaï-lama de la main lorsque le convoi finit par s'ébranler.

Lors d'un autre voyage, le Dalaï-lama fut convié à intervenir devant la Commission des affaires étrangères à l'Assemblée nationale. En partant, nous tombâmes sur un ministre qui sortait d'une autre salle, accompagné d'un garde du corps. Ce dernier avait assuré la sécurité du Dalaï-lama lors d'un précédent voyage et avait passé une dizaine de jours avec nous. Il avait gardé un souvenir ému de cette mission et conservait la photo du Dalaï-lama dans son portefeuille. Le Dalaï-lama le reconnut immédiatement et se dirigea droit vers lui. Il lui donna l'accolade, en disant de sa voix bien timbrée : « Mon ami ! », ne prêtant guère attention au ministre qu'il ne connaissait pas et qui regardait la scène sans trop savoir comment réagir.

Rompre le protocole pour porter intérêt à ceux qui assurent la sécurité dans l'ombre est quelque chose de courant lors des visites du Dalaï-lama. En 2001, nous étions au Parlement européen à Strasbourg où le Dalaï-lama venait de prononcer un discours. Un déjeuner officiel avait été organisé en son honneur réunissant une vingtaine de chefs de délégations des pays européens. Lorsque nous entrâmes dans le salon, le Dalaï-lama repéra deux ou trois cuisiniers qui observaient la scène par la porte entrouverte des cuisines. Laissant en plan les représentants des nations, il se rendit droit vers les cuisines et consacra quelques minutes à ceux qui y travaillaient. Puis, il retourna vers la grande table où tout le monde attendait debout en s'exclamant : « Ça sent bon ! »

Être son interprète me donnait aussi l'occasion de passer des moments seul avec lui, en voiture par exemple, ou dans son antichambre entre deux visiteurs, ou encore la fois où il fit un bilan de santé d'une demi-journée à l'hôpital du Val-de-Grâce à Paris. Ce jour-là, je restai dans sa chambre pour servir d'interprète lorsque les médecins passeraient. J'en profitai pour m'entretenir avec lui de sujets spirituels, parler de Dilgo Khyentsé Rinpoché, et lui demander des conseils pour ma pratique. Il insistait toujours sur l'importance cruciale de la compassion, d'apprendre à devenir maître de soi, de savoir se contenter de peu, et de se comporter en conformité avec les enseignements. Au moment de quitter l'hôpital du Val-de-Grâce, nous tombâmes sur une femme âgée en fauteuil roulant. Le Dalaï-lama s'approcha d'elle, la regarda avec bonté et s'enquit de son état de santé. Elle ne sut trop quoi répondre sur le moment, mais le professeur qui s'était occupé du Dalaï-lama m'écrivit en me disant qu'elle était décédée un mois plus tard et lui avait confié que cette rencontre avec le Dalaï-lama avait illuminé ses derniers jours.

Je me souviens encore d'un autre exemple caractéristique de la spontanéité qui accompagne chez lui sa compassion inconditionnelle, un incident qui se produisit lors des célébrations du cinquantième anniversaire de la Déclaration des droits de l'homme, en décembre 1998, à Paris. À cette occasion, le Dalaï-lama donna une conférence avec Robert Badinter au Palais des Congrès, Porte-Maillot. Or, sur le trajet du retour il pleuvait, et en roulant sur une section de route pavée, l'un des motards de la Gendarmerie nationale qui ouvrait la route glissa et tomba. À peine arrivé à l'hôtel, le Dalaï-lama demanda que l'on prenne de ses nouvelles. Nous apprîmes qu'il s'agissait d'une motarde, et que, malgré un malheureux gros choc au bras, elle se portait bien. Le Dalaï-lama partait le lendemain matin pour l'Inde et demanda si elle pouvait et souhaitait venir à l'hôtel pour qu'il la rencontre. Le lendemain matin, la motarde, le bras en écharpe, nous rendit visite et fut reçue par le Dalaï-lama dans son antichambre. Il lui donna une accolade – en prenant garde au bras douloureux – puis lui parla quelques minutes et lui donna l'un de ses livres qu'il lui dédicaça. Elle était émue aux larmes. Il semblait que le sort de cette motarde soit plus présent à l'esprit du Dalaï-lama que le souvenir des hommes d'État qu'il avait rencontrés lors de son séjour en France.

Lors de ce même séjour, le Dalaï-lama, invité surprise du concert d'Amnesty International à Bercy, pénétra sur la scène illuminée de mille feux, entre deux chansons de rock. Quinze mille jeunes se dressèrent comme un seul homme, offrant une formidable ovation à l'apôtre de la non-violence. Dans un silence inhabituel en ces lieux, ils écoutèrent attentivement les paroles chaleureuses qu'il leur adressa. Une partie de l'audience manifesta bruyamment son approbation, mais se vit intimer le silence par le reste de l'assistance dans un « Chut ! » retentissant. Je ne suis pas familier des concerts de rock, mais y fait-on jamais « Chut ! » pour réclamer le silence ? J'en doute. J'étais supposé traduire, mais ses propos en anglais étaient simples et directs, et il semblait inutile de le couper. Je restais donc simplement à côté de lui, juste en cas de besoin – cela arrive parfois lorsqu'il cherche un mot en anglais qu'un interprète qui le connaît bien peut lui suggérer. Lorsque le Dalaï-lama quitta la scène, l'assistance fit à nouveau exploser l'applaudimètre. Comment expliquer une telle unanimité, un tel cri du cœur émanant d'une foule qui ne l'attendait pas ? On songe à Gandhi, à Martin Luther King... Ces quinze mille jeunes avaient perçu l'immensité de son cœur. Une telle spontanéité ne peut être ni factice ni éduquée.

Lorsqu'on demande au Dalaï-lama pourquoi il suscite ces réactions de sympathie, il répond en toute simplicité et humilité : « Je n'ai aucune qualité spéciale. Peut-être est-ce le résultat d'avoir, toute ma vie, médité plusieurs heures par jour sur l'amour et la compassion. »

Rabjam Rinpoché demanda un jour ingénument à son grand-père Dilgo Khyentsé Rinpoché : « Quel est le plus grand maître spirituel de nos jours ? » Khyentsé Rinpoché répondit sans hésitation, « Gyalwa Rinpoché, sans aucun doute ». Gyalwa Rinpoché, « Précieux Victorieux », est l'un des noms par lesquels les Tibétains se réfèrent au Dalaï-lama. « Victorieux » indique ici la victoire sur l'ignorance et sur les causes de la souffrance.

Au fil du temps et du cours fluctuant de l'être, son message est resté constant et indéfectible ; il le répète à qui veut l'entendre : « Toute personne, même hostile, est comme moi un être vivant qui redoute la souffrance et aspire au bonheur, elle a tous les droits d'être épargnée par la souffrance et d'obtenir le bonheur. Cette réflexion nous aide à nous sentir profondément concernés par le bonheur d'autrui, notre ami comme notre ennemi. C'est la base d'une compassion authentique. »

Passer ainsi quelques jours ou quelques semaines en présence du Dalaï-lama fut toujours pour moi comme un bain de jouvence, spirituel et humain. L'une de ses qualités qui me frappèrent le plus est son authenticité de chaque instant, la simplicité empreinte de bonté avec laquelle il traite tous ceux qu'il croise, les humbles comme les grands de ce monde. Il est exactement le même – présent, attentionné, bienveillant, curieux – face à chaque personne, quels que soient sa fonction, son statut, ses lettres de noblesse.

Une grandeur d'âme et une douceur non dénuées d'humour. L'absence d'ego permet en effet un sens de l'humour que l'on rencontre souvent chez les grands maîtres tibétains, ou même chez les laïcs du Pays des Neiges, toujours prompts à lancer une plaisanterie. Le Dalaï-lama ne fait pas exception à ce trait culturel : son authenticité et sa dignité naturelles sont souvent empreintes d'un humour spontané devant l'incongruité d'une situation, humour qui s'accompagne généralement d'un rire franc que le Dalaï-lama prolonge d'un regard amusé vers son interlocuteur.

Ainsi, cette même année 1989, alors qu'il faisait halte à Paris, Danielle Mitterrand, l'épouse du président, remit au Dalaï-lama, conjointement à Serge Klarsfeld, le prix de la Mémoire, dont elle présidait le jury. Le prix consistait en une œuvre du sculpteur César, qui compressait divers objets dans une presse hydraulique. L'œuvre en question était donc un objet en métal d'environ vingt centimètres sur vingt, non identifiable en raison du traitement qu'il avait subi. À la fin de son discours de remerciement, le Dalaï-lama remarqua : « Et j'ai aussi reçu… » Contemplant un instant l'objet en question et ne sachant trop que dire, il conclut : « … quelque chose ».

Le lendemain matin, après le départ du Dalaï-lama et de son entourage, les membres du Bureau du Tibet à Paris rassemblèrent les quelques cadeaux reçus lors de la visite et étaient sur le point de laisser sur la table ladite sculpture. Je me permis de les informer que, contrairement aux apparences, elle représentait une certaine valeur sur le marché de l'art et qu'ils feraient tout aussi bien de l'emporter. J'ai pu constater au fil du temps que les Tibétains sont passablement hermétiques à l'art contemporain. Je dois avouer que, bien qu'appréciant grandement les œuvres de ma mère qui s'apparentent à l'« abstraction lyrique », trop souvent l'art contemporain me paraît une amusante mystification.

L'année suivante, Danielle Mitterrand, qui avait pris fait et cause pour les aspirations légitimes et pacifiques du peuple tibétain, se rendit auprès du Dalaï-lama à Dharamsala, en Inde. Il lui fit visiter les lieux et, arrivé devant la grande statue du Bouddha qui siège dans le temple du monastère situé en contrebas de sa résidence, il montra respectueusement la statue de la main et lança : « My boss ! »

À Genève, en 1999, lors d'une conférence publique, une foule s'était rassemblée dans le parc Mon-Repos. Il n'y avait pas d'écran pour relayer la scène. J'étais debout à côté du Dalaï-lama pour interpréter, habillé exactement comme lui, le crâne rasé et, moi aussi, portant des lunettes. Conscient que certaines personnes regardaient de loin, il débuta par une précision : « Vous voyez, le moine à côté de moi c'est un duplicata, de sorte qu'en cas d'attentat l'agresseur ne sache pas sur qui tirer », puis il éclata de son rire sonore en me tapant énergiquement sur l'épaule.

꩜

Être l'interprète du Dalaï-lama fut pour moi une expérience très particulière, qu'il est difficile de décrire. Il se produit une sorte d'osmose liée au respect à l'égard du maître, osmose au cours de laquelle les paroles du Dalaï-lama pénètrent directement en mon esprit qui doit être totalement libre des pensées qui l'encombrent habituellement. Un moment de distraction risque en effet de me faire perdre irrémédiablement le fil du développement. L'interprète doit être parfaitement présent, avec une attention claire et maximale, sans être tendu pour autant, auquel cas il se fatiguerait trop vite. À l'issue de longues séances de traduction pour Khyentsé Rinpoché, Tulkou Péma Wangyal me rappelait aussi que la bénédiction du maître jouait sûrement un rôle dans la capacité de l'interprète à rendre fidèlement ses propos. Lorsque le Dalaï-lama parlait une dizaine de minutes d'affilée avant de me donner la parole, il était important que je garde en mémoire l'enchaînement des principaux points qu'il venait d'exposer. Il ne faut surtout pas perdre le fil! Il m'arriva occasionnellement, au moment où le Dalaï-lama me donnait la parole, de ne plus me souvenir des premiers mots de son exposé. Le temps suspendait son vol et je restais silencieux quelques secondes, cherchant désespérément le tout début de son énoncé dans un silence inaccoutumé et déconcertant. Le public et le Dalaï-lama, qui sont habitués à ce que je traduise sans trop de peine ces longs développements, se demandaient alors ce qui m'arrivait et pourquoi je me trouvais soudain sans voix. Par chance, ce début ressurgissait généralement en mon esprit et le reste s'enchaînait naturellement. Sinon, je traduisais à partir du point dont je me souvenais et, le plus souvent, le début revenait pendant que je traduisais la suite. Je l'ajoutais alors à la traduction en mentionnant que j'avais oublié un élément.

En 2001, à Strasbourg, lors de l'intervention du Dalaï-lama devant le Parlement européen au grand complet, je me retrouvai dans la cabine des interprètes avec les professionnels qui devaient assurer la traduction dans les diverses langues européennes directement à partir des paroles du Dalaï-lama lorsqu'il parlait en anglais, ou à partir de ma traduction lorsqu'il passait au tibétain. Ils me demandèrent si j'avais un imprimé du discours que le Dalaï-lama allait prononcer.

« Il improvise, leur répondis-je.

– Où est votre collègue ? poursuivirent-ils, la règle voulant qu'il y ait deux interprètes par cabine et qu'ils se relaient toutes les vingt minutes.

– Collègue ? Je crains d'être tout seul », leur précisai-je.

Le Dalaï-lama parla à un rythme soutenu, moitié en anglais, moitié en tibétain et je fis de mon mieux pour traduire en simultané. Même si cela peut paraître surprenant, il est plus facile de traduire en simultané, car il n'est pas nécessaire de retenir tout ce que le Dalaï-lama explique au cours de ces longues interventions avant qu'il ne fasse une pause pour permettre à l'interprète d'intervenir. Toujours est-il qu'à la fin de son discours, qui dura environ cinquante minutes, les interprètes, qui dépendaient donc de ma traduction lorsque le Dalaï-lama parlait en tibétain, étaient tout sourire et me dirent que je ne me débrouillais pas trop mal. Je les remerciai du compliment et leur dis que les interprètes du Dalaï-lama avaient l'habitude : il lui arrivait d'enseigner cinq ou six heures dans la journée.

En 2003, le Dalaï-lama donna cinq jours d'enseignement à Paris au stade de Bercy, devant plus de dix mille personnes. Loin de toute rhétorique enflammée, le discours du Dalaï-lama développa une philosophie profonde, une investigation de la nature de la réalité et un exposé des moyens permettant de devenir de meilleurs êtres humains. Il ne manqua pas de ponctuer son enseignement de conseils pratiques et de traits d'humour. La manière d'enseigner du Dalaï-lama est empreinte de pragmatisme. Les choses simples dont il parle sont le fruit de son expérience directe et d'une vie consacrée à la pratique spirituelle.

Le premier matin, il expliqua comment la philosophie bouddhiste rejette deux vues qu'il qualifie d'« extrêmes » ou de déviations, concernant la nature des phénomènes : le nihilisme et le matérialisme (ou réalisme naïf). Il cita notamment le *Traité fondamental de la connaissance transcendante* (la *Prajnaparamita*) qui précise :

> Affirmer l'« existence véritable » des phénomènes est éternalisme ;
> Affirmer qu'ils sont « non existents » est nihilisme.
> Tomber dans l'extrême de l'éternalisme ou dans celui du nihilisme,
> C'est être ignorant.
> Et l'ignorance empêche de se libérer du samsara.

Le Dalaï-lama met constamment l'accent sur l'importance de l'étude des grands textes philosophiques bouddhiques, les exégèses des enseignements du Bouddha, composées par d'éminents érudits, tels Nagarjuna, Aryadéva, Asanga, Chandrakirti et Shantidéva, qui vécurent en Inde entre le Ier et le VIIe siècle, et comptent parmi les plus grands penseurs de l'histoire. Au Tibet, des centaines de commentaires furent composés pour expliciter avec pénétration et clairvoyance les vues philosophiques exposées dans ces textes. Selon lui, ces études approndies sont un fondement indispensable à la pratique contemplative.

Il se livra également à une déconstruction exhaustive de la notion d'identité individuelle – un «soi» prétendument indépendant, singulier et durable. Ce fut une manifestation de sa profonde érudition ; il fit appel à nombre de citations et de commentaires canoniques. Sur scène, je traduisais de mon mieux, tandis que mes collègues et amis interprètes traduisaient en cabine en anglais, allemand, italien, espagnol et quelques autres langues. À la pause de midi, ils me confièrent qu'ils avaient compati à mon sort, compte tenu du niveau de difficulté de l'enseignement donné, conscients qu'être le traducteur principal accroît le sentiment de responsabilité vis-à-vis du Dalaï-lama et du public.

Le Dalaï-lama annonça en fin de matinée que les auditeurs pouvaient poser des questions par écrit et qu'il y répondrait en début d'après-midi. Je vins en sa présence avant la reprise des enseignements et lui mentionnai que de nombreux participants trouvaient la notion de non-ego un peu ardue. Si le soi est inexistant, demandaient-ils notamment, comment peut-on être responsable de ses actes ? À quoi bon parler de karma et de vies successives s'il n'y a personne qui se réincarne ? Le Dalaï-lama me jeta un regard amusé : «C'est de ta faute ! dit-il, tu as dû mal traduire. Je n'ai jamais dit que le soi n'existait pas *du tout*.» Puis, il éclata de rire et ajouta, sachant que j'avais restitué au mieux son exposé : «Je vais expliquer ce point de nouveau. Le soi existe, mais seulement de manière conventionnelle, sous la forme d'un concept attaché au continuum de la conscience. Mais il n'est pas une entité douée d'existence propre.»

Mon ami Christof Spitz, l'excellent interprète tibétain-allemand que j'ai souvent côtoyé lors des enseignements du Dalaï-lama en Europe, me raconta que ce matin-là il eut très mal au ventre et fut contraint de s'absenter quelques minutes. Un autre interprète allemand, moins expérimenté que lui, le secondait dans la cabine de traduction. Christof lui demanda de prendre sa place un moment alors que le Dalaï-lama développait un point philosophique particulièrement complexe. L'ami plaida : « Mais je ne comprends pas ! » Ce à quoi Christof rétorqua : « Ça ne fait rien. Dis juste quelque chose ; ce qui te passe par la tête ! » Il avait oublié d'éteindre son micro et l'audience allemande rit de bon cœur.

ଔ

Paul Ekman, l'un des plus éminents spécialistes de la psychologie des émotions, remarquait qu'il n'avait jamais rencontré, en cinquante ans d'observation des expressions faciales, quelqu'un qui manifeste ses sentiments avec autant de transparence sur son visage que le Dalaï-lama. Ce dernier ignore l'hypocrisie et n'est absolument pas concerné par son image. Sa simplicité naturelle fait fondre toutes les barrières. Combien de fois ai-je vu des gens venir à lui dans une attitude guindée, réservée, parfois dubitative, et repartir un peu plus tard les larmes aux yeux et le cœur débordant de chaleur humaine. Il suffisait de quelques instants pour que l'authenticité désarmante et la bienveillance du Dalaï-lama fassent remonter le meilleur d'eux-mêmes à la surface.

Un être tel que le Dalaï-lama, qui a su s'affranchir du diktat de l'ego, pense et agit avec une spontanéité et une liberté qui contrastent victorieusement avec la paranoïa qu'engendre l'égocentrisme. Paul Ekman étudia des personnes qu'il considère comme « douées de qualités humaines exceptionnelles[1] ». Parmi les traits remarquables qu'il nota chez elles figurent : « une impression de bonté, une qualité d'être que les autres perçoivent et apprécient et, à la différence de nombreux charlatans charismatiques, une parfaite adéquation entre leur vie privée et leur vie publique », mais surtout « une absence d'ego : ces personnes inspirent les autres par le peu de cas qu'elles font de leur statut, de leur renommée, bref de leur moi. Elles ne se soucient pas le moins du monde de savoir si leur position ou leur importance sont reconnues ». Une telle absence d'égocentrisme, ajoutait-il, « est tout bonnement confondante d'un point de vue psychologique ». Paul soulignait également que « les gens aspirent instinctivement à être en leur compagnie. Même s'ils ne savent pas toujours expliquer pourquoi, ils trouvent leur présence enrichissante». De telles qualités présentent une différence frappante avec les travers des zélateurs de l'ego.

Le Dalaï-lama affirme lui-même : «Dans mes rêves, je ne me perçois pas comme le Dalaï-lama, mais comme un simple moine.» Lorsqu'il interagit avec le monde, avec la foule des êtres, c'est en simple être humain qu'il va à eux partager des valeurs qu'il estime bénéfiques à tous et à chacun. Lors d'une conférence publique à Bruxelles, durant laquelle je lui servais d'interprète, il débuta par cette déclaration : «Je suis devant vous comme un simple être humain qui partage son expérience avec d'autres êtres humains. Si je pense "je suis tibétain", [j'instaure] un degré de séparation ; "je suis moine" deux degrés de séparation ; "je suis le Dalaï-lama" trois degrés de séparation. Non, je suis ici devant vous comme un simple être humain.»

Il me revient une anecdote particulière illustrant cette qualité d'être se répandant sur tous propre au Dalaï-lama. En 1998, j'accompagnai Michel Denisot à Dharamsala ; il souhaitait interviewer le Dalaï-lama pour Canal +, dans l'émission *À part ça !*[2]. Lors du dîner, le soir précédant la rencontre, Michel Denisot, alors président du club de football du Paris Saint-Germain, était fort préoccupé parce qu'il venait d'apprendre que son club avait perdu. Le lendemain matin, nous préparâmes l'enregistrement avec l'équipe de cinq ou six personnes. La tension était palpable, amplifiée par une panne d'électricité qui obligea à installer en urgence un groupe électrogène. L'interdiction de fumer dans la maison où se trouvait le Dalaï-lama n'aidait probablement pas l'équipe à se détendre.

Tout fut enfin prêt. Le Dalaï-lama arriva et, en un instant, la fébrilité tomba comme du lait en ébullition que l'on retire du feu. Nous vécûmes plus d'une heure d'entretiens passionnants entre le Dalaï-lama et Michel Denisot que je traduisis en simultané. Lorsque l'interview fut terminée, un parfait silence régnait dans la pièce. Le Dalaï-lama passa une écharpe de cérémonie en soie blanche autour du cou de chacun des membres de l'équipe, et même une sur l'objectif de la caméra, en riant, et prit congé en se retournant plusieurs fois pour saluer tout le monde de la main. La script qui avait de grosses responsabilités et qui était particulièrement tendue avant l'émission dit, en larmes : «Qu'est-ce qui m'arrive ? Pourquoi est-ce que je pleure ? Tout s'est si bien passé.»

☙

Un cœur immense : le Dalaï-lama

En Inde, au pied de la masse sombre et imposante des sommets himalayens, le village de Dharamsala dort paisiblement. Quelques lumières falotes s'allument sur la crête d'une colline boisée. Le XIVe Dalaï-lama se réveille. Il est trois heures du matin, parfois plus tôt encore. Ainsi commence, par la prière et la méditation, la journée de l'un des êtres les plus remarquables de notre temps. Où qu'il se trouve et quelles que soient les circonstances, chaque matin le guide spirituel du peuple tibétain médite pendant quatre heures. Une méditation qui est avant tout une prière profonde pour le bien des êtres.

La chambre est toute simple, lambrissée de bois vernis, dépouillée des décorations multicolores des temples tibétains. Sur le petit autel sont disposés une statue du Bouddha, les photos de ses maîtres spirituels et des textes sacrés. Vers six heures, tout en écoutant les nouvelles du monde à la BBC, le Dalaï-lama prend son petit déjeuner d'un bon appétit, car il ne mange pas le soir, comme tout moine bouddhiste. Puis il continue à méditer jusque vers huit ou neuf heures.

Le Dalaï-lama s'astreint coûte que coûte à cette discipline dans laquelle il puise la force dont il a tant besoin afin de poursuivre ses inlassables activités. Lorsqu'en 1989 il fut nommé pour recevoir le prix Nobel de la Paix, les journalistes se pressèrent tôt le matin pour obtenir la primeur des réactions du leader tibétain. La seule réponse qu'ils obtinrent du moine affable et discret qui, depuis plus de trente ans, veille fidèlement aux besoins du Dalaï-lama fut : « Il n'a pas encore appris la nouvelle. Nous ne le dérangeons jamais pendant ses pratiques spirituelles. » Pour conclure sa méditation, il se rend dans une pièce où sont conservées de précieuses reliques rapportées du Tibet. Parmi celles-ci, une statue du Bouddha, de taille humaine, sculptée dans du bois de santal, qui fut offerte au Dalaï-lama par des fidèles qui l'avait sauvegardée de la dévastation engendrée par l'invasion chinoise. Devant cette statue, qu'il se représente comme le Bouddha en personne, le Dalaï-lama se prosterne cent fois : humble hommage qu'il rend non pas à un dieu, un prophète ou un saint, mais à l'Éveil, la connaissance suprême.

Si l'on en faisait la requête, avais-je entendu dire, il était possible de voir cette statue. Je fis part de mon souhait au moine qui veille constamment sur le Dalaï-lama et que je connais bien. Deux jours plus tard, on m'intima de venir tôt le matin. Lorsque je fus introduit dans les appartements du Dalaï-lama, il m'attendait, seul. Il me prit par la main et m'emmena dans son temple, me laissa me prosterner trois fois devant la statue du Bouddha, puis me montra une par une les inestimables statues et reliques préservées dans les vitrines qui s'élèvent le long des murs. Finalement, il me ramena devant la précieuse statue du Bouddha, devant laquelle était posée une photographie de son maître racine, Ling Rinpoché. Il saisit un magnifique cristal de roche posé là aussi et me le donna en disant : « Tu es un pratiquant de la Grande Perfection. Ce cristal est un symbole de la nature de l'esprit. » Avant de prendre congé, je lui demandai, avec l'immense respect que je lui voue, de bénir ma pratique spirituelle. J'étais un bon moine, guidé par des maîtres spirituels authentiques ; tout devrait bien se passer, me rassura-t-il. Je ressortis léger, porté par un vent d'allégresse et de plénitude que je n'essaierai pas de décrire : « Comment un muet peut-il décrire la saveur du miel sauvage ? » dit le proverbe tibétain.

☙

La seconde partie de la matinée du Dalaï-lama est consacrée aux tâches extérieures : « Vers neuf heures, je me rends à mon bureau si j'ai des gens à voir. Sinon, je lis des traités philosophiques. Je me remets en mémoire les textes que j'ai étudiés dans le passé et j'approfondis les commentaires des grands maîtres des diverses écoles du bouddhisme tibétain. Je réfléchis aux enseignements et je médite un peu. Vers treize heures, je déjeune. Puis, jusqu'à dix-sept heures, je m'occupe des affaires courantes et reçois des visiteurs. Vers dix-huit heures, je prends le thé. Si j'ai un creux à l'estomac, dit-il en riant, je m'incline devant le Bouddha et lui demande la permission de croquer quelques biscuits. Enfin, je récite mes prières du soir, et je m'endors vers sept heures et demie, et puis... huit heures de sommeil – je le recommande à tous ! »

Les rencontres des Tibétains venus des hauts plateaux du Pays des Neiges sont toujours poignantes. Pour voir le Dalaï-lama, ne serait-ce qu'une fois dans leur vie, certains doivent franchir des cols enneigés à plus de 5 000 mètres d'altitude et déjouer l'armée chinoise qui contrôle les frontières, la plupart des Tibétains ne pouvant pas obtenir l'autorisation de sortir de Chine. Ils parviennent pourtant à braver l'interdit et ne peuvent contenir leurs larmes de joie alors que le Dalaï-lama s'enquiert de sa voix grave et sonore de leur odyssée personnelle et de la situation au Tibet. À un moine qui avait passé vingt ans en prison et avait été torturé à maintes reprises, il demanda s'il avait eu peur. Le moine baissa humblement la tête : « Ma plus grande peur était d'éprouver de la haine envers mes tortionnaires », répondit-il.

La résidence du Dalaï-lama domine l'immensité des plaines de l'Inde qui s'étendent à l'infini sous ses yeux. Les Tibétains l'appellent le « palais » (*phodrang*) bien qu'il s'agisse d'une maison toute simple avec quelques dépendances abritant le secrétariat privé du Dalaï-lama, une salle d'audience et une autre salle de réunion. C'est dans cette pièce qu'ont lieu notamment des séminaires et dialogues avec des scientifiques, des philosophes ou des représentants d'autres traditions spirituelles et religieuses, qui se déroulent souvent sur plusieurs jours.

Au nord, quelques sommets nous rappellent que, par-delà l'imposante chaîne de montagnes qui entoure le Pays des Neiges, le Tibet n'est qu'à une centaine de kilomètres à vol d'oiseau, si près, si loin, inaccessible au Dalaï-lama tant que ses habitants n'auront pas retrouvé la jouissance des libertés les plus fondamentales.

Une atmosphère feutrée, un calme bienfaisant règne dans cette résidence. On y parle à voix basse, conscient de la vanité des paroles inutiles. Pas un geste, pas une parole superflue. Et ce silence n'est rompu que par le jaillissement sonore du rire en cascade de *Kundun*, la « Présence », car c'est ainsi que les Tibétains appellent le Dalaï-lama avec respect et amour. La Présence : celui qui n'est jamais absent que vous vous trouviez près de lui ou séparé par la distance. Parfois, ce rire joyeux laisse place à un sourire silencieux, lorsque le Dalaï-lama entre en retraite, pour quelques semaines, comme il le fait chaque année, plus encore maintenant qu'il est avancé en âge. Il ne prononce alors que des prières et ne communique que par gestes ou par écrit. La retraite... L'alliance fertile d'une contemplation tournée vers l'intérieur et d'une compassion qui rayonne continuellement et sans effort vers l'extérieur. Un « palais » de sérénité, assurément.

◊

Jusqu'à ce qu'il décidât, à l'âge de quatre-vingt-cinq ans, de ne plus entreprendre de déplacement lointain, l'agencement ordonné des jours laissait souvent place au tourbillon des voyages de par le monde et aux enseignements qu'il dispensa, cinquante ans durant, à des foules rassemblant parfois plusieurs centaines de milliers de fidèles. La nécessité de répondre aux aspirations de tous et de soutenir la cause du Tibet, étouffé par l'étau d'un régime totalitaire, obligeait cet infatigable pèlerin de la paix à une activité sans répit, si ce n'est quelques précieuses minutes par jour. En dépit de ce rythme à peine soutenable, *Kundun* conservait la même sérénité sur les routes de la compassion, la même sincérité. Devant chacun – la visiteuse ou le passant croisé à l'aéroport –, il était totalement et immédiatement présent, le regard débordant d'une bonté franchissant allègrement la porte d'entrée de votre cœur pour y déposer un sourire et s'en aller discrètement.

En 2006, alors que j'étais sur le point de passer presque une année entière dans mon ermitage au Népal, j'eus l'occasion de demander à Sa Sainteté de me donner un conseil. «Au début, pratique la compassion, au milieu, pratique la compassion et à la fin, pratique la compassion», répondit-il. Par compassion, il entendait l'union du souhait que les êtres trouvent le bonheur et les causes du bonheur (l'altruisme) et du vœu que les êtres soient libérés de la souffrance et des causes de la souffrance (la compassion).

Mais bonté n'est pas faiblesse et, à l'occasion, la puissance de l'orateur se réveille soudainement. Au barreau de Paris, où il fut chaleureusement accueilli, notamment par son ami Roger Badinter, il déclara: «Mon combat pour le peuple tibétain n'est pas de ces batailles à l'issue desquelles il y a un vainqueur et un vaincu ou, plus souvent, deux vaincus; ce que je m'efforce d'obtenir de toutes mes forces, c'est la victoire de la vérité.» Par «vérité», il entendait, dans ce contexte, la victoire des aspirations simples et légitimes des Tibétains qui, suivant la vision de la «voie médiane» du Dalaï-lama, ne revendiquent pas l'indépendance du Tibet, mais simplement de pouvoir préserver leur culture bouddhiste (quand actuellement un «bon» Tibétain est censé pleinement s'assimiler à la société et à la culture chinoises), leur langue, parlée et écrite (la plupart de écoles n'enseignent qu'en chinois), leur mode de vie (les nomades sont souvent contraints à devenir sédentaires pour pouvoir être plus facilement contrôlés par les autorités). Cette «voie médiane» défendue maintes fois par le Dalaï-lama, au Parlement européen notamment, consiste à obtenir un certain degré d'autonomie concernant la langue, la culture, la religion et le mode de vie, bref une grande partie des affaires intérieures, comme cela se fait souvent dans les états fédéraux, tout en demeurant au sein de la Chine et en s'en remettant au gouvernement central pour gérer les affaires extérieures, la santé et la défense.

꩜

Le Dalaï-lama revient très souvent sur la notion de «non-violence» à l'égard des humains, des animaux et de l'environnement. Lorsqu'en 1993 il effectua sa plus longue visite en France, trois semaines, il se rendit au Mémorial de la Paix, à Caen. À cette occasion, il expliqua que la paix n'était pas seulement l'absence de guerre : pour que la paix ait un sens, elle doit signifier confiance en l'autre et respect envers lui. Il faut pouvoir pardonner sans oublier, pratiquer la non-violence sans faiblesse, promouvoir le désarmement intérieur afin d'accomplir le désarmement extérieur. «Le XXe siècle fut celui des guerres, conclut-il, il a vu des destructions d'une ampleur sans précédent dans l'histoire de l'humanité, des guerres semblables à d'immenses incendies dont les hommes seraient le combustible. Puisse le XXIe siècle être celui du dialogue.» Il nous reste encore beaucoup de chemin à parcourir...

Je relis ces paroles dans les notes que je pris ce jour-là, tandis que j'étais son interprète : «Pourquoi celui qui tue un homme est-il considéré comme un meurtrier et celui qui en tue un grand nombre comme un héros ? Chaque guerre commence par une simple inimitié qui dégénère en haine. C'est au premier signe d'animosité qu'il convient d'agir, sinon il sera trop tard. La violence et la guerre ne sont que des perversions de la nature humaine. Ce dont nous avons besoin, c'est de retrouver notre véritable identité d'êtres humains qui chérissent le bonheur et redoutent la souffrance, et qui, toutes races, religions, langues et cultures confondues, ont les mêmes droits à connaître le bonheur et à s'épargner la souffrance.»

À l'occasion d'une autre visite en France, le Dalaï-lama déclara : «Un pays qui vend des armes vend son âme. La violence appelle la violence, souligna-t-il, et déclenche une réaction en chaîne.» Quand on sait que 95 % des armements mondiaux sont fabriqués et vendus par les cinq membres permanents du Conseil de sécurité des Nations unies, ceux qui précisément sont censés veiller à la paix dans le monde, l'incohérence saute aux yeux.

Pour autant, selon le Dalaï-lama, la non-violence n'est en aucun cas soumission à l'agressivité d'autrui ou à la tyrannie, ce serait alors une abdication néfaste aussi bien pour la victime que pour son bourreau. Il est au contraire nécessaire de briser le cycle de la haine. La non-violence consiste essentiellement à respecter l'autre, les êtres humains, les animaux et l'environnement, l'ensemble du vivant. Les êtres humains et les animaux possèdent en partage le même désir d'éviter la souffrance et de préserver leur vie, c'est là notre droit naturel commun. La nature aussi doit être respectée. Selon le Dalaï-lama : « Rechercher le bonheur en restant indifférent à la souffrance des autres est une tragique erreur. » Il rejoint ainsi Martin Luther King, pour lequel : « La non-violence est une arme puissante et juste, qui tranche sans blesser et ennoblit l'homme qui la manie. C'est une épée qui guérit. »

Certains s'étonnent que le Dalaï-lama ne soit pas strictement végétarien. Il le fut pendant quelques années après son départ du Tibet. Toutefois, lorsqu'il tomba malade et attrapa la jaunisse, son médecin tibétain lui enjoignit de consommer un peu de viande chaque semaine, ce à quoi il s'oblige depuis sa maladie. Lors de l'une des rencontres de l'Institut Mind and Life avec un groupe de scientifiques spécialistes de l'environnement, je me permis une fois de mentionner, avec le plus grand respect, qu'un régime végétarien équilibré convenait parfaitement au maintien de la santé de l'homme. Il me regarda d'un air malicieux. Lors d'un déjeuner donné en l'honneur de ces scientifiques, nous nous tenions debout près du buffet et le Dalaï-lama fit remarquer aux quelques personnes qui se trouvaient à proximité : « Vous voyez, je mange un peu de viande de temps à autre », ajoutant en me donnant une tape sur la tête et en éclatant de rire : « Pas comme ce moine à côté de moi ! »

En revanche, lorsqu'il enseigne durant une semaine ou deux en Inde, et que cent mille fidèles se rassemblent, venus de tout le pays et des contrées voisines, le Népal et le Bhoutan notamment, il demande à tous d'observer un régime végétarien pendant la durée des enseignements, afin d'éviter le massacre d'animaux qu'un tel rassemblement ne manquerait pas de provoquer si les participants consommaient de la viande. Aujourd'hui, la vaste majorité des monastères tibétains de l'Inde et du Népal ne cuisine plus de viande.

Un cœur immense : le Dalaï-lama

De tous les maîtres tibétains, le Dalaï-lama est sans conteste le plus unanimement respecté. Les enseignements et les conseils qu'il donne – loin de toutes directives, et encore plus d'ordres – sont de profondes sources d'inspiration pour tous. Personne ne vient vérifier dans tel ou tel monastère ou centre bouddhiste si ses conseils sont mis ou non en pratique. Dans les cas où des actes contraires à l'enseignement du Bouddha sont commis, seuls ceux qui vivent sur place ou fréquentent régulièrement ces institutions sont aptes à en témoigner et il a maintes fois encouragé les victimes d'abus perpétrés dans certains centres bouddhistes de les dénoncer ouvertement et de porter plainte devant la justice si nécessaire.

Le bouddhisme n'est pas organisé de façon hiérarchique, comme c'est le cas dans d'autres religions. Les écoles du bouddhisme qui sont apparues dans différents pays sont indépendantes les unes des autres. Au sein même du bouddhisme tibétain, les patriarches des quatre écoles principales sont des autorités spirituelles respectées, mais ils n'interviennent pas dans le fonctionnement et la conduite des monastères, qui sont administrés de façon autonome. Le Dalaï-lama nous rappelle fréquemment que ce sont les enseignements eux-mêmes qui tiennent véritablement lieu de garde-fou : ils décrivent de façon claire les qualités des maîtres spirituels à suivre et les défauts de ceux qu'il faut éviter.

Jusqu'en 2018, lorsque le Dalaï-lama enseignait encore de par le monde, à la fin des enseignements, l'un des organisateurs présentait devant le public le bilan des dépenses et des recettes de l'événement. Il est fréquemment arrivé qu'il constate un déficit. S'il restait un excédent monétaire, celui-ci était distribué à des œuvres caritatives, choisies en consultation avec le Dalaï-lama. Le Dalaï-lama n'acceptait jamais les offrandes qui lui étaient faites en ces occasions. Les dépenses locales du Dalaï-lama en Inde sont pourvues par la Central Tibetan Administration, l'équivalent d'un gouvernement tibétain en exil, qui siège à Dharamsala et représente les Tibétains réfugiés en Inde auprès du gouvernement indien.

༃

L'établissement d'une meilleure harmonie entre les religions est l'un des thèmes importants pour le Dalaï-lama. Lorsqu'il se rend dans un pays étranger, le Dalaï-lama affirme : « Je ne suis pas venu pour convertir une ou deux personnes de plus au bouddhisme, mais pour partager mon expérience accumulée au cours d'une vie consacrée à cultiver la compassion, et promouvoir les valeurs humaines fondamentales nécessaires à tous pour construire un monde bienveillant. Chacun doit certes trouver la voie qui convient le mieux à ses aspirations, mais, à mon avis, mieux vaut suivre la tradition spirituelle et les coutumes qui prévalent dans son propre pays, avec lesquelles on a grandi et qui furent celles de ses ancêtres. C'est plus sage. Cela dit, on peut parfois aller chercher dans d'autres traditions les sources d'inspiration qui nous aideront à approfondir notre propre religion. » Si le Dalaï-lama souhaite bien entendu que les enseignements du bouddhisme perdurent, pour le bien des êtres, il évite soigneusement toute forme de prosélytisme et je l'ai entendu maintes fois dire, en privé, à des lamas tibétains vivant en Occident d'enseigner de manière authentique à ceux qui souhaitent pratiquer le bouddhisme, et de promouvoir les valeurs humaines en général, mais d'éviter de mettre l'accent sur la propagation du bouddhisme. Dans le même esprit, lorsqu'il a rencontré des missionnaires évangélistes en Mongolie, il les a remerciés pour leurs actions caritatives, mais leur a enjoint de ne pas les utiliser pour convertir les populations locales.

Le Dalaï-lama déplore profondément que les religions soient trop souvent devenues des sources de conflits majeurs. Ne retrouve-t-on pas dans toutes les confessions la notion d'amour envers tous les êtres ? Selon lui, les principes religieux dévient de leur véritable nature lorsque l'on brandit la religion comme un drapeau qui sépare les êtres, au lieu de comprendre et de pratiquer le sens profond de ces hautes spiritualités. Il propose quatre démarches susceptibles de contribuer à l'élimination de ces dissensions. La première consiste à faciliter des rencontres entre théologiens afin qu'ils acquièrent une compréhension plus juste et profonde de leurs traditions respectives, ce qui leur permet d'apprécier ce qui les unit et de reconnaître respectueusement leurs différences. La deuxième réunit des contemplatifs de diverses traditions afin qu'ils partagent leurs expériences spirituelles, catalysant ainsi la complicité qui s'établit naturellement entre ceux qui ont consacré leur vie à la pratique intérieure. La troisième manière de rapprocher les grandes religions invite leurs représentants à se rendre ensemble en pèlerinage sur les hauts lieux de leurs traditions respectives. En effet, les hommes et les femmes qui, animés d'un esprit d'humilité,

Un cœur immense : le Dalaï-lama

effectuent ces pèlerinages et s'imprègnent de la force spirituelle de ces sites exceptionnels en reviennent généralement libérés des préjugés sectaires et des barrières intellectuelles. Ces pèlerinages multiconfessionnels facilitent un climat de fraternité et d'entente. C'est ainsi que le Dalaï-lama se rendit, en compagnie de représentants d'autres religions, à Jérusalem, à Lourdes, à Fatima, à Varanasi (Bénarès), au Kumbha Mela d'Allahabad (où soixante-dix millions d'hindous se sont retrouvés en 2002) ainsi qu'en bien d'autres lieux sacrés du monde. La quatrième initiative consiste à organiser des rencontres interreligieuses, comme celle qui se tint à Assise en 1986 à l'invitation du pape Jean-Paul II, permettant aux chefs religieux de développer un respect mutuel et de trouver par le dialogue des remèdes aux tensions entre les différentes communautés.

༺༻

Le 29 octobre 1993, tôt le matin, nous étions dans le TGV qui nous menait de Paris à Grenoble où le Dalaï-lama avait été convié par Alain Carignon, alors ministre de l'Information et maire de la ville. Il récitait ses prières et j'étais assis en face de lui. En longeant le massif de la Chartreuse, je dis au Dalaï-lama que de l'autre côté de la montagne, dans une vallée isolée, se trouvait un monastère, la Grande Chartreuse, où des contemplatifs chrétiens passaient leur vie entière en retraite.

Arrivés à Grenoble, Alain Carignon demanda au Dalaï-lama s'il avait un souhait particulier. Immédiatement, le Dalaï-lama répondit qu'il aimerait beaucoup visiter la Grande Chartreuse. Le député-maire nous apprit que les visiteurs n'étaient pas admis, et qu'aucun dignitaire religieux important n'avait jusqu'alors franchit le seuil de la Chartreuse, pas même le pape Jean-Paul II lorsqu'il visita la région en 1986, en raison de l'agitation qu'une telle visite aurait engendrée. Néanmoins, il nous assura qu'il allait faire passer un message au prieur du monastère, Dom André Poisson.

Le lendemain matin, on nous fit savoir que le Dalaï-lama était le bienvenu, à condition de se rendre au monastère en tout petit comité et que personne ne soit mis au courant de cette visite. Alain Carignon annonça donc à la presse qu'il invitait le Dalaï-lama pour un déjeuner privé chez lui. En fait, nous nous rendîmes sur un hélipad de la gendarmerie où un hélicoptère emmena le Dalaï-lama, son moine assistant, moi-même et Alain Carignon jusque devant la

Grande Chartreuse, située dans un vallon grandiose, dominée par le Grand Som et entourée d'une belle forêt, à 800 mètres d'altitude. Là, Alain Carignon resta à l'extérieur et nous fûmes admis à franchir la grande porte.

Le prieur, Dom André, et un autre moine nous attendaient. Nous nous entretînmes dans une petite pièce située non loin de l'entrée principale pendant près d'une heure. Le sujet de la conversation porta entièrement sur la vie contemplative. Le prieur et le Dalaï-lama comparèrent la façon dont les moines effectuent leurs retraites selon les traditions cartusienne et tibétaine. Ils exposèrent tour à tour à quelles heures de la journée et de la nuit les moines priaient, les rituels réalisés et les modes d'inhumation quand un moine mourait (à la Chartreuse, il est mis en terre, sans cercueil, au Tibet selon les personnes, il y a parfois une crémation, plus rarement un enterrement, ou, le plus souvent, le corps est déposé sur une pierre et donné en pâture aux vautours, ce que l'on appelle les « funérailles célestes »).

Ils entrèrent ensuite dans les détails de la prière et de la contemplation : comment la prière débutait en s'appuyant sur un support, des représentations de saints, puis se transformait peu à peu en contemplation pure, en union indicible et ineffable. Au fil de ce partage, ils s'aperçurent que l'esprit et les modalités de la vie érémitique de leur tradition respective étaient très similaires. Dom André nous dit en plaisantant : « Soit les contemplatifs chrétiens et tibétains ont eu des contacts il y a plus de mille ans, soit ils ont reçu du ciel la même bénédiction ! » Ce fut donc une rencontre à la fois joyeuse et inspirante. Ils parlaient le même langage, celui de la vie contemplative.

Le père prieur nous apprit également que le premier ermitage de la Chartreuse fut fondé en 1084 par saint Bruno et que, dans le passé, lorsque le nombre des moines dans une chartreuse atteignait cinquante, un nouveau monastère était alors fondé ailleurs pour les accueillir. C'est ainsi qu'il y eut du XIVe au XVIe siècle des centaines de chartreuses en Europe, bâtiments qui accueillaient dans des monastères séparés et en des lieux reculés des moines et des moniales. Il conclut son explication en nous disant avec une certaine nostalgie : « Aujourd'hui quarante moines vivent à la Grande Chartreuse. »

Au terme de cet entretien, le Dalaï-lama demanda si nous pouvions nous recueillir ensemble dans la chapelle. Nous traversâmes un jardin, d'où l'on apercevait d'autres bâtiments qui abritaient les cellules des moines et le jardin potager entretenu par la congrégation. Partout régnait un silence serein. La chapelle était vide et nous y restâmes en silence une dizaine de minutes. Lorsque avant de sortir le Dalaï-lama contempla le livre d'heures, orné de belles notations musicales que le prieur lui expliqua, un moine vêtu de blanc entra à l'autre extrémité de la chapelle. Il n'avait visiblement pas été prévenu de notre visite, il s'arrêta comme pétrifié en voyant ces trois moines en rouge aux côtés du prieur, fit demi-tour et s'éclipsa. Il faut dire que les moines font vœu de silence et ne prononcent quelques mots occasionnels que pour des raisons pratiques, ils n'entretiennent pas de conversations. Puis nous prîmes congé. Avant de se séparer, le Dalaï-lama et le Dom André s'étreignirent chaleureusement. Nous revînmes à Grenoble.

Le secret cette visite finit par s'éventer et, au terme de ses trois semaines en France, où il s'était notamment entretenu avec François Mitterrand, un journaliste interrogea le Dalaï-lama sur les temps forts de son séjour. Le Dalaï-lama répondit que la visite à la Grande Chartreuse avait été le moment le plus marquant. « En entrant dans le bâtiment, j'ai ressenti une grande paix, un immense silence. C'est un endroit extraordinaire, mais il faisait un peu froid ! Nous avons prié ensemble. Nous étions alors tous très émus. Puis, pendant de longues minutes, nous avons médité dans le silence monacal[3]. »

ᛜ

C'est toujours un émerveillement d'être témoin d'une rencontre entre le Dalaï-lama et Desmond Tutu. Ils ne cessent de se lancer des plaisanteries, de rire comme des enfants, tout en partageant avec leur auditoire des paroles aussi simples que profondes.

Le 1er juin 2006, à Bruxelles, le prix Light of Truth (« Lumière de la Vérité »), précédemment accordé à Elie Wiesel et à Václav Havel par la Campagne internationale pour le Tibet (ICT – International Campaign for Tibet), fut remis par le Dalaï-lama conjointement à l'archevêque Desmond Tutu, prix Nobel de la Paix, pour son engagement en faveur du Tibet, et à la Fondation Hergé, représentée par la veuve d'Hergé, Fanny Rodwell, en mémoire du fameux *Tintin au Tibet* qui, d'une certaine façon, attira l'attention sur le Tibet à une époque où peu de gens s'en préoccupaient. Le Dalaï-lama passa une écharpe de soie blanche autour du cou de l'archevêque et lui remit une lampe à beurre tibétaine, symbole de la « lumière de la vérité ».

Lors de son discours, Desmond Tutu débuta en montrant une caricature parue dans la presse sud-africaine intitulée *Tintin and Tutu in Tibet*. Il ne manqua pas non plus de faire remarquer que le Dalaï-lama adoptait parfois un comportement espiègle et qu'il devait souvent le rappeler à l'ordre : « Tenez-vous bien ! On nous regarde, vous devez vous comporter comme un saint homme ! » Et d'ajouter : « Je remercie Dieu d'avoir créé un Dalaï-lama. Croyez-vous vraiment, comme quelqu'un l'a laissé entendre, que Dieu se dit : "Ce Dalaï-lama est drôlement bien. Quel dommage qu'il ne soit pas chrétien…" Mais vous savez, conclut Tutu, Dieu *lui-même* n'est pas chrétien ! »

Le Dalaï-lama rappela que la culture bouddhiste tibétaine n'était pas seulement l'héritage de six millions de Tibétains, mais qu'à notre époque elle pouvait apporter de grands bienfaits à des milliards de personnes. Il exhorta ses concitoyens et partisans à ne pas considérer les Chinois comme leurs ennemis.

Desmond Tutu, quant à lui, établit une comparaison explicite entre le mouvement anti-apartheid et la campagne pour l'autonomie du Tibet : « Il est impossible d'arrêter la marche vers la liberté », affirma-t-il. Tutu appela également le gouvernement chinois à « faire ce qui s'impose » envers le Dalaï-lama et le Tibet. Il exprima l'espoir que la Chine en tant que pays émergeant et puissance politique mondiale devienne une « superpuissance championne de la promotion de la liberté dans le monde, et plus particulièrement au Tibet ». Il ajouta également : « Les méchants n'ont pas le dernier mot. Ils ont certes le pouvoir et les armes, mais ils ont déjà perdu… La justice, la bonté, la compassion et l'amour prévaudront. Rien ne peut résister à la liberté. »

Un jour d'avril 2008, le Dalaï-lama et Desmond Tutu bavardaient avant de se rendre au stade de Key Arena, à Seattle, aux États-Unis, où ils allaient développer le thème de l'importance de la compassion dans nos vies. On les informa que soixante mille personnes s'étaient rassemblées pour les écouter. Tutu se tourna vers le Dalaï-lama et lui lança : « Je ne suis pas jaloux… non, non. Mais quand même soixante mille personnes, qui attendent quelqu'un qui ne parle même pas correctement l'anglais. » Le Dalaï-lama pouffa de rire.

En mai 2015, lorsque Desmond Tutu se rendit à Dharamsala, en Inde, à l'occasion des quatre-vingts ans du Dalaï-lama, ils passèrent une semaine en tête à tête, à dialoguer sur la joie, la peur, la colère, la solitude, l'humilité, la générosité… L'archevêque confia alors au

Un cœur immense : le Dalaï-lama

Dalaï-lama : « Je crois que l'une des meilleures choses qui me soient jamais arrivées est de t'avoir rencontré[4]. » Desmond Tutu s'adressa à la foule des Tibétains, réunis sur la grande place, il dit, pesant chacun de ses mots comme il sait le faire : « C'est la personne la plus sainte que j'aie jamais rencontrée. » Puis il s'adressa indirectement au gouvernement chinois : « S'il vous plaît ! S'il vous plaît ! Écoutez-moi. Le Dalaï-lama est la personne qui aime le plus la paix sur terre. »

෴

Lors d'une visite en Suisse en 1999, un dimanche matin, le Dalaï-lama fut invité avec l'abbé Pierre à prononcer le sermon dominical dans la cathédrale de Genève. Celle-ci était bondée et une foule s'était également massée à l'extérieur. Après avoir franchi le porche, tandis que les grands orgues retentissaient, le Dalaï-lama et l'abbé Pierre marchèrent côte à côte dans l'allée centrale jusqu'à l'autel. Je suivais, derrière le Dalaï-lama, et les larmes commençaient à me monter aux yeux. Le Dalaï-lama fit un magnifique sermon sur l'amour et sur notre humanité commune. L'abbé Pierre, quant à lui, parla de la fragilité de la vie, de la mort, et ajouta avec une pointe d'humour teintée de lassitude, qu'en ce qui le concernait une vie suffisait largement. Il n'en souhaitait pas d'autres !

Le lendemain matin, l'abbé Pierre et le Dalaï-lama se rendirent à « la vigne à Farinet », la plus petite vigne cadastrée au monde, ainsi nommée d'après Joseph-Samuel Farinet, un jeune paysan qui avait découvert un gisement aurifère dans la montagne et entrepris de fabriquer de la fausse monnaie plus recherchée que la vraie, car de plus grande teneur en or. Il utilisait la fortune ainsi acquise pour venir en aide aux plus démunis, les enfants en particulier. Il fut parfois appelé le « Robin des Bois suisse ». De nos jours, le produit de la vigne est mélangé à des cuvées offertes par des vignerons de la région afin de produire mille bouteilles numérotées qui sont vendues au profit d'une œuvre caritative en faveur de l'enfance déshéritée. Chaque année des personnalités des arts, des sports et de la politique viennent la travailler. L'acteur Jean-Louis Barrault, qui incarna Farinet dans un film en 1939, *L'Or dans la montagne,* créa les Amis de Farinet et fut le premier propriétaire de la vigne. Elle appartint ensuite à l'abbé Pierre qui la remit au Dalaï-lama au cours d'une cérémonie cordiale.

෴

J'eus la joie de connaître le père Ceyrac lorsqu'il vint rencontrer le Dalaï-lama à Paris. À l'âge de vingt-trois ans, en 1937, sans grandes ressources financières, mais riche d'une bonté sans limites, ce père jésuite s'installa dans le sous-continent indien. Avec l'aide de nombreux volontaires indiens, mais aussi français, il bâtit des villages entiers pour accueillir près de cinquante mille enfants issus des familles les plus déshéritées. Il réussit à nourrir et à scolariser ces laissés-pour-compte trop souvent rejetés par la société indienne afin d'en faire « des hommes debout ». Il construisit aussi des dispensaires pour les plus démunis, les lépreux, les intouchables.

Nous nous revîmes, grâce à notre amie commune Claudine Vernier-Palliez, grande reporter et disciple du Dalaï-lama[5]. Le père Ceyrac sortait du métro et me dit en arrivant : « Les gens sont si beaux. Mais ils ne le savent pas. » Aujourd'hui encore, cette phrase résonne souvent en mon esprit. « Malgré toutes les turpitudes, ajouta-t-il, je suis frappé par l'immense bonté des gens, même de la part de ceux qui semblent avoir le cœur et l'œil fermés. Ce sont les autres, tous les autres, qui fondent la trame de nos vies et forment la matière de nos existences. Chacun est une "note dans le grand concert de l'univers" comme le disait le poète Tagore. Et personne ne peut résister à l'appel de l'amour. On craque toujours après un bout de temps. Je pense réellement que l'homme est intrinsèquement bon. Il faut toujours voir le bon, le beau d'une personne, ne jamais détruire. »

Je lui répondis, en substance, que j'étais comme lui persuadé que tout être humain avait en lui un potentiel de bonté inaltérable qui ne demandait qu'à venir à la surface. Ces mêmes humains étaient aussi capables du pire en reniant cette bonté originelle de façon monstrueuse. Néanmoins, sans ce potentiel de bonté, la vie n'aurait guère de sens.

Le père Ceyrac en savait quelque chose : pendant treize ans, entre 1980 et 1993, il œuvra auprès des réfugiés khmers et vietnamiens, le long de la frontière du Cambodge et de la Thaïlande, sous les bombardements. Il y avait parmi ces réfugiés des jeunes qui, avant de rejoindre le camp, avaient été enrôlés de force par les Khmers rouges. Il me raconta : « Il y avait de jeunes gardiennes portant des tenues maoïstes, avec une ceinture noire qu'elles attachaient autour de leur taille, des pantalons bouffants, et des regards durs, froids et noirs. Des jeunes filles belles comme tout, de vingt, vingt-deux ans.

Rien n'arrivait à les dérider. Puis tout à coup, un enfant a galopé vers moi et s'est jeté dans mes bras. Alors toutes ces filles se sont mises à sourire avec tendresse. Un autre jour, j'ai croisé de vieilles femmes complètement édentées. On leur avait également cassé le nez lors de séances de torture. Elles devaient avoir entre soixante-quinze et quatre-vingts ans et leur peau était toute fripée. Je leur ai dit : "Comme vous êtes belles !" Elles étaient tellement heureuses que quelqu'un ait pu encore les trouver belles – "Personne ne nous dit ça !" s'exclama l'une d'entre elles – qu'elles m'ont porté en triomphe. Et comme elles étaient très frêles, elles se sont écroulées sous mon poids. »

Je partageai avec lui l'idée que l'on puisse être heureux de manière égoïste est probablement l'une des pires qui soient. La poursuite d'un bonheur égoïste est dysfonctionnelle et fondamentalement vouée à l'échec. L'amour doit devenir aussi naturel que la respiration. « C'est exactement cela, répondit-il, nous avons besoin d'aimer pour vivre comme nous avons besoin de respirer. »

Au mot « charité » qui a un côté condescendant, il préférait le mot « amour » : « Notre charité bourgeoise argumente son don. La vraie charité est le contraire du piano-bar où celui qui paye choisit la musique. Donner, c'est donner. Le don appartient à celui qui l'a reçu. Dans l'amour, s'il n'y a pas de respect, on n'aime pas. S'il n'y a pas de tendresse, on n'aime pas. La pauvreté et la misère sont deux choses différentes. La misère – comme la richesse – peut déshumaniser. Jamais la pauvreté. Notre mission est d'aider nos amis indiens à être davantage, pas tellement à avoir davantage. J'ai encore beaucoup à apprendre et aujourd'hui, je fais du rabiot de vie pour apprendre à aimer davantage. »

« Je tâche toujours de voir quelle est l'influence des autres dans ma vie », me confiait-il lors de l'une de nos rencontres alors qu'il avait quatre-vingt-dix-sept ans. Il poursuivit : « Il y a des êtres qui m'ont marqué pour la vie, comme le Mahatma Gandhi. Il suffit parfois de rencontrer une personne pendant trois secondes pour qu'elle détermine le reste de notre existence. C'est comme lorsque deux trains se croisent. Enfin, aujourd'hui, en Occident, les trains vont trop vite et on n'a plus le temps de regarder. Dans les trains de l'Inde, il m'arrive d'envoyer un baiser à quelqu'un dans un train qui croise le mien et on me répond. Il y a très longtemps, j'ai rencontré une belle femme de vingt-cinq ans, une Française, Yvonne, qui avait débarqué en Inde en 1950. Bouleversée par la misère des bidonvilles de Calcutta, elle m'avait dit : "Je n'ai rien à leur donner. Alors je me donne moi-même." Venue en Inde pour trois mois, elle passa le reste de sa vie au Bihar, l'une des provinces les plus pauvres. Je ne l'ai vue que quelques instants, mais je m'en souviendrai toujours.»

Avant qu'il ne reparte une dernière fois en Inde à l'âge vénérable de quatre-vingt-dix-sept ans, un journaliste de radio lui demanda si ce ne serait pas plus sage de se retirer confortablement au sein de la congrégation des Jésuites de Paris. «Je ne veux pas finir mes jours avec ces vieux pruneaux!» s'exclama-t-il. Lorsqu'il vint dire au revoir à ses bons amis jésuites, ils l'interpellèrent: «Alors, c'est nous les vieux pruneaux?» et ils éclatèrent tous de rire.

«À mon âge, tout ce que je sais encore faire, c'est aimer», conclut-il. Pierre Ceyrac s'est éteint en Inde auprès de ceux qu'il a tant aidés et aimés, à l'âge de quatre-vingt-dix-huit ans, en 2012, dans la quiétude d'un petit matin indien, «sans aucune douleur, détendu, apaisé», selon ceux qui l'ont accompagné. Le titre de l'un de ses ouvrages résume bien sa vie et son message : *Tout ce qui n'est pas donné est perdu*.

౧

C'est aussi grâce au Dalaï-lama que j'ai rencontré Jody Williams, en 2009, à une conférence sur la paix dans le monde, organisée à Vancouver par le Dalaï-lama Center for Peace, à laquelle elle participait avec trois autres prix Nobel (Mary Robinson, Mairead Maguire et Betty Williams). J'ai tout de suite sympathisé avec cette femme blonde aux cheveux courts, débordante d'énergie. Elle est professeure de «Paix et justice sociale» à l'université de Houston, mais ne cadre pas très bien avec l'image que l'on se fait habituellement d'une universitaire. C'est une militante impétueuse, au visage volontaire et au verbe haut, qui ne recule devant rien pour combattre les fléaux mondiaux qu'elle a pris pour cible: «Je crois que les gens peuvent faire des choses extraordinaires, affirme-t-elle, quand ils pensent au bien commun.»

N'attendez pas de diplomatie de la part de Jody Williams! Elle n'y va pas par quatre chemins pour faire valoir ses arguments et se montre obstinée et créative pour faire valoir sa cause. Elle me raconta comment, avec ses collègues de la Campagne internationale pour l'interdiction des mines antipersonnel terrestres, elle arracha aux représentants des Nations réunies à Oslo en 1997 l'adoption de la convention bannissant l'usage de ces mines : elle fit venir une cinquantaine de victimes invalides après que leur chemin eut croisé celui d'une mine, perdant leurs jambes le plus souvent. Ils s'alignèrent sur leurs fauteuils roulants de part et d'autre de l'allée menant à l'entrée du hall où se tenait la réunion, formant une «haie d'honneur» à chaque délégué qui entrait ou sortait. Chaque minute – la fréquence à laquelle une personne sautait sur une mine antipersonnel dans le monde – Jody et ses amis faisaient retentir une forte détonation à l'extérieur qui s'entendait clairement pendant les débats.

Elle interpella les délégués en ces termes : «Vous êtes ici, dans cette assemblée, en train de pinailler sur des points et des virgules. Mais quand vous rentrez chez vous, dans votre famille, avec vos enfants, vous redevenez des êtres humains normaux. Soyez donc des êtres humains ici et maintenant et adoptez cette Convention!» Ce qu'ils firent le 18 septembre 1997. En décembre, Jody Williams reçut le prix Nobel de la Paix au nom de son organisation.

Malheureusement, comme c'est trop souvent le cas, les États-Unis, la Russie, la Chine et quelques autres pays ne figurèrent pas parmi les quelque cent soixante signataires. En dépit de la non-coopération de ces pays sans scrupules, la Convention fut efficace. Elle est largement appliquée dans le monde entier et des millions de mines ont été enlevées et détruites. La production a diminué également et il y a de moins en moins de victimes chaque année.

Jody a aussi un solide sens de l'humour, un peu gouailleur, auquel personne n'échappe, pas même le Dalaï-lama. Le deuxième jour de la conférence, lors de la pause de midi, le Dalaï-lama se rendit dans une université pour s'adresser aux étudiants, ce qui le mit un peu en retard dans son programme. La première table ronde de l'après-midi dut commencer sans lui. Lorsqu'il arriva sur scène, devant les quelques milliers de personnes qui assistaient aux débats, de sa voix bien timbrée, Jody sermonna le Dalaï-lama : «Vous êtes en retard, Votre Sainteté!» Dans le silence qui suivit, le Dalaï-lama, qui apprécie toujours les comportements spontanés un tantinet irrévérencieux, s'approcha de Jody en pouffant de rire et lui donna trois petites tapes amicales sur la joue. Jody me raconta aussi que lors de l'une de leurs nombreuses rencontres, sur scène, se penchant vers elle, le Dalaï-lama lui dit en aparté : «Vous savez que je pratique la méditation et la prière.» Et Jody de lui répondre: «C'est cool, mais ce n'est pas mon truc.» Le Dalaï-lama se pencha à nouveau vers elle: «Mais ce n'est ni la méditation ni la prière qui résoudront les problèmes du monde – c'est l'*action*!» Tout ce que Jody voulait entendre et ce qui la conduisit donc à cet avis tranché: «*His Holiness* (Sa Sainteté, comme elle le dénomme couramment) est vraiment très *cool*.»

Pendant des années, le Dalaï-lama a souhaité la création d'un Conseil international composé de sages, de prix Nobel de la paix, de scientifiques, de penseurs éminents et d'entrepreneurs sociaux. Les Nations unies, ajoutait-il, devraient jouer ce rôle, mais les représentants qui y siègent sont naturellement portés à défendre les intérêts de leur pays et peinent à donner priorité aux intérêts de la population mondiale et de la planète. Ces sages pourraient donc donner des avis sur de graves questions qui se posent dans le monde en transcendant les intérêts nationaux. Il en avait notamment longuement parlé à Václav Havel, qui fit du Dalaï-lama son premier hôte officiel après avoir été élu président de la République tchèque et slovaque libérée de la domination soviétique à la suite de la Révolution de velours. Malheureusement, personne d'autre ne semblait véritablement intéressé par cette proposition. C'est un peu, malgré tout, ce qu'a tenté d'accomplir, de manière plus restreinte, le groupe des Elders (les «Anciens»), dont font partie Mary Robinson, Jimmy Carter, Desmond Tutu et une dizaine d'autres personnalités. Mais quand ils ont invité le Dalaï-lama à les rejoindre, les Chinois ont fait un tel tapage qu'ils ont dû y renoncer pour ne pas voir leurs actions entravées. Pour tous, le Dalaï-lama prône ce qu'il appelle une «éthique séculière», ou universelle, qu'il a exposée dans *Sagesse ancienne, monde moderne* et dans *Au-delà des religions*, c'est-à-dire une éthique acceptable par tous et bénéfique à l'ensemble de l'humanité. Il cite comme modèle la Constitution de l'Inde, la plus grande démocratie du monde, selon laquelle la laïcité ne consiste pas à prendre position contre les religions, mais à respecter toutes les confessions et croyances, y compris la non-croyance des agnostiques et des athées, sans adopter l'une d'elles officiellement. Toutefois, cette remarquable spécificité de tolérance propre à la Constitution indienne semble fragilisée depuis quelques années par les nouvelles instances politiques indiennes.

Un cœur immense : le Dalaï-lama

Lors d'une conférence donnée à Strasbourg en 2016, le Dalaï-lama conclut son enseignement par ces mots : « J'ai partagé quelques idées avec vous. Si elles vous semblent utiles, pratiquez-les, sinon, laissez tomber ! Mais je vous demande une chose, c'est de vous rendre compte que ce qui compte le plus dans la vie c'est d'avoir bon cœur. » Venant de n'importe qui d'autre, une telle affirmation pourrait sembler d'une grande platitude et d'une grande naïveté. Mais quand ces paroles viennent d'un cœur immense, et qu'il y a parfaite adéquation entre la personne et ses paroles, elles deviennent soudainement une évidence.

PARTIE V

VINGT ET UNE FOIS AU PAYS DES NEIGES

CHAPITRE 39

Aventures sur le Toit du Monde

Le quotidien des nomades du Tibet oriental et mes voyages en compagnie de Rabjam Rinpoché, l'abbé du monastère de Shéchèn.

Depuis notre premier voyage, en 1985, jusqu'à ce jour, je me suis rendu vingt et une fois au Tibet dont dix-neuf fois au Tibet oriental. Au cours de ces périples, accompagné généralement de deux moines du monastère de Shéchèn, en charge de nos projets humanitaires, et de mon amie Raphaële, elle aussi très impliquée dans ces projets, nous empruntions presque toujours la même route pour aller de la ville chinoise de Chengdu, dans l'actuel Sichuan, au monastère de Shéchèn, dans le Kham. Ensuite, à partir du monastère, nous visitions les projets humanitaires entrepris par Karuna-Shechen (organisation cofondée par Rabjam Rinpoché et moi-même) dans diverses régions et directions, et nous rendions sur les lieux où avait vécu Khyentsé Rinpoché. Puis, nous continuions par la route menant vers le nord jusqu'en Amdo, avant de revenir à Chengdu par avion depuis Xining. Voici quelques-unes de nos aventures sur le Toit du Monde.

❦

Les Tibétains de l'Est, les Khampas, sont en majorité des nomades qui changent de campement au cours des saisons. Au début de l'été, ils conduisent les troupeaux jusqu'à 4 500 mètres d'altitude. À l'approche de l'automne, ils redescendent à plus basse altitude vers une herbe plus abondante.

La vie dans les camps de nomades khampas semble immuable, dictée par les tâches quotidiennes. En cet été 2000, nous approchions de l'un de ces campements, situé dans la vallée de Namdo, à un quart d'heure de Shéchèn. Des volutes de fumée s'élevaient d'une vingtaine de tentes d'épaisse toile noire tissée avec du poil de yak. Les enfants venaient de rentrer avec les animaux qui avaient pâturé toute la journée sur les pentes verdoyantes. C'était l'heure de la traite : les *dris* et les *dzomos* (issues du croisement entre un yak et une vache) étaient attachées en ligne à de gros piquets. Les femmes, mères et filles, s'employaient à recueillir les deux ou trois litres de lait que chaque animal donnait tous les soirs, principalement employés à baratter du beurre et à préparer du fromage séché. La traite terminée, on lâchait les nouveau-nés tenus jusque-là à distance, lesquels se précipitaient pour téter avidement les quelques gorgées laissées dans le pis de leur mère.

Lorsque nous nous approchâmes de l'une des tentes, la mère du foyer, sœur de l'un des moines de Shéchèn, nous invita à entrer avec un grand sourire. Au centre de la tente se trouvait l'âtre dont la fumée s'échappait par une ouverture ménagée dans le toit, qui n'est fermée que s'il pleut à verse. Tout autour s'étalaient d'épais et durs coussins plats recouverts de tapis de laine. Au fond, des ballots étaient entassés. Sur un autel, une lampe à beurre éclairait d'une lumière dorée une statue du Bouddha, flanquée de photographies du Dalaï-lama et des maîtres spirituels de la région.

Le silence n'était rompu que par le crépitement de l'âtre, le ruissellement d'une louche d'eau versée dans la grosse marmite, l'appel d'une fillette vers une tente voisine, le cri du coucou, le sifflement du berger rassemblant son troupeau, l'aboiement rauque d'un mastiff, le claquement d'une corde de la tente contre laquelle se frottait un cheval… Alors que, bienheureux, je faisais la sieste sous l'une de ces tentes, je sentis soudain une langue râpeuse me lécher la plante des pieds. Un jeune yak avait passé la tête sous le rebord de la tente et trouvait sans doute les pieds d'un moine français à son goût.

L'hiver, certains nomades continuaient à vivre dans les tentes, d'autres optaient pour des maisons en terre battue et, durant la journée, menaient les troupeaux aux endroits où le vent avait chassé la neige pour laisser apparaître quelques touffes d'herbes brûlées par le gel. En période hivernale, ils consacraient une bonne partie de leur temps à réciter mantras et prières et à offrir des milliers de prosternations. Les activités possibles sont restreintes tant les hivers sont rudes : le thermomètre peut descendre à − 30 °C, parfois − 40 °C. Avec les journées ensoleillées, le froid sec est plus supportable que la froidure humide des contreforts himalayens.

෴

En 1995, sept ans après avoir accompagné Khyentsé Rinpoché lors de sa deuxième visite, Rabjam Rinpoché fut autorisé à revenir au Tibet oriental et à séjourner à Shéchèn. Abbé en titre du monastère, il fut reçu avec joie et en grande pompe. Il conféra à cette occasion la transmission par la lecture d'une partie des treize volumes constituant les écrits de Shéchèn Gyaltsap, le maître de Dilgo Khyentsé Rinpoché, transmission qu'il allait progressivement achever lors de ses voyages suivants, en 2002 puis 2010.

Rabjam Rinpoché fut toujours bien vu des autorités locales. Poursuivant l'œuvre de Khyentsé Rinpoché, il apporta son soutien à de nombreux monastères et contribua à d'innombrables projets destinés à améliorer le sort des populations. Il joua également un rôle d'unificateur et de pacificateur au sein des divers clans de la région. Il arrivait en effet que ceux-ci se querellent pour des questions d'accès aux pâturages. En temps normal, les nomades emmènent leurs troupeaux d'un pâturage à l'autre selon des accords tacites établis depuis plusieurs générations. Mais s'il se produit des conditions atmosphériques inhabituelles qui rendent l'herbe plus rare, il leur arrive d'empiéter sur le territoire de la vallée voisine, ce qui provoque d'interminables disputes. Depuis quelques années, ces conflits sont exacerbés par l'exploitation des prairies de haute montagne où l'on trouve une abondance de cordyceps, ce champignon que les Chinois achètent à prix d'or en raison de supposées vertus médicinales. Il n'est pas rare que des maraudeurs venus de loin viennent déterrer les cordyceps en des endroits où ils ne sont pas censés les récolter.

À la fin de la visite de Rabjam Rinpoché en 1995, sur le chemin du retour vers Chengdu, après Datsédo, nous nous engageâmes dans de profondes gorges au fond desquelles dévalait une puissante et tumultueuse rivière dont le grondement se répercutait le long des parois rocheuses. Des pluies torrentielles étaient tombées et la rivière en crue avait érodé le soubassement de la route sur ses bords extérieurs, à tel point qu'en certains endroits une partie de la chaussée se trouvait en surplomb, comme suspendue dans le vide. Il nous fallait donc rouler au plus près de la falaise pour éviter que la route ne s'écroule dans la rivière. Les feux du couchant embrasaient les gorges d'une vive lueur orange. De temps à autre, des pierres dévalaient de la falaise et s'écrasaient sur la route. Rabjam Rinpoché s'inquiétait à juste titre de notre sécurité. Je tentais de mon mieux de le rassurer en lui rappelant qu'il aimait les films d'aventures et que nous en étions pour une fois les acteurs. Par chance, nous arrivâmes sains et saufs à Chengdu.

Lors de son séjour à Shéchèn en 2002, Rabjam Rinpoché reçut de nombreuses invitations à prendre un repas chez l'un ou l'autre des lamas du monastère de Shéchèn, ou dans une famille du village voisin. Étant donné qu'il dispensait des enseignements et que les cérémonies et autres activités occupaient le plus clair de son temps, il décida d'accepter toutes ces invitations en bloc et de les regrouper en un seul jour, vers la fin de sa visite. C'est ainsi qu'en une journée, de huit heures du matin à neuf heures du soir, il lui fut servi vingt et un repas dans vingt et une maisons différentes ! Nous faisions partie des réjouissances. Le menu était presque partout le même : yaourt de *dri* avec un bol de patates douces sauvages, les *tromas*, baignant dans du beurre fondu et saupoudrées de sucre – un mets de bon augure que l'on sert à l'arrivée d'un hôte de marque –, suivi de riz accompagné de trois ou quatre bols de légumes différents, généralement cuits dans l'huile, et de la viande de yak séchée. Le tout arrosé de thé salé au beurre. Conscients de ce qui nous attendait, dès le premier repas nous mangeâmes très modérément, puis de moins en moins au fil des agapes. Mais il fallait malgré tout honorer ce qui avait été préparé avec tant de soin par nos hôtes : ils avaient tant attendu ce jour ! Repas après repas, nous voyions arriver l'abondance de mets avec une appréhension croissante. Comment allions-nous ingérer ce surcroît de nourriture ? Par courtoisie, nous prenions une cuillerée de yaourt et goûtions chaque plat.

Dans mon cas, je déclarai forfait vers sept heures du soir et rentrai à notre logement. Rabjam Rinpoché, toujours souriant, persévéra bravement jusqu'à la dernière invitation, à neuf heures du soir. Il lui fallait également bénir chaque maison et conférer une initiation de longue vie à ses habitants et aux voisins qui s'empressaient de venir à cette occasion. Si j'avais pu documenter systématiquement cette journée, Rabjam Rinpoché serait sans doute entré dans le *Guinness Book of World Records* pour le plus grand nombre d'invitations à déjeuner honorées en une journée !

Lors d'un voyage ultérieur, en 2017, nous nous retrouvâmes dans une situation similaire. Après avoir déjà participé à quelques dîners, de six à dix heures du soir, alors que Rabjam Rinpoché s'apprêtait à rentrer se reposer, un villageois arriva en disant qu'une centaine de personnes s'étaient rassemblées dans un champ devant sa maison, avec l'espoir que Rabjam Rinpoché les gratifierait d'une bénédiction de longue vie et prierait pour les malades et les personnes âgées. Il accepta, une fois de plus. Il commençait à neiger et, à la lueur de lampes vacillantes, par un froid glacial, Rabjam Rinpoché mena à bien cette transmission jusqu'à onze heures du soir. Dans la voiture qui nous ramenait au monastère, Rabjam Rinpoché et son entourage furent pris d'un fou rire en évoquant les situations dans lesquelles les mettait l'insistance têtue, mais pleine de dévotion des fidèles du Kham.

Un vieux lama érudit vivait dans un ermitage à une journée de marche du monastère de Shéchèn. Il s'appelait Yégyam[1], une abréviation de Yéshé Gyatso, « Océan de Sagesse ». Quelque peu sceptique sur les lamas de notre temps, il nourrissait en revanche une grande dévotion pour Rabjam Rinpoché et ne manquait jamais d'accourir dès qu'il apprenait la visite de celui-ci. M'ayant pris en amitié, il descendait également de son ermitage lorsqu'il entendait dire que j'étais dans les parages. Il me demandait souvent de lui lire des textes dont j'avais reçu la transmission de Dilgo Khyentsé Rinpoché, une tâche qui n'est habituellement pas de mon ressort, mais que j'exécutais bien volontiers devant son amicale insistance. Lors d'une visite, Rabjam Rinpoché lui fit cadeau des vingt-cinq volumes des *Œuvres complètes* de Dilgo Khyentsé Rinpoché que nous avions imprimées en Inde et qui venaient d'être rééditées en Chine par des lamas de Shéchèn. Yégyam était aux anges et, en repartant vers son ermitage, il emprunta un cheval pour porter le ballot de livres. Je tombais sur lui alors qu'il courait à petits pas, pieds nus (il n'avait pas pris la peine de mettre des chaussures cette fois-là), descendant la prairie qui mène à la route, à l'entrée du vallon de Shéchèn. Pourquoi une telle hâte, lui demandai-je ? Il était si heureux d'avoir reçu ces précieux livres qu'il voulait les emmener au plus vite, craignant que quelqu'un le conjure de les lui donner. Mieux valait aller au pas de course !

ᘯ

En 2002, Rabjam Rinpoché tint à honorer le souhait, exprimé par Khyentsé Rinpoché avant de mourir, de recouvrir d'or la statue du Bouddha qui orne le temple du monastère de Dergué, la capitale historique du Kham. Après avoir passé une dizaine de jours à Shéchèn, nous nous mîmes en route, passant une fois de plus le col de Throla, à 5 000 mètres d'altitude. Ce col, comme bien d'autres au Tibet, marque la fin d'une longue ascension et offre la vision unique de la continuité de deux paysages qui se rejoignent, celui que l'on quitte et celui que l'on découvre. Le regard se perd dans le lointain, rien n'obstrue l'immensité du ciel. Au Tibet, les cols sont couverts de drapeaux de prières que les voyageurs accrochent entre des amas de roches. Ces cairns s'élèvent à mesure que les pèlerins ajoutent des pierres à leur passage. Nous ouvrant à plein cœur à l'émerveillement qui s'offrait à nous, vint ensuite le moment de descendre vers la nouvelle vallée à nos pieds.

À Dergué, la population s'était massée le long des ruelles de la ville haute pour accueillir Rabjam Rinpoché qui fut conduit vers le monastère par une procession de moines. Il accomplit les cérémonies de consécration de la nouvelle statue, érigée en remplacement de celle qui avait été détruire par les gardes rouges. Le lendemain soir, il apprit la mort soudaine de Tséring, sa sœur unique dont il était très proche, plus jeune que lui de quelques années. Étudiante à Delhi, elle avait succombé au typhus. Bien avant l'aube, nous partîmes en voiture et roulâmes jusque tard dans la nuit pour arriver à Chengdu, d'où Rinpoché s'envola. Il dut passer une nuit en transit à Bangkok : « J'étais bouleversé, raconte-t-il. Cette nuit-là, j'ai fait un rêve très clair dans lequel Khyentsé Rinpoché tenait la main de ma sœur et me disait : "Je m'occupe d'elle, tu n'as pas à t'inquiéter. Au réveil, le sentiment de perte avait disparu. »

Pour ma part, je décidai de repartir depuis Chengdu où j'avais accompagné Rabjam Rinpoché, pour un mois encore vers Shéchèn, dans le Kham, accompagné de deux moines et de Raphaële. Quelques annéess auparavant, Raphaële militait activement au sein de Greenpeace, participant à de nombreuses campagnes sur le premier Rainbow Warrior, puis rejoignit l'EIA (Environmental Investigation Agency). Quelque peu usée par l'intensité et la hargne de ces luttes, et attirée par le Tibet depuis son enfance, elle commença à pratiquer le bouddhisme tibétain après une visite au centre du XVIe Karmapa à Hawaï, puis elle rencontra le Dalaï-lama à Bodh Gaya et, en 1984, Dilgo Khyentsé Rinpoché. Elle trouva dans ces rencontres l'inspiration essentielle qui guide aujourd'hui sa vie. Lorsqu'elle devint proche disciple de Khyentsé Rinpoché, nous découvrîmes que nous étions de lointains cousins par nos familles bretonnes. En 1986, elle fit partie du tout premier groupe d'étrangers qui eut l'autorisation de visiter le Tibet. Elle y resta neuf mois et réussit à aller jusqu'au mont Kailash. Elle se rendit ensuite une trentaine de fois au Tibet et en apprit la langue. En 1987, elle alla seule dans le Kham, qui était toujours fermé aux étrangers, et elle fut arrêtée plusieurs fois. Ses multiples aventures ont largement de quoi remplir un volume entier, et elle m'accompagna dans nombre des miennes !

Cette fois-ci, nous nous rendîmes dans la région de Nangchèn, où Karuna-Shechen avait financé la construction d'une école au village de Jamar, un endroit très montagneux près de la frontière du Tibet central. Lama Chöjor, un vieux lama que j'avais bien connu en Inde et qui était retourné finir ses jours dans son pays natal, nous avait demandé de construire cette école pour une soixantaine d'enfants. Raphaële avait d'ailleurs aussi exploré des projets potentiels dans la distante province de l'Amdo. Dès 2001, elle avait passé presque un an sur place et réussit à faire construire une école pour huit cents élèves desservant vingt-six villages dépourvus de tout établissement scolaire.

Après avoir quitté la route principale, nous roulâmes deux heures, cahin-caha, sur un chemin à peine carrossable jusqu'au bord d'une grande rivière dans laquelle la piste prenait fin. Visiblement, les voitures pouvaient passer à gué, comme c'est souvent le cas au Tibet. Généralement, ces gués sont aménagés l'hiver ; lorsque les eaux sont basses et transparentes, on enlève les grosses pierres qui pourraient bloquer les véhicules. Les gués sont donc presque toujours négociables à condition de les traverser sans s'arrêter, afin d'éviter que l'eau ne pénètre par le pot d'échappement et remonte jusqu'au moteur. Nous lançâmes la voiture dans la rivière pour, hélas, tomber dans un trou. L'arrière était sous l'eau et le réservoir d'essence fut inondé, le bouchon étant peu étanche. Par chance, un camion qui passait nous sortit de là avec des câbles et nous remorqua jusqu'au hameau situé sur l'autre rive. Aidé par les villageois, notre chauffeur entreprit de siphonner l'essence en l'aspirant par la bouche à l'aide d'un tuyau pour lancer le transvasage avant que le principe des vases communicants n'opère son effet. Puis il laissa décanter le carburant dans une grande bassine. L'eau se sépara en surface et fut éliminée. Il siphonna à nouveau l'essence pour la remettre dans le réservoir et la voiture voulut bien redémarrer. Mais les péripéties ne cessèrent pas en si bon chemin. Quelques kilomètres plus loin, de grosses volutes de fumée s'élevèrent du capot. Après l'eau, le feu. Nous sortîmes précipitamment de crainte que la voiture elle-même ne s'enflamme. Par chance, les fumées se dissipèrent, mais l'ouverture du capot révéla que les câblages avaient fondu pour former une masse de plastique informe. Une heure plus tard, nos amis du village de Jamar, inquiets de notre retard, vinrent à notre rencontre avec un autre véhicule et nous arrivâmes finalement à bon port. Jamar ne compte qu'une cinquantaine de maisons en terre battue, mais des enfants nomades des environs y viennent également pour étudier dans l'école que nous avons construite.

J'aimais beaucoup Lama Chöjor qui était l'exemple parfait de quelqu'un qui a dédié sa vie à la pratique du Dharma. Toujours d'humeur égale et souriante, il me manifesta en toute occasion une grande bienveillance. C'est lui qui avait officié comme maître de rituel lorsque Khyentsé Rinpoché conféra pendant quatre mois les initiations du *Rinchèn Terdzö* à Dehra Dun en 1979, œuvrant tous les jours jusque tard dans la nuit pour préparer les mandalas et objets rituels nécessaires aux transmissions du lendemain. Il avait effectué des années de retraite et dormait assis les jambes croisées, récitant des mantras dès qu'il se réveillait au milieu de la nuit. Il en avait d'ailleurs psalmodié un nombre impressionnant : cent millions de fois le mantra en douze syllabes de Padmasambhava. Pour compter des nombres aussi impressionnants, dont la récitation exige de nombreuses années, au rythme indéfectible de plusieurs heures par jour, le pratiquant utilise de petits « compteurs » qui sont attachés à son *mala*. Un compteur comporte dix petits anneaux, en laiton ou en argent, au travers desquels passe une torsade de laine. Chaque compteur (on en utilise jusqu'à quatre pour les grands nombres) se termine par un petit *vajra* ou une cloche. Lorsque le pratiquant a terminé un *mala*, ce qui représente cent mantras, il fait passer un anneau de haut en bas sur le premier compteur, lorsque dix anneaux sont ainsi passés, il fait descendre un anneau du deuxième compteur, et ainsi de suite jusqu'au quatrième compteur. Lorsque tous les anneaux du quatrième compteur sont descendus, cela représente un million de mantras.

Après avoir visité l'école de Jamar et profité de la compagnie de Lama Chöjor, nous prîmes le chemin du retour sur lequel nous retrouvâmes notre Jeep abandonnée. Elle fut alors chargée à l'arrière d'un camion et transportée jusqu'à la grande route. Ensuite, à l'aide d'une autre Jeep que nous avions empruntée, nous la remorquâmes jusqu'à Yushu, à cinquante kilomètres de là. En raison de l'état de la route et des secousses infligées à la corde qui reliait les deux voitures, celle-ci cassa plusieurs fois, jusqu'à ne plus faire qu'un mètre et demi de long. Il fallut donc conduire très prudemment pour éviter une collision entre les deux véhicules. Nous roulions à vingt à l'heure. La nuit tomba. Nous nous aperçûmes que les phares de la Jeep de tête ne fonctionnaient pas. Je dus éclairer la route à l'aide d'une lampe de poche tenue à bout de bras par la fenêtre. À un moment donné, nous faillîmes heurter deux yaks noirs paisiblement endormis sur l'asphalte noir dans une nuit d'encre. Arrivés à Yushu vers minuit, après quelques essais infructueux, nous réussîmes enfin à trouver un gîte pour la nuit.

Toujours en 2005, lors d'une autre escapade dans la région de Sinda, pour laquelle nous dûmes franchir en cachette la frontière de la Région autonome du Tibet où nous n'étions pas supposés nous rendre, nous découvrîmes qu'il n'existait aucune route carrossable pour visiter les deux monastères de Sinda et Shona auprès desquels nous subventionnions la construction d'une école et d'un collège philosophique. Il fallait conduire sur des petites pistes tracées par les villageois et les troupeaux de yaks ou, bien souvent, à travers la prairie. Le conducteur qui nous y emmena était un virtuose sans égal dans la région pour négocier les marécages, descendre, ou plutôt glisser sur des prairies en pente raide et traverser des rivières en apparence infranchissables. Il avait suivi une excellente formation pour réaliser de tels exploits : c'était un voleur de voitures repenti. Mais attention ! un voleur non dépourvu d'un certain code moral : il ne volait que les 4 x 4 de luxe des hauts fonctionnaires chinois en poste au Tibet, jamais de véhicules appartenant à des Tibétains. Une fois aux commandes du tout-terrain, il échappait à toute tentative de poursuite en empruntant des passages tout aussi apparemment impraticables que ceux que nous traversions ; aucun conducteur raisonnable ne s'y serait aventuré. Ensuite, il revendait ses prises sans trop de difficultés à Lhassa. Bon vivant, très jovial, il amendait son mauvais karma en se mettant au service du monastère où nous nous rendions. Il nous fit notamment traverser une rivière si profonde que l'eau montait au niveau des vitres ! Nous avons beaucoup ri... une fois arrivés sains et saufs sur l'autre rive.

En route, et toujours grâce à lui, nous eûmes l'occasion unique de rendre visite à un remarquable groupe d'une vingtaine de moniales qui vivaient à 3 800 mètres dans les ermitages de Jimnak Trakar surplombant un paysage grandiose. La majeure partie de l'année, elles se consacrent à la pratique spirituelle puis, pendant les deux mois de la belle saison, de mi-juin à mi-août, elles descendent des hauteurs pour faire le tour des villages et des camps de nomades, collectant des aumônes sous forme de *tsampa*, de beurre et de fromage séché, qu'elles remontent vers leurs ermitages. Parfois, elles sont invitées à rester quelques jours dans les maisons ou les tentes pour réciter des prières et accomplir des cérémonies. Nous contribuons depuis lors à améliorer leur ordinaire en leur offrant une aide chaque année.

En 2013, à une demi-journée de conduite de Yushu, nous nous rendîmes également dans le village de Séruma, où l'on nous avait fait la requête insistante de construire un dispensaire destiné particulièrement à la prise en charge des accouchements. L'hiver précédent, une douzaine de femmes étaient mortes en couches dans cette vallée. Nous avons donc construit un dispensaire de cinq pièces doté d'un équipement médical de base pour que le médecin – qui par chance était de retour dans son village natal après avoir pris sa retraite d'un hôpital de Yushu – puisse accompagner les futures mères dans de meilleures conditions, enrayer les éventuelles hémorragies et pratiquer quelques actes simples de chirurgie. Avec la participation des villageois, la clinique fut construite en trois mois. Le chef du village nous montra des photos d'une panthère des neiges qu'il avait prises avec son téléphone portable à une trentaine de mètres de distance ! Je songeai qu'il aurait pu faire sensation au National Geographic, à l'époque il n'existait quasiment pas de photographies de panthère des neiges dans leur habitat sauvage. Depuis, mon ami Vincent Munier et d'autres photographes talentueux ont pris, dans cette même région, de splendides images de ces félins mythiques qui règnent sur les hauteurs rocailleuses au-dessus de 4 000 mètres d'altitude.

☙

En juin 2010, vingt-cinq ans presque jour pour jour après le premier voyage de Dilgo Khyentsé Rinpoché au Tibet en juin 1985, sa réincarnation Khyentsé Yangsi Rinpoché se rendit au Tibet oriental, accompagné de Rabjam Rinpoché et de quelques disciples dont je fis partie. Tant de similarités et tant de différences entre ces deux temps forts ! Comme son prédécesseur, Yangsi fut accueilli par une vaste procession. Cette fois-ci, les chevaux avaient cédé la place à une centaine de motos et quelques dizaines de voitures qui précédèrent Yangsi sur les dix derniers kilomètres vers le monastère de Shéchèn.

Le monastère était en liesse, mais notre arrivée ne revêtit pas le caractère poignant du retour de Khyentsé Rinpoché après trente ans d'exil et des retrouvailles avec les survivants. Seuls quelques-uns des vieux moines qui avaient accueilli Khyentsé Rinpoché en 1985 étaient encore en vie. L'enthousiasme et la ferveur de la foule restaient cependant intacts et les jours où Yangsi Rinpoché et Rabjam Rinpoché donnèrent une bénédiction publique, jusqu'à dix mille fidèles se rassemblèrent dans la vallée qui compte habituellement moins d'un millier d'habitants.

Un matin, des centaines de yaks, dont les propriétaires avaient décidé d'épargner la vie en hommage à Yangsi Rinpoché, furent amenés dans une prairie en contrebas du monastère afin qu'il les bénisse. Un autre jour, ce fut au tour d'une centaine de chevaux d'être bénis au cours d'un festival d'été appelé *ta-sang*, littéralement « chevaux et offrande d'encens ». Une montagne de branches de genévrier fut empilée sur un site consacré de la plaine, puis embrasée. D'immenses nuages odoriférants s'élevèrent en offrande aux divinités locales qui protègent la vallée. Après la bénédiction des chevaux, les cavaliers galopèrent en décrivant des cercles autour des hautes volutes d'encens. Je grimpai rapidement sur le versant de la colline pour prendre quelques photos de cette scène spectaculaire.

En 1985, lors de la première visite de Khyentsé Rinpoché, il ne restait que quelques pans de mur du monastère. En 1988, les moines et la population locale avaient reconstruit un temple en terre battue, haut de quinze mètres. Mais les murs d'un mètre cinquante d'épaisseur ne comportaient curieusement que deux fenêtres ! Un bâtiment adjacent, érigé de la même manière, fut terminé pour la visite de Rabjam Rinpoché en 1995. En 2010, Rabjam Rinpoché et l'ensemble des lamas et moines du monastère décidèrent de reconstruire l'ensemble en pierres de taille, selon les règles de l'art, et d'édifier à l'identique sur le site le nombre de temples que le monastère comptait à l'origine. Khénpo Gyourmé Tsultrim, l'un des principaux aides de Rabjam Rinpoché, qui vivait au monastère de Shéchèn au Népal depuis son enfance, s'attela à la tâche. Sept ans durant, il passa la plus grande partie de l'année au Tibet oriental, conviant tous les lamas de la vallée à unir leurs efforts autour de ce projet. Assisté d'un architecte allemand, Michael, de sa femme Helen, et de Péma Dorjé, un architecte chinois, fidèle pratiquant du bouddhisme tibétain, il mena à bien la construction d'un splendide édifice de cinq étages dont les temples principaux sont ornés de fresques peintes par les meilleurs artistes de la région.

En 2017, le jour de la pleine lune du mois d'août, Rabjam Rinpoché se rendit une nouvelle fois au Tibet oriental et procéda à la consécration de ce nouveau monastère en présence d'un millier de moines, moniales et fidèles laïques venus de toutes les régions du Kham. Aujourd'hui, cette communauté compte deux cents moines, tandis que le collège philosophique, reconstruit en grande partie grâce à l'aide de Karuna-Shechen, offre un cursus de neuf ans d'études à six cents étudiants venus de quatre-vingts monastères. Ainsi, Shéchèn remplit de nouveau son rôle de préservation de l'héritage culturel et spirituel du Tibet, en dépit des contraintes imposées par le régime totalitaire qui règne sur le pays.

CHAPITRE 40

La Montagne d'Argent et le Lac de l'Éternelle Fraîcheur

Rabjam Rinpoché, quelques amis et moi-même découvrons le mont Kailash et le lac Manasarovar. À la frontière occidentale du Tibet, les impressionnants vestiges du royaume de Gougué.

Depuis longtemps, Rabjam Rinpoché et moi-même souhaitions ardemment effectuer le pèlerinage du mont Kailash. Cette montagne mythique qui s'élève sur les hauts plateaux de l'extrême ouest du Tibet est l'un des sites les plus sacrés de l'Orient, vénéré par les hindous, les jaïns et les bouddhistes. Le mont Kailash, la « Montagne d'Argent » est appelée Kangkar Tisé, la « Blanche Montagne des Neiges » par les Tibétains qui considèrent que son sommet, couvert de neiges éternelles, est le palais de la déité Chakrasamvara, au centre de son mandala, tandis que les hindous le considèrent comme la résidence de Shiva. Pour les jaïns, elle est le lieu où Rishabhadéva, le fondateur de leur philosophie, atteignit la délivrance du cycle des existences.

Rabjam Rinpoché désirait faire ce pèlerinage incognito. Nous décidâmes de partir en octobre 1998. Lui, un moine qui veillait à ses besoins, Pempa, et moi-même avions donc revêtu les vêtements et l'attirail du randonneur typique. Nous étions accompagnés de trois amis de Hong Kong, Christian et Maria Rhomberg, et Hon Wai-wai. Une agence de voyages tibétaine de Lhassa avait organisé notre expédition. Nous étions attendus à Nyalam, le premier village tibétain d'importance, à une trentaine de kilomètres de la frontière, par quatre Tibétains équipés de deux voitures et un petit camion transportant le matériel de camping, une bouteille de gaz et des provisions. Nous entrâmes au Tibet par la route du Népal, traversant le poste-frontière de Dram, et passâmes la première nuit dans une auberge tibétaine à Nyalam, à une trentaine de kilomètres de la frontière. Nous faisions attention à ne pas parler tibétain entre nous et Rabjam Rinpoché avait demandé de ne pas être traité avec des égards particuliers. Mais notre subterfuge ne parvint pas à tromper notre hôtesse tibétaine. Le lendemain matin, au petit déjeuner, elle annonça : « Celui-là est un lama, désignant Rabjam Rinpoché, et les deux autres sont des moines, n'est-ce pas ? » On n'échappe pas à son destin. Mais mis à part cette Tibétaine perspicace, nous réussîmes à passer à peu près inaperçus pendant le reste du voyage. Ce n'est que vers la fin de notre séjour que nous avons révélé l'identité de Rabjam Rinpoché aux Tibétains qui nous accompagnaient. Mais ils avaient fini par s'en douter...

Au Tibet occidental, dans la province de Ngari, le paysage est bien différent de celui du Kham. D'immenses plateaux arides s'étendent à l'infini, bordés au sud par les neiges altières de l'Himalaya et séparés d'est en ouest par des cols à perte de vue. La terre dénudée est parsemée de buissons desséchés et de touffes de hautes herbes jaunies qui ondulent au vent. Ici et là, aux abords des rivières, des plaques de verdure adoucissent le paysage. La plupart des habitants n'ont jamais vu un grand arbre de leur vie. Avant de partir pour le mont Kailash, j'avais jugé inutile de me charger d'un bâton de marche, pensant en trouver un facilement sur place. Mais arrivé à destination, quand je demandai où trouver un bâton, on me regarda comme si j'avais réclamé la lune et que le bois n'était pas chose que l'on trouve sous un arbre. J'arrêtai un jeune homme pour m'assurer que l'on me comprenait bien : « C'est quoi un "arbre" [j'employais le terme tibétain *shine*] ? » Il me montra un buisson rabougri et fut stupéfait lorsque je lui montrai la photographie d'un arbre de belle taille. Au long de notre périple, il nous arriva tout au plus de croiser de loin en loin un petit bosquet de saules dans une vallée abritée et humide.

Par endroits, les minéraux conféraient à la terre d'étonnantes tonalités d'ocre, de mordoré, de fauve ou de pourpre, rehaussées de lacs turquoise sertis dans le paysage comme des joyaux de lumière. Des nuages d'une blancheur éclatante émergeaient et se dissolvaient dans la profondeur du ciel bleu. Ici et là, nous découvrions quelques villages aux maisons de terre battue, ou nous croisions des nomades éparpillés qui vivaient plus chichement que ceux du Kham. Au Kham, l'intérieur des tentes de nomades est couvert de beaux tapis, de coffres en bois peints de motifs multicolores et dénote une certaine aisance. En pénétrant à l'intérieur de quelques tentes sur la route du Kailash, nous avons été surpris de n'y trouver que quelques tapis éculés, deux ou trois ballots accrochés aux poteaux de la tente

La Montagne d'Argent et le Lac de l'Éternelle Fraîcheur

et le foyer central. Les nomades étaient pauvrement vêtus et guère protégés contre le froid dont la morsure commençait à se faire sentir. Leur nourriture consistait principalement en un mélange de *tsampa* (la farine d'orge grillée) et de *chang* (la bière de millet).

En 1998, peu de ponts avaient été construits et nous dûmes traverser maintes fois les rivières à gué. Au milieu de nulle part, nous croisâmes un courageux cycliste japonais qui, parti de Singapour, avait pédalé jusqu'au mont Kailash au cours d'une expédition de trois mois. Le visage souriant, tanné par le soleil d'altitude, il était vêtu d'une simple combinaison de coureur alors qu'il gelait la nuit; son vélo était équipé de trois sacoches, une devant et deux à l'arrière, renfermant un petit sac de couchage et une tente minuscule. Il ne se nourrissait que de deux paquets de nouilles par jour.

La grandiose monotonie du Tibet occidental est ponctuée, soudainement, de spectacles d'une rare splendeur, dépassant toute attente, comme l'apparition, au bout de trois jours de déserts, de la parfaite pyramide du mont Kailash coiffée de neiges éternelles. On le découvre du haut du «Col des Prosternations» (Tchatsél Gang), tenant son nom du fait qu'il s'agit du premier endroit d'où les pèlerins découvrent les neiges éternelles du mont Kailash et se prosternent alors en direction de la montagne sacrée, le but de leur voyage. Certains ont été brinquebalés une bonne semaine durant à l'arrière d'un camion, d'autres ont marché un mois ou plus à pied, tandis que les plus déterminés se sont prosternés tout au long du chemin, une aventure qui peut demander jusqu'à six mois selon leur point de départ. Les pèlerins se succèdent depuis des siècles en ce lieu: «Certaines montagnes ne sont que des montagnes, mais d'autres ont une personnalité et par là même le pouvoir d'influencer les hommes. La plus grande de toutes, depuis le commencement des temps, fut et demeure le mont Kailash», écrivit Lama Anagarika Govinda dans *Le Chemin des nuages blancs*. Lama Anagarika Govinda fut d'abord moine bouddhiste au Sri Lanka, puis épousa la tradition du bouddhisme tibétain et fit un premier pèlerinage au mont Kailash en 1932. Il y retourna en 1948 au cours d'un long périple. Tout se faisait à pied, au mieux parfois à cheval, à cette époque.

Au sommet du col des Prosternations, les pèlerins accrochent des drapeaux de prières au cairn élevé au fil des ans par les fidèles. Bientôt une autre vue extraordinaire s'ajoute à celle de la montagne d'Argent, l'immensité bleu-turquoise du lac Manasarovar. Situé à

4 600 mètres d'altitude, il faut trois à quatre jours pour en faire le tour à pied. Ce lac d'une beauté indescriptible se pare, lui aussi, de plusieurs noms : « Invincible Lac Turquoise », « Lac de l'Éternelle Fraîcheur », « Lac du Divin Lotus ». Bordé de marais couverts de plantes orange, vert sombre ou rouge brique et de plages de sable noir, il pourrait aussi s'appeler le lac aux mille couleurs. Plus loin encore on entrevoit également l'autre grand lac qui lui fait suite, le Rakshatal[1], le « Lac des Ogres Démons » empli d'eau saumâtre, qui n'est pas visité par les pèlerins.

C'est sur les rives du Manasarovar que nous campâmes ce soir-là. Partis début octobre, nous étions assurés d'un ciel bleu immaculé. L'été, saison des pluies, il arrive que les pèlerins parviennent au terme de leur visite des lieux sacrés en n'ayant entraperçu que fugitivement le Kailash dissimulé par les nuages de la mousson. En ce début d'automne, il faisait beau, certes, mais très froid : – 10 °C cette nuit-là sous la tente. Le matin, je retrouvai mes verres de contact mis à tremper pour la nuit dans un bloc de glace (ils furent intacts au dégel, par chance).

Au lever du soleil, je partis m'asseoir au bord du lac et entendis l'appel de deux canards écarlates. Je les cherchai des yeux à la surface du lac, sans parvenir à les localiser. Finalement, je les aperçus dans le lointain, à quelques centaines de mètres de moi. Traversant le parfait silence du lieu, leurs cris avaient glissé sur l'eau calme et semblaient avoir été émis à côté de moi.

D'un bleu profond, lumineux, le ciel se fondait dans le miroir turquoise du lac. Au sud, les neiges du Gurla Mandhata étincelaient. Au nord, on apercevait la pyramide parfaite du Kailash. La méditation s'épanouissait aussi bien au-dehors qu'au-dedans, aisée et naturelle. Le souvenir du grand yogi tibétain Shabkar qui vint au Kailash au début du XIXe siècle resurgit en mon esprit. Il écrivit : « Un jour que je me reposais sur la rive du lac, je connus une liberté exempte de tout concept, un état clair, vaste et ouvert. » Cette expérience lui inspira ce chant :

> La nature de l'esprit, source du samsara et du nirvana
> Infinitude, resplendissement vide,
> Libre de tout attachement à la réalité.
> Cela, je l'ai reconnu.

La Montagne d'Argent et le Lac de l'Éternelle Fraîcheur

> […]
> Lorsque je me fonds en cette vastitude
> Claire et vide,
> Sans fin, sans limites,
> Esprit et ciel ne font plus qu'un.
>
> En cette dimension de lumière,
> L'effort est inutile,
> Tout advient de soi-même,
> Naturellement, sereinement.
> Joie absolue !
>
> L'amour compassion envers les êtres,
> Mes mères d'antan, fusa du tréfonds de moi ;
> Ce ne sont pas vains mots :
> Désormais, je me consacrerai au bien d'autrui[2] !

Assis au bord du lac évoquant ce chant, émerveillé par la splendeur du lieu et la luminosité des cieux, tout me paraissait d'une parfaite harmonie.

Après un petit déjeuner bien chaud et revigorant, Christian Rhomberg et moi-même nous fîmes la réflexion que nous ne pouvions manquer de nous baigner au moins une fois dans les eaux bénies du lac Manasarovar. Des sadhous et des familles entières de dévots font le voyage à pied depuis l'Inde (ou à cheval pour les plus âgés ou les moins entraînés) pour avoir le privilège de s'immerger dans ces eaux sacrées, chantant à tue-tête des hymnes à Shiva. Nous nous déshabillâmes et, prenant notre courage à deux mains, courûmes droit vers le lac. Lorsque l'eau nous arriva aux genoux, nous plongeâmes. Un sacré coup de fouet : l'eau devait être aux alentours de cinq degrés. Après avoir nagé une vingtaine de mètres en y mettant toute l'énergie possible pour oublier la morsure du froid, nous fîmes demi-tour et sortîmes de l'eau pour nous précipiter vers nos serviettes. Le corps ayant réagi promptement, nous fûmes envahis par une douce chaleur et une délicieuse béatitude sous les rayons du soleil matinal. Le lac méritait bien son nom, « Lac de l'Éternelle Fraîcheur ».

En dehors des sadhus qui arrivent à pied avec un petit baluchon à l'épaule, chaque été des milliers d'Indiens postulent pour faire le pèlerinage, le *yatra*, du lac Manasarovar et du mont Kailash. Quelques centaines d'heureux élus, tirés au sort, reçoivent l'autorisation de partir en groupes échelonnés entre juin et septembre. Raphaële, qui séjourna plusieurs mois au Kailash, dès 1986, me raconta qu'elle rencontra une fois une vingtaine d'Indiens à cheval qui avaient traversé des cols à 5 500 mètres dans la neige et campaient sous des tentes militaires. Ils offraient un tableau pittoresque : les hommes, barbus après dix-huit jours de tribulations, portaient des cagoules en laine pourvues d'une petite ouverture pour les yeux et le nez et des chapeaux de feutre ; les femmes étaient en sari, emmitouflées dans de gros pull-overs, la tête recouverte de bonnets. Arrivés au but de leur long voyage, ils étaient d'humeur joyeuse et emplis de ferveur. Il n'est pas rare cependant que certains de ces pèlerins, venus des plaines de l'Inde, peu habitués aux rigueurs des hautes altitudes, perdent la vie au cours de ce périple sacré.

La région du Kailash est la partie la plus élevée du plateau tibétain occidental et constitue la ligne de partage des eaux. Quatre grands fleuves y prennent leur source. Le Brahmapoutre part vers l'est, traverse une grande partie du Tibet, puis plonge vers le sud traversant la région de Pémakö, et poursuit son cours vers l'Assam ; la Karnali descend plein sud vers le Népal ; le Sutlej, coule vers le sud-ouest en direction de l'Inde, tandis que l'Indus opère une grande boucle, vers le Cachemire et le Pakistan.

༄

La circumambulation du Kailash allait nous demander trois jours de marche. Elle commença au petit village de Dartchèn où nous passâmes la nuit suivante afin de laisser le temps à nos guides d'organiser la caravane de yaks qui allaient porter nos tentes, les provisions et notre bouteille de gaz. Dartchèn, le « Grand Drapeau », doit son nom à l'immense mât de drapeaux de prières qui se trouve un peu plus haut sur le chemin de circumambulation et sur lequel est fixé, sur toute sa hauteur, un grand drapeau de prières d'un mètre de large pour une vingtaine de mètres de haut. Chaque année, à la pleine lune du quatrième mois lunaire (généralement en mai), anniversaire de l'Éveil et de la mort (*parinirvana*) du Bouddha, ce mât, qui fut apporté du Tibet central ou du Népal, puisqu'il n'y a pas d'arbres dans la région, est couché sur le sol et un nouveau drapeau de prières y est fixé et se voit couronné d'un étendard de

La Montagne d'Argent et le Lac de l'Éternelle Fraîcheur

victoire aux tissus multicolores. Une cinquantaine de pèlerins s'attellent à la tâche délicate de le redresser, de sorte que sa base s'encastre bien dans le trou qui le maintient droit. D'autres drapeaux sont aussi accrochés sur les haubans qui partent du sommet du mât dans toutes les directions et sont maintenus au sol par des piquets. Lorsque le grand drapeau est enfin érigé, des centaines de pèlerins accompagnent ce moment de prières et de souhaits de bon augure, brûlent des piles de branches de genévrier qui dégagent des nuages de fumées aromatiques, et lancent vers le ciel des milliers de petits carrés de fins papiers multicolores sur lesquels sont imprimées des prières dédiées à la prospérité de tous qui s'envolent dans les courants ascendants.

Nous nous mîmes en route le lendemain au petit matin. Notre groupe comprenait les six pèlerins que nous étions, nos trois guides, cinq caravaniers, une dizaine de yaks, et les gros chiens de berger qui accompagnaient leurs maîtres. Contournant le Kailash dans le sens des aiguilles d'une montre comme il se doit, nous longeâmes une rivière aux eaux cristallines et passâmes en face d'une falaise de terre ocre au flanc de laquelle des douzaines de petites grottes avaient été creusées. C'est là, dit-on, que cinq cents *arhats*, les proches disciples du Bouddha Shakyamouni, vinrent méditer, il y a plus de deux mille cinq cents ans. Tandis que nous progressions à notre rythme, un moine solitaire nous rattrapa. Il ralentit à notre hauteur pour échanger quelques propos. À son accent typique, nous reconnûmes qu'il était originaire de la région de Riwoché dans l'est du Tibet. Il nous expliqua qu'il avait fait treize fois le tour de la montagne. Il partait à trois heures du matin, effectuait le tour du Kailash dans la journée et rejoignait Dartchèn vers huit heures du soir. Il se reposait une journée et recommençait le lendemain. Après avoir conversé avec Rabjam Rinpoché, il prit congé, repartit comme une flèche, progressant deux fois plus vite que nous, et disparut à l'horizon. Quant à ceux qui, à l'inverse de ce moine pressé, se prosternent tout au long du chemin, il leur faut une vingtaine de jours pour accomplir le tour. Autant d'exploits qui dépassaient largement nos modestes capacités!

En début d'après-midi, nous atteignîmes la face nord du Kailash, qui offre une vue majestueuse. Face à la montagne, de l'autre côté d'un ruisseau, s'ouvre une grotte où séjourna, au XIIIe siècle, le grand ermite Gyalwa Götsangpa, célèbre pour son renoncement et sa compassion. À l'arrivée de Götsangpa, la dakini à tête de lion, une divinité féminine de sagesse qui écarte les obstacles extérieurs et intérieurs que pourrait rencontrer le pratiquant sur la voie, se métamorphosa en *dri* (la femelle du yak) et guida l'ermite vers cette grotte. Arrivée là, elle disparut dans le mur de la grotte, ne laissant que la trace d'une corne dans le rocher.

Située à 5 200 mètres d'altitude, cette cavité est connue depuis lors sous le nom de Drira Phouk, «La Grotte de la Corne de Dri». Les écrits de Götsangpa sur l'amour altruiste, la vision pure et la dévotion sont particulièrement édifiants[3]. Dans sa jeunesse, il mena la vie d'un artiste talentueux, parcourant le pays avec une troupe qui exécutait des spectacles de musique, de chant et de danse sur les places de villages. Puis, il ressentit une profonde lassitude envers les activités de la vie ordinaire et décida de se consacrer à la pratique spirituelle. Un jour, en entendant prononcer le nom de Tsangpa Gyaré, celui qui allait devenir son maître principal, il fut envahi d'une profonde ferveur. Quand il arriva en sa présence, celui-ci s'exclama simplement : «Te voilà donc ! C'est merveilleux !» et c'est ainsi, tout simplement, qu'il devint son disciple. À la mort de son maître, il appliqua à la lettre ses derniers conseils : «Abandonne toute ambition mondaine et demeure dans la solitude des montagnes.» Il passa de nombreuses années à méditer dans des grottes, au mont Kailash en particulier. Dans la seconde partie de sa vie, son rayonnement attira de nombreux disciples et il fonda plusieurs monastères. Ce fut Götsangpa, ce grand ermite, qui instaura la tradition du pèlerinage autour du mont Kailash, dont il établit le parcours.

Nous rencontrâmes le lama qui habitait dans la grotte où vécut autrefois Götsangpa. Il s'avéra qu'il était le neveu de notre ami le Lama Chöjor de Jamar. Il avait reconnu Rabjam Rinpoché et se joignit à nous pour la seconde moitié de notre circumambulation autour du mont Kailash.

Arrivés à Drira Phouk, Maria et Wai-Wai estimèrent que le col du lendemain et les deux jours qui restaient à marcher seraient trop rudes pour eux et repartirent avec Christian vers Dartchèn.

Après avoir campé dans une prairie située devant la grotte de Götsangpa, vint pour nous le jour le plus ardu du pèlerinage, le passage du col de Drolmala. Sur le chemin, nous nous arrêtâmes sur le site d'un cimetière à ciel ouvert. Un grand rocher plat est, dit-on, le miroir du roi de la Mort, Yamaraj, sur lequel se reflètent

La Montagne d'Argent et le Lac de l'Éternelle Fraîcheur

toutes nos actions passées et se dessine notre karma à venir. Afin de nous remémorer les enseignements sur la certitude de la mort et l'imprévisibilité de son heure, conformément à la tradition, nous nous allongeâmes tour à tour sur cette grande pierre plate, tandis qu'un compagnon mimait l'acte de nous découper en morceaux pour offrir notre corps en pâture aux vautours. Les pèlerins laissent également un morceau de vêtement, symbole de l'abandon de leurs biens en même temps que celui de leurs corps. Aujourd'hui encore, des dépouilles y sont livrées aux vautours.

À mesure que nous prenions de l'altitude, mon souffle se fit court et chaque pas des deux dernières heures de marche me coûta un peu plus que le précédent. Sur le chemin enneigé, près du sommet, je devais m'arrêter tous les trois pas pour reprendre mon souffle. Arrivé au col, à 5 600 mètres, je me fis la réflexion que, sans une acclimatation et un entraînement appropriés, j'aurais été bien incapable d'aller beaucoup plus haut si cela avait été nécessaire. Nos guides caracolaient allègrement et ne semblaient pas incommodés le moins du monde. Rabjam Rinpoché, qui n'était pas en parfaite santé, monta à dos de yak. Nous accrochâmes des drapeaux de prière entre des rochers et, après avoir prononcé des souhaits afin que tous les êtres soient libérés de la souffrance, offert de l'encens, et passé quelques moments à contempler le sublime paysage qui s'offrait à nos yeux, nous entreprîmes la descente, dépassant sur notre droite un petit lac turquoise, le lac du bouddha de la compassion, Avalokiteshvara, aussi appelé Gauri Kund par les hindous. Le camp pour la nuit fut établi à 5 200 mètres. Cela peut paraître peu élevé pour des montagnards aguerris, mais nous avions attendu les permis de visiter le Kailash plus longtemps que prévu et avions dû brûler les étapes entre Katmandou et la montagne sacrée sans avoir eu le temps de nous acclimater suffisamment à l'altitude. La nuit suivante fut la seule fois, au cours de mes nombreux voyages au Tibet, où je souffris sérieusement du mal d'altitude. Après quelques vomissements, je commençai à être fortement incommodé, perdis mes forces et eus de plus en plus de mal à respirer. La seule solution aurait été de descendre pour perdre de l'altitude, ce qui était impossible : une journée de marche nous séparait de Dartchèn situé à 4 300 mètres, une altitude déjà respectable, et je ne pouvais évidemment pas creuser un trou pour descendre plus bas ! En désespoir de cause, je posai ma tête quelques moments sur les genoux de Rabjam

Rinpoché, invoquai mes maîtres spirituels et mis mon destin entre leurs mains, pensant : « Maîtres bienveillants, vous savez ! Advienne que pourra… » Par chance, je récupérais peu à peu, je pus dormir quelques heures et le lendemain matin j'étais sur pied, prêt à repartir.

Sur le versant méridional du mont Kailash, nous visitâmes une grotte où vécut le plus célèbre ermite du Tibet, Jétsun Milarépa. Plus tard, on construisit devant sa grotte une petite entrée abritant un autel en bois sur lequel étaient posées des statues et des offrandes, ce qui masquait en partie la grotte elle-même.

Je savais, pour avoir traduit son autobiographie, que la grotte de Shabkar, un grand yogi qui vécut aux XVIIIe et XIXe siècles, était située à proximité de celle de Milarépa. Mais aucun pèlerin ne savait où elle se trouvait précisément. Enfin, je rencontrai quelqu'un qui sut m'indiquer le lieu, à quelques centaines de mètres au-dessus de la grotte de Milarépa sur le versant de la montagne. Nous nous y rendîmes. Contrairement à la grotte de Milarépa, celle de Shabkar était demeurée intacte. Un muret en pierres pourvu d'une minuscule fenêtre et d'une porte basse en protégeait l'entrée. Quelques marches descendaient vers l'unique pièce d'environ trois mètres sur trois. Des offrandes étaient disposées dans une anfractuosité de rocher qui formait une sorte de niche. Sur l'un des côtés, on reconnaissait encore l'emplacement de l'âtre noirci par la fumée, l'endroit même où Shabkar faisait bouillir son thé qu'il mélangeait à de la *tsampa*. Il nous sembla que Shabkar était parti la veille. Je fis la requête au lama de la grotte de Götsangpa qui nous accompagnait de bien vouloir faire ériger une statue de Shabkar et de la disposer dans la grotte où ce grand saint et ascète avait vécu et médité. Il accepta obligeamment. Je lui fis une offrande et, de retour à Katmandou, je lui fis parvenir des reliques de Shabkar que l'on m'avait données en Amdo, afin qu'elles soient placées à l'intérieur de la statue.

Cette grotte s'appelait « L'Empreinte blanche », car non loin de là, on voyait très clairement sur un rocher une grande empreinte en forme de pied qui serait celle, dit-on, laissée par le Bouddha Shakyamouni lorsqu'il se rendit miraculeusement au mont Kailash accompagné de cinq cents arhats.

Après avoir visité ces deux grottes, la marche devint plus facile, car le chemin suivait une pente douce et nous rejoignîmes rapidement Dartchèn où nous passâmes une bonne nuit de repos.

La Montagne d'Argent et le Lac de l'Éternelle Fraîcheur

Un dicton populaire dit qu'au Kham on atteint l'Éveil grâce aux maîtres spirituels, au Tibet central grâce à l'étude des textes et au Tibet occidental grâce aux lieux sacrés. Pourquoi effectuer des pèlerinages en ces lieux ? Tout d'abord, c'est le signe d'une certaine attitude : on y part, souvent en bonne compagnie, doté d'un état d'esprit vertueux, l'intention de devenir meilleur, inspirés par le caractère sacré des lieux et l'évocation des êtres d'exception qui y ont vécu. Pratiquer un mois dans des sites où ont séjourné de grands saints du passé est, dit-on, aussi bénéfique que de pratiquer un an dans un endroit ordinaire. En effet, en nous remémorant les qualités de ces maîtres, ces lieux nous ramènent constamment à la pratique spirituelle. Le pèlerinage permet aussi de s'entraîner à la « vision pure », la reconnaissance de la nature de bouddha présente en tous les êtres et de la pureté originelle des phénomènes. Le monde est perçu comme un mandala, les sons comme des mantras, et les pensées comme des manifestations de l'Éveil. Mais, si inspirant soit-il, le pèlerinage extérieur ne vaut que par le pèlerinage intérieur, celui du chemin vers l'Éveil qui, lui, peut s'accomplir sans bouger dans les quelques mètres carrés d'un ermitage.

J'eus l'occasion de faire de nombreux pèlerinages dans l'Himalaya et au Tibet. Parmi ceux que j'ai relatés et ceux qu'il me reste à conter dans cet ouvrage, celui de la Citadelle du Lion des Neiges, Sengué Dzong, au nord-est du Bhoutan, fut le plus ardu ; celui aussi qui me donna le plus fortement l'impression d'être « hors du monde ». Celui de Pémakö, à l'extrême sud-est du Tibet, fut le plus chargé de bénédictions et du sentiment palpable de la présence de mon maître racine Kangyour Rinpoché. L'Amnyé Matchèn, au Golok, me donna l'impression d'être le plus classique : une longue randonnée de haute montagne, ponctuée par la visite des ermitages de Shabkar et nourrie par la majesté des neiges éternelles qui, de temps à autre, étincelaient entre les nuages.

Quant au pèlerinage du mont Kailash, il fut sans conteste le plus grandiose. L'immensité du ciel et du paysage avec laquelle l'esprit se confond, le parfait agencement des deux lacs, les sommets altiers du Gurla Mandhata au sud du Manasarovar et la pyramide majestueuse du Kailash au nord évoquèrent une perfection qu'il ne m'avait jamais été donné de contempler jusqu'alors. Surgissant tels des joyaux sertis dans les vastes plateaux arides du Tibet occidental, les éléments naturels formaient à eux seuls un monde de beauté imprégnée de la présence intemporelle des ermites qui y vécurent. Le ciel, d'un bleu profond et lumineux comme seul l'est l'azur en haute altitude, et l'air vivifiant ajoutaient au sentiment d'élévation, de complétude. L'intensité de ces moments me semble si unique et tient une place si particulière au sein de ma mémoire qu'il ne m'arriva pas d'éprouver le désir pressant de retourner en ce lieu. Rien ne pourra jamais surpasser l'expérience que je vécus en ce mois d'octobre 1998, en compagnie de Rabjam Rinpoché et de nos compagnons de pèlerinage.

> ଔ

Après cette inoubliable circumambulation, nous poursuivîmes notre voyage vers l'ouest en voiture pour découvrir d'autres merveilles. Prétapuri tout d'abord, à cinquante kilomètres du Kailash, un lieu considéré comme l'un des vingt-quatre principaux sites sacrés du Tibet et de l'Inde, béni également par Gourou Padmasambhava qui laissa l'empreinte de son pied sur un rocher. D'étonnantes sources d'eau chaude à ciel ouvert s'étagent dans des vasques en gradins sur une large pyramide. Quelle délectation, après huit jours de routes poussiéreuses et trois jours d'un pèlerinage ardu, que de s'immerger sous un ciel bleu immaculé dans une eau limpide dont la température varie entre 30 et 40 degrés selon les vasques. La froidure extérieure contrastait délicieusement avec la chaleur de l'eau qui pénétrait nos corps fourbus jusqu'à la moelle de nos os. La fatigue accumulée fut balayée en quelques dizaines de minutes. Après cet interlude aussi bienvenu que reconstituant, nous poursuivîmes notre route vers la cité mythique de Tsaparang, siège de l'ancien royaume du Gougué, le point le plus occidental de notre voyage et du Tibet, non loin de la frontière du Ladakh en Inde.

En route, au milieu de nulle part – aucune habitation n'existait à cinquante kilomètres à la ronde – surgit une petite cabane tenue par un couple dont la fillette à l'air angélique possédait de grands yeux bleus, trait rarissime au Tibet. Accroché sur le devant de la cabane, un grand écriteau annonçait en tibétain «Thé et Yaourt». Nous avons joyeusement consommé l'un et l'autre et je fis un portrait de l'enfant aux yeux bleus, visage qui resta l'un de mes favoris.

En 1948, Anagarika Govinda, un Allemand qui fut l'un des premiers pratiquants occidentaux du bouddhisme tibétain, et sa femme d'origine parsie[4], Li Gotami, mirent deux ans pour rejoindre Tsaparang à pied depuis le Népal, s'arrêtant longuement en route au mont Kailash (que Govinda avait déjà visité en 1932), et dans divers monastères et ermitages. Dans *Le Chemin des nuages blancs,* il décrit ainsi le moment de l'arrivée tant attendue : « Lorsqu'au sortir d'une gorge apparurent soudain les châteaux altiers de l'ancienne cité de Tsaparang, qui semblaient taillés dans un pic monolithique isolé, nous restâmes figés d'admiration, nous pouvions à peine en croire nos yeux. » Lama Govinda et Li Gotami, tous deux artistes, passèrent six mois à relever les fresques de Tsaparang. Les dessins et récits qu'ils rapportèrent firent sortir ce lieu historique de l'oubli.

Il ne nous fallut qu'une longue journée de voiture pour arriver à Tsaparang à partir du Kailash, mais nous fûmes tout aussi subjugués par la grandeur et le caractère insolite de ce site. Après avoir traversé pendant de longues heures le désert minéral des hauts plateaux, nous descendîmes dans la vallée du fleuve Sutlej. Nous longeâmes d'infinis massifs de hautes falaises, des cathédrales rupestres couleur de sable, des mosaïques de ravines et de renflements mordorés sculptés par le cours du Sutlej, des siècles d'érosion due aux vents et au ruissellement des rares pluies de mousson estivale. Dans le lointain, vers le sud, nous vîmes la cime du Nanda Devi, à 7 800 mètres d'altitude. Puis ce fut Tsaparang : les ruines majestueuses du palais du royaume du Gougué, perchées sur un rocher pyramidal de deux cents mètres de haut, illustration poignante de l'impermanence de toute chose. De ce royaume qui connut son heure de gloire aux IXe et Xe siècles, il ne subsiste que des vestiges vides et silencieux. Seul un village d'une centaine d'habitants dans la partie haute de la vallée témoigne qu'il est possible de vivre en ces lieux désolés.

Visiter le palais exige de rentrer littéralement dans le ventre de la montagne puis de gravir un long tunnel en pente raide creusé dans ses entrailles avant de déboucher sur un entrelacs de tunnels et de grottes, menant aux chambres royales. Et, au sommet, sur une terrasse, se dresse, rouge et solitaire, le palais d'été qui s'ouvre à perte de vue sur un paysage de terre de sélénite jaune ocre. Souvenir éloquent du siège que, d'après les chroniques tibétaines, le roi Yéshé-Ö subit au Xe siècle, encerclé par une armée turque. La forteresse était réputée imprenable, mais la famine eut raison du roi et de ses sujets qui s'étaient retranchés avec lui : au bout de quelques mois, ils se rendirent.

Sur le chemin du retour, à une vingtaine de kilomètres de Tsaparang, nous fîmes halte au monastère de Thöling qui eut une influence spirituelle considérable jusqu'au Ladakh et au Cachemire, situés respectivement à trois cent cinquante et cinq cents kilomètres. Thöling (qui devrait s'écrire Thöding selon l'orthographe tibétaine et signifie « Planant dans le Ciel ») est le plus ancien monastère de la province de Ngari, la plus occidentale du Tibet. Sous l'inspiration du célèbre traducteur Rinchèn Sangpo qui en devint l'abbé, ce monastère fut construit en 997 par le roi Yeshe-Ö. Ce monarque joua un rôle capital dans l'histoire du Tibet en invitant en 1042 le grand pandit indien Atisha. Ce dernier passa trois ans à Thöling avant de prendre la route du Tibet central où il fonda la tradition Kadampa, l'une des principales écoles du bouddhisme tibétain. Construit sur une terrasse au-dessus du lit du Sutlej, le temple est bordé d'un alignement de cent huit stupas dont l'éclatante blancheur détonne sur l'ocre de la terre.

Quelques superbes fresques et statues parmi les plus belles de cette époque (XIe siècle) survécurent au temps et à la dévastation de la Révolution culturelle. D'autres furent endommagées par l'érosion ou défigurées par les gardes rouges qui éventrèrent également nombre de sculptures anciennes en argile. Ainsi que l'écrivit Lama Govinda à propos de l'abandon du lieu et de l'œuvre du temps : « La puissance disparue, la beauté, elle, planait encore sur les ruines et sur les œuvres d'art créées humblement et patiemment à l'ombre de la puissance. »

Cette incursion dans la partie la plus occidentale du Tibet conclut ce voyage mémorable. En quelques jours de voiture, nous rejoignîmes le col de Gongla, à 5 050 mètres d'altitude. De là, certains des amis tibétains qui nous avaient soutenus avec tant de gentillesse tout au long de ce voyage allaient repartir vers Lhassa, tandis que les autres nous accompagneraient jusqu'à la frontière népalaise, deux heures de route plus bas. Rabjam Rinpoché offrit sa bénédiction à nos compagnons de voyage et je leur distribuai, pour eux-mêmes et leur famille, des cordelettes rouges que les Tibétains nouent autour du cou, en leur précisant qu'elles avaient été bénies de la main même du Dalaï-lama. Il était moins risqué d'apporter cette forme de bénédictions que des photos du Dalaï-lama qui auraient pu nous valoir les pires ennuis de la part des autorités. Ils reçurent ces cordelettes avec une immense ferveur. Je leur confiai que j'allais bientôt revoir le Dalaï-lama et leur demandai s'ils souhaitaient lui faire passer un message. Après un instant de silence, l'un d'entre eux répondit : « Dites-lui que nous sommes là. »

CHAPITRE 41

Sur les traces de Shabkar

Après avoir traduit du tibétain les mille pages de l'autobiographie de Shabkar, yogi accompli, sage et poète, je voyage au Tibet oriental pour rassembler les quatorze volumes de ses écrits et explore les lieux où il vécut. Séjour sur l'île de Tsonying, au lac de Kokonor.

On se souviendra qu'en 1952, sur les conseils de Khyentsé Chökyi Lodrö, Dilgo Khyentsé Rinpoché se rendit en Amdo, au nord-ouest du Tibet, pour conférer la transmission des soixante volumes du *Précieux Recueil des Trésors révélés*. Au cours de ce séjour, il visita Yama Tashikhyil, le petit monastère juché au sommet d'une colline boisée et entouré d'ermitages, dans la région de Rékong. C'est là qu'avait vécu Shabkar (1781-1852), un yogi accompli, sage et poète, considéré dans tout le Tibet comme le second Milarépa, le fameux ermite du XIe siècle. Shabkar passa les vingt dernières années de sa vie à Tashikhyil ; il aimait particulièrement s'asseoir sur un large siège fait de pierres plates sous un grand genévrier. C'est là qu'il enseignait et entonnait les chants de réalisation qui illuminent son autobiographie. Lorsque Dilgo Khyentsé Rinpoché visita ce lieu, les gens du pays l'invitèrent à prendre place sur ce trône et lui demandèrent d'y enseigner à son tour. Khyentsé Rinpoché improvisa des chants de réalisation spirituelle : un arc-en-ciel apparut et de fins flocons de neige tombèrent doucement comme une pluie de fleurs. Les témoins de cet événement en tirèrent la conclusion que Khyentsé Rinpoché devait être une réincarnation de Shabkar. En me racontant cette anecdote, Dilgo Khyentsé Rinpoché commenta : « Il y avait sans doute quelque chose de vrai dans cette supposition. »

Inspiré par Khyentsé Rinpoché (ainsi que par Gene Smith qui m'avait confié que c'était l'autobiographie la plus remarquable qu'il ait lue), je me suis plongé dans le récit de la vie de Shabkar et fus enthousiasmé par cette histoire vivante, profonde et émouvante qu'il nous donne de sa vie depuis la petite enfance jusqu'à son ultime réalisation spirituelle. Shabkar fut un « barde de l'Éveil », parcourant le Tibet d'est en ouest et, tout comme Milarépa, outre les péripéties de sa vie relatées en prose, il fit preuve d'une incroyable capacité à improviser en toutes occasions des chants d'une grande poésie. Il lisait le monde extérieur comme les pages d'un guide de la vie intérieure : un nuage blanc évoquait son maître spirituel assis, majestueux et rayonnant, sur la nuée ; un ciel lumineux rehaussait sa réalisation de la Grande Perfection ; la fragilité d'une fleur lui rappelait celle de la vie ; le murmure des ruisseaux et le chant des oiseaux résonnaient des paroles des enseignements. Avec une étonnante virtuosité, il construisait un quatrain en utilisant la même voyelle initiale au début de chaque vers, ou encore un poème dont chaque vers commençait par l'une des lettres successives de l'alphabet tibétain. La franchise et la simplicité avec lesquelles il relata son chemin intérieur nous donnent la conviction qu'une ferveur sincère alliée à une diligence indomptable peut mener même les moins disposés d'entre nous à l'Éveil.

J'étais convaincu qu'une biographie aussi riche et inspirante devait être traduite en langue occidentale. Le texte comportant près de mille pages en tibétain, je recrutai l'aide de quelques amis traducteurs qui établirent un premier brouillon de sept chapitres sur les quinze que comprenait l'ouvrage, tandis que je m'attelais aux huit autres chapitres, poursuivant en parallèle les recherches nécessaires à une bonne compréhension du récit, des lieux et des enseignements cités par Shabkar. Puis, je relus plusieurs fois l'ensemble des chapitres en regard du texte tibétain et j'harmonisai le style et le vocabulaire. Au fur et à mesure de la traduction, je rédigeai un millier de notes, six appendices, cinq index, un catalogue descriptif des œuvres complètes de Shabkar, des cartes et des arbres généalogiques de sa lignée spirituelle, ainsi qu'un glossaire.

Cette tâche me prit dix ans, car dans le même temps je servais de mon mieux Dilgo Khyentsé Rinpoché au jour le jour. Je jouissais cependant de conditions éminemment favorables : je pouvais non seulement consulter Dilgo Khyentsé Rinpoché pour éclairer ma compréhension du texte, mais aussi les nombreux érudits qui gravitaient autour de lui. Ceux-ci, originaires de diverses régions du Tibet, m'éclairaient sur les lieux dont parlait Shabkar, mais aussi sur les expressions vernaculaires de l'Amdo qu'il utilisait parfois. Je mis la dernière main à ce travail durant les six mois de retraite que je fis à Darjeeling en 1989[1]. Constance Wilkinson, une amie versée en poésie et qui vivait à Katmandou, donna toute son élégance au texte anglais, langue dans laquelle nous fîmes la traduction initiale.

Sur les traces de Shabkar

Les écrits de Shabkar figurent parmi les plus clairs et les plus élégants de la littérature tibétaine. Au fil de sa biographie, c'est l'ensemble des enseignements du bouddhisme que l'on découvre. Mêlant à un exposé limpide de ces enseignements de multiples anecdotes et des chants spirituels qui, tout à la fois, prodiguent des conseils et relatent ses expériences méditatives, Shabkar n'a d'autre souci que d'orienter l'esprit des êtres vers le Dharma, de soutenir leur détermination et leur enthousiasme, et d'empêcher toute déviation ou embûche sur le chemin de la libération. Bien qu'il ait possédé de vastes connaissances, ayant étudié auprès de maîtres de toutes les lignées du bouddhisme tibétain, son but est de faire vibrer en nous l'essence des enseignements et en aucun cas d'exposer son savoir théorique.

The Life of Shabkar, The Autobiography of a Tibetan Yogi, fut publiée en 1994, trois ans après la mort de Khyentsé Rinpoché. Il se révéla bien difficile de lui trouver un éditeur. L'un des candidats possibles, me dit-on, se contenta de soupeser le manuscrit et de statuer qu'il était trop volumineux pour être rentable ! Je me souviens qu'après avoir essuyé plusieurs refus, un soir, j'entendis dans une émission de la BBC que j'écoutais sur ma radio à ondes courtes qu'un ancien pilote d'hélicoptère américain au Vietnam venait de recevoir une avance de plus de 100 000 dollars pour la publication de ses mémoires. Je me demandais dans quel monde nous vivions, pour que l'un des chefs-d'œuvre les plus vénérés de la littérature tibétaine ne trouve personne pour le publier, tandis que l'on s'arrachait les mémoires d'un pilote ayant servi lors d'une terrible guerre.

Ce fut grâce à l'intercession de Matthew Kapstein, un tibétologue américain, que le manuscrit fut finalement accepté par les Presses universitaires de New York[2]. Il devint ainsi une source d'inspiration pour nombre de pratiquants du Dharma. Une version abrégée (la traduction anglaise faisait, elle aussi, mille pages présentées sur deux colonnes !) fut traduite en français.

En lisant les œuvres de Shabkar et en établissant leur catalogue (la plupart sont mentionnées dans son autobiographie et j'obtins également plusieurs listes de ses écrits provenant de l'Amdo), je décidai de rassembler ses Œuvres complètes afin de les faire imprimer en Inde et de les mettre à la disposition de tous.

༄༅

Qui était donc Shabkar ? Il naquit en 1781 parmi les yogis de la région de Rékong. Dès sa tendre enfance, il manifesta une profonde inclination pour la vie contemplative, et à quatorze ans il rencontra son premier maître spirituel, Jampel Dorjé, « Douce Gloire Adamantine ». Il raconte que, à l'écoute des enseignements de ce maître, un profond sentiment de lassitude et de renoncement à l'égard du samsara, le monde conditionné par l'ignorance et la souffrance, naquit en son esprit. Quand Jampel Dorjé conféra l'introduction à la nature de l'esprit, le jeune Shabkar reçut la pleine compréhension de cette nature, semblable au ciel, lumineuse et libre de toute dualité.

Puis Shabkar rencontra d'autres maîtres spirituels, dont l'un lui conseilla d'aller rencontrer le roi du Dharma – un titre honorifique pour certains maîtres qui sont aussi les « rois » d'une province ou d'une tribu, dans ce cas la communauté mongole établie dans la région –, Chögyal Ngakyi Wangpo, qui résidait dans un camp de nomades de la « Petite Mongolie », district situé sur les hauteurs de Tsékok, en Amdo, au sud de la région de Rékong. À l'instant où, pour la première fois, Shabkar entendit prononcer le nom de ce grand maître, des larmes de dévotion emplirent ses yeux et il n'eut d'autre pensée que d'aller à sa rencontre. Détenteur d'une profonde réalisation spirituelle et fin érudit, c'était un roi mongol révéré comme émanation de Gourou Padmasambhava.

Ayant reçu toutes les instructions spirituelles de Chögyal Ngakyi Wangpo, Shabkar partit les mettre en pratique pendant cinq ans dans la grotte de Tséshoung, un plaisant lieu de retraite à une demi-journée de marche du camp de Ngakyi Wangpo. C'est dans cette agréable solitude qu'il approfondit ses expériences méditatives et sa réalisation. Puis il retourna auprès de son maître et lui rapporta les visions et les expériences qu'il avait vécues. Très satisfait de son récit, le roi du Dharma lui dit en souriant : « Mon fils ! La persévérance à laquelle tu t'es astreint tout au long de ta retraite a fait naître en toi le renoncement, l'esprit d'Éveil et la vue juste. »

Quelques années plus tard, Shabkar, en accord avec son maître, jugea nécessaire de partir pour des lieux plus solitaires, tels que l'île de Tsonying au centre du lac Kokonor ou dans les grottes du massif de l'Amnyé Matchèn, afin de hisser la bannière de victoire de la pratique méditative. Il décrit de manière particulièrement poignante, les derniers instants qu'il passa en présence de son maître vénéré :

Au Tibet

Lors de son deuxième voyage au Tibet oriental en 1988, Dilgo Khyentsé Rinpoché traverse le col de Gotsé, à près de 5 000 mètres d'altitude, porté dans un palanquin par une douzaine de personnes. Le nom du col signifie « cheveux blancs », car, dit-on, même si l'on a les cheveux noirs quand on débute l'ascension, ils sont blancs une fois au sommet.

Au Tibet

Lors de la visite de Dilgo Khyentsé Rinpoché au Tibet oriental, en 1988, au festival annuel de danses sacrées. Il commémore la mémoire de Padmasambhava, le maître qui introduisit le bouddhisme au Tibet.

Avec Tulkou Péma Wangyal et Tséring Phuntsok, l'un des fonctionnaires tibétains qui nous accompagnaient, nous arrivons, à plus de 5 000 mètres d'altitude, au plus haut des trois lacs sacrés qui se trouvent au-dessus du monastère de Dzogchèn. 1985.

Au Tibet

En 1988, au Kham, sa région natale, Dilgo Khyentsé Rinpoché retrouve des membres de sa grande famille. Il ne les a pas vus depuis trente ans et rencontre les plus jeunes pour la première fois, mais ne peut rester qu'une demi-heure, la route est encore longue.

En 2003, en pèlerinage dans la grotte du mont Bahla, à 4 900 mètres d'altitude, dans laquelle Dilgo Khyentsé Rinpoché passa un hiver entier en retraite solitaire, coupé du monde par la neige, dominant la vallée du Yangtsé (Drichou).

Transmettre

En décembre 1985, à Bodh Gaya en Inde, le Dalaï-lama confère l'initiation du Tantra de la Roue du Temps, le *Kalachakra*, aux plus éminents maîtres du bouddhisme tibétain, ainsi qu'à deux cent mille fidèles.
Sur la photo de droite, quelques-uns des dix mille moines et nonnes qui constituent l'assemblée des disciples.

À Dergué, dans l'est du Tibet, se trouve la plus grande imprimerie manuelle de l'histoire de l'humanité. Elle n'abrite pas moins de 270 000 blocs de bois gravés en écriture tibétaine qui contiennent des enseignements bouddhistes, de philosophie et de logique. Cette imprimerie fut sauvée de la destruction par un lama qui s'y barricada plusieurs jours lors du passage des gardes rouges.

Transmettre

Devant l'ancienne université de Nalanda – l'une des premières au monde –, lors du pèlerinage en Inde pour lequel je servais de guide à Khénpo Wanglo (1927-1992). Ce fut un moment émouvant de voir cet éminent érudit assis sur les ruines de ce haut lieu de la philosophie bouddhiste.

Sengdrak Rinpoché (1947-2005), le Lama du Roc du Lion, dont Dilgo Khyentsé Rinpoché disait qu'il était son disciple le plus accompli et qu'admirait également le Dalaï-lama.

Khénpo Péma Wangyal (1929-2019), l'un des grands érudits et pratiquants du monastère de Guémang, auquel je ne manquais jamais de rendre visite lors de mes voyages au Tibet oriental.

Derniers moments avec Dilgo Khyentsé Rinpoché

Dilgo Khyentsé Rinpoché en Dordogne lors de l'une de ses dernières visites en France.

À l'aéroport de Katmandou en avril 1991, le dernier instant où je vis Dilgo Khyentsé Rinpoché. Il me tire affectueusement l'oreille.

La réincarnation de Dilgo Khyentsé Rinpoché

En décembre 1995, une émouvante cérémonie se tient sous la voûte de la grotte Maratika au Népal. Trulshik Rinpoché offre à la réincarnation de Dilgo Khyentsé Rinpoché, le Yangsi, « celui qui revient à l'existence », une bénédiction de longue vie et un nouveau nom conféré par le Dalaï-lama.

Je tiens dans mes bras Dilgo Khyentsé Rinpoché Yangsi, lors de la première visite qu'il fit au Dalaï-lama, à Dharamsala, en mars 1997. À droite, Néten Chokling Rinpoché.

Dilgo Khyentsé Rinpoché Yangsi au monastère de Shéchèn, le jour de son intronisation, le 5 décembre 1997.

Retour à l'ermitage

En 2014, je retourne à Darjeeling au monastère de Kangyour Rinpoché. Je retrouve, trente-cinq ans plus tard, ce petit ermitage dans lequel je vécus de 1972 à 1979. Le bois a noirci et le balcon a été fermé pour agrandir la petite pièce unique de deux mètres et demi sur trois.

Les livres

Avec mon père Jean-François Revel à Hatiban, au Népal, lors des entretiens qui donnèrent lieu au *Moine et le philosophe*, dont la parution en avril 1997 transforma radicalement ma vie.

En 1997 également, je rencontre l'astrophysicien Trinh Xuan Thuan pendant l'Université d'été d'Andorre. Trois ans plus tard, nous publierons ensemble *L'Infini dans la paume de la main*.

Les livres

En 2007, au Népal, avec Wolf Singer, neuroscientifique et directeur de l'Institut Max-Planck de Francfort. Le livre *Cerveau et méditation* est le fruit de nos huit ans d'entretiens.

Avec le philosophe Alexandre Jollien et le psychiatre Christophe André lors du dialogue de dix jours qui eut lieu en Dordogne en janvier 2015 et donna naissance à *Trois amis en quête de sagesse*.

La photographie

Sur les hauts plateaux de l'Islande pour le livre de photos *Émerveillement*. Septembre 2018.

En 1970, en Sologne avec André Fatras, pionnier de la photo animalière en France, qui m'apprit la photographie.

Cinquante ans plus tard, au même endroit.

La science et le bouddhisme

Depuis plus de trente ans, les rencontres de l'institut Mind and Life favorisent les échanges entre la science et des érudits et contemplatifs, en majorité bouddhistes, mais aussi issus d'autres religions. J'y ai participé régulièrement depuis 2000. Ici, en 2011.

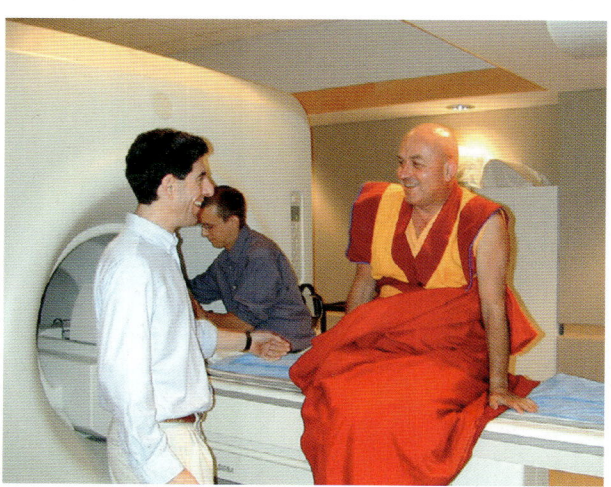

En 2001, au laboratoire de Richard Davidson à Madison, Wisconsin, je sors de deux heures dans un IRM pour l'étude de l'effet de divers types de méditations sur les fonctions du cerveau.

Plus de vingt ans auprès du Dalaï-lama

Je sers d'interprète, en langue française pour le Dalaï-lama depuis 1989. Ici à Strasbourg, le 23 octobre 2001, lors d'une rencontre avec des parlementaires européens.

Sa Sainteté le Dalaï-lama et l'archevèque Desmond Tutu, à Dharamsala, en 2012, lors d'une semaine d'entretiens entre ces deux grandes figures morales et spirituelles.

En Dordogne, au centre d'études de Chanteloube

De gauche à droite, Khénpo Péma Shérab (un grand érudit, ancien disciple de Dilgo Khyentsé Rinpoché), ici âgé de 84 ans, Jigmé Khyentsé Rinpoché (le plus jeune fils de Kangyour Rinpoché) et Péma Wangyal Rinpoché (le fils aîné).

Jétsun Jampa Chökyi « Amala », la femme de mon premier maître Kangyour Rinpoché. Elle est ici âgée de 73 ans et pose avec sa fille, sa petite-fille et l'une de ses arrière-petites-filles, Déchèn. 1995.

Yahne, ma mère, âgée de 95 ans et toujours aussi pétillante de vie. 2018.

Karuna Shechen, une association au service des plus démunis

Raphaële Demandre lors d'une session d'éducation aux soins permettant de réduire la mortalité de la mère et de l'enfant à la naissance, un programme qu'elle mena à bien pendant cinq ans au Tibet oriental.

L'une des neuf écoles en bambou que nous avons construites au Népal.

Clinique construite dans la vallée de Dzongsar au Tibet oriental.

Pont construit sur le fleuve Dzachou (Yaloung) au Tibet oriental.

Un lieu paisible entre tous

Langtang Lirung (7 227 mètres d'altitude) et la chaîne himalayenne vue de mon ermitage au centre de retraite de Namo Buddha, Péma Ösel Ling, le « Lieu de la Lumière du Lotus », Népal, avril 2020.

Tôt le matin, et tout en prenant son thé, il me dit : « Alors, renonçant, après avoir bu cette tasse de thé, tu vas partir ? »

« Oui, maître », répondis-je.

Il me tendit le reste de son thé. Lorsque j'eus fini de le boire, il posa sa main droite sur ma tête et me donna sa bénédiction tout en m'offrant un ultime conseil spirituel.

Pendant tout le temps que dura cette prière, je touchai ses pieds de ma tête, tout en visualisant que je recevais une initiation. « Qui sait si je reverrai jamais mon guide spirituel en cette vie ? Et que ferai-je si nous ne devions pas nous revoir ? » me dis-je en moi-même. Je pleurai à chaudes larmes et lui offris un chant d'adieu.

En le récitant, une profonde émotion m'étreignit et des larmes ruisselèrent à nouveau sur mon visage. Ému, le précieux roi du Dharma versa lui aussi des pleurs, puis il me présenta un magnifique cristal aux nuances d'arc-en-ciel, qu'il avait depuis longtemps.

« Je te le donne, me dit-il, en signe de la parfaite pureté du lien spirituel qui nous unit, en tant que père et fils. Garde ce cristal, car d'heureux auspices y sont liés. » Il le mit dans ma main en ajoutant : « Ne pleure pas, ermite des montagnes ; le père et le fils se reverront. »

Lorsque je franchis la porte de la tente, je levai les yeux pour contempler le visage de mon maître, baigné de larmes. Pendant un moment, il me fut impossible de m'éloigner davantage. Puis, je me résolus à partir et me dirigeai vers la tente de son épouse et de sa suite. Je leur souhaitai de rester en bonne santé, leur offris des écharpes cérémonielles et un chant d'adieu. Puis je les quittai, le cœur gonflé de tristesse.

Je descendis lentement la route, tout en me retournant dans la direction du campement d'Ourguéh, la résidence du roi du Dharma. Au moment où je perdis le campement de vue, je ne pus me résoudre à poursuivre ma route. Je rebroussai chemin : au loin s'étendaient les tentes resplendissantes d'Ourguéh. Je brûlais du désir de revenir sur mes pas.

Puis je me rappelai que j'avais reçu toutes les profondes instructions et que je n'avais donc aucune raison de revenir en arrière.

> Je pensai qu'après avoir fait une retraite dans l'île de Tsonying je pourrais revoir le précieux roi du Dharma. Je priai afin de n'être jamais séparé de mon maître spirituel au cours de mes existences.
>
> Malgré cela, il me fut à nouveau impossible d'avancer; je restai immobile. Au bout d'un moment, je repris ma route, le cœur brisé de douleur. De ma vie, je n'avais éprouvé une telle détresse. C'était là le signe que je ne reverrais plus jamais mon précieux maître.

Shabkar signifie «Pieds Blancs». Ce surnom lui fut donné, car partout où il passait le sol blanchissait sous ses pas, métaphore qui signifie que ses enseignements incitaient tous ceux qui le rencontraient à pratiquer la vertu. Ce surnom est peut-être aussi lié à la grotte des contreforts du mont Kailash où il s'établit en retraite et que j'avais eu le bonheur de visiter, à proximité de la célèbre «Empreinte Blanche», l'une des quatre traces de pas laissées, dit-on, par le Bouddha Shakyamouni lors de son voyage miraculeux jusqu'à cette montagne.

Son vrai nom, qui lui fut conféré par le roi du Dharma, était Tsogdrouk Rangdröl, ce qui signifie «Libération Spontanée des Six Sens». Dans son autobiographie, Shabkar raconte comment il s'établit dans une grotte proche du rivage de l'île de Tsonying:

> Cette année-là, à l'exception du thé de midi, je ne cuisinai guère. J'observai un silence total pendant huit mois et je me consacrai aux pratiques spirituelles les plus essentielles, car mon but était de laisser mon esprit reposer en l'état naturel et équanime de la rayonnante Essence adamantine de la Grande Perfection.

Tout au long du littoral, chaque printemps, des milliers d'oiseaux lacustres viennent nicher. Tandis que Shabkar méditait à l'entrée de sa grotte, il observa un aigle qui attrapait chaque jour trois ou quatre oisillons qui n'étaient pas encore capables de voler. Il raconte:

> Le rapace extirpait et dévorait le cœur de ces malheureuses créatures encore vivantes. Pris de pitié pour ces petits oiseaux, pendant ces deux mois de printemps, je m'évertuai à les protéger de l'aigle. Ils ne tardèrent pas à comprendre que je les défendais: ils se rassemblaient en se blottissant contre moi, sur la berge de l'île. Dès que l'aigle approchait, ils se mettaient à pousser des cris pitoyables.

Un jour, je poursuivis l'aigle en brandissant une fronde. Lorsque l'oiseau de proie me vit, il perdit l'équilibre et tomba dans le lac. Il gisait à la surface en battant des ailes, épuisé.

Il commença à s'enfoncer dans l'eau en me regardant droit dans les yeux. Il me fit pitié. Je le tirai hors du lac et le déposai sur la berge. Lorsqu'il fut à peu près sec, j'attachai la fronde autour de son cou en le grondant : « Quand tu dévores les oisillons, tu te montres plus courageux, hein ? » Avec une baguette, je lui donnai plusieurs petites tapes sur le bec et les serres. Je le laissai ainsi un moment avant de le relâcher. Je ne le revis plus pendant un certain temps. Au cours de ces trois années passées sur l'île, je réussis à sauver ainsi plusieurs milliers d'oisillons.

Pendant sa retraite sur l'île, il composa de nombreux textes et poèmes, parmi lesquels le célèbre *Vol du Garouda,* un recueil de vingt-trois chants sur la nature de l'esprit[3].

Tous les hivers, Shabkar et les autres ermites traversaient le lac gelé pour aller mendier des provisions auprès des nomades et bergers vivant dans les environs. Mais une année, les vivres s'épuisèrent avant que le lac ne soit pris par la glace et les ermites durent se rationner drastiquement.

La quête des hauts lieux spirituels mena Shabkar dans de nombreux sites sacrés où il effectua des retraites – les glaciers de l'Amnyé Matchèn, l'éprouvant pèlerinage des Ravins de Tsari, le mont Kailash et la vallée de Lapchi à la frontière du Népal. Il passa plusieurs années en retraite dans des grottes où le grand ermite du XIIe siècle, Jétsun Milarépa, et d'autres saints avaient médité avant lui. Il se rendit également au Népal où il fit redorer la spire du stoupa de Boudhanath avec l'or que lui avaient offert ses fidèles.

Menant la vie d'un yogi errant, il dispensa ses enseignements à tous, des bandits jusqu'aux animaux sauvages. En 1828, âgé de quarante-sept ans, Shabkar revint dans l'Amdo où il passa les vingt dernières années de sa vie à enseigner, à rétablir la paix dans cette région et à méditer dans des lieux solitaires, plus particulièrement dans son ermitage de Yama Tashikhyil où il finit ses jours.

ॐ

Comment collecter les œuvres d'un ascète itinérant qui passa sa vie de grotte en pèlerinage, du Tibet oriental à l'extrême ouest minéral du mont Kailash, en passant par Lhassa ? Il existe des manuscrits de certaines œuvres de Shabkar au Tibet central et occidental où il séjourna longuement, mais c'est dans sa contrée natale, en Amdo, que la totalité de ses œuvres fut rassemblée. Je savais que des xylographes avaient été gravés après sa mort à Tashikhyil par l'un de ses proches disciples, Sangyé Rinchèn, mais j'ignorais ce qu'il en était advenu. Je demandai donc à notre amie Raphaële qui souhaitait vivement visiter cette province de rencontrer ceux qui pourraient nous aider à accomplir ce projet.

En 1987, Raphaële avait tenté pour la première fois de se rendre en Amdo, mais sans succès. Elle fut arrêtée à Sherchou, dès qu'elle pénétra dans cette petite ville incluse dans la province chinoise du Qinghai dans laquelle se trouve également l'Amdo. L'année suivante, en 1988, au terme du deuxième voyage au Tibet oriental de Dilgo Khyentsé Rinpoché, Raphaële était parvenue à se joindre à nous pour trois mois, malgré les diverses tentatives d'expulsions dont elle avait été l'objet de la part des autorités locales, qu'elle avait toujours réussi à déjouer. À cette époque, les étrangers n'étaient pas autorisés à se rendre dans ces régions. Alors que nous étions sur le chemin du retour vers Chengdu, Hong Kong et l'Inde, elle décida de rester au Tibet et de tenter à nouveau de se rendre en Amdo après son passage rocambolesque dans le Kham.

Elle partit seule, pleine d'enthousiasme, mais le cœur gros de quitter Khyentsé Rinpoché. Bien lui en prit, car à l'étape suivante de notre retour vers Chengdu, nous découvrîmes que la police était à sa recherche, décidée à l'arrêter pour être restée si longtemps sans autorisation dans le Kham. Raphaële leur échappait, une fois de plus...

La province de l'Amdo restait cependant strictement interdite aux étrangers. Lors de cette seconde tentative, Rapahële parvint pourtant à passer, cachée dans un bus avec la complicité du chauffeur, et arriva à destination dans le district de Rékong, lieu de naissance de Shabakar. Au dépôt des bus, elle chercha quelqu'un susceptible de la guider sur la piste de Shabkar. Par chance, elle tomba immédiatement sur Yudrung Gyal, un personnage haut en couleur, neveu du célèbre érudit Guédun Chöphel. Il parlait la langue de Lhassa – le dialecte de l'Amdo étant notoirement difficile pour les non-initiés – et invita Raphaële chez lui, au village de Shophon Chi, dans la maison même où Guédun Chöphel était né et avait passé son enfance. Yudrung Gyal présenta Raphaële à l'incarnation de Shabkar, la quatrième de la lignée, et l'emmena à Yama Tashikhyil où Shabkar vécut si longtemps. Ils empruntèrent le petit sentier raide en lacets qui, partant du bord d'une rivière au fond de la vallée, gravissait la colline boisée au sommet de laquelle s'élevaient le temple-ermitage et le centre de retraite adjacent qui étaient alors en reconstruction ; une centaine de villageois, moines et yogis s'y affairaient. De là on découvrait un vaste paysage de forêts d'où émergeaient ici et là des falaises de roche rouge, surmontées de verdoyants pâturages.

Raphaële fut séduite par la douceur de l'Amdo, de ses habitants et des yogis aux longs cheveux torsadés qu'ils enroulaient sur leur tête. Comparé au Kham et au Golok, tout semble plus avenant en Amdo : l'altitude est plus basse, entre 2 000 et 3 000 mètres, les paysages, les coutumes et les habitants sont plus amènes. C'est dans cette région que naquirent de nombreux sages et érudits, parmi lesquels le XIVe Dalaï-lama, Tenzin Gyatso. Raphaële effectua une première retraite à Tashikhyil, un lieu où elle allait souvent revenir.

Deux mois plus tard, Raphaële revint au Népal enthousiasmée et porteuse d'excellentes nouvelles : les blocs en bois gravés à Tashikhyil avaient été détruits durant la Révolution culturelle, mais la quasi-totalité des écrits de Shabkar avait été préservée sous forme d'imprimés faits à partir de ces mêmes blocs et de manuscrits en possession des yogis de la région. Elle y retourna d'année en année en pèlerinages, pour effectuer des retraites et afin d'entreprendre des projets humanitaires dans le cadre de notre organisation Karuna-Shechen. Plus que jamais, je souhaitais marcher sur les traces de Shabkar, visiter les lieux où il avait médité et composé ses si riches écrits, et rencontrer ceux qui les détenaient.

◌

Ce ne fut qu'en 2001 que je pus enfin mettre ce projet à exécution. Partant de Shéchèn, au terme d'un voyage de trois jours en voiture et en bus, je rejoignis le Kham et arrivai au bord du lac Kokonor (« Mer Bleue » en mongol), une immense étendue d'eau salée de 360 kilomètres de circonférence située sur un haut plateau rocheux à plus de 3 200 mètres d'altitude dans un paysage grandiose, bordé au sud de collines où paissent des troupeaux de moutons. Raphaële, venue de Rékong, devait me rejoindre et nous avions le projet de nous rendre en pèlerinage sur l'île de Tsonying, au milieu du lac, à l'endroit où Shabkar avait passé quatre ans en retraite et où se trouvait un temple détruit durant la Révolution culturelle et reconstruit dans les années 1980. Il était désormais habité par une demi-douzaine de nonnes et quelques moines et laïcs. Lors de son précédent voyage, en 1988, alors que les étrangers n'étaient pas autorisés à séjourner sur l'île, Raphaële avait réussi, grâce à la complicité d'un vieux yogi rencontré au bord du lac, à traverser avec lui sur une petite embarcation et était restée plusieurs semaines sur l'île à pratiquer.

J'attendis Raphaële dans une petite auberge située sur la rive du lac. Un après-midi, alors que je marchais sur la plage, je découvris un emplacement désert et décidai de me baigner. Quelques instants avant de m'immerger dans ces eaux transparentes, j'appelai ma mère en France avec le téléphone portable des plus rudimentaires que j'avais à l'époque : « Imagine-toi, chère maman, qu'au moment où je te parle, j'ai les pieds dans l'eau du lac Kokonor ! » Ce qui ne manqua pas de l'impressionner vivement. Puis, je me mis à courir. Au bout d'une cinquantaine de mètres, l'eau m'arriva aux genoux et je décidai de plonger. Mal m'en prit ! Le sable dur du fond du lac remontait brusquement et je me cognai brutalement la tête. Je restai quelques secondes à la limite de l'évanouissement. Fort heureusement, je ne perdis pas connaissance, sinon, comme je le racontai plus tard à ma mère à son grand effroi, cet appel téléphonique aurait pu être le dernier. Je m'en tirais à bon compte, avec deux dents de devant légèrement déplacées.

Raphaële arriva ce soir-là et retrouva les amis avec qui elle avait sympathisé à l'occasion de sa première venue. Avec leur aide elle mit à exécution l'excellente idée d'apporter pour les nonnes de l'île une parabole en ciment de deux mètres de diamètre couverte de petits miroirs qui concentraient la lumière du soleil sur un récipient posé au centre, sur un trépied mobile qui pouvait tourner en fonction de l'orientation du soleil. Cet ingénieux système permettait d'amener à ébullition une douzaine de litres d'eau en une dizaine de minutes. La parabole pesait plus de cent kilos et ce ne fut pas une mince affaire que de l'embarquer sur le bateau et de la transporter sur l'île jusqu'à leur petit temple. Les nonnes furent ravies de ce don des plus utiles. Jusqu'alors, leur unique combustible était les crottes de mouton et les bouses de yak séchées qu'elles devaient faire venir par bateau en grandes quantités.

Raphaële et moi-même visitâmes la petite île et nous nous installâmes dans deux petites grottes situées à une centaine de mètres l'une de l'autre, face au lac. Mon habitation était si petite qu'il m'était impossible de m'y tenir debout. De plus, le rocher sur lequel j'étendis ma natte et mon sac de couchage comportait un décrochement d'une quinzaine de centimètres en plein milieu du seul endroit où je pouvais m'étendre. Mais peu m'importait ces conditions pour le moins spartiates, j'étais tout à la joie de séjourner quelques jours en ce lieu.

Nous avions chacun une bouteille thermos que les nonnes remplissaient d'eau bouillante lorsqu'elles nous invitaient à partager leur repas de midi. Nous pouvions ainsi concocter un petit déjeuner de thé et de *tsampa* dans nos grottes.

L'île, dont on peut faire le tour à pied en une heure, est couverte de prairies légèrement vallonnées qui furent boisées avant que les ermites de l'époque n'aient eu la fâcheuse idée d'y introduire des moutons. Aujourd'hui, arbres et moutons ont disparu. Nous nous arrêtâmes longuement sur la belle prairie qui domine l'immensité du lac et visitâmes une autre grotte qui fut occupée par Shabkar, sur la rive nord. Nous rendîmes également visite à l'ermite qui occupait depuis un an la grotte principale de Shabkar, donnant sur la grève, au sud de l'île, non loin des deux nôtres. Quelques autres pratiquants vivaient dispersés dans les environs.

Chaque instant vécu en ce lieu saint fut d'une grande félicité. Au bout d'une semaine, un matin, nous entendîmes dans le lointain le bruit sourd du moteur d'un bateau qui approchait. Une demi-heure plus tard, il apparaissait. Nous allâmes aux nouvelles sur le petit promontoire où il avait accosté et demandâmes quand serait le prochain passage. Nous étions au mois de septembre et l'automne approchait. Le capitaine nous répondit qu'il n'était pas sûr de revenir dans les semaines à venir. Je devais prendre un avion pour le Népal dix jours plus tard et il parut donc plus sage de ne pas laisser passer cette chance. Nous allâmes rapidement chercher nos affaires, prîmes congé de nos amies nonnes, et embarquâmes pour retourner sur le continent.

☙

C'est ainsi que Raphaële et moi reprîmes la route vers le district Rékong, où nous reçûmes un accueil des plus chaleureux. Je fus très heureux de rencontrer la quatrième incarnation de Shabkar, qui avait alors dix-huit ans, ainsi que son sympathique et érudit précepteur Jigmé Thekchog, qui me fournit la liste des œuvres complètes de Shabkar et m'accorda son soutien.

C'était le début de l'ère digitale en photographie. À l'aide d'un petit appareil qui me permettait tout de même de prendre des images de deux mégapixels, je passai une dizaine de jours à photographier l'essentiel des volumes des œuvres complètes de Shabkar, à raison de trois folios à la fois, partout où ils étaient disponibles. Nous fîmes également des photocopies de certains volumes lorsque cela était possible et en empruntâmes un certain nombre.

Je revins l'année suivante avec Raphaële pour poursuivre ce travail et proposai à la réincarnation de Shabkar, à Tséring Gyatso[4], un moine de Tashikhyil particulièrement sympathique qui devint un ami proche, et à un couple d'amis de Rékong de nous rendre tous ensemble en pèlerinage sur les divers lieux où Shabkar avait vécu et médité. Il s'avéra que le *tulkou* n'avait pas encore visité la plupart de ces sites. Ainsi, pendant une quinzaine de jours, nous allâmes de grotte en ermitage. Nous avions emporté quelques volumes des œuvres de Shabkar et je profitais des haltes que nous faisions en ces lieux sacrés pour demander au *tulkou* de nous en donner la transmission par la lecture.

Nous nous rendîmes tout d'abord à Jadrön, dans le Rékong, une grotte qui s'ouvre dans une falaise à proximité du village natal de Shabkar, endroit où Shabkar fit sa première retraite à l'âge de vingt-cinq ans. Puis nous allâmes vers les hauts plateaux de Tsékok, au sud du Rékong, où nous visitâmes Tséshoung, une jolie grotte située à environ un quart d'heure de marche au-dessus d'une rivière qui serpente dans une immense plaine appelée «Petite Mongolie», des tribus mongoles s'y étant établies au XVIIe siècle. L'un de ces Mongols était le roi du Dharma, Chögyal Ngagi Wangpo, le maître spirituel de Shabkar. Nous passâmes la nuit dans la grotte de Tséshoung, couchés à même le roc et, au matin, alors que le soleil levant y pénétrait, le *tulkou* de Shabkar nous lut une centaine de pages de l'un des volumes. C'était un lieu des plus plaisants, dont Shabkar chanta les louanges dans son autobiographie. En commençant sa retraite, il prit la résolution suivante:

En accord avec les paroles de mon maître, je ne quitterai pas cet endroit jusqu'à ce que naissent en moi des expériences méditatives et une réalisation hors du commun. La nuit, je ne dormirai pas comme un cadavre, dans la position des gens ordinaires, mais je resterai assis, les jambes croisées et le buste bien droit. Mettant un terme aux conversations inutiles, je garderai le silence. Je ne mangerai qu'une fois par jour, à midi. Je n'aurai d'autres compagnons que la solitude. Les enseignements de mon maître seront mes seules pensées. Je ne rechercherai pas le confort, mais j'accepterai les difficultés de la vie d'ermite que je me suis tracée. Jusqu'à ce que ma réalisation spirituelle soit parfaitement stable, je me garderai de toutes distractions extérieures. Bref, je pratiquerai jour et nuit sans laisser mon corps, ma parole et mon esprit sombrer dans l'ordinaire. Puissent les lamas-racines et les maîtres de lignée m'accorder leurs bénédictions afin que je tienne ces promesses !

Nous revînmes ensuite une journée sur l'île de Tsonying où nous avions passé une dizaine de jours l'année précédente, avant de poursuivre notre périple vers les autres lieux de retraite de Shabkar. L'un d'eux, Takmo Dzong, le « Fort de la Tigresse », sur la route du Golok, se révéla particulièrement impressionnant. Nous gravîmes pendant une demi-heure un petit chemin à partir de la route principale pour arriver dans un cirque hérissé de hautes falaises rouges, agrémenté d'un unique bosquet au fond de l'enclave naturelle. Sur les parois de la falaise s'ouvrent deux grottes. Shabkar passa quatre mois en retraite dans la plus petite des deux. Nous y accédâmes en empruntant une corniche étroite et escarpée et y passâmes la nuit.

Alors que, ayant obliqué vers le sud-ouest, nous arrivions à Amnyé Géthos, près du monastère de Raguia, je me remémorai un épisode de la vie de Shabkar. En passant dans cette région, il croisa une vieille Mongole, le corps presque putréfié par la maladie, abandonnée sur le bord du sentier. Il partit mendier de la nourriture pour elle auprès des moines du monastère de Raguia, puis revint vers elle, la nourrit, pleura sur tant de détresse et lui prodigua des conseils spirituels. Elle mourut deux jours plus tard. Shabkar accomplit pour elle le transfert de conscience, visualisant qu'elle se transférait vers la Terre Pure du Bouddha Amitabha, le bouddha de la « lumière infinie »[5].

Nous descendîmes alors vers le sud et atteignîmes la province du Golok où s'élèvent les montagnes rocheuses de Trakar Drél

Dzong, la « Citadelle du Singe du Rocher Blanc », situées au nord du massif de l'Amnyé Matchèn. En ces lieux, Shabkar composa de nombreux chants soulignant avec humour les défauts et les travers dans lesquels tombent les pratiquants distraits, arrogants ou même dévoyés. Ardent défenseur du végétarisme[6], Shabkar imagina un dialogue avec un vieux mouton, avocat des animaux tués pour le plaisir de leur chair :

> Un jour, alors que je prenais l'air
> Au beau milieu d'une prairie,
> Des chèvres et des moutons venus des pâturages voisins
> Formèrent cercle autour de moi.
> Dans le troupeau, un vieux mouton prit la parole :
> « Vieux moine, ni vil ni vertueux,
> J'ai quelque chose à te dire. »
> « Fort bien ; approche et parle », répondis-je.
> « Je sollicite une grande faveur auprès des illustres lamas
> Qui viennent recueillir les aumônes en été et à l'automne :
> Au moment où un moine joufflu, au teint rubicond et au cou taurin
> Arrive à la porte de notre village, menant les chevaux de bât croulant sous ses effets,
> Accompagné d'un villageois, il vient droit vers nous, les moutons.

> « La cordelette de protection qu'il va donner
> Est pour nous un nœud coulant.
> On le noue autour du cou des donateurs,
> Et peu après, c'est nous qui sommes pris à la gorge. [...]

> « Vous devriez nous laisser vivre,
> Ne laissez pas votre sagesse, votre compassion et votre pouvoir faiblir à ce point ! [...]

> « Aussi, ne vous voilez pas la face,
> Mais rendez visite aux donateurs
> Après avoir eu la bonté de leur dire à l'avance :
> "N'abattez pas vos moutons ; épargnez-les."

> « Quand des lamas pénètrent dans une maison
> Et s'asseyent confortablement à la place d'honneur,
> On nous égorge juste derrière la porte :

> Ne feignez pas d'ignorer ce qui se prépare !
> Alors que sur cette terre
> Rien n'échappe, dit-on, à votre clairvoyance,
> Comment pouvez-vous méconnaître ce massacre ? [...]
>
> « Du tréfonds de nos cœurs, nous vous supplions
> De prononcer le mot qui surseoira à notre exécution.
> Pensez que lorsqu'on nous étouffe,
> Il n'y a pas de plus grande bonté sur terre
> Que de nous laisser inspirer une bouffée d'air. [...] »
>
> En réponse à leur plaidoyer, je répondis : [...]
> « Abandonner votre corps pour maintenir la vie d'un lama
> Est un acte de grande valeur ;
> N'est-il pas de but plus élevé que de se sacrifier pour le Dharma ? »
>
> Au moment où je prononçais ces paroles, les chèvres et les moutons s'exclamèrent en chœur :
> « Oh ! C'est donc l'un de ces lamas carnivores ! »
> Et, terrifié, le troupeau s'enfuit.
>
> Alors qu'il poursuivait sa débandade, j'ajoutai :
> « Néanmoins, je transmettrai votre message à quelques lamas,
> Dont certains me maudiront et pourraient même attenter à mes jours ! »

Shabkar était devenu végétarien à Lhassa. Un jour, après avoir prié avec grande ferveur devant la statue du Bouddha Couronné, le Jowo, et être demeuré en un état de profonde méditation, il effectua la grande circumambulation qui fait le tour de la vieille ville de Lhassa, au centre de laquelle se dresse le précieux temple du Jokhang, et vit de nombreux cadavres de moutons et de chèvres qui avaient été abattus. Il rapporte ainsi la scène :

> J'éprouvai une douloureuse compassion envers tous les animaux que l'on tue pour leur chair dans le monde entier. Je revins devant le Bouddha Couronné et me prosternai en faisant le vœu suivant :
> « Désormais, je ne commettrai plus l'acte vil de manger la chair des êtres qui tous ont été ma mère dans des vies passées. »
>
> À partir de ce moment-là et bien que je sois engagé dans de multiples activités pour aider autrui, personne ne tua plus jamais

aucune bête pour m'offrir de la nourriture. […] J'eus la grande chance de sauver la vie de centaines de milliers de chèvres, moutons, yaks, oiseaux et autres animaux. Je sauvai également la vie de plus d'une centaine de personnes au seuil de la mort : mendiants affamés, pèlerins, voyageurs venus de loin, malades, condamnés à mort et belligérants qui s'entretuaient dans des luttes sanglantes.

༄

À mon retour au Népal, muni de tous les précieux textes que j'avais photographiés et de ceux que j'avais pu emprunter, une équipe de moines s'attela à la tâche de saisir l'ensemble de ces écrits informatiquement. Les textes furent ensuite relus par des érudits, puis formatés de manière traditionnelle et imprimés à Delhi par Shechen Publications. Je préparai également un catalogue détaillé de l'ensemble des œuvres de Shabkar, accompagné de quelques photos des lieux où il avait vécu. C'est ainsi qu'en 2003 furent finalement publiés quatorze volumes de six cents pages chacun[7]. Peu après, le *tulkou* de Shabkar publia en Amdo une édition des *Œuvres complètes* sous forme de livres au format occidental.

Shabkar mourut à Yama Tashikhyil en 1851. Certains passages de son récit parfois émeuvent aux larmes, quand d'autres font fuser le rire, mais quoi qu'il en soit, comme le disait Dilgo Khyentsé Rinpoché : « En lisant le récit de sa vie, notre esprit se porte immanquablement vers le Dharma. »

En retraite dans mon ermitage de Namo Buddha au Népal, en 2006, un après-midi, alors que j'avais commencé à pratiquer, enveloppé d'une grosse cape doublée de longs fils de laine rouge, je m'assoupis quelques instants et fis un rêve : un yogi d'une trentaine d'années, de belle prestance, vêtu d'un châle blanc et d'une robe rouge, portant de longs cheveux noués au sommet de sa tête, apparut. Il marchait vers moi. Je le contemplais avec une curiosité respectueuse, et il me dit, le regard perçant : « Tu ne me reconnais pas ? » puis, après une courte pose : « Je suis Shabkar. » Peu après, je me réveillai. Je ne connaîtrai donc jamais la suite ! Je restai absorbé quelques moments dans ce rêve, un petit clin d'œil sans doute à la sincère dévotion qui m'avait incité à traduire sa biographie et à publier ses œuvres.

CHAPITRE 42

Plus haut que l'Everest ?
L'Amnyé Matchèn

En 2003, j'effectue la circumambulation de l'Amnyé Matchèn, l'une des montagnes les plus sacrées du Tibet. J'y retourne au cœur de l'hiver 2016.

J'entendais parler depuis longtemps de l'Amnyé Matchèn, montagne mythique au cœur de la région du Golok. Entre 1923 et 1946, trois explorateurs estimèrent sa hauteur à plus de 9 000 mètres, ce qui en aurait fait le plus haut sommet du monde. Durant la Seconde Guerre mondiale, des aviateurs américains qui survolèrent les régions transhimalayennes firent savoir qu'en émergeant des nuages à 9 000 mètres ils aperçurent une cime plus haute que l'Everest. La nouvelle fit le tour du monde. Une montagne plus haute que l'Everest ! Bien des années plus tard, l'un des pilotes révéla qu'ils avaient joué un tour aux agences de presse britanniques qui ne cessaient de leur réclamer des nouvelles sensationnelles. Leur avion, un DC-3 à hélices, était, en effet, bien incapable de voler à pareille altitude. En fait, ils s'étaient contentés de survoler la région à 5 000 mètres d'altitude. Le plus haut sommet de l'Amnyé Matchèn s'élève à l'altitude respectable, mais plus modeste, de 6 280 mètres.

En 2003, je décidai de faire le tour de l'Amnyé Matchèn, situé à mi-chemin entre le monastère de Shéchèn au Kham, où je me trouvais, et l'Amdo où je souhaitais retourner avec Raphaële pour visiter les projets soutenus par Karuna-Shechen, dont elle s'occupait. À partir de l'an 2000 notamment, elle organisa la construction d'une grande école pour huit cents enfants. Outre le pèlerinage de la montagne sacrée, je souhaitais ardemment visiter les ermitages de Shabkar qui ponctuaient le parcours sacré. Depuis la vallée de Shéchèn au Kham, nous rejoignîmes Yushu. Là, Ato Rinpoché, un des neveux de Dilgo Khyentsé Rinpoché, envoya sa vieille Beijing Jeep, aux vitres latérales bâchées de plastique, nous conduire à Dzogyèn Rawa, un petit village où, dans le cadre des projets de

Karuna-Shechen, nous avions construit une clinique et pris en charge une vingtaine d'orphelins ainsi qu'une cinquantaine de personnes âgées logées dans des bâtiments fournis par l'État. Ce projet fut monté grâce à un homme du village, Yéshin, personnage chaleureux et haut en couleur dont le fils est moine au monastère de Shéchèn, dans le Kham. Yéshin nous avait alertés sur la situation précaire des villageois. C'est lui aussi qui avait accepté de nous guider tout au long du pèlerinage de l'Amnyé Matchèn. Un moine de Shéchèn qui se trouvait dans la région ainsi qu'un nomade qui nous fournit deux yaks, un cheval et une mule pour porter notre grande tente, les provisions et nos affaires complétèrent notre équipe.

Les Goloks ont longtemps eu la réputation d'être de redoutables brigands qui dévalisaient les voyageurs de passage. C'est assurément un peuple rude, mais aussi fort sympathique, bien que plutôt taiseux. Au début de la circumambulation de ce massif montagneux, nous croisâmes un homme qui descendait des hauteurs et se dirigeait vers la route que nous venions de quitter. Le dialogue, en pur dialecte golok, aux intonations rugueuses et difficiles à comprendre, se résuma à :

« Vous descendez ? demanda notre guide.
– Oui... Vous montez ?
– Oui.
– Ah... C'est bien », conclut l'homme.

Fin de la conversation. Ce qui tend à confirmer la réputation des Goloks à se montrer peu loquaces.

Le premier soir, après cinq ou six heures de marche, nous campâmes près du col nord, le plus élevé, situé à 4 600 mètres, en contrebas de la première des deux grottes où vécut Shabkar.

Yéshin alluma le feu avec un soufflet taillé dans une peau de mouton. Nos amis purent ainsi nous préparer un bon dîner chaud. Nous passâmes la nuit tous les cinq côte à côte dans notre tente de toile blanche.

Le lendemain, nous traversâmes une grande rivière au sud de la montagne. Les mules ont le pied plus sûr que les chevaux pour emprunter les chemins escarpés, mais traverser les rivières à gué leur est difficile, car elles ont tendance à glisser plus que ces derniers sur les rochers ronds et mouillés. Il nous fallait cependant traverser la rivière sur leur dos : l'eau était profonde et glaciale, et le courant pouvait facilement nous emporter. Nous passâmes donc chacun à tour de rôle, renvoyant les montures sur l'autre rive une fois arrivés à bon port. Peut-être fatiguée de ces allers-retours, ou l'ayant pris en grippe pour quelque mystérieuse raison, la mule refusa de laisser Yéshin la monter, alors qu'il était resté le dernier sur l'autre rive, sans personne pour lui venir en aide. Le voir s'escrimer à monter l'animal récalcitrant était, il faut l'avouer, assez cocasse. Il réussit finalement à monter la mule et à nous rejoindre.

Le troisième jour, il plut intensément toute la journée. Nul endroit ne nous offrait d'abri. Il nous fallut donc bien continuer à marcher. Je portais mes vêtements monastiques et n'avais pas emporté d'imperméable ni de parapluie, que je n'utilise guère en temps normal. En un rien de temps, je fus trempé de la tête aux pieds. Huit heures de marche nous attendaient. Raphaële me fit remarquer qu'elle m'avait rarement vu arborer un air aussi misérable!

En fin d'après-midi, la pluie se calma. Nous montâmes notre tente tibétaine et allumâmes un bon feu pour nous sécher. Nous étions au début du mois d'août, la période la plus chaude de l'année. Pourtant, à la tombée de la nuit, il commença à neiger. Nos amis déclarèrent qu'ils allaient coucher dehors.

« Mais il y a toute la place nécessaire dans la tente, leur fis-je remarquer.

– Nous devons veiller sur les chevaux, au cas où des brigands passeraient par là. Et puis, c'est l'été! » conclurent-ils avec entrain.

Ils dormirent donc à la belle étoile et, l'aube venue, secouèrent leurs épaisses pelisses pour faire tomber la neige accumulée. J'eus l'occasion de me rendre compte plus tard, en 2016, ce que signifiaient les véritables rigueurs de l'hiver dans le massif de l'Amnyé Matchèn où la température peut aisément descendre à – 30 °C. Rien à voir en effet avec ce «chaud» mois d'août.

Le quatrième jour, nous arrivâmes enfin en vue des montagnes les plus sacrées et les plus hautes de la chaîne, Touk-kar Yéshin Norbou, le «Joyau des Souhaits au Centre du Cœur», et Tachok Gangkar, la «Blanche Montagne, Suprême Destrier», en référence au cheval ailé de Magyal Pomra, le puissant protecteur du lieu. La couverture nuageuse s'entrouvrit quelques instants, nous offrant une vision éphémère des sommets enneigés tant attendus.

Nous traversâmes un ruisseau pour visiter, sur le versant opposé, le principal ermitage dans lequel, en 1809, Shabkar Tsogdrouk Rangdröl passa un an en retraite solitaire. Les murs de l'ermitage, construit en pierres plates à l'abri d'un surplomb rocheux exposé au soleil, étaient encore debout. Après que Shabkar et les deux aides qui l'avaient accompagné eurent terminé la construction de cette habitation juste assez grande pour loger son occupant, ces derniers repartirent avec leurs yaks. Shabkar entonna alors ce chant d'allégresse[1] :

> Gardant toujours mon maître parfait et sacré,
> Telle une parure, au-dessus de ma tête
> Moi, Tsogdrouk Rangdröl, nourrissais le puissant désir
> De venir sur la montagne de Matchèn.
>
> Enfin sont réunis l'étincelant glacier,
> La petite hutte de pierres
> Et moi-même, Tsogdrouk Rangdröl :
> Je continuai à méditer de tout mon être.

Lors du séjour de Shabkar, il tomba peu de pluie durant les mois d'été et les lacs qui n'étaient pas alimentés par les torrents de montagne s'asséchèrent. Ce fut le cas de l'un des deux petits lacs situés en contrebas de l'ermitage. Shabkar descendit sur la rive et découvrit des milliers d'animalcules, des têtards et du menu fretin qui étaient sur le point de mourir desséchés. En une trentaine d'allers-retours, il les transporta dans un sac en cuir rempli d'eau vers le lac supérieur qui n'était pas encore à sec, sauvant ainsi des milliers de vies.

Un jour, alors qu'il méditait, Shabkar eut la vision de vallées, de pays et de champs célestes inconnus. Puis, il vit distinctement dans sa méditation un couple de canards jaunes sur la rive de l'un des deux lacs. Il se demanda si ces oiseaux étaient vraiment là. Voulant en avoir le cœur net, il sortit de son ermitage : les deux canards se trouvaient sur la berge, tels qu'ils lui étaient apparus en méditation.

Tandis que nous étions assis devant l'ermitage, nous imprégnant des bénédictions et de la sérénité du lieu, je contemplai la scène qui s'offrait à mes yeux. Il y avait bien deux petits lacs, l'un à sec et l'autre rempli d'eau, et sur ce dernier, flottaient... deux canards jaunes. C'était comme si Shabkar venait de partir quelques semaines plus tôt. Une grande joie m'envahit.

Un jour, pendant que Shabkar pratiquait paisiblement, une bande de ces redoutables brigands goloks fit irruption dans sa grotte et fouilla ses sacs à provisions. « Inutile de chercher ailleurs, tous mes vivres sont là. L'un d'entre vous peut préparer du thé pour le déjeuner et ensuite nous discuterons de ce dont vous avez besoin», leur dit-il. Ils acceptèrent l'invitation de Shabkar et burent du thé tout en parlant de choses et d'autres. Il leur montra tous les vivres dont il disposait et leur donna la moitié de ce qu'il lui restait. Puis il leur chanta ces vers :

> Maître, plus précieux encore que la Gemme des Souhaits,
> Demeurez, tel un diadème, au-dessus de ma tête.
>
> Vous possédez maintenant cette existence humaine
> Si difficile à obtenir.
> Qui sait quand viendra votre heure ?
> La mort peut frapper dès demain.
>
> Inéluctablement, les bonnes et les mauvaises actions
> Viendront à maturité.
> Au moment de mourir, vos actions
> Trouveront leur juste rétribution.
>
> Faute de savoir réfréner vos désirs et d'apprendre à vous
>   contenter de peu,
> Posséderiez-vous toutes les richesses du pays
> Que vous ne seriez jamais satisfaits.
>
> Aujourd'hui, vous avez été bons pour moi :
> Vous m'avez permis de pratiquer la générosité et la patience.
> Ainsi, mes modestes biens ont acquis une valeur inestimable !
> Merveille ! Que ce yogi est fortuné !
>
> Puissent tous ceux qui établissent un lien avec moi,
> Pour le meilleur comme pour le pire,
> Demeurer dans le bonheur et la joie.

Après que Shabkar eut improvisé ce chant, le plus âgé des voleurs prit la parole : «Nous avons pris vos provisions parce que nous n'avions rien à manger. Sinon, nous ne vous aurions jamais volé.» Puis ils demandèrent à l'ermite de les bénir : «Vous êtes un pratiquant authentique. Puissiez-vous vivre cent ans ! Gardez-nous sous votre protection spirituelle !»

Le lendemain, ce fut le tour de treize nouveaux brigands de faire leur apparition, mais ceux-ci ne lui prirent rien, bien au contraire. Ils se prosternèrent avec foi et respect devant Shabkar, puis, après lui avoir demandé de les bénir, ils lui offrirent des vivres. Au moment où ils s'apprêtaient à partir, il leur chanta ce poème :

> Fidèles bandits ici rassemblés,
> Écoutez le chant du yogi.
>
> Je suis un ermite errant dans les montagnes.
> Par la grâce de mon maître à la bonté illimitée,
> J'ai compris l'impermanence
> Et les imperfections du samsara
> Dans lequel tous les êtres ont été mes parents.
>
> Du tréfonds de mon être s'est élevé le puissant désir
> D'atteindre la bouddhéité pour le bien d'autrui.
> Sachant que la pratique spirituelle est l'unique voie,
> J'ai renoncé à toutes ambitions mondaines.
>
> Plusieurs années d'errance se sont ainsi écoulées,
> D'une retraite solitaire à l'autre.
>
> Ô pieux bandits, pratiquez le Dharma !
> Maintenant, partez en paix ;
> Je prierai afin que vous ayez une longue vie épargnée par la maladie.

À la fin de ce chant, l'un d'eux s'exclama : « Quelle chance nous avons eue de le rencontrer, ne serait-ce qu'une fois ! Ce saint homme n'a rien à voir avec le commun des yogis qui errent dans les parages. Ça se voit rien qu'à son regard ! Ce n'est pas le genre de pèlerin à venir sur les pentes du Matchèn parce qu'il ne trouve pas d'autre endroit où se fixer. »

Shabkar raconte également qu'un jour, alors qu'il se promenait sur l'une des crêtes situées derrière son ermitage, face au mont Matchèn, l'esprit totalement détendu, il balaya du regard tout l'horizon. Dans un état de grande clarté intérieure, il s'assit, le dos droit et contempla l'immensité du ciel. Son esprit se fondit dans l'espace, jusqu'à ne faire plus qu'un avec lui. Il écrit dans son autobiographie :

> Je libérai mes perceptions dans la nature ultime de l'esprit, vide, lumineuse, libre de toute saisie, transparente et omniprésente. En cet état pareil à l'espace illimité, j'entonnai ce chant :

Plus haut que l'Everest ?

> L'immensité lumineuse de l'espace absolu
> Vierge de centre et de limites,
> Est primordialement présente,
> Ample, claire et radieuse.
>
> Éveil né de lui-même,
> Vaste comme le ciel,
> Sans dehors ni dedans,
> Sans direction ni mesure.
> Transparence qui tout embrasse,
> Tel est l'espace absolu,
> Inséparable de l'Éveil.
> Dans cette vaste étendue incréée,
> Les phénomènes apparaissent,
> Intangibles, tels des arcs-en-ciel.
> […]
>
> Joie de se fondre en ce mode d'être
> À tout moment,
> Et le jour et la nuit !
> Merveille !

Il commente ainsi cette expérience :

> De même que l'éclat du soleil illumine le ciel clair de l'automne, la vacuité lumineuse, l'authentique nature de l'esprit me fut dévoilée. En ce mode d'être vide comme l'espace, où centre et pourtour sont abolis, tous les phénomènes, formes et sons, sont présents dans leur spontanéité première, aussi éclatants que le soleil et la lune, les planètes et les étoiles.
>
> L'esprit et les phénomènes se mêlent indissociablement en une saveur unique. Ami ou ennemi, or ou pierre, cette vie ou la prochaine, l'esprit et le ciel : toutes différences sont maintenant annihilées. À l'issue de cette expérience, je me sentais prêt à prendre place parmi les « yogis dont l'esprit est semblable au ciel ».

Peu de temps après cette expérience, la neige se mit à tomber jour et nuit sans discontinuer pendant une semaine, jusqu'à s'élever à deux coudées, formant alors les limites naturelles de la retraite de Shabkar. En effet, il est d'usage qu'un retraitant fixe un rayon de déplacement autour de son lieu de retraite qu'il ne dépassera pas, ici, les éléments s'étaient chargés de déterminer ce périmètre. Il n'avait même pas de quoi faire bouillir du thé. Il ne buvait que de la neige fondue mélangée à un peu de farine d'orge et demeura dans une calme méditation.

☙

Je retournai en hiver à l'Amnyé Matchèn, en février 2016 et, de fait, ce fut une expérience très différente : en cette saison au Golok les températures atteignent souvent les − 20 °C, et parfois − 40 °C. Même les museaux des yaks, animaux réputés pour être très résistants au froid, se fendent sous la bise hivernale. Lacs et rivières se couvrent d'une épaisse couche de glace qu'humains, animaux et véhicules peuvent traverser sans crainte. Hommes et femmes portent d'épais manteaux faits de plusieurs peaux de mouton cousues ensemble. Les joues brûlées par le vent s'allument d'un rouge écarlate, les lèvres se gercent. À l'intérieur des tentes, ou dans les petites maisons, on s'assemble autour de l'âtre dans la pièce principale qui fait office de cuisine et de chambre à coucher, les lits de la famille étant disposés le long des murs. Le matin, lorsqu'on offre sur l'autel familial sept bols d'eau claire devant la statue du Bouddha, à peine a-t-on rempli le dernier bol que le premier est déjà gelé. Fort heureusement, le ciel est le plus souvent d'une clarté immaculée et les journées ensoleillées.

Je tenais en effet à venir au Tibet l'hiver pour observer de mes propres yeux la situation dans les écoles que Karuna-Shechen avait construites, mais aussi pour faire l'expérience des grands froids du « Pays des Neiges », qui font partie intégrante de la vie des Tibétains et de leur culture. Nombre d'explorateurs, de photographes et d'habitants du Grand Nord canadien, du Groenland, de Finlande, du lac Baïkal parlent de leur attirance pour les endroits froids du monde. Cette fascination pour les conditions extrêmes, et l'endurance, la résistance qu'elles exigent, se double de la joie de s'exposer à la rigueur du froid avant de revenir et d'apprécier le bonheur simple d'un abri chaud. Comme tous ces aventuriers, j'ai toujours ressenti une affinité pour la neige et la glace, mais aussi pour les lieux en altitude. Je me sens parfaitement bien à Shéchèn, au Kham, à 3 800 mètres d'altitude, et j'ai toujours l'impression de tomber dans une sorte de moiteur amollissante lors de la descente dans les plaines. Rien de mystique dans tout cela, une simple inclination personnelle.

Cette année-là, nous atterrîmes directement sur les hauts plateaux, au nouvel aéroport de Yushu à 3 900 mètres. Nous fûmes accueillis par les deux moines de Shéchèn[2] en charge des projets de Karuna-Shechen en notre absence et qui nous guidèrent dans nos pérégrinations au Kham. Raphaële était toujours partante pour tenter l'aventure, d'autant plus qu'elle était bien aguerrie contre les froids extrêmes. Elle connaissait le Tibet hivernal pour avoir fait une retraite en plein hiver dans la grotte de Shak Zimphouk à Gangri Thökar, à une heure de marche au-dessus du monastère de nonnes du Shouksép, au Tibet central. Au XIVe siècle, cette grotte fut bénie par la présence de l'un des maîtres les plus éminents du bouddhisme tibétain, Gyalwa Longchèn Rabjam, qui y vécut en retraite. Une nonne qui séjournait dans une grotte voisine et aidait de temps à autre Raphaële nous raconta qu'un matin notre amie s'était lavé les cheveux à la source qui coulait même au cœur de l'hiver. Quelques instants plus tard, ses longs cheveux formaient une crinière de filaments raides de glace. La nouvelle fit accourir les deux ou trois nonnes qui résidaient dans les grottes et les ermitages voisins. Et toutes, Raphaële y compris, rirent de bon cœur.

Quant à moi, mes amis moines m'avaient équipé d'une épaisse robe doublée de fourrure artificielle serrée à la ceinture par-dessus ma robe de moine, le tout étant recouvert d'un manteau en laine doublé à l'intérieur d'une épaisse couche de poils de mouton. L'ensemble pesait bien une dizaine de kilos ! Mais au moins, le froid n'avait aucun moyen de pénétrer. Sauf aux points faibles : le visage et les mains.

Après avoir visité quelques-uns des projets de Karuna-Shechen, nous reprîmes la route de l'Amnyé Matchèn. En chemin, nous rendîmes visite aux personnes âgées soutenues par les actions de Karuna-Shechen. Notre ami Yéshin était au rendez-vous.

Nous passâmes une nuit chez un ami de Yéshin à Dzogyèn Rawa et, le lendemain matin, nous prîmes la piste qui mène vers l'entrée du chemin de circumambulation de l'Amnyé Matchèn. Quinze ans avaient passé depuis notre première visite et nous pouvions maintenant rouler en 4 x 4 sur un tiers du chemin qui fait le tour de la montagne. Je souhaitais redécouvrir les montagnes sacrées sous le ciel bleu et revoir la grotte de Shabkar, située à l'ouest de la chaîne.

Nous n'avions cependant pas le temps et n'étions pas équipés pour faire le grand tour à pied, comme lors de notre précédente venue. Nous prîmes donc la liberté de parcourir une petite partie de la circumambulation en sens inverse du trajet traditionnel. Normalement, les pèlerins font le tour des montagnes sacrées, monastères et autres monuments en les laissant sur leur droite, considérée comme le côté honorifique, c'est-à-dire dans le sens des aiguilles d'une montre. Seuls les Bönpos, adeptes de la religion prébouddhique du Tibet, tournent en sens inverse.

Après avoir traversé une rivière gelée, nous arrivâmes au bout d'une heure à l'endroit le plus élevé du pèlerinage, qui fait face aux deux sommets principaux : Thouk-kar Yéshin Norbou et Tachok Gangkar, dont l'aveuglante splendeur étincelait au soleil. Je songeai un moment à l'hymne que Shabkar avait écrit en hommage à cette montagne sacrée :

> Une parure de soie blanche
> Drape ce majestueux sommet immaculé.
> Ceux qui contemplent ces glaciers adamantins
> Nourrissent des pensées pures et s'épanouissent dans le Dharma.

Nous restâmes quelques instants en méditation devant ces sublimes montagnes sacrées et offrîmes des drapeaux de prières à l'endroit consacré, à la base des glaciers. Puis nous traversâmes la vallée à pied, pour revoir l'ermitage de Shabkar. Là encore, nous nous assîmes quelques instants et fîmes une offrande de fumées de branches de genévriers. Tout était gelé. Les canards jaunes étaient cette fois-ci aux abonnés absents ! Ils avaient migré vers des contrées plus clémentes.

Puis, nous revînmes sur nos pas et passâmes le col nord où nous nous arrêtâmes pour ajouter quelques drapeaux à la forêt d'étendards de prières qui avaient été offerts par les pèlerins. Dans l'intervalle, le temps s'était couvert et le disque d'or pâle du soleil transparaissait à travers la couverture nuageuse qui descendait presque à notre hauteur. Le vent violent ajoutait à la température déjà glaciale, − 25 °C au thermomètre, plus froid encore pour la température ressentie. Je voulus prendre des photos et enlevai mes gants. En quelques secondes mes doigts devinrent si gourds que je n'arrivais plus à manipuler les réglages de mon appareil. Je réussis néanmoins à prendre quelques images de mes amis moines dans le blizzard, au milieu des drapeaux.

Nous poursuivîmes notre route de l'autre côté du col. À l'endroit où le chemin pédestre bifurque pour contourner la chaîne de montagnes, nous continuâmes tout droit, rejoignant une route carrossable qui nous permit d'arriver à la tombée de la nuit à Péma, au cœur du Golok. Trois jours plus tard, après avoir visité quelques-uns des lieux où le grand maître Patrul Rinpoché avait vécu, la dernière étape de cette grande boucle nous mena au monastère de Shéchèn, la halte finale de ce voyage hivernal.

Nous en profitâmes pour retrouver les cent cinquante enfants de l'école de Shéchèn, la première des vingt-cinq écoles que Karuna-Shechen construisit au Tibet oriental. Ils étaient tous bien emmitouflés dans des peaux de mouton et coiffés de bons bonnets. Ils étudiaient joyeusement et ne semblaient nullement perturbés par les rigueurs de l'hiver qui étaient leur quotidien depuis toujours et ne les surprenaient pas. Les pâturages verdoyants de l'été étaient brûlés par le gel, et seules quelques touffes d'herbe jaunâtres subsistaient entre les plaques de neige sur la terre gelée en profondeur. Durant l'hiver, les yaks perdent parfois jusqu'à un tiers de leur poids et, s'il neige tardivement, ils peuvent être décimés par la famine. Les dris mettent bas au printemps en mars-avril, de sorte que leurs petits puissent se nourrir au mieux dès le dégel et prendre rapidement du poids durant la belle saison, de mai à septembre, avant que le froid ne fasse son retour.

Comme tous les hivers, une centaine de nomades et de villageois s'étaient rassemblés pour une dizaine de jours dans la cour du collège philosophique de Shéchèn, sous la direction de Khénpo Péma Dorjé, le supérieur du collège. Accompagnés des moines, ils allaient, d'ici la fin de leur séjour, avoir récité tous ensemble pas moins de cent millions de fois le mantra de douze syllabes de Padmasambhava : « *Om Ah Houng Vajra Gourou Padma Siddhi Houng.* » En fin de journée, chaque fidèle rapporte au maître de cérémonie le nombre de mantras récités dans la journée, lequel est ajouté au total global, jusqu'à ce que le chiffre escompté soit atteint.

C'est à regret, comme toujours lorsque je me rends au Tibet, que nous dûmes prendre le chemin du retour.

CHAPITRE 43

Les cavaliers du Toit du Monde

À l'été 2004, un voyage animé jusqu'à Mani Guénkok, une bourgade du Kham à 3 800 mètres d'altitude. Des milliers de nomades et de villageois se réunissent sur la vaste plaine pour une grande fête de trois jours de courses, acrobaties et jeux équestres.

Un matin de l'été 2004, alors que nous étions en route vers Mani Guénkok, une bourgade du Kham située à la lisière d'une vaste étendue de prairies entourées de montagnes, l'eau du radiateur de notre Jeep chinoise se mit à bouillir. Tous les quinze kilomètres, Tsénor, notre moine conducteur attitré, devait dévisser précautionneusement le capuchon du radiateur avec un chiffon, puis s'écarter rapidement tandis qu'un geyser d'eau bouillante fusait vers le ciel : notre radiateur était percé. Tsénor, dont l'ingéniosité ne connaît pas de limites, s'éclipsa quelques instants dans une prairie tapissée de boutons-d'or et revint, hilare, avec une bonne dose de crottin de cheval dont il bourra le radiateur. « Une recette infaillible », nous dit-il. Une technique des plus simples et apparemment ingénieuse, à faire pâlir nos garagistes ! La « réparation » sembla fonctionner quelque temps. Satisfaction éphémère... Une dizaine de kilomètres plus loin, la purée fut portée à ébullition et, lorsque Tsénor retira le capuchon, un intéressant mélange jaillit du radiateur à plus d'un mètre de hauteur ! Puis, il fallut souffler à pleins poumons dans l'orifice du radiateur pour le vidanger. Nous en fûmes pour une bonne partie de rigolade. Pendant ce temps, un groupe de Tibétains à cheval nous dépassa, nous observant l'air de dire : « Rien ne vaut les moyens de locomotion d'antan, n'est-ce pas ? »

Nous arrivâmes tant bien que mal à Mani Guénkok, à 3 800 mètres d'altitude, dans l'après-midi. Au cœur de l'été, durant trois jours, nous allions assister à un grand festival qui avait lieu pour la première fois depuis dix ans. Des milliers de nomades et de villageois parés de leurs plus beaux atours avaient accouru de toutes parts et dressé leurs tentes sur la vaste plaine. Les femmes arboraient un gros morceau d'ambre sur la tête et de lourdes parures de corail, de turquoise et d'agates héritées de leurs aïeules. Tous se délectaient de la chaleur estivale qui ne durerait guère, assis en tailleur ou à demi allongés sur de beaux tapis de laine étendus sur l'herbe épaisse de la prairie, rehaussée de fleurs jaunes et bleues. Ils déballèrent des sacs de cuir multicolores bourrés de *tsampa* (farine d'orge grillée), de briques de *tu* (mélange de fromage sec, de beurre et de mélasse), de viande de yak séchée et de fruits confits. Sur des feux de bouse de yak, ils firent du thé dans des bouilloires en aluminium cabossées.

La fête commença. Des danses masquées, exécutées par des moines, retraçaient les hauts faits de la vie du roi légendaire Guésar de Ling, né, supposait-on, au XIe siècle à Tsatsa, non loin de Shéchèn ; son royaume s'étendant sur les hauts plateaux de Ling. Des cavaliers en habits somptueux, coiffés de casques étincelants aux formes étonnantes, paradaient en brandissant des bannières de victoire. Guésar était un guerrier invincible qui combattait les ennemis perfides qu'étaient la haine, l'attachement, l'arrogance et la jalousie. Il faisait tournoyer le sabre de la connaissance et pourfendait les voiles de l'ignorance pour conquérir la paix intérieure et la sagesse.

Les épisodes de l'épopée de Guésar furent relatés dans de nombreux volumes. Plus d'une trentaine sont recensés, dont certains passages furent traduits en français, par Alexandra David-Néel qui écrivit *La Vie surhumaine de Guésar de Ling*. Ce fut grâce aux bardes que cette geste se propagea à travers le Tibet et jusqu'en Mongolie. Ceux-ci sont capables de conter l'histoire-fleuve de Guésar pendant des heures, voire des jours entiers, accompagnés d'une mélopée lancinante, donnant l'impression de lire sans la moindre hésitation un livre intérieur et, pourtant, certains de ces bardes sont de simples nomades illettrés. Ce don de déclamer leur vient parfois soudainement, comme ce fut le cas de ce jeune homme de vingt ans de la province de l'Amdo, dont la BBC rapporta l'histoire, qui, sans que rien ne l'y ait préparé ni que personne n'ait pu expliquer son don, se mit à chanter sans fin les exploits du monarque indomptable.

Certains bardes se déplacent de village en campement. Ces ménestrels du Toit du Monde portent parfois une coiffe particulière qui indique leur statut et ils arborent un bâton couvert de rubans de soie multicolore et de pendeloques en argent. On leur donne l'hospitalité pendant les quelques jours durant lesquels la communauté se réunit pour les écouter. Malheureusement, les bardes inspirés qui improvisent ainsi l'épopée ou la récitent de mémoire se font de plus en plus rares et la plupart d'entre eux la déclament maintenant en s'appuyant sur les textes.

Pendant deux jours, courses et jeux équestres se succédèrent. Les spectateurs se massaient le long du parcours, ou observaient le spectacle assis sur les pentes de la petite colline qui borde la prairie, ou encore juchés en grappes sur tous les véhicules garés aux alentours. Pour profiter d'une meilleure vue sur le spectacle, un agent de police, un moine et un villageois se partageaient un étroit tabouret sur lequel ils se perchaient en équilibre précaire. Les chevaux les plus véloces étaient de véritables célébrités dont la réputation s'étendait à toute la province. Ils piaffaient tant d'excitation sur la ligne de départ que les cavaliers les plus émérites avaient du mal à les retenir. Sitôt le signal donné, ils s'élançaient avec fougue entre les rangs serrés des spectateurs enthousiastes. Pour prendre des photos, je m'avançais sur la piste au plus proche des chevaux lancés en pleine cavalcade. Soudain, tout entier absorbé par les images que je voulais saisir, le cheval que je photographiais me frôla l'épaule au grand galop. Lors des courses de longues distances, trois ou quatre kilomètres, on pouvait ressentir et partager la souffrance des chevaux que leurs cavaliers poussaient jusqu'à épuisement.

Après les courses, les cavaliers, tout à leur jubilation, se livraient à toutes sortes d'acrobaties en plein galop, faisant virevolter leurs longues chevelures noires tressées de fils de soie rouge. Ils étaient parés d'habits magnifiques, de bottes de feutre multicolore et portaient de longs couteaux, fixés à la ceinture dans des gaines en bois ou en argent ciselé. Avec leurs antiques mousquetons, ils tiraient à blanc sur une cible de papier tendue entre deux piquets fichés dans le sol. Lorsqu'ils faisaient mouche, la cible se volatilisait sous l'effet du souffle de la poudre qui jaillissait du canon dans un nuage de fumée blanche. Lorsqu'ils rataient leur coup, ils déclenchaient les rires du public réuni dans une ambiance bon enfant.

Pour clore la matinée, les cavaliers devaient ramasser à la main des écharpes de soie blanche que l'on avait disposées sur l'herbe en travers de la piste. L'exercice les obligeait à se pencher périlleusement sur un côté de leur selle à laquelle ils n'étaient retenus que par une bande de tissu enroulée autour de leur cuisse. Le plus difficile était ensuite de se remettre d'aplomb en ne tenant plus que d'un mollet sur la selle.

Le soir venu, les chevaux étaient lâchés dans la plaine. Les Khampas ont la faculté, mystérieuse à mes yeux, d'identifier presque instantanément leur monture parmi la multitude de points noirs, blancs et bruns qui émaillent les prairies et les flancs de colline. Des fumées bleuâtres montaient des tentes où les familles réunies pour la fête faisaient bouillir la soupe de pâtes fraîches mêlées de viande de yak. Bientôt le campement s'endormit et le profond silence de la nuit n'était plus percé que par les altercations des mastiffs qui gardaient jalousement leur territoire ou aboyaient au moindre bruit.

Le jour suivant, des danses populaires de toutes les contrées du Kham se succédèrent. Les groupes folkloriques, venus nombreux, se montraient très fiers des particularités qui distinguent leurs danses, leurs chants et surtout leurs costumes. Hommes et femmes dansèrent tout d'abord en formations séparées, puis se croisèrent et se rejoignirent, chantant tour à tour d'harmonieuses mélopées. Mais toute chose a une fin et, au soir du troisième jour, les tentes furent pliées et la foule s'évanouit aussi soudainement qu'elle était apparue. Au fond d'eux-mêmes, certains savent sans doute que la plus belle des fêtes est celle de la félicité immuable, née de la méditation et de la transformation de l'esprit.

CHAPITRE 44

Retour d'un maître dans la Vallée de la Renaissance

Visite de Dzongsar Khyentsé Rinpoché, incarnation du deuxième maître spirituel de Dilgo Khyentsé Rinpoché. À Dzongar, son monastère d'origine, une grande célébration et des bénédictions sont données. Portrait de Lodrö Phuntsok, l'homme qui rebâtit le monastère et restaura les arts et artisanats traditionnels dans la vallée.

« Le lama revient au pays ! » La nouvelle tant attendue se répandit comme une traînée de poudre et des milliers de paysans et de nomades accoururent pour accueillir Dzongsar Jamyang Khyentsé Rinpoché. Certains arrivèrent de vallées voisines, d'autres descendirent des pâturages d'altitude, à plus de 4 500 mètres, où ils mènent leurs troupeaux de yaks durant les mois d'été. Ils laissèrent là-haut quelques membres de leur famille pour s'occuper des bêtes. Le lendemain, ces pasteurs remonteraient pour que leurs proches puissent descendre à leur tour et recevoir la bénédiction du lama. Ce retour était un événement, c'était la seconde fois seulement, en cette année 2004, seize ans après sa visite de 1988 en compagnie de Dilgo Khyentsé Rinpoché, que Dzongsar Jamyang Khyentsé Rinpoché revenait de l'Inde au monastère de son prédécesseur.

Des centaines de tentes furent dressées au bord de la rivière sur une vaste plaine, en face du monastère de Dzongsar qui se trouve au sud de Dergué, la capitale du Kham, au Tibet oriental. Ces tentes sont tissées dans un épais coton blanc et décorées d'arabesques faites de bandes de tissu bleu ou noir découpées et cousues à la main. Les plus grandes, véritables chapiteaux, peuvent abriter plusieurs centaines de personnes. L'une d'entre elles attirait particulièrement la foule. C'était là qu'allait se tenir le lama lors des jours à venir.

Quelques cavaliers partis à la rencontre du maître débouchèrent au galop : « Ils approchent ! Ils ont déjà passé le pont de Méchö ! » Tout le monde s'affaira. Des moines déployèrent les trompes télescopiques de quatre mètres de long et d'autres ajustèrent l'embout

Retour d'un maître dans la Vallée de la Renaissance

des *gyalings*, sorte de hautbois fait de bois de santal rouge serti d'or et d'argent. La procession d'accueil se mit en place dans un joyeux tohu-bohu. Je montai rapidement sur un promontoire pour photographier la scène.

Arriva une centaine de cavaliers fièrement campés sur leurs montures, en habit d'apparat – pantalons bouffants de soie sauvage blanche, manteaux de laine brune et turban écarlate. Ils brandissaient des étendards et des bannières qui flottaient au vent tandis qu'ils galopaient vers les tentes, fendant les nuages de fumée blanche et odoriférante qui s'élevaient des multiples brasiers de genévriers allumés par les fidèles. Devant la foule amusée, certains chevaux se cabraient, d'autres manquaient de s'emballer – mais il en faut plus pour désarçonner un cavalier du Kham !

« Le voilà ! » À quelques kilomètres du campement, le lama avait troqué la voiture tout-terrain dans laquelle il avait été conduit durant trois jours depuis Chengdu, pour monter un cheval brun caparaçonné de brocarts et d'écharpes de soie. La crinière et la queue de l'animal avaient été tissées de rubans multicolores.

La profonde dévotion que vouent les habitants de cette région à Dzongsar Jamyang Khyentsé Rinpoché tient au fait que ce lama, alors âgé de quarante-quatre ans est la réincarnation de l'un des maîtres les plus vénérés de l'ancien Tibet, Jamyang Khyentsé Chökyi Lodrö, qui vécut à Dzongsar, fut l'un des princinpaux maîtres de Dilgo Khyentsé Rinpoché, et mourut au Sikkim en 1959, un an après avoir fui l'invasion chinoise. En 1988, Dzongsar Jamyang Khyentsé Rinpoché, né au Bhoutan, avait accompagné Dilgo Khyentsé Rinpoché lors de son deuxième voyage au Tibet oriental et avait pu visiter pour la première fois le monastère de son prédécesseur.

Les habitants, massés des deux côtés du chemin, s'inclinèrent respectueusement lorsque le lama arriva à leur hauteur et jetèrent des brassées de fleurs en geste de bienvenue. Pendant les trois jours de fête donnés en son honneur, ils s'emplirent littéralement de sa présence jusqu'à satiété. Le lama, précédé de musiciens, était au cœur de la procession escorté par les cavaliers qui fendaient cette marée humaine. Il arriva enfin à la tente dans laquelle il se retira quelques moments avant de rencontrer tous ceux venus lui rendre hommage et donner sa bénédiction à la foule des fidèles.

Plusieurs milliers de nomades étaient maintenant assis dans la prairie, devant la grande tente. Dzongsar Jamyang Khyentsé

Rinpoché prit place sur une chaise et, à l'aide d'un haut-parleur à piles que le monastère avait mis en place, il offrit ses vœux à l'assemblée. Puis, il fit le récit des circonstances de sa venue, donna quelques enseignements, mais aussi de simples conseils de vie, enjoignant à chacun d'éviter à tout prix les querelles, lesquelles sont fréquentes parmi ces rudes nomades. Il demanda si certains étaient prêts à s'engager à ne plus boire d'alcool : la moitié de l'assistance leva la main en signe de promesse ; à ne plus fumer : presque tous levèrent la main ; à ne plus chasser, à protéger l'environnement et à ne plus jeter de sacs en plastique dans la nature : là encore une majorité donna son assentiment. Cet échange se fit sur un ton bon enfant, avec humour. La foule, quant à elle, rit de bon cœur en notant qui promettait et qui s'abstinait.

Puis vint l'heure de la bénédiction. Dzongsar Khyentsé Rinpoché récita un texte sacré et accomplit un rituel de longue vie. Puis, il se leva et passa lentement dans les rangs, posant sur la tête de chacun une statue bénie. Il était précédé d'un moine hiératique qui ouvrait le chemin en faisant osciller de droite à gauche des bâtons d'encens et une écharpe cérémonielle de soie blanche. Des allées se traçaient d'elles-mêmes dans la foule et deux ou trois rangs de fidèles agenouillés recevaient ensemble les bénédictions. Hommes, femmes, enfants et vieillards s'écroulaient parfois les uns sur les autres. Dans leurs regards brillaient à la fois la joie et la vénération. Certains récitaient des prières à haute voix, souhaitant le bonheur à tous les êtres et longue vie au lama.

Pendant les deux heures que dura cette cérémonie, deux moines jouèrent sans discontinuer du gyaling, instrument typique, entre la flûte et la trompe, en métal souvent richement ornementé. L'auditeur qui n'y est pas familier peut être fort impressionné par la capacité des moines à tirer de cet instrument à vent un son continu pendant de longues minutes. Les musiciens ont en fait recours à une technique particulière appelée « respiration circulaire » qui permet de souffler dans l'instrument sans interruption en expulsant graduellement une poche d'air que le joueur constitue en gonflant ses joues, tout en remplissant ses poumons d'air par les narines.

Nous passâmes la plus grande partie de la journée auprès de lui sous la tente, avec Raphaële, nos moines de Shéchèn et trois médecins anglais bénévoles venus contribuer aux actions de Karuna-Shechen qui constatèrent avec étonnement la connaissance sophistiquée de la culture occidentale qui transparaissait dans la conversation de Dzongsar Khyentsé Rinpoché.

Descendant d'une lignée de grands maîtres spirituels, fin connaisseur de la philosophie bouddhiste et des modes de pensée occidentaux, il a vécu et enseigné sur les cinq continents et est aussi à l'aise sur les hauts plateaux du Tibet, à Hong Kong et à Londres que dans les vieux quartiers de Delhi. Il est à la tête de plusieurs centres et monastères et d'un collège philosophique et a écrit plusieurs ouvrages, dont *N'est pas bouddhiste qui veut*[1] et *Pas pour le bonheur*[2]. Sous le nom de Khyentsé Norbou, il a réalisé plusieurs films, dont *La Coupe*, qui fut présenté au Festival de Cannes. Il est à l'origine de plusieurs projets majeurs, parmi lesquels la Khyentse Foundation et Siddhartha's Intent, qui œuvrent à la préservation de l'héritage spirituel et académique du bouddhisme, et *84 000* (le nombre d'aspects des enseignements du Bouddha) qui s'est donné pour but de traduire du tibétain, d'ici vingt-cinq ans, l'intégralité du *Kangyour*, le recueil des paroles du Bouddha (cent trois volumes), et d'ici cent ans, celle du *Tengyour*, les commentaires de ses disciples indiens (deux cent treize volumes).

L'après-midi touchait à sa fin. Le lama se dirigeait maintenant vers le monastère où il allait passer la nuit. De nouveau, une longue procession s'organisa pour l'accompagner tout au long des deux kilomètres qui séparaient le camp improvisé de la colline sur laquelle se dressait le monastère, restauré au cours des quinze dernières années. Un peu avant d'arriver, Dzongsar Khyentsé descendit de cheval et, par respect pour ce lieu sacré et pour tous les grands maîtres qui y vécurent, il parcourut à pied les cent derniers mètres. Puis, toujours précédé de musiciens et de moines portant des bannières, il emprunta les étroites ruelles qui le menèrent à sa résidence. Là encore, une douzaine de visiteurs l'attendaient, pour le rencontrer en privé, lui donner des nouvelles ou lui demander des conseils. Il en fut de même tôt le matin suivant, avant que Dzongsar Khyentsé ne rejoigne les festivités qui se poursuivirent pendant deux jours : jeux équestres, danses folkloriques et, à nouveau, bénédiction de la foule.

༄

Comme ce fut le cas un peu partout au Tibet oriental, à partir de 1985, les Tibétains eurent la permission de reconstruire leurs monastères, collèges philosophiques et centres de retraite. L'homme de la renaissance de la vallée de Dzongsar est un architecte, Lodrö Phuntsok, qui, secondé par sa femme et ses dix enfants, mena à bien la reconstruction du monastère, la sauvegarde des trésors qui avaient survécus, la reviviscence de onze types d'artisanat et l'édition de dizaines de volumes de textes importants. Avec l'aide de notre association Karuna-Shechen, Lodrö Phuntsok, l'un des meilleurs spécialistes de la médecine tibétaine du Tibet oriental, construisit en 2001 une grande clinique de médecine traditionnelle accueillant de nombreux patients de toute la région. C'est dans cette même clinique que sont manufacturés dans les règles de l'art les dizaines de médicaments de la pharmacopée tibétaine, qui sont ensuite distribués dans tout le Tibet et jusqu'en Chine. Lorsque l'on pénètre dans l'immense pièce où sont entreposées les centaines de sacs de plantes médicinales et de minéraux collectés dans les montagnes, on est saisi par la variété des parfums. Les ingrédients sont broyés et mélangés – jusqu'à des associations de trente essences pour certains médicaments –, puis, dans des salles adjacentes, un peu d'eau est ajoutée à la mixture qui est ensuite transformée en pilules dures. Deux assistants se chargent alors de leur donner leur aspect lisse et luisant : ils placent les pilules dans de longs sacs de tissus qu'ils tiennent chacun à une extrémité, puis les font aller et venir pendant des heures pour les polir. Toutes ne sont cependant pas polies manuellement, et une partie passe dans une sorte de petite bétonneuse qui tourne toute la journée. Sur le toit de la clinique, des dizaines de milliers de pilules sèchent sur des tamis. Elles sont ensuite soigneusement empaquetées dans de jolies petites boîtes pour être distribuées aux patients.

À Dzongsar, Karuna-Shechen subventionna également pendant de nombreuses années une école élémentaire où les cours étaient dispensés en tibétain, et qui proposait aussi des formations à diverses traditions artisanales destinées aux femmes.

Au long de la vallée, sur une dizaine de kilomètres, on découvre avec joie et curiosité un ensemble d'ateliers faisant vivre l'artisanat local traditionnel. La manufacture de peinture de *thangkas*, dirigée par un excellent professeur et comprenant une vingtaine d'étudiants, est l'une des meilleures du Tibet oriental. Dans chacun des autres ateliers – poterie, sculpture, gravure sur bois, tissage et broderie, orfèvrerie, travail du cuir –, un ou plusieurs détenteurs des techniques ancestrales transmettent leur savoir-faire aux apprentis qui vont perpétuer cet artisanat séculaire.

Retour d'un maître dans la Vallée de la Renaissance

Au fond de la vallée de Dzongsar, sur le versant d'une colline, en direction de la grotte de Cristal, Péma Shelphouk, s'étage un ensemble d'ermitages uniques : près de cinq cents ermites, hommes et femmes, moines et laïcs, viennent y effectuer des retraites méditatives pendant quelques mois ou années, voire, pour certains, toute leur vie durant.

Avec sa bonhomie nonchalante et son sourire bienveillant, Lodrö Phuntsok nous reçut chaque année avec une amabilité sans faille et nous accompagna dans les pèlerinages que nous fîmes dans les environs. Il nous convia également à de mémorables pique-niques lors des fêtes que les Tibétains affectionnent tant pendant les beaux jours estivaux. Bien qu'il soit le seigneur de la vallée, très respecté par tous, il reste d'une humilité à toute épreuve. Nous sommes donc particulièrement heureux d'avoir pu, grâce à Karuna-Shechen, contribuer à son œuvre admirable.

CHAPITRE 45

Le vagabond de l'Éveil

Patrul Rinpoché, un grand sage et érudit du XIXe siècle, enseignait au gré de son itinérance. Après avoir rassemblé, pendant trente ans, des anecdotes transmises par la tradition orale sur la vie de ce remarquable maître spirituel, je me rends sur ses lieux de retraite les plus retirés.

L'air est vif, l'horizon vaste et lumineux, les larges plaines s'évasent entre des collines qui s'élèvent jusqu'à rejoindre les glaciers enneigés. Seuls quelques rares fermiers habitent la région de Dzachouka, située dans la partie nord du Kham, aux confins du Golok, une région au climat rude, aux étés brefs, une terre hostile aux cultures agricoles. La plupart des habitants de ces hauts pâturages sont des éleveurs nomades dont la subsistance dépend depuis des siècles de l'élevage de yaks et, à mesure que l'on progresse au nord vers l'Amdo, de celui de moutons. La région tire son nom de la rivière Dzachou qui la traverse, rivière qui devient un fleuve, le Mékong, à la sortie du Tibet.

N'ayant d'autres habitats que leurs tentes en poils de yak, ces pasteurs nomades changent de campement au gré des saisons, menant leur précieux bétail d'une haute prairie à une autre, à la recherche du meilleur pâturage.

C'est là que naquit, en 1808, l'une des figures les plus remarquables du bouddhisme tibétain, Patrul Rinpoché, alors encore appelé Urgyèn Jigmé Chökyi Wangpo. Dès mes premiers voyages à Darjeeling, j'ai entendu la famille de Kangyour Rinpoché parler de ce maître hors du commun et, au fil des années, on me rapporta nombre d'anecdotes sur sa vie. Qui plus est, dès que j'ai commencé à pratiquer la voie graduelle, l'un des principaux textes de référence pour mes camarades et moi-même était *Le Chemin de la Grande Perfection*. Cet ouvrage, le plus connu de Patrul Rinpoché, doit sa popularité à son accessibilité : il regorge d'histoires édifiantes – souvent tirées de soutras du Bouddha – et présente un exposé simple et immédiat d'une authentique pratique spirituelle. Patrul Rinpoché prend soin d'être aussi direct que possible pour aider au mieux les débutants à s'engager correctement sur la voie de la libération de la souffrance, sans se fourvoyer sur les chemins de traverse vers lesquels leurs tendances habituelles risquent de les détourner. Lorsqu'il demeurait en retraite dans des lieux retirés, Patrul rédigeait de nombreux traités, profonds et originaux, qui, après sa mort, furent rassemblés en six volumes.

L'exemplarité de la vie de Patrul Rinpoché offre une source d'inspiration sans cesse renouvelée pour les pratiquants. Il renonça avec facilité et détachement aux huit préoccupations mondaines qui constituent les attentes et les peurs de toute personne ordinaire : l'espoir du gain et la crainte de la perte, l'espoir du plaisir et la crainte du déplaisir, l'espoir de la louange et la crainte du blâme, l'espoir de la renommée et la crainte de l'obscurité. Il passa la majeure partie de sa vie à errer dans les montagnes, à vivre dans des grottes, des forêts et des ermitages, loin du monde.

Lorsque j'ai commencé à lire le tibétain, je me mis en quête d'une biographie de Patrul Rinpoché. Je découvris qu'il en existait deux, composées par des disciples directs. La première, d'une trentaine de pages, fut écrite par Dodroup Chèn Tenpai Nyima ; la seconde, deux fois plus longue, fut rédigée par Khènpo Kunphel qui, en fait, enrichit la version de Tenpai Nyima.

Dans une culture où la transmission orale joue un rôle important, les Tibétains sont renommés pour leurs capacités à mémoriser et à transmettre oralement des histoires dans leurs moindres détails. Je me souviens notamment de plusieurs soirées passées en présence de Khyentsé Rinpoché, à Punakha au Bhoutan, à enregistrer Nyoshul Khén Rinpoché, un grand érudit qui fut le disciple de plusieurs maîtres appartenant à la lignée de Patrul Rinpoché au Tibet. Il me raconta un grand nombre d'histoires liées à la vie de Patrul Rinpoché, avec une telle profusion de détails et un tel enthousiasme qu'à l'écouter j'avais le sentiment d'être le témoin direct des événements. Je vécus la même expérience au Kham en écoutant des maîtres de plus de quatre-vingts ans me relater avec la même ardeur ce qu'ils tenaient de disciples directs de Patrul Rinpoché. Par bonheur, je pus enregistrer plusieurs d'entre eux, dont Khénpo Palga, alors âgé de quatre-vingt-dix ans, qui avait perdu toutes ses dents et parlait le dialecte des nomades de Dzachouka. De retour à Shéchèn, avec l'aide des deux moines qui m'avaient accompagné, nous réécoutâmes à plusieurs reprises l'enregistrement afin de le transcrire. Dilgo Khyentsé Rinpoché, lui aussi, racontait souvent des anecdotes sur la vie de Patrul Rinpoché ou d'autres grands sages du passé de manière impromptue. Dans ces cas-là, lorsque je n'avais pas un magnétophone à portée de la main, je couchais ses récits par écrit immédiatement après les avoir entendus. En trente ans, je pus ainsi rassembler plus d'une centaine d'anecdotes recueillies auprès de dix-huit maîtres spirituels et érudits, dont la plupart ne sont plus de ce monde aujourd'hui. Cette précieuse tradition orale risquait de se perdre et j'ai pensé qu'il était important de la consigner pour les générations à venir.

Aussi me suis-je efforcé, par la suite, de mettre ces narrations en ordre et de les inscrire au mieux dans le déroulement chronologique établi d'après la biographie de Patrul Rinpoché écrite par Khènpo Kunphel. J'ai ainsi noté toutes les indications qui me permettaient de les situer dans leur contexte géographique et temporel.

J'ai aussi profité de mes voyages au Tibet oriental pour visiter les hauts lieux de la vie de Patrul Rinpoché et pour rechercher les endroits, difficilement accessibles, où il demeura en retraite. Grâce à Khénpo Dönnyi du monastère de Guémang, je pus rencontrer les descendants de la sœur de Patrul Rinpoché, qui vivent dans la petite vallée presque inhabitée de Khormo Olu à 4 300 mètres d'altitude. C'est en ce hameau reculé que Patrul Rinpoché naquit sous une tente au milieu d'une prairie, et c'est là aussi que sa vie prit fin. Sa famille préserve les quelques objets qui ont appartenu à l'ermite errant : sa robe monastique (il s'habillait comme un nomade ordinaire pour passer inaperçu, mais gardait précieusement la cape monastique jaune reçue lors de son ordination), une statue du Bouddha, une petite peinture roulée représentant son maître racine, Jigmé Gyalwai Nyougou, son moulin à prières, et la vieille bouilloire métallique qu'il emportait toujours avec lui. Quant à son bol de mendiant, l'un des objets que l'on reçoit au moment de l'ordination monastique, il fut conservé dans un monastère au Tibet oriental près de Nangchèn ; j'eus l'immense chance qu'il me soit donné par l'un des responsables de ce monastère, qui vit aujourd'hui en Inde et l'avait rapporté du Tibet. Je le conserve précieusement pour le moment comme une bénédiction et l'offrirai en temps utile à l'un de mes maîtres.

Vêtu d'un épais manteau de feutre, le *chouba*, ou protégé par une épaisse peau de mouton l'hiver, Patrul se déplaçait seul et, extérieurement, rien ne le distinguait d'une personne ordinaire. Il s'arrêtait pour séjourner quelque part au gré de ses pérégrinations, sans intentions particulières ; quand il décidait de partir, il quittait les lieux sans destination précise. Il s'arrêtait où bon lui semblait : dans des forêts, des grottes, des vallées, des montagnes enneigées, au milieu de nulle part ou sous une tente. Il demeurait en ces lieux aussi longtemps qu'il le souhaitait, sans s'y attarder outre mesure. Il vivait en accord avec la sagesse de ses prédécesseurs :

> Où que tu aies séjourné, ne laisse rien d'autre que la trace de ton séant.
>
> Où que tu aies marché, ne laisse rien d'autre que tes empreintes de pas.

Quand il demeurait dans les grandes étendues sauvages du Tibet, il méditait plus particulièrement sur la *bodhicitta* : le souhait de libérer tous les êtres de la souffrance et de les amener à la liberté ultime de l'Éveil. Patrul dispensait ses instructions sans aucune partialité aux tenants de toutes les écoles du bouddhisme tibétain.

Il refusait en général les offrandes qui sont faites traditionnellement à un maître ou à un sage respecté. Vers la fin de sa vie, toutefois, sur les conseils d'un autre maître, Jamyang Khyentsé Wangpo, il les accepta pour subvenir aux besoins des sculpteurs sur pierre qui œuvraient à agrandir un remarquable ouvrage, le mur à Mani de Palgué, ainsi nommé, car il fut entrepris par un prédécesseur de Patrul du nom de Palgué. Le mot « Mani » renvoie au mantra *Om Mani Padmé Houng*, le mantra du bouddha de la compassion, Avalokiteshvara, qui couvre un grand nombre de ces pierres gravées. Ce mur s'élève dans la plaine des Mamos à quelques kilomètres du lieu de naissance de Patrul. Il s'étendait, dit-on, sur un kilomètre et fut démantelé pendant la Révolution culturelle chinoise. Le mur étant situé dans une région reculée et constitué de lourds blocs de pierre, celles-ci ne furent pas emportées, mais éparpillées dans les environs immédiats. Vers le milieu des années 1980, les habitants de la vallée reconstituèrent l'édifice. Il fut ensuite régulièrement agrandi et de nombreux sculpteurs sur pierre s'installèrent à proximité. Ils y ajoutèrent de nouveaux blocs gravés commandités par des fidèles, ou de leur propre initiative. C'est ainsi que, dans les années 1990, un lama parraina la gravure sur pierre de la totalité des cent trois volumes du *Kangyour*, le recueil des sermons du Bouddha ! La construction d'un tel mur est dite être source de grands mérites pour ceux qui l'offrent, pour les graveurs sur pierre, et pour ceux qui en font la circumambulation. Tous les textes et mantras ainsi gravés sont également censés contribuer à la paix locale et dans le monde. De nombreux stoupas furent également érigés tout le long de l'ouvrage.

Aujourd'hui, le mur à Mani de Palgué, entièrement constitué de pierres sculptées, mesure environ 1,8 kilomètre de long, est haut de 4 mètres et atteint 18 mètres de large. À chaque fois que nous nous rendons dans la région, nous ne manquons pas d'en faire au moins une fois le tour, ce qui prend quarante-cinq minutes d'un pas soutenu.

À la mort de Patrul, dans sa quatre-vingtième année, outre les quelques objets préservés par les descendants de sa sœur, il n'avait pour tout bien que deux textes : *La Marche vers l'Éveil* de Shantidéva et les *Stances fondamentales de la Voie du Milieu* de Nagarjuna.

En février 2016, au cœur de l'hiver, ma quête des lieux où vécut Patrul Rinpoché me conduisit à Dzagyal Thrama Loung, situé à 4 400 mètres d'altitude, à une vingtaine de kilomètres du mur à Mani et accessible par une piste de montagne à peine carrossable. C'est là que Patrul Rinpoché reçut de son maître principal, Jigmé Gyalwai Nyougou, pas moins de vingt-cinq fois les explications sur les pratiques préliminaires de la voie graduelle du bouddhisme tibétain, enseignements qu'il consigna dans *Le Chemin de la Grande Perfection*. Une dizaine d'ermites y vivent aujourd'hui, parmi lesquels un *khènpo* d'une quarantaine d'années qui fit ses études au collège philosophique de Laroung Gar et qui me raconta quelques anecdotes de la vie de Patrul que j'ajoutai à celles que j'avais déjà recueillies. En visitant Thrama Loung, lieu dénudé, désolé, exposé aux plus féroces intempéries (il faisait − 20 °C au thermomètre, auxquelles s'ajoutaient les fortes rafales de vent), loin de tout, je mesurai la détermination indomptable des pratiquants à trouver des lieux de retraite parfaitement solitaires !

Lors de ma dernière visite à Khormo Olu en 2017, en compagnie de quelques moines de Shéchèn et d'un groupe d'amis occidentaux venus assister à la consécration par Rabjam Rinpoché du nouveau temple de Shéchèn, nous gravîmes une nouvelle fois le chemin qui mène au petit stoupa en pierre construit à l'endroit où eut lieu la crémation de Patrul Rinpoché. Un halo solaire avait commencé à se former au moment où nous quittions le monastère de Guémang une heure auparavant. Lorsque nous arrivâmes en vue du stoupa, directement au-dessus de nous, le halo solaire formait une resplendissante mandorle aux couleurs de l'arc-en-ciel. Elle subsista longtemps encore, illuminant les prières et pratiques que nous fîmes au pied du stoupa. Un cadeau de Patrul Rinpoché peut-être ?

Ainsi l'inspiration que m'ont donnée, pendant plus de trente ans, la lecture des enseignements de Patrul Rinpoché, les récits de sa vie, les biographies de ses contemporains et la visite des lieux où il vécut m'incita-t-elle à rassembler, dans *Le Vagabond de l'Éveil*, tout ce que je pus apprendre sur sa vie. Les quelques anecdotes que je ne résiste pas à partager ci-dessous[1] illustrent comment les faits et gestes d'un sage incarnent dans la réalité quotidienne les enseignements que l'on trouve par ailleurs dans les textes.

Le lingot et le voleur

Un jour que Patrul se trouvait assis sur un monticule recouvert d'herbes et venait de terminer d'enseigner *La Marche vers l'Éveil* à une foule nombreuse, un vieil homme de l'assistance vint à lui pour lui offrir un gros lingot d'argent. Selon son habitude, Patrul refusa l'offrande, mais le vieil homme était déterminé : il déposa le lingot aux pieds du maître et s'éloigna rapidement. Au moment de s'en aller à son tour, Patrul abandonna là toutes les offrandes qui lui avaient été faites, y compris le lingot.

Un voleur apprit l'offrande de grande valeur qui avait été faite au maître et résolut de la lui dérober. Patrul se déplaçait généralement seul et passait souvent ses nuits à la belle étoile. Profitant de l'obscurité, le brigand s'approcha de l'ermite endormi et entreprit de fouiller ses maigres possessions. Ne trouvant pas ce qu'il cherchait, le voleur palpa ses vêtements, ce qui ne manqua pas de réveiller Patrul, qui s'écria brusquement :

« Qu'est-ce que tu fais à farfouiller comme ça dans mes vêtements ?

– Quelqu'un vous a donné un lingot d'argent ! Il me le faut ! Donnez-le-moi ! exigea le brigand surpris.

– *Aho*, s'écria Patrul. Rends-toi compte de la vie lamentable que tu mènes à courir à droite et à gauche comme un idiot. Et tu as fait tout ce chemin pour un morceau d'argent ? C'est pitoyable ! Écoute-moi bien. Retourne à ton point de départ. À l'aube tu arriveras à la petite butte où j'ai enseigné. C'est là que tu trouveras le lingot. »

Le voleur était suspicieux, mais de fait, il constatait bien que Patrul n'avait pas le lingot dans ses affaires, ni sur lui. Bien qu'il doutât que le maître ait pu abandonner une telle offrande, il revint sur ses pas, arriva au monticule herbeux, chercha et découvrit finalement le lingot abandonné.

L'homme, qui était d'un âge avancé, songea cependant aux dures paroles de Patrul et s'inquiéta du genre de vie qu'il menait. Il se lamenta haut et fort : « Ce Patrul est un maître authentique, libre de tout attachement. À vouloir le voler, je me suis valu un karma exécrable ! »

Tourmenté par le remords, il repartit à la recherche du maître. Quand il finit par le retrouver, Patrul s'écria :

« Te revoilà ! Toujours à courir par monts et par vaux comme un ahuri ? Et maintenant, qu'est-ce que tu veux ?

— J'ai trouvé le lingot et je regrette profondément d'avoir si mal agi envers vous qui êtes un véritable maître spirituel. Et dire que j'étais prêt à vous voler le peu que vous avez ! Pardonnez-moi, bénissez-moi et acceptez-moi comme disciple ! répondit le larron en larmes.

— Tu n'as pas besoin d'implorer mon pardon. À partir de maintenant, pratique la générosité et invoque les Trois Joyaux. Cela suffira », lui répondit Patrul.

Les circonstances amenèrent les habitants des environs à découvrir le méfait du brigand et ils le rouèrent de coups. Quand Patrul eut vent de ces faits, il leur fit de sévères reproches : « Si vous battez cet homme, c'est moi que vous battez. Laissez-le tranquille ! »

Patrul insistait sur les nombreux soucis et problèmes insolubles causés par la possession. Il disait : « Si vous avez de l'argent, vous avez des problèmes d'argent. Si vous avez une maison, vous avez des problèmes de maison. Si vous avez des yaks, vous avez des problèmes de yak. Si vous avez des chèvres, vous avez des problèmes de chèvre. » Pour accéder à la sagesse et à l'Éveil, mieux valait donc se détacher du concept de propriété.

Patrul et la veuve

Un jour, alors que Patrul traversait à pied un vaste plateau, il rencontra une pauvre femme dont le mari venait d'être tué par un *drémong*, un énorme ours des steppes. Elle se dirigeait avec ses trois enfants vers Dzachouka pour y mendier un peu de nourriture. La perte de son mari l'avait laissée totalement démunie.

Elle ne put s'empêcher de pleurer en faisant son récit à Patrul.

« Ne vous inquiétez pas. Je vais vous aider. Moi aussi, je vais à Dzachouka. Faisons la route ensemble », lui proposa Patrul.

Elle accepta et ils marchèrent ensemble pendant plusieurs jours. La nuit, ils dormaient à la belle étoile. Un, parfois deux de ses enfants venaient se blottir dans les plis du manteau en peau de mouton de Patrul, tandis que la veuve serrait le plus jeune contre elle. Le jour, Patrul portait l'un des petits sur le dos, la mère se chargeait de l'autre, tandis que le troisième avançait à leur côté.

Lorsque la veuve mendiait dans les villages et les campements de nomades qu'ils traversaient, Patrul faisait de même à son côté, quémandant de la *tsampa*, du beurre et du fromage. Les voyageurs qu'ils croisaient en chemin les prenaient pour une famille de mendiants. Personne – à commencer par la veuve elle-même – ne soupçonna la véritable identité du grand yogi.

Ils arrivèrent enfin à Dzachouka. Ce jour-là, la femme partit mendier d'un côté, et Patrul de l'autre. Lorsqu'ils se retrouvèrent le soir, la veuve remarqua la mine sombre de Patrul.

« Qu'y a-t-il ? Tu as l'air préoccupé, lui dit-elle.

– Ce n'est rien. J'avais une tâche à accomplir ici, mais les gens ne me laisseront pas l'achever. Ils font beaucoup de bruit pour rien, éluda Patrul.

– Qu'est-ce que tu peux bien avoir à faire ici ? demanda la femme, étonnée.

– Ne t'en fais pas. Partons », rétorqua le lama.

Ils parvinrent au pied d'une colline sur le flanc de laquelle s'élevait un monastère. Patrul s'arrêta. Il se tourna vers la veuve et lui dit :

« Il faut que j'entre dans ce monastère. Tu y viendras aussi, mais pas maintenant, dans quelques jours.

– Oh non, ne nous séparons pas. Allons-y ensemble ! Jusqu'à maintenant, tu as été si gentil avec moi et mes enfants. D'ailleurs, on pourrait peut-être se marier. Mais si tu ne le souhaites pas, je pourrai simplement vivre avec toi et bénéficier de ta gentillesse, plaida la veuve éplorée.

– C'est impossible. Jusqu'à maintenant, j'ai fait de mon mieux pour t'aider, mais ici, les gens jasent comme des perroquets. On ne peut vraiment pas entrer ensemble dans le monastère. Reviens d'ici quelques jours et tu m'y trouveras », répondit Patrul.

Patrul gravit la colline jusqu'au monastère ; la veuve et ses enfants restèrent en bas pour mendier leur nourriture.

Dès son arrivée, et contrairement à son habitude, Patrul ordonna que toutes les offrandes et provisions qui lui seraient offertes soient mises de côté, car il attendait un invité très particulier qui en aurait besoin.

Le lendemain, la nouvelle de l'arrivée du grand maître se répandit dans toute la vallée : « Patrul Rinpoché est là ! Il va enseigner *La Marche vers l'Éveil* ! »

Tous les habitants se pressèrent pour recevoir l'enseignement de Patrul Rinpoché. À l'annonce de cette nouvelle, la veuve du Golog éprouva une profonde joie : « Un grand lama est arrivé ! C'est pour moi une occasion inespérée de faire des offrandes et de solliciter ses prières pour le bien de mon défunt mari », pensa-t-elle.

Suivant la foule, elle monta jusqu'au monastère avec ses trois enfants. Ils durent s'asseoir tout au fond de l'assemblée pour écouter les enseignements de Patrul. Elle était si loin qu'elle ne pouvait pas distinguer clairement les traits du grand maître. À la fin, comme tous les participants, elle se leva et prit place dans la longue file qui attendait de recevoir les bénédictions. Finalement arriva le moment où elle se trouva assez près pour s'apercevoir que le grand lama en question, Patrul Rinpoché, n'était autre que son compagnon de voyage vêtu de guenilles.

En proie à un mélange de stupéfaction et de ferveur, elle s'approcha de Patrul : « Pardonnez-moi de ne pas vous avoir reconnu ! Pardonnez-moi de vous avoir fait porter mes enfants et de vous avoir proposé de m'épouser ! Pardonnez-moi de tout cela ! »

Patrul repoussa ses excuses d'un ton léger : « N'y pense plus ! Tu n'as rien à te reprocher. » Puis il se tourna vers les moines du monastère : « L'invité particulier que j'attendais, c'est *elle*. Apportez tout le beurre, le fromage et les autres provisions qui ont été mises de côté et donnez-les à cette femme. »

Patrul reçoit ses propres enseignements

Patrul avait décidé de se rendre au monastère de Kathog et d'accumuler des mérites en faisant la circumambulation des stoupas de Kathog Koumboum. Quelques personnes remarquèrent ce lama dépenaillé qui s'arrêtait devant chaque stoupa, en apposant sa tête contre la petite cavité centrale tout en murmurant quelques prières. Rien de particulier ne le distinguait pourtant des autres pèlerins. Il logeait alors chez un vieux lama de Gyarong.

« As-tu déjà reçu des enseignements du Dharma ? demanda le lama.

— Pas beaucoup. J'ai reçu *La Marche vers l'Éveil* et quelques autres textes ; c'est à peu près tout, répondit Patrul.

— Tu sembles avoir des dispositions vertueuses. Comme tu viens de très loin, tu dois être un assez bon pratiquant. Ça t'intéresserait si je t'enseignais quelques rudiments du Dharma ?

— Bien sûr que ça m'intéresserait ! Qui peut se passer du Dharma ?

— Il y a un enseignement appelé *Le Chemin de la Grande Perfection*, de Dza Patrul Rinpoché. Il peut vraiment t'aider énormément. Parce que, si tu fais des prières en faisant le tour des stoupas sans avoir l'attitude et la compréhension justes, tous ces efforts ne t'apporteront guère de bienfaits, reprit le vieux lama.

— Ah ! J'ai vraiment besoin de ces enseignements ! Soyez assez bon pour me les dispenser ! » s'exclama Patrul.

C'est ainsi que, chapitre après chapitre, le vieux lama de Gyarong enseigna à Patrul *Le Chemin de la Grande Perfection*. De temps à autre, le lama nomade, apparemment naïf et illettré, posait des questions très pertinentes sur le sens du texte. Le lama de Gyarong restait perplexe devant ce disciple d'apparence si modeste, mais qui faisait néanmoins des remarques si pénétrantes.

Patrul quitta la maison du lama de Gyarong pour aller s'installer tout à côté, chez une vieille femme, alors qu'ils en étaient arrivés à environ la moitié de l'enseignement du texte. Peu de temps après, des pèlerins de Dzachouka, la région natale de Patrul Rinpoché, arrivèrent à Kathog pour effectuer la circumambulation des stoupas et remarquèrent ce lama d'apparence misérable. Ses compatriotes le reconnurent immédiatement. « *Apou* ! *Apou* est là ! » s'exclamèrent-ils avec joie, tout en se prosternant devant lui avec révérence. *Apou* ou « oncle » était le nom familier par lequel on désignait souvent Patrul.

Fort mécontent, Patrul réprimanda les pèlerins : « Jusqu'à maintenant, j'ai pu vivre tranquillement ici, à accumuler des mérites. Mais maintenant, vous êtes allés claironner à tout le monde : "Patrul est ici ! Patrul est ici !" Et ça va mettre un terme à ma tranquillité ! »

Tout se passa comme il l'avait prédit : en un rien de temps, la rumeur se répandit que Patrul Rinpoché était arrivé, même si personne ne pouvait dire exactement où il se trouvait.

Quand Patrul arriva chez le vieux lama pour recevoir les enseignements, comme tous les après-midi, celui-ci lui annonça avec excitation : « Patrul Rinpoché en personne est ici ! Tout le monde le dit ! »

Patrul ne montra aucun enthousiasme particulier à l'annonce de la nouvelle.

Ce jour-là, au crépuscule, comme d'habitude, Patrul rentra chez la vieille femme qui, elle aussi, lui dit avec excitation :

« Patrul Rinpoché est ici ! Vous vous rendez compte ?

– Ce n'est pas la peine de vous mettre dans tous vos états ! Qu'est-ce qu'il a de si particulier ce Patrul ? Il n'est qu'un lama nomade comme il y en a tant. Si vous me demandez mon avis, poursuivit-il d'un ton provocateur, votre Patrul jouit d'une réputation surfaite ! Vous feriez mieux d'implorer les grands lamas de Kathog », se moqua Patrul.

La vieille femme s'emporta et fut sur le point de lui donner une bonne correction :

« Misérable individu ! Comment osez-vous dire des choses pareilles ! Même si Patrul Rinpoché, le Bouddha en personne, venait à votre porte, vous n'éprouveriez aucune dévotion ! Vous le renverriez en le traitant de "vieux lama nomade" ! Maudit bonhomme ! » Patrul se tut.

Peu de temps après cet épisode, on réussit à localiser Patrul. Les deux principaux lamas de Kathog l'invitèrent à enseigner *La Marche vers l'Éveil*. La pieuse vieille femme, apprenant la nouvelle, débordait de joie à l'idée de pouvoir enfin rencontrer le saint homme. Le lendemain matin, le son du gong appela les habitants à se rendre aux enseignements. Patrul quitta la maison de la vieille femme, comme chaque matin au même moment, comme s'il allait effectuer ses circumambulations quotidiennes. La vieille femme, elle, se hâta vers le monastère. Là, elle découvrit avec stupéfaction, assis sur un trône, le lama déguenillé auquel elle offrait l'hospitalité depuis des semaines.

Elle se prosterna aux pieds de Patrul et lui dit :

« Quel mauvais karma j'ai accumulé ! Je vous ai réprimandé et j'ai même été sur le point de vous battre. Je vous demande pardon !

— Il n'y a rien de mal, la rassura Patrul avec douceur. Il est inutile de confesser quoi que ce soit. Ne vous inquiétez pas. Vous avez un esprit pur. Avoir bon cœur est la racine de tous les Dharma. En fait c'est l'essence même de *La Marche vers l'Éveil* que je vais enseigner maintenant. C'est tout ce dont on a besoin. »

Au moment où Patrul commença à délivrer son enseignement, le vieux lama de Gyarong se rendit compte à son tour que son fidèle élève, le lama miséreux auquel il avait expliqué *Le Chemin de la Grande Perfection*, jour après jour et chapitre après chapitre, n'était autre que son auteur, Patrul Rinpoché lui-même... Il se trouva bien embarrassé, mais Patrul le rassura, en l'assurant qu'il avait fort bien enseigné ce texte.

༄

Lorsque Patrul exposait le Dharma, rapporte-t-on, l'esprit des auditeurs s'en trouvait totalement transformé. Enseigné par lui, un point apparemment simple devenait semblable à une porte qui ouvrait sur une centaine de compréhensions spirituelles. Il utilisait un langage direct qui résonnait avec les expériences intérieures de chacun.

Quel que soit le statut social d'une personne, élevé ou inférieur, Patrul donnait toujours le même conseil : « Ayez bon cœur et agissez avec bonté. Il n'y a pas d'enseignement plus profond. » Lorsqu'on lui demandait de donner un nom à quelqu'un, il avait l'habitude d'en choisir un qui commençait par *nyingjé*, ce qui signifie « compassion ».

Il refusait de bénir les gens en apposant sa main sur leurs têtes ; il s'en expliquait ainsi : « À quoi ça sert que je touche votre tête de mes mains en guise de bénédiction ? Ce dont vous avez réellement besoin c'est de pratiquer correctement la méditation et de changer votre esprit de l'intérieur. »

Les paroles de Patrul étaient exemptes d'hypocrisie et dénuées de toute prétention. Il maintenait une parole et une conduite d'une droiture irréprochable. Il vécut une vie exempte de contradiction. Ses valeurs, ses buts et sa conduite étaient toujours en accord avec la voie. Il n'était jamais obséquieux en présence des nobles et des puissants, pas plus qu'il ne se montrait condescendant à l'égard des gens les plus simples. Il ne perdait pas de temps avec des individus retors qui affichaient une politesse affectée pour masquer la duplicité de leurs intentions. Il n'avait rien à perdre ni rien à gagner aux affaires de ce monde. Son esprit était aussi vaste et insondable que l'océan. Dans sa préface au *Vagabond de l'Éveil*, Jigmé Khyentsé Rinpoché écrit :

> Patrul Rinpoché est à la fois une référence et une source d'inspiration. Je me demande souvent : « Qu'aurait fait Patrul Rinpoché dans cette situation ? » ou : « Qu'aurait-il pensé ? » Il n'est plus de ce monde, mais n'a rien perdu de la faculté de nous mettre mal à l'aise et de trancher l'hypocrisie, ou l'insécurité, que nous éprouvons en tant que disciples. Cette capacité peut transformer notre vie. Même si nous essayons d'ignorer ce malaise, son activité de compassion continue de nous hanter, et cela malgré les épaisses couches de notre ignorance atavique.

La tradition orale rapporte qu'au premier abord Patrul Rinpoché pouvait paraître brusque ou intimidant, mais plus on passait de temps à ses côtés, plus on constatait sa parfaite équanimité, c'est-à-dire son absence totale d'espoir et de peur. Toujours ouvert et détendu, il était en fait aisé de demeurer en sa présence, lui qui considérait toutes circonstances, bonnes ou mauvaises, comme dotées d'une unique saveur.

De fait, il est dit que, lorsque l'on se trouvait en sa présence, on ne pouvait se résoudre à le quitter.

CHAPITRE 46

Une ville dédiée à la philosophie

Visite hivernale de Laroung Gar, l'un des plus grands collèges philosophiques de l'histoire rassemblant pas moins de six cent khénpos, érudits enseignants, et dix mille moines et moniales.

En février 2016, en compagnie de deux moines de Shéchèn et de Raphaële, il me fut possible de visiter pour la première fois le collège philosophique de Laroung Gar dont l'accès a longtemps été interdit aux étrangers. Il était enfin permis au étrangers de le visiter, mais pas d'y séjourner. Nous dûmes donc repartir à la tombée de la nuit.

Au détour d'un petit col, un panorama unique s'offrit à nous : la plus grande université bouddhiste de l'histoire, hormis Nalanda et Vikramashila, célèbres institutions qui s'épanouirent en Inde il y a deux mille ans ! Le collège philosophique de Laroung Gar, situé dans le Kham à 4 200 mètres d'altitude, rassemblait plus de dix mille moines et moniales (lesquelles forment la majorité de la population monastique), ainsi que quelques centaines d'étudiants laïcs. Du haut des collines avoisinantes, on mesure l'ampleur de cette cité de l'esprit. Le regard embrasse l'immense mosaïque constituée de l'alignement des petites habitations des étudiants qui recouvrent les trois versants de la vallée.

Notre venue coïncidait avec une semaine de prières à laquelle participait toute la communauté. Chaque jour, une moniale et un moine alternaient pour diriger les prières qui se tenaient dans les deux temples principaux érigés au milieu des habitations. Répercutée par des haut-parleurs, la voix de la nonne qui dirigeait la prière ce jour-là dominait la psalmodie des milliers de participants, de sorte que tous puissent chanter à l'unisson. Lorsque nous montâmes au sommet de l'une des collines couvertes de drapeaux de prières qui surplombent la vallée et que nous nous assîmes quelque temps sur un gros rocher, je me fis cette réflexion : « En quel autre lieu du monde existe-t-il une vallée d'où ne monte toute la journée, une semaine durant, rien d'autre que les mélopées du Dharma qui emplissent l'espace de leur harmonie sereine ? »

༄

En 1980, Khénpo Jigmé Phuntsok, après avoir étudié auprès des meilleurs érudits de son temps, fonda avec une poignée de disciples ce collège philosophique dans une vallée inhabitée proche de la petite ville de Serthar, dans la partie sud-est du Golok. Durant la période la plus intense de la répression chinoise, entre 1960 et 1980, il avait mené une vie de nomade, pratiquant dans les ermitages de montagnes. Très vite, le charisme de Jigmé Phuntsok et la qualité des enseignements dispensés au collège philosophique de Laroung Gar attirèrent un nombre croissant d'étudiants, jusqu'à former une petite ville, peuplée non seulement de Tibétains, mais aussi de centaines de Chinois venus recevoir des enseignements dans leur propre langue.

En 1989, Jigmé Phuntsok se rendit en Inde à l'invitation de Pénor Rinpoché, fondateur du plus important collège philosophique de la tradition Nyingma dans le sous-continent indien (trois mille moines et nonnes y étudient). En 1990, il rencontra le XIVe Dalaï-lama à Dharamsala, puis vint trouver Dilgo Khyentsé Rinpoché à Delhi. Il se prosterna trois fois devant Khyentsé Rinpoché, et l'un de ses moines me dit plus tard que c'était la première fois qu'il le voyait se prosterner devant un lama autre que le Dalaï-lama. Jigmé Phuntsok accomplit également un pèlerinage au Bhoutan où il échangea des enseignements avec Dilgo Khyentsé Rinpoché.

À son retour au Tibet, il refusa de dénoncer le Dalaï-lama, comme l'exigeaient les Chinois, ce qui lui valut de sérieux ennuis. Le gouvernement lui refusa dorénavant toute permission de voyager. En 2001, plusieurs milliers de membres de l'armée chinoise firent brutalement irruption dans l'université de Laroung Gar et rasèrent au bulldozer un tiers des habitations. C'était l'une de ces nombreuses actions arbitraires que le gouvernement chinois menait contre la vitalité et la force de résilience de la culture bouddhique. Des milliers d'étudiants furent expulsés et les logements de trois mille moniales détruits afin de réduire la population d'érudits et d'étudiants. À partir de là, l'accès fut strictement interdit aux étrangers, les autorités voulant éviter que l'on soit témoins des destructions et exactions menées, et que l'on puisse en témoigner. Si quelques-uns réussirent à s'y rendre clandestinement, je ne pouvais pas, malgré mon souhait de découvrir ce haut lieu de spiritualité, prendre le risque de mettre en danger mes amis du monastère de Shéchèn et nos projets humanitaires, qu'il était déjà très délicat de mener à bien compte tenu de toutes les restrictions imposées par le gouvernement.

En 2004, Jigmé Phuntsok décéda à l'âge de soixante-dix ans, laissant le collège philosophique orphelin, mais non moins prospère sur le plan spirituel et philosophique.

À Laroung Gar, on ne trouve pas moins de six cents *khénpos*, des érudits « docteurs en philosophie », qui ont accompli un minimum de douze années d'études et enseignent les textes fondamentaux du bouddhisme à des classes de trente à quarante élèves. L'absence de hiérarchie académique et cléricale est un trait marquant du fonctionnement de ce collège philosophique. Même si certains des *khénpos* sont très respectés au Tibet et en Chine, tels Khénpo Tsultrim Lodrö et Khénpo So-Dargyé pour ne citer qu'eux, le fonctionnement est strictement horizontal à Laroung Gar et ils n'ont droit à aucun traitement particulier ou position élevée. Les *khénpos* les plus éminents habitent dans les mêmes maisonnettes de deux pièces qui sont la norme pour tous. Lors de grandes cérémonies, le maître de chant s'assied sur un petit trône, car il doit être visible et audible lorsqu'il dirige les prières, tandis que les autres membres de la communauté monastique s'asseyent dans l'ordre dans lequel ils arrivent et non, comme c'est le cas dans la plupart des monastères, selon leur ancienneté ou leur prééminence.

En 2014, à Chengdu, j'avais rencontré Khénpo Tsultrim Lodrö, qui, avec Khénpo So-Dargyé, est le principal *khénpo* et successeur spirituel de Khénpo Jigmé Phuntsok. Il avait la cinquantaine, et je fus frappé par la simplicité et l'affabilité de ce grand érudit doublé d'un penseur engagé qui a notamment beaucoup contribué à la cause du végétarisme au Tibet. Il rappelle notamment comment, dans le *Soutra du Grand Parinirvana*, le Bouddha affirma : « Manger de la viande détruit la grande compassion. » L'adoption d'un régime végétarien a toujours existé au Tibet et fut promue par un grand nombre de maîtres du passé sans pour autant devenir majoritaire, sans doute en raison des conditions climatiques (la culture agricole est impossible au-dessus de 3 800 mètres et les hivers sont très longs et particulièrement rudes). Khénpo Tsultrim Lodrö et ses disciples chinois remettent ainsi en liberté chaque année dans les lacs et rivières plus d'un million de poissons vivants achetés sur les marchés en gros, qui sont destinés à la consommation humaine.

ॐ

Au cours de quelques mois, en 2015 et début 2016, les mesures de restriction furent assouplies. Cependant, dès l'été 2016 suivant, l'accès fut de nouveau interdit. Le gouvernement avait en effet décidé d'entreprendre une nouvelle phase de destruction des habitations monastiques. Depuis cette mesure radicale de l'été 2016, seuls ceux qui étaient originaires du district de Serthar furent autorisés à étudier dans cette vallée académique, les autres furent sommés de retourner dans leur contrée d'origine. Afin de faciliter leur accès et la «régulation» de l'expansion du collège, les Chinois avaient aussi ouvert de larges voies au milieu des habitations. Il faut reconnaître que celles-ci présentèrent quelques avantages : en effet, les incendies n'étaient pas rares en raison de l'extrême contiguïté de l'habitat. De fait, alors que nous nous trouvions au sommet de la colline, un petit incendie se déclara à la limite de la zone où un grand nombre d'habitations avaient été rasées en 2001. En quelques minutes nous vîmes deux à trois cents moines portant des seaux d'eau aller et venir en colonnes sur le flanc de la colline. Ils réussirent grâce à leur diligence et à leur énergie à éteindre le feu.

Nous nous fîmes la réflexion que face à la politique systématique de persécution, d'élimination des moines et des institutions monastiques, Laroung Gar représentait un exemple extraordinaire de la résilience du bouddhisme et de la détermination inflexible des Tibétains, sur cette terre si longtemps persécutée. Admiratifs et émus par les scènes exceptionnelles dont nous avions été témoins dans cette université unique au monde réunissant dix mille étudiants en philosophie, où les prières montent de la vallée et emplissent l'atmosphère, nous quittâmes Laroung Gar, ce haut lieu de la tradition philosophique tibétaine, le cœur serré.

Au cours de mes multiples voyages au Tibet, entre 1985 et 2017, j'ai développé une profonde affinité pour le Pays des Neiges. C'est la contrée où je me sens le plus à mon aise et où je trouve la plus puissante inspiration pour m'épanouir, étudier et pratiquer. Je suis, par nature, porté vers l'altitude ; et la froidure et les hauts plateaux du Tibet constituent donc pour moi un cadre de vie idéal. Il existe tant d'autres paysages sublimes sur notre planète Terre, mais au Tibet, ces lieux de grande beauté sont imprégnés de la présence subtile, mais palpable des maîtres spirituels, hommes et femmes, des ermites, moines, moniales et pratiquants laïcs, qui de Padmasambhava à nos jours ont habité ces sites d'exception, physiquement et spirituellement.

L'héritage de la culture bouddhique tibétaine est gravement menacé, mais, en dépit de l'adversité, la transmission spirituelle a été préservée jusqu'à nos jours. On ne peut que souhaiter du fond du cœur qu'elle traverse une fois de plus les obstacles auxquels elle est confrontée sous le joug d'un régime totalitaire.

PARTIE VI

AU CŒUR DU MAELSTROM

CHAPITRE 47

Le Moine et le Philosophe

Naissance et réalisation du livre de dialogue avec mon père, le philosophe Jean-François Revel, qui marque un tournant dans ma vie. Nous séjournons sur une colline au Népal et échangeons sur la manière de conduire au mieux notre existence.

Tout commença par un reportage diffusé par *Envoyé spécial* au début de l'année 1996. Au cours de l'été 1995, une équipe vint au Népal pour tourner un reportage sur le « moine français » – moi-même en l'occurrence – qui vivait depuis vingt-cinq ans dans l'Himalaya. Nous n'avions pas encore fondé Karuna-Shechen, ni entrepris de projets humanitaires. À cette époque, je m'employais de mon mieux à préserver l'héritage du bouddhisme himalayen, à servir Rabjam Rinpoché dans ses efforts pour perpétuer le leg spirituel de Dilgo Khyentsé Rinpoché, notamment en traduisant du tibétain des enseignements oraux de ce dernier, que j'avais enregistrés, et en rassemblant ses écrits en vue de les publier.

Peu de temps après la diffusion de ce reportage sur France 2, le téléphone sonna au monastère de Shéchèn où j'habitais. Le bureau du monastère venait juste d'obtenir une ligne téléphonique, un exploit à une époque où il était presque impossible de disposer d'un tel moyen de communication à Katmandou. L'appel venait de France. Une éditrice parisienne me proposa de but en blanc le projet d'un dialogue avec mon père, le philosophe Jean-François Revel. Ma première réaction fut de répondre : « Demandez-lui ce qu'il en pense. » J'imaginais mal mon père, intellectuel et polémiste réputé, prendre le risque de dialoguer avec un moine bouddhiste, fût-il son propre fils. Le seul intérêt pour la spiritualité que je lui avais jamais vu manifester jusqu'alors tenait dans les visites de vieilles églises romanes où il nous emmenait parfois pendant les vacances d'été, pour en admirer l'architecture, alors que ma sœur et moi aurions nettement préféré construire des châteaux de sable sur la plage. Après quelques échanges polis, je raccrochai le combiné en pensant ne plus jamais entendre parler de cette idée insolite.

Quinze jours plus tard cependant, à ma grande surprise, la même éditrice me rappela pour m'annoncer : « Votre père a accepté ! » Elle avait invité mon père à déjeuner dans un trois étoiles parisien, le genre d'offre que mon gastronome de père ne refusait jamais. Puis, comme le font parfois les éditeurs en quête d'auteurs, elle lui avait proposé un certain nombre de sujets de livres, que mon père avait déclinés poliment les uns après les autres. Là-dessus, me raconta-t-elle, au dessert, elle lui avait demandé : « Et que pensez-vous d'un dialogue avec votre fils Matthieu ? » La poire lui en tomba presque de la bouche et, après un court silence, il répondit : « Ça, je ne peux pas refuser. »

Ma première réaction fut de penser : « Me voilà dans le pétrin. Avec l'éloquence qui est la sienne, mon père va me passer au rouleau compresseur. » Après avoir rapidement tourné les idées dans ma tête, et fort de mon ancienne expérience de footballeur, je répondis : « Bon, mais si ça se fait, il faudra que nous dialoguions ici, au Népal » ; il vaut toujours mieux jouer à domicile !

Le soir, je m'ouvris de cette proposition à Rabjam Rinpoché, l'abbé du monastère, dont je suis très proche. Je lui confiai que je craignais que tout cela ne m'entraîne dans bien des complications. Mais il me convainquit d'accepter, me disant qu'un tel dialogue pourrait contribuer à une meilleure compréhension du bouddhisme en Occident. Je donnai donc mon assentiment à ce projet.

Mon père avait alors un agent littéraire, une pratique courante aux États-Unis, mais alors encore peu répandue en France. Ledit agent se rendit donc chez l'éditeur avec son attaché-case et un projet de contrat dans lequel il réclamait une avance considérable sur les droits d'auteur. L'éditrice qui avait proposé ce projet à sa maison d'édition était certes enthousiasmée par ce dialogue, mais au vu de la somme demandée, le directeur de la maison s'inquiéta et fit remarquer à l'agent littéraire : « Nous savons tous que M. Revel est un auteur dont les ouvrages connaissent une large audience, mais le fils... qui sait ? Il faudra voir un peu ce que ça donne... » Il sous-entendait ainsi clairement : « Ce n'est peut-être bien qu'un de ces illuminés qui fument la moquette en Inde. » Jouant le jeu de l'offensé, l'agent littéraire rétorqua quelque chose du genre : « Comment osez-vous douter de..., etc. » Il ne lui restait plus qu'à repartir avec le contrat non signé sous le bras. D'ailleurs, j'appris plus tard que c'était ma mère, Yahne Le Toumelin, qui avait suggéré l'idée de ce dialogue à l'éditrice, Maren Sell, qu'elle connaissait bien. Elle lui avait dit : « Ces deux-là devraient discuter entre eux. »

Au même moment, Nicole Lattès, qui avait fondé quelques années plus tôt NiL Éditions, entre autres accomplissements d'une grande carrière éditoriale, nous découvrit mon père et moi en couverture d'un magazine suite à l'émission d'*Envoyé spécial*. Elle téléphona à mon père, dont elle avait republié avec succès l'*Histoire de la philosophie occidentale*, et lui dit sa surprise d'apprendre qu'il avait un fils bouddhiste. Avec son humour habituel, mon père lui répondit : « J'en ai un autre qui est juif et une fille orthodoxe si tu veux savoir ! » Ils convinrent d'un déjeuner au plus tôt et elle lui proposa l'idée d'un dialogue entre un philosophe et un moine, mon père lui répondit :

« C'est drôle, un autre éditeur m'a fait cette même suggestion, mais il tergiverse et ça traîne.

– Je prends tout de suite ! Comme tu le sais, j'ai créé une maison d'édition et je te propose un à-valoir très raisonnable, es-tu d'accord ? » lui rétorqua immédiatement Nicole. Ils se tapèrent joyeusement dans les mains en arrosant l'accord d'un verre de bon vin ! Mon père m'appela pour m'informer de ces discussions et m'annoncer qu'il était ravi de venir au Népal.

C'est ainsi que, mon père accompagné de son épouse, ma belle-mère, Claude Sarraute, débarqua à Katmandou un beau jour de mai 1996. Après leur avoir fait visiter le monastère et rencontrer Rabjam Rinpoché, nous montâmes à Hatiban, un lieu de villégiature, situé à une vingtaine de kilomètres au sud de Katmandou. Ce charmant ensemble hôtelier est composé de petites maisons basses disséminées dans une forêt de pins au sommet d'une colline d'où l'on découvre la vallée de Katmandou. Mais pour y parvenir, après avoir quitté la route principale, il faut gravir en Jeep un chemin de terre cahoteux qui zigzague en pleine forêt. Au bout de quelques minutes, mon père manifesta son inquiétude et s'exclama : « Mais tu nous emmènes au bout du monde ! » Toutefois, lorsque nous arrivâmes à la jolie maison principale qui servait de lieu de réception et de restaurant, accueilli par un collier de fleurs et une citronnade fraîche, il fut vite rasséréné par le calme et la beauté du lieu.

Je n'ai pas lu tous les livres de mon père, mais je m'étais préparé à ce dialogue en lisant son *Histoire de la philosophie* qui a le mérite d'être extrêmement claire. Il l'avait écrite en puisant dans sa mémoire hors norme, comme s'il se trouvait sur une île déserte sans aucun livre à portée de main, laissant en blanc les citations qu'il souhaitait y introduire. Il disait à propos de certains penseurs contemporains aux discours abscons, qu'il tenait en piètre estime : « S'ils ont de bonnes idées, pourquoi ne les expriment-ils pas clairement ? » Et lorsque je lui avouai, adolescent, que je n'avais strictement rien compris aux écrits de certains philosophes, il me rassura en disant : « Eh bien, c'est qu'en vérité il n'y a rien à comprendre. »

J'avais aussi préparé, à tout hasard, une liste de sujets dont nous pourrions débattre. Lorsque je la montrai à mon père, pour amorcer notre premier dialogue du lendemain, il y jeta un rapide coup d'œil et s'exclama : « Mais enfin, c'est tout ce dont l'humanité a débattu depuis deux mille ans ! » Il emporta la liste et je ne la revis plus des huit premiers jours de nos entretiens.

Nous établîmes un plan journalier : nous discutions tous les matins de neuf heures à onze heures, allions ensuite nous promener en forêt, et déjeunions avec Claude. L'après-midi, mon père se retirait pour faire sa sieste habituelle et nous reprenions nos conversations de quinze à dix-sept heures.

Malgré tout, mon père devait avoir nourri quelques arrière-pensées d'inquiétude quant à nos discussions, car dès le premier soir, il envoya un fax à Nicole Lattès, qui disait simplement : « Tout se passe bien. »

Effectivement, tout se déroula pour le mieux. Mon père mena les débats et établit le plan du livre. Je répondais à ses questions à la lumière de mes expériences accumulées au cours de mes vingt-cinq années passées au Népal, au Bhoutan, au Tibet et en Inde auprès de mes maîtres spirituels. Je fus tout de suite frappé et réconforté par son ouverture d'esprit. Il mettait toute son intelligence et ses connaissances à questionner et à répondre, mais à aucun moment je ne perçus une étroitesse d'esprit, un dogmatisme ou une ironie cynique qui n'auraient pas manqué d'empoisonner nos débats. Il était prêt à discuter de tout, à écouter avec patience mes réponses et à poursuivre en posant des questions pertinentes.

Le dernier matin, mon père ressortit ma liste de questions. Il pointa du doigt quelques sujets en me disant : « Dis-moi, nous n'avons pas encore parlé de ce point. »

Puis nous descendîmes des collines d'Hatiban vers Katmandou, l'esprit en paix, heureux de nous être ouverts si sincèrement l'un à l'autre. Certains ont parfois écrit que nos dialogues consacraient les «retrouvailles entre père et fils». Certes, nos liens de parenté facilitèrent considérablement nos échanges; toutefois, excepté la courte introduction rédigée par mon père, le contenu du livre qui allait naître de ces journées au Népal demeura presque exclusivement consacré à la confrontation intellectuelle de nos vues sur les thèmes que nous avions abordés: pourquoi passer de la recherche scientifique à la quête spirituelle? Le bouddhisme est-il une religion ou une philosophie? Est-il une science de l'esprit? Comment concilier la vie contemplative et la vie active, etc. Il s'agissait avant tout de la rencontre et du dialogue entre un moine bouddhiste et un philosophe occidental.

Mon père avait abordé nos conversations avec le questionnement suivant: «Les Grecs se posaient trois grandes questions: "Que puis-je connaître? Comment gouverner la Cité? Comment mener mon existence?"» Selon lui, la science a répondu en grande partie à la première question et la démocratie à la deuxième. Quant à la troisième, il considérait que les philosophes qui ont suivi Spinoza ont totalement abandonné cette question pour se consacrer à l'élaboration de vastes édifices intellectuels destinés à reconstruire le monde comme si personne n'avait pensé avant eux. Devant cet échec de la philosophie moderne, mon père se demandait si l'intérêt naissant pour le bouddhisme en Occident n'était pas dû au fait qu'il comblait un vide en apportant des réponses pragmatiques à la façon de conduire au mieux notre existence. Son intérêt pour le bouddhisme ne relevait donc pas tant de la métaphysique de cette tradition spirituelle, à laquelle il n'adhéra pas plus à la fin de nos entretiens qu'au début, que de l'«art de vivre» qu'elle proposait et qui séduisit mon père. Lors de notre voyage promotionnel aux États-Unis, je fus même surpris de constater qu'à plusieurs reprises il fit l'apologie du bouddhisme avant que je n'aie eu le temps d'ouvrir la bouche.

La suite des événements se déroula rapidement et sans heurts. En mai, je me rendis en France et rencontrai Nicole Lattès avec laquelle je tissai immédiatement des liens d'amitié durables. À la vue du contrat, je fus interloqué par le montant de l'avance (à l'âge de cinquante et un ans, ma fortune personnelle se montait à 2 000 ou 3 000 euros d'aujourd'hui). Je n'avais aucunement besoin de cet argent qui m'était proposé. Après vingt-cinq ans à me tenir à distance de toutes les tracasseries administratives, je me dis que le meilleur usage à faire de cette somme serait de l'employer à des causes humanitaires et à la préservation de l'héritage culturel et spirituel du Tibet. Après avoir discuté avec Nicole, il fut décidé que le contrat stipulerait que je faisais don de mes droits d'auteur à la Fondation Padmasambhava, créée en 1979 sous l'égide de la Fondation de France, et consacrée à la préservation et à la diffusion de l'héritage culturel bouddhiste. Il fallut donc se rendre chez un notaire, soumettre la donation à l'approbation du préfet, etc. Bizarrement, il n'est pas si simple de faire don de ses biens ! Plus tard, avec Rabjam Rinpoché, nous fondâmes notre propre association caritative, Karuna-Shechen (*karuna* signifiant « compassion » et Shéchèn étant le nom de notre monastère), une association laïque, distincte du monastère, qui vient en aide aujourd'hui à plus de 300 000 personnes en Inde, au Népal et au Tibet dans les domaines de la santé, de l'éducation et des services sociaux, mettant l'accent sur l'autonomisation des femmes. Cette belle aventure et les bienfaits qui s'ensuivirent eurent donc pour point de départ *Le Moine et le Philosophe*.

Début juin, je rejoignis mon père dans sa propriété de Pleubian, en Bretagne du Nord, où nous enregistrâmes le chapitre de conclusion. Cette fois-ci, c'est moi qui souhaitais mener le débat afin de lui poser quelques questions existentielles. Sur la mort, notamment, il me dit : « Je pense qu'aucune plénitude n'est accessible. Tout être humain qui se sait mortel, qui ne croit pas à l'au-delà, ne peut pas éprouver un sentiment de plénitude. Il peut l'éprouver relativement à des objectifs provisoires, ce qui n'exclut pas un certain épanouissement. Mais je crois qu'il n'y a pas de solution complète au sens de l'existence, en dehors des grandes solutions transcendantes, qu'elles soient religieuses, parareligieuses ou politiques. »

J'essayai tout de même de le pousser un peu dans ses retranchements, en arguant : « On peut, me semble-t-il, acquérir une sagesse, une plénitude et une sérénité qui naissent de la connaissance, ou de ce que l'on pourrait appeler la réalisation spirituelle. Une fois que l'on a découvert la nature ultime de l'esprit, cette découverte est intemporelle. [...] La réalisation spirituelle transcende la vie et la mort, c'est la vérité immuable que l'on actualise au-dedans de soi-même, une plénitude qui ne dépend plus du devenir. » Ce à quoi mon père conclut par les ultimes paroles du livre : « Eh bien !

Puisque ton hypothèse est plus optimiste que la mienne, pour la joie des lecteurs, je te laisserai le dernier mot...»

Les enregistrements de nos dialogues furent rapidement transcrits. Mon père, dont la maîtrise de la langue française était incomparablement supérieure à la mienne, fit rapidement quelques corrections avec son stylo Waterman (il n'a jamais utilisé de machine à écrire, encore moins d'ordinateur), tandis que je m'échinai pendant un mois à améliorer un peu la présentation de mes interventions. Ma mère, qui lut le manuscrit, commenta : «Ton père est foutu ! Il a perdu toute sa verve. Ce livre ne va pas marcher.» Fort heureusement, sa prédiction ne se réalisa pas et le livre connut un franc succès.

଼

Avant la parution du *Moine et le Philosophe*, j'étais un parfait inconnu qui vivait depuis vingt-cinq ans bien tranquille à l'écart des agitations du monde, dans l'Himalaya, sans radio ni journaux (autres que ceux qui enveloppaient les légumes), vivant auprès de maîtres spirituels dans des régions reculées. À la sortie du livre, en avril 1997, nous fîmes notamment la couverture du *Point* et, trois semaines durant, nous dûmes faire face à un tourbillon d'interviews dans tous les médias imaginables, qui s'ajoutèrent à une participation du Dalaï-lama, en visite en France, à la *Marche du siècle* et pour laquelle je servis d'interprète. Pour quelqu'un qui n'avait jamais mis les pieds sur un plateau télévisé, le changement fut pour le moins brutal.

Sa soudaineté eut au moins la vertu de m'éviter de me prendre trop au sérieux ; je restais la même personne qui, de totalement anonyme, devint subitement connue et reconnaissable de par mes robes de moine qui font de moi un drapeau ambulant. La renommée semble tenir à l'apparition de votre visage sur les «étranges lucarnes», à la diffusion de votre voix sur les ondes, et à ce qu'on dit de vous dans la presse.

Selon le point de vue que j'adopte, *Le Moine et le Philosophe* marqua soit le début de mes ennuis – j'allais être propulsé dans un maelstrom d'activités pour les vingt années suivantes –, soit représenta l'opportunité de partager idées et expériences, sources d'un immense enrichissement intérieur dans ma vie, d'entreprendre des projets humanitaires grâce aux revenus de mes livres et conférences, de m'engager dans d'autres passionnants dialogues, avec le physicien Trinh Xuan Thuan notamment, et d'écrire un certain nombre d'ouvrages inspirés de diverses rencontres. C'est ainsi que je me retrouvai dans les lieux les plus improbables pour un moine bouddhiste, comme le Forum économique mondial de Davos où je fus convié dix fois, ou encore les Nations unies où je fus invité pour débattre de la mise en œuvre d'une résolution proposée par le Bhoutan visant à mettre le bien-être des populations, le fameux «bonheur national brut», à l'agenda de cette organisation internationale. Notion qui fut approuvée à une vaste majorité. En outre, je commençai à sillonner le monde pour répondre à toutes sortes d'invitations. *Le Moine et le Philosophe* fut traduit en vingt-trois langues. Il parut même en Chine, mais dans le chapitre sur le Tibet toutes les allusions au Dalaï-lama furent dûment caviardées. Après l'édition chinoise originale officielle qui atteignit quelques milliers d'exemplaires, apparut dans ce même pays une édition pirate, toujours incomplète, qui se vendit, elle, à cent mille exemplaires !

☙

Mon père et moi-même n'avons jamais eu de différend marquant. «Les seuls nuages qui aient jamais plané sur nos têtes furent ceux de la mousson asiatique», fit-il remarquer dans son introduction. Nos voyages et nos dialogues en France, en Angleterre et aux États-Unis, à l'occasion de la sortie du livre, renforcèrent et approfondirent notre affectueuse complicité.

Nous fîmes une tournée aux États-Unis, organisée par notre éditeur américain Schocken, avec l'aide de Vivian Kurz, une amie et disciple de Khyentsé Rinpoché qui s'occupe des œuvres du monastère de Shéchèn aux États-Unis. Elle nous accompagna dans tous nos déplacements. Cette tournée, au demeurant fort sympathique, donna lieu à quelques épisodes plutôt cocasses.

Sur la côte Est, nous fûmes invités à dialoguer à la Divinity School de l'Université de Harvard. Mon père s'était «échauffé» avant la conférence à l'aide de quelques verres de Bloody Mary. Il énonça ses idées avec son brio et son intelligence habituels, mais il parla très lentement, bien que dans un anglais parfait. Il était fort apprécié dans les milieux intellectuels américains ; plusieurs de ses ouvrages, *Ni Marx ni Jésus* en particulier, avaient d'ailleurs été des best-sellers aux États-Unis. L'audience était donc suspendue à ses lèvres. Je compensais par un débit plus enlevé lors de mes interventions. L'anglais était devenu la langue que j'utilisais le plus souvent avec le tibétain. Puis vint le moment des questions-réponses. Après quelques interventions convenues, une personne assise au fond de l'amphithéâtre demanda d'une voix forte :

« Monsieur Revel, que pensez-vous de l'amour ? »

Mon père garda un instant le silence, entretenant le suspense, puis il se pencha en avant et, pesant chaque mot qu'il martelait accompagné d'un mouvement de l'index, il annonça :

« Je suis totalement en faveur de l'amour. »

La conférence se termina sur un éclat de rire général, partagé par mon ami le tibétologue Gene Smith qui était assis au premier rang. Dans les coulisses, mon père me confia : « Avec les Américains, c'est facile, il suffit de raconter une bonne blague. » Avant le départ, il avoua à Vivian : « I love America. »

Lorsque le grand ami et collègue de mon père Olivier Todd prononça son éloge funèbre au Père-Lachaise en 2016, il fit remarquer, avec une pointe d'humour affectueux : « *Le Moine et le Philosophe* fut le livre de Jean-François qui se vendit le plus, ce à quoi il n'était pas insensible. » Hélène Carrère d'Encausse, secrétaire perpétuelle de l'Académie française, au sein de laquelle mon père fut admis en 1998, rapporta à une amie commune que celui-ci lui avait confié que *Le Moine et le Philosophe* avait beaucoup compté pour lui vers la fin de sa vie. Il ne m'avait rien dit de la sorte, fidèle à sa pudeur habituelle.

En avril 2017, vingt ans presque jour pour jour après la sortie du livre, nous organisâmes une réunion des principaux acteurs de notre association humanitaire Karuna-Shechen. Des retrouvailles sympathiques qui réunissaient une trentaine de personnes, incluant les responsables des projets de terrain au Népal et en Inde, et ceux qui contribuaient à la réalisation de nos actions en faisant connaître Karuna-Shechen à travers le monde ; quelques-uns de nos principaux donateurs étaient également présents. Sanjeev Pradhan, qui était alors chargé des projets au Népal, et moi-même avions choisi d'organiser cette réunion à Hatiban. À la fin de la première matinée de discussions, j'emmenai tous les participants devant l'un des bungalows du Hatiban Resort, et je leur dis : « Mes amis, c'est là que tout a commencé. Voici l'endroit où mon père et moi avons dialogué en mai 1996. »

CHAPITRE 48

D'un livre à l'autre...

Je dialogue avec l'astrophysicien Trinh Xuan Thuan, le neuroscientifique Wolf Singer ou encore mes deux « amis dans le bien », Christophe André et Alexandre Jollien. Les livres s'enchaînent, dont trois « plaidoyers » qui requièrent de nombreuses années de recherche.

À mes yeux, Le Moine et le Philosophe devait marquer le début et la fin de ma carrière d'écrivain. Mes intentions étaient limpides : retourner au plus tôt à mes traductions de textes tibétains. La traduction des mille pages de Shabkar – *Autobiographie d'un yogi tibétain*, sur laquelle j'avais travaillé une dizaine d'années, venait de paraître en anglais aux Presses universitaires de New York, et quelques traductions des enseignements de Dilgo Khyentsé Rinpoché avaient été publiées aux éditions Shambhala. Je n'avais d'autre aspiration que de poursuivre dans cette voie. Mais il allait en être autrement.

L'Infini dans la paume de la main

À la suite de la parution du *Moine et le Philosophe*, je fus convié à l'Université d'été d'Andorre en 1997, où je fus très heureux de rencontrer l'astrophysicien Trinh Xuan Thuan. Nous sympathisâmes immédiatement, et entamâmes de passionnantes discussions au cours de randonnées dans le décor grandiose des montagnes pyrénéennes. Je souhaitais notamment éclaircir certaines questions sur la notion de « limites » en physique. Pourquoi est-il impossible d'envisager une vitesse plus rapide que celle de la lumière, ce qui entre en contradiction avec les lois de la relativité restreinte, et pourquoi cette vitesse se trouve-t-elle être de 300 000 kilomètres par seconde plutôt qu'une autre valeur ? Le Big Bang représente-t-il un véritable « début » ? Qu'en est-il du « vacuum quantique » d'où le Big Bang semble émerger ? Pourquoi, dans les tout premiers moments du Big Bang (en deçà du temps de Planck[1]), la description de l'univers échappe-t-elle aux lois de la physique telles que nous les

D'un livre à l'autre...

connaissons ? Bien que né bouddhiste, Thuan n'avait pas eu l'occasion d'approfondir cette philosophie et souhaitait la confronter à ses connaissances scientifiques. Un scientifique occidental devenu moine bouddhiste, moi-même, semblait faire l'affaire. Nous eûmes également de riches discussions avec Christian de Duve, prix Nobel de médecine, sur les origines de la vie. Toujours est-il que Thuan me proposa de nous engager dans un dialogue sur le même principe que *Le Moine et le Philosophe*. Il était difficile de refuser une offre aussi tentante, et nous nous retrouvâmes bientôt durant quelques jours en Dordogne pour jeter les bases de notre échange que nous poursuivîmes au fil de rencontres et par écrit.

Nous débattîmes de notre mieux de sujets fondamentaux : l'univers peut-il avoir un véritable début au cours duquel « rien » deviendrait « quelque chose » ? Est-il vraiment nécessaire qu'il y ait un début ? Si, comme le bouddhisme l'affirme, les phénomènes sont dénués d'existence propre, ces questions ne se posent plus de la même façon puisque les phénomènes ne sont pas véritablement « nés », mais apparaissent et se transforment tout en étant dépourvus de réalité ultime. Toutes les religions et les philosophies ont buté sur ce problème de la création. Pour s'en débarrasser, la science a éliminé la notion d'un dieu créateur et le bouddhisme a exclu la notion même d'un véritable début. Le bouddhisme considère qu'il existe deux points de vue tout aussi extrêmes qu'erronés : le nihilisme et le réalisme matérialiste. Selon la voie médiane du bouddhisme, il n'y a ni « rien » ni « quelque chose » qui serait doté d'une réalité ultime.

Pour Thuan toutefois, l'homme n'a pas émergé par hasard dans un univers indifférent. Celui-ci semble en effet être parfaitement organisé pour l'apparition des êtres vivants. Il s'avère en effet qu'un changement même minime d'une quinzaine de « constantes » de l'univers – la constante de gravitation, l'intensité des forces nucléaires fortes et faibles, la vitesse de la lumière, entre autres – entraînerait sa stérilité même et ne permettrait pas à l'alchimie nucléaire des étoiles de produire les éléments lourds, comme le carbone, nécessaires à la vie. Tout se joue donc sur un équilibre très délicat. L'univers semble réglé de façon précise pour héberger la vie et la conscience. C'est ce qu'on appelle le « principe anthropique ».

Pour le bouddhisme en revanche, il est inutile d'invoquer l'intervention d'un principe organisateur, d'un « grand horloger » ou d'une finalité quelconque qui aurait réglé l'univers avec une précision parfaite pour que la conscience apparaisse : si, comme le bouddhisme le propose, univers et conscience coexistent depuis des temps sans commencement, du fait qu'ils sont tous deux des « faits premiers[2] », coexistants et interdépendants, et n'ayant pas pu apparaître *ex nihilo*, ils sont naturellement compatibles l'un avec l'autre et ne peuvent s'exclure mutuellement. Les constantes de l'univers ne sont alors qu'un reflet de leur compatibilité sans début ni fin. Le principe anthropique revient à contempler les deux moitiés d'une même noix et à s'émerveiller : « C'est incroyable, on dirait que la première a été créée pour permettre à la seconde de s'emboîter parfaitement avec elle. »

L'un des points les plus fascinants de nos discussions fut la correspondance entre le concept d'interdépendance, central dans le bouddhisme, et la démonstration par la physique quantique que la réalité n'est pas constituée d'un ensemble d'éléments autonomes doués de propriétés intrinsèques qui leur appartiennent en propre (ce que les physiciens appellent des « propriétés locales »), mais qu'elle est globale et interdépendante, « intriquée » selon l'expression consacrée. Cette intrication est la caractéristique principale de la mécanique quantique. Les phénomènes quantiques n'interagissent pas entre eux de manière séquentielle dans le temps et l'espace au sein d'une réalité limitée et localisable tout en cessant de se coordonner au-delà d'une certaine distance : ils sont essentiellement connectés. Déterministe convaincu, Einstein ne pouvait accepter le rôle primordial que la mécanique quantique attribuait au hasard. « Dieu ne joue pas aux dés », dit-il. C'est à cette fin qu'il conçut une célèbre expérience de pensée avec Boris Podolsky et Nathan Rosen. On appelle cette expérience le paradoxe EPR d'après les initiales de ces trois auteurs. En 1982, Alain Aspect et son équipe effectuèrent une série d'expériences sur des paires de photons afin de tester l'effet EPR : un atome est stimulé de manière à émettre simultanément deux photons dans des directions opposées ; les champs électromagnétiques de ces photons doivent osciller dans des directions strictement orthogonales, ce que les détecteurs confirment. On dit que les spins de ces photons pointent dans des directions opposées. Précisons que le spin d'un photon est une caractéristique quantique des particules intimement liée à leurs propriétés de rotation. Or, au niveau quantique, les spins de ces photons intriqués n'ont pas de direction définie avant d'être détectés. C'est uniquement une fois qu'ils sont observés qu'une direction de leur spin est déterminée. Or, à ce moment, les photons sont séparés dans l'espace, et pourtant la détection de l'un comme de l'autre indique bien deux directions strictement opposées, comme s'ils s'étaient communiqué la direction de leur spin instantanément. Or, il est possible de montrer expérimentalement qu'aucune information ne peut avoir été transmise et que la similarité de leurs comportements ne résulte pas d'une «cause commune» qu'elles auraient transportée avec eux en se propageant dans l'espace et le temps. Il y a donc coordination sans communication. Cette globalité va à l'encontre des prédictions d'Einstein et contredit deux lois fondamentales : le principe de «localité» selon lequel les objets ne sont influencés que par leur environnement immédiat (quelle que soit la distance à laquelle les photons sont détectés, le résultat est le même : leur spin se détermine l'un par rapport à l'autre), et la loi de la relativité restreinte (si les photons se «communiquaient» leur spin instantanément, ils devraient le faire soit plus vite que la vitesse de la lumière, déterminée comme indépassable, soit en «remontant» le temps). En 1998, le physicien suisse Nicolas Gisin, dont je devins ami des années plus tard, vérifia cette hypothèse sur de longues distances. Les deux particules, aussi éloignées soient-elles l'une de l'autre, continuent à faire partie d'une même réalité globale hors de l'espace-temps. Les physiciens appellent cette situation la «non-séparabilité». La nature est donc «non locale», conclut Nicolas Gisin[3]. Cette constatation devrait avoir d'immenses conséquences sur la façon dont nous percevons ordinairement le monde comme étant constitué d'entités autonomes douées d'existence intrinsèque. Si les phénomènes sont intimement reliés et apparaissent en dépendance les uns avec les autres, rien n'existe en soi et par soi.

Dans l'un de ses sermons, le Bouddha décrit la réalité comme un entrelacs de perles : dans chacune des perles, toutes les autres sont reflétées, ainsi que le palais dont elles ornent la façade et l'univers tout entier. En d'autres termes, dans chaque élément de la réalité, tous les autres sont présents. Ce n'est qu'une image, mais elle illustre bien la notion d'interdépendance selon laquelle il ne peut exister dans l'univers une seule entité totalement dissociée de l'ensemble.

Existe-t-il une réalité voilée derrière les phénomènes apparents ou bien ceux-ci ne sont-ils qu'une cristallisation éphémère issue de la rencontre entre un certain type de conscience – en l'occurrence notre conscience humaine – avec un ensemble de phénomènes jusqu'alors indéterminés ?

Cette notion d'un substrat réel qui existe par lui-même derrière le voile de nos perceptions est un sujet sur lequel la philosophie bouddhiste a longuement débattu[4]. La façon dont nous percevons le monde est très spécifique. Si les humains perçoivent le monde de façon à peu près identique, c'est parce que leur conscience et leur corps ont, pour ainsi dire, une configuration similaire. La réalité d'un être humain diffère considérablement de celle d'une fourmi ou d'une chauve-souris, réalités perceptuelles qui demeurent pour nous totalement inconcevables. On trouve dans les textes bouddhistes l'exemple du verre d'eau. Nous le percevons généralement comme une boisson ou un liquide servant à nous désaltérer ou à nous laver, alors qu'il est un objet de frayeur intense pour un malade atteint de la rage, un habitat pour le poisson, et un ensemble de molécules pour un physicien utilisant un microscope électronique. Un bouddha perçoit l'eau comme l'union de la vacuité et des apparences : les phénomènes apparaissent indiscutablement, ils « existent » et l'on ne peut donc parler de « néant » ; mais lorsque l'on examine la nature de cette existence, on s'aperçoit qu'elle est « vide » d'existence propre, n'étant ni autonome ni permanente. On ne peut donc parler non plus d'une réalité pure et dure, une croyance qui relève de ce que l'on pourrait appeler le « réalisme naïf », parfois nommé « matérialisme » ou « éternalisme ». Selon la voie médiane du bouddhisme, il n'y a ni rien (le nihilisme) ni quelque chose (le matérialisme réaliste), seule la vision unifiant vacuité et apparence résiste à l'analyse.

Pour Thuan, cette affirmation concorde avec les propos de Niels Bohr affirmant que les objets atomiques et subatomiques ne possèdent aucun attribut qui leur soit propre. Quand ils ne sont pas observés, il est impossible, même par la pensée, de leur attribuer une vitesse déterminée et une trajectoire le long de laquelle ils occuperaient à chaque instant un lieu précis. Le but de la physique n'est plus la description de la réalité en soi, mais la description de l'« expérience humaine communicable », c'est-à-dire celle des observations et des mesures.

On rejoint ici les notions de vérité relative et de vérité absolue propres au bouddhisme. La vérité relative correspond à la manière dont les phénomènes nous apparaissent, avec des caractéristiques identifiables. La vérité absolue correspond à l'absence d'existence propre de ces caractéristiques, ce qui implique que la nature ultime des phénomènes, la vacuité, est au-delà de toute description et de tout concept.

Enfin, il nous apparut que la différence majeure entre la science et le bouddhisme résidait dans leur finalité : pour le bouddhisme, l'acquisition des connaissances se fait dans le but thérapeutique de se libérer de la souffrance dont la cause première est une conception erronée de la réalité et du « moi » que nous imaginons être au centre de notre être. La science vise essentiellement à décrire la réalité de la manière la plus juste possible et à mettre en lumière les lois qui régissent les phénomènes observables et les mécanismes qui permettent d'expliquer ce qui est observé. Mais pour un scientifique, les connaissances ainsi acquises n'impliquent pas nécessairement un changement dans leur manière d'être et la conduite de leur existence.

L'Infini dans la paume de la main, titre qui reprend un vers de William Blake, est un livre abordant des questions complexes, mais fondamentales. Et, malgré l'apparente difficulté de ses thèmes, il fut fort bien accueilli, ce qui fit dire à mon père qu'il ne fallait pas sous-estimer les lecteurs.

◊

Plaidoyer pour le bonheur

Mon troisième livre, *Plaidoyer pour le bonheur,* naquit lui aussi d'un concours de circonstances lié et à ce qui me semblait relever d'un malentendu sur la notion de bonheur. En effet, *L'Art du bonheur,* dialogue entre le Dalaï-lama et Howard Cutler particulièrement éclairant qui connut un succès mondial, fut ignoré par la critique française et quelque peu malmené par certains penseurs par ailleurs brillants et cultivés. La notion de bonheur ne semblait guère avoir les faveurs des intellectuels de l'Hexagone…

Pour Aristote, le bonheur est pourtant « le seul but que nous choisissions toujours pour lui-même et jamais pour une autre fin ». Dans la même ligne de pensée, le Dalaï-lama affirme : « Le bonheur est le but de l'existence. » Dans cette perspective, celui qui déclare aspirer à autre chose – la liberté, la justice, l'amour, l'amitié, les plaisirs – n'est finalement qu'à la poursuite du bonheur sous un autre nom, pour la simple raison que nos pensées, paroles et actions tendent normalement vers un « mieux être », et non vers l'accroissement de nos tourments et de ceux d'autrui (à moins d'être prisonnier d'une spirale autodestructrice, ou d'être animés par la malveillance ou la perversion). Cette aspiration s'étend donc aux domaines de la vie de tous les jours, de l'éthique, de la justice, de l'état de la planète ou de tout autre aspect de notre existence. Ce désir inspire si naturellement chacun de nos actes, chacune de nos paroles et de nos pensées, que nous ne le percevons même plus, tel l'oxygène que nous respirons toute notre existence sans nous en rendre compte. Cela relève de l'évidence, voire de la banalité, écrit André Comte-Sponville, « parce que le bonheur, presque par définition, intéresse tout le monde[5]. »

Pourtant, il est courant de rencontrer des personnes affirmant ne pas rechercher le bonheur, et qui vont même jusqu'à percevoir cette quête comme une naïveté. Ainsi, Pascal Bruckner écrit dans *L'Euphorie perpétuelle* : « Le bonheur ne m'intéresse pas[6]. » Comment est-il possible d'entretenir deux visions à ce point opposées de ce qui, pour la majorité d'entre nous, est une composante fondamentale de l'existence ? Ne s'agirait-il pas d'un profond malentendu à propos de la définition même du bonheur ? Le Dalaï-lama et les tenants de la position contraire ne doivent donc pas parler de la même chose. À la demande d'un magazine, je dialoguai avec Pascal Bruckner – avec qui j'entretiens des relations amicales – le temps d'un article. De retour dans mon ermitage au Népal, je me dis que le sujet méritait d'être exploré plus avant.

D'emblée, je fus frappé par le fait que je trouvais dans la littérature et la philosophie à peu près toutes les définitions imaginables du bonheur et leur exact contraire. Pour certains, le bonheur consiste en une vie pleine de sens et accomplie ; pour d'autres, il est fait d'instants « magiques » et insaisissables ou de plaisirs éphémères ; pour quelques-uns, c'est plus prosaïquement un bon plat de spaghettis – oui oui, il s'agit bien d'une définition du bonheur que j'avais découverte dans un hebdomadaire français lors de mes recherches ! (J'avoue ne pas avoir conservé la référence.)

Ce mot aurait-il été à ce point galvaudé qu'il soit justifié de se désintéresser du bonheur lui-même, simplement parce que nous serions écœurés par le consumérisme du « bonheur en boîte », par les publicités qui promettent une félicité parfaite à un prix défiant toute concurrence, par les animateurs d'émissions du samedi soir qui bondissent de «bonheur» jusqu'à en tomber d'épuisement, par les «croisés de l'incandescence» que démasque Pascal Bruckner, et par les mille et une recherches individualistes et narcissiques du bonheur – autant d'illusions qui ne peuvent se conclure que sur un amer désenchantement. «Vivre intensément!» est devenu le leitmotiv de l'homme moderne. Une hyperactivité compulsive dans laquelle il ne faut pas qu'il y ait le moindre passage à vide, de peur de se retrouver avec soi-même. Peu importe le sens, pourvu qu'on ait l'intensité. D'où le goût et la fascination pour l'exploit, l'excitation maximale des sens, la violence… Se dépasser pour aller nulle part, passer le mur du son de l'inutile et monter le vide en épingle. Voilà qui serait vivre pleinement.

Mais ne jetons pas le bébé avec l'eau du bain. Si l'on peut se perdre et errer sur la route du bonheur, et parfois lui tourner le dos, cela ne signifie pas qu'il ne soit pas digne d'être réalisé.

D'où vient ce flou qui entoure la notion de bonheur? Selon Henri Bergson: «On désigne par bonheur quelque chose de complexe et de confus, un de ces concepts que l'humanité a voulu laisser dans le vague pour que chacun le détermine à sa manière[7].» D'un point de vue pratique, laisser la compréhension du bonheur dans le vague ne serait pas trop grave s'il s'agissait d'un sentiment fugace et sans conséquence, mais dans le cas d'une qualité d'être qui détermine chaque instant de notre existence, le problème mérite un peu plus d'attention.

Prenons la question à l'envers: il semble que l'on puisse plus facilement s'accorder sur le fait que personne ne se réveille le matin en souhaitant souffrir toute la journée et, moins encore, pour le restant de ses jours. Il est donc désirable d'éviter autant que possible la souffrance et ses causes. C'est déjà là un bon point de départ sur lequel s'accorder, une base à partir de laquelle il devient possible d'analyser les causes de la souffrance, d'envisager des remèdes et de les mettre en œuvre.

On peut une fois encore se référer à Aristote: «Sur la nature même du bonheur, on ne s'entend plus et les explications des sages et de la foule sont en désaccord[8].» Nous pouvons en effet tout à la fois chercher le bonheur là où il ne se trouve pas et perpétuer les causes de notre souffrance. Le sage, quant à lui, fait preuve de discernement en identifiant correctement les causes de la souffrance et celles qui le conduiront à l'*eudaimonia*, terme grec signifiant « félicité » ou « épanouissement » » et ayant donné son nom à l'eudémonisme, doctrine philosophique qui considère le bonheur comme le souverain bien de l'existence.

J'entamai donc un travail de synthèse interdisciplinaire qui considère les points de vue des grands penseurs du passé, en Occident comme en Orient, ainsi que les travaux réalisés sur le « bien-être » en psychologie expérimentale et sociale, et en neurosciences.

Il me parut notamment nécessaire de mettre en évidence la différence fondamentale entre le plaisir, qui est une sensation fragile et fugace, et le bonheur en tant que manière d'être durable, constante, résultant de la conjonction d'un ensemble de qualités humaines susceptibles d'être cultivées.

« Le plaisir n'est que l'ombre du bonheur », dit un proverbe hindou. Provoquée par des stimuli d'ordre sensoriel, esthétique ou intellectuel, l'expérience éphémère du plaisir dépend des circonstances, des lieux ainsi que de moments privilégiés. Sa nature est instable et la sensation qui provoque le plaisir peut rapidement devenir neutre ou désagréable. La répétition du plaisir conduit généralement à son affadissement, voire au dégoût. Par ailleurs, le plaisir reste une expérience individuelle, essentiellement centrée sur soi-même, raison pour laquelle il peut facilement être associé à l'égocentrisme et entrer en conflit avec le bien-être des autres. Le plaisir peut se conjuguer avec la méchanceté, la violence, l'orgueil, l'avidité et d'autres états mentaux incompatibles avec un bonheur véritable. « Le plaisir est le bonheur des fous, le bonheur est le plaisir des sages[9] » écrivait Barbey d'Aurevilly.

À l'inverse du plaisir, le bonheur naît de l'intérieur. Certes, il est influencé par les circonstances, mais il n'y est pas soumis. Loin de se transformer en son contraire, il perdure et croît à mesure qu'on l'éprouve. Il engendre un sentiment d'épanouissement et de satisfaction qui, avec le temps, devient un trait fondamental de notre tempérament.

En accord avec nombre de philosophes de l'Antiquité grecque (qui parlent donc d'*eudaimonia*) et de traditions spirituelles, mais aussi avec les travaux de la psychologie contemporaine, j'envisageai le bonheur comme un état acquis de plénitude qui sous-tend et imprègne chaque expérience, chaque comportement, et embrasse toutes les joies et les peines. Il s'accompagne d'une vulnérabilité réduite face aux circonstances, bonnes ou mauvaises. Une force d'âme altruiste et résiliente remplace alors le sentiment d'insécurité et le pessimisme qui affligent tant d'esprits. J'examinai également les différents facteurs mentaux qui contribuent au bien-être, et, à l'inverse, ceux qui le minent.

Je mis aussi l'accent sur le fait que le bonheur est incompatible avec l'égocentrisme, la poursuite d'un bonheur égoïste étant vouée à l'échec, puisque nous sommes fondamentalement interdépendants les uns des autres. Le bonheur véritable procède d'une bienveillance toujours disponible, sans ostentation ni calcul, qui souhaite du fond du cœur que chacun trouve un sens à son existence et s'épanouisse au mieux.

Avant d'entreprendre ce nouvel ouvrage, je m'étais sérieusement posé la question : « Quelle est ma motivation profonde ? » À mes yeux, ce travail n'avait de valeur que si mon seul et unique but était d'être, ne serait-ce qu'un peu, utile à mes semblables. Toute autre raison me semblait futile, celle en particulier de concocter un livre à succès. Par exemple, l'un de mes livres préférés, *Le Vagabond de l'Éveil,* qui relate la vie de Patrul Rinpoché et sur lequel j'ai travaillé par intermittence pendant trente ans, recueillant au Tibet une centaine d'anecdotes de la tradition orale, ne s'est tiré qu'à mille exemplaires[10] ! Pas grand-chose en comparaison des trois cent mille du *Plaidoyer pour le bonheur,* mais il est tout aussi cher à mon cœur.

○R

La Citadelle des neiges

En avril 2005, j'accompagnai Rabjam Rinpoché dans un lieu mythique très reculé de l'est du Bhoutan, Sengué Dzong. Notre périple de quatre jours, à raison de douze heures de marche dans la jungle, que je relate un peu plus loin, déboucha à 4 000 mètres d'altitude dans un cirque de montagnes grandioses habité seulement par une poignée de moines et d'ermites. Au retour, à Paro, où je restai deux mois auprès de Rabjam Rinpoché, je décidai de transcrire cette expérience unique et spirituellement si riche dans un conte qui mettrait en scène un enfant, Détchèn (« Grande Félicité »), enclin dès son plus jeune âge à la vie contemplative. Lorsque son oncle, qui vivait auprès d'un maître spirituel à la « Citadelle du Lion des

Neiges », un lieu « si loin des hommes, si près des dieux », descendit pour quelques jours au village, l'enfant décida de partir avec lui.

Mêlant le récit de notre pèlerinage à des faits historiques qui se produisirent à des époques et en des lieux divers, j'écrivis en trois semaines ce conte qui retrace les étapes du chemin spirituel, décrit la vie auprès d'un maître et la mort de ce dernier en « corps d'arc-en-ciel ». Au terme de quelques années passées en retraite dans une grotte, Détchèn choisit la vie de barde errant et s'en va sur les routes partager les enseignements qu'il a reçus sous la forme de chants édifiants, poursuivant son propre chemin vers l'Éveil.

అ

L'art de la méditation

Il m'arriva bien souvent, après une conférence abordant les états mentaux afflictifs, les recherches en neurosciences sur l'entraînement de l'esprit et les conditions intérieures d'un bonheur authentique, que quelqu'un vînt me demander : « J'aimerais bien méditer, mais comment faire ? Par quoi commencer ? » Que pouvais-je répondre en quelques mots ? Conscient qu'il y avait là un besoin face auquel je me trouvais démuni, un hiver, alors que je séjournais dans mon ermitage, je décidai de rédiger un guide très simple, fondé sur la sagesse et l'expérience du bouddhisme, mais destiné à tous, pratiquants ou non. Je le conçus comme si j'expliquais à une personne se trouvant face à moi les rudiments de la méditation : pourquoi méditer ? Comment méditer et sur quoi ? Afin d'être aussi accessible et pratique que possible, sans pour autant réduire mon propos de manière simpliste, j'exposai un certain nombre de méditations distinctes : sur la présence attentive, la manière de cultiver un esprit plus calme, stable et plus clair, la gestion des pensées discursives et de la douleur, l'amour altruiste, la compassion et l'impartialité, etc. L'ensemble se fondait sur les enseignements reçus des maîtres que j'avais rencontrés et suivis ; des citations de ces enseignements le complétaient.

À mon retour en France, je montrai le manuscrit à un ami proche qui relisait souvent mes textes. Après l'avoir parcouru, il me lança : « Ce n'est même pas un brouillon ton truc ! » Je retravaillai donc le texte pour le mettre en forme, et *L'Art de la méditation* fut publié en 2008. Le « truc » en question fut tiré finalement à plus de trois cent

D'un livre à l'autre...

mille exemplaires; je pouvais donc espérer qu'il ait rencontré son public et répondu avec bonheur, au moins en partie, aux attentes des aspirants méditants. Et pourtant... un jour, dans le train, je me trouvai assis à côté de quelqu'un qui me dit: «J'ai lu votre livre et je crois avoir compris. Mais dites-moi, comment est-ce que je fais *vraiment* pour méditer?» Retour à la case départ.

Cette remarque me montra, une fois de plus, que rien ne peut remplacer une transmission vivante qu'accordent un enseignant expérimenté et, si possible, un maître spirituel accompli. Mais au moins, je restais confiant quant au fait que ce petit manuel ne présentait rien qui contredise les formes plus élaborées et profondes de l'entraînement de l'esprit. Pour ceux qui souhaitent poursuivre plus avant dans cette voie, je publiai alors *Chemins spirituels*, une petite anthologie des textes tibétains qui m'avaient le plus profondément nourri au cours des quarante dernières années et que j'avais traduits en français.

CR

Plaidoyer pour l'altruisme

L'ouvrage que je souhaite vous présenter maintenant me tient particulièrement à cœur. Notre époque est confrontée à de nombreux défis. L'une de nos difficultés majeures est de réussir à concilier les impératifs du court terme – nourrir sa famille, survivre dans un système économique aux fluctuations inquiétantes –, avec, à moyen terme, la quête d'une vie heureuse et épanouissante et, à long terme, le respect de l'environnement pour le bien des générations futures. L'économie et la finance suivent leur cours, toujours plus frénétique et insensé. Le degré de satisfaction d'une vie se mesure, lui, à l'aune d'un projet de vie, d'une carrière, d'une famille... Il se révèle aussi dans la qualité de chaque instant qui passe et dans nos relations aux autres. Quant à l'environnement, jusqu'à récemment, son évolution se mesurait en ères géologiques, biologiques et climatiques. De nos jours, le rythme de ces changements ne cesse de s'accélérer en raison des bouleversements écologiques provoqués par les activités humaines. Lorsque des citoyens inquiets de leur précarité, des économistes, des hommes politiques et des scientifiques de l'environnement confrontent leurs aspirations et leurs opinions, on assiste le plus souvent à un dialogue de sourds. Pour qu'ils puissent s'asseoir autour d'une table et envisager ensemble les moyens d'œuvrer à un monde meilleur, il leur faut un fil d'Ariane. L'altruisme est le seul concept qui permet de relier naturellement ces trois échelles de temps – court, moyen et long terme – et d'harmoniser leurs exigences. L'égoïsme ne fait pas l'affaire.

Si les différents acteurs de l'économie et de la finance avaient davantage de considération pour le bien-être d'autrui, ils opteraient pour un système solidaire au service de la société. Si les décideurs et autres acteurs sociaux avaient davantage de considération pour la qualité de vie de leurs concitoyens, ils veilleraient à l'amélioration de leurs conditions de travail, de la vie de famille, à plus de justice sociale, et de bien d'autres aspects de leur existence. Ils agiraient avec davantage de détermination en vue de remédier aux inégalités, à la discrimination et au dénuement. Ils seraient, nous serions tous, amenés à reconsidérer la manière dont nous traitons les espèces animales et nous cesserions de les réduire à l'état d'objets de consommation soumis à notre domination aveugle. Un cochon n'est pas un amas de saucisses en puissance. C'est un « sujet de vie », avec des sensations, des émotions, une intelligence, la capacité de se reconnaître dans un miroir, bref, une conscience. Enfin, si nous tous avions davantage de considération pour les générations à venir, nous ne sacrifierions pas aveuglément la planète à nos intérêts éphémères, ne laissant à ceux qui viendront après nous qu'une Terre polluée et appauvrie.

Plaidoyer pour l'altruisme est, de loin, le livre qui me demanda la somme de travail la plus considérable. C'est aussi celui qui représente l'aboutissement de tout ce que je reçus en cette vie en termes d'inspiration et de connaissances. Outre ce que j'appris de mes maîtres spirituels et mentors scientifiques, je consacrai cinq ans de travail acharné à effectuer les recherches qui me permirent de m'appuyer sur les sources les plus sérieuses possibles : le livre comporte quelque mille six cents références de publications scientifiques et philosophiques que j'ai consultées. Je fis ce travail de documentation moi-même, guidé par mes amis de tous horizons, afin de mieux intégrer ces informations et de pouvoir les relier entre elles. Peu à peu, au fil des années, les pièces du puzzle se mirent en place. Chaque année, je consacrais plusieurs mois à mes recherches documentaires et à rencontrer scientifiques, philosophes, entrepreneurs sociaux et autres acteurs de la société, puis je partais dans mon ermitage pour ordonner l'ensemble de ces notions et comprendre comment ces idées se reliaient les unes aux autres. Puis je recommençais en abordant un autre domaine de connaissance.

Afin de définir l'altruisme et la compassion, et de les différencier de l'empathie cognitive et affective, je dressai l'inventaire des multiples avatars de l'altruisme intéressé que l'on ne saurait qualifier d'altruisme véritable, et m'efforçai de montrer l'incohérence philosophique de la théorie de l'égoïsme universel. Pour ce faire, je me référai notamment aux travaux de psychologie expérimentale – principalement ceux menés pendant trente ans par Daniel Batson – qui démontrèrent que l'altruisme véritable existe bel et bien.

Il me fallut aussi exposer comment la coopération fut essentielle dans le processus de l'évolution pour atteindre des niveaux de complexité croissante qui culminent avec les animaux sociaux, l'espèce humaine comprise, et prouver que l'altruisme n'est pas nécessairement limité à nos proches ni même à l'espèce humaine.

Les données des neurosciences et de l'épigénétique[11] montrent que nous pouvons agir pour changer. Elles abondent ainsi dans le sens des traditions contemplatives qui, depuis des millénaires, ont utilisé des méthodes d'entraînement de l'esprit pour cultiver l'attention, l'équilibre émotionnel, l'amour altruiste, la compassion et d'autres qualités, et faire en sorte que celles-ci deviennent la force vive de nos états mentaux. Un point clé, qui s'avéra une véritable révélation pour moi, fut de comprendre comment, grâce à l'évolution des cultures, il est possible de passer de la transformation individuelle à celle de la société et des institutions, et comment ce processus est à l'œuvre dans l'histoire.

Toutefois, il fallait aussi prendre la mesure des forces contraires : l'individualisme exacerbé, le narcissisme, la violence et ses causes, ainsi que les quelques mouvements intellectuels qui se posent en chantres de l'égoïsme. Pour ce faire, il était nécessaire d'aborder le problème de l'égoïsme institutionnalisé de certains acteurs de la société, les compagnies de tabac par exemple, qui tuent indirectement six millions de personnes par an, les marchands d'armes, les négateurs du réchauffement climatique à la seule fin de promouvoir leurs intérêts immédiats... pour ne citer qu'eux.

Enfin, il s'avérait indispensable de recenser les solutions permettant de construire un monde meilleur et de progresser vers une société plus altruiste : l'éducation devrait ainsi se trouver au centre de nos priorités et de nos préoccupations ; nous devrions œuvrer à l'établissement d'une harmonie durable (menant à davantage de justice sociale dans le présent et au respect de l'environnement dans la durée), et promouvoir une économie soucieuse d'autrui ainsi qu'une gouvernance fondée à la fois sur l'engagement local et le sentiment de responsabilité globale.

Au départ, je n'avais qu'une intention modeste : celle de montrer que l'altruisme authentique existe et qu'il est possible de le cultiver. Mais à mesure que j'avançais, comme si le champ que je labourais s'agrandissait à mesure que je progressais de sillon en sillon, je m'aperçus que la plupart des aspects importants de notre existence sont régis par la dualité de l'égoïsme et de l'altruisme. Je n'avais aucune intention d'écrire un long chapitre sur le problème de l'environnement, par exemple, mais il devint évident que, là encore, il s'agissait bien de notions d'égoïsme et d'altruisme à l'égard des générations futures. Si nous sommes indifférents à leur sort, la question de l'environnement ne se pose pas, car nous ne serons plus là pour être témoins de leurs souffrances et de la sixième extinction majeure des espèces depuis l'apparition de la vie sur terre. Comme disait mon philosophe politique favori, Groucho Marx : « Pourquoi me préoccuperais-je du sort des générations futures ? Qu'est-ce qu'elles ont fait pour moi ? » Le problème est que nombre des acteurs de la société tiennent un discours *in fine* semblable, mais avec aplomb et sérieux. J'entendis ainsi le milliardaire américain Steven Forbes déclarer sur Fox News à propos de la montée du niveau des mers : « Modifier nos comportements parce que quelque chose va se produire dans cent ans est, je dirais, profondément bizarre[12]. » Autrement dit, après moi le déluge...

J'éprouvais une immense joie à me plonger dans ces recherches, à coucher ces idées par écrit, à découvrir des corrélations insoupçonnées entre divers aspects de l'altruisme, et à rencontrer les esprits éminents dont les travaux fournirent les fondements de l'ouvrage. Je fus parfois découragé face à l'ampleur de la tâche. Je n'en voyais pas la fin. Parfois, lorsque je terminais mon travail de recherche sur un chapitre, je m'apercevais qu'il comportait plus de cent pages ! Il fallait alors dégrossir cette somme d'informations comme un sculpteur qui taille un bloc de pierre pour faire apparaître les contours d'une statue et affiner ses détails. Cette formidable tâche m'évoqua avec amusement celle, dans un tout autre domaine, de Bernard

D'un livre à l'autre...

Palissy qui consacra vingt ans de sa vie à percer le secret de l'émail dont il voulait couvrir ses poteries, et alla jusqu'à brûler ses meubles et son plancher pour alimenter son four à céramique. Brûler les lames du plancher de mon ermitage ne m'aurait pas avancé à grand-chose, mais je comprenais sa détermination inflexible à poursuivre son œuvre jusqu'au bout. Parfois, une formule ou une idée me venait à l'esprit en marchant dans la montagne ou au réveil à l'aube, et je la griffonnais rapidement sur un bout de papier avant qu'elle ne s'évanouisse.

Bon an mal an, cinq ans durant, je travaillai sans répit. J'écrivais à tout moment, en attendant mon bagage à l'aéroport à six heures du matin à mon retour d'Inde, dans le métro, sur un banc public, dans l'avion, dans un taxi à Hong Kong, dans une voiture sur une route chaotique du Tibet, mais aussi dans la tranquillité de mon ermitage où le texte prenait forme. Je sollicitai aussi l'aide de bons amis pour relire et améliorer mon français un peu rouillé[13].

Je voyais bien que le livre prenait une dimension colossale, près de deux millions de signes ! J'envoyai le manuscrit à Nicole Lattès. Elle m'appela quelques jours plus tard : « Nous avons formaté ton livre et devine combien de pages il fait... Plus de mille ! » Je me sentais comme un gamin qui a renversé la soupe sur la nappe. Que faire ? Je fus un peu rassuré en repérant dans une librairie un certain nombre d'ouvrages de plus de mille pages sur des sujets parfois obscurs. Le texte fut donc quelque peu allégé, mais il atteignit tout de même neuf cents pages. Une amie à qui je l'offris me dit qu'elle l'avait emmené à la plage et n'était pas arrivée au bout de la table des matières ! Mais à mes yeux, ce considérable travail de recherche servira au moins de base pour explorer plus avant certains aspects de l'altruisme et de l'égoïsme. J'eus le sentiment d'avoir contribué à montrer que l'altruisme n'était pas un luxe ni une utopie, mais une nécessité, la seule réponse pragmatique, réaliste aux défis de notre temps.

Quelques bons moments me confortèrent dans l'utilité de ce travail, notamment un matin à Paris lorsqu'un ouvrier casqué descendit d'un échafaudage pour me serrer la main et me dire : « Bravo pour l'altruisme ! » L'après-midi du même jour, une Ferrari rouge vif s'arrêta, la vitre se baissa et le conducteur me lança : « Continuez pour l'altruisme ! » Je fus heureux de constater que ce sujet semblait toucher tout le monde, quelle que soit l'appartenance sociale. Lorsque le livre sortit aux États-Unis, où il connut un succès d'estime, je reçus une lettre manuscrite de Bill Clinton : « Merci, je le lis... Bravo ! »

Mes amis Jean-Pierre et Cécile Devorsine décidèrent de produire un documentaire basé sur les idées, les travaux de recherche et les initiatives dans le monde de l'éducation, de l'économie et de l'environnement exposés dans *Plaidoyer pour l'altruisme*. Ils confièrent cette tâche à deux talentueux réalisateurs[14] qui voyagèrent à la rencontre de chercheurs et d'acteurs de la société pour réaliser un film instructif, aussi enthousiasmant que solidement documenté. *Vers un monde altruiste?* fut diffusé sur Arte en 2010. Mes amis avaient produit auparavant une centaine de documentaires soutenus par le CNC (Centre national du cinéma et de l'image), mais lorsqu'ils firent une demande de financement pour ce film auprès de la commission cinéma de leur région, celle-ci fut refusée. Motif : « Ce projet ne repose sur aucune évidence scientifique. » Les préjugés ont la peau dure...

La partie n'est donc pas gagnée, loin de là. L'épidémie du narcissisme gagne du terrain, tout comme la démagogie, le populisme et l'exacerbation des divisions. Les *fake news*, infox en français, et les suspicions conspirationnistes ont toujours existé, elles gagnent en ampleur et en force. Bien qu'en 1682, sous Louis XIV, le Parlement français ait promulgué un décret interdisant les procès en sorcellerie, il y a deux cents ans seulement, en Europe, on brûlait encore des sorcières accusées d'avoir provoqué les pires calamités[15]. Mais aujourd'hui, la volatilité des réseaux sociaux, l'absence d'esprit critique et de rigueur dans l'investigation, le manque d'expertise sur des sujets complexes, et l'asservissement à un imaginaire malsain engendrent un tsunami de confusion.

Nous avons donc plus que jamais besoin d'altruisme, de bienveillance, de générosité, de connaissances valides, d'honnêteté et de coopération.

☙

Plaidoyer pour les animaux

J'étais très heureux d'avoir mené à bien le travail de *Plaidoyer pour l'altruisme*, mais je m'étais juré que ce serait le dernier livre pour lequel je m'imposerais un tel travail de recherches. J'eus néanmoins une petite rechute avec *Plaidoyer pour les animaux*.

En effet, à l'envoi du manuscrit de *Plaidoyer pour l'altruisme*, mon éditrice, Nicole Lattès, me fit remarquer que je consacrais sept chapitres à la question des animaux, allant de la coopération et de l'altruisme dont ils sont eux-mêmes capables de faire preuve à l'exploitation sans merci que nous faisons des autres espèces. Compte tenu de la pagination importante à laquelle nous étions parvenus, elle me suggéra de ne conserver qu'un ou deux chapitres et de mettre les autres de côté pour un ouvrage dédié à la question animale. L'idée me plut beaucoup, et l'année suivante je repris donc les sept chapitres en question, me frottant les mains d'avance, puisque j'avais là, déjà à disposition, l'essentiel de la matière de mon livre. Il n'en fut en fait rien. Je ne pus résister à la tentation de poursuivre mes recherches, lire de nombreux autres ouvrages retraçant l'histoire de notre rapport aux autres espèces animales, montrant l'ampleur du trafic d'animaux sauvages, ou traitant des droits du vivant. Je me plongeai également dans la littérature scientifique sur l'intelligence animale. Un an de travail plus tard, j'avais en main un nouvel ouvrage, étoffé, enrichi, mieux étayé sur ce thème.

Ainsi certains chiffres recueillis lors de mes recherches se sont révélés éloquents : on estime à 110 ou 120 milliards le nombre d'*Homo sapiens* ayant vécu sur Terre depuis l'apparition de notre espèce. N'oublions pas que nous n'étions que quelques millions il y a encore douze mille ans, lorsque le climat se stabilisa au début de l'holocène. Cent dix milliards, c'est aussi le nombre d'animaux que nous tuons *tous les deux mois*, comme si de rien n'était, inconscients de l'énormité du massacre que nous perpétuons. Indifférents comme si cela ne posait pas un problème d'éthique majeur à nos sociétés. Il s'avère également que la deuxième cause d'émissions de gaz à effet de serre (soit 14 % d'entre eux), après les habitations et avant même les transports, est la chaîne de production industrielle de viande. Celle-ci commence avec la déforestation qui fait place à la culture intensive de soja et de céréales diverses destinés à l'engraissement du bétail et se termine par le morceau de viande en barquette sous emballage plastique dans le rayon du supermarché. Entre-temps sont intervenus les divers transports, les déjections des animaux et leur émission de gaz (méthane), les chaînes de transformation, etc.

Bref, dans le marché de la viande, il n'y a pas de gagnants, tout le monde y perd.

Plaidoyer pour les animaux n'a pas pour but de faire la morale à quiconque, je fais simplement la requête au lecteur de ne plus détourner le regard d'une problématique essentielle de notre temps. Loin de toute culpabilisation, j'invite chacun à se confronter en toute conscience et sincérité aux fausses excuses que nous nous donnons pour laisser se poursuivre la maltraitance animale que l'on préfère éviter de regarder en face, comme si les bêtes n'étaient que des objets sans importance.

Dans cet ouvrage de quatre cents pages que j'ai voulu aussi complet et documenté que possible, j'ai consacré un chapitre à la position que les diverses religions tiennent ou ont tenue à l'égard des animaux. Au sein de cet unique chapitre, quelques pages seulement exposent le point de vue bouddhiste – et seule référence à cette tradition dans le livre, par ailleurs. Et pourtant, à ma surprise, un article d'une demi-page dans un grand quotidien national, présenté comme un compte rendu de mon livre, avançait que je me prêtais à une « apologie du bouddhisme » (quatre pages sur quatre cents !). Son auteur, un philosophe basé en Suisse, n'apportait pas la moindre citation – qu'il lui aurait fallu tirer difficilement de quatre pages sur les quatre cents de l'ouvrage ! – pour appuyer son propos. Il prétendait, de plus, que j'étais de ceux qui avancent que la vie d'une souris est aussi précieuse que celle d'un être humain, une idée absurde que même les plus extrêmes défenseurs des droits des animaux n'ont jamais soutenue. (Ils défendent en revanche qu'une souris est, en elle-même, un « sujet de vie » et mérite à ce titre le respect.) J'étais un peu interloqué, mais n'envisageais pas de réagir. À quoi bon se chamailler ? Toutefois, Nicole Lattès, elle, décida de ne pas en rester là et appela le directeur du journal. Celui-ci se renseigna et il s'avéra que l'auteur de l'article n'avait pas lu le livre ! Le directeur s'engagea alors à ce que Luc Ferry rédige un article plus objectif, ce qu'il fit d'excellente façon.

Cette anecdote est emblématique d'une certaine animosité à laquelle je fus confronté, tant la question animale dérange. Il n'est pas agréable en effet de mettre à nu notre incohérence éthique à leur sujet. Lors d'une émission télévisée, je fus ainsi pris à parti par deux philosophes parisiennes ; l'une affirma que j'avais passé ma vie à réprimer ma violence intérieure (Tiens donc ?! Cela ne m'était pas apparu jusqu'à ce jour...) et l'autre me lança d'un ton péremptoire : « N'est-il pas indécent de se préoccuper du sort des animaux alors qu'il y a tant de souffrance humaine en Syrie et ailleurs ?! »

J'avais affaire au « sophisme de l'indécence ». Celui-là même que Luc Ferry pointait avec justesse dans son article : « J'aimerais bien qu'on m'explique en quoi le fait de torturer les animaux viendrait en aide aux humains. Le sort des chrétiens d'Irak s'améliore-t-il parce qu'on dépèce chaque année en Chine des chiens vivants par milliers, avant de les laisser agoniser pendant des heures, sous le cruel prétexte que, plus leur douleur est atroce, meilleure est leur chair ? Est-ce parce qu'on maltraite ici les canidés qu'on est plus sensible au malheur des Kurdes ? [...] Chacun d'entre nous peut s'occuper des siens, de sa famille, de son métier et s'engager en plus en politique ou dans la vie associative sans pour autant massacrer des animaux[16]. »

Consacrer quelques-unes de nos pensées, de nos paroles et de nos actions à la réduction des souffrances innombrables et innommables que nous infligeons délibérément à des êtres sensibles constituerait-il une offense aux souffrances humaines ? Qu'en est-il alors de prendre le temps d'écouter France Musique, de faire du sport, de jardiner, de se faire bronzer sur une plage ? Ceux qui s'adonnent à ces activités, et à bien d'autres, deviendraient-ils d'abominables individus du fait qu'ils ne vouent pas l'intégralité de leur temps à soulager la famine au Yémen ?

De mon humble point de vue, ce faux procès semblait plutôt incongru puisque Karuna-Shechen, l'organisation humanitaire que j'ai fondée et à laquelle je verse l'intégralité de mes revenus depuis sa création, vient en aide à des centaines de milliers d'êtres humains chaque année. À quelqu'un qui ironisait sur l'utilité *in fine* de ses actions caritatives en Égypte, sœur Emmanuelle répliqua : « Et vous, monsieur, qu'est-ce que vous faites pour l'humanité ? » Mais je n'eus pas la présence d'esprit de rétorquer ainsi aux « sophistes de l'indécence ». Œuvrer à épargner d'immenses souffrances aux animaux ne diminue en rien ma détermination à remédier à la détresse humaine. Il faut pourchasser et soulager toute souffrance inutile où qu'elle soit, quelle qu'elle soit. Le combat doit être mené sur tous les fronts, et il peut l'être. Il nous incombe à tous de continuer à favoriser l'avènement d'une justice et d'une compassion impartiales envers l'ensemble des êtres sensibles. La bonté est une manière d'être, une attitude, l'intention de faire le bien de tous ceux qui entrent dans le champ de notre attention et de remédier à leur souffrance. On n'aime pas moins les hommes parce qu'on aime aussi les animaux. Bien au contraire, on les aime mieux, car notre bienveillance est plus vaste et donc plus authentique.

J'ai dédié *Plaidoyer pour les animaux* à Péma Wangyal Rinpoché et Jigmé Khyentsé Rinpoché, inlassables défenseurs de la cause animale qui ont sauvé au fil des ans la vie de près de dix millions d'animaux destinés à la consommation humaine. Je tiens à mentionner aussi ici un autre ami cher, l'avocat Steven Wise, qui bataille depuis trente ans dans les tribunaux des États-Unis et d'ailleurs pour faire reconnaître les grands singes comme des « personnes » et faire appliquer à leur égard le principe de l'*habeas corpus* qui interdit de maintenir une personne immobilisée quelque part contre sa volonté. Et bien sûr, je n'ai pas manqué de rendre hommage à Jane Goodall qui révolutionna l'éthologie en mettant en évidence, dans les années 1960, la capacité des chimpanzés à utiliser et fabriquer des outils. Plus important encore, contre vents et marées, elle démontra que ces grands singes ne sont pas des matricules sur l'inventaire du chercheur, mais des individus à part entière, qu'ils ont des personnalités distinctes et sont doués d'émotions qui appartiennent au même continuum évolutif que les émotions humaines.

J'eus plusieurs fois, à travers le monde – en Australie, en France et en Belgique –, l'occasion de croiser Jane Goodall et de dialoguer avec elle. J'eus même le bonheur de partager un long voyage en avion en sa compagnie. Son apparence frêle, due au passage des années qui n'épargnent personne, contrastait avec son assurance, solide comme un roc, reflétant l'intrépidité dont elle fit preuve durant ses années passées dans les forêts de Gombé. Jane Goodall a, sans le moindre doute, accompli l'injonction de sa mère : « Si tu souhaites quelque chose de tout ton cœur et mets tout en œuvre pour l'atteindre, sans relâche, tu trouveras invariablement un moyen d'accomplir ton rêve. » Cette détermination sans faille transparaît dans la clarté limpide de son message délivré d'une voix harmonieuse et posée, mais sans concession à l'égard des décideurs qui souffrent d'une incapacité chronique à prendre les mesures nécessaires à la préservation de l'environnement et de la biodiversité.

À ceux qui subordonnent la préservation de notre planète mère à la mission hypothétique de conquête de l'espace et d'autres planètes, elle rétorque : « Oui, le mieux pour la planète Terre serait d'envoyer les humains sur d'autres planètes avec une seule recommandation : "Surtout, ne revenez pas !" » En sa présence, on perçoit d'emblée « cette sérénité de ceux, rares, qui ont mené avec éthique et intégrité des combats plus grands qu'eux, au service des autres. L'humilité de celle qui est devenue une icône un peu malgré elle est déconcertante, et pourtant si naturelle. Rien n'est feint, ni ses sourires ni ses regards, francs et bienveillants[17] », comme l'écrit un journaliste du *National Geographic*.

Jane voyage trois cents jours par an, se préservant deux mois de répit dans le havre de la maison familiale en Angleterre. Elle accueille chacun de ses interlocuteurs avec douceur, tout en conservant la distance nécessaire à une personne qui voit tous les jours de nouveaux visages et ne peut décemment pénétrer dans la sphère personnelle de chacun. Elle accorde toute son attention à ceux qui se présentent devant elle, mais l'on pressent que, lorsqu'elle parle des grands singes et autres espèces qui lui tiennent tant à cœur, elle est « auprès d'eux », se visualisant là-bas, dans leur environnement naturel.

J'eus une autre fois l'expérience de ce même sentiment alors que je faisais escale à Hong Kong lors d'un retour du Tibet. Des amis m'invitèrent au restaurant dans un club privé des plus chics et, tandis que nous devisions, la vision des écoles que nous venions de construire au Tibet et des visages des jeunes élèves venus de familles de nomades surgit en mon esprit. Je ne pus m'empêcher de penser que le prix du repas suffirait à nourrir les enfants d'une école pendant un mois. Puis, je me ressaisis en me disant que ces amis étaient fort généreux par ailleurs et qu'il était inapproprié de leur reprocher leur mode de vie sous prétexte que le prix de leur voiture équivalait au coût de la construction d'une école pour une centaine d'enfants sur les hauts plateaux du Pays des Neiges.

Lorsque j'eus l'occasion de dialoguer avec Jane à Brisbane, en Australie, en 2011, je lui demandai si la continuité que l'on remarque entre les différentes espèces animales et les êtres humains ne devrait pas nous amener à réévaluer nos relations à elles. « Bien sûr, me répondit-elle, il n'y a aucun doute qu'il existe une continuité de sentiments et d'émotions et qu'en particulier les animaux ressentent de la douleur. Je ne sais pas jusqu'à quel niveau des espèces ce ressenti existe, mais je suis sûre que les insectes éprouvent une forme de douleur, puisqu'ils évitent les stimuli désagréables ou menaçants. Quant aux animaux dotés de cerveaux plus complexes, ils ne ressentent pas uniquement de la douleur, mais aussi de la peur et de la souffrance, aussi bien mentale que physique.» Dans le cadre de sa fondation, le Jane Goodall Institute, la primatologue a lancé le programme Roots and Shoots («Les racines et les pousses»): quinze mille groupes de jeunes entreprennent chacun un projet pour le bien des êtres humains, un deuxième pour le bien des autres espèces et un dernier pour la préservation de l'environnement. «La seule manière de sensibiliser les gens sur le long terme, dit-elle, est de travailler avec les jeunes.»

Jane estime que les pratiques de l'industrie de la viande sont particulièrement choquantes, car elles sont validées par les gouvernements et les populations: «Même s'ils ne les approuvent pas consciemment, ils le font en mangeant de la viande. Ce qui me choque le plus, c'est que les gens paraissent presque schizophrènes dès lors que vous évoquez les conditions si horribles qui règnent dans les élevages intensifs, où tant d'animaux ne sont même pas entièrement étourdis avant d'être écorchés vifs ou plongés dans l'eau bouillante. Lorsque je raconte tout ceci aux gens, ils répondent souvent: "Oh, s'il vous plaît, ne m'en parlez pas, je suis trop sensible et j'adore les animaux." Et je me dis: "Mais qu'est-ce qui a bien pu dérailler dans leur cerveau?!"»

Je lui fis également remarquer ce paradoxe des médias audiovisuels: les chaînes diffusent sans sourciller les films d'horreur les plus violents, mais personne ne veut ni diffuser ni regarder ce qui se passe dans nos élevages et abattoirs industriels. D'ailleurs, ces abattoirs sont gardés comme des installations militaires et pour filmer l'horreur qui s'y déroule quotidiennement, il faut filmer en caméra cachée, comme le fait L214, avec toutes les difficultés inhérentes. Jane me confia une idée à ce propos: «Je pense aux enfants. On pourrait réaliser un film où l'on montre un enfant adorable en compagnie d'un poulet, ou d'une poule sauvée d'un élevage industriel, à qui on a coupé le bec. Dans la première scène, la poule joue dans l'herbe avec cet enfant tout mignon. Et il pose la question: "Pourquoi son bec est-il ainsi?" Puis, *flash-back* – on voit le bec sectionné dans la batterie – on revient rapidement à la scène paisible afin de ne pas trop choquer les sensibilités. Puis on pose une autre question et à nouveau un *flash-back*: la poule perd toutes ses plumes parce qu'elle est confinée dans cet horrible petit espace. Je n'ai encore trouvé personne pour réaliser ce film, mais j'y arriverai!»

Mais il y a bien sûr de bonnes nouvelles. Depuis une trentaine d'années, la mobilisation en faveur des animaux n'a cessé de croître. Elle n'est pas l'œuvre de quelques «animalistes» forcenés, mais de personnes sensées dont l'empathie et la compassion se sont tournées vers les animaux. Il devient de plus en plus difficile de faire semblant d'ignorer le rapport entre les souffrances du veau et la côtelette que l'on mange. La sympathie à l'égard de la protection des animaux ne cesse de croître dans l'opinion publique.

Il y a maintenant autant de végétariens et de véganes en France (entre 1 et 2 millions) que de chasseurs (environ 1,2 million), et le nombre de ces derniers diminue chaque année, en France et dans le monde.

Un nombre croissant d'entre nous ne se contente plus d'une éthique restreinte au comportement de l'homme envers ses semblables et estime que la bienveillance envers tous les êtres n'est pas une option facultative, mais une composante essentielle d'une démarche. Il nous incombe à tous de continuer à favoriser l'avènement d'une justice et d'une compassion impartiales envers l'ensemble des êtres sensibles. La bonté n'est pas une obligation: elle est la plus noble expression de la nature humaine.

ॐ

Trois amis en quête de sagesse

Delphine, une amie chère à qui je rends régulièrement visite dans les montagnes suisses, avait eu l'idée d'inviter David Servan-Schreiber et Christophe André, qu'elle connaissait, afin que nous dialoguions tous les trois dans la sérénité de son chalet. La maladie et la disparition prématurée de David ne permirent malheureusement pas l'accomplissement de ce projet. Mais entre-temps, Christophe me présenta à Alexandre Jollien, un philosophe pas comme les autres, à la fois pénétrant et exubérant, capable des plus profondes réflexions comme d'éclairs spontanés d'une drôlerie irrésistible, mais aussi un être douloureusement marqué par la vie pour avoir passé dix-sept ans dans une institution pour personnes handicapées – il souffre d'une infirmité motrice cérébrale. Alexandre continue de subir les conséquences de son handicap, bien qu'il ait fondé une merveilleuse famille, écrit de magnifiques ouvrages et qu'il soit aussi reconnu qu'apprécié. Vivant à Lausanne, il ne manquait jamais de passer une journée chez Delphine lorsque j'y séjournais. Nous appelions alors l'ami Christophe et l'invitions à se joindre à nous en ce lieu si agréable.

À la suite de la publication presque simultanée de nos deux livres sur le bonheur[18], une grande amitié indéfectible s'était instaurée entre Christophe, un homme fondamentalement bon, et moi. Alors que je préparais *Plaidoyer pour l'altruisme*, lors de l'un de mes passages à Paris, Christophe et son épouse Pauline invitèrent chez eux des penseurs avec lesquels j'aspirais à m'entretenir sur la question de l'altruisme – André Comte-Sponville, Tzvetan Todorov (auteur notamment de *Face à l'extrême*), Michel Terestchenko (*Un si fragile vernis d'humanité*) et... Alexandre Jollien (*Le Métier d'homme*).

Alexandre relança l'idée d'un dialogue à trois. Tout était organisé pour nous retrouver en Suisse en janvier 2005, mais les soucis de santé de Delphine et ceux de ma mère, nonagénaire qui vit désormais en Dordogne, nous amenèrent à nous replier en Périgord. C'est donc au cœur de la forêt, durant une quinzaine de jours de travail dans une ambiance chaleureuse, que nous dialoguâmes sur la manière de conduire notre existence, non pour délivrer des leçons, mais pour partager nos expériences : un croisement fécond de points de vue sur les grands sujets qui interrogent tout être humain, un trio fraternel conversant dans la vraie vie.

Nous vécûmes ces journées d'échange dans une maison toute simple, ouvrant sur la vallée de la Vézère, où nous pouvions admirer le lever du soleil hivernal émergeant doucement des brumes et éclairant peu à peu le paysage. Comme l'explique Christophe dans son préambule : « Nourris d'une succulente cuisine végétarienne, nous n'avions plus qu'à réfléchir, nous asseoir et discuter entre nous au coin du feu. Pour faire respirer nos cerveaux, nous avons fait de belles balades dans la nature, des tablées bavardes avec les amis de passage, et des visites à la communauté bouddhiste du Centre d'études de Chanteloube. » Nos discussions portaient sur des thèmes que nous avions définis avant notre séjour, et nous décidions chaque soir du sujet du lendemain afin que la nuit nous porte conseil. Nous débutions en laissant chacun développer sa pensée, sans l'interrompre, puis, tour à tour, nous exprimions notre point de vue. Contrairement à nombre de dialogues au cours desquels on anticipe

D'un livre à l'autre...

les réponses dès que notre interlocuteur prend la parole, j'attendais les interventions de mes deux comparses avec une joyeuse curiosité : ils m'ont presque toujours surpris par l'éclairage nouveau qu'ils apportaient à notre sujet de discussion. Nos éditrices vinrent assister à nos débats ainsi que, de temps à autre, ma mère et quelques amis. Catherine Meyer réalisa ensuite un remarquable travail pour extraire la substantifique moelle de plus de mille pages de transcription.

Le moment venu de trouver un titre à notre livre à trois voix, nos échanges de propositions furent l'occasion de rires joyeux et communicatifs : *Trois Hommes dans un hameau*, *Les Cordonniers de la compassion*, *Les Tontons flingueurs de l'ego*, *Les Bûcherons de l'altruisme*, *Les Plombiers de la gratitude*, *Les Pipelettes de la Vézère*, *Les Éboueurs du moi, moi, moi*, etc. Les idées ne manquaient pas, en quantité au moins...

Trois Amis en quête de sagesse parut en janvier 2016. Chaque matin, avant de commencer nos entretiens, nous souhaitions de tout cœur que notre ouvrage puisse être utile à ceux qui le liraient, mais nous ne nous attendions pas à ce qu'il devienne le livre de non-fiction le plus lu de 2016. Cela s'explique sans doute par notre complicité, notre complémentarité et notre respect mutuel.

☙

Cerveau et méditation

« Si vous avez déjà fait de l'alpinisme ou de la randonnée en montagne, vous savez qu'escalader un sommet est une entreprise physique éreintante. Mais vous connaissez aussi le goût de la récompense une fois arrivé ; on ne regrette jamais les efforts accomplis : l'air pur, le vent des cimes et les perspectives nouvelles qui s'offrent à notre regard ébahi justifient tous nos efforts. De même, certains livres ne sont pas d'accès facile. On parle alors de livres "exigeants" : ils réclament que nous mobilisions notre attention et notre intelligence pour les visiter, les comprendre, les savourer. » C'est ainsi que Christophe André introduit *Cerveau et méditation* dans sa préface.

J'ai rencontré pour la première fois l'éminent neuroscientifique Wolf Singer, directeur de l'Institut Max Planck en neurosciences de Francfort, à Londres en 2005, autour d'un premier dialogue sur le thème de la conscience. La même année, nous nous retrouvâmes à Washington, cette fois pour discuter des fondements neuronaux de la méditation à l'occasion d'une rencontre organisée par l'Institut Mind and Life. Puis, durant huit ans, nous saisîmes toutes les occasions de poursuivre ces échanges, à Francfort – dans une maison où vécut Herman Hesse[19] –, au Népal par deux fois, dans la forêt tropicale thaïlandaise invités par notre ami Klaus Hebben, et auprès du Dalaï-lama à Dharamsala, en Inde. *Cerveau et méditation*, publié simultanément en anglais par M.I.T. Press sous le titre *Beyond the Self* («Au-delà du soi»), est le fruit de ces entretiens nourris par l'amitié et nos centres d'intérêt communs. L'ouvrage s'efforce ainsi de synthétiser huit années de discussions fécondes entre bouddhisme et neuroscience, faisant se rencontrer une connaissance singulière issue de pratiques millénaires et un savoir objectif à l'épreuve de l'expérimentation sur des thèmes aussi divers que: les effets de l'entraînement de l'esprit sur le cerveau et la notion corollaire de neuroplasticité, les processus inconscients et les émotions, la façon dont nous acquérons des connaissances – comment savons-nous ce que nous savons? –, l'examen de la notion de «moi», le libre arbitre et la responsabilité, et enfin la nature de la conscience.

Ainsi, entre autres points de rencontre, une convergence inattendue émergea entre le bouddhisme et les neurosciences, concernant la notion de «soi»: le bouddhisme déconstruit la notion d'un soi unitaire et autonome qui siégerait au cœur de notre être; le neuroscientifique confirme qu'aucune aire cérébrale n'assume un rôle central de «poste de commandement» dans le cerveau. Le concept d'un tel chef d'orchestre n'est qu'une illusion commode pour fonctionner au quotidien.

Au fil de nos rencontres chaleureuses, de notre dialogue et de notre profonde amitié, nous avons entretenu un bel esprit d'ouverture. Le dialogue entre la science occidentale et le bouddhisme se démarque du débat souvent difficile entre la science et les religions. Il est vrai que le bouddhisme n'est pas une religion au sens où nous l'entendons habituellement en Occident. On pourrait définir le bouddhisme comme une voie de transformation qui mène de la confusion à la sagesse, de la souffrance à la liberté. Il partage avec les sciences la volonté d'examiner l'esprit de façon empirique. C'est ce qui rend possible et fructueux le dialogue entre un moine bouddhiste et un neuroscientifique.

Nous avons tenté une comparaison entre les perspectives occidentales et orientales, autrement dit entre les différentes théories traitant de la constitution du soi et de la nature de la conscience envisagées des points de vue scientifique et contemplatif. Motivés par la curiosité et par une amitié réciproque, nous avons abordé certains problèmes fondamentaux portant sur la nature de l'esprit humain. Notre intention était d'associer nos savoirs respectifs et de tirer profit de deux sources de connaissances complémentaires : la perspective à la première personne caractérisée par l'introspection et la pratique contemplative, et la perspective à la troisième personne, méthode propre aux neurosciences. Dès le début de nos entretiens, nous savions bien que nous ne parviendrions pas à fournir des réponses définitives aux profondes questions dont l'humanité a débattu depuis des milliers d'années. Toutefois, nous espérons être parvenus à élucider certains points de rencontre, tout autant que les divergences qui subsistent au niveau de nos connaissances respectives.

Wolf dédia, tout comme moi, ses droits d'auteur aux œuvres humanitaires de Karuna-Shechen et il nous rendit d'ailleurs visite au Népal avec son épouse Francine. Plus tard, je collaborai longuement avec leur fille Tania, elle-même éminente neuroscientifique, sur des projets de recherche visant à différencier l'empathie de la compassion.

ॐ

À nous la liberté !

« On ne bosse pas, on se retrouve pour le plaisir, pour bavarder, profiter de l'air pur... » Notre amie Delphine rétablie, elle nous avait à nouveau conviés, Christophe André, Alexandre Jollien et moi-même, dans son chalet niché au cœur des Alpes pour célébrer avec elle notre amitié. Ce fut pour nous l'occasion de la remercier d'avoir été la muse de *Trois Amis en quête de sagesse,* paru un an plus tôt. Tout était en place pour une semaine paisible et ressourçante dans ce havre de paix. Nous allions mener d'épiques courses de luge, visiter des hameaux, observer les traces d'animaux sauvages dans la neige... Pour l'heure, à la fin du premier après-midi, nous nous retrouvions dans le salon lambrissé de sapin dont les fenêtres ouvrent sur les cimes. Dans la bonne humeur, près de l'âtre, tandis que les flammes crépitaient, la discussion reprit comme si elle ne s'était jamais arrêtée. Des thèmes graves s'invitèrent au milieu des éclats de rire et de notre chaleureuse complicité : comment s'en sortir face à la dépendance ? Comment maintenir le cap quand les émotions perturbatrices, les passions tristes ou un pesant mal être semblent nous conduire tout droit au découragement ? Et bien sûr, l'idée germa… : quel dommage de laisser tous ces échanges se perdre dans l'atmosphère. Je posai ingénument un magnétophone sur la table « juste au cas où… ». Mes deux compères ne protestèrent pas. Peu à peu, nous nous prîmes au jeu. Le thème de la liberté s'imposa à nous sous la forme d'une invitation à approfondir, à bâtir un art de vivre, à fabriquer des outils. Il faut dire qu'ensemble nous nous incitions, dans une heureuse émulation, à quitter le mode pilotage automatique, à nous dégager du carcan des habitudes pour tenter d'autres voies. Vaste programme…

Qu'est-ce que la liberté intérieure ? Quels sont les obstacles qui l'entravent ? La dépendance, la peur, le découragement et le désespoir, l'égocentrisme bien sûr et l'égarement… L'écologie de la liberté : quels sont les environnements physiques, culturels et humains favorables à son épanouissement et ceux qui l'étouffent ? Comment faire judicieusement des efforts vers la liberté et, finalement, quelles sont les moissons de la liberté intérieure ? Les réponses étaient là, surgissant de nos féconds échanges : la paix intérieure, une approche sereine de la mort, une éthique cohérente et une bienveillance inconditionnelle.

J'éprouvais une certaine appréhension avant d'aborder notre discussion sur la mort. Christophe et Delphine venaient de traverser de graves soucis de santé et Alexandre nous rappela que l'un de ses héros, Spinoza, était mort à quarante-trois ans et qu'il approchait de cet âge, funeste présage à ses yeux. Je me remémorai alors l'histoire du grand sage tibétain Droukpa Kunlék.

Lorsqu'il voyagea au Royaume du Bhoutan, Droukpa Kunlék fut invité à formuler des souhaits de bon augure pour les habitants d'une maison. Il dit alors : « Les grands-parents meurent, les parents meurent, les enfants meurent. » Cette déclaration fut accueillie par un silence respectueux, un peu gêné. Après quelques instants, le maître s'expliqua : « Eh bien, s'ils meurent dans cet ordre-là, c'est que cette famille n'aura pas connu de drame déchirant. » Alexandre, qui est le plus jeune d'entre nous, fut ravi de cette histoire et, avec son exubérance habituelle, il parcourut la maison en proclamant à tue-tête : « Matthieu meurt, Christophe meurt, Alexandre meurt ! »

D'un livre à l'autre...

Étant le plus jeune d'entre nous, il s'en tirait à bon compte. Le ton était donné et nous partageâmes des conversations éclairantes sur la mort. Un matin à l'aube, je me souvins du film plein de tendresse de René Clair *À nous la liberté !* Le titre fut adopté. Ce livre nous semblait plus abouti que le précédent et nous eûmes l'impression d'y avoir mis le meilleur de nous-mêmes.

Ainsi, de fil en aiguille, de rencontre en amitié, de recherche en découverte, sans être véritablement écrivain, je finis par commettre un certain nombre d'ouvrages, soutenus par mes éditeurs de toujours, Nicole Lattès et Guillaume Allary pour les livres écrits, et Hervé de La Martinière pour les ouvrages de photographie. Mes droits d'auteur, versés intégralement à Karuna-Shechen, permirent le développement de multiples projets, ce qui me procure une grande joie. L'écriture n'est pas pour moi un don naturel, mais j'éprouve une grande satisfaction à exprimer le plus clairement possible des idées qui me sont chères et m'ont beaucoup enrichi, les partageant avec qui le souhaite pour qu'il les fasse siennes ou non, s'en nourrisse, les fasse vivre et les partage à son tour.

CHAPITRE 49

Un retour imprévu à la science

Première participation, en 2000, à un dialogue organisé par l'Institut Mind and Life sur les émotions destructrices. Je me porte volontaire pour participer aux recherches en neurosciences sur l'entraînement de l'esprit. Trente ans après avoir quitté l'Institut Pasteur, je cosigne de nouveau des publications scientifiques.

Les débuts de l'aventure

En 2000, une rencontre exceptionnelle se tint à Dharamsala, en Inde. Quelques-uns des plus éminents spécialistes des émotions, psychologues, chercheurs en neurosciences et philosophes, se réunirent pour discuter avec le Dalaï-lama dans l'intimité de sa résidence sur les contreforts de l'Himalaya. Cette réunion avait pour thème : les émotions destructrices. Francisco Varela, chercheur en neurosciences réputé, qui venait régulièrement au Népal auprès de son maître spirituel Tulku Urgyèn Rinpoché, ainsi que de Dilgo Khyentsé Rinpoché, avait créé en 1990 avec Adam Engle, un homme d'affaires américain, l'Institut Mind and Life qui a pour but d'organiser des rencontres entre des scientifiques de renommée internationale et le Dalaï-lama, très intéressé par la science depuis sa prime jeunesse.

Le Dalaï-lama fut la source d'inspiration de l'Institut Mind and Life qui est une organisation laïque accueillant des représentants des diverses traditions contemplatives, comme le frère bénédictin David Steindl-Rast, le père Thomas Keating, et le rabbin Awraham Soetendorp, ainsi que des représentants de l'hindouisme, de l'islam et du jaïnisme en Inde. Au fil des années, l'Institut organisa une trentaine de rencontres entre contemplatifs et d'éminents représentants de différents domaines du savoir, allant de la physique quantique aux neurosciences en passant par la psychologie, l'éducation, les sciences de l'environnement et l'économie solidaire. Plusieurs lauréats du prix Nobel participèrent à ces rencontres, parmi lesquels le prix Nobel de physique Steven Chu et le prix Nobel d'économie Daniel Kahneman, ainsi qu'Eric Lander qui décoda pour la première fois le génome humain au Massachusetts Institute of Technology (MIT), l'Université de recherche de Cambridge, près de Boston.

L'Institut Mind and Life Europe est aujourd'hui présidé par Amy Cohen-Varela, la veuve de Francisco Varela. Parmi les membres du Conseil figurent ou figuraient les neuroscientifiques comme Wolf et Tania Singer, respectivement directeur et directrice de recherche aux Instituts Max Planck de Francfort et de Leipzig, et le philosophe des sciences Michel Bitbol.

En dehors des rencontres intimes qui se poursuivaient pendant cinq jours à la résidence du Dalaï-lama en Inde, Mind and Life organisa aussi des rencontres de deux jours et demi, ouvertes au public, dans différents pays. La première, organisée en 2003 en collaboration avec le prestigieux MIT de Boston, réunit plus d'un millier de scientifiques. La dernière, Power and Care (Pouvoir et altruisme[1]), se tint à Bruxelles en 2016. Je suis entre-temps devenu membre du conseil de l'Institut Mind and Life USA puis de celui de Mind and Life Europe.

En 2000, au moment où je rejoignais cette prestigieuse assemblée à Dharamsala, je n'avais plus vraiment entretenu de contacts avec le milieu scientifique depuis près de trente ans ; c'est alors que Francisco Varela me proposa de participer à un dialogue de cinq jours sur les émotions destructrices, avec lui-même, Richard Davidson, Paul Ekman, Daniel Goleman et quelques autres éminents chercheurs[2]. Je devais présenter le point de vue du bouddhisme. Le moins que l'on puisse dire est que j'étais quelque peu intimidé de me livrer à cet exercice sous l'œil attentif du Dalaï-lama dont les connaissances outrepassaient grandement les miennes, et de scientifiques de renommée internationale. Je me sentais dans les souliers du jeune étudiant passant un oral face au plus émérite de ses professeurs ! Mais je fis de mon mieux et, à la fin, le Dalaï-lama me dit d'un ton enjoué : « Tu as réussi ton examen de *guéshé* », un titre équivalent à docteur en philosophie dans la tradition scolastique. Quel soulagement ! Cette rencontre fut l'une des plus mémorables de l'histoire de Mind and Life, à tel point qu'en 2021 nous organisâmes, virtuellement, un dialogue de trois jours avec la plupart des participants de l'époque pour en commémorer les 20 ans et faire le point sur les avancées scientifiques.

Mon «diplôme» validé, je devins un participant régulier des rencontres Mind and Life. Au cours de celle menée sur le thème des émotions destructrices, un matin, le Dalaï-lama déclara : «Toutes ces discussions sont fort intéressantes, mais que pouvons-nous concrètement apporter à la société ?» À l'heure du déjeuner, les participants en discutèrent avec animation et conçurent l'idée de lancer un programme de recherche sur les effets à court et à long terme de l'entraînement de l'esprit, ce que l'on appelle plus communément la «méditation». L'après-midi, en présence du Dalaï-lama, ce projet fut adopté avec enthousiasme et marqua l'avènement d'un nouveau domaine de recherche, celui des «neurosciences contemplatives». En raison de mon parcours de vie – de chercheur scientifique à moine bouddhiste consacrant sa vie à la spiritualité –, je me portai volontaire pour participer à ces recherches.

Volontaire spontané donc, mais imprudent ! J'étais loin de me douter que cette proposition allait me conduire vers d'innombrables laboratoires de recherches où, pendant plus d'une centaine d'heures, je serais le sujet d'IRM et, pendant plusieurs jours chaque année, le cobaye d'expériences en tout genre. Au catalogue des expérimentations sur un humain bien volontiers consentant, rien ne me fut épargné : explosions soudaines pour étudier le sursaut, stimulations transmagnétiques crâniennes pour étudier la connectivité du cerveau, eau à quarante-neuf degrés et décharges électriques sur les poignets pour déterminer les effets médiateurs de la méditation sur la douleur, injection de substances radioactives pour mesurer le métabolisme de mon cerveau vieillissant... et j'en passe ! Il m'arriva même de passer dix heures dans un IRM en deux jours. Comme l'explique avec justesse Yongey Mingyur Rinpoché qui participa également à ces recherches, l'IRM a quatre caractéristiques : «C'est étroit, sombre, froid et bruyant.» Qui plus est, on doit rester allongé sur le dos sans bouger la tête ne serait-ce que d'un millimètre pendant toute la durée de l'expérience. Les conditions «idéales» pour méditer, ou pour faire la sieste si on est en plein décalage horaire ! Mais pour dire vrai, j'ai toujours éprouvé un grand plaisir à retrouver mes amis scientifiques et à mener à bien ces expériences avec eux dans un esprit de chaleureuse complicité.

L'aventure débuta en 2000 dans le laboratoire de Francisco Varela au CREA, à la Salpêtrière, suite à la rencontre de Dharamsala. Au CREA, nous ne fîmes que quelques investigations préliminaires sur les phases de synchronisation qui prennent place entre diverses aires du cerveau lorsque l'on reconnaît une image visuelle. Francisco avait découvert qu'un accroissement des oscillations gamma et de la synchronie entre les aires corticales se produisait lorsque les sujets parvenaient à identifier un visage humain sur des pictogrammes. En revanche, s'ils ne voyaient dans l'image que des contours pictographiques ininterprétables, les oscillations gamma étaient de plus faible amplitude et moins bien synchronisées.

Ces expériences, qui ne furent pas publiées, montraient déjà que, lorsque le méditant demeure en état de «présence ouverte», les transitions entre ces divers états sont plus nettes que chez des sujets non entraînés et que la synchronisation en question est plus marquée.

J'ai tout de suite apprécié l'atmosphère chaleureuse de créativité, de découverte et de rigueur intellectuelle que je trouvais auprès de mes amis scientifiques qui sont devenus pour moi une sorte de *Sangha*, une communauté vertueuse, désireuse d'associer les efforts de tous pour le progrès de la science et contribuer au bien de la société, comme l'avait souhaité le Dalaï-lama.

Un neuroscientifique visionnaire

Alors que je poursuivais avec le physicien Trinh Xuan Thuan le dialogue qui donna lieu à la publication de *L'Infini dans la paume de la main,* je demandai à Francisco Varela d'en lire quelques chapitres, notamment celui sur la nature de la conscience. Peu après, en 1999, je retrouvai Francisco dans le lobby de l'hôtel où nous attendions le Dalaï-lama qui arrivait pour un séjour en France. Francisco me dit alors: «Les dialogues sur la physique et la nature de la réalité sont très intéressants sur le plan des idées, mais à aucun moment tu ne te retrouveras dans un laboratoire de physique à suggérer une expérience qui pourrait faire progresser les connaissances. De ce point de vue, tu perds ton temps. En revanche, si tu venais dans les laboratoires de neurosciences, une collaboration avec les chercheurs pourrait conduire à des avancées passionnantes.»

Je fus quelque peu interloqué par son opinion tranchée, mais la suite des événements montra à quel point Francisco avait raison. Il était doué d'une pénétration intellectuelle hors du commun et d'une vision qui transcendait les frontières et les statu quo théoriques, le tout allié à la plus grande rigueur scientifique. Il fut le fondateur de la neurophénoménologie, qui se caractérise par une interaction dynamique entre l'observation des phénomènes cérébraux de l'extérieur, à l'aide des dispositifs expérimentaux, ce que l'on nomme « observation à la troisième personne », et la description détaillée des états mentaux fournis par le sujet sur son expérience, ressentis que l'on qualifie d'expériences « à la première personne ». Même si les capacités d'observation et de compte rendu des expériences varient d'une personne à l'autre, ces capacités peuvent être renforcées par diverses méthodes qui permettent d'entraîner l'attention, de réguler des émotions et d'être plus finement conscient des événements mentaux. De telles pratiques existent en phénoménologie, en psychothérapie et dans les traditions de méditation contemplative. Grâce à ces méthodes, les sujets peuvent avoir accès à des aspects de leur expérience qui, autrement, leur auraient échappé. De cette façon, le sujet (le méditant dans les cas des recherches auxquelles j'ai participé), est activement impliqué dans la description de son expérience et dans l'interprétation des données à la lumière de cette expérience, c'est-à-dire dans la compréhension des éléments phénoménologiques spécifiques de son expérience, tandis que le neuroscientifique est guidé par ces informations à la première personne dans l'analyse et l'interprétation des données physiologiques[3].

Outre cette profonde intelligence, Francisco était un grand méditant, qui vouait un respect sans borne à son maître spirituel, Tulkou Urgyèn Rinpoché, lequel vivait dans un petit monastère-ermitage au-dessus de la vallée de Katmandou.

Francisco dut subir une greffe du foie. Il me confia que, lorsqu'il sortit de la longue anesthésie à la suite de cette lourde opération, son champ de conscience fut immédiatement rempli par la présence de Tulkou Urgyèn.

En 2016, je dus moi-même subir une anesthésie générale à Toulouse pour une opération plus bénigne du genou, me trouvant soudain dans l'incapacité de marcher. Je redoutais l'opacité créée par l'anesthésie, mais contrairement à mon attente, au réveil deux heures plus tard, la présence de mes maîtres spirituels illumina mon paysage mental. Une heure durant, je demeurai dans un état d'esprit léger et lumineux, empli d'une dévotion et d'une confiance sans mélange. J'étais seul dans ma chambre et je me mis à chanter doucement des versets qui invoquent le maître. Je pensai aussi à des êtres chers. Je me dis que, si les choses se passaient aussi bien au moment de la mort, ce ne serait pas trop mal ! L'anesthésie était-elle une sorte de répétition générale ? Un tel moment était-il révélateur de ce qui est présent au plus profond de l'esprit, lorsque les cogitations qui encombrent le champ de la conscience sont silencieuses ? C'est l'antipode de la rumination : une parfaite simplicité. Je me sentais comme un jeune enfant qui découvre la beauté de la vie avec un esprit neuf et transparent. C'est à cette occasion que je me souvins du témoignage de Francisco. Nous avions probablement vécu une expérience semblable.

Après une première et brève visite au laboratoire de Francisco, en 2001, je me rendis dans le laboratoire de Richard Davidson à Madison (Wisconsin) où travaillait aussi Antoine Lutz, l'un des principaux élèves de Francisco. Il s'agissait d'entreprendre des recherches approfondies afin d'explorer les diverses formes de méditation dans le but de déterminer celles qui semblaient les plus aptes à être appliquées dans un contexte laïc et les mieux adaptées à un grand nombre de méditants (et à autant de novices comme groupe comparatif).

Un protocole fut établi. Il prévoyait que je partirais d'un état d'esprit neutre et que j'alternerais de nombreuses fois entre cet état neutre et plusieurs états spécifiques de méditation impliquant des stratégies attentionnelles, cognitives et affectives différentes. Cinq types de méditation furent choisis : la concentration sur un seul point, la compassion, la « présence éveillée », la visualisation d'images mentales et la ferveur envers le maître spirituel.

La concentration sur un objet d'attention unique exige l'abandon des myriades de pensées errantes qui traversent l'esprit et provoquent la distraction. Pour cette expérience, je choisis un point, un rivet dans la paroi de l'IRM qui se trouvait dans le prolongement de mes yeux. Je fixai mon regard dessus et l'y maintins le mieux possible, « rattrapant » mon esprit chaque fois qu'il en était distrait.

La méditation sur l'amour et la compassion consiste à porter son attention sur les souffrances des êtres animés, à prendre conscience qu'ils aspirent tous au bonheur et à éviter la souffrance, puis à adopter une disposition d'esprit où il n'existe que compassion et amour pour tous les êtres, proches, étrangers ou ennemis, humains et non-humains. On s'adonne alors à une compassion inconditionnelle, sans calcul, sans exclusion. On engendre cet amour universel au point que l'esprit tout entier en est imprégné.

La présence éveillée, appelée « présence ouverte » dans les publications scientifiques, est un état d'esprit lumineux, vaste, ouvert et alerte, libre d'enchaînements de pensées et dépourvu d'activité mentale intentionnelle. L'esprit n'est concentré sur rien, mais reste parfaitement présent. Lorsque les pensées apparaissent, le méditant ne tente ni de les supprimer ni de les encourager ; elles surviennent et disparaissent sans laisser de trace, comme un oiseau qui traverse le ciel.

La visualisation consiste ici à reconstituer par l'imagination la représentation précise d'une déité bouddhiste. Le méditant commence par visualiser méticuleusement les détails du visage, du costume, de la posture, etc., en les passant en revue un à un. Puis, il visualise la divinité tout entière et stabilise l'image ainsi créée mentalement.

Dans la méditation sur la ferveur, l'évocation des qualités du maître spirituel joue un rôle prépondérant. À mesure que le souvenir du maître se fait de plus en plus présent, l'esprit s'emplit d'une profonde appréciation et d'une immense gratitude à l'égard des qualités qu'il incarne.

Ces diverses méditations font partie des exercices spirituels qu'un pratiquant du bouddhisme cultive quotidiennement au cours de ses années de cheminement vers l'Éveil. Mais, en dépit du fait que toutes ces formes de méditation donnent des résultats intéressants, à nos yeux, seules les trois premières – attention focalisée, amour et compassion, et présence éveillée – pouvaient être utilisées dans un contexte séculier et remplir ainsi le mandat que nous avait confié le Dalaï-lama : nous assurer que ces recherches débouchent sur une contribution utile à la société dans les domaines de l'éducation, du travail et de la vie personnelle.

La même année, dans la foulée, je me rendis également dans les laboratoires de Paul Ekman et Robert Levenson à San Francisco et à Berkeley.

Quelques jours après ces premières investigations portant sur les cinq principales formes de méditation, le Dalaï-lama vint à Madison visiter le laboratoire de neurosciences. Une matinée fut consacrée à lui présenter les premiers résultats très prometteurs obtenus par Richard Davidson et Paul Ekman. Francisco Varela, alors mourant, partagea nos découvertes depuis sa chambre, à Paris, d'où il pouvait suivre en direct ce qui se passait sur un écran. À un moment donné, le Dalaï-lama s'adressa directement à Francisco en regardant la caméra et lui offrit ses conseils et son soutien pour affronter ses derniers instants. Nous étions tous émus aux larmes.

Quelques semaines plus tard, je rendis visite à Francisco à Paris, peu avant son décès. Il me confia à quel point il était comblé de constater ces premiers résultats concrets de recherches qu'il avait appelées de ses vœux et encouragées. Nous parlâmes longuement de l'approche de la mort. Francisco redoutait de mourir dans un état de torpeur, en perdant la clarté d'esprit si cruciale à ce moment critique. Son épouse Amy, qui l'aida de son mieux à rester assis en méditation au moment de sa mort, nous apprit que Francisco était parvenu à reposer dans la «présence éveillée», claire et lumineuse, jusqu'à son dernier souffle.

La maladie emporta donc Francisco prématurément – nous avions le même âge. Il reste un mentor invisible, mais souriant, bienveillant et exigeant, pour tous ceux qui le connurent et participent aujourd'hui à cette fructueuse collaboration entre neuroscientifiques et méditants. Le Dalaï-lama, quant à lui, conserve dans son livre de prières une petite photo de «son ami» Francisco et parle toujours de lui avec émotion.

Des moines dans les labos

Une fois les premiers résultats obtenus à Madison, je repartis au Népal muni des photos d'imagerie cérébrale montrant des différences considérables entre le cerveau d'un pratiquant chevronné en méditation et au repos. Je les montrai aux moines de Shéchèn qui avaient effectué de nombreuses années de retraite. Ils furent tout de suite intrigués et acceptèrent de se rendre au laboratoire de Richard Davidson afin que les effets de la méditation soient étudiés sur un nombre suffisant de sujets pour confirmer que les différences observées n'étaient pas dues à des spécificités individuelles, mais principalement à l'entraînement de l'esprit auquel les sujets s'étaient livrés.

Des pratiquants occidentaux, hommes et femmes, laïcs, de toutes professions, qui avaient accompli de longues retraites contemplatives (de trois à neuf ans) participèrent également à ces recherches.

Celles-ci révélèrent que, lorsque les pratiquants expérimentés débutent leur méditation sur la compassion, on observe une augmentation remarquable de l'amplitude des oscillations rapides sur une bande de fréquence de 40 Hz, la bande de fréquence gamma (qui furent mises en évidence par Wolf Singer, il y a trente ans). Ces oscillations jouent un rôle important dans les processus cognitifs. L'oscillation neuronale à la fréquence gamma permet notamment l'intégration dynamique de l'activité d'une population de neurones qui se synchronise lors de l'émergence d'une fonction cognitive.

Cette activité, largement plus élevée que celle constatée chez le groupe témoin composé de dix volontaires formés pendant une semaine seulement à la méditation, fut, selon Richard Davidson, « d'une magnitude qui n'a jamais été décrite dans la littérature des neurosciences ».

Ces résultats constituaient la première étude expérimentale sérieuse des états méditatifs. Publié dans les prestigieux *Comptes rendus de l'Académie des sciences* (*PNAS* ou *Proceedings of the National Academy of Science*), l'article a été téléchargé plus de 150 000 fois et figurait un an plus tard à la cinquième place des articles les plus lus sur le site Internet de la revue. Pour reprendre les termes de Richard Davidson : « Ces travaux semblent démontrer que le cerveau peut être entraîné et modifié physiquement d'une manière que peu de gens auraient imaginée. »

Le contemplatif qui se prête ainsi à ces recherches n'est pas un sujet passif, un simple cobaye, mais un collaborateur à part entière. Sa contribution est indispensable dès l'établissement du protocole expérimental. C'est pourquoi Richard Davidson tint à m'inclure parmi les coauteurs de cet article. En réalité, étudier la « méditation » en général n'a guère de sens. La méditation est un entraînement et tout dépend de ce à quoi on s'entraîne. Dites à quelqu'un : « Je m'entraîne », et il vous demandera : « À quoi ? Au rugby ? À jouer de la flûte ? Aux échecs ? » Il en va de même de la méditation. Chaque forme de méditation constitue un entraînement spécifique. Les recherches en neurosciences ont d'ailleurs bien montré que chaque type de méditation correspond à une signature spécifique dans le cerveau, en activant ou désactivant un

Un retour imprévu à la science

ensemble différent d'aires cérébrales. Il a été maintes fois constaté également que la répétition d'une méditation particulière finit par modifier le cerveau, non seulement sur le plan fonctionnel pendant la méditation, mais aussi structurellement sur la durée. Les aires du cerveau qui sont régulièrement sollicitées finissent par augmenter en volume et en densité.

Comment étudier la méditation sur la compassion par exemple ? Faut-il attendre quinze minutes que le méditant s'établisse dans cet état méditatif, ou lui suffit-il de quinze secondes pour atteindre le niveau compassionnel optimal correspondant à son niveau personnel de développement spirituel ? Seul le méditant peut répondre à cette question. L'interaction entre les chercheurs et le méditant permet ainsi d'établir le protocole le plus approprié pour déceler les effets de la méditation sur le cerveau. C'est ainsi que nous procédâmes dès les premières expériences auxquelles je participai dans le laboratoire de Richard Davidson sur la concentration en un point, l'amour et la compassion, la présence éveillée et la visualisation d'images mentales. Alors que j'étais déjà dans l'IRM suivant le protocole que les chercheurs avaient établi, je suggérais quelques modifications de durée par l'intermédiaire du micro et nous reprîmes l'expérience au début. Cette constante interaction permettait ainsi d'affiner l'expérimentation.

Mais ce n'est pas tout. Une fois l'expérience menée à son terme et les résultats analysés, le point de vue du méditant, appelé « perspective à la première personne », est indispensable pour proposer une interprétation des données qui corresponde à l'expérience vécue. Je me souviens par exemple que Richard Davidson se demandait pourquoi lorsque je m'engageais dans la méditation sur la compassion, les aires prémotrices du cerveau, qui sont liées à la préparation d'une action, étaient également activées, en plus des aires liées aux affects positifs, à l'empathie et au sentiment d'appartenance. Je proposai alors une interprétation : à savoir que la méditation sur la compassion s'accompagnait d'une disponibilité à l'action. Lorsque l'esprit est empreint d'une compassion inconditionnelle à l'égard de tous les êtres, on est prêt à agir pour le bien de tous ceux qui entrent dans le champ de l'attention et à remédier à leurs souffrances. C'est ainsi que le dialogue entre les chercheurs et le méditant permit souvent de proposer des explications et des hypothèses novatrices.

On sait aujourd'hui que le cerveau peut être profondément modifié à la suite d'un entraînement spécifique, l'apprentissage de la musique ou d'un sport par exemple. Cette découverte suggère que l'attention, la compassion et même le bonheur peuvent, eux aussi, être cultivés et relèvent en grande partie d'un « savoir-faire » acquis.

Or, toute compétence nécessite un entraînement prolongé. On ne peut s'attendre à devenir un virtuose du piano ou un champion de tennis sans une pratique assidue. Un pianiste qui donne son premier concert a généralement au moins dix mille heures d'étude à son actif. Certains méditants testés dans les laboratoires de recherche n'avaient pas moins de cinquante mille heures de pratique derrière eux. Il est parfaitement concevable que l'on entraîne son esprit comme on entraîne son corps ; on peut donc consacrer chaque jour un certain temps à cultiver la compassion ou toute autre qualité positive. Selon le bouddhisme, « méditer » signifie « cultiver » ou encore « se familiariser avec ». La méditation consiste en effet à se familiariser avec une nouvelle manière d'être, de percevoir le monde, et de gérer ses pensées et ses émotions de manière plus contrôlée et équilibrée. Les neurosciences évaluent ces méthodes et examinent leur impact sur le cerveau.

Ces recherches furent menées dans un esprit de découverte, comme toute expérimentation scientifique digne de ce nom, et n'ont jamais eu pour but de « prouver » l'efficacité des techniques de méditation bouddhiste ou de la prière chrétienne dans le cas d'autres projets de recherche. Le méditant dans son ermitage n'a pas besoin de la science pour valider une vie contemplative dont il ou elle apprécie la valeur au jour le jour tout au long de sa vie. Qui plus est, une telle attitude serait contraire à la rigueur exigée dans toute recherche scientifique valide.

Reconnaissance des expressions faciales

En 2001, je me rendis en Californie à l'invitation de Paul Ekman que j'avais rencontré lors du dialogue sur les émotions destructices, à Dharamsala. La première série d'expériences menées par Paul avait recours à un système de mesure de reconnaissance des expressions faciales traduisant diverses émotions. Le protocole consistait à observer une bande-vidéo sur laquelle défilait rapidement une série de visages affichant des expressions diverses. Un visage neutre apparaissait d'abord, puis s'animait d'une expression identifiable, mais ne restant à l'écran qu'un trentième de seconde. Il passait si rapidement qu'on pouvait le manquer d'un simple battement de cils. Chaque expression émotionnelle était à nouveau suivie d'une expression neutre. Le test consistait à identifier, durant ce trentième de seconde, les signes faciaux que l'on venait de voir : colère, peur, dégoût, mépris, surprise, tristesse ou joie.

La capacité de reconnaître des expressions fugaces indique une disposition à l'empathie. Les sept microémotions faisant l'objet de cette expérience sont universelles, biologiquement déterminées et elles s'expriment de la même façon dans le monde entier. Il existe certes des différences culturelles dans la gestion consciente des émotions, mais ces expressions naturelles passent si vite qu'elles échappent aux barrières imposées par les tabous culturels. Les microexpressions ouvrent ainsi une fenêtre unique sur la réalité émotionnelle d'une personne.

L'étude de milliers de sujets avait appris à Ekman que ceux obtenant le meilleur résultat à ce test se révèlent aussi plus ouverts, plus curieux en toutes choses, plus consciencieux – à la fois fiables et efficaces. « Alors j'ai songé que de nombreuses années d'expérience de la méditation – qui demande autant d'ouverture d'esprit que de rigueur – devaient conférer une meilleure aptitude pour réaliser cet exercice », expliqua Paul au Dalaï-lama lors de la réunion de Madison, cette même année 2001, en lui faisant part de ces résultats.

De fait, Alan Wallace et moi-même, les deux seuls méditants expérimentés à s'être soumis au test, avions l'un comme l'autre obtenu des résultats largement supérieurs à ceux des cinq mille sujets préalablement testés. « Ils font mieux que les policiers, les avocats, les psychiatres, les agents des douanes, les juges, et même que les agents des services secrets », ce dernier groupe étant celui qui s'était jusqu'alors montré le plus précis. « Il semblerait que l'un des bénéfices que leur a apporté leur formation est une plus grande réceptivité à ces signes subtils de l'état d'esprit d'autrui », fit observer Paul. Personnellement, ces résultats me surprirent, car lorsque je m'étais prêté à ces tests, je n'avais pas eu l'impression d'avoir particulièrement bien réussi.

Le réflexe du sursaut

Parmi les diverses expérimentations auxquelles je me prêtai avec Paul Ekman, une autre se déroula à Berkeley et avait pour but d'étudier cette fois le réflexe de sursaut, l'un des automatismes les plus primitifs du répertoire des réponses corporelles humaines. Le sursaut est la conséquence d'une cascade de spasmes musculaires très rapides répondant à un bruit retentissant et inattendu ou à un événement soudain potentiellement dangereux. Chez tout le monde, les cinq mêmes muscles faciaux se contractent presque instantanément à la perception du stimulus, notamment autour des yeux. Le tout ne dure donc qu'un tiers de seconde et suit invariablement les mêmes étapes ; nous sommes ainsi faits. Comme tous les réflexes, le sursaut répond à l'activité du tronc cérébral, la partie la plus primitive, reptilienne, du cerveau, et échappe à la régulation volontaire. Pour autant que le savait la science jusqu'à présent, aucun acte intentionnel ne pouvait altérer le mécanisme qui le contrôle.

Paul s'intéressait au sursaut parce que son intensité est un indicateur de l'importance des émotions négatives ressenties par le sujet, incluant la peur, la colère, la tristesse et le dégoût. Plus une personne sursaute, plus elle est encline à ressentir des émotions négatives – il n'y a en revanche aucune relation entre le sursaut et les émotions positives, la joie par exemple.

Paul m'emmena donc au laboratoire de psychophysiologie de son collègue Robert Levenson, à Berkeley. L'équipe en charge de l'expérience enregistra mes mouvements corporels, mon pouls, mon taux de sudation et la température de ma peau. On filma les expressions de mon visage – afin de saisir toutes ses réactions physiologiques à l'émission d'un bruit inattendu. Enfin, on détermina le seuil maximal de la tolérance humaine – une puissante détonation, l'équivalent d'un coup de feu qui éclate à proximité de l'oreille.

Puis on m'expliqua que, à un instant indéterminé dans les minutes à venir, j'entendrais une forte détonation et que je devais trouver une stratégie pour ne pas sursauter. C'est un exercice pour lequel certains révèlent de meilleures aptitudes, mais personne ne parvient à supprimer totalement le sursaut, même au prix des efforts les plus intenses visant à réfréner les spasmes musculaires. Parmi les centaines de sujets testés, aucun n'avait réussi et même les tireurs d'élite de la police, qui s'entraînent quotidiennement, n'avaient pu retenir le réflexe. Certains sujets poussent un cri et d'autres manquent de tomber de leur chaise tant le sursaut peut être brutal. La réaction initiale est généralement suivie d'un «Ah...» de soulagement et parfois de rires.

J'avais mentionné à Paul que, parmi les divers types de méditation, la «présence éveillée» ou «présence ouverte», au cours de laquelle l'esprit est parfaitement présent et disponible, aussi vaste que l'espace, me semblait offrir la meilleure stratégie à adopter pour se préparer à un tel événement. Dans l'état de présence ouverte, l'esprit est semblable à un ciel vaste, clair et lumineux, libre de constructions mentales. Il ne s'engage pas dans les perceptions des cinq sens, tout en restant parfaitement lucide.

C'est donc cet état méditatif que je choisis pour mener cette expérience. Lors des explosions, le réflexe du sursaut était soit absent, soit quasi imperceptible. Si aucun de mes muscles faciaux n'avait bougé, en revanche mes paramètres physiologiques (pouls, sudation, pression artérielle) avaient suivi l'accroissement qui accompagne habituellement le sursaut. Cela signifie que le corps réagit bien au stimulus, enregistre les effets de la détonation, mais que l'esprit est suffisamment vaste et libre pour que ce qui pourrait être interprété comme un danger potentiel n'ait aucun impact émotionnel. L'ampleur du sursaut étant proportionnelle à l'intensité que met le sujet à vivre les émotions pénibles, ce résultat indiquait, d'après Paul, un remarquable niveau d'équanimité émotionnelle. De fait, dans le cas d'un méditant en état de présence ouverte, on n'observe pas non plus de réaction de soulagement après le sursaut. C'est précisément le type d'équanimité que les textes anciens décrivent comme l'un des fruits de la pratique méditative.

Afin de compléter l'expérience, nous l'avons reproduite alors que j'adoptais différents états mentaux, parmi lesquels une intense concentration (l'esprit tout entier tourné vers la détonation à venir) et un état de distraction induite (je m'imaginais en train de conduire sur une route de montagne au Tibet). Dans tous ces autres cas, je sursautai au moment des détonations, mais c'est dans l'état de distraction que le sursaut était le plus intense.

Paul expliqua au Dalaï-lama : «Lorsque le méditant cherche à maîtriser son sursaut, il le fait quasiment disparaître. Nous n'avions jamais vu personne capable de cela. Et aucun autre chercheur non plus. C'est une réussite spectaculaire. Nous n'avons cependant pas la moindre idée des caractéristiques anatomiques qui lui permettent de réprimer son réflexe de sursaut. » Légèrement songeur, Paul ajouta ce commentaire : « Je croyais que c'était une gageure, qu'il était hautement improbable que quiconque puisse supprimer à la demande un réflexe aussi ancestral, aussi rapide. Mais avec ce que nous savons de la méditation, il semblait valoir la peine d'essayer[4]. »

Là encore, le dialogue avec les scientifiques se révéla très utile. Mon interprétation était qu'un esprit distrait est « ailleurs ». Et même lorsqu'il est intensément concentré sur la venue prochaine de la détonation, il est mobilisé par cette focalisation et n'est pas vraiment « disponible ». Lorsque la détonation se produit, elle ramène brusquement l'esprit au moment présent – ce qui est un réflexe de survie en cas de menace. Dans le cas de la présence ouverte, en revanche, l'esprit repose sans discontinuité dans le moment présent, exempt de toutes fabrications mentales et d'objet de focalisation, et lorsque l'explosion se produit, cet esprit n'a pas besoin d'être ramené au moment présent puisqu'il ne l'a jamais quitté. Pour autant, la détonation est perçue très clairement. De fait, juste après cette détonation – j'en ai subi toute une série en deux jours –, j'ai toujours eu l'expérience d'un état d'esprit encore plus clair et limpide qu'avant la détonation, semblable à un ciel immaculé, parfaitement conscient et dénué de pensées discursives.

Désamorcer la confrontation

Nous avons également mené des expériences portant sur la physiologie de la confrontation avec des personnes agressives. Paul Ekman et Robert Levenson dirigeaient des recherches sur la résolution des conflits. Paul me proposa de débattre d'un sujet prêtant à controverse avec deux personnalités très différentes. En l'occurrence, il s'agissait de comprendre pourquoi un ancien chercheur en biologie moléculaire avait choisi, d'une part, de devenir moine bouddhiste, et, de plus, d'adhérer à des notions aussi insensées que la continuité de la conscience et la réincarnation. Nous étions bardés de capteurs chargés d'enregistrer les pulsations cardiaques, la tension artérielle, la respiration, la conductivité cutanée, la transpiration et les mouvements corporels. Nos émotions faciales étaient enregistrées par une caméra vidéo dont les données allaient être analysées en détail afin de déceler les microexpressions révélatrices des réactions psychiques. Mon premier interlocuteur fut le professeur Donald Glaser, prix Nobel de physique, qui s'était tourné vers la recherche en neurobiologie. C'était une personne extrêmement affable et un esprit très ouvert. Nous avons eu grand plaisir à discuter, et à la fin des dix minutes de l'entretien, nous regrettions tous les deux de ne pas disposer de plus de temps pour poursuivre notre dialogue. Nos paramètres physiologiques indiquaient une attitude calme, exempte de tout conflit. Puis les chercheurs firent entrer une seconde personne réputée pour son caractère virulent – ce qu'on ne lui avait pas précisé, bien entendu. Nous devions nous livrer à une confrontation. La chose semblait évidente pour mon pourfendeur et il entra d'emblée dans le vif du sujet. Ses paramètres physiologiques grimpèrent en flèche immédiatement. Quant à moi, je faisais de mon mieux pour rester calme et lui présenter des réponses raisonnables sur un ton amical. Ses paramètres n'ont pas tardé à s'apaiser et, au terme des dix minutes, il a déclaré aux chercheurs : « Je ne peux pas me disputer avec ce type ; il tient des propos sensés et il sourit tout le temps. Et puis une sorte d'aura de sympathie émane de lui. » Il faut être deux pour se quereller et, comme le dit le proverbe tibétain : « On ne peut pas applaudir d'une seule main. »

Paul Ekman conclut son exposé en soulignant que chacune des études menées avec ce premier méditant, moi-même, avait donné des résultats qu'il n'avait jamais vus en trente-cinq ans de recherche. Au fil de ces expériences diverses, Paul devint un grand ami et je lui rendis visite de nombreuses fois en Californie. Avec lui, Richard Davidson et Alan Wallace, nous écrivîmes et publiâmes dans une revue scientifique un article comparant les perspectives occidentales et bouddhistes sur les émotions et le bien-être[5]. Par la suite, je fus amené à cosigner une douzaine de publications scientifiques avec mes amis chercheurs.

Sommeil et stress des méditants

Lors d'un séjour dans mon ermitage au Népal, je fis quelques observations sur le sommeil des retraitants. Richard Davidson et Antoine Lutz m'avaient demandé de collecter, une fois par semaine pendant un mois, des échantillons de salive des méditants en retraite de trois ans, afin de mesurer leur taux de cortisol, un indicateur du niveau de stress. À titre de comparaison, je recueillis aussi des échantillons sur des Népalais des environs, notamment ceux qui s'occupaient du centre de retraite : ils vivaient dans le même lieu tranquille sans pratiquer la méditation. Il fallait que les volontaires placent des échantillons de salive dans des tubes dès qu'ils se réveillaient, trente minutes plus tard et à trois autres reprises dans la journée. Je faisais ensuite expédier les échantillons aux États-Unis. Les retraitants devaient par ailleurs noter leurs heures de coucher et de réveil. Je remarquai que la plupart d'entre eux dormaient naturellement moins qu'à l'accoutumée. Certains ne dormaient que de vingt-deux heures à deux heures, sans pour autant éprouver ni fatigue ni somnolence au cours de la longue journée qui s'ensuivait.

Je remarquai moi-même que, à chaque fois que j'observais une retraite de plusieurs mois, mon besoin de sommeil diminuait graduellement, dans mon cas jusqu'à six heures de repos par nuit. Ma tentative d'interprétation est la suivante : les journées sont certes bien remplies par une pratique spirituelle soutenue, mais elles sont parfaitement agencées, régulières et libres de perturbations. Il n'y a pas non plus de pensées, de souvenirs parasites ou inutiles à éliminer pendant le sommeil – tous ces éléments nés des activités, perceptions, impressions et expériences variées, parfois chaotiques, d'une journée ordinaire agitée. Les méditants entraînent leur esprit, mais ils le font de manière méthodique et cohérente, jour après jour, sans avoir à assimiler des événements ou circonstances extérieures nouvelles.

Par ailleurs, lors d'une rencontre avec des neuroscientifiques à Washington, un spécialiste du sommeil rapporta qu'en moyenne un individu se retourne quinze à vingt fois pendant son sommeil. Personnellement, en retraite, j'ai l'impression que le corps reste plus tranquille. Je m'endors en effet sur le côté gauche et, s'il m'arrive de me réveiller dans la nuit, je vérifie toujours l'heure sur le petit réveil posé à ma gauche sur la table, à portée de main : je me réveillais toujours dans la même position, mon réveil devant les yeux. Autant d'observations qui mériteraient d'être étudiées plus avant.

Un retour imprévu à la science

Une visite à François Jacob

Au début des années 2000, j'eus envie de retourner à l'Institut Pasteur pour revoir François Jacob et quelques-uns de mes amis d'antan. François Jacob me reçut chaleureusement et répéta à plusieurs reprises que j'avais «bonne mine»! Sans doute voulait-il signifier que je n'avais pas l'air trop mécontent de la voie que j'avais choisie. Je lui parlais des recherches auxquelles je participais en neurosciences et de l'Institut Mind and Life. Mais, comme à l'époque où je l'avais bien connu, François Jacob restait un esprit réservé. Il semblait intéressé, me posa quelques questions sur les recherches auxquelles j'avais participé, mais ne s'épancha guère en commentaires. Nous nous revîmes brièvement une ou deux fois par la suite, notamment au Forum mondial Biovision à Lyon. Je lui envoyais régulièrement mes modestes ouvrages et il m'envoya ses condoléances lors de la mort de mon père qu'il côtoyait à l'Académie française.

La distinction cruciale entre empathie et compassion

Parmi les divers projets de recherches auxquels j'ai collaboré, l'un de ceux qui m'ouvrirent le plus de perspectives nouvelles sur les états mentaux fut celui mené avec Tania Singer. Il permit de distinguer sans ambiguïté l'empathie de l'amour altruiste et de la compassion. L'empathie affective permet d'entrer en résonance avec l'état affectif de quelqu'un d'autre : si la personne en face de vous est joyeuse, vous aurez rapidement le sourire aux lèvres ; si elle souffre, vous ressentirez et partagerez sa souffrance. L'empathie est orientée vers soi. C'est l'effet que les émotions de l'autre ont sur vous. Si vous êtes une personne empathique et que votre travail vous amène à entrer en résonance affective avec les souffrances d'autrui jour après jour, l'impact cumulé des émotions négatives finit par déboucher sur l'épuisement émotionnel, le *burnout*. Il en va ainsi par exemple pour ceux qui côtoient quotidiennement des sans-abri, des migrants, ou un proche en difficulté. Pour remédier à cette détresse empathique, faute de mieux, on recommande généralement de prendre ses distances pour se protéger émotionnellement. Mais on comprend que se distancier ainsi des autres n'est pas une solution idéale : elle risque de mener à une certaine froideur.

Les expériences menées par Tania Singer démontrèrent, dans les grandes lignes, que si la détresse empathique conduit au *burnout*, l'amour altruiste et la compassion, au contraire, régénèrent notre aptitude à prendre soin de notre prochain avec sérénité, bienveillance et courage. Ces états émotionnels ne provoquent donc pas de « fatigue compassionnelle », un terme parfois utilisé en médecine, mais à l'inverse une « fatigue de l'empathie ». Il faut savoir qu'aux États-Unis une étude a montré que 60 % du personnel soignant souffre ou a souffert du *burnout* et qu'un tiers en est affecté au point de devoir interrompre ses activités[6]. Ce taux a été évalué à 80 % dans les hôpitaux de Singapour, pourtant très bien équipés.

Je commençai à collaborer avec Tania en 2007, à Maastricht, dans le laboratoire de Rainer Goebel qui avait développé une nouvelle technologie d'IRMf-tr (imagerie par résonance magnétique fonctionnelle) qui permet de suivre les changements d'activité du cerveau en temps réel alors qu'habituellement les données sont analysées après coup. Tania me demanda d'engendrer un puissant sentiment d'empathie en visualisant des personnes affectées de pénibles souffrances. Je dus alterner une vingtaine de fois des périodes durant lesquelles j'engendrais un état d'empathie affective avec des périodes de pause, émotionnellement neutres. Au cours d'études précédentes, l'expérience mise en place consistait à demander aux sujets d'observer une personne assise près du scanner qui recevait des décharges électriques douloureuses dans la main. Tania avait constaté qu'une partie du réseau cérébral associé à la douleur était alors activée chez les sujets alors qu'ils ne faisaient qu'observer quelqu'un en train de souffrir : ils ressentaient effectivement la douleur en étant témoins de la souffrance d'autrui[7].

À la fin d'une première série de méditations, Tania me demanda : « Qu'est-ce que tu fais ? Cela ne ressemble pas du tout à ce que nous observons habituellement lorsque des personnes éprouvent de l'empathie. » J'expliquai que j'avais médité sur la compassion inconditionnelle, m'efforçant de ressentir un puissant sentiment d'amour envers des personnes en souffrance, mais aussi à l'égard de tous les êtres sensibles.

Tania me demanda si je pouvais n'engendrer *que* de l'empathie pour la souffrance d'une autre personne, un être cher par exemple,

Un retour imprévu à la science

sans faire intervenir l'amour altruiste ou la compassion. C'était un peu inhabituel pour moi, mais je m'efforçai de me concentrer intensément sur ce sentiment d'empathie. J'avais vu la veille au soir un documentaire bouleversant diffusé par la BBC, consacré à des enfants handicapés mentaux dans une institution roumaine. D'une maigreur effrayante, ils étaient pratiquement abandonnés à leur sort. L'un était si frêle qu'il s'était cassé la jambe rien qu'en marchant. Les aides-soignantes s'étaient contentées de lui mettre une attelle et de le laisser dépérir sur son grabat. Lorsqu'on faisait leur toilette, la plupart des enfants gémissaient de douleur. Un autre enfant, squelettique, assis par terre dans le coin d'une pièce nue, hochait indéfiniment la tête, le regard vide. J'imaginais aussi une personne chère blessée dans un accident de voiture, gisant dans une mare de sang au bord d'une route la nuit, loin de tout secours ; j'étais alors en proie à un désarroi mêlé d'aversion devant ce spectacle sanglant.

Une heure passa à entrer en résonance avec toutes ces souffrances, l'expérience se fit alors intolérable, je ressentais un malaise incapacitant qui m'empêcha de me tourner spontanément vers les enfants. Une expérience brève, mais intense, d'empathie dissociée de l'amour et de la compassion m'avait déjà mené au *burnout*.

Tania me dit dans les écouteurs que, si j'étais disposé à poursuivre l'expérience, nous pouvions faire une séance supplémentaire dans le scanner et passer tout de suite à la méditation sur la compassion, initialement programmée pour l'après-midi. J'accueillis cette proposition avec soulagement. Aussitôt que j'eus basculé l'orientation de ma méditation vers l'amour et la compassion, mon paysage mental changea du tout au tout. Les images de la souffrance des enfants subsistaient clairement dans mon esprit, mais au lieu de créer en moi un sentiment de détresse et d'impuissance, je ressentais un amour sans limites envers ces enfants, comme si j'avais ouvert un barrage libérant les flots d'émotions positives déferlant sur les souffrances de ces enfants. Chaque atome de souffrance était remplacé par un atome d'amour. Alors mon impuissance et ma souffrance face à cet enfant si fragile qui gémissait au moindre contact ou face à cette personne ensanglantée furent remplacées par la force bienveillante que je projetais sur eux, je les prenais maintenant mentalement dans mes bras avec délicatesse, les baignant d'affection. J'étais convaincu que, dans une situation réelle, j'aurais su entourer ces enfants d'une tendresse et d'une sollicitude qui ne pouvaient que leur apporter du réconfort.

Je remarquai aussi que la compassion et la bienveillance augmentaient la force d'âme et le désir de venir en aide à autrui. Si l'empathie tient dans la capacité à ressentir et à partager les sentiments de l'autre, de manière réactive, la compassion et l'amour altruiste sont orientés vers l'autre, ils sont actifs. Ces états affectifs possèdent une dimension pleinement chaleureuse et se révèlent constructifs; ils sont bien plus puissants à ce titre que l'empathie. Il me semble évident que si la personne qui vient en aide à ceux qui souffrent rayonne de bienveillance, il se dégage d'elle un calme apaisant. Elle saura se montrer attentionnée, et le patient sera réconforté par cette attitude. En essence, l'amour et la compassion n'engendrent ni fatigue ni usure, mais aident au contraire à les surmonter et à réparer les blessures émotionnelles. Ils peuvent servir d'antidotes à l'épuisement émotionnel du *burnout*.

L'analyse complète des données confirma que les réseaux cérébraux activés par la méditation sur la compassion étaient différents de ceux liés à l'empathie que Tania étudiait depuis des années. En particulier, le réseau lié aux émotions négatives et à la détresse restait inactif lors de la méditation sur la compassion, tandis que certaines aires cérébrales associées aux émotions positives et à l'amour maternel étaient activées[8].

Ces trois dimensions affectives – l'amour de l'autre, l'empathie (la résonance émotionnelle avec la souffrance d'autrui ou sa perception cognitive) et la compassion – sont naturellement liées. Au sein de l'amour altruiste, l'empathie affective, qui est la capacité d'entrer en résonance avec ce que l'autre ressent, se manifeste lorsque l'on est confronté à ces souffrances. Elle doit, dans la foulée, engendrer la compassion – le désir de remédier à sa douleur et à ses causes. Ainsi, lorsque l'amour altruiste passe à travers le prisme de l'empathie, il devient compassion. Mais l'empathie livrée à elle-même, sans l'accompagnement de l'altruisme et de la compassion, ressemble à une pompe électrique qui tourne sans huile: elle finit par brûler.

Le projet ReSource

À l'issue de cette étude tridimensionnelle, Tania Singer et ses collègues menèrent à bien une étude longitudinale (qui observe pendant des mois, voire des années, l'évolution de sujets)[9], un projet baptisé ReSource, qui visait à entraîner sur une année un groupe de volontaires novices à plusieurs formes de capacités affectives et cognitives. Tout d'abord, Tania Singer et ses collègues divisèrent une centaine de sujets en deux groupes. L'un méditait sur l'amour et la compassion, tandis que l'autre ne travaillait que sur l'empathie. À l'issue d'une semaine de méditations orientées vers l'amour altruiste et la compassion, les sujets percevaient de manière plus positive et bienveillante les extraits de vidéos qui leur étaient présentés montrant des personnes en souffrance. « Positive » ne signifie pas que les observateurs considéraient la souffrance comme acceptable, mais qu'ils réagissaient à celle-ci par des états mentaux constructifs, comme le courage ou le désir de soulager la souffrance, et non des états mentaux « négatifs », qui engendrent la détresse, le découragement et l'évitement[10].

En revanche, lorsque les sujets consacraient une semaine à cultiver uniquement l'empathie en entrant en résonance avec les souffrances des autres, ils continuaient à associer l'empathie à des valeurs négatives et manifestaient une perception accrue de leur souffrance, parfois au point de ne pouvoir contrôler leurs émotions et leurs larmes. Ce groupe de participants éprouva également plus de sentiments négatifs vis-à-vis des scènes habituelles de la vie quotidienne. L'une des participantes témoigna que, en observant les gens autour d'elle en prenant le tramway le matin, elle percevait de la souffrance partout et que des larmes lui montaient aux yeux[11].

Conscientes de ces effets potentiellement déstabilisants, Tania Singer et sa collègue Olga Klimecki ajoutèrent au second groupe un entraînement à l'amour altruiste (une heure par jour) après la semaine consacrée à l'empathie. Elles observèrent alors que cet ajout contrebalançait les effets négatifs de l'entraînement à l'empathie : les affects négatifs retombaient à leur niveau de départ et les affects positifs augmentaient. Ces résultats étaient, ici aussi, associés à des changements correspondants dans les réseaux cérébraux impliqués[12]. En outre, les chercheurs purent également montrer qu'une semaine d'entraînement à la compassion augmentait les comportements prosociaux dans un jeu virtuel conçu pour mesurer la tendance à venir en aide à autrui. À titre de comparaison, une semaine d'entraînement à la mémoire n'entraîna aucune amélioration des comportements prosociaux[13]. À la suite de cette étude préliminaire, Tania et son équipe suivirent un groupe de cent quatre-vingt-dix volontaires qui se livrèrent à trois mois de méditation sur la pleine conscience, trois mois de méditation sur la prise en compte de la perspective de l'autre (se mettre mentalement à la place de l'autre) et trois mois de méditation sur l'amour altruiste, dans chaque cas à raison de quarante minutes par jour. Cette étude longitudinale, la plus complète à ce jour, montra que chaque type de méditation induisait des changements structuraux spécifiques dans des aires cérébrales différentes. Qui plus est, si la méditation sur la pleine conscience augmente bien l'attention, seule la méditation sur l'amour altruiste induit un accroissement des comportements prosociaux.

Moduler les niveaux de conscience

Je participai à bien d'autres programmes de recherche et n'en citerai que deux autres, qui ouvrent des perspectives très novatrices. Je rencontrai le neuroscientifique belge Steven Laureys lors d'une conférence à Paris et nous devînmes vite de bons amis. Il avait réalisé des recherches de pointe qui permettaient de différencier divers états de coma : dans certains cas, la personne reste consciente et l'on peut même dans une certaine mesure communiquer avec elle ; par exemple lui demander d'imaginer qu'elle joue au tennis de la main droite entraîne une activité décelable dans le cerveau au niveau de l'aire motrice correspondant à l'usage de cette main. Steven m'invita à son laboratoire du CHU de Liège pour soumettre à un processus de vérification le principe qu'un méditant puisse moduler son niveau de clarté de conscience, niveau que ces chercheurs évaluent en mesurant la réactivité du cerveau à des stimulations magnétiques transcrâniennes (TMS), cette réactivité étant considérée comme un indicateur du niveau de conscience. Marcello Massimini, autre spécialiste de la conscience et de la technique de TMS que nous allions utiliser, se joignit également à nous. Normalement, chez un sujet donné et en fonction des circonstances, le niveau de réactivité du cerveau varie assez peu à l'état de veille, de 5 % environ. Ce niveau chute considérablement dans les états inconscients – sommeil profond, évanouissement, anesthésie et coma. La question se posait de savoir si un méditant pouvait volontairement moduler son niveau de conscience. Je proposai de mettre deux extrêmes en contraste :

la présence ouverte, qui pour un méditant représente l'état de plus grande clarté possible, et un type de méditation que j'inventai pour la circonstance : « l'opacité cognitive auto-induite ». L'état mental le plus stupide que l'on puisse imaginer. J'étais très fier de mon innovation !

Je laissais donc mon esprit s'enfoncer dans l'état le plus amorphe et abruti possible, avec le minimum d'activité mentale, sans autre contenu que la léthargie elle-même, un état presque entièrement dénué de clarté. Le mental stagne dans un état atone, comme s'il était tombé dans une boue opaque, ne ressentant rien, ne percevant rien, quasiment à l'arrêt. Cet état n'est ni agréable ni désagréable, n'a aucune qualité et correspond à une perception minimale de l'existence du monde. De temps en temps, des pensées surgissent comme des bulles qui se forment lentement dans la boue et se résorbent aussitôt. Un pas de plus dans cette direction et on s'endort.

Le procédé semblait avoir fonctionné, puisque, entre la présence ouverte, limpide et lumineuse, et l'opacité induite, la réactivité du cerveau montra une variation nettement supérieure à la normale, d'environ 30 % me dirent les chercheurs.

Antoine Lutz nous avait rejoints pour collaborer à ces expériences. Il avait maintenant quitté le laboratoire de Richard Davidson à Madison pour fonder son propre laboratoire de recherche à l'INSERM, à Lyon. Cette série d'expériences, conduite sur deux journées bien remplies, fut typique des défis que le pratiquant doit relever pour pratiquer la méditation dans un environnement de laboratoire. L'appareil de TMS pèse lourdement sur le sommet de la tête. Les stimulations envoient à travers le crâne plusieurs ondes de choc puissantes par seconde. S'ajoutent à cela les cent vingt-six électrodes d'un électro-encéphalogramme combiné au TMS. Pour éviter que le bruit des stimulations TMS n'interfère avec les mesures, un « bruit blanc » est transmis au méditant par des écouteurs. Ce bruit est un chuintement à haute intensité qui n'a en fait rien de « blanc ». Alors que je faisais de mon mieux pour reposer dans la « présence ouverte », des chercheurs et une équipe qui filmait l'expérience allaient et venaient dans mon champ visuel. À un moment donné, du fait que je n'entendais pas ceux qui voulaient me parler, Antoine me montra un écriteau sur lequel il avait écrit : « Essaie de ne pas cligner des yeux. »

Les muscles associés aux clignements perturbent en effet, par leur activité électrique, l'enregistrement de l'électroencéphalogramme. Un autre écriteau suivit : « Entre en présence ouverte. »

Je faillis éclater de rire. Tout cela dura plus d'une heure. Vers la fin, nouvel écriteau d'Antoine : « Peux-tu essayer de t'endormir ? »

Les chercheurs voulaient comparer le niveau de réactivité de mon cerveau dans les états de veille et de sommeil.

« Je peux essayer », répondis-je.

Avec tout cet attirail sur la tête, la sieste n'allait pas être de tout repos ! Je demandai que l'on baisse les lumières et que l'on incline légèrement mon siège. Le martèlement de la TSM et le crachotement du bruit blanc continuaient de plus belle. Je réussis finalement à somnoler quelques instants et tout le monde fut satisfait, moi surtout puisque cela annonçait la fin de l'expérience. Nous recommençâmes le même protocole le lendemain. Entre-temps, je passai deux heures dans un IRM, et fit un PET scan[14] pour mesurer le métabolisme du cerveau d'un méditant au repos. Il semble qu'il soit différent de celui des sujets non entraînés. Un article scientifique fut publié à l'issue de ces recherches[15].

Il me restait encore une étape à franchir dans ma carrière de cobaye : étudier le vieillissement du cerveau chez les méditants avant que ledit cerveau ne disparaisse entièrement.

Le projet Silver Santé

En 2006, Gaël Chételat, du centre de recherche Cyceron, et Antoine Lutz, qui est donc en poste à l'INSERM de Lyon, me demandèrent de recruter des personnes ayant fait au moins une retraite méditative de trois ans pour réaliser une étude pilote qui permettrait d'obtenir des subventions de la Commission européenne pour lancer un programme plus vaste, Silver Santé, destiné à étudier l'influence du mode de vie et de la pratique de la méditation sur le processus du vieillissement. Six méditants expérimentés se prêtèrent à ces investigations et les résultats furent comparés à ceux de cent quatre-vingt-six sujets qui n'avaient jamais pratiqué la méditation. Des différences notables furent observées dans le volume de certaines aires cérébrales et dans le métabolisme du cerveau. Bien que les scientifiques se gardent, par prudence, d'avancer ce genre de chiffre, au vu des graphes publiés[16], si on les compare au groupe témoin de cent quatre-vingt-six sujets, le cerveau des méditants présente des caractéristiques équivalentes à celles de personnes ayant quinze ans de moins. Toutefois, il ne s'agit là que d'une étude pilote et ces données doivent être confirmées en étudiant un nombre plus important de méditants sur le long terme.

Ces premiers résultats permirent cependant de faire approuver le projet par la Commission européenne et une étude longitudinale fut lancée sur dix-huit mois avec cent quatre-vingts volontaires de plus de soixante-cinq ans. La moitié d'entre eux – tirée au sort – pratiqua tous les jours la méditation, et l'autre moitié apprit ou perfectionna l'anglais dans des conditions similaires (pratiques régulières, réunions de groupe, encadrement par des instructeurs motivés, etc.). Je me rendis deux fois au laboratoire de Caen où les recherches se déroulaient.

Mes visites donnèrent lieu à quelques épisodes cocasses. En dehors des tests effectués dans la journée, les chercheurs examinaient aussi la qualité du sommeil. Vers dix-neuf heures je repassai donc au labo pour qu'on me coiffe d'une calotte munie de trente-deux électrodes, puis je me rendis chez Gaël pour dîner. Ses enfants n'ont été que modérément surpris de me voir arriver affubler d'un tel couvre-chef. Toutefois, en rentrant à l'hôtel, alors que j'escomptais rejoindre discrètement ma chambre, je tombai à la réception sur un groupe de touristes qui me fixa d'un air effaré et même, pour certains, apitoyé. Ils s'imaginaient que j'arrivais tout droit de l'hôpital.

Le lendemain après-midi, je pris le train juste après être passé dans le PET scan qui mesure le métabolisme du cerveau en suivant des isotopes radioactifs injectés dans le flux sanguin. Le responsable de la sécurité radioactive me raccompagna à la gare en voiture. Durant le trajet, un bip persistant se faisait entendre dans la poche de son blouson. Je lui demandai de quoi il s'agissait. « C'est vous », me répondit-il.

Son compteur Geiger réagissait à ma radioactivité. Charmant… Je lui demandai combien de temps j'allais crépiter de la sorte.

« Oh, dans vingt-quatre heures tout sera éliminé dans les urines. » Je priai pour que les brigades antiterroristes ne soient pas équipées de compteurs Geiger. Arrivé à Paris, je ne dis rien pour n'affoler personne, mais je me gardai de donner une accolade radioactive à mes amis.

Les résultats de cette étude longitudinale, la plus importante jamais réalisée sur l'impact de la méditation sur le vieillissement, sont aujourd'hui en cours d'analyse. Au vu de l'étude pilote, on peut raisonnablement s'attendre à ce que les personnes qui ont ainsi pratiqué la méditation pendant dix-huit mois présentent un ralentissement du vieillissement cérébral et des cellules du corps, ce dernier étant mesuré par l'activité d'une enzyme, la télomérase. Les télomères sont des segments d'ADN situés à l'extrémité des chromosomes. Ils assurent la stabilité des gènes lors de la division cellulaire, mais sont raccourcis chaque fois que la cellule se divise. Lorsque la longueur du télomère diminue au-dessous d'un seuil critique, la cellule cesse de se diviser et entre graduellement dans un état de sénescence. Les télomères sont toutefois protégés par une enzyme appelée télomérase. Ainsi, le vieillissement des cellules de notre corps, notre santé et notre longévité sont affectés par le taux d'activité de la télomérase. Plusieurs études ont en effet montré que l'activité de la télomérase était nettement plus élevée à la fin de trois mois de retraite consacrés à la méditation six heures par jour.

Le bouddhisme et la science

Cette collaboration entre le bouddhisme et la science put parfois surprendre. Toutefois, elle obéit à une saine logique. En effet, on peut définir la science comme une investigation empirique et rigoureuse de la réalité, dont le but est de découvrir et d'expliquer des phénomènes naturels et de prédire leur fonctionnement. Son domaine n'est pas seulement celui des phénomènes extérieurs, auxquels s'intéressent la physique et la biologie. Le fonctionnement de l'esprit, qui relève des sciences cognitives, et celui de la nature de l'expérience vécue, qui appartient au domaine de l'introspection, de la phénoménologie et de la compréhension de la nature de notre propre esprit sont autant de champs de la recherche et de la connaissance scientifique. La science ne se prête donc ni aux croyances aveugles ni aux dogmes, pas plus qu'aux hypothèses qui ne peuvent être réfutées empiriquement.

Une hypothèse scientifique doit en effet non seulement être susceptible de donner lieu à une vérification expérimentale, mais elle doit aussi présenter la possibilité d'être réfutée par des faits qui, s'ils se produisent, prouveront sa fausseté. Or, si une théorie est formulée de telle façon qu'elle soit toujours vérifiée, quels que soient les faits observés, elle ne fait pas progresser l'état des connaissances. Comme l'a montré Karl Popper, une théorie en principe infalsifiable n'est pas scientifique, c'est une idéologie.

Par conséquent, la plupart des religions qui reposent sur des dogmes invérifiables, comme celui de la création de l'univers, ne sont pas du ressort de la science. C'est cette dimension dogmatique qui rendit difficile et épineux la plupart des dialogues entre science et religion.

Le cas du bouddhisme diffère quelque peu : il s'est en effet donné, dès son origine, la mission de *combler le fossé entre les apparences et la réalité*, c'est-à-dire entre la façon dont nous percevons les choses et leur nature véritable. Nous avons notamment tendance à percevoir certaines choses ou entités comme permanentes et douées d'existence autonome et intrinsèque, ce qui est une déformation de la réalité, puisqu'elles sont en fait impermanentes et interdépendantes, c'est-à-dire dénuées d'existence propre. De telles distorsions du substrat de l'être ne sont pas des questions strictement intellectuelles, car elles sont lourdes de conséquences. Elles conduisent en effet à la solidification de la dualité entre soi et le reste du monde, ce qui engendre des pulsions d'attirance et d'aversion, puis, de fil en aiguille, diverses toxines mentales : l'animosité, le désir obsessionnel, le manque de discernement, la jalousie, l'orgueil et toutes leurs déclinaisons possibles. Cet égarement mène en fin de compte à la souffrance des êtres.

L'histoire des sciences sous-estime largement la contribution des philosophes bouddhistes, voire l'ignore totalement, comme si les penseurs de l'Antiquité grecque étaient les premiers et les seuls à avoir jamais réfléchi aux questions fondamentales. Pourtant, avant l'ère chrétienne, le bouddhisme avait déjà proposé une réfutation de l'existence de particules indivisibles beaucoup plus sophistiquée que la théorie des « atomes crochus » proposée dans la Grèce antique par Leucippe et Démocrite.

Les philosophes bouddhistes raisonnèrent de la manière suivante : si l'on suppose que des particules indivisibles servent à construire la matière, ces particules doivent s'associer. Mais comment deux particules « indivisibles » pourraient-elles entrer en contact ? Si elles ont une dimension, le côté ouest d'une particule, par exemple, touchera tout d'abord le côté est d'une autre. Mais si ces particules ont un côté ouest et un côté est, elles ont des parties et on ne peut plus parler d'indivisibilité. Si l'on répond qu'elles n'ont ni côtés ni parties, il en découle qu'elles n'ont pas de dimensions. Dans ce cas, le seul moyen pour ces particules d'entrer en contact est de fusionner. Si deux particules peuvent fusionner, pourquoi pas trois ? Une montagne et l'univers tout entier pourraient fusionner avec une seule particule. La réalité fondamentale ne pourrait alors ni s'agréger ni se déployer. Ce raisonnement par l'absurde a conduit les philosophes bouddhistes à théoriser que des particules ponctuelles et indivisibles ne peuvent pas donner naissance à l'univers. Si l'on répond que des particules n'ont pas besoin d'entrer en contact pour former de la matière, cela signifie qu'il y a un espace vide entre deux particules et, du fait qu'elles n'ont pas de dimension, une infinité de particules et finalement l'univers tout entier pourraient se loger entre deux particules. Réfuter ainsi la notion de particule indivisible brise dans notre esprit l'idée que des particules insécables, permanentes, indépendantes et n'ayant d'autre cause qu'elles-mêmes pourraient constituer la réalité. Ce raisonnement fut développé au VIe siècle avant J.-C., puis rapporté et discuté jusqu'au VIIe siècle après J.-C. dans de nombreux traités philosophiques.

Vers le Ier siècle après J.-C., les philosophes bouddhistes rédigèrent de multiples traités surprenants de modernité sur la théorie de la perception. Par ailleurs, l'une des branches de la philosophie bouddhiste, appelée *pramana* (terme sanskrit signifiant «preuve» ou «moyens de connaissance»), fondée sur un système de logique élaborée, se donna pour but d'établir une «connaissance valide» de la réalité : un projet on ne peut plus scientifique s'il en est.

En raison de ces fondements de rigueur intellectuelle, le bouddhisme se trouva d'emblée à l'aise dans le dialogue avec la science. Le principal point d'achoppement entre ces deux disciplines reste l'investigation de la nature de la conscience, question complexe entre toutes. Selon le bouddhisme, comme pour la phénoménologie, la conscience est un «fait premier» qui n'est pas nécessairement lié au fonctionnement du cerveau, ce qui n'est évidemment pas l'opinion de la vaste majorité des neuroscientifiques.

Un retour imprévu à la science

Pour autant, on n'avait jamais vu, me confiait Richard Davidson, des scientifiques courir pour être sûrs d'obtenir une place dans les premiers rangs des « Rencontres de la Société des Neurosciences », à Washington. C'est pourtant ce qui se passa le 12 novembre 2005, à l'ouverture des portes de l'immense auditorium, alors que le Dalaï-lama allait prononcer le discours d'ouverture de ce rassemblement annuel réunissant plus de trente mille scientifiques. Durant trente minutes, le Dalaï-lama insista sur la nature pragmatique et expérimentale du bouddhisme, qui se donne pour but d'éliminer la souffrance par une meilleure connaissance du fonctionnement de l'esprit. Il affirma que si les connaissances acquises par la science contredisaient certains écrits anciens du bouddhisme, ces derniers devaient être considérés comme caducs, ajoutant : « Le bouddhisme peut en revanche partager avec la science moderne les connaissances acquises par plus de deux mille ans consacrés à l'entraînement de l'esprit. »

Ainsi, le Dalaï-lama affirma que si la science démontrait de manière irréfutable que certaines propositions du bouddhisme se trouvent être fausses, il faudrait les abandonner. C'est ainsi qu'il déclara que la cosmologie bouddhiste traditionnelle (fondée elle-même sur la cosmologie hindoue en vigueur en Inde il y a plus de deux mille cinq cents ans) était désuète au vu des connaissances scientifiques actuelles. Pour prendre la mesure d'une telle affirmation, c'est comme si le pape remettait en cause la création du monde en six jours.

Le Dalaï-lama dit souvent : « En exerçant leur esprit, les gens peuvent devenir plus calmes, plus sereins, plus altruistes. C'est là mon objectif principal : je ne cherche pas à promouvoir le bouddhisme, mais plutôt la façon dont la tradition bouddhiste peut contribuer au bien de la société. »

Ne sous-estimons pas la faculté de transformation de l'esprit

Toutes ces recherches confirment qu'un entraînement mental régulier permet de développer et d'accroître nombre de qualités humaines. D'autres recherches montrent également qu'il n'est pas nécessaire d'être un pratiquant émérite pour bénéficier des effets de la méditation, et que vingt minutes de pratique journalière contribuent significativement à la réduction de l'anxiété et du stress, mais aussi de la tendance à la colère (dont les effets néfastes sur la santé sont bien établis). Huit semaines de méditation sur la pleine conscience (de type MBSR[17]), à raison de trente minutes par jour, s'accompagnent d'un renforcement notable du système immunitaire et des facultés d'attention, ainsi que d'une diminution de la tension artérielle chez les sujets hypertendus et d'une accélération de la guérison du psoriasis. Des centaines de publications scientifiques paraissent chaque année sur ces sujets. Trente ans de recherches confirment notamment que six mois de « thérapie cognitive basée sur la pleine conscience » (MBCT) réduisent de 30 à 40 % le risque de rechute chez les patients ayant connu au moins deux épisodes dépressifs graves, et continuent à les protéger plusieurs années après l'intervention thérapeutique[18].

Ce qui importe le plus dans la pratique de la méditation, ce n'est pas le temps qu'on y consacre, mais la régularité. Si le cerveau est sollicité quotidiennement, une trentaine de jours environ suffisent pour voir apparaître une modification significative des fonctions neuronales. Autrefois considérée comme fantaisiste, l'étude de l'influence des états mentaux sur la santé est donc de plus en plus à l'ordre du jour de la recherche scientifique[19].

Le Dalaï-lama décrit souvent le bouddhisme comme étant, avant tout, une science de l'esprit. Cela n'a rien de surprenant puisque les textes bouddhistes insistent particulièrement sur le fait que toutes les pratiques spirituelles, mentales, physiques ou éthiques, ont pour but direct ou indirect de transformer l'esprit. Qui plus est, il existe des traités entiers consacrés à l'établissement d'une taxonomie des états mentaux. Ces ouvrages dénombrent et décrivent cinquante-huit états pernicieux majeurs, détaillent leurs nuances, leurs dérivés et mentionnent d'autres modalités mentales qui peuvent leur être associées.

Il y a encore quarante ans, un dogme accepté presque unanimement dans le milieu des neurosciences voulait que le cerveau contienne tous ses neurones à la naissance et que leur nombre ne soit pas modifié par les expériences vécues. À présent, on sait au contraire que jusqu'à la mort de nouveaux neurones sont engendrés et l'on a créé le terme de « neuroplasticité ». Celle-ci rend compte du fait que le cerveau évolue continuellement en fonction de nos expériences et que ses structures sont susceptibles d'être profondément modifiées à la suite d'un apprentissage spécifique, qu'il s'agisse d'un art, de performances physiques ou de qualités personnelles. Or, l'attention, l'altruisme, l'ensemble des qualités humaines fondamentales peuvent être cultivés et relèvent pour une grande part d'un « savoir-faire » qu'il est possible d'acquérir.

Comme l'écrit Yongey Mingyur Rinpoché : « L'une des principales difficultés que l'on rencontre en essayant d'examiner son esprit vient de la conviction profonde et souvent inconsciente que l'on est comme on est, et que l'on n'y peut rien changer[20]. »

Sous-estimer la capacité de transformation de notre esprit est une erreur lourde de conséquences. Nos traits de caractère perdurent tant que nous ne faisons rien pour les maîtriser ni pour les corriger. Et il nous est impossible d'actualiser le meilleur en nous aussi longtemps que nous laissons nos propensions habituelles et nos automatismes se maintenir, voire se renforcer, pensée après pensée, jour après jour, année après année.

Les études qui avancent qu'entre 40 à 60 % de nos traits de caractère sont déterminés par la génétique sont contestées tant par les neuroscientifiques qui travaillent dans les domaines de la neuroplasticité, que par les spécialistes de l'épigénétique – une branche de la recherche en plein essor, qui étudie la manière dont l'expression des gènes est activée ou inhibée. Rappelons que les gènes sont une sorte de « plan » qui peut ou non être mis à exécution, et qui n'a rien d'absolu ; même à l'âge adulte, l'expression des gènes peut être fortement influencée par les conditions de notre existence.

Nous ne trouvons rien d'anormal à consacrer des années à apprendre à marcher, à lire, à écrire, et à suivre une formation professionnelle. Nous passons des heures à nous exercer physiquement pour être en forme, pédalant parfois avec acharnement sur un vélo d'appartement qui ne va nulle part. Pour entreprendre une tâche, quelle qu'elle soit, nous devons éprouver un minimum d'intérêt et d'enthousiasme, être conscients des bienfaits que nous en recueillerons.

Par quel mystère l'esprit échapperait-il à cette logique et pourrait-il se transformer sans le moindre effort, simplement parce qu'on le souhaite ? Cela n'aurait pas plus de sens que d'espérer jouer un concerto de Mozart en tapotant de temps à autre sur les touches d'un piano. Le seul secret est donc : « pratiquer, pratiquer, pratiquer ».

Une bonne blague :
« l'homme le plus heureux du monde »

Une blague certes, mais dont j'ai autant de mal à me défaire que le capitaine Haddock de son sparadrap dans *Vol 714 pour Sydney*. Un soir de janvier 2007, au Népal, je reçus un appel de la clinique de Shéchèn puis un autre de France, m'indiquant que la BBC World Service, la radio britannique internationale, cherchait à me contacter d'urgence. On me donna un numéro pour rappeler et vers vingt-trois heures, je me retrouvai en direct sur l'émission *News Hour*. On me demanda quel effet cela faisait d'être « l'homme le plus heureux du monde ». Un article, paru le matin suivant en première page du journal *The Independent*, reprenant cette drôle d'information accolée à mon nom... Ma réponse fut en substance : « Nous pouvons tous être l'homme, ou la femme, le plus heureux du monde, si nous cherchons le bonheur là où il se trouve. Cette dénomination n'a aucun fondement scientifique et quelques secondes de réflexion suffisent pour comprendre qu'il est impossible de connaître le niveau de bien-être de sept milliards d'êtres humains. Qui plus est, il n'existe pas d'aire du bonheur dans le cerveau. Cela vaut mieux que d'être appelé l'homme le plus malheureux du monde, et cette attribution fournit certes une bonne formule aux journalistes, mais elle n'est rien d'autre que "la plus grosse blague du monde". »

Que s'était-il passé ? Deux ou trois ans plus tôt, une série de documentaires sur la colère, la peur et le bonheur avait été réalisée par la chaîne de télévision australienne ABC. Ils étaient venus filmer nos expérimentations à Madison lorsque j'étais au laboratoire de Richard Davidson, puis au Népal. Dans l'une des dernières séquences du documentaire, on me voyait descendre des montagnes sur un petit chemin, tandis que le commentateur disait : « Peut-être avons-nous ici affaire à l'homme le plus heureux du monde ? » Et les choses en restèrent là... quelque temps. Mais un jour, un journaliste fort sympathique qui m'interviewait à l'occasion de la sortie de *Plaidoyer pour l'altruisme* en Angleterre, et qui avait vu ce documentaire, titra en première page : *The happiest man in the world ?* (« L'homme le plus heureux du monde ? »). À partir de ce moment, je n'eus plus aucun contrôle sur les événements. Loin de s'évanouir comme je l'espérais, la nouvelle fut répercutée dans une douzaine de journaux, du Chili à la Thaïlande, et ressort périodiquement dans la presse, les journalistes ne résistant pas à la tentation d'utiliser un titre aussi accrocheur. Le mois suivant, je fus interviewé par un autre journaliste du même journal, *The Independent*, et tentai de corriger le tir, mais de nouveau s'étala en gros caractères sur la page : *Meet Mr. Happy* («Rencontrez Monsieur Bonheur»).

Sur quoi les journalistes d'ABC et *The Independent* s'appuyaient-ils pour écrire cette formule ? Lorsqu'ils étaient venus à Madison, Richard Davidson et Antoine Lutz venaient de réaliser les recherches qui montraient que les pratiquants expérimentés qui s'engagent dans une méditation sur la compassion engendrent des oscillations dans les fréquences gamma d'une intensité qui n'avait jamais été décrite en neurosciences. Je n'étais qu'un des sujets parmi une quinzaine de méditants à long terme qui avaient participé à ces recherches et montré des résultats similaires. L'une des zones activées lors de cette méditation est également associée aux émotions positives : il n'en fallut pas plus aux journalistes pour déclarer que l'on avait trouvé l'homme le plus heureux du monde. Je fis part à mes amis scientifiques de mon embarras et fis tous les efforts possibles pour rectifier cet effet de style journalistique. Mais ces tentatives ne servirent pas à grand-chose. Je m'efforce donc désormais de prendre cette rumeur avec philosophie et amusement, et d'en tirer une leçon d'humilité.

CHAPITRE 50

Au service des plus démunis
Karuna-Shechen

En l'an 2000, les droits d'auteur du Moine et le Philosophe *et la rencontre d'un philanthrope me permettent d'entreprendre une quarantaine de projets humanitaires au Tibet, au Népal et en Inde. Ces actions nous mènent, en 2004, à la fondation de l'association Karuna-Shechen.*

En 2001, alors que nous avions entrepris l'année précédente les premiers projets humanitaires au Tibet oriental, un de mes voyages me mena au crépuscule, après deux jours de voiture depuis Shéchèn, au petit village de Dzogyèn Rawa dans le Golok, à 4 000 mètres d'altitude. Même en été, dès le coucher du soleil, il fait froid. Le lendemain matin, nous rendîmes visite à des communautés de nomades. Dans une tente en crin de yak, une fillette de douze ans tournait une large cuillère en bois dans un chaudron posé sur le foyer d'argile. Elle faisait cuire à petit feu du fromage à base de lait de dri. Des rayons de soleil illuminaient les volutes de fumée qui s'échappaient lentement par une ouverture ménagée dans le toit de la tente. La grand-mère de la petite fille, assise dans un coin, murmurait des prières, faisant glisser silencieusement les grains de son mala entre ses doigts. Sur un côté de la tente, Lhamo, la mère, gisait sur une couche, frêle, les yeux trop grands pour son visage émacié, le regard d'une étrange fixité.

Lorsque Lhamo était tombée malade, on l'avait emmenée à dos de cheval dans un petit hôpital qui se trouvait à une journée de là. On avait diagnostiqué une tuberculose osseuse, mais sa famille ne pouvait pas s'offrir les médicaments, bien trop coûteux. La maladie avait donc progressé. Lhamo était alitée depuis trois mois. Son mari était mort l'année précédente. Sa vieille mère et sa fille avaient la charge de toutes les tâches quotidiennes et du troupeau.

Fort heureusement, par l'intermédiaire du médecin de la clinique de Dzogyèn Rawa, pour laquelle nous avions construit une aile supplémentaire, il nous fut possible de lui offrir un traitement approprié, et nous expliquâmes soigneusement à sa fille comment lui administrer les médicaments. Elle écoutait attentivement et son visage laissait paraître une lueur d'espoir mêlée d'incrédulité. Tout en marmonnant ses prières et en retenant ses larmes, la grand-mère nous remercia avec effusion.

L'année suivante, nous revînmes au Golok et nous retrouvâmes Lhamo, qui avait changé de pâturage, comme le font régulièrement les nomades. Nous savions par Yéshin, notre ami et coordinateur local, qu'elle avait survécu à sa maladie, mais nous ne nous attendions pas à découvrir une femme au sourire radieux, presque méconnaissable. Lhamo avait repris du poids; elle marchait avec deux cannes en bois, aux côtés de sa fille resplendissante de joie et de gratitude.

Une vie sauvée... Une parmi un million et demi de patients auxquels notre association Karuna-Shechen vint en aide. En vingt ans d'activité, nous en sauvâmes sans aucun doute bien d'autres! Vingt ans de coups de cœur réussis.

Les débuts

Tout commença en 1997. À la sortie du *Moine et le Philosophe*, je me trouvai soudain devant la perspective de ressources dont je n'avais nullement besoin. À l'occasion de la promotion du livre, un journaliste me demanda si j'avais un regret dans la vie. Je m'estimais incroyablement fortuné du cours de mon existence, répondis-je, mais j'aurais aimé pouvoir mettre davantage en application la compassion que j'avais cultivée de mon mieux au cours de vingt-cinq ans de pratique méditative guidée par mes maîtres. Par chance, ce vœu allait pouvoir se réaliser. Jusqu'alors, je constatais, impuissant, les difficultés qui affectaient les populations dont je partageais le quotidien en Inde, au Népal et au Tibet. Mais je ne disposais d'aucun moyen financier pour entreprendre quoi que ce soit qui puisse leur être utile.

Dilgo Khyentsé Rinpoché souhaitait créer une clinique près du monastère de Shéchèn au Népal. Ce souhait commença à se concrétiser lorsque Rabjam Rinpoché m'appela un jour pour me confier qu'il était très inspiré, comme je l'étais, par les déclarations de Sa

Sainteté le Dalaï-lama qui encourageait les communautés bouddhistes à s'engager plus activement au service des populations locales qui leur avaient donné l'hospitalité lorsqu'ils étaient arrivés du Tibet, dans un état de dénuement total. Rabjam Rinpoché vouait aussi une grande admiration à mère Teresa comme à tous ceux qui se dédiaient au bien d'autrui. Il désirait vivement que nous entreprenions des projets caritatifs. Les choses allaient se mettre en place.

En 1999, nous envisageâmes diverses possibilités, tout d'abord au Népal, près de Shéchèn, mais aussi à Bodh Gaya, en Inde, où nous construisions un monastère. Rabjam Rinpoché avait rendu visite à des tailleurs de pierre dans une campagne reculée, et la précarité de leur situation sanitaire l'avait profondément bouleversé. Il conçut l'idée d'organiser un service de clinique mobile comprenant à son bord un médecin, une infirmière, du matériel médical de base et des médicaments; la clinique consistait en un simple véhicule 4 x 4 qui faisait régulièrement le tour de quelques villages. Cette première initiative fut suivie de la décision de construire la clinique du Népal. Nous nous mîmes alors en quête des fonds nécessaires à son édification. Nous en reçûmes notamment de la famille Oltramare en Suisse, qui était liée au Dalaï-lama et au Bhoutan. Dans les années 1950, les grands-parents de Delphine Oltramare, Fritz et Lisina von Schulthess, étaient devenus amis de la famille royale. C'est eux qui avaient fait venir au Bhoutan le fermier suisse, Fritz Maurer, ainsi que des vaches helvétiques. Ces donateurs devinrent tous de grands amis, en particulier Delphine, cette même amie qui nous accueillit, Christophe André, Alexandre Jollien et moi-même, dans son chalet suisse pour les discussions qui allaient donner naissance à *À nous la liberté*. Elle est aujourd'hui présidente de Karuna-Shechen Suisse. Des mécènes japonais et américains contribuèrent également à la construction de la clinique de Shéchèn, à Boudhanath, près du monastère, qui ouvrit ses portes en 2000 et fut dirigée avec enthousiasme pendant de nombreuses années par Dominique Marchal, ancienne pilote professionnelle, reconvertie dans l'humanitaire, puis par Isabelle Pastor et Dany Laigret.

Les choses allaient bientôt prendre de l'ampleur. En 1999, peu après la publication du *Moine et le Philosophe* en anglais, je reçus une invitation de Guén Wangchèn, le moine tibétain qui dirige Casa Tibet à Barcelone avec à la fois une grande détermination et une indéfectible bonne humeur. Il me convia à mener une conférence à l'occasion des cinq ans de la fondation de Casa Tibet. Cette organisation culturelle et spirituelle bénéficiait du soutien d'un mécène allemand, Klaus Hebben, qui avait aussi financé des projets en Inde parrainés par le Dalaï-lama, dont deux hospices pour personnes âgées au Ladakh et à Simla. Il avait lu *Le Moine et le Philosophe* et souhaitait me rencontrer. Nous nous retrouvâmes à Barcelone. Au fil de déjeuners et de promenades dans les rues de la capitale catalane naquit une longue et solide amitié. Ce fut le début d'une aventure pour le moins peu ordinaire.

Klaus me demanda s'il était envisageable d'entreprendre des projets humanitaires au Tibet. « La répression est encore très stricte, lui répondis-je, mais nous pourrions essayer et commencer par une école et un petit dispensaire près du monastère de Shéchèn au Kham, ce qui facilitera la supervision de ces projets. »

Klaus accepta sans hésiter et envoya les fonds à un ami de confiance à Hong Kong. En 2000, je retournai au Tibet oriental et, assistés par deux moines de Shéchèn qui devaient nous accompagner au cours des vingt années suivantes, nous réussîmes à mener à bien ces deux premiers projets. Nous appréhendions quelque peu la réaction du gouvernement chinois, mais l'année suivante, nous constatâmes avec soulagement que l'école et la clinique fonctionnaient au mieux et que les autorités approuvaient notre initiative.

Lors de mon retour au Tibet oriental en 2001, une centaine d'enfants – dont un grand nombre de filles comme nous l'avions souhaité – étudiaient joyeusement à l'école (qui offrait le cursus de cinq ans de l'école élémentaire) et la clinique recevait une trentaine de patients par jour. Je revins donc rassuré, avec un rapport et des photos que je remis à Klaus.

« Nous pouvons faire plus. Dis-moi quoi », conclut Klaus.

Les années qui suivirent furent un peu le Far West de nos projets humanitaires. Nous n'avions pas encore fondé d'organisation et il n'était pas facile d'organiser des transferts d'argent vers la Chine. Malgré tout, nous réussîmes à construire des dispensaires, des écoles, des ponts et des maisons d'accueil pour personnes âgées. Il m'arrivait, en visitant les lieux, de repérer le besoin d'un nouveau projet, de téléphoner à Klaus pour obtenir son feu vert et de l'entreprendre sur-le-champ. Parfois, à six heures du matin, deux ou trois gaillards khampas ouvraient grand la porte de ma chambre, me demandaient avec un large sourire si j'avais bien dormi, s'asseyaient par terre et m'adjuraient de venir visiter leur village où ils avaient tant besoin d'une école ou d'un dispensaire. Je devais consulter mon «patron», avais-je l'habitude de répondre, puis, avec l'aide de mes acolytes, nous prenions des renseignements sur le village en question et les personnes susceptibles de superviser le projet sur place. Ensuite, nous allions visiter les lieux et prenions une décision.

Nous fûmes également parfois accompagnés de médecins. Jean-Noël Cheveau, notamment, se rendit quatre fois au Kham et fit beaucoup pour améliorer nos services de santé, tandis que Christopher Hillman, un sympathique médecin d'origine amérindienne, vint plusieurs années de suite passer des mois d'affilée à Shéchèn. Il veillait notamment à la santé des enfants de l'école. Lors de l'un de ses séjours, il prit la décision de rester pour l'hiver. Je l'avais prévenu que les conditions hivernales seraient impitoyables. Un matin, Christopher renversa sur sa table la tasse de thé chaud qu'il venait de remplir. Lorsque le thé finit sa course, il était figé par le gel. Notre médecin décida qu'il était temps de partir... Des médecins de Suisse, d'Angleterre, d'Israël et de Corée firent également des séjours dans des conditions souvent difficiles.

Durant les quatre premières années de nos activités, nous pûmes ainsi réaliser quarante projets au Tibet: la construction de vingt dispensaires et autant d'écoles. En revanche, nous ne nous attendions pas à devoir construire des ponts, rôle dévolu normalement au gouvernement. Cependant, face aux demandes répétées et insistantes des villageois, qui revenaient vers nous année après année, nous en édifiâmes dix-huit! Les ponts améliorent considérablement la vie quotidienne des populations locales. En 2005, par exemple, nous construisîmes un pont suspendu de quatre-vingts mètres de long sur le Yangtsé (qui s'appelle Drichou au Tibet) dans une région où il n'y avait aucun franchissement possible du fleuve sur près de soixante kilomètres. L'été, les riverains traversaient ses flots tumultueux sur de frêles embarcations et, chaque année, des vies humaines étaient ainsi emportées. Un groupe de villageois nous apprit que trois enfants avaient trouvé la mort l'hiver précédent, lorsque la glace qui recouvrait la rivière devant leur village s'était rompue sous leur poids. Trois ponts suspendus sur le Dzachou (Mékong) furent également érigés ainsi que de nombreux ouvrages plus modestes qui enjambaient des ravines et des gorges périlleuses. Pour arriver, à pied, au monastère de Tsédrön, par exemple, où nous avons construit une école et une clinique, à vingt kilomètres à vol d'oiseau de la route principale, un petit chemin serpentait dans des gorges abruptes qu'enjambaient neuf passerelles et petits ponts en bois. Plusieurs d'entre eux menaçaient de s'effondrer, et ce malgré les efforts répétés des populations locales pour les solidifier. Sans ces ponts, il fallait marcher une journée entière par les crêtes pour arriver à Tsédrön, un itinéraire périlleux qui ne pouvait être emprunté ni par les chevaux ni par les yaks qui transportent les marchandises. Nous avons donc construit cinq ponts dont les tabliers de bois reposent sur de solides piliers de béton, la population locale se chargeant d'aménager le chemin. Aujourd'hui, il ne faut que quatre heures de route à cheval ou en moto pour rejoindre Tsédrön depuis la route principale située au bord du fleuve Drichou.

Au Tibet, les trajets sont évalués en heures et non en kilomètres, car tout dépend de l'état des routes. Celles-ci ont été améliorées au fil des ans, mais bien souvent encore, on ne peut guère parcourir plus de trente kilomètres par heure, sur des pistes chaotiques ou des routes sommairement goudronnées, criblées d'ornières.

Karuna prend de l'ampleur

En 2004, les projets que nous avions engagés en Asie ayant pris une certaine ampleur, une Française, Pascale Sevault, me suggéra de fonder une association pour faire connaître notre action et recevoir légalement des dons. J'avais pensé nommer l'association « Compassion en Action », mais on me fit remarquer que cette expression sonnait très « religieux ». Nous l'appelâmes Karuna, « compassion » en sanskrit, qui signifie à peu près la même chose sans que personne le sache, terme auquel nous accolâmes le nom de notre monastère, Shéchèn, car il existait déjà plusieurs associations nommées Karuna dans le monde. Je fus promu « président », bien que ce genre d'appellation ne s'inscrive pas vraiment dans le cadre de mes aspirations. Parmi les membres fondateurs figurait également Michel Tardieu, ancien d'HEC, qui œuvra toute sa vie dans le monde de l'humanitaire, en dehors de ses activités professionnelles, et continue inlassablement de nous accompagner. Pascale organisa quelques conférences au profit de Karuna-Shechen en espérant convaincre les grandes entreprises de nous soutenir. Elle organisa notamment une rencontre autour d'un dîner durant lequel je parlai du bonheur et de l'altruisme à une demi-douzaine de grands patrons. À la fin de mon bref exposé, j'expliquai en détail nos projets humanitaires. Tout le monde semblait ravi. Quelques jours plus tard, Pascale reçut un mot disant qu'en signe de remerciement ce petit groupe d'entrepreneurs souhaitait m'offrir une petite imprimante portable. Elle me fut très utile...

Fort heureusement, en plus de mes droits d'auteur et des retombées de mes conférences qui furent toujours intégralement consacrées aux projets de Karuna-Shechen, des philanthropes, des fondations familiales et d'innombrables personnes du monde entier vinrent grossir les rangs de la famille Karuna. Pour que nous puissions recevoir des dons qui soient déductibles des impôts des donateurs, des branches de Karuna-Shechen furent fondées aux États-Unis[1], à Hong Kong, au Canada et en Suisse, tandis que Karuna-Shechen France est devenu Karuna-Shechen Europe. La présence de Karuna-Shechen au Royaume-Uni était assurée par mes amis Anne et Gérard Tardy, qui m'accueillaient à Londres lorsque j'y étais invité à l'occasion du lancement d'un nouveau livre ou de l'une des conférences que j'ai pu donner sur des sujets divers, à l'initiative notamment de Lord Richard Layard qui fonda Action for Happiness. Ce mouvement mondial vise à mettre le bien-être des citoyens au cœur des institutions et des décisions politiques au lieu de considérer qu'il ne serait qu'un effet secondaire de la prospérité économique.

Au Népal, outre la clinique qui soigna pendant vingt ans près de 40 000 patients chaque année, nous entreprîmes une multitude de projets, parmi lesquels la création de neuf écoles entièrement construites en bambou, capables d'accueillir mille à mille cinq cents enfants chacune, et placées sous l'égide d'Uttam Sanjel, un personnage ingénieux, débrouillard et passionné. Le coût de la scolarité défiait toute concurrence : les parents ne payaient qu'un euro par mois et par enfant.

Uttam avait l'art de la formule. Levant son index pour imiter la forme du mot « I » (« moi » en anglais), il expliquait que ce « I » s'érigeait en mur entre les humains, sur lequel nous butions constamment. Puis il abaissait son doigt à l'horizontale, ajoutant : « Si le "I" s'incline, il devient un pont entre les êtres. » Il avait également une méthode de recrutement très novatrice : s'il lui fallait cinquante professeurs pour enseigner dans l'une de ses écoles, il passait une annonce dans les journaux et recevait jusqu'à un millier de candidatures. Il en sélectionnait environ cent cinquante puis demandait à trois professeurs d'enseigner chacun une semaine dans les cinquante salles de classe de l'école. Finalement, il demandait aux enfants de choisir le professeur avec lequel ils avaient eu le plus de joie à étudier ! Une méthode qu'il serait sans doute difficile à faire adopter par notre ministère français de l'Éducation nationale… Mais, en dépit de son génie, Uttam était un franc-tireur dans la gestion de ses écoles et, depuis une dizaine d'années, nous l'avons laissé poursuivre indépendamment ses initiatives ; il ne souhaitait pas se plier aux exigences de gestion des projets caritatifs approuvés par les instances des pays donateurs.

Toujours au Népal, sous la direction de Nadine Donnet, puis du visionnaire Sanjeev Pradhan pendant sept ans, auquel succéda Shalav Rana, Karuna-Shechen a étendu ses activités à de nombreux districts défavorisés. En 2015, deux séismes majeurs ravagèrent le pays. En étroite collaboration avec le monastère de Shéchèn, une équipe de la clinique de Shéchèn et une trentaine de moines partirent tous les jours pendant deux mois à bord de deux camions distribuer de la nourriture, des couvertures et autres nécessités dans des villages sinistrés, ainsi qu'administrer des soins aux habitants. C'est ainsi que, collaborant avec plusieurs organisations locales, nous avons secouru deux cent mille personnes dans deux cent vingt villages, apportant six cents tonnes de riz et quinze mille tentes, entre autres choses. Un article parut même en première page du *Kathmandu Post*, le principal quotidien népalais, montrant une photo des moines dans un village. Il était intitulé : « *They walk the talk* », « Ils font ce qu'ils enseignent ». Depuis lors, dans les douze districts les plus touchés, nous poursuivons un programme de reconstruction d'écoles, de sécurité alimentaire (agriculture biologique durable et profitable), de formation des femmes à l'électrification solaire de leur village, d'entraînement aux premiers secours et de prévention du trafic d'êtres humains, touchant principalement de très jeunes filles et des femmes, et du trafic d'organes. Nous réhabilitons également des écoles gouvernementales délaissées par les autorités, apportant une aide matérielle et motivant les professeurs et les villageois. Navaraj Sodari, par exemple, enseigne à l'école élémentaire de Jamuna à Begu, dans le district de Dolakha. Il rapporte dans un entretien filmé pour Karuna-Shechen : « Quand j'ai été sélectionné pour devenir enseignant ici, ce fut l'un des plus beaux jours de ma vie. Un autre jour très heureux a été celui où notre école a commencé à recevoir le soutien de Karuna-Shechen. Tous les enseignants se sentent maintenant motivés par les changements que ce soutien a apportés. »

Il est souvent difficile dans nos sociétés plus nanties d'apprécier la différence qu'une aide, même modeste, peut apporter. Ainsi, équiper entièrement une maison en énergie solaire revient environ à quatre cents euros, et le quotidien de ses habitants s'en trouve totalement changé. Sadikshya, par exemple, est une fille pétillante qui est en sixième dans une école de la campagne népalaise. Elle vit avec sa mère. « Je ne me souviens pas du visage de mon père », dit Sadikshya en souriant à la caméra lors d'une rencontre filmée avec les collaborateurs de Karuna-Shechen. « Il nous a quittés quand j'étais bébé, et j'ai grandi grâce aux soins de ma mère et de nos voisins. Nous ne sommes peut-être pas riches, mais nous avons assez à manger et de quoi nous vêtir. Et ma mère m'aime beaucoup. C'est ce qui compte le plus. » Pendant deux ans, Sadikshya et sa mère ont vécu toutes leurs soirées dans l'obscurité. « Après le tremblement de terre, poursuit Sadikshya, nous avons eu des lampes solaires, et nous les avons utilisées pendant six mois, avant que la batterie ne se recharge plus. Depuis, nous vivions avec une simple lampe torche. Le soir, j'allais souvent chez mes voisins pour faire mes devoirs. » Depuis, la maison de Sadikshya fut l'une des cent habitations sélectionnées au village de Walthing, dans le district de Kavre, pour être dotée de panneaux solaires. « Maintenant, grâce à cette lumière solaire, je peux étudier et aider ma mère à apprendre à lire et écrire », témoigne la jeune fille.

En Inde, les projets se développèrent considérablement sous la conduite experte et créative de Shamsul Akthar, et continuent de se diversifier dans les deux États les plus pauvres du pays, le Bihar et le Jharkhand. Nous établîmes des centres médicaux à partir desquels des cliniques mobiles rayonnent dans des villages éloignés où viennent se faire soigner des patients de plusieurs centaines de villages voisins. En 2019, plus de cent mille patients bénéficièrent de ces services. En 2020 et 2021, nous vînmes en aide à plusieurs dizaines de milliers de personnes fragilisées par la pandémie du Covid-19, personnes âgées, handicapées ou en situation de pénurie alimentaire.

Au service des plus démunis

Nous créâmes également soixante-dix centres d'alphabétisation destinés aux femmes adultes, dont certaines sont âgées de plus de cinquante ans. Le programme Small Money, Big Change («Peu d'argent, grand changement») se fixa pour but de favoriser la création de soixante mille jardins permettant aux familles de devenir autosuffisantes, pour un coût de cent-vingt euros par potager. En effet, en raison de la prédominance des monocultures, les paysans cultivent rarement les fruits et légumes dont ils ont besoin pour se nourrir et les achètent au marché. Nous leur fournissons des plants, un large échantillon de graines alimentaires et des techniques de production de terreau organique afin qu'ils retrouvent une certaine autonomie. Nous creusons également des plans d'eau qui servent à l'irrigation. Nous créons aussi des centres de formation professionnelle pour les femmes – vannerie, broderie, fabrication de bougies décoratives, de serviettes sanitaires, etc. Nous apportons notre soutien à des douzaines de centres d'éducation de jeunes enfants, l'équivalent des classes maternelles en France. Nous formons des animatrices pour les éduquer par le jeu et l'apprentissage du sens de la coopération; nous faisons don de jouets et fournitures scolaires à ces petites structures gouvernementales de campagne. Nous équipons des centaines de maisons villageoises de systèmes de collecte des eaux de pluie et avons planté des milliers d'arbres.

☙

Jusqu'en 2008, je visitais les projets chaque année sur le terrain et lançais de nouvelles initiatives. Raphaële et moi-même prenions des photos, puis je faisais les comptes et mettais en page une sélection d'images. J'imprimais en vingt exemplaires sur l'imprimante du monastère de Shéchèn un rapport annuel d'une trentaine de pages que j'envoyais aux principaux bienfaiteurs. Puis, Patricia Christin, qui m'est depuis d'une aide inestimable, devint présidente de Karuna-Shechen France, et nous décidâmes d'alterner la présidence tous les dix-huit mois[2]. Récemment, grâce aux efforts de Jean Timsit et Quentin Durand, nous avons mis en place un système de gouvernance fondé sur la notion d'interdépendance incarnée dans des «cercles de compétences» dédiés aux projets de terrain, à la communication, aux aspects légaux et financiers, à la vision d'une société plus altruiste, au lien avec nos bienfaiteurs, etc. Ces cercles permettent à tous ceux d'entre nous qui ont des compétences particulières de les mettre au service de nos projets de la meilleure façon possible, indépendamment de leur localisation géographique. Ce système est inspiré des principes d'auto-organisation conçus par Frédéric Laloux – avec qui nous avons suivi un séminaire très fructueux – dans son ouvrage *Reinventing Organizations*.

Karuna-Shechen dispose maintenant d'une équipe de collaborateurs dynamiques qui ont permis un essor que nous n'imaginions pas à nos débuts. Pour la première fois en vingt ans, nous avons un bureau à Paris et avons récemment décidé de soutenir des projets caritatifs en France et en Europe, avec le Samu Social et un ensemble d'organisations dédiées à mettre un terme aux souffrances inutiles et à pallier l'extermination des autres espèces – citons L214, la Fondation Good Planet, ou encore la Fondation Jane Goodall.

Tous ceux qui participent aux projets de Karuna-Shechen sont convaincus non seulement de l'importance de l'altruisme, mais aussi de la nécessité de cultiver dans notre propre vie la bienveillance, l'intégrité, la résilience, le dévouement, l'humilité et la joie de vivre. Ce sont en effet trop souvent les faiblesses de la nature humaine – les conflits d'ego, la corruption, etc. – qui expliquent l'effondrement de certaines organisations caritatives, et non le manque de projets à accomplir ou de ressources.

J'ai confiance dans le fait que nos collaborateurs présents et futurs perpétueront ces valeurs. Je tiens donc à remercier du fond du cœur nos équipes, volontaires et généreux bienfaiteurs qui ont constitué la famille Karuna-Shechen tout au long de nos différentes phases de développement et ceux qui la constituent aujourd'hui[3]. Cette synergie est un bel exemple du concept d'interdépendance qui occupe une place centrale dans le bouddhisme : interdépendance entre les populations qui ont besoin d'aide, nos collaborateurs dévoués qui œuvrent sur le terrain, les différentes branches de Karuna-Shechen qui font connaître notre action et recueillent des fonds, et nos fidèles bienfaiteurs. Tous, chacun à sa manière, rendent cette œuvre possible et pérenne.

Notre approche fut toujours pragmatique et centrée sur le terrain, et les besoins exprimés par les populations elles-mêmes, en tenant compte de leur réalité vécue, sans idées préconçues.

Aujourd'hui, nous aidons annuellement plus de trois cent mille personnes environ dans les domaines de la santé, de l'éducation et des services sociaux. Lancée avec une poignée d'amateurs passionnés, Karuna-Shechen est devenue une organisation capable d'avoir un impact significatif sur le bien-être des populations des contrées où nous intervenons. Du fait que mes droits d'auteur subviennent à l'ensemble des frais de fonctionnement, 100 % des dons sont consacrés à la réalisation des projets.

ɞ

Mais est-il vraiment possible de faire une différence en ce monde par nos simples actions individuelles ? Aurais-je mieux fait de mener ma vie de moine, de retraitant dans les ermitages himalayens, poursuivant mon chemin spirituel de tout mon cœur, loin de l'agitation du monde et de la dispersion inévitablement engendrée par d'incessantes activités ? Je me posai cette question avec une acuité toute particulière, il y a quelques mois, alors qu'en survolant l'Asie centrale au retour du Népal je regardais *Human*, le film poignant de Yann Arthus-Bertrand

L'amour, le bonheur sont les aspirations les plus universellement partagées. Pourtant, les inégalités sont légion et le fossé ne cesse de se creuser entre les plus pauvres et démunis et une poignée de nantis qui accumule les milliards au sommet de la pyramide. Que pèsent nos idéaux de bonté et d'altruisme face à ce constat ? Comment contribuer au bonheur de tous dans la confusion qui semble présider au cours du monde ?

Certes, mes choix et initiatives, et bien plus encore celles de Karuna-Shechen, ont pu apporter un peu de bien, sauvant de nombreuses vies, ce dont je me réjouis du fond du cœur. Et je me fis alors la réflexion que c'était peut-être là l'essentiel, l'étincelle de départ...

Il ne faut pas sous-estimer le pouvoir des idées et de ceux qui les mettent en action ! En transformant notre propre esprit et notre vision du monde, peu à peu nous pouvons activement contribuer à changer nos priorités et transformer nos cultures. Bien des changements majeurs qui se sont produits dans les sociétés paraissaient improbables à première vue. *Satyagraha*, le principe qui inspira la résistance non violente instaurée par Gandhi, signifie « la force de la vérité ». C'est elle qui agit et déplace des montagnes.

Tout changement est initié par quelques personnes conscientes de la nécessité d'œuvrer à un monde meilleur. Ils possèdent cette intime conviction qu'il est possible de réaliser leurs aspirations, leurs rêves. Ils peuvent être taxés d'idéalistes parfois, voire d'agitateurs et se voir fustigés par les tenants du *statu quo*. Peu à peu cependant, d'autres ouvrent les yeux et rejoignent leur cause. Lorsque leur nombre atteint une masse critique, l'opinion publique bascule. « D'abord, ils vous ignorent, puis ils rient de vous, puis ils vous combattent, puis vous gagnez », disait Gandhi.

☙

Au cours des nombreuses visites que je fis sur le terrain pour mener à bien ces projets qui me tiennent tant à cœur, je fis la rencontre de nombre de personnes inspirantes qui contribuent chacune à sa manière à ce changement de fond avec un admirable dévouement. Nous pourrions les appeler les héros anonymes de la compassion. Gurmit Singh est l'un d'entre eux.

Sur la route qui me menait de Bodh Gaya au Népal, Shamsul Akhtar, qui s'occupe avec brio des projets de Karuna-Shechen en Inde, me fit rencontrer ce saint ordinaire, dont l'authenticité et la simplicité m'émerveillent chaque fois que j'y pense.

Ce que fait Gurmit Singh est tout simple et ne demande qu'un élan du cœur présent en chacun de nous, mais que l'on laisse trop rarement s'exprimer. Gurmit, lui, fait preuve d'une spontanéité et d'un dévouement rares. Depuis près de vingt-cinq ans, à Patna au Bihar, tous les soirs, vers neuf heures, il ferme sa boutique de vêtements, achète des repas chauds, des galettes, des légumes, des œufs, du yaourt, des douceurs et se rend sur son scooter surchargé auprès des malades les plus démunis, les laissés-pour-compte des deux principaux hôpitaux de la capitale de l'une des provinces les plus pauvres de l'Inde. On les appelle les *lawaris*, les « abandonnés », car ils n'ont personne à qui demander de l'aide. Une salle commune leur est réservée, délabrée, sale et fétide.

Jusqu'à minuit passé, Gurmit distribue nourriture et réconfort à ceux qui gisent souvent à même le sol en béton de l'hôpital, ou sur des banquettes rudimentaires, les lits décents étant occupés par des patients plus nantis. Des infirmières passent deux fois par jour, et un maigre repas, à peine mangeable, leur est servi. Le reste du temps, les malades sont laissés à leur triste sort. Les rats courent partout et les mordent parfois. Mais quand Gurmit Singh arrive avec des provisions et nourrit souvent de sa main ceux qui sont dans l'incapacité de le faire, les sourires reviennent sur ces visages marqués par la souffrance.

Gurmit vint ainsi en aide à une femme très pauvre, enceinte, qui avait été percutée par un train et avait dû être amputée d'une jambe. Elle avait aussi perdu une grande partie de sa mémoire. Gurmit réussit à retrouver un membre de sa famille en affichant sa photo sur les réseaux sociaux. Il achète également les médicaments que l'hôpital ne fournit pas gratuitement et que les patients n'ont pas les moyens de se procurer. Il donne régulièrement son sang et motive ses amis à faire de même.

Gurmit n'attend rien en retour de sa sollicitude et pourtant, par deux fois, les deux hôpitaux dans lesquels il se rend tous les jours lui ont interdit l'accès. Un aveuglement à peine imaginable, dû peut-être au sentiment de culpabilité de ceux qui dirigent ces établissements comme des entreprises commerciales et craignent pour leur réputation. Ceux-là ne souhaitent pas qu'il leur soit rappelé tous les jours que la bonté doit passer avant toute autre considération. Déterminé, Gurmit réussit à chaque fois à faire intervenir quelqu'un pour qu'il puisse poursuivre son œuvre.

Sa plus grande inquiétude est de manquer l'une de ses visites journalières. « Qui va s'occuper d'eux, si je m'absente ? » De fait, il n'est pas parti en vacances et n'a pas quitté Patna depuis treize ans, de peur de délaisser les abandonnés. Sauf à une unique occasion, quand la communauté sikhe, expatriée en Angleterre, l'a honoré pour son dévouement.

Pour payer les dépenses, Gurmit et ses cinq frères, qui habitent des logements modestes dans le même immeuble, mettent 10 % de leurs revenus dans une boîte de dons. Dans la famille, on a remplacé les fêtes et les cadeaux d'anniversaire par une contribution à la cagnotte.

Le déclic s'est produit il y a vingt-trois ans quand une femme qui survivait en vendant au porte-à-porte des sacs en plastique arriva en pleurs dans son magasin tenant dans les bras son petit garçon gravement brûlé. Gurmit les emmena à l'hôpital et constata que les médecins étaient en grève. Indigné, il s'arrangea pour que l'enfant reçoive les premiers soins, puis décida de revenir s'occuper d'autres personnes négligées par l'hôpital et par la société.

C'est sans doute cette « banalité du bien », cette « aveuglante proximité de la bonté » incarnée par Gurmit Singh qui nous touche et nous émeut le plus. On y découvre la générosité à l'état pur, sans affectation ni prétention.

Nous avons tous besoin d'exemples capables d'inspirer nos vies, de modèles qui incarnent la bonté sous sa forme la plus essentielle. La qualité n'est pas une affaire de quantité. Rien ne saurait remplacer les Gurmit Singh pour éclairer notre chemin et raviver notre confiance dans la nature humaine.

J'ai tenté de démontrer dans un livre que l'altruisme véritable existe. Gurmit Singh résume les huit cents pages de *Plaidoyer pour l'altruisme* en quelques mots : « Le bonheur, c'est aider les autres », me dit-il. Un homme avait déjà écrit : « Tous ceux que j'ai connus, pour être vraiment heureux, ont appris comment servir les autres. » C'était Albert Schweitzer, prix Nobel de la paix en 1952. Il avait construit un hôpital dans la forêt équatoriale. N'est pas Prix Nobel qui veut, mais nous pouvons tous être un Gurmit Singh. Il suffit d'ouvrir notre cœur en grand.

༄

Au Collège des va-nu-pieds

Sanjit « Bunker » Roy est un autre modèle de compassion en action. Je fis sa connaissance en présence du Dalaï-lama, à Zurich en 2010, lors d'un séminaire Mind and Life Europe sur le thème « L'altruisme et la compassion dans les systèmes économiques[4] ». Je ressentis une complicité immédiate avec cet homme solide, jovial, soucieux du bien d'autrui et étonnamment créatif. En 2013, avec un petit groupe de collaborateurs de Karuna-Shechen, je fis un séjour à Tilonia, où se trouvait son Barefoot-College (le « Collège des pieds nus ») dans le Rajasthan, en Inde. Bunker et son équipe nous accueillirent à bras ouverts. Tout le monde y vit très simplement, dans le style des communautés de Gandhi, et personne n'est payé plus de cent euros par mois. Après le déjeuner, tout le monde passe tour à tour au robinet pour laver sa vaisselle (à l'eau froide). Le premier matin, après avoir planté un arbre symbolique, nous visitâmes l'atelier de formation des « grands-mères illettrées », des femmes venues du monde entier et promises à devenir des ingénieures solaires en l'espace de six mois. Bunker avait observé que les hommes qui avaient suivi des études partaient vers les villes et ne revenaient pas. Ils étaient inutiles à leurs villages. « Les hommes sont irrécupérables », aime-t-il dire avec malice. Il lui apparut comme une évidence qu'il valait mieux éduquer les femmes, et parmi elles, tout particulièrement les jeunes grands-mères de trente-cinq à cinquante ans, qui disposaient de plus de temps que les mères de famille. Il se dit que même si elles étaient analphabètes, il devait être possible de les former à devenir « ingénieures solaires », compétentes dans la fabrication de panneaux voltaïques. Qui plus est, il y avait peu de risques qu'elles quittent leur village.

Comment cet homme si inspirant, qui ressemble davantage à un patriarche indien qu'à un fermier du Rajasthan, a-t-il ainsi échoué à Tilonia au milieu du désert rajasthani ? Fils d'une famille de la haute société indienne, Bunker Roy fut éduqué dans l'un des plus prestigieux collèges de l'Inde, à Dehra Dun. Sa mère le voyait déjà médecin, ingénieur ou, qui sait, fonctionnaire de la Banque mondiale. En 1965, alors que Bunker venait d'avoir vingt ans, une terrible famine éclata dans la province du Bihar, l'une des plus pauvres de l'Inde. Inspiré par Jai Prakash Narayan, une grande figure morale indienne, ami de Gandhi, Bunker Roy décida de partir pour le Bihar avec plusieurs amis de son âge. Il en revint quelques semaines plus tard, transformé, et déclara à sa mère qu'il souhaitait s'installer dans un village du Rajasthan. Après un moment de silence consterné, sa mère lui demanda :

« Et qu'est-ce que tu vas faire dans ce village ?

— Travailler comme ouvrier non qualifié pour creuser des puits », répondit Bunker.

« Ma mère tomba presque dans le coma », raconte Bunker avec humour. Les autres membres de la famille tentèrent de la rassurer en lui disant : « Ne t'inquiète pas, il a une petite crise d'idéalisme. Après avoir peiné quelques semaines sur place, il déchantera vite et reviendra. » Mais Bunker ne revint pas et passa quarante ans à se rendre de village en village. Pendant six ans, il creusa au marteau-piqueur trois cents puits dans les campagnes du Rajasthan. Sa mère ne lui adressa plus la parole pendant des années. Quand il s'installa finalement, loin de tout, dans ce petit village perdu de Tilonia, au Rajasthan, les autorités locales ne comprirent pas non plus ce qu'il venait faire là :

« Êtes-vous poursuivi par la police ?

— Non.

– Avez-vous échoué dans vos examens ? Ou à obtenir un poste de fonctionnaire ?

– Non plus. »

Il était incongru de rencontrer dans ce village quelqu'un de son extraction sociale et doté d'un pareil niveau d'éducation, mais Bunker s'y sentait à sa place. Et il se rendit compte qu'il devait faire davantage que de creuser des puits, d'autant plus que la plupart des puits des villages environnants se retrouvaient régulièrement à sec. Dans un large ravin creusé au pied de l'une des collines qui saillaient du désert, il découvrit les ruines de ce qui ressemblait à un ancien barrage. Il comprit soudain qu'il avait servi à retenir l'eau de pluie. Les pluies tombent rarement au Rajasthan, mais lorsqu'elles surviennent, elles s'abattent alors avec une grande violence. L'eau dévale les pentes, forme des rivières éphémères qui se jettent dans le lit d'un cours d'eau des environs, et tout disparaît en quelques jours sans avoir eu le temps d'être absorbé dans le sol. Il mobilisa donc les villageois pour reconstruire le barrage. L'ouvrage fut entièrement restauré. Lors de la saison des pluies, il retenait une grande quantité d'eau, formant un petit lac qui se diffusa dans le sous-sol de sorte que des centaines de puits des villages environnants se remplirent à nouveau d'eau potable. Dorénavant, les femmes n'avaient plus à s'infliger plusieurs heures de marche quotidienne pour ramener sur leur tête ou contre leurs hanches de lourdes jarres d'eau souvent polluée.

Au Barefoot College, l'eau de pluie recueillie sur les toits des habitations est acheminée et stockée dans de grandes citernes de cent mille litres qui suffisent à approvisionner en eau le College pendant toute l'année. Bunker installa des systèmes de collecte d'eau de pluie dans tous les villages de la région. Suivant son exemple, Karuna-Shechen a développé un vaste programme de collecte d'eau de pluie dans des villages du Bihar et du Jharkhand.

Nous visitâmes également quelques-unes des cent dix écoles du soir que Bunker mit en place et qui sont suivies avec un enthousiasme communicatif par les enfants des villages qui peuvent ainsi apprendre à lire et à écrire de manière ludique, souvent jusqu'à vingt-deux heures ! Les enfants de ces « écoles de bergers », comme Bunker les baptisa, constituèrent un « Parlement des enfants », fort de quarante députés, en majorité des jeunes filles, le seul au monde qui fonctionne tout au long de l'année et se réunit une fois par mois pour discuter des questions qui affectent la vie des plus jeunes. Ils prennent ainsi conscience de leurs droits et n'hésitent pas à soulever les questions les plus délicates lorsque des abus sont commis sur certains d'entre eux. Les parents prennent cette « institution » très au sérieux et une délégation assiste (en silence), avec les chefs de villages, aux délibérations du parlement. Les enfants font aussi campagne tous les deux ans dans les villages au moment des élections, apprenant ainsi les principes de la démocratie. Le parlement des enfants du Rajasthan se révéla plus efficace que prévu, et réussit à améliorer dans une large mesure le sort des enfants dans la région. Le parlement se vit même remettre un prix en Suède et la Première ministre, une fillette de treize ans, rencontra la reine. Celle-ci fut impressionnée par l'aplomb et le calme que la villageoise manifestait au milieu d'une assemblée de dignitaires adultes et lui demanda : « Comment se fait-il que tu aies tant d'assurance ? » Ce à quoi la jeune paysanne répondit : « Je suis Première ministre, Votre Majesté. »

Bunker fut longtemps ignoré, puis critiqué par les autorités locales et les organisations internationales, y compris par la Banque mondiale. Il s'est, bien sûr, réconcilié avec sa famille, qui est maintenant fière de lui. Ainsi, pendant de nombreuses années, ce qui semblait à ses proches un sacrifice insensé constitua pour lui une réussite qui l'emplit d'enthousiasme et de contentement. Loin de le décourager, les difficultés qu'il rencontra sur sa route ne firent que stimuler son intelligence, sa compassion et sa créativité, et il en fut de même pour son épouse, Aruna Roy, célèbre en Inde pour ses actions en faveur des populations les plus vulnérables, particulièrement la classe paysanne. Depuis quarante ans, Bunker a mené à bien une multitude de projets remarquables dans vingt-sept pays. Des centaines de grands-mères illettrées ont assuré l'électrification solaire de près d'un millier de villages en Inde comme en Afrique. Son action est désormais soutenue par le gouvernement indien et d'autres organisations caritatives. Au Barefoot College, les enseignants n'ont aucun diplôme, mais partagent leur expérience fondée sur des années de pratique, s'appuyant sur les savoir-faire ancestraux des paysans et des artisans.

Pour enseigner aux villageois de manière vivante, ils organisent des représentations mettant en scène de grandes marionnettes en papier mâché. En guise de clin d'œil à ceux qui les regardaient de haut, celles-ci sont fabriquées avec des rapports recyclés de la Banque mondiale.

Une détermination sans pareille derrière la plus simple des apparences

Autre héros du cœur que j'eus le bonheur de connaître : Fazle Abed, que je rencontrai à Vancouver, autour d'une tasse de thé, à l'occasion de la conférence pour la paix autour du Dalaï-lama. Il me demanda quelle était mon activité et je lui répondis que je m'occupais d'une organisation humanitaire qui avait construit une cinquantaine d'écoles et une trentaine de dispensaires. J'ignorais tout de lui et, à mon tour, je lui posai la même question. Il me répondit sans la moindre affectation : « J'ai construit 35 000 écoles. » Je me sentis tout petit. Je le revis quelque temps plus tard à Delhi, et lui demandai comment il avait réussi à accomplir des projets à une telle échelle. Il me répondit en riant : « C'est tout simple, tu n'as qu'à multiplier ce que tu fais par cent ! » C'est en tout cas ainsi que lui avait procédé.

Né au Pakistan oriental, Fazle fit des études d'expert-comptable à Londres. De retour dans son pays, il fut embauché par le pétrolier Shell où ses compétences lui permirent de gravir rapidement les échelons. En 1970, il travaillait au siège de la compagnie à Londres lorsqu'un cyclone dévasta son pays, faisant trois cent mille victimes. Fazle décida de quitter son emploi hautement rémunéré et de rejoindre le Pakistan oriental où, avec quelques amis, il créa HELP, une organisation dont le but était d'aider les sinistrés de l'île de Manpura, qui venait de perdre les trois quarts de sa population. Mais il fut contraint de quitter son pays quelques mois plus tard en raison des combats qui précédèrent la scission entre le Pakistan oriental et le Pakistan occidental. Lorsque la guerre d'indépendance prit fin, ce qui donna naissance en 1971 au Bangladesh, Fazle vendit son appartement de Londres et repartit chez lui avec tout ce qu'il possédait, déterminé à consacrer ses économies et ses compétences à son pays.

L'ancien Pakistan oriental sortait d'une guerre dévastatrice et les dix millions de personnes qui s'étaient réfugiées en Inde étaient maintenant de retour. Fazle choisit de commencer ses activités dans une région rurale reculée du Nord-Est, et fonda le BRAC

(Bangladesh Rural Advancement Committee). Grâce à son génie de l'organisation et à sa lucidité, BRAC est devenu la plus grande ONG du monde. Cet organisme est venu en aide à soixante-dix millions de femmes et, en tout, à plus de cent dix millions de personnes dans soixante-neuf mille villages. Il n'est pas exagéré de dire que BRAC a changé le paysage du Bangladesh. Il n'y a pas un endroit dans les campagnes où le sigle de cette ONG n'est pas apposé sur une école, un atelier de formation de femmes ou un centre de planning familial. Fazle Abed a réussi son pari. Il n'a pas seulement multiplié ses activités par cent, mais par cent mille, dans une douzaine de pays, tout en conservant la même efficacité et la même humanité.

Nous nous revîmes au Forum économique mondial de Davos en 2010, où bon nombre de participants arrivent en jet privé à l'aéroport de Milan, puis se rendent en hélicoptère ou en limousine jusqu'à la célèbre station de villégiature helvétique. À la fin du Forum, à cinq heures du matin, alors que je m'apprêtais à prendre le premier car qui partait pour l'aéroport de Zurich, je retrouvai Fazle, assis tout seul au fond du bus. Cela en disait long, pour moi, sur la simplicité et la modestie derrière lesquelles se cache l'indomptable détermination qui lui permit d'accomplir de si grands biens.

Toujours discret, évitant les feux de la rampe et mettant en lumière le travail de ses collaborateurs, Fazle Abed, mort en 2019, était une personnalité «plus grande que nature».

Bel Océan de Turquoises, symbole de nos actions humanitaires

En 2005, nous nous rendîmes dans une région reculée du Tibet oriental pour évaluer les progrès d'un projet de clinique construite l'année précédente. J'entrai dans la cuisine sombre attenante à la clinique. Près de l'âtre se tenait une petite fille au visage pur, aux cheveux emmêlés, aux yeux à la fois rieurs et graves, dont le sourire franc et le regard direct, totalement dépourvus de timidité, illuminaient les lieux. Je fis un portrait d'elle avant qu'elle ne reprenne son repas de *tsampa*. Quelques minutes plus tard, je la vis à nouveau en compagnie de son oncle, l'un des médecins de la clinique, qui lui prenait le pouls. De nouveau charmé par son ingénuité, je les photographiai ensemble.

Ces images me rappellent la raison d'être de notre mission dans les domaines de l'éducation et de la santé, et plus particulièrement pour les femmes. Quelques années plus tard, je souhaitai revoir cette petite fille et je demandai à son oncle s'il pouvait la retrouver. Une rencontre fut organisée, sans que je sache que, pour venir à nous, elle avait dû marcher un jour et demi pour descendre des pâturages de haute altitude, où elle passait l'été avec ses parents nomades.

Huit ans plus tard, il émanait d'elle la même simplicité et le même rayonnement qui étaient ceux de la petite fille que j'avais rencontrée en 2005. Son nom est Drouk-kar Tsho. En tibétain, *drouk-kar* désigne poétiquement une belle turquoise, et *tsho* signifie océan. Donc, son nom pourrait se traduire par «Bel Océan de Turquoises». Mais c'est sous le nom de Karuna Girl que la jeune fille de treize ans que je photographiai à nouveau à l'occasion de ces retrouvailles devint le symbole de notre vision humanitaire: depuis, son portrait ouvre notre site Web, nos brochures et nos affiches.

Je lui montrai sa photo et la remerciai d'être devenue, par son sourire, l'ambassadrice de nos projets humanitaires. «Cette photo a été vue par des dizaines de milliers de gens à travers le monde», lui confiai-je. Elle me regarda avec gentillesse, cependant mes paroles n'évoquaient rien pour elle: pourquoi des milliers de gens auraient-ils regardé sa photo? Merci à Drouk-kar Tsho d'avoir offert son gracieux sourire, symbole de tant d'enfants dans la précarité à travers l'Himalaya!

CHAPITRE 51

Diplomate amateur

En 2008, à quelques mois des Jeux olympiques de Pékin, des manifestations éclatent dans tout le Tibet et sont sévèrement réprimées. Le président Sarkozy me convie à l'Élysée pour parler de la situation du peuple tibétain. Il souhaite initier le dialogue entre la Chine et le Dalaï-lama.

En 2008, les Tibétains virent dans les Jeux olympiques de Pékin une dernière chance d'être entendus d'un monde resté trop longtemps sourd et aveugle à l'oppression qu'ils subissaient depuis un demi-siècle. À partir du 10 mars, jour anniversaire du soulèvement de Lhassa en 1959, des manifestations éclatèrent à Lhassa et s'étendirent bientôt à tout le Tibet. La loi martiale fut décrétée dans de nombreux districts. La police et l'armée chinoise tirèrent sur les manifestants et firent plus de deux cents morts. Fidèles aux injonctions du Dalaï-lama, les Tibétains ne commirent aucun acte de violence à l'encontre de l'occupant.

Cinquante ans plus tôt, le 10 mars 1959, près de trente mille Tibétains s'étaient massés autour de la résidence d'été du Dalaï-lama, le Norboulingka, pour empêcher qu'il ne soit enlevé par les Chinois. La répression fut sans pitié. Près de quinze mille Tibétains furent tués en quelques jours. Le 17 mars, le Dalaï-lama, accompagné de sa famille et d'une escorte de résistants, s'enfuit dans la nuit. Deux jours plus tard, le Norboulingka fut bombardé et ses occupants massacrés. Les Chinois cherchèrent en vain le corps du Dalaï-lama parmi les cadavres. Marchant et chevauchant presque jour et nuit, le Dalaï-lama réussit à atteindre la frontière indienne le 31 mars, épuisé.

En mars 2008, les étrangers qui se trouvaient en visite à Lhassa furent confinés dans leurs hôtels puis expulsés. L'ensemble du Tibet fut fermé aux visiteurs. Les seules informations accessibles provenaient des dépêches de l'agence gouvernementale Xinhua et des journaux chinois. Au Népal, toutefois, nous recevions des SMS de Tibétains qui parvenaient à utiliser leurs téléphones portables entre les nombreuses coupures de réseau. Plusieurs radios françaises me contactèrent et m'interrogèrent sur ce qui se passait, je pus ainsi leur rapporter ces quelques témoignages à condition que mon intervention reste strictement anonyme, pour préserver mes chances de retourner au Tibet. À la suite de l'un de ces entretiens, l'une des stations radio reçut un appel de l'ambassade de Chine à Paris qui insistait pour savoir qui était cet « homme d'affaires français basé à Shanghai qui parlait ainsi de la situation au Tibet ». L'œil de Pékin portait décidément bien loin…

Début avril, je fis un voyage en France et une amie proche de la cause tibétaine, Sofia Stril-Rever, souhaita organiser une conférence de presse. Je pesai le pour et le contre, et décidai que les événements étaient trop graves pour être passés sous silence, même si cela devait me coûter cher. Une cinquantaine de journalistes étaient présents, dont mon ami Olivier Weber de l'hebdomadaire *Le Point*. Je leur expliquai de mon mieux ce que nous savions de la situation au Tibet.

Le 10 avril, je me rendis à Zurich au laboratoire de neurosciences de Tania Singer. Alors que nous étions en pleine réunion avec les chercheurs, la secrétaire du labo entra dans la pièce, un téléphone à la main : un appel pour moi de la présidence de la République. Je n'ai aucune idée de la façon dont ils m'avaient retrouvé. Le président Sarkozy, me dit-on, souhaitait me voir pour parler du Tibet. J'allais rentrer le lendemain à Paris et un rendez-vous fut fixé pour le samedi 12 avril au matin.

Arrivé à pied à l'Élysée, je fus introduit dans le palais présidentiel. Nicolas Sarkozy m'accueillit en haut des escaliers du premier étage et nous passâmes dans un petit salon où nous dialoguâmes pendant trois quarts d'heure, en compagnie de Jean-David Levitte, conseiller du président aux Affaires étrangères, et de son assistant. Le président était sincèrement concerné par la situation du Tibet. Je lui rappelai brièvement quelques caractéristiques de ce pays si particulier, sept fois grand comme la France, source de la plupart des grands fleuves d'Asie, très riche en minéraux, et comptant plus de deux mille kilomètres de frontières communes avec la Birmanie, le Bhoutan, le Népal et l'Inde. Puis, je lui relatai ce que nous savions des événements du Tibet et soulignai qu'en de nombreuses occasions les militaires avaient tiré sur des populations civiles sans armes, faisant notamment une centaine de morts à Gartzé, au Tibet oriental. Les tanks avaient pris position dans les rues des villes tibétaines. Des hommes enchaînés furent paradés sur un camion dans les rues de Lhassa et présentés comme des criminels ennemis de la nation. Entre cinq et dix mille personnes furent envoyées dans des prisons lointaines où elles croupirent longuement, sans aucune forme de procès.

Je lui répétai également la position du Dalaï-lama, qui avait maintes fois statué au fil des ans qu'il ne revendiquait pas l'indépendance du Tibet, mais une solution mutuellement acceptable qui conférerait au Tibet une forme d'autonomie au sein de la Chine – un pays, deux systèmes – lui permettant de gérer les affaires intérieures, culturelles et religieuses, ainsi que l'enseignement de la langue tibétaine, tout en laissant la Chine s'occuper des affaires extérieures, de la défense, de l'économie, etc.

Le Président affirma alors avec conviction : « Je vais aller à Pékin parler au président Hu Jintao et lui dire qu'il devrait recevoir le Dalaï-lama et dialoguer avec lui de manière constructive pour résoudre la question du Tibet. » Le conseiller du Président, visiblement inquiet des conséquences possibles d'une telle initiative, fit valoir qu'il fallait s'assurer que les deux parties – la France et la Chine – en sortent gagnantes. Le Président pouvait peut-être commencer par parler à son homologue chinois par téléphone, suggéra-t-il. « Cela ne suffit pas, rétorqua Nicolas Sarkozy, il faut parler face à face. » J'étais plutôt admiratif de la volonté et de la détermination du Président. Son conseiller l'informa alors qu'il devait rencontrer un haut fonctionnaire chinois la semaine suivante et qu'il aborderait avec lui cette question. Les choses en restèrent là.

Le 24 avril, à l'occasion de l'anniversaire de sa première année à la présidence, Nicolas Sarkozy fut interrogé à la télévision par Patrick Poivre d'Arvor et David Pujadas. Les questions de politique étrangère s'ouvrirent sur le Tibet. Patrick Poivre d'Arvor, qui avait eu vent de mon audience à l'Élysée, demanda au Président s'il était en contact direct ou indirect avec le Dalaï-lama. Le Président répondit par l'affirmative. « Il s'agit de Matthieu Ricard, n'est-ce pas ? » « Oui, concéda le Président. » En entendant cela, je me dis « Adieu visa, voyages, projets au Tibet » !

Peu après, Nicolas Sarkozy conditionna sa venue à l'ouverture des Jeux olympiques de Pékin à une amélioration de la situation au Tibet et à l'établissement d'un dialogue avec le Dalaï-lama. Une position courageuse qui, ajoutée aux mésaventures de la flamme olympique, éteinte pour quelques instants dans les rues de Paris par les manifestants soutenant la cause du Tibet, se traduisit par un boycott massif des produits français en Chine. Certains taxis chinois, qui avaient l'habitude de mettre un panneau «No dog» («Pas de chiens») sur leurs véhicules, affichaient maintenant «Pas de chiens, pas de Français». Nous étions en disgrâce.

Quelques semaines plus tard, Bernard Kouchner, le ministre des Affaires étrangères, que je connaissais bien, m'appela pour soumettre au Dalaï-lama l'idée de proposer aux vingt-sept pays européens de recevoir ensemble le Dalaï-lama à Bruxelles et de faire une déclaration demandant à la Chine d'entamer des négociations constructives sur le sort du Tibet. Le projet n'aboutit pas, par crainte d'irriter la Chine.

Fin juillet, je me trouvais en Croatie, accompagnant Rabjam Rinpoché qui devait y donner des enseignements pendant une semaine. Ayant beaucoup voyagé depuis l'Asie et outre-atlantique les mois précédents, à force d'être recroquevillé sur un siège lors de longs vols transcontinentaux, un kyste poplité avait éclaté derrière mon genou, causant de vives et persistantes douleurs, et une incapacité à plier ma jambe enflée. Un médecin qui assistait aux enseignements, craignant une phlébite, m'emmena à l'hôpital de Zagreb. On m'allongea sur une banquette et un médecin vint m'examiner. Il sortit un mètre et commença à prendre des mesures. «Que mesurez-vous ?» lui demandais-je, curieux. «La taille de votre cercueil», répondit le médecin en s'esclaffant. Si la blague me fit sourire, ce ne fut pas le cas de l'ami qui m'accompagnait, qui recommanda qu'un Doppler de la jambe soit fait pour voir si je risquais une phlébite. «Bien, je reviendrai demain matin», dis-je au médecin. «Seulement si vous signez une décharge comme quoi je ne suis pas responsable si vous mourez dans la nuit», rétorqua celui-ci. «Bon, je reste», concluai-je.

On me mit dans une chambre avec un vieux monsieur croate qui insistait pour me faire la conversation, bien que je me sois efforcé de lui faire comprendre par gestes que je ne comprenais pas sa langue.

Je disposais d'un téléphone portable, mais comme je ne faisais que de brefs séjours en France, j'avais pris une carte à unités rechargeables et il ne me restait plus qu'une poignée de crédits. Soudain, je vis apparaître un SMS: «Le Président souhaite vous parler, peut-il vous appeler dans dix minutes?» Je réalisai qu'étant à l'étranger avec un numéro français et trois euros de crédit, la communication serait interrompue au bout de deux minutes. Je répondis prestement que je subissais pour l'instant des examens à l'hôpital. Serait-il possible de parler le lendemain ? Un rendez-vous fut pris.

Au matin, on me libéra. Rien de grave n'était à déplorer. J'expliquai à Rabjam Rinpoché que nous devions faire une pause dans les enseignements (que je traduisais du tibétain en anglais) en raison de cet appel important. J'avais donné le numéro de téléphone d'un ami croate pour pouvoir parler sans crainte d'être coupé sur le mien.

Le téléphone sonna. Je pris congé et m'éclipsai dans une pièce voisine. Jean-David Levitte appelait pour m'informer que le Président souhaitait rencontrer le Dalaï-lama lors de sa visite en France qui devait avoir lieu du 11 au 23 août, quelques jours avant l'ouverture des Jeux olympiques de Pékin. Il ajouta qu'il pensait que cela n'était pas le meilleur moment et que les conseillers du Dalaï-lama étaient du même avis (ce qui se révéla ne pas être tout à fait le cas…). Le Président allait me demander ce que j'en pensais.

Quelques minutes plus tard, le Président m'appela, très chaleureux comme lors de notre première rencontre, et me posa la question annoncée. Je lui répondis en substance : « Monsieur le Président, mon cœur me dit que vous devriez rencontrer le Dalaï-lama, mais si vos conseillers comme les siens pensent qu'il est judicieux d'attendre que les Jeux olympiques soient passés, je ne peux guère vous conseiller le contraire. » Après une courte conversation, le Président conclut en me disant qu'il demanderait à son épouse de se rendre auprès du Dalaï-lama et qu'il le rencontrerait lui-même plus tard. Jean-David Levitte me rappela très courtoisement pour me remercier.

Le Dalaï-lama arriva donc en France et délivra cinq jours d'enseignements à Nantes, la raison première de son voyage à l'invitation de la Fédération du bouddhisme tibétain. Je lui servis d'interprète comme à l'accoutumée, assis sur une chaise cette fois-ci, au lieu d'un coussin, car je ne pouvais toujours pas plier la jambe. Il fut reçu à la mairie en grande pompe par le député-maire de Nantes, Jean-Marc Ayrault, qui fit flotter le drapeau tibétain sur la mairie aux côtés du drapeau français. Ségolène Royal vint également rendre visite au Dalaï-lama. Avant de quitter la France, le Dalaï-lama se rendit brièvement dans quelques centres bouddhistes qui l'avaient invité, notamment au centre de Lerab Ling près de Lodève, à l'occasion de l'inauguration d'un nouveau temple. C'est à cette occasion que Carla Bruni-Sarkozy vint le rencontrer, accompagnée de Bernard Kouchner, ministre des Affaires étrangères et ami de longue date du Dalaï-lama, et de Rama Yade. Alain Juppé figurait également parmi les invités de marque.

Finalement, le 6 décembre 2008, le président Sarkozy rencontra le Dalaï-lama en Pologne en marge des cérémonies commémorant l'anniversaire de l'attribution du prix Nobel de la paix à Lech Wałęsa, figure de l'émancipation polonaise face à l'URSS. En représailles, Pékin reporta un sommet annuel avec l'Union européenne, prévue à Lyon.

Fin mai 2009, je me rendis à Hong Kong où j'effectuais généralement les formalités de demande de visas pour la Chine, en route vers les hauts plateaux tibétains. J'étais accompagné d'un médecin qui allait visiter les dispensaires que Karuna-Shechen avait contribué à construire au Tibet. La réponse vint dès le lendemain. Visa refusé. Motif? «Aucune raison n'est donnée», nous dit-on à l'agence de voyages qui nous servait d'intermédiaire. Mon ami médecin obtint son visa et partit sans moi pour le Tibet rejoindre nos collaborateurs locaux.

Que dire? Que faire? Je n'avais rien à me reprocher et n'allais au Tibet que pour servir les populations tibétaines.

La nuit suivante, je fis un rêve très fort de Khyentsé Rinpoché, dans lequel il était présent comme en réalité. Il souriait et me disait que tout irait bien. Il m'indiqua une pratique à faire en retraite, centrée sur une déité de sagesse particulière. J'entendis également un mantra chanté par une voix de femme sur une mélodie sublime. Je me réveillai au milieu de la nuit, l'esprit empli d'une intense félicité. Je chantai ce mantra quelques instants, sur la mélodie que j'avais entendue, me disant que je m'en souviendrais au matin. Hélas, au réveil, le mantra comme la mélodie s'étaient dissous dans le ciel de l'oubli.

Je repartis pour le Népal, l'esprit en paix, et effectuai une retraite de deux mois dans mon ermitage à Namo Buddha, suivant les instructions données en rêve par Khyentsé Rinpoché. Je travaillais également alors à la rédaction de *Plaidoyer pour l'altruisme*.

Je pensais que c'en était fini de mes voyages au Tibet, je figurais certainement désormais sur une liste de personnes indésirables. Mais, l'année suivante, grâce à un ami qui avait des liens

Diplomate amateur

professionnels avec la Chine, j'obtins, à ma grande surprise, un visa. Lorsque cet ami me remit mon passeport avec le précieux tampon, je n'en croyais pas mes yeux et restai un moment assis sur un banc dans le jardin des Tuileries, jouissant de l'air frais et du soleil matinal, regardant les enfants jouer et les personnes âgées se promener, puis rentrai d'un pied léger et bondissant jusqu'à la place Victor-Hugo où un ami m'hébergeait. Je débordais d'allégresse à l'idée de pouvoir retourner au Pays des Neiges.

CHAPITRE 52

Les trompettes de la renommée

Je partage mon message d'altruisme et de bienveillance dans le monde entier, aussi bien auprès du grand public que des grands de ce monde, jusqu'à Davos. Je multiplie les interviews et m'interroge sur les réels effets bénéfiques de mes interventions publiques.

Lors de la parution de *Plaidoyer pour l'altruisme*, je ne ménageai pas ma peine, presque jusqu'à épuisement, pour faire valoir les idées qu'il présentait et qui me tenaient tant à cœur, pour le bien de tous. Je me souviens d'avoir ainsi participé à une conférence en soirée à Genève, suivie d'un départ tôt le matin pour Rennes où je passai un sympathique après-midi comme « rédacteur en chef du jour » à *Ouest-France*, avant de conclure par une nouvelle conférence le soir même. Sur le trajet menant des locaux de *Ouest-France* au lieu de la conférence, je faillis tourner de l'œil et je réalisai que j'avais vraiment trop tiré sur la corde ; il était temps de me reposer. Je me remémorais les propos que David Servan-Schreiber m'avait confiés peu avant de mourir d'une tumeur au cerveau : « J'ai mis en pratique tout ce que je recommande dans mes livres, sauf en ce qui concerne le "stress positif". » Il entendait par là non pas le stress, négatif, qui s'accumule lorsque l'on est confronté à un excès d'activités non maîtrisées qui vous pèsent, mais d'une usure qui provient d'un surcroît d'activités qui vous passionnent.

J'eus affaire de multiples fois à de telles situations pour lesquelles il est bien difficile de savoir où placer la limite. À l'automne 2016, je fus convié à participer à un séminaire de trois jours traitant de questions d'environnement au Garrison Institute, dans la campagne boisée de la vallée de l'Hudson, à une heure en train de New York. Je venais directement du Népal, ce qui représentait vingt-quatre heures de voyage, trois avions et un train. À la fin de ce séminaire, lors de ma dernière nuit sur place, mon téléphone, que j'avais imprudemment laissé allumé, me tira à trois heures du matin d'un sommeil bienvenu. Une journaliste d'un hebdomadaire français préparait un sujet sur le droit des animaux et la question des abattoirs industriels et souhaitait m'interroger. Me sentant le devoir de faire avancer ces questions dans l'opinion publique, je lui répondis que je pourrais certainement m'entretenir avec elle à sept heures et demie du matin, mais qu'en raison du décalage horaire il me semblait raisonnable de dormir encore quelques heures. Nous fîmes donc l'interview au petit matin, avant que le séminaire ne se conclue à l'heure du déjeuner. Je devais ensuite m'envoler vers San Diego en Californie pour participer à un symposium de trois jours organisé par l'Institut Mind and Life. Plus d'un millier de scientifiques et de cliniciens se réunissaient pour présenter leurs travaux sur les effets à court et à long terme de l'entraînement de l'esprit, ce que l'on désigne aussi par le mot «méditation».

Arrivé à l'hôtel à San Diego à neuf heures du soir, avec quatre heures supplémentaires de décalage horaire (étant toujours réglé sur l'heure népalaise, il était pour moi huit heures du matin), je n'avais d'autre aspiration que de poser ma tête sur l'un des confortables oreillers qui m'étaient offerts et de dormir du sommeil du juste. Dans un geste d'insouciance, je consultai mon ordinateur au cas où un message urgent concernant le symposium ou toute autre affaire pressante m'eut été adressé. Mal m'en prit car je découvris un courriel de la journaliste en question qui me soumettait l'interview rédigée : le journal devait boucler dans quelques heures et, si j'avais des corrections à apporter, je devais le faire sur-le-champ. Me voilà donc reparti une heure durant, la tête dodelinant de fatigue, à corriger un résumé de mes propos qui, comme c'est souvent le cas, utilisait des termes qui n'étaient pas les miens, ce qui parfois réduit trop mon propos et parfois le trahit en partie. Je renvoyai donc le texte corrigé avec l'espoir qu'il arriverait à temps, avant le couperet du bouclage. Ce fut le cas, à mon grand soulagement.

Je n'avais évidemment rien à reprocher à la journaliste en question, bien au contraire. Elle avait pris l'initiative de donner une tribune à un avocat de la cause animale ; en outre, c'est une tâche ardue que de résumer au mieux les propos oraux d'un interlocuteur et elle avait eu l'ouverture d'esprit et le professionnalisme de me donner son article à relire, ce qui n'est pas toujours le cas.

On écrit des livres pour partager et faire valoir les idées qu'ils contiennent. On ne peut que s'estimer heureux s'ils trouvent un certain écho, alors que tant d'ouvrages écrits par d'excellents auteurs qui véhiculent des idées importantes n'ont pas l'impact qu'ils mériteraient, pour la simple raison que les médias ne leur accordent pas d'attention.

Lors de la sortie du *Moine et le Philosophe*, alors que j'étais totalement inconnu la veille, au lendemain de quelques émissions de télévision, les gens commencèrent à m'aborder dans la rue, à me proposer de boire un café. Il m'arriva même qu'une voiture s'arrête et que le conducteur me dise : «Puis-je vous conduire quelque part ?» Je répondis que j'étais arrivé à destination. «Cela ne fait rien. Montez et faisons le tour du pâté de maisons pour discuter un peu.»

Juste après l'effervescence du *Moine et le Philosophe*, je fus tenté de couper les ponts et de me tenir à l'écart des fanfares. De passage en Dordogne, je rencontrai Péma Wangyal Rinpoché, le fils aîné de mon premier maître Kangyour Rinpoché, qui s'était retiré dans une petite maison forestière comportant une seule pièce, effectuant une retraite solitaire qui devait durer quatre ans. Il eut néanmoins la bonté de me recevoir. Il ne parlait pas, ayant fait vœu de silence, mais écrivait quelques notes. Je lui expliquai cette nouvelle situation et lui demandai conseil.

«Accepte tout !» écrivit-il.

Je jouais donc le jeu et acceptais ce qui m'était proposé. Sans soupçonner la tournure qu'allait prendre mon engagement. Les choses s'emballèrent rapidement. Plusieurs livres s'ensuivirent et d'innombrables voyages – jusqu'à quatre-vingts cartes d'embarquement par an. Ni très écologique ni très reposant. Utile ? Un peu, espérons-le.

Les idées que je défends m'ont souvent attiré une certaine sympathie qui se manifeste lorsque des gens m'abordent dans les lieux publics. Ceux pour qui je suis le dernier des crétins ont la politesse de ne pas me sauter dessus pour me le dire.

Il m'arriva plusieurs fois, comme cela arrive également à Alexandre Jollien et à Christophe André, qu'un passant m'aborde dans la rue et me dise : «Votre livre a changé ma vie», voire : «Vous m'avez sauvé la vie», ce qui donne des frissons. On se sent tout déconcerté par le décalage abrupt entre l'impact que l'on a pu avoir sur quelqu'un et le fait de ne pas le connaître du tout. Quelle responsabilité ! Que dire ? J'ai tendance à répondre que je suis très touché par ces paroles et que si le livre en question a été utile ne serait-ce qu'à une seule personne, cela valait la peine de l'écrire. Il m'arrive de donner une accolade à cette personne et de lui souhaiter plein de bonnes choses dans la vie. Et puis nous poursuivons chacun notre chemin, pour, très probablement, ne plus nous revoir. Ce genre d'événement est à la fois déroutant et encourageant.

Il est évident que cette notoriété est due en bonne partie au battage médiatique qui entoura la sortie de mes livres. Des animateurs d'émission m'ont parfois demandé pourquoi un moine se rendait sur les plateaux de télévision. Je leur répondais que j'étais là parce qu'ils m'avaient aimablement invité et que j'étais heureux de partager des idées qui m'étaient chères. Et quand on m'en laissait le temps, je prenais soin de préciser que je n'avais rien à gagner ni à perdre dans le fait de venir à la télévision, et que si on ne m'avait pas sollicité, je me trouverais fort bien dans mon ermitage face à l'Himalaya.

༄

Un matin de janvier 2006, je quittai mon ermitage dans une vieille Jeep pour l'aéroport de Katmandou, à deux heures et demie de route. Je me rendais pour la première fois au Forum économique mondial de Davos en Suisse. Qu'allais-je donc faire dans cette galère ? La transition ne pouvait pas être plus brutale...

L'année précédente, une organisatrice du Forum m'avait contacté pour m'y inviter. Tout en la remerciant, je lui répondis que je ne voyais pas très bien quel pourrait être mon rôle dans ce type de rencontre. Sans se décourager, elle me contacta de nouveau l'année suivante, en me faisant valoir qu'en dehors du partage d'idées le Forum était un excellent endroit où trouver de l'aide pour nos projets humanitaires.

Lors de mes premières participations, des journalistes français me demandèrent ce que je faisais là. Bonne question. Je répondais généralement que j'aurais pu me trouver à l'extérieur avec les protestataires altermondialistes qui, la première fois où j'étais à Davos, manifestèrent tout nus dans la neige avec des ballons, mais puisqu'on me donnait la parole et qu'on me laissait libre d'exprimer mes opinions, il n'était peut-être pas inutile que j'aie une voix dans les débats. Une voix qui risquait parfois de déranger, puisque lors de rencontres agencées par de grandes organisations internationales il m'arriva que l'on me saute dessus dès mon arrivée, en m'intimant : « Surtout, ne parlez pas du Tibet ! », même si mon intervention portait sur un tout autre sujet.

Je fus invité dix années consécutives à intervenir au Forum de Davos. C'est d'ailleurs là que je rencontrai certaines personnes qui allaient devenir par la suite de fidèles amis et bienfaiteurs de nos projets humanitaires. Comme quoi, il est parfois bon de sortir de sa « zone de confort ». Lorsque je plongeais dans l'effervescence des lieux, où plus de deux mille participants vont et viennent, entre les multiples conférences et présentations qui sont offertes simultanément dans les diverses salles de réunion, j'avais un peu le tournis. Chaque année, trente ou quarante chefs d'État, que l'on peut côtoyer librement, viennent à Davos et, si l'on s'intéresse quelque peu aux événements mondiaux, il est fascinant de voir de près comment ces personnages fonctionnent et, à l'occasion, de participer à une table ronde avec eux. Et puis surtout, on croise des centaines de scientifiques de haut niveau, d'activistes de tous bords (Jody Williams par exemple, ou Jane Goodall), de « jeunes entrepreneurs sociaux », des inventeurs, etc. Je fis la connaissance d'éminents scientifiques dont plusieurs devinrent des amis, comme Johan Rockström, l'un des meilleurs spécialistes des questions environnementales. Tous me furent d'une aide précieuse lorsque je rédigeai *Plaidoyer pour l'altruisme*.

Au Forum de Davos, en dehors des rencontres liées à l'économie et à la finance pour lesquelles je n'avais pas la moindre compétence, je participais à des dialogues sur les émotions, la nature de la conscience (avec Steven Pinker et le philosophe Daniel Dennett notamment), l'expérimentation animale (avec Francis Collins, directeur du NIH américain – le ministère de la Santé et de la Recherche), des sujets très variés furent abordés. Pour n'en donner que quelques exemples, il y eut les rencontres sur un thème novateur intitulé « Du PIB au Bonheur national brut » avec Daniel Kahneman, prix Nobel d'économie, mais aussi sur la santé mentale dans le monde avec le rédacteur en chef de la revue scientifique *Nature*. Lors de rencontres portant sur « Sagesse ancienne, questions modernes », j'eus l'occasion de dialoguer avec Bartholomée Ier, patriarche orthodoxe de Constantinople, ainsi qu'avec le rabin David Rosen, l'archevêque de Dublin et le grand mufti de Bosnie. Certaines séances régulières que nous partagions avec ces leaders religieux me permirent de passer du temps avec Desmond Tutu, que j'eus tant de joie à côtoyer.

En 2012, au Forum, lors de l'une de ces rencontres entre représentants des religions, Tutu déclara : « Je ne connais aucune religion qui affirme qu'il est admissible de tuer. » Je me permis de suggérer aux dignitaires ainsi réunis que ce point de vue fasse l'objet d'une déclaration commune sans équivoque, destinée aux fidèles des différentes religions. J'ajoutai que, venant d'un simple moine bouddhiste, cette idée n'avait guère de poids, mais proposée par l'archevêque Tutu, prix Nobel de la Paix, et appuyée par l'ensemble des représentants des grandes religions, elle avait une chance d'être entendue. La question fut éludée par les autres dignitaires religieux sous prétexte qu'il existait «une variété de points de vue à ce sujet…». J'appréciai également la rencontre avec le sheikh Abdallah bin Bayyah, né en Mauritanie, et très respecté pour sa sagesse ; il a ouvertement dénoncé le terrorisme et déclaré «la guerre à la guerre».

CR

Depuis près de trente ans, les sollicitations continuent d'affluer de toutes parts et parmi les bons et beaux événements auxquels il m'a été donné de participer, figurent les Journées Émergences. Elles se tiennent tous les ans à Bruxelles depuis 2009, et je m'y rends chaque année depuis douze ans, bien souvent en compagnie de mes chers compères Christophe André et Alexandre Jollien. Organisées par Ilios Kotsou, Caroline Lesire et une équipe enthousiaste de bénévoles, ces Journées rassemblent des penseurs, des scientifiques, des hommes et femmes engagés, des grands témoins – le fils d'un couple mort dans un camp de concentration et celui d'un officier nazi, qui devinrent de proches amis, par exemple – et des artistes autour de thèmes pertinents tels que «Se changer, changer le monde», «Bonheur et adversité», «Au cœur de la peur», «La transmission», «Changer de regard», etc. L'éthologue Frans de Waal, les neuroscientifiques Tania Singer et Steven Laureys, le fondateur du programme MBSR (Réduction du stress par la pleine conscience) Jon Kabat-Zinn, l'éducatrice Céline Alvarez, l'explorateur aveugle Jean-Pierre Brouillaud, l'avocat de la «sobriété heureuse» Pierre Rabhi, la porte-parole et directrice de L214 Brigitte Gothière, qui milite pour que nous cessions de faire souffrir inutilement des milliards d'animaux chaque année, et bien d'autres encore se retrouvèrent au fil de ces journées riches et passionnantes d'échanges et de dialogues. Avec le vétéran pacifiste Satish Kumar, qui, dans les années 1960, effectua une marche de deux ans de l'Inde jusqu'en Europe, au travers de la Russie, sans argent, pour se faire finalement arrêter devant l'Élysée sur l'ordre du général de Gaulle, nous fîmes également une marche silencieuse pour la « paix et la justice climatique » dans les rues de Bruxelles, accompagnés de quelques milliers de personnes.

L'atmosphère des Journées, auxquelles assistent généralement plus de deux mille personnes, est des plus chaleureuses et les auditeurs viennent souvent de loin. Les profits sont dédiés à des organisations caritatives et tous les intervenants participent à titre bénévole.

Les présentations sont entrecoupées d'interludes musicaux. C'est à cette occasion que j'ai eu la joie de rencontrer la merveilleuse pianiste Maria João Pires. Une amitié est née qui n'a cessé de s'approfondir au fil de ces rencontres et j'eus même l'occasion de rendre visite à Maria à Belgaïs au Portugal dans le paisible domaine où elle accueille de jeunes musiciens désireux d'apprendre et de s'inspirer de son approche profonde et fascinante. Maria João jouait à plusieurs reprises au fil des interventions et choisissait une œuvre particulière pour chaque circonstance. Avant qu'elle ne commence, il m'arrivait d'introduire la musique par une brève invitation à écouter de manière plus contemplative, ouverte et attentive. En reparlant de ces moments, l'idée nous est venue de donner un concert, dédié à nos organisations caritatives respectives, en mariant musique et méditation.

Les deux premiers eurent lieu à l'occasion de la rencontre organisée par l'Institut Mind and Life entre le Dalaï-lama, des scientifiques et des penseurs sur le thème « Pouvoir et altruisme ». Nous étions réunis au Palais des beaux-arts à Bruxelles. Sur le thème « L'art de la fugue et l'art de la méditation », nous alternâmes des préludes et fugues de Bach et des méditations guidées et progressives, allant de la présence attentive à l'amour inconditionnel. Pour préserver la qualité du silence, au sein duquel naissent la musique comme la méditation, je priais les auditeurs d'applaudir autant qu'ils le souhaitaient entre les morceaux, mais « d'une seule main », libre à eux d'y employer les deux à la fin du concert méditatif.

Par la suite, Maria João a inclus des impromptus de Schubert dans ses interludes musicaux, et nous avons donné six autres concerts. L'un des plus marquants fut celui d'Arles où, deux soirs de suite au coucher du soleil, Maria joua à ciel ouvert dans le théâtre antique, accompagnée des chants des oiseaux qui s'éteignaient à mesure que la nuit tombait.

CR

Les trompettes de la renommée

Je suis moine, je restais, reste et resterai moine et n'ai besoin de rien de plus que des nombreuses mannes que ce choix de vie m'a apportées. Plus cher à mon cœur que toute décoration ou remise de prix, je garde le souvenir touchant d'une plume d'aigle qui me fut donnée par un représentant d'une nation amérindienne. Si mes activités ont pu apporter quelques bienfaits, ils portent en eux-mêmes la plus belle des récompenses que je puisse espérer. Contribuer au bonheur d'autrui devrait être considéré par tous comme le plus haut des accomplissements possibles.

À ce sujet pour le moins essentiel, la notion de « bien-être » d'une population, déjà abordée au Forum de Davos, fut reprise aux Nations unies où il y eut un débat qui déboucha sur la mise en œuvre d'une résolution proposée par le Bhoutan. Celle-ci incitait à encourager les gouvernements à prendre sérieusement en considération cette notion de « bien-être » des citoyens dans leurs décisions. Le gouvernement bhoutanais m'avait demandé d'inviter des représentants des principales religions et nous fûmes ainsi rejoints par le frère Thierry-Marie Courau pour le christianisme, le rabbin Awraham Soetendorp pour le judaïsme, Faouzi Skali pour l'islam, Bikkhu Anil Sakya pour le bouddhisme Theravada[1] et Swami Atmapriyananda pour l'hindouisme. Le secrétaire général Ban Ki-moon ouvrit la séance. Je participai notamment à la première table ronde dirigée par Helen Clark, Première ministre de Nouvelle-Zélande. J'avais pour mission d'expliquer en quatre minutes les « conditions intérieures d'un bonheur véritable ». Plus tard, Helen Clark, que je croisai à nouveau au Forum de Davos, me rappela une phrase que j'avais prononcée : « Si un pays est le plus riche et le plus puissant de la planète, mais que tout le monde y est malheureux, à quoi bon ? »

À en croire la liste des intervenants qui participèrent à ce débat, ce thème fut pris très au sérieux ; on peut ainsi citer parmi eux : le Premier ministre bhoutanais, Jigmé Thinley, éloquent avocat de la notion de Bonheur national brut développée au Bhoutan, plusieurs prix Nobel d'économie dont Joseph Stiglitz et Daniel Kahneman, ainsi que Lord Richard Layard et John Helliwell (auteurs chaque année du *World Happiness Report*). La résolution, adoptée à une large majorité, fait partie des « 17 objectifs de développement durable » qui définissent les projets soutenus par les Nations unies dans la décennie à venir

Un jour, à l'île de la Réunion, après une conférence, alors que je me retrouvai au milieu d'un groupe de personnes fort sympathiques qui souhaitaient toutes me poser une question ou me faire signer un livre, je ne savais plus trop dans quelle direction regarder. Un homme qui avait observé la scène me dit : « On a l'impression que vous ne vous appartenez plus… » Lorsqu'il s'agit vraiment d'être au service des autres, comme un infirmier sur un champ de bataille ou un secouriste lors d'une catastrophe naturelle, il est bon de ne plus s'appartenir. Toutefois, à ce moment-là, je pouvais à juste titre me demander si ce que je faisais était vraiment utile et si je n'étais pas simplement tombé dans un engrenage futile et sans fin où plus une minute de ma vie ne m'appartenait.

Cette interrogation me suivit tout au long de ces trente dernières années. Une autre fois, alors que je m'interrogeais sérieusement sur l'utilité de continuer à « me donner en spectacle aux quatre coins du monde », je découvris un article en deux parties de mon père intitulé, « Le supplice de la notoriété I et II », paru dans la revue *Commentaire*. Leur lecture fut pour moi un soulagement ponctué d'éclats de rire, mon père possédant une verve et une plume dont je n'ai malheureusement pas hérité. J'aurais aimé qu'il soit encore vivant pour lui dire à quel point je me reconnaissais, à une échelle plus modeste, dans ses propos :

> « Oh ! Pas long, deux feuillets, trois feuillets », mais, bien sûr, c'est « très pressé », au plus tard après-demain. Comment y couper, pour peu que la cause soit noble, que le thème soit lié à un épisode où l'on a joué un rôle, voire à un débat où l'on vient de s'engager ? Je n'ai jamais eu peur du travail. Mais, précisément parce que j'en ai beaucoup, il m'est indispensable qu'il soit bien organisé.
>
> Soit le journaliste n'a pas lu le livre au sujet duquel il a demandé un rendez-vous à l'auteur, soit il n'a eu le loisir, dit-il, que de le « parcourir ». Cela signifie qu'il a jeté un coup d'œil rapide sur le texte de présentation figurant en quatrième page de couverture. […] Bref, ce que le visiteur appelle « interviewer » l'auteur, c'est faire en sorte que celui-ci résume en quelques platitudes élémentaires son ouvrage à l'intention des lecteurs du journal.
>
> On le somme de répéter en moins bien et de contracter en quelques répliques sommaires et simplistes ce qu'il eut tant de mal à écrire de façon précise et nuancée.

Je rencontrai également nombre d'excellents journalistes qui menaient des entretiens fort enrichissants et avaient le don de faire sortir le meilleur de vous-même.

Mais la notoriété, même très relative dans mon cas, attire aussi la critique. Certaines sont constructives : bien fondées et bienvenues, elles permettent de progresser. D'autres procèdent simplement d'un manque d'information ou encore d'une certaine animosité à l'égard de vos idées et de ce que vous pouvez représenter aux yeux de personnes qui ne partagent pas votre point de vue.

J'ai mentionné le cas d'un philosophe qui avait écrit une critique de *Plaidoyer pour les animaux* dans un grand journal, en me prêtant des propos que je n'ai jamais tenus. J'eus affaire à bien d'autres situations de ce genre. On me qualifia de « bouddhiste *new age* » (je passe pour être plutôt traditionnel parmi mes amis bouddhistes), on m'accusa de propager subrepticement le bouddhisme en Occident, alors que je n'ai pas la moindre inclination au prosélytisme. Je tiens d'ailleurs pour un sage conseil celui donné par le Dalaï-lama à un petit groupe d'enseignants du bouddhisme tibétain en France (je ne suis pas un enseignant moi-même) : « Ne propagez pas trop le bouddhisme, mais encouragez les gens à devenir de bons êtres humains. »

D'après certains, je serais également un chantre de la méditation en « pleine conscience ». J'ai un immense respect pour le bien que Jon Kabat-Zinn et les enseignants de la pleine conscience ont fait depuis trente ans en mettant au point le programme MBSR (« Réduction du stress par la pleine conscience »). Mais je n'ai pratiquement rien écrit sur la « pleine conscience » en tant que méthode séculière. Je ne fis que suggérer, toujours avec précaution, de mettre d'abord en valeur l'entraînement à la bienveillance afin d'éviter une éventuelle instrumentalisation égocentrique et déviante de la méditation, étrangère à sa vocation initiale.

Selon divers journalistes, j'aurais également promu la recherche du plaisir – le bonheur hédoniste –, de la satisfaction des sens et aurais conforté mes lecteurs dans l'égocentrisme. En somme, l'exact opposé de ce que j'ai toujours écrit et défendu. Dans *Plaidoyer pour le bonheur,* j'ai consacré un chapitre entier à différencier le plaisir du bonheur. J'y ai démontré que le bonheur véritable ne se résumait pas à une succession ininterrompue de sensations plaisantes, ce qui ressemblerait davantage à une autoroute vers l'épuisement. Ce chapitre explique que le bonheur est une manière d'être qui découle de l'épanouissement d'un ensemble de qualités humaines, dont l'altruisme, la liberté intérieure et le développement de ressources intérieures qui permettent de naviguer dans les hauts et les bas de l'existence avec résilience et bienveillance. J'ai maintes fois analysé les conséquences néfastes de l'individualisme égocentrique, tout en déconstruisant la notion d'un ego conçu comme une entité singulière, autonome et durable. Bref, je suis plutôt un «dézingueur de l'ego», selon l'expression d'Alexandre Jollien!

J'aurais également promu une vision instrumentale de l'altruisme destinée principalement à se faire du bien à soi-même, alors qu'au contraire je me suis efforcé de montrer dans *Plaidoyer pour l'altruisme* qu'il s'agit là de l'une des formes de l'«altruisme intéressé» qui diffère fondamentalement de l'altruisme véritable. Références scientifiques à l'appui, j'ai expliqué précisément et en détail qu'un sentiment de satisfaction peut découler «de surcroît» d'actes inspirés par l'altruisme authentique, mais qu'en aucune façon ce sentiment ne saurait être la raison première d'un comportement bienveillant. La finalité de celui-ci est d'accroître le bien-être d'autrui et de remédier à ses souffrances, et non pas de devenir un moyen d'accomplir son propre bien ou de promouvoir ses intérêts personnels à court ou à long terme.

Personne n'a la moindre obligation de lire mes écrits, mais prêter à quelqu'un des propos qui ne sont pas les siens est au mieux une erreur de jugement, et malheureusement parfois un manque d'honnêteté intellectuelle. Il ne s'agit pas là d'un mal de l'époque, il a toujours été plus rapide d'imaginer ce qu'un auteur écrit que de le lire!

La «vision pure» face au mal

Parmi les messages et les principes du bouddhisme que j'ai à cœur de partager avec le plus grand nombre – encore une fois, sans jamais chercher à «convertir» qui que ce soit, mais pour proposer les enseignements universels qu'ils contiennent, susceptibles de contribuer au bien-être et au bonheur de tous – se trouve la «vision pure». Selon le bouddhisme, elle consiste à voir la nature de bouddha en chaque être. Comment peut-elle aller de pair avec les horreurs qui sont perpétrées chaque jour dans le monde? Des enfants tués devant leurs parents ou l'inverse, des femmes, des enfants violés par des mercenaires, abusés par des proches dans le secret des familles, des instructeurs ou autres figures d'autorité dans des instituts de sport, des écoles, des églises, des centres bouddhistes, des orphelinats ou des camps de travaux forcés du goulag de la Kolyma jusqu'aux camps de rééducation détenant les Ouïghours où le viol est monnaie courante. L'être humain est, de toute évidence, capable du meilleur comme du pire. C'est la seule espèce capable de réaliser, consciemment, un bien comme un mal immense. Les souffrances des victimes sont terribles, durables et résultent de lamentables déviances de la part des prédateurs.

La vision pure n'est pourtant pas une échappatoire vers une perception angélique de l'être humain. Elle n'ignore pas la souffrance des victimes et ne minimise pas la gravité des crimes. Mais elle va nécessairement de pair avec une bienveillance inconditionnelle. Il est nécessaire de prévenir les abus en tout genre, notamment en facilitant la possibilité pour les victimes de se confier, sans crainte ni honte, à ceux qui pourraient les libérer de leur oppression, dans des structures d'accueil où elles sont reçues chaleureusement et écoutées. Les écoles devraient également inclure dans leur curriculum une sensibilisation aux signes précurseurs des abus et encourager les enfants à les signaler sans hésitation dès qu'ils se manifestent.

La vision pure face à la cruauté consiste à garder toujours présent à l'esprit le potentiel de transformation qui est en chacun de nous et à ne pas tomber dans le «syndrome du mauvais monde». Aussi douloureuses puissent être les tragédies qu'elles ont vécues, les victimes ont la possibilité de renaître de leurs cendres et de s'épanouir dans l'existence. Aussi abominables les comportements des criminels soient-ils, ceux-ci ont le potentiel de devenir meilleurs, ce qui est souhaitable pour l'ensemble de la société.

Vers 1995, je fus invité, à la demande de prisonniers, à parler au centre de détention de Muret, au sud de Toulouse, où les détenus purgent de longues peines. Je me suis entretenu un après-midi durant avec une vingtaine de détenus. Le contraste entre les nombreuses barrières de sécurité que je traversais pour arriver à eux et l'atmosphère cordiale de notre dialogue était quelque peu déroutant. Je leur parlais notamment du fait que tout être humain a en lui une pépite d'or qui peut être restée longtemps enfouie dans sa gangue ou être tombée dans la fange à l'issue d'un événement particulier, mais qu'il est toujours possible d'extraire cette pépite, de la polir et de lui rendre tout son éclat. L'or lui-même n'est jamais dégradé.

L'un des détenus me fit remarquer qu'il trouvait là un message d'espoir : « Trop souvent, partagea-t-il, on nous dit pour commencer que nous sommes nés entachés d'une faute originelle, qu'ensuite nous avons commis un crime et sommes donc doublement mauvais. Et s'y ajoute le fait que nous sommes en prison. » Les prisonniers ne voyaient donc guère d'issue à ce triple carcan. Mettre l'accent sur la possibilité de faire venir à la surface la meilleure part de l'être humain leur apparaissait comme une petite lumière au bout du tunnel. Il n'était pas question d'« absoudre » leur crime ni d'ignorer le sort des victimes, mais simplement de mettre en lumière la possibilité de faire le bien pour réparer le mal. La peine de mort qui tue pour montrer paradoxalement qu'il est abominable de tuer exclut toute possibilité de rédemption. Mis à part un ou deux détenus qui écoutaient avec un visage sombre – l'un d'entre eux me dit à la fin qu'il était constamment habité par la colère et n'attendait qu'une chose : « sortir pour aller régler son compte à celui qui l'avait dénoncé » –, la conversation avec les détenus ressemblait plus à une rencontre entre amis qu'à une visite de prison.

La « vision pure » pourrait donc être comparée à une « bonté originelle » ; en elle repose l'idée que la nature ultime de notre esprit n'est pas modifiée par les poisons mentaux qui peuvent l'envahir pour un temps et qu'il est possible de neutraliser. Le contraire de la vision pure est donc la croyance que le monde et les humains sont fondamentalement mauvais. Cette tendance mène à condamner en bloc l'ensemble d'une communauté humaine du fait que certains individus se comportent de manière abjecte. Ce « syndrome du mauvais monde » est donc ce que l'on pourrait appeler une « vision impure » des êtres humains. En essence, la réponse aux atrocités trop souvent commises par le genre humain passe par la transformation et la bienveillance, non par la haine et la vengeance.

De manière générale, je n'ai aucune inclination à m'engager dans des polémiques qui tournent vite à l'aigre et n'engendrent rien de bon. Qui plus est, on sait que, en raison du « biais de confirmation », plus on démontre à quelqu'un que ses arguments sont infondés, plus l'individu s'ancre dans sa position et rejette en bloc les informations qui infirment ses croyances. Ces controverses créent un état d'esprit détestable. Je me rappelle aussi ce qu'écrivait mon père : « Il n'y a pas de polémique, il n'y a que de bons ou de mauvais arguments. » Et je me permettrai d'ajouter : « Il n'y a que des faits et des fictions. » Je préfère donc rester en paix, laisser les affirmations erronées se dissoudre dans l'espace et m'en remettre aux conseils de Patrul Rinpoché :

> Les paroles, déclara le Bouddha, ressemblent à un écho.
> Mais de nos jours, toute parole est l'écho d'un écho.
> Agissez selon le Dharma, et vous irez à l'encontre de leurs agissements ;
> Parlez juste, et vous irriterez la plupart des gens.
> Votre bonté serait parfaitement sincère qu'ils trouveraient à redire :
> Il est donc temps pour vous de ne pas faire étalage de ce que vous êtes.

Mon maître Dilgo Khyentsé Rinpoché commente ainsi cette strophe du *Trésor du cœur des êtres éveillés* que j'ai traduite du tibétain :

> Toutes les joies et les souffrances que peuvent provoquer la louange et le blâme sont passagères. Ne vous laissez pas envahir par la fierté quand vous êtes l'objet de compliments. Dites-vous que ce sont des paroles entendues dans un rêve ou, tout simplement, le produit de votre imagination. Considérez que ce n'est pas votre personne que l'on vante, mais les qualités que vous avez développées grâce à la pratique spirituelle. En vérité, les seuls êtres qui soient réellement dignes d'éloges sont ceux qui ont atteint la libération.
>
> Quand on vous critique, saisissez cette occasion pour reconnaître vos fautes cachées et faire preuve de plus d'humilité. Il est dit : « Les critiques sont vos maîtres, parce qu'ils détruisent votre attachement et votre vanité. Comment pourriez-vous les remercier d'une aussi grande faveur ? »
>
> Pour un bodhisattva qui a réalisé la nature onirique de la parole, griefs et propos malveillants ne font qu'affirmer sa méditation. Qu'importent les circonstances, bonnes ou mauvaises, elles lui permettent d'accroître ses mérites et sa compassion, de gagner en sagesse. Jamais le désir, l'inquiétude, la répulsion ou le découragement ne l'égarent, tant son esprit est fermement établi dans

la vue correcte. Et comme il a abandonné toute préoccupation mondaine, il jouit de l'estime de tous sans la rechercher.

Quant à nous, même si nous acquérons une renommée mondiale au prix de continuels efforts, il se trouvera toujours quelqu'un pour nous calomnier. Même si notre force, notre courage et notre beauté nous conduisent au pinacle de la gloire, celle-ci ne sera qu'éphémère. Qu'il est vain de se laisser affecter par les hauts et les bas de la vie !

Depuis quelques années, la principale raison – outre des rencontres familiales et amicales – qui m'a fait descendre de mon ermitage au Népal fut celle d'assurer la pérennité des projets humanitaires de Karuna-Shechen. Depuis 2019, grâce au remarquable engagement de tous les acteurs de Karuna-Shechen, à un système de gouvernance et de fonctionnement durable et efficace faisant appel à l'expertise de personnes compétentes, je commence à m'effacer en douceur, confiant dans le fait que le bien que Karuna-Shechen accomplit depuis plus de vingt ans se poursuivra pendant de nombreuses années encore.

CHAPITRE 53

La Dordogne, quarante ans plus tard

En Dordogne, depuis 1970, le Centre d'études de Chanteloube s'est bien développé. Pendant vingt-quatre ans, j'y suis allé en tant que traducteur. Je m'y rends maintenant pour passer du temps auprès de la famille de Kangyour Rinpoché, de ma mère, de ma sœur et de mes amis spirituels.

L'aventure bouddhiste en Dordogne débuta au début des années 1970 quand un disciple de Kangyour Rinpoché, Bernard Benson, offrit des terres à quelques groupes de lamas tibétains qui, avec le temps, créèrent quatre centres d'enseignements et de retraite dans la vallée de la Vézère. J'eus la chance de côtoyer tous les membres de cette remarquable communauté rassemblée autour de la quête spirituelle, centrée sur la pratique, l'étude et la traduction, avec autant de détermination que d'humilité.
À la suite de la mort de Khyentsé Rinpoché, je fis des séjours plus fréquents en Dordogne afin de recevoir des enseignements des fils de Kangyour Rinpoché, de bénéficier de la présence de son épouse, Jétsun Jampa Chökyi, et de passer du temps auprès de ma mère âgée, de ma sœur Ève, et de mes frères et sœurs spirituels. Une sorte de retour aux sources salutaire et régénérant, une étape bienfaitrice, avant de retrouver le Népal.
Tulkou Péma Wangyal, le fils aîné de Kangyour Rinpoché, avait été invité en France fin 1975 par les disciples occidentaux de son père. Il vit là l'occasion d'accomplir la vision de celui-ci et d'œuvrer au bien des êtres dans des contrées où la connaissance et la pratique du bouddhisme étaient encore très limitées. À la fin des années 1970, il établit son domicile principal en Dordogne, fit venir sa famille de Darjeeling et invita nombre de grands maîtres à venir y enseigner, tels que Dudjom Rinpoché, Dilgo Khyentsé Rinpoché, Trulshik Rinpoché, Tenga Rinpoché, Pénor Rinpoché, Sa Sainteté le XIVe Dalaï-lama en 1991, Sa Sainteté Sakya Trizin, Dzongsar Khyentsé Rinpoché, Yongey Mingyur Rinpoché, et bien d'autres encore.

Depuis quarante ans, c'est grâce à son inlassable détermination que put s'épanouir le Centre d'études de Chanteloube et ses trois centres de retraite de trois ans – à ce jour, en 2021, une neuvième retraite de trois ans est en cours –, le comité de traduction Padmakara, les séminaires d'été et les « retraites parallèles ». Ces dernières permettent aux disciples qui poursuivent leurs occupations professionnelles ou familiales de suivre sur neuf ans ou plus un programme comparable à celui des retraites de trois ans, en assistant deux fois par an à un séminaire de trois à quatre jours.

C'est aussi à son initiative que furent construits, à proximité du principal Centre de retraite de Chanteloube, cent huit stoupas en granite dans lesquels sont enchâssés de précieuses reliques, des textes et des mantras dédiés à la paix dans le monde. À l'intérieur des murs d'enceinte, plusieurs centaines de milliers de statuettes moulées et consacrées furent soigneusement disposées – un patient labeur qui se poursuit depuis cinq ans.

Péma Wangyal Rinpoché est également l'instigateur de plusieurs associations caritatives – la Maison 24 en Dordogne, Casa au Portugal et au Brésil, dédiées aux sans-abri et aux personnes faisant face à des difficultés pour se nourrir, ainsi que Friends of the Earth (« Amis de la Terre ») et Siddhartha en Inde. Enfin, il agit inlassablement pour la cause animale et libéra dans leur milieu naturel plus de dix millions d'animaux qui étaient destinés à être tués par les humains. C'est par ailleurs à lui que je m'adresse désormais pour recevoir des instructions et des indications lorsque j'entreprends une retraite.

Par son accomplissement spirituel et son rayonnement, Péma Wangyal Rinpoché, aujourd'hui âgé de soixante-quinze ans, rappelle immanquablement son père à tous ceux qui le connurent. Entièrement détaché des considérations mondaines, il n'a d'autre préoccupation que de soulager les souffrances des êtres humains et des animaux, et de préserver de manière authentique les enseignements du bouddhisme.

☙

L'épouse de Kangyour Rinpoché, Jétsun Jampa Chökyi, plus connue de nous sous le nom d'Amala, s'installa au cœur de la communauté de Chanteloube avec sa famille dès la fin des années 1970, et consacra la majorité de son temps à la pratique spirituelle. Elle ne donnait pas d'enseignements de façon formelle, mais offrait de précieux conseils à ceux qui la sollicitaient ; sa lumière irradiait tous ceux qui l'approchaient et nombre de personnes, dont moi-même, la considéraient comme un maître spirituel. Indissociable dans mon esprit de Kangyour Rinpoché depuis notre rencontre en 1967, elle m'offrit de tout temps un point de repère immuable par la qualité de sa présence, son humilité et sa douceur, reflets d'une réalisation spirituelle authentique.

Les deux dernières années de sa vie, elle souhaita vivre dans les montagnes de l'Algarve, au Portugal, lieu où nombre de pratiquants font aujourd'hui des retraites. De temps en temps, elle demandait à se rendre à la ville la plus proche, Portimão, et s'installait dans une cafétéria au milieu d'un supermarché fourmillant de monde. Tranquillement assise à une table, Amala ne venait pas là simplement pour prendre une tasse de thé, mais pour s'immerger dans la foule, au milieu des allées et venues des habitants, et prier pour tous et chacun d'eux, en établissant ainsi un lien bénéfique. Parfois, des visiteurs venaient à elle, intrigués ou attirés par sa présence sereine. Elle échangeait alors quelques propos avec eux par l'intermédiaire de l'une de ses filles.

Lorsqu'à l'hiver 2003-2004 sa santé se dégrada, je quittai le Népal pour la revoir une dernière fois au Portugal. Je la trouvai alitée, ayant du mal à respirer. Elle ne parlait presque plus, mais lorsque je fus admis en sa présence et qu'elle leva les yeux vers moi, elle m'accorda l'un des plus beaux cadeaux que je n'aie jamais reçus : un sourire céleste, ineffable qui illumina non seulement son visage, mais la pièce tout entière. Si ses maux se traduisaient bien par ce que l'on appelle « douleur » sur le plan physiologique, elle n'en faisait pas l'expérience de la même façon que nous. Au travers du délitement de son corps, sa sérénité restait immuable. On dit aussi qu'en endurant les afflictions, une personne hautement accomplie prend sur elle les souffrances du monde. Amala devait en porter une grande part.

Amala décéda peu après cette dernière rencontre, le 15 février 2004, à l'âge de quatre-vingt-quatre ans. Au terme de quarante-neuf jours de prières et de rituels particuliers, Trulshik Rinpoché fit le voyage du Népal au Portugal pour présider à la cérémonie de crémation qui se tint devant la maison où elle avait vécu ses dernières années. À tout moment, le simple fait de penser à elle et d'évoquer son visage me ramène à l'essentiel.

CR

Récemment, Péma Wangyal Rinpoché fit la requête à son frère cadet, Jigmé Khyentsé Rinpoché, d'assumer la majeure partie des enseignements. On se souviendra que Kangyour Rinpoché avait affirmé avant sa mort que Jigmé Khyentsé Rinpoché assurerait la continuité de sa lignée spirituelle. C'est chose faite.

Les enseignements de Jigmé Khyentsé Rinpoché ont la faculté de dissoudre la carapace des plus las et saturés d'entre nous. L'un des obstacles majeurs qui guettent les pratiquants est en effet de devenir blasé, imperméable aux enseignements. En les écoutant, on se dit : « Oh, j'ai déjà entendu ça quelque part… » On devient, dit-on au Tibet, comme le cuir d'une outre qui reste des années au contact du beurre sans jamais s'en imprégner, ou comme un roc qui gît au fond d'une rivière sans s'imbiber d'une seule goutte d'eau.

À la manière d'un musicien de génie qui improvise sur un thème tout en s'inscrivant à la perfection dans les règles de l'harmonie, Jigmé Khyentsé Rinpoché ouvre des perspectives insoupçonnées dans la compréhension d'enseignements que nous avons maintes fois entendus sans avoir su en extraire la substantifique moelle. Je suis constamment émerveillé par la façon dont il présente les points clés du bouddhisme sous un jour qui m'avait échappé jusqu'alors, tout en préservant impeccablement leur authenticité.

Pour prendre un exemple parmi d'autres, on distingue habituellement trois phases sur le chemin vers l'Éveil : la libération individuelle (*pratimoksha*), le souhait d'atteindre l'Éveil pour le bien des êtres (*bodhicitta*), et la vision pure qui reconnaît l'union de la vacuité et des apparences en toutes choses. On pourrait comprendre la première étape comme le désir « individualiste » de se libérer seul de la souffrance, un but qui semble plus accessible à un esprit timoré que celui de se consacrer à libérer tous les êtres. Qui plus est, il est évident que, à moins d'être soi-même libéré du samsara, il sera bien difficile d'en arracher les autres, un aveugle ne pouvant guider des non-voyants. Mais Jigmé Khyentsé Rinpoché définit le concept de *pratimoksha* comme la nécessité de se détacher de la notion même d'« individu ». En effet, tant que l'on reste attaché à l'existence réelle d'une entité individuelle – un « soi » unitaire, autonome et durable –, on n'a aucune chance de s'affranchir du samsara, et d'autant moins d'en libérer les autres. Cet éclairage correspond parfaitement à l'une des caractéristiques des *arhats* – les pratiquants du Véhicule fondamental qui ont atteint la cessation de la souffrance, le nirvana limité –, celle d'être libéré de l'attachement à l'existence d'un «soi» individuel, même s'il reste à appréhender l'absence d'identité de l'ensemble des phénomènes.

Jigmé Khyentsé Rinpoché recourt parfois à des formules saisissantes pour mieux frapper les esprits. Lors d'un séminaire d'été, auquel assistait un ami passionné par la question du bonheur, il déclara : « Ce que vous appelez généralement bonheur, nous l'appelons souffrance. » Une manière de souligner sans ménagement que nous cherchons le bonheur là où il ne se trouve pas – dans l'incandescence des plaisirs sans cesse renouvelés, dans le gain, la louange, la renommée, la beauté physique, le pouvoir, etc. –, tout en nous précipitant allègrement vers les causes mêmes de la souffrance.

Il arrive à Jigmé Khyentsé Rinpoché d'enseigner toute une matinée sur un thème en apparence anecdotique, inspiré par les circonstances du moment, dans lesquelles il insuffle une signification vaste et profonde. Lors d'un séminaire organisé au Mexique par le monastère de Shéchèn, Rabjam Rinpoché et Jigmé Khyentsé Rinpoché, qui sont très proches depuis l'enfance, devaient enseigner tous deux. L'avion de Rabjam Rinpoché eut du retard, et ce dernier ne put arriver à temps pour l'ouverture du séminaire. Jigmé Khyentsé Rinpoché débuta son enseignement par ces mots (je cite de mémoire) : « Nous attendons Rabjam Rinpoché, n'est-ce pas ? Mais en vérité, nous attendons toujours quelque chose dans l'existence, parfois quelque chose de précis, parfois quelque chose d'indéfini supposé combler des aspirations non formulées. Cet état d'attente chronique nourrit les espoirs et les craintes qui troublent notre esprit et engendrent un sentiment d'insatisfaction tenace. » Toute la matinée, il déroula un enseignement passionnant sous la forme de variations sur le thème de l'attente.

Je me rendis compte moi-même que certains des moments les plus gratifiants que je vécus allaient de pair avec une totale absence d'espoirs ou de désirs de quelque nature que ce soit. Il y a quelques années, je m'apprêtais à quitter l'aéroport de Katmandou pour donner le lendemain soir à Amsterdam une conférence préparée avec soin par les organisateurs. De là, je devais enchaîner avec une visite en France. Soudain, le tableau d'affichage annonça que le vol vers Delhi, d'où je devais prendre une correspondance, était annulé. Je fis rapidement le tour des quelques compagnies aériennes opérant depuis Katmandou : il était tout simplement impossible d'arriver le lendemain soir à Amsterdam. J'étais très embarrassé vis-à-vis des organisateurs et les appelai pour les informer de la situation. Je sortis avec mon bagage et m'assis sur un banc devant l'aéroport. C'était une fin d'après-midi de printemps. Personne ne m'attendait plus, ni ici ni ailleurs. J'avais pris congé du monastère ; on me pensait parti. Je regardais avec une félicité sereine les voyageurs qui allaient et venaient, les moineaux en quête de miettes de nourriture au sol, le soleil qui déclinait vers les montagnes du couchant, toutes sortes de bruits qui n'avaient pour moi aucune signification particulière, aucun effet sur mon sort. Libre de ruminations, je goûtais avec délice la fraîcheur de l'instant. « Pas si mal, me dis-je, si je pouvais être tout le temps dans un tel état de légèreté intérieure... » De fil en aiguille, je pensai aux ermites errants qui, comme Patrul Rinpoché, vont d'un lieu à l'autre, sans que personne prête attention à eux : ils ne peuvent pas se perdre, car ils n'ont pas de destination précise ; ils ne peuvent jamais être en retard, car personne ne les attend. Au bout d'une demi-heure, je me levai, attrapai mon sac et rentrai tranquillement au monastère.

☙

Les autres membres de la famille de Kangyour Rinpoché sont des êtres humains qu'il est tout aussi enrichissant de côtoyer, chacun à sa manière. Rangdrol Rinpoché, le fils puîné de Kangyour Rinpoché, fut reconnu par Dilgo Khyentsé Rinpoché comme la réincarnation de Tsawa Rinchèn Namgyal, un maître de la fin du XIXe siècle. En compagnie de son frère aîné, Péma Wangyal Rinpoché, il étudia à l'Institut de hautes études tibétaines de Sarnath, puis reçut de nombreux enseignements des grands maîtres de notre temps. Il enseigne régulièrement dans les retraites de trois ans. Pratiquant hors normes, il passe une bonne partie de l'année en retraite.

Rigdzin Chödrön, la fille aînée de Kangyour Rinpoché, aujourd'hui très âgée, avait appris la médecine traditionnelle tibétaine auprès de son père et soigna d'innombrables patients en France et ailleurs. Sa cadette, Yangchèn Chözom, qui est nonne, offre l'un des meilleurs exemples de dévouement et de diligence que je connaisse. Il semble qu'elle ne cesse jamais d'être active, de jour comme de nuit, entièrement dévouée à l'accomplissement de la vision de son père et des activités de Péma Wangyal Rinpoché. La plus jeune sœur, Péma Chökyi, œuvre à ses côtés et passe, elle aussi, beaucoup de temps en retraite.

C'est ainsi que, comme ce fut le cas dès notre première rencontre en 1967, l'ensemble de la famille de Kangyour Rinpoché, incluant aujourd'hui les deux filles de Rigdzin Chödrön qui n'avaient que deux ou trois ans à l'époque, Dawa Tsédrön, et son mari Étienne, et Dékyi Lhakpa, offrent constamment un exemple édifiant de cohérence entre les enseignements, la pratique spirituelle et l'action. Ils inspirent toute la communauté des disciples qui vivent disséminés dans la vallée et les collines de la Vézère et qui se retrouvent lors des pratiques en commun, des enseignements et des travaux divers.

☙

En 1994, Tulkou Péma Wangyal fit la requête à Rabjam Rinpoché d'enseigner *Le Trésor de précieuses qualités* dont ce dernier avait reçu les explications détaillées de Dilgo Khyentsé Rinpoché. Trois étés consécutifs, dix jours durant, Rabjam Rinpoché expliqua les premiers chapitres de ce traité, dont le commentaire s'étend sur deux volumes de sept cents pages chacun. Lorsqu'il en arriva au neuvième chapitre, consacré aux aspects philosophiques les plus complexes de la Voie du milieu (*madhyamika*), il demanda à Khénpo Péma Shérab, l'un des meilleurs érudits de notre temps, d'enseigner ce chapitre et les suivants. Khénpo Péma Shérab fut disciple de Dilgo Khyentsé Rinpoché au Tibet et l'accompagna dans sa fuite mouvementée lors de l'invasion chinoise. Arrivé en Inde, il étudia auprès d'érudits qui avaient réussi à s'échapper du Tibet et vivaient dans des camps de réfugiés. Il devint docteur en philosophie (*khénpo*), puis il dirigea dans le sud de l'Inde le Collège philosophique de Namdroling (au monastère de Pénor Rinpoché) où trois mille moines et moniales étudient. Il accepta la requête de Rabjam Rinpoché sous réserve que je lui serve d'interprète (j'étais proche de Khénpo Péma Shérab depuis quarante ans et familier avec sa manière d'enseigner).

Depuis 1997, Khénpo, que nous appelons Khén Rinpoché (« Précieux érudit ») par respect, a enseigné trois semaines chaque été au Centre d'études de Chanteloube. Ce qui représente au total un an et trois mois d'enseignements et de traductions quotidiennes. Après avoir terminé *Le Trésor de précieuses qualités* sur une période de treize ans, Khén Rinpoché enseigna d'autres textes majeurs de la tradition Nyingmapa[1].

Lui servir d'interprète fut un privilège, mais aussi un défi unique : il y a encore quelques années, il enseignait quatre heures d'affilée le matin et deux heures l'après-midi. Je parcourais rapidement le texte tôt le matin, puis Khén Rinpoché enseignait de neuf à treize heures, accordant une pause d'une quinzaine de minutes dans la matinée. En tant que traducteur, je ne pouvais pas relâcher mon attention plus de quelques secondes au risque de rater une partie de l'enseignement. Khénpo parlait par périodes de cinq à dix minutes, puis je restituais ses explications de mon mieux en français ou en anglais. Du fait qu'il expliquait un texte, je devais garder les yeux rivés sur ce texte et mémoriser en même temps les explications qu'il en donnait. En prenant des notes, j'aurais perdu le fil du texte et toute tentative de le reprendre serait entrée en conflit avec l'écoute. À peine avais-je terminé que Khén Rinpoché reprenait ses explications. Je dois avouer que, pendant une bonne partie de la séance du matin, j'évitais de regarder ma montre posée sur la table, de peur de constater le temps qu'il me restait encore à traduire. Non pas que je fusse réticent à servir cet enseignant hors pair, mais en raison de l'intense concentration qu'exigeait cette tâche. Ma résistance était mise à l'épreuve. Je remarquai cependant que cela se passait au mieux lorsque j'entrais dans un état de « flot », l'expérience optimale décrite par le psychologue Csíkszentmihályi, et que l'écoute comme la traduction se déroulaient dans un espace calme et ouvert au sein duquel les mots et le sens des enseignements s'enchaînaient comme les notes d'une symphonie.

Fort heureusement, les enseignements toujours parfaitement structurés et limpides de Khénpo Péma Shérab me facilitaient la tâche. Lorsque, en lisant le texte avant les enseignements, je m'attendais à peiner pour traduire certains passages particulièrement ardus, ses explications étaient si claires que j'étais rarement mis en difficulté.

En 2001, Khénpo Péma Shérab donnait au Portugal son enseignement annuel dans un centre des collines de l'Algarve. Un matin, lorsque je le rejoignis pour le petit déjeuner, il me montra sa bouche du doigt et me fit comprendre qu'il ne pouvait plus parler. Il était atteint d'une ischémie cérébrale, une interruption momentanée de l'apport sanguin au cerveau qui altère ses fonctions. Il me confia plus tard que la première pensée qui lui était venue en constatant qu'il avait perdu l'usage de la parole fut pour son enseignement du *Trésor de précieuses qualités* qui se trouvait ainsi brutalement interrompu. Il ne s'était pas inquiété outre mesure de son sort. Il fut hospitalisé quelques jours et, fort heureusement, après quelques semaines, il recouvrit graduellement l'usage de la parole. Depuis, les membres de son entourage l'ont convaincu de limiter ses enseignements à deux à trois heures par jour, le matin.

En 2019, après avoir, pendant vingt-deux ans, ainsi traduit Khénpo Péma Shérab, que nous appelons maintenant, de par sa séniorité et le respect dont il jouit dans le monde du bouddhisme tibétain, Khén Rinpoché (le «précieux Khénpo») ou encore Khénchèn (le «grand khenpo»), je fis la requête à un jeune érudit, Khénpo Sonam, de prendre ma suite. Il avait étudié la philosophie bouddhiste pendant treize ans, puis enseigné plusieurs années sous l'égide de Khén Rinpoché. J'avais constaté, en d'autres occasions, qu'il était un traducteur hors pair, combinant une parfaite connaissance des textes à une excellente maîtrise de l'anglais. Quant à moi, mon cerveau n'a plus sa vivacité d'antan et mon ouïe décline. Qui plus est, en dépit du soin que je mets à préparer les enseignements et à les traduire, je suis bien conscient que, même si je parle constamment le tibétain, il m'est impossible de ne pas commettre d'erreur, car ce n'est pas ma langue maternelle. Je continue néanmoins à assurer la traduction simultanée en français pour les quelques auditeurs qui ne comprennent pas l'anglais.

À quatre-vingt-quatre ans, Khén Rinpoché s'est retiré de ses fonctions au collège de Namdroling et vit depuis une partie de l'année en Dordogne, juste à côté de la maison de ma mère. Parfait exemple des fruits d'une vie consacrée à l'étude et à la pratique, toujours d'humeur égale et bienveillante, il émane de lui un calme apaisant. Satisfait en toutes circonstances, il a fort peu de besoins. Lorsque ses étudiants du Collège philosophique de Namdroling, qui regroupe un millier d'étudiants (parmi les trois mille moines du monastère), au Mysore voulurent lui acheter une voiture, il leur fit clairement comprendre qu'il n'en voulait pas. Il commence ses pratiques bien avant l'aube, puis passe ses journées à lire des textes et à marcher dans la forêt, une activité qu'il affectionne tout particulièrement. Lorsque je séjourne en Dordogne, je l'accompagne tous les jours dans sa marche de l'après-midi, en compagnie de Khénpo

Sonam et d'Ani Péma, une nonne venue du Tibet qui veille depuis vingt ans à ses besoins.

C'est également grâce aux explications de Khénpo Péma Shérab que les traducteurs du comité de traduction Padmakara purent traduire les textes qu'il enseigna et les publier en français aux Éditions Padmakara et dans d'autres langues à l'étranger. Ces traducteurs, qui depuis trente-cinq ans œuvrent inlassablement dans la tranquillité des forêts périgourdines, figurent parmi les plus compétents de notre temps. Au fil des années, ils publièrent une cinquantaine de volumes de textes majeurs du bouddhisme indien et tibétain. Ces publications incluent des classiques, *La Marche vers l'Éveil* de Shantidéva, par exemple, accompagnée d'un commentaire en trois volumes ; des guides de pratique spirituelle tels que *Le Chemin de la Grande Perfection* de Patrul Rinpoché ; des traités philosophiques comme *L'Ornement de la Voie médiane* de Shantarakshita ; des biographies, telles que *La Vie de Yeshé Tsogyal*. À cela s'ajoutent des « sommes » canoniques comme les mille cinq cents pages du *Soutra de l'Entrée dans la dimension absolue* (traduit du chinois), qui commence par une introduction de cinq cents pages, ainsi que des transcriptions d'enseignements oraux traduits du tibétain, *Au cœur de la compassion* de Dilgo Khyentsé Rinpoché[2], par exemple. De nombreuses traductions du Comité parurent également directement en anglais aux éditions Shambhala, ainsi qu'en espagnol, en portugais et en allemand. Au fil des ans, je traduisis moi-même du tibétain, en anglais ou en français, une dizaine de volumes d'enseignements de Dilgo Khyentsé Rinpoché, ainsi que des textes composés par d'autres auteurs[3].

☙

Mon vieil ami Gérard Godet, que je voyais si souvent lorsque j'habitais encore à Paris, avant de partir définitivement pour Darjeeling, et considérais comme un deuxième oncle, avait lui aussi rejoint la communauté de Dordogne et cessé ses activités professionnelles. Il prit ses vœux monastiques, accomplit trois retraites de trois ans consécutives, puis passa les dernières années de sa vie à pratiquer dans une petite maison toute proche de celle de ma mère. Il était l'un des meilleurs exemples du pratiquant modeste et sincère, apprécié par tous. À sa mort, en 2010, il resta une dizaine de jours dans un état que les Tibétains appellent *thoukdam*, une sorte de méditation post-mortem que l'on observe chez certains pratiquants avancés, comme je l'ai relaté précédemment dans le cas de Sengdrak Rinpoché. Une dérogation spéciale fut accordée par le maire pour conserver son corps sans le bouger durant tout ce temps. À la fin des dix jours, le médecin qui certifia légalement sa mort ne put que constater que le corps ne montrait aucun signe de décomposition, ni odeur ni raideur cadavérique. Gérard avait simplement l'air d'être assis en méditation, les yeux fermés, les membres et la peau souples. Finalement, lorsque cet état si particulier prit fin, il montra tous les signes ordinaires de la mort. Ce jour-là, des grues cendrées migratrices qui volaient droit à l'accoutumée décrivirent longuement une boucle au-dessus de la maison. Coïncidence de bon augure, un double arc-en-ciel brilla au moment où le corps de Gérard quitta sa maison pour le crématorium.

Là encore, les choses ne se passèrent pas comme d'habitude. Je n'étais pas présent, mais plusieurs amis m'ont raconté la scène maintes fois. Habituellement, la crémation complète du corps requiert vingt minutes. Mais au bout d'une demi-heure, la personne s'occupant du crématorium sortit et informa Péma Wangyal Rinpoché que le corps n'était toujours pas consumé. Il ne comprenait pas ce qui se passait. Péma Wangyal Rinpoché lui suggéra de continuer. Dix minutes plus tard, il ressortit, visiblement perturbé. Il invita Péma Wangyal Rinpoché et une personne proche à venir regarder par la petite fenêtre qui s'ouvrait sur le brasier. Le corps était toujours visible au milieu des flammes. « Faites quelque chose ! » implora le responsable désorienté. Péma Wangyal Rinpoché murmura quelques prières et, soudainement, à la manière d'une allumette jetée dans une flaque d'essence, le corps s'embrasa et fut réduit en cendres en quelques instants. Le préposé demanda à nos amis de bien vouloir ne pas ébruiter l'incident, de peur que l'on dise que son équipement était défectueux. De plus, lorsque les restes de la crémation furent passés dans la machine qui les réduit en cendres, elle se bloqua : le cœur n'avait pas brûlé.

À l'occasion du décès de Gérard, de nombreuses personnes dont nous n'avions jamais entendu parler et des associations caritatives se manifestèrent pour témoigner de l'aide qu'il leur avait apportée sans qu'aucun d'entre nous soit au courant. La discrétion d'un cœur pur...

༄༅

Jusqu'il y a deux ou trois ans, je me rendais régulièrement au Centre de retraite de Chanteloube pour servir d'interprète et assister aux séminaires d'été, ce qui était l'occasion de passer du temps avec ma mère, Yahne Le Toumelin. Elle avait participé à la deuxième retraite de trois ans en Dordogne et s'était établie ensuite dans la vallée de la Vézère afin de vivre auprès de ses maîtres spirituels. Je lui rendais également visite à l'occasion de voyages en France. Puis, à mesure qu'elle prit de l'âge, je passai davantage de temps en Dordogne auprès d'elle. La maison de plain-pied – une grande pièce et sa petite chambre –, dont elle a l'usufruit de son vivant, est un lieu ouvert où les amis savent qu'ils peuvent être très chaleureusement accueillis le temps d'un repas, d'un moment de partage ou de réconfort, voire d'une petite leçon de peinture. La grande pièce lui servait d'atelier. À ceux qui lui disent qu'elle est lumineuse, elle répond immanquablement : «C'est parce que j'ai un bon chef de rayon», faisant allusion au rayonnement bienveillant de ses maîtres spirituels. Durant mes séjours, je loge habituellement dans une petite cabane en bois de deux mètres et demi sur trois attenante à sa maison.

À l'âge de quatre-vingt-dix ans, elle jouissait encore de toutes ses facultés et continuait à nous régaler de ses perles de langage. J'en notais quelques-unes à l'occasion. N'ayant jamais eu son permis de conduire, elle aimait par exemple à dire : «Je ne suis pas une autodidacte, mais une vélodidacte.» Ou à écrire sur une carte envoyée au moment de Noël : «Il est né le Divin Instant, Immaculé de concepts.» Un matin, après avoir peu dormi en raison de ses rhumatismes, elle lança : «Comment pourrais-je me plaindre de mes os, ils ont été si bons pour moi, si longtemps.» À propos de Xavier Emmanuelli, cofondateur de MSF, du Samu et du Samu social, avec lequel je donnai une conférence à Périgueux au profit des personnes en difficulté alimentaire soutenues par Maison 24, elle dit : «Il a un cœur sur chaque main.» Lorsqu'elle avait la voix enrouée : «Quand j'ai un chat dans la gorge, je dis "souris!"» À quatre-vingt-quatorze ans, elle constatait avec humour : «Je suis de plus en plus de moins en moins» et «le silence est la langue de l'avenir».

En janvier 2016, sous l'égide de la ville de Bordeaux, une grande rétrospective de ses œuvres, soixante-dix ans de peinture, fut organisée dans les locaux historiques de la salle Capitulaire du cour Mably par deux amis bordelais, Christian Jean dit Cazaux et Patrice Géraudie. Soixante-dix toiles furent exposées. Lors du vernissage, des amis vinrent de tous les horizons pour une joyeuse célébration. Elle a cessé de peindre depuis quelques années, ayant graduellement perdu sa mobilité ainsi que l'usage de sa main gauche.

Avant que ses souvenirs ne s'évanouissent définitivement, j'interrogeai ma mère sur sa vie et je photographiai plusieurs centaines de ses peintures chez ma sœur en Dordogne, où bon nombre de tableaux sont entreposés, mais aussi chez des collectionneurs dont je retrouvai la trace. À l'automne 2016, nous publiâmes aux éditions de La Martinière, *Lumière, rire du ciel,* un album qui retrace les épisodes marquants de sa vie et de son œuvre, accompagné de textes d'André Breton, de Jean Markale et de Michel Bitbol. Auparavant, en 2011, elle avait publié un petit traité de peinture du même nom (un titre inspiré du philosophe et poète italien de la Renaissance, Marsile Ficin), aux éditions Pauvert.

Depuis 2017, ses facultés cognitives déclinent graduellement, mais, à ce jour, elle continue à réciter ses prières et à lire à haute voix, trois à quatre heures par jour, des livres que nous choisissons pour elle. Elle chante beaucoup, d'une voix qui garde son timbre étonnamment cristallin, tout aussi bien des chants bouddhistes, que l'*Ave Maria* de Schubert, *La Mer* de Charles Trenet ou des chansons que chantaient sa mère et sa tante dans les années 1930-1940 et que nous n'avions jamais entendues, comme : « Si t'es dans la purée, reviens vers moi… » La mémoire à court terme s'efface pour laisser place à des scènes, des personnages disparus depuis cinquante ans et des détails lointains qui ressurgissent dans son paysage mental.

Ma mère a aujourd'hui quatre-vingt-dix-huit ans et me survivra peut-être. En attendant, assisté de deux amies de la communauté bouddhiste de Dordogne qui s'occupent d'elle à tour de rôle, je fais de mon mieux pour l'accompagner, tout en retournant au Népal une partie de l'année.

༄

Ève, ma sœur, vit aussi une partie de l'année en Dordogne. Elle occupe une jolie maison à cinq kilomètres de celle de ma mère. Atteinte précocement par la maladie de Parkinson, à l'âge de quarante-deux ans, elle réagit avec courage comme on le découvre dans ses émouvants récits *Parkinson Blues* et *Une étoile qui danse sur le chaos*[4]. Les jeunes parkinsoniens ne bénéficient pas de l'aide sociale accordée à d'autres travailleurs handicapés (travail à mi-temps, etc.), car c'est une maladie qui affecte principalement les personnes âgées, qui ont généralement quitté le monde du travail. Malgré sa pathologie, Ève continua à exercer son métier d'orthophoniste et à se dévouer à plein temps à, dit-elle, « des enfants pas fréquentables, ceux qu'on ne voit jamais dans les goûters d'anniversaire ».

En dépit de trente-six ans de service à Sainte-Anne et dans d'autres institutions de la Ville de Paris, et de son dévouement pour les enfants défavorisés dont elle s'occupait, Ève fut maintenue dans son statut de vacataire – vacances sans solde et embauche au même titre qu'une débutante à chaque rentrée. Selon la loi, elle aurait dû être titularisée au bout de deux ans, mais l'administration resta sourde à ses requêtes. Finalement, par une ironie du sort, elle fut titularisée deux ans avant l'âge de la retraite! Pour obtenir enfin ce statut, à cinquante-huit ans, elle dut passer un examen devant de jeunes orthophonistes qui comptaient beaucoup moins d'années d'expérience professionnelle qu'elle. L'un des examinateurs lui demanda :

« Quelle est, selon vous, la qualité principale qu'un orthophoniste doit manifester?

– Sur le plan personnel ou sur le plan professionnel?

– Une qualité personnelle.

– Être aimante. »

Ève remarqua que la réponse lui était venue immédiatement à l'esprit et lui parut évidente.

Un jour, elle s'aperçut par hasard que l'un des enfants qu'elle accompagnait depuis plus d'un an avait finalement appris à lire, mais faisait semblant d'être encore illettré. La raison de sa dissimulation était des plus simples et touchantes : il ne voulait pas être privé d'une présence chaleureuse, aimante et rassurante qui lui faisait tant défaut dans la vie.

L'espoir d'une ouverture est toujours présent, comme dans le cas de cet enfant qui n'écrivait que des injures et qui, un jour, a découvert avec Ève la beauté des mots. Finalement, il posa sa craie et déclara, émerveillé : « Plus tard, je veux être *poème*. »

« La Dame des mots », c'est ainsi que la nomma l'un de ces enfants pour qui les mots restent un mystère et qui souffrent de ne pouvoir les utiliser mieux ou davantage, de ne pouvoir s'ouvrir à la lecture, à l'écriture, à tout un vaste monde. Ce surnom devint aussi le titre du livre qu'écrivit Ève pour partager son expérience auprès d'eux. Un premier éditeur renvoya le manuscrit de *La Dame des mots* quelques jours après l'avoir reçu, expliquant que « l'auteur n'avait visiblement rien compris aux enfants et qu'on ne faisait pas un livre avec de bons sentiments ». Mon éditrice et amie Nicole Lattès eut, elle, la sagesse de publier ce livre riche d'enseignements. Il me semble qu'Ève a compris les enfants d'une façon que l'on souhaiterait davantage voir se répandre dans ce monde et que l'on peut construire non seulement un livre, mais une existence entière sur les « bons sentiments ».

Le plus bel hommage rendu à Ève vint sans doute de Lala, l'une de ses anciennes élèves, qui la retrouva des années plus tard, après avoir trouvé un travail et fondé une famille, menant une vie équilibrée et heureuse ; elle lui dit simplement : « Nous avons fait un sacré chemin ensemble. »

Ève et Yann, son mari, m'offrent une leçon de vie constante transmise par l'exemple, à chaque instant, avec simplicité, persévérance et dignité. Ève m'enseigne le courage, Yann la sollicitude. Le courage d'Ève ne réside pas seulement dans le fait de faire face avec fortitude à une maladie éprouvante dont elle sait qu'elle ne guérira pas, mais d'avoir adopté et maintenu sans fléchir une vision et une attitude positives et résilientes à l'égard du mal qui l'affecte : « Je sais que j'ai une maladie, dit-elle, mais je ne suis pas cette maladie et je ne le serai pas. » En refusant de s'identifier à la maladie, elle s'est ouvert un espace de liberté pour vivre, créer et aimer. Ève est aussi bénie par deux fils aimants, Raphaël et Guillaume, et des petits-enfants délicieux, Amaya, Akiko, Elio et Esther, dont je suis donc le grand-tonton.

Quelles que puissent être ses souffrances et douleurs physiques souvent intenses – elle dut subir une grave opération de la colonne vertébrale et se cassa les deux hanches à six mois d'intervalle –, je n'ai jamais vu Ève manifester une saute d'humeur, une once de colère ou de découragement. Elle est dépourvue de la moindre trace de ressentiment. « Cette maladie, écrivais-je dans la préface d'*Une étoile sur le chaos*, tu l'as prise en main comme une musicienne qui trouve sur son chemin un instrument abîmé et sait en tirer une mélodie émouvante qui nous surprend et nous transporte. »

CR

Je suis riche de merveilleux parents et amis, et en tire une immense joie. J'ai rencontré d'innombrables personnes qui mènent une « bonne vie », constructive, des personnes qui font le bien autour d'elles et manifestent des qualités humaines louables, voire exceptionnelles. Il est donc possible d'œuvrer ensemble vers un monde plus altruiste, une société plus solidaire et une humanité plus consciente des enjeux que sont l'avenir de la planète et celui de la biodiversité dans son ensemble. Ce *samsara* plus éthique et responsable est infiniment meilleur qu'un monde dans lequel régneraient l'animosité, l'égoïsme et l'indifférence.

Mais aussi désirable soit-il, ce meilleur des mondes peut devenir bien plus encore si nous apprenons à remédier aux causes profondes de la souffrance. Au vu de ce dont j'ai été témoin auprès de mes maîtres spirituels et à la lumière des enseignements que j'ai reçus, il ne me semble en effet guère possible de concocter un samsara revu et corrigé qui resterait cependant le samsara, c'est-à-dire le monde conditionné par la souffrance. Le samsara n'est pas réparable et il ne sert à rien de le présenter sous un jour flatteur, pas plus qu'il n'est utile de repeindre un mur qui tombe en ruines. Il est éminemment louable et désirable d'être un être humain bon et de se comporter avec dignité, générosité, honnêteté, simplicité et intelligence, mais si l'on n'agit pas à la racine de la souffrance, bien que l'on puisse trouver une satisfaction légitime dans le succès de nos actions altruistes, on sera vite rattrapé par la montée des eaux de l'insatisfaction et de la frustration.

Lors de l'un des séminaires d'été donnés en Dordogne par Jigmé Khyentsé Rinpoché, alors que la canicule estivale battait son plein, une femme fit cette remarque : « Je dois vous avouer que plutôt que de continuer à écouter les enseignements, je n'ai qu'une envie, c'est d'aller faire un tour en canoë sur la Vézère et me baigner dans un coin tranquille. » Jigmé Khyentsé Rinpoché répondit à peu près en ces termes : « J'imagine que votre souhait, bien compréhensible, en allant vers la fraîcheur de la Vézère, est de vous sentir mieux. Mais derrière cette aspiration immédiate, qu'est-ce qui vous pousse dans ce sens ? » « Le désir de bien-être », répondit la personne après un instant de réflexion. « Fort bien, et ce bien-être peut, n'est-ce pas, prendre différents aspects, niveaux et degrés de durabilité ? Quel est donc le but des enseignements du Dharma ? » Et, pour le reste de la matinée, Jigmé Khyentsé Rinpoché déploya diverses facettes d'un enseignement limpide permettant de distinguer le bien-être palpable, mais éphémère, lié aux sensations, d'un bien-être plus vaste et durable né de l'élimination des causes latentes des frustrations et des souffrances sans cesse renouvelées de l'existence. « En essence, l'enseignement du Dharma, conclut-il, est un remède fondamental à la souffrance. »

On peut donc écrire des volumes sur la manière de mener une « bonne » vie. C'est une tâche éminemment nécessaire en ces temps troublés, et les écrits d'intérêt général que j'ai humblement partagés ajoutent quelques gouttes à l'océan. Mais il est indispensable d'offrir des points de repère sur ce que pourrait être une réelle émancipation des causes premières de la souffrance, une voie que j'ai choisi d'emprunter, sur laquelle il me reste un immense chemin à parcourir, tout en ayant le sentiment d'être dans la direction qui me permet d'actualiser mon potentiel et d'employer au mieux le temps qui m'est donné dans cette vie. J'ai tenté d'exprimer ce point de vue en quelques mots en conclusion de *Plaidoyer pour le bonheur* :

> Le bonheur, tout le monde (ou presque) s'y intéresse. Mais qui s'intéresse à l'Éveil ? Ce mot semble bien exotique, vague et lointain. Pourtant, le seul bonheur véritable est celui qui accompagne l'éradication de l'ignorance, donc de la souffrance. Le bouddhisme appelle Éveil un état de liberté ultime qui va de pair avec une connaissance parfaite de la nature de l'esprit et de celle du monde des phénomènes. Le voyageur fourbu s'est éveillé du sommeil léthargique de l'ignorance et les déformations du mental ont laissé place à une vision juste de la réalité. Le clivage entre un sujet et un objet doté d'existence propre s'est évanoui dans la compréhension de l'interdépendance des phénomènes. [...] Le sage se rend compte que tous les êtres ont le pouvoir de s'émanciper de l'ignorance et du malheur, mais qu'ils l'ignorent. Comment n'éprouverait-il pas alors une compassion infinie et spontanée pour tous ceux qui, trompés par les sortilèges de l'ignorance, errent dans les tourments du samsara ?
>
> Bien que cet état puisse paraître très éloigné de nos préoccupations ordinaires, il n'est assurément pas hors d'atteinte. [...] Le lait est l'origine du beurre, mais il ne produit pas du beurre si on l'abandonne simplement à son sort ; il faut en baratter la crème. Les qualités de l'Éveil se manifestent au terme de la longue transformation que constitue le chemin spirituel. Cela ne signifie pas pour autant qu'il faille souffrir le martyre jusqu'à ce qu'un jour

lointain et improbable on atteint soudain la béatitude de la terre promise. En vérité, chaque étape est une avancée vers la plénitude et la satisfaction profonde. Le voyage spirituel revient à voyager d'une vallée à l'autre : le passage de chaque col dévoile un paysage plus magnifique que le précédent. [...] Au sein de l'Éveil, au-delà de l'espoir et du doute, le mot «bonheur» lui-même n'a plus aucun sens. Les ombres des concepts se sont évanouies au lever du jour de la non-dualité. [...] Celui qui a réalisé la nature ultime des choses est comme le navigateur qui aborde une île entièrement faite d'or fin : même s'il cherche des cailloux ordinaires, il n'en trouvera pas.

On m'a parfois dit : «Vous avez la vie facile dans votre ermitage : pas de famille, de maison à entretenir, d'horaires à respecter et d'environnement professionnel difficile à endurer. Vous êtes un privilégié.» Privilégié peut-être, mais de quelle façon ? Je ne suis pas un *golden boy*, héritier fortuné qui se la coule douce au bord d'une piscine en Californie ; à l'âge de vingt-six ans, je fis le choix de quitter mon métier, inspiré par une autre façon de vivre, et ai choisi de me lancer dans une nouvelle vie, différente, sans aucune visibilité quant à mon avenir matériel, mais aspirant à partager le quotidien d'un maître spirituel.

Je me sens en effet privilégié d'avoir fait les rencontres qui ont orienté mes choix de vie et d'avoir pris cette décision suffisamment jeune pour pouvoir pleinement mettre mes aspirations en pratique. Ce choix ne fut pas celui de la facilité : objectivement, les années à Darjeeling, dans une pièce de trois mètres sur trois, sans électricité, eau courante ou chauffage, furent pour le moins austères. Pourtant, de mon point de vue, ce furent de belles et heureuses années, riches et fécondes. En quittant tout, je m'étais engagé sans aucune «planche de salut», je ne pouvais compter que sur le peu que j'avais et les choses auraient pu moins bien se passer.

Je ne sais pas si, depuis 1972, je suis toujours en vacances, ou jamais. Je vis au jour le jour. Que je me consacre à la pratique spirituelle ou que je travaille à un projet quelconque, il n'y a pour moi ni samedi ni dimanche. Je fais ce qui me passionne, me tient à cœur, sans compter mes efforts, mais au rythme qui est le mien.

Aussi atypique que puisse paraître un tel parcours de vie, mes expériences propres et tout ce dont j'ai été témoin peuvent-ils être utiles d'une quelconque façon à mes semblables ? Le fait que j'ai éprouvé beaucoup de joie à vivre ma vie pourrait certes être attribué à un tempérament insouciant et accommodant. Mais je pense plutôt que ce contentement intérieur est né d'un certain nombre de facteurs qui sont à la portée de chacun d'entre nous, si telle est notre volonté.

Surtout, il me semble essentiel de rester en cohérence avec ce qui nous inspire le plus. Les circonstances peuvent sembler défavorables à la réalisation de nos aspirations, mais avec de la détermination et de la persévérance, dans la plupart des cas, il est possible de surmonter les obstacles et d'arriver à ses fins. Quelles que soient les conditions de départ, si la direction est claire en notre esprit, tout est possible. Comme le rappelle l'adage : « S'il y a une volonté, il y a un chemin. »

PARTIE VII

RETOUR AUX SOURCES

CHAPITRE 54

La Citadelle du Lion des Neiges

Rabjam Rinpoché m'emmène en pèlerinage à Sengué Dzong, lieu mythique entre tous au nord-est du Bhoutan. Après une marche ardue au travers d'une forêt semi-tropicale, nous découvrons le cirque de la Citadelle du Lion des Neiges, à plus de 4 000 mètres d'altitude.

Il restait un lieu mythique entre tous au Bhoutan que Rabjam Rinpoché et moi-même souhaitions vivement découvrir. Sengué Dzong, la « Citadelle du Lion des Neiges ». Ce pèlerinage tenait particulièrement à cœur à Rabjam Rinpoché, il voulait en effet accomplir un vœu de Dilgo Khyentsé Rinpoché qui avait plusieurs fois exprimé le désir de s'y rendre. L'hélicoptère eût été pour lui le seul moyen d'y accéder en raison des grandes difficultés que présente l'accès à ce lieu situé en haute altitude, connu pour ses brusques changements météorologiques qui rendent les vols hasardeux. Le roi du Bhoutan, soucieux de la sécurité de Dilgo Khyentsé, lui avait respectueusement déconseillé d'entreprendre ce voyage.

Nous entreprîmes ce voyage en avril 2005, avec la permission du roi, sans laquelle à l'époque il n'était pas possible de se rendre en ce lieu particulièrement sacré et reculé à l'est du Bhoutan, dans la province de Kourtö, tout près de la frontière tibétaine.

Depuis Paro, il nous fallut trois jours de voiture pour traverser le Bhoutan central, la province du Boumthang, la vallée d'Ura et d'impressionnantes forêts primaires aux arbres immenses, peuplées d'une multitude d'oiseaux dont certains endémiques. Des tigres, que l'on peut rencontrer jusqu'à 4 000 mètres d'altitude, traversent parfois ces forêts denses. Cette chance unique au monde tient à la situation exceptionnelle de ce pays où la Constitution exige de préserver intact pas moins de 60 % de l'écosystème naturel du territoire, ce qui permet à ces félins de transiter sans obstacle des forêts subtropicales, marquant les zones frontalières de l'Inde au sud, jusqu'à la limite des neiges éternelles, au nord.

Notre trajet routier se termina au dzong de Lhungtsé dans la province de Mongar. Ce dzong est perché sur une élévation boisée surplombant la rivière Kouri Chu. Le lendemain à l'aube, notre petit groupe de pèlerins se mit en marche. Il était constitué de Rabjam Rinpoché, bien sûr, accompagné de deux de ses moines, de trois jeunes Bhoutanais de son entourage, d'une disciple chinoise parlant couramment tibétain et de moi-même. Après avoir franchi un pont suspendu d'apparence archaïque, nous traversâmes le petit village de Khorma qui comptait une cinquantaine de maisons, dernier ensemble d'habitations que nous devions rencontrer jusqu'au terme de notre voyage. Quelques locaux reconnurent Rinpoché et lui demandèrent sa bénédiction. À la sortie de Khorma, nous croisâmes une villageoise qui, nous voyant marcher allègrement munis de nos petits sacs sur le dos, s'exclama: «Les pauvres, comment vont-ils faire? Ils n'emportent presque rien avec eux.» Elle connaissait assurément la rude excursion qui nous attendait, mais ne savait pas que derrière nous, à un quart d'heure d'intervalle, une caravane suivait, composée d'une dizaine de mules chargées de tentes et de vivres, et menée par cinq ou six soldats que le roi avait dépêchés pour veiller sur Rabjam Rinpoché et ses compagnons de route.

Nous marchâmes durant deux heures en longeant la turbulente rivière de Khorma Chu, puis nous pénétrâmes dans une jungle luxuriante. Les arbres immenses formaient une voûte d'émeraude d'où ruisselaient, çà et là, des flots de lumière. Les sous-bois touffus parsemés de troncs d'arbres en décomposition, de mousses et d'orchidées étaient parcourus de ruisseaux qui se ramifiaient et s'étendaient jusqu'à former d'interminables bourbiers.

Un bâton dans chaque main, ma robe monastique relevée à mi-mollet et équipé de chaussures de marche, je dus sauter de pierre en pierre – en espérant qu'elles ne roulent pas sous mes pieds –, passer le plus vite possible sur un tronc d'arbre étroit et à moitié pourri et, avant que celui-ci ne s'enfonce sous mon poids, repérer le tronc suivant ou une pierre à peine visible et l'atteindre d'un grand pas. Mieux valait ne pas être distrait! Cette périlleuse gymnastique ne se passa pas trop mal; au fil des années, pierres et rondins avaient été disposés dans la boue aux bons endroits par d'innombrables voyageurs et bergers.

La forêt était peuplée d'oiseaux aux chants étranges: le toucan, dont les appels sonores et mélodieux résonnaient dans toutes les directions, la pie himalayenne au cri discordant, dont l'immense queue ondoie, étole de plumes bleues glissant sur la verdure, quand elle s'envole soudain à quelques mètres de nous. De grands papillons passaient comme des fleurs emportées par la brise. Non moins beaux, mais plus dangereux pour ceux qui les croisent à l'improviste, des ours habitent aussi la région ; heureusement, nous n'en rencontrâmes aucun.

À vrai dire, les sangsues se révélèrent plus redoutables. Elles grouillaient par milliers. Telles de fines langues noires, elles se dressaient, ondulantes, sur les feuilles des bas-côtés et les herbes du chemin, comme si elles avaient pressenti notre passage, ou bien elles se laissaient tomber sur nos têtes depuis les branches des arbres. Tous les matins, certains d'entre nous se frictionnaient pieds et mollets avec du sel afin que les prédatrices ne s'incrustent pas dans leurs chairs. Mais il y en avait toujours quelques-unes pour se glisser sous les vêtements. Leur morsure était indolore sur le moment, et nous nous apercevions de leur présence uniquement lorsque le sang coulait le long de nos jambes ou perçait à travers la chemise. Nous les retirions en passant doucement l'ongle sous leur point de fixation afin d'éviter de les tuer. Le soir venu, nous recherchions celles qui s'étaient infiltrées sous les vêtements. Rien de grave en tout cas – tout au plus la morsure démange-t-elle un peu pendant une semaine –, les sangsues ne présentent aucun danger et ne transmettent pas de parasites aux humains. Les mules, elles, n'avaient guère de moyen de se défendre et se retrouvaient vite ensanglantées, surtout aux endroits où leur peau est fine, sur les pattes, autour des yeux et dans les naseaux.

Pendant douze heures, l'alternance de montées et de descentes sembla ne jamais prendre fin. Les dépressions du terrain, menant parfois aux rives d'un torrent, n'étaient guère un soulagement : au-delà des précautions à prendre dans ces pentes parfois délicates, nous descendions, bien conscients qu'il nous faudrait regagner toute l'altitude perdue.

La nuit tomba et il commença à pleuvoir. Depuis notre entrée dans la forêt, nous n'avions rencontré aucun endroit où s'arrêter pour camper, mais dans le crépuscule, une trouée s'ouvrit soudain dans la végétation et de petits champs cultivés en terrasses apparurent. En contrebas, une gorge profonde fendait la vallée boisée d'une entaille vertigineuse. Sur le versant opposé, une grande cascade plongeait dans le torrent, écharpe de soie blanche se déployant lentement contre la muraille sombre.

Nous découvrîmes un hameau qui comptait en tout et pour tout trois maisonnettes. Sous l'auvent d'une grange s'empilait une grande quantité de bois. La paysanne qui régnait sur le foyer, Am Phourba, accueillit avec empressement Rabjam Rinpoché et son entourage.

Elle fabriquait de superbes tissages de fils de soie hauts en couleur, appelés *kishuthara*, selon la complexité du motif, une grande pièce demande de trois mois à un an de travail. Leur vente permettait de subvenir aux modestes besoins de la famille. Un dîner revigorant fut préparé, puis Am Phourba recouvrit son métier à tisser d'une grande étoffe, son mari jeta de la cendre sur les braises et bientôt la maisonnée s'endormit. Seuls le lointain grondement de la rivière et le tic-tac d'un gros réveil indien, à l'heure approximative, peuplaient le profond silence de la nuit.

Aux premières lueurs de l'aube, tout le monde était debout, excepté les deux derniers-nés, encore endormis dans le lit de leurs parents. Immédiatement, chacun s'attela à ses tâches quotidiennes : il fallait ranimer le feu, disposer des offrandes sur le petit autel domestique, aller chercher le bois et l'eau, préparer une collation et sortir les bêtes.

Am Phourba ne tarda pas à s'asseoir devant son métier à tisser. Sa navette allait et venait en un rythme si fluide et régulier qu'elle semblait se mouvoir d'elle-même, par magie. De temps à autre, la tisserande nouait sans hésitation de nouveaux fils de soie aux couleurs éclatantes, faisant naître sous ses doigts le motif complexe qui était en son esprit. Tout en œuvrant, elle conversait avec nous.

Mais il était temps de prendre congé de cette charmante famille qui nous avait accueillis avec tant de chaleur et nous reprîmes notre chemin. Ce matin-là, dans ce havre perdu au beau milieu de la forêt semi-tropicale, nous tombâmes sur quelques yaks qui paissaient dans un sous-bois marécageux. Comment étaient-ils arrivés là, eux qui, d'ordinaire, vivent dans les hauts pâturages, domaine des nomades ? Bientôt, nous aperçûmes quelques cabanes habitées par deux familles tibétaines. Les parents avaient fui l'invasion chinoise plus de trente ans auparavant avec une douzaine de yaks et s'étaient installés ici, menant une vie simple et austère dans des huttes précaires. Ils nous offrirent du petit-lait, qu'ils avaient en excès en été, saison durant laquelle ils barattaient le beurre à longueur de journée.

La Citadelle du Lion des Neiges

Le soir venu, nous établîmes notre camp dans une clairière au bord de la rivière. Nos accompagnateurs rassemblèrent du bois mort pour allumer un feu et préparer un dîner chaud. Nous étalâmes sur le sol plusieurs couches de ramilles de pin dont les longues aiguilles formaient un tapis moelleux. Un grand-duc ponctuait de temps à autre le silence de son « bouh ! » grave et guindé.

Le matin du troisième jour, nous émergeâmes enfin de la forêt et, obliquant à angle droit vers l'ouest, nous longeâmes un torrent dont les bouillons d'écume se brisaient sur d'énormes blocs noirs qu'ils polissaient depuis des siècles. Des tourbillons se formaient autour de fosses invisibles pour ensuite éclater en poussière d'argent où vibraient toutes les couleurs de l'arc-en-ciel. Durant les heures qui suivirent, nous rencontrâmes les premières plaques de neige. Puis le sentier devenu plus abrupt zigzagua parmi d'énormes rochers. L'ascension dura une bonne partie de l'après-midi et je dus m'arrêter fréquemment pour reprendre mon souffle.

La végétation changeait rapidement. Gentianes jaunes et bleues, edelweiss et genévriers avaient remplacé les essences tropicales. Nous atteignîmes un plateau verdoyant traversé par un torrent qu'il fallut franchir à plusieurs reprises en jouant les équilibristes sur des troncs d'arbres jetés en travers de son cours. Enfin, nous gravîmes une pente douce et atteignîmes le sommet, le col des Prosternations où, comme le veut la tradition, nous nous prosternâmes trois fois avec révérence, mais aussi émerveillement, en direction de la « Citadelle du Lion des Neiges ». Une cinquantaine de drapeaux de prières fixés sur de longs bambous flottaient au vent. Puis, nous descendîmes vers le cirque majestueux, vaste percée au milieu des parois rocheuses surmontées de crêtes coiffées de neiges éternelles. C'est en ce lieu saint et retiré, à la splendeur originelle, qu'au IXe siècle Padmasambhava médita, alors que Yeshé Tsogyal, « Reine de l'Océan de Sagesse Primordiale », sa principale disciple et compagne spirituelle, se livrait à l'ascèse dans une grotte perdue au milieu des neiges, encore plus haut dans les montagnes. Le cirque forme un cercle presque parfait enserrant une plaine de bruyères et de forêts de sapins situées à 4 500 mètres d'altitude. Au milieu serpente une rivière aux reflets bleus. Sur la droite, à environ deux kilomètres, étincelait au soleil un petit temple installé sur un éperon rocheux, pépite d'or posée sur l'écrin de montagnes noires, construit pour enchâsser la grotte de Padmasambhava.

Après avoir souffert dans la montée, je marchais maintenant d'un pas léger, empreint d'une allégresse nouvelle. Chaque pierre, chaque arbre, tout paraissait éminemment présent, d'une réalité plus vive et intense. Les cimes enneigées étaient bordées de promontoires qui s'inclinaient vers le centre de la plaine. Ils ressemblaient à des éléphants couchés offrant leur dos à qui souhaiterait les chevaucher, ou des lions fièrement campés défiant le voyageur intrépide. La plaine elle-même dessinait un lotus à huit pétales, et le ciel se découpait au-dessus des crêtes blanches à la manière d'un *gakhyil*, un « cercle de joie ». Des cours d'eau sillonnaient les prés et un petit lac couleur turquoise reposait là, telle une coupe d'ambroisie offerte en pleine nature. Des nappes de brume enveloppaient les versants et s'accrochaient aux parasols des grands pins. Pics crénelés et arêtes déchiquetées s'élançaient vers le ciel, déferlement de vagues figées dans la pierre. Du paysage tout entier se dégageait une impression de paix et de majesté immuable. Je n'ai nulle part ailleurs eu si clairement le sentiment d'être au « bout du monde ». Chaque roc, chaque grotte, chaque rivière conte ici une histoire remontant aux origines. La terre est sacrée, le ciel est sacré. En marchant, nous levions parfois des faisans bariolés qui s'envolaient à tire-d'aile. Seule une vingtaine d'ermites habitait le cirque. De panthères des neiges, farouches et rarement visibles, parcourent les hauteurs rocheuses.

En un rien de temps, le ciel se couvrit et il commença à neiger. Après avoir rapidement planté nos tentes, alors que nous nous blottissions autour d'un feu de bois, une douzaine de silhouettes rouges se profilèrent à travers les flocons de neige. C'étaient les retraitants de la vallée qui, à la nouvelle de l'arrivée de Rabjam Rinpoché, venaient à sa rencontre. Ils s'assirent en cercle autour de lui et lui firent la demande d'un enseignement pour établir un lien spirituel. À mesure que Rabjam Rinpoché leur parlait, les flocons s'accumulaient sur leurs vêtements au point que le blanc de la neige prédomina sur le rouge de leurs robes. Puis ils prirent congé et s'estompèrent derrière le rideau neigeux.

Ce soir-là, je fus terrassé par une forte fièvre qui, par chance, ne dura qu'une nuit, mais inquiéta quelque peu Rabjam Rinpoché. Le lendemain matin, un ciel bleu immaculé brillait sur le cirque et nous nous mîmes en route, traversant les prairies qui menaient, à une demi-heure de marche, au petit temple à flanc de rocher, à l'intérieur duquel s'ouvrait la grotte de Padmasambhava. Un autel abritait des statues d'argile aux couleurs passées et des textes sacrés devant lesquels étaient disposées des offrandes. Un jeu d'ombre et de lumière se reflétait sur le plancher de bois sombre et patiné. Quelques *thangkas* encadrés de brocarts aux peintures délavées ornaient les murs. Un léger parfum de pin et de genévrier mêlé d'encens flottait dans l'air. Nous récitâmes des prières et nous recueillîmes en silence.

Une offrande d'encens fut préparée au bord du petit lac cristallin dont le miroir s'étendait à proximité du temple. Des branches de genévrier trempées dans l'eau du lac furent empilées sur un feu de bois où grésillaient de la farine d'orge, du beurre, du miel et de la mélasse. Il s'en élevait d'épaisses volutes aux senteurs suaves dans lesquelles nous visualisions une infinité de fleurs multicolores, de joyaux étincelants, de nourritures aux cent saveurs, de parfums et de musiques emplissant les cieux en offrande aux bouddhas du présent, du passé et du futur – dons sans limites tout imprégnés de l'intention de soulager les souffrances de l'infinité des êtres, et de leur apporter paix et félicité.

Nous espérions pouvoir aussi nous rendre vers le lac Noir et le lac Blanc, situés à plus de 5 000 mètres d'altitude, pour visiter la grotte où Yéshé Tsoguial atteignit la réalisation suprême de la nature de son esprit. Mais les ermites nous apprirent que c'était impossible à cette époque de l'année : plus d'un mètre de neige recouvrait le chemin et la montée était ardue.

Après avoir passé deux nuits et profité des splendeurs offertes, nous prîmes, l'esprit et le pied léger, le chemin du retour. Il est toujours plus facile de descendre et le retour nous parut bien plus aisé ; ou était-ce les bienfaits ressourçants de ce lieu céleste qui nous donnèrent des ailes ?

Quand, deux jours plus tard, nous rejoignîmes Khorma, les villageois avaient déjà eu vent du pèlerinage de Rabjam Rinpoché et ils lui demandèrent de leur conférer une bénédiction de longue vie. Ce qu'il fit. Puis il rendit visite à un proche disciple de Dudjom Rinpoché, Lama Namdröl Sangpo, connu sous le nom de Khorma Rinpoché, que j'avais déjà rencontré au Népal et qui vivait depuis dix ans dans un ermitage en bambou au-dessus du village. Il avait fait la requête à Rabjam Rinpoché de lui rendre visite dans sa retraite, et je pus l'accompagner. Nous passâmes quelques moments spirituellement riches et humainement précieux en la compagnie de ce moine ermite qui respirait la sérénité mûrie par tant d'années de pratique. À sa demande, Rabjam Rinpoché lui offrit aussi une bénédiction de longue vie.

Après une nuit de repos au dzong de Lhungtsé, nous reprîmes la route vers Paro. Le cœur empli de ce riche pèlerinage, arrivé dans la tranquillité de la demeure de Rabjam Rinpoché à Satsam Chorten, je conçus l'idée d'un petit conte spirituel, *La Citadelle des neiges*[1], que je rédigeai dans les semaines qui suivirent.

CHAPITRE 55

Pemakö
Le lieu en forme de Lotus

Je me rends avec émotion dans la partie indienne de Pemakö, terre sacrée où Kangyour Rinpoché vécut quatre ans et fut le seul au XXe siècle à atteindre son lieu le plus secret, le yangsang.

Pemakö est un vaste territoire, d'une superficie d'environ trente mille kilomètres carrés, situé à cheval entre le sud-est du Tibet et le nord de l'État de l'Arunachal Pradesh, en Inde. Après avoir pris sa source au pied du mont Kailash, à l'extrême ouest du Tibet, le Brahmapoutre traverse les hauts plateaux et contourne les neiges éternelles du Namchak Barwa (à 7 756 mètres), puis pénètre enfin le territoire sacré de Pemakö. Là, ce fleuve majestueux se mue en un gigantesque torrent qui plonge entre les montagnes et, vingt kilomètres plus loin et 2 700 mètres plus bas, jaillit à travers des gorges tumultueuses. Ce ne fut qu'en 1998, à la suite d'aventures extraordinaires et de huit expéditions dans ces régions presque impossibles d'accès, que trois explorateurs, Ian Baker, Hamid Sardar – qui vécurent longtemps à Katmandou et furent disciples de Chatral Rinpoché – et Ken Storm, finirent par atteindre la légendaire « chute cachée » située dans la grande boucle du Brahmapoutre. Pour atteindre ce site mythique, ils durent se frayer un chemin à travers des forêts infestées de sangsues, et négocier les falaises abruptes des gorges du Brahmapoutre. Bien que les chutes fussent connues des habitants locaux, leur exploit fut annoncé comme la dernière grande découverte géographique qui restait à accomplir au XXe siècle[1].

Je rêvais depuis une cinquantaine d'années de pouvoir me rendre un jour dans la région de Pemakö, de le voir de mes yeux et d'entrer en intimité avec la puissance de ce lieu. Kangyour Rinpoché et sa famille parlaient très souvent des quatre années, bénies entre toutes, qu'ils avaient passées là-bas, de 1956 à 1960, dernière étape de leur exil du Tibet vers l'Inde. Un lieu hors du monde, une « terre cachée », un *béyul*, qui désigne, en tibétain, ces endroits éminemment sacrés dont la puissance des bénédictions est à la mesure de leur difficulté d'accès. Il est dit que certaines parties de ces « terres cachées » sont appelées « très secrètes », *yangsang*, et ne sont accessibles qu'à des êtres dotés d'une profonde réalisation spirituelle. Les êtres ordinaires peuvent passer des jours dans leurs environs, à les chercher sans les trouver, se heurtant à des obstacles insurmontables. Pour ceux qui ont la grande fortune de les découvrir et d'entrer en leur sein, ces terres sont porteuses de puissants pouvoirs de transformation : elles leur permettent de progresser rapidement vers l'Éveil, s'ils ne l'ont pas déjà atteint. Pemakö est l'un de ces hauts lieux.

Selon une prédiction, le maître spirituel de Kangyour Rinpoché, Jédroung Rinpoché, devait se rendre dans le *yangsang* de Pemakö. Toutefois, les circonstances ne lui permirent pas d'accomplir cette prédiction. Kangyour Rinpoché lui promit de s'y rendre à sa place, ce qu'il fit à deux reprises. Il raconta à sa famille qu'il régnait en ce lieu une sérénité ineffable. Les animaux sauvages venaient à lui sans crainte, certains moururent près de lui, comme en méditation. Chaque jour, des arcs-en-ciel traçaient un pont lumineux entre la terre et le ciel. Lors d'une autre expédition, Ian Baker et un petit groupe d'explorateurs étaient parvenus à visiter le lieu le plus sacré accessible aux pèlerins, le « Palais de Vajrasattva », Dorsém Phodrang, une impressionnante montagne monolithique de roche noire, entourée de huit lacs, eux aussi sacrés. De là, il avait espéré aborder la région « très secrète », *yangsang*. Mais seul Kangyour Rinpoché put y accéder au XXe siècle.

En 1994, Raphaële, que rien n'arrête, réussit à se rendre dans la région de Pemakö. Partie de Lhassa, après avoir secrètement traversé la région du Kongpo, situé au sud du Tibet, elle voyagea à l'arrière d'un camion de pommes de terre. À l'approche d'un poste de contrôle, ses compagnons de voyage la cachèrent dans l'un des sacs de patates. Parvenue à Pé, le dernier village avant le haut col de Doshoung qui donne accès à Pemakö, elle rencontra un homme, petit et d'apparence débonnaire, qui, faisant le trajet à pied, l'accepta comme compagne de voyage. Un guide bienvenu qui était cependant porté sur la bouteille et que Raphaële peinait à faire se lever le matin ! Elle réussit néanmoins à passer le col et resta dix jours dans le village de Hami, près duquel se trouvaient trois grottes bénies par Padmasambhava : Marpoung, Péma et Shélri. Elle ne put cependant aller plus loin : à quelques heures de marche, il fallait traverser le

Le lieu en forme de Lotus

canyon du Yarlung Tsangpo – le plus long et le plus profond au monde – sur un pont gardé par l'armée chinoise. Un randonneur américain qui avait tenté l'aventure venait de se faire arrêter.

À la suite de la mainmise de la Chine sur le Tibet, étendue jusqu'en ses confins les plus reculés, en 1959, le Pemakö se trouva divisé en deux parties. La plus élevée, au nord, appartient aujourd'hui au Tibet chinois, tandis que la plus basse fait partie de l'État indien de l'Arunachal Pradesh, au nord de l'Assam. C'est dans cette partie indienne que j'eus la chance de pouvoir me rendre en janvier-février 2020.

Étant donné sa proximité avec la frontière chinoise, la partie indienne de Pemakö fut longtemps interdite aux étrangers. Aujourd'hui encore, pour s'y rendre, il faut un permis difficile à obtenir. Je n'espérais donc guère voir mes vœux un jour exaucés, jusqu'à ce que Rabjam Rinpoché soit invité en 2019 par Khénpo Tséring Dorjé, le fondateur du principal monastère de la région, situé à Tuting, le dernier village important avant la frontière du Tibet, vingt-cinq kilomètres au nord. Mon ami le moine anglais Sean put accompagner Rabjam Rinpoché. À ce moment-là, je me trouvais quant à moi en retraite à Namo Bouddha et ne pus me joindre à eux. Mais l'année suivante, je me réjouis d'être à mon tour invité en compagnie de Khénchèn Péma Shérab, le grand érudit, âgé de quatre-vingt-cinq ans, disciple de Dilgo Khyentsé Rinpoché, auquel je sers d'interprète depuis nombre d'années lors des séminaires qu'il donne tous les ans en Dordogne. Khénpo Sonam et deux moniales faisaient également partie du groupe.

Rejoindre Tuting, petite ville du nord-est de l'Arunachal Pradesh, est déjà une aventure en soi : seize heures de voiture depuis Dibrugarh, l'aéroport le plus proche, et les huit dernières heures en 4 x 4 sur un chemin de terre cahoteux et boueux. Cette piste qui remonte le cours du Brahmapoutre est une succession de montées et de descentes à travers de grandes forêts semi-tropicales, d'où l'on aperçoit déjà quelques sommets enneigés en direction du nord. Nous arrivâmes à Tuting après la tombée de la nuit, et Khénchèn Péma Shérab fut accueilli par une belle procession formée des moines et des locaux.

Dès le lendemain matin, alors que je visitais le monastère de Tuting qui abrite de précieuses reliques et que je flânais dans les environs, je fus saisi par l'atmosphère très particulière du lieu. C'était l'image même que l'on se fait du pays mythique de Shangri-La, le paradis sur Terre du roman *Horizons perdus* de James Hilton adapté au cinéma par Frank Capra. Un lieu hors du monde, où tout semble simple, paisible et harmonieux, où il n'y a rien à faire, sans que l'on ressente pour autant le besoin de s'affairer. Un site empli de bénédictions inaltérées depuis des temps immémoriaux où chaque atome de terre, d'eau et d'air semble vibrer de la présence d'une sagesse et d'une compassion intemporelles.

Durant ce séjour à Pemakö, je réalisai pleinement ce qu'est la «perception pure» d'un lieu ou d'un environnement. J'avais le sentiment clair que la seule barrière entre mon état mental et la vision pure était celle que je créais par mes tendances habituelles. Il suffisait que je fasse fondre ces barrières artificielles pour percevoir la pureté primordiale de l'infinité des phénomènes, telle qu'elle est et a toujours été. Bien sûr, je ne parvins qu'à m'approcher un petit peu d'une telle réalisation, mais j'en avais, plus que jamais, un avant-goût, ce qui m'emplit d'une félicité sans mélange et d'une grande légèreté intérieure, comme si la solidité des apparences ordinaires fondait peu à peu sous le soleil de cette vision pure. Sans pour autant «voir» quoi que ce soit (à l'instar de grands yogis qui firent l'expérience de visions extraordinaires), j'avais constamment le sentiment que la terre, les forêts et l'espace tout entier foisonnaient de dakas et de dakinis, ces êtres de sagesse masculins et féminins, qui symbolisent et incarnent les qualités de l'Éveil.

Pour approfondir mon inspiration, durant ce séjour, j'entrepris de traduire un texte enseigné au XIIe siècle par le maître et ermite Gyalwa Götsangpa. En 1983, Dilgo Khyentsé Rinpoché avait demandé à Sengdrak Rinpoché de lui donner la transmission par la lecture des trois volumes des écrits de Götsangpa et j'eus la chance de la recevoir par la même occasion. Dans ce texte, on trouve les instructions suivantes :

> Le corps, la parole et l'esprit
> De tous les êtres ne faisant qu'un avec le corps, la parole et l'esprit éveillés du maître,
> Je prends refuge en tous les êtres des six domaines d'existence
> Qui ne sont autres que l'assemblée des déités de sagesse.
>
> L'esprit de tous les êtres

Le lieu en forme de Lotus

Est lumineux, mais insaisissable.
Leur propre conscience,
Vaste félicité libre de tout concept,
Est la nature de bouddha.
Je prends respectueusement refuge
Dans les êtres des six mondes,
Indissociables du plan absolu, lumineux.

La terre, l'eau, le feu, le vent et l'espace
Sont les cinq déités féminines des cinq familles de bouddha.
En ces éléments dotés de la nature des déités féminines,
Je prends respectueusement refuge.

Le matin, je visualisai l'espace tout entier au-dessus de Pemakö, nimbé d'une lumière dorée au centre de laquelle se tenait mon maître racine, Kangyour Rinpoché, entouré de halos d'arc-en-ciel et d'une nuée de dakas, de dakinis, de déités de sagesse et de maîtres spirituels du passé. Bien que n'étant guère doué pour les visualisations, je réussis à maintenir clairement celle-ci toute la matinée, dans un état de profonde joie.

Même si Kangyour Rinpoché n'était plus présent dans son corps physique, il se trouvait partout. Mon maître prenait mille formes différentes pour révéler sa présence en toute chose. Les sons, le souffle du vent, le murmure du ruisseau, les appels des oiseaux… tout résonnait de la voix du maître. Même le profond silence de la nuit était saturé de sa présence. L'esprit du maître brillait derrière chaque pensée, comme la lumière qui permet de voir les formes et les couleurs.

Nous séjournâmes tout d'abord une douzaine de jours à Tuting dans une petite maison située à proximité immédiate du monastère. C'était l'époque du Nouvel An dans de Pemakö qui a lieu un mois avant le Nouvel An tibétain, bien que le cycle des grandes fêtes annuelles se fonde sur le même calendrier lunaire. Nous nous joignîmes aux diverses célébrations – cérémonies d'offrandes dans le temple et danses sacrées et populaires sur le parvis du monastère, le tout dans une atmosphère festive et bon enfant.

Nous nous rendîmes également sur les quelques lieux de pèlerinage situés non loin de Tuting. L'un des plus étonnants d'entre eux a l'apparence de deux rochers noirs en forme d'aigle, considérés comme deux *garouda* mâle et femelle, un oiseau mythique qui symbolise les enseignements de la Grande Perfection car il sort de l'œuf prêt à voler, tout comme la Grande Perfection mène directement à l'Éveil. Nous visitâmes également un autre lieu de pèlerinage situé sur les rives du Brahmapoutre où s'élève un impressionnant groupe de rochers noirs de toutes formes, parsemés de vasques d'eau au fond desquelles gisent des boues de vermillon, orange vif. Ce lieu sacré est dédié aux Huit Héroukas, huit déités qui symbolisent les aspects éveillés du corps, de la parole, de l'esprit, des qualités spirituelles et de l'activité bienfaisante des bouddhas.

Le reste de la journée, nous effectuâmes, avec Khénchèn Péma Shérab, de nombreuses circumambulations autour de neuf stoupas disposés en cercle, commémorant les neuf épisodes majeurs de la vie du Bouddha, situés dans un grand champ où s'amusaient des moines novices et des enfants du village, champ situé entre le monastère et la pente qui plonge vers le Brahmapoutre. Il régnait en ce lieu un calme qui semblait inaltérable.

Puis vint le moment de partir en pèlerinage vers les sites indiens les plus sacrés de Pemakö, en dehors de ceux du Tibet, situés dans une vallée à cinq heures de route de Tuting. Mais quelle route! Mieux valait s'accrocher fermement aux poignées de la Jeep qui nous transportait, ballottés dans tous les sens par les cahots. La route n'était le plus souvent qu'un vaste bourbier dans lequel nous nous enlisâmes à répétition. Heureusement, nous voyagions à deux véhicules, l'un pouvait toujours sortir l'autre de l'embarras.

Parvenus à Yoldong, un petit hameau de quelques maisons, nous découvrîmes soudain la somptueuse vallée qui abrite plusieurs lieux saints, dont Déwikota, le plus important d'entre eux. Sur la pente du col, dominant le paysage, un jeune lama avait construit un petit temple et un groupe d'ermitages où nous fûmes hébergés pour la nuit. Au petit matin, les rayons du soleil levant jouaient entre les nuages qui s'étendaient au-dessus de la vallée. À travers ces brumes argentées, on devinait les sommets enneigés qui marquent la frontière avec le Tibet: Péma Shelri, «Lotus de Cristal», résidence du bouddha de la lumière infinie, Amitabha, symbole du dharmakaya, le plan absolu; le Riwo Tala, du nom de la montagne mythique, le Potala, qui s'élève dans la Terre Pure du bouddha de la compassion, Avalokiteshvara, le sambhogakaya, la dimension subtile ; et le Cittapuri, la « Cité du Cœur-Esprit », palais de Gourou Padmasambhava, le nirmanakaya, la dimension manifestée.

Ces sommets parsemés de lacs sacrés sont aussi des lieux de pèlerinage. Personne n'y habite en raison de l'altitude, et si l'on peut les gravir en une quinzaine de jours de marche l'été, la neige les rend inaccessibles l'hiver. Par-delà ces montagnes situées à une trentaine de kilomètres à vol d'oiseau s'étend le Tibet. Entre Déwikota et ces montagnes, d'autres lieux de méditation, tels que Tashi Chöling et Péma Drépoung, ponctuent la vallée.

Nous descendîmes de Yoldong à pied en traversant le petit village de Munkotra. Nous traversâmes la « Rivière Secrétissime » (*Yangsang Chu*), qui dévale des montagnes sacrées, sur un pont de bambou qui nous donna quelques sueurs froides. Il fallait de l'aplomb pour garder le pied ferme sur ce « pont » qui n'en avait guère que le nom – trois bambous, pourris en certains endroits, rassemblés côte à côte, flanqués de deux petits guides auxquels se tenir pour maintenir son équilibre précaire au-dessus des flots tumultueux d'un torrent qui déferle à moins d'un mètre en contrebas.

Au sommet de la colline, de l'autre côté du pont, s'élevait un temple assez grand pour accueillir une centaine de personnes. C'est là qu'à l'âge de dix-sept ans, vers 1921, Dudjom Rinpoché conféra pour la première fois la transmission des soixante volumes du *Trésor des enseignements révélés*, le *Rinchèn Terdzö*, qu'il ne donna pas moins de dix fois dans sa vie. Le souvenir de Dudjom Rinpoché, un maître dont j'eus le privilège de recevoir de nombreux enseignements, au Népal et en France où il mourut, reste un siècle plus tard omniprésent à Pemakö. Il y fut le maître le plus influent, ainsi que le régent de la région durant quelques années, le gouvernement de Lhassa ne pouvant administrer toutes les provinces reculées du Tibet.

Le souvenir du séjour de quatre ans que fit Kangyour Rinpoché dans le Pemakö à la fin des années 1950 reste également très vivace dans la mémoire des habitants les plus âgés. Deux d'entre eux notamment, respectivement âgés de quatre-vingt-un et quatre-vingt-deux ans, avaient aidé Kangyour Rinpoché à transporter, de Rinchèn Pong, partie tibétaine de Pemakö, jusqu'à la zone indienne, les précieux trésors sauvegardés du Tibet, principalement des livres. Je fus très ému de les entendre évoquer des souvenirs partagés avec mon maître. En conformité avec une prédiction qu'il avait reçue dans une vision, Kangyour Rinpoché avait songé à s'établir dans un lieu appelé Péma Pong, « Le Monceau de Lotus », situé plus au nord dans la vallée de Déwikota. S'il en était advenu ainsi, je n'aurais sans doute pas eu la même vie et ne serais pas aujourd'hui en train de rédiger ces *Carnets d'un moine errant*. Mais un officiel local mal luné compliqua la réalisation de ce vœu, et Kangyour Rinpoché décida de poursuivre son périple vers l'Inde, en Assam, puis à Darjeeling, où je le rencontrai.

ೞ

Pemakö est peuplé de Bhoutanais et de Tibétains, venus principalement du Kham, qui ont conservé leur identité et leurs coutumes, vestimentaires entre autres. Toutefois, la majorité des habitants (60 %) appartient à l'ethnie tribale des Lhopas dont les villages, constitués de maisons sur pilotis, en bois ou en fibres de bambou tressées, émaillent la forêt. L'intérieur de leurs habitations, pourvues de toutes petites fenêtres et dénuées d'électricité, est sombre. La famille se rassemble autour du feu qui brûle en permanence au milieu de l'unique grande pièce. Hormis ce large espace de vie, la maison ne comporte qu'une entrée, une sorte de véranda, et une ou deux minuscules pièces destinées au stockage de biens et de provisions.

La plupart des habitants de Pemakö mènent une vie simple et pourvoient eux-mêmes à leurs besoins. Ils cultivent la terre, mais ne vendent pas le fruit de leur récolte, principalement du riz ainsi que quelques variétés de légumes. En cas de surplus de riz, ils le mettent en réserve pour l'année suivante dans de petits cabanons en bois sur pilotis bien isolés des rongeurs, et en cèdent une partie en offrandes aux monastères environnants durant les cérémonies saisonnières.

Un moine qui grandit à Munkotra, avant de partir étudier dans un monastère du sud de l'Inde, me raconta que, dans son enfance, on donnait aussi le surplus des récoltes en nourriture aux poissons dans la rivière qui coule devant le village. Personne ne se livrait au commerce et les villageois ne convoitaient aucune possession. Les seules choses qu'ils achetaient au petit bourg de Tuting, situé à une longue journée de marche de Munkotra en empruntant les passages les plus courts, étaient le combustible pour les lampes à kérosène avec lesquelles ils s'éclairaient à la tombée de la nuit, les allumettes et quelques vêtements. Pour ces modestes achats, ils utilisaient le peu d'argent provenant de la vente de bétail et de bois. Les enfants de la petite école étudiaient à la lueur falote de la flamme de ces lampes. Le feu du foyer était allumé avec une pierre et de l'étoupe. La plupart des villageois n'avaient pas de chaussures. Le moine qui me relata la vie quotidienne des habitants dans son enfance reçut sa première paire à l'âge de quinze ans. La corne qui se formait sous leurs pieds les protégeait des aspérités du sol et des épines des plantes. Ce moine ajouta que les Lhopas, qui allaient chasser pendant plusieurs jours dans les denses forêts primaires qui couvrent les pentes des montagnes, disaient eux-mêmes qu'ils avaient du mal à se déplacer avec des chaussures qu'ils trouvaient plus glissantes que leurs pieds nus. Aujourd'hui encore, lorsque les Lhopas partent à la chasse pour plusieurs jours, ils dorment dans la forêt, sans abri ni couverture.

Une famille qui déboisait un petit lopin de terre et le cultivait en devenait *de facto* propriétaire. Aujourd'hui encore, il n'existe pas de titre de propriété attribuant les terres situées autour du village. Les peuples tribaux se partageaient également diverses sections de ruisseaux et rivières, riches en poissons, où ils pêchaient. Un couple avait généralement entre cinq et huit enfants qui, dès qu'ils étaient en âge, aidaient aux travaux des champs effectués à la main, les pentes abruptes n'autorisant pas l'usage d'animaux de labour. Le soir, tout le monde se couchait de bonne heure. Les seules distractions étaient les fêtes villageoises et les cérémonies religieuses.

Aujourd'hui, ajouta le moine avec une pointe de nostalgie, nombre de ces terres ne sont plus cultivées et les gens font de fréquents allers et retours vers les plaines pour faire du commerce. Néanmoins, pour un observateur étranger, ces changements sont encore très limités. On constate certes quelques installations d'électricité solaire, mais pas de réseau téléphonique, aucune boutique, et la piste en lacets, bourbeuse et caillouteuse qui mène de Tuting à Yoldong, exige près de cinq heures de trajet en 4 x 4 pour couvrir une distance de quarante-cinq kilomètres. Encore aujourd'hui, les Lhopas vivent en quasi-autarcie, presque coupés du monde. Mais la ville se rapproche d'eux : une route est en construction.

Les paroles de ce jeune moine me rappelèrent le séjour que je fis au Népal en 2012 au monastère de Shey, dans le haut Dolpo, à plus de 4 200 mètres d'altitude, près de la montagne de Cristal (Shelri). Rabjam Rinpoché y avait été convié en tant qu'invité d'honneur à un festival qui était célébré tous les douze ans, en l'année du Dragon. À cette occasion, plus d'un millier de montagnards, qui avaient fait entre trois et quinze jours de marche depuis les districts voisins, convergeaient vers Shey, qui compte habituellement moins d'une centaine d'habitants. L'un des villageois venus rencontrer Rabjam Rinpoché avait mentionné dans la conversation qu'à Shey l'argent ne leur était d'aucune utilité : le paysage est vaste et la terre gratuite ; les yaks se reproduisent chaque année, il n'est donc pas nécessaire d'en acheter ; il n'y a pas de route, il est donc inutile de posséder une voiture ; et il n'y a pas d'électricité, il est donc inutile de posséder un téléviseur ou des appareils électroménagers.

Après ce pèlerinage enchanteur, de retour à Tuting, à la demande de communautés de villageois qui souhaitaient inviter Khénchèn Péma Shérab, nous nous rendîmes dans quelques petits temples du nord. Au dernier village, la route carrossable s'arrêtait à vingt minutes de marche d'un petit col où s'élevait un stoupa qui marque la frontière avec le Tibet, strictement gardée par l'armée chinoise. Rien ni personne ne passe. Seuls quelques Lhopas, qui vagabondent pendant des jours lors de leurs expéditions de chasse, font sans doute quelques allers et retours sans que personne le sache, dissimulés dans des forêts quasi impénétrables qu'eux seuls connaissent, insouciants des frontières.

Au terme de trois semaines, nous dûmes quitter à regret ce lieu merveilleux entre tous, et reprendre le chemin des plaines de l'Inde.

Dans cette dernière partie de ma vie, cette découverte de Pemakö me donna un profond sentiment de complétude : j'avais pu visiter ce lieu dont j'avais tant entendu parler par Kangyour Rinpoché et me replonger de manière presque palpable dans la puissance spirituelle de sa présence intemporelle.

CHAPITRE 56

L'ermitage des matins calmes

Mon précieux ermitage à Namo Buddha, au Népal, dont l'emplacement fut désigné par mon maître Dilgo Khyentsé Rinpoché, qui, en le visitant, s'exclama : « Qu'il serait bon de finir mes jours dans un tel endroit ! » C'est mon lieu de prédilection depuis l'an 2000, d'où je découvre chaque matin, sur deux cents kilomètres, la chaîne himalayenne.

En 1969, Dilgo Khyentsé Rinpoché se rendit en pèlerinage au Népal, à Namo Bouddha, le lieu où, dit-on, dans une existence passée, le Bouddha offrit son corps à une tigresse et à ses petits affamés. De là, Khyentsé Rinpoché voyait, sur une colline voisine, le site où fut construit, vingt ans plus tard, Péma Ösel Ling, le « Lieu de la Lumière du Lotus », le centre de retraite du monastère de Shéchèn qui abrite mon ermitage. De retour à Katmandou, il écrivit à un ami spirituel : « Qu'il serait bon de finir mes jours dans un tel endroit ! » Lorsque je séjourne en mon ermitage, le souvenir de cette lettre me conforte dans l'idée que c'est bien là un lieu propice à la pratique spirituelle, béni par mes maîtres.

À Namo Buddha, aux toutes premières lueurs de l'aube, les étoiles sont encore visibles. La chaîne himalayenne se dessine sur un ciel gris bleuté. Les montagnes virent au rose cramoisi, puis vient le moment magique où le premier pic à plus de huit mille mètres accroche les rayons du soleil levant et s'embrase d'un orange flamboyant. Très vite, l'ensemble de la chaîne s'éclaire, puis la lumière rasante illumine la mer de nuages qui s'étale au pied des montagnes recouvrant les vallées qui resteront une heure encore ensevelies dans la brume.

C'est le début d'un matin calme.

De la terrasse de mon ermitage, j'embrasse la majesté de l'Himalaya qui se déploie sous mes yeux sur plus de deux cents kilomètres. L'immensité et la beauté sans cesse changeante de ce paysage sublime imprègnent l'être comme un nectar. Le silence est si parfait que je distingue le moindre son – les voix des paysans népalais à quelques centaines de mètres sur la colline en face, un corbeau qui déclame son répertoire de croassements au sommet d'un arbre, la lointaine réponse d'un congénère qui ne veut pas demeurer en reste et, durant la mousson d'été, le bruissement du front de pluie qui se rapproche et augmente lentement en intensité avant de m'atteindre.

Une telle situation favorise l'observation des pensées qui surgissent de la vacuité et s'y dissolvent, comme le tintement d'une cloche qui s'évanouit dans le silence d'où il a jailli.

Comment décrire le sentiment de félicité si particulier que je ressens dans cet ermitage ? Lorsque j'y arrive, quelques instants me suffisent pour me délester de toutes les préoccupations qui encombrent mon esprit. Je prends une douche froide dans la petite salle d'eau située à l'extérieur de la pièce unique de trois mètres sur trois de l'ermitage, comme pour repartir à neuf après m'être libéré de la pollution de la ville. Je prépare une bonne tasse de thé et m'assieds sur le balcon qui s'ouvre à perte de vue sur vallées et montagnes. Je reste là, sans pensée particulière, humant l'air pur, laissant mon regard se fondre dans l'immensité de l'espace et du paysage qui transparaît au travers du voile bleuté qui estompe la frontière entre le ciel et la terre. Je laisse mon esprit reposer dans une simplicité claire, dans le calme de l'état naturel qui apparaît clairement lorsque l'esprit cesse d'être brouillé par d'incessantes fabrications mentales. Je goûte à une liberté savoureuse que je n'échangerais pour rien au monde. Me sentant proche de tous ceux que j'aime sans le besoin impérieux d'être en leur présence, je suis satisfait sans devoir attiser l'incandescence de paradis imaginaires. Que souhaiter de plus ? Tout est là, sans complications, sans rien à perdre ni à gagner.

Je n'ai besoin de rien, je ne manque de rien. Ce voyage immobile m'enthousiasme et me comble bien au-delà d'un périple jusqu'aux sources de l'Orénoque, d'une ascension du Kilimandjaro. La liberté intérieure, la joie de nourrir la ferveur envers le maître spirituel, de reposer dans l'état naturel de l'esprit et de cultiver l'amour altruiste envers tous les êtres sont les plus précieux de tous les biens.

Lorsqu'on contemple la simplicité naturelle de l'esprit, nue, limpide, libre de tout artifice, il paraît presque aberrant que l'on ait pu, à d'autres moments, être la proie de l'animosité, de l'obsession et de tout autre état mental opaque et tourmenté. Oublier cette pure présence éveillée, perdre de vue que toutes nos pensées et nos perceptions sont des manifestations de celle-ci, c'est là l'ignorance fondamentale : dès que notre jugement et nos fixations figent ces manifestations, ils créent un voile qui masque l'Éveil, la nature fondamentale de l'esprit, la conscience pure libre de concepts.

Lorsque nous ressentons des moments de parfaite complétude, celle-ci englobe tout ce que nous pourrions souhaiter. La notion même de souhait ou de manque s'évanouit.

Retiré dans cette solitude sereine, le silence extérieur ouvre les portes de l'intériorité. La pureté du moment présent règne sur le flot du temps et imprègne le cœur de qualités bienfaisantes. Paix extérieure et paix intérieure ne font plus qu'une.

Pour un méditant qui sait préserver sa liberté intérieure en toutes circonstances et n'est jamais distrait de la reconnaissance de la nature de son esprit, cela ne fait guère de différence de résider dans la solitude d'un ermitage himalayen ou d'être plongé dans les embouteillages parisiens. Mais, tant que l'on n'aura pas atteint un degré minimal de stabilité dans sa pratique, on ne parviendra pas à préserver le même état d'esprit dans un embouteillage parisien que dans un lieu où tout ce que l'on perçoit favorise la paix intérieure. Nous avons donc avantage à mettre tous les atouts de notre côté en choisissant un lieu propice à la contemplation. Notre état de faiblesse initial nous interdit de nous appuyer sur les conditions défavorables, comme catalyseurs de progrès spirituel. Aussi est-il bon de prendre le temps de cultiver nos ressources intérieures dans des circonstances qui facilitent cet entraînement.

Les textes décrivent en détail les caractéristiques des lieux favorables à la pratique spirituelle, comme de ceux qui lui font obstacle. Il importe d'éviter les endroits susceptibles de renforcer nos poisons mentaux, qui perturbent notre esprit et obscurcissent notre discernement. Cela inclut les environnements sociaux et familiaux, sources d'incessantes tensions et dispersions. Il convient de choisir, si possible, un site béni par les maîtres du passé et du présent, où l'on peut se procurer sans trop de difficultés les provisions et quelques autres articles indispensables à un séjour prolongé (une source d'eau notamment), un endroit exempt de danger, et qui soit accessible à ceux qui viennent occasionnellement donner des instructions aux retraitants.

Les textes indiquent également les caractéristiques des lieux propices à des pratiques spécifiques. Lorsque la méditation est centrée sur le calme intérieur – *shamatha* –, on cherchera les forêts ou tout autre endroit abrité et retiré. Pour cultiver la vision élargie – *vipashyana* – qui appréhende la nature ultime des choses, et méditer sur la « présence ouverte », la conscience éveillée, une pratique centrée sur l'aspect lumineux de l'esprit, on choisira des espaces élevés qui s'ouvrent sur de vastes paysages, avec une vue dégagée sur le ciel. Si l'on s'entraîne à maîtriser les émotions fortes, on recherchera des terrains accidentés, des gorges et des ravins parcourus de puissants torrents et peuplés d'animaux sauvages. Au Tibet, les pratiquants qui aspirent à trancher l'ego à la racine vont méditer dans les cimetières à ciel ouvert situés dans la montagne, endroits particuliers où l'on donne les corps des morts en pâture aux vautours. Il convient donc de choisir avec discernement le lieu le plus avantageux pour la pratique spirituelle particulière entreprise à ce moment-là.

Quant aux spécificités des sites bénéfiques à l'établissement d'un centre de retraite ou d'un monastère, l'idéal est qu'il soit construit face au sud, ouvert sur une vue pleinement dégagée, ainsi qu'à l'est vers le soleil levant. L'emplacement doit présenter une légère élévation à l'ouest et une montagne plus élevée au nord. Il est bon que, dans la vallée, parsemée de petites collines formant comme un amoncellement de joyaux, une rivière coule d'est en ouest. Il n'est pas souhaitable, en revanche, de faire face à une barrière de montagnes avec un pic qui se dresse derrière elle, telle une dent menaçante.

Qui plus est, il est particulièrement inspirant d'effectuer une retraite dans un endroit où ont vécu et médité des saints du passé. On dit qu'un mois de méditation dans un tel lieu engendrera davantage de progrès qu'une année de retraite dans un endroit ordinaire. Il y a plusieurs raisons à cela. Évoquer et s'imprégner de la vie des grands sages dans les lieux mêmes où ils vécurent offrent une source d'inspiration qui confère à la méditation une acuité et une clarté particulières. Le site sacré nous rappelle également la détermination inébranlable dont ont fait preuve ces sages pour parcourir le chemin de l'Éveil et les qualités qu'ils ont développées. Leur présence invisible imprègne les périodes de méditation, les intervalles entre ces périodes, le repos, la prise des repas et toute autre activité.

೧೩

En 2006, je passai une année entière en retraite dans mon ermitage. Cette retraite fut cependant interrompue quelques semaines par un voyage en France afin de me rendre auprès de mon père qui s'éteignait à l'hôpital du Kremlin-Bicêtre. Je pus ainsi passer les quinze derniers jours de sa vie auprès de lui. Il se montra calme et serein, ce qui n'était pas son trait dominant, et remerciait avec effusion tous ceux qui s'occupaient de lui. Ma sœur Ève, mon frère Nicolas, ma belle-mère Claude Sarraute et ses autres enfants, Martin et Laurent, venaient régulièrement lui rendre visite. Ils devaient toutefois répondre à leurs obligations professionnelles. Étant venu pour être auprès de lui, je passai le plus clair de mes journées à son chevet. Les derniers jours, je restai jour et nuit. Les infirmières, pleines de bienveillance, m'avaient autorisé à dormir dans sa chambre sur un petit matelas de mousse que j'étalais sur le sol. Le matin, j'allais prendre une douche et un petit déjeuner chez mon ami le philosophe Michel Bitbol, qui habitait en face de l'hôpital. Tulkou Péma Wangyal était également venu lui rendre visite. Mon père l'accueillit avec courtoisie. Tulkou Péma Wangyal m'avait aussi donné un *yantra*, dessin fait de mantras destinés à favoriser le passage de la conscience dans l'état intermédiaire qui suit la mort, le *bardo*, que je glissai dans la poche de son pyjama. L'infirmière repéra ce papier plié et me demanda si c'était une «lettre d'amour» pour mon père. J'acquiesçai avec un sourire. Un matin, mon père me confia: «Je crois que je vais mourir.» Peu après il ajouta: «Nous sommes sur un bateau qui va en Argentine, n'est-ce pas?» Les infirmières me dirent que les personnes en fin de vie évoquent souvent le thème du voyage. Un grand voyage assurément. Un matin, sa tension artérielle tomba au plus bas. Il sombra plus ou moins dans l'inconscience. Les infirmières me conseillèrent de faire venir ses proches, ce que je fis. Ma mère Yahne, sa première épouse, vint aussi et lui murmura quelques mots doux à l'oreille. Mon père vécut encore quatre jours. Une infirmière commenta: «Oui, c'est les vieux modèles, ils sont plus résistants!» J'aidais de mon mieux mon père pour lui rendre ses derniers jours plus confortables.

Le samedi 29 avril 2006, peu après minuit, alors que je m'étais assoupi par terre sur le matelas, ayant à peine dormi depuis deux jours, je me réveillai soudain et constatai que la pièce était anormalement silencieuse. Mon père avait cessé de respirer. Les infirmières ne viendraient faire leur ronde que vers trois heures du matin et, une fois le décès signalé, elles devaient immédiatement s'occuper du corps. Je profitai de ce répit pour passer une demi-heure paisible dans l'obscurité, priant et pratiquant de tout mon cœur, en communion avec lui. Puis, j'appelai la famille. Ils vinrent rapidement et nous restâmes quelques moments tous ensemble autour du lit de mort de mon père. Après avoir remarqué qu'il présentait un beau et calme visage, Claude, qui quelques jours auparavant m'avait affirmé avec vigueur que «bien sûr, il n'y a rien après la mort», me demanda : «Où crois-tu qu'il soit maintenant?» Je m'abstins d'émettre des hypothèses. Ma sœur l'embrassa sur le front.

Tulkou Péma Wangyal m'avait dit qu'il serait bon de laisser la dépouille reposer vingt-quatre heures sans trop la toucher, ce qui n'est guère dans les coutumes des hôpitaux. Après ces quelques moments passés en famille auprès de mon père, les infirmières nous demandèrent de les laisser s'occuper du corps. Mais l'une d'entre elles précisa : «Demain c'est dimanche et c'est le 1er Mai. Nous n'allons donc pas toucher le corps, mais simplement le mettre au froid jusqu'à lundi.» Les recommandations de Tulkou Rinpoché furent donc respectées d'elles-mêmes.

La nouvelle fut annoncée le dimanche matin. Le soir, nous nous réunîmes chez mon frère Nicolas. Au journal de vingt heures, le premier titre de l'information fut : «Le philosophe Jean-François Revel est mort. C'est peut-être l'un des derniers esprits indépendants qui s'en va. On se souviendra notamment de lui pour le dialogue qu'il fit avec son fils moine bouddhiste Matthieu Ricard, *Le Moine et le Philosophe*.» Quelques images de notre rencontre suivaient. Je me fis tout petit, car, aux yeux de Claude, mon père avait fait *Le Moine et le Philosophe* pour me faire plaisir et ce livre constituait un «accident de parcours» dans sa carrière.

Mon père fut enterré au Père-Lachaise. Claude choisit un emplacement ensoleillé et Olivier Todd prononça un discours émouvant. Ma sœur va régulièrement déposer des fleurs sur sa tombe. Mon père avait vécu pleinement sa vie, il était mort sans trop de souffrances, j'avais pu venir à temps et nous l'avions tous entouré de notre affection. Je repartis donc l'esprit serein. Conscient de l'impermanence de toute chose et de la fragilité de la vie, je n'eus jamais le sentiment de passer par une période de deuil à proprement parler. J'éprouvais plutôt un sentiment de reconnaissance : il était celui qui m'avait donné la vie. Sur son lit de mort, j'avais mentionné à ma sœur Ève et à mon frère Nicolas que la meilleure façon de rendre hommage à notre père n'était pas de sombrer dans la tristesse, mais d'accomplir de belles choses dans le temps qui nous restait à vivre.

ɑℜ

Peu de temps après la mort de mon père, je repartis en retraite dans mon ermitage au Népal pour le reste de l'année, un moment qui fut empli de félicité du début à la fin. Je jouissais de chaque instant de pratique avec une délectation sans mélange, et l'idée d'avoir devant moi des mois de méditation m'emplissait de joie simple, à la manière d'un paysan à qui on offre un champ fertile à cultiver.

Je n'eus guère de « signes » d'accomplissement tels qu'ils sont décrits dans les textes, si ce n'est celui qui consiste « à éprouver une joie extrême dans la pratique spirituelle et à se sentir léger, physiquement et mentalement, comme si on s'apprêtait à s'envoler ». Ce furent là des moments d'une richesse sans égale.

Au fil du temps, quelques petites habitations furent construites non loin de la mienne, et je fis alors bâtir un ermitage plus retiré, au calme, et aussi plus petit (deux mètres cinquante sur trois à l'intérieur, mais doté d'un balcon couvert) sur une pente surplombant une forêt de pins où peu de personnes passent, mis à part quelques villageois qui ramassent du bois mort. Depuis lors, c'est là que je passe mon temps lorsque j'ai la joie d'être en retraite. C'est un endroit où toutes les conditions favorables sont réunies pour pratiquer.

On me demande parfois si je ne finis pas par m'ennuyer dans mon ermitage. Je n'y ai jamais expérimenté un tel état, bien au contraire. Contrairement au temps et aux activités ordinaires, qui sont souvent insipides, lorsque l'on s'engage corps et âme dans une pratique spirituelle que les distractions extérieures ne viennent ni perturber ni morceler, le temps prend une tout autre valeur. Chaque instant est comme une goutte d'or pur qui au fil des heures forme un fleuve doré qui s'écoule lentement dans la vallée du temps, un élixir bienfaisant qui nourrit chaque fibre de l'être en une si pleine solitude.

La solitude du méditant se distingue de celle dont souffre ceux plongés au sein de la multitude, dans une grande ville par exemple. Interrogés par des chercheurs, environ un cinquième des Américains déclarèrent qu'ils avaient éprouvé un profond sentiment de solitude au cours des deux semaines précédant ce sondage[1]. Ils se sentaient coupés des autres, négligés, et affirmaient n'avoir personne à qui se confier ou à qui demander de l'aide. Cet isolement social est source de nombreux maux, physiques et mentaux.

À l'opposé, ceux qui bénéficient de liens sociaux riches et chaleureux jouissent d'une meilleure santé mentale et d'un système immunitaire plus efficace ; ils sont moins sujets aux diverses dépendances (tabac, alcool, drogues) ; ils souffrent moins de maladies cardiaques et de démence sénile ; enfin, ils vivent, en moyenne, plus longtemps.

Cependant, il existe une autre manière d'être seul, celle, apaisante, que l'on expérimente au sein des grands espaces et qui renforce le sentiment de communion avec la nature et les êtres. Cette solitude est en vérité une « complétude ». C'est aussi celle, volontaire, de l'ermite qui choisit pour un temps l'isolement qui lui permet d'approfondir sans distraction sa pratique spirituelle. Loin de nous couper du monde, elle devient un puissant moyen de s'ouvrir aux autres, de prendre conscience de l'interdépendance de toutes choses et d'engendrer un amour sans limites envers tous les êtres.

Plus encore, l'idée même de solitude n'a plus de sens lorsque notre esprit se fond dans la dimension ultime, en laquelle tout est inclus – la multiplicité infinie des phénomènes et tous les êtres autant qu'ils sont. Peut-on appeler « solitude » un état intérieur au sein duquel la notion de « séparation » est abolie ? En cette pratique solitaire libre de toute entrave, on ne fait qu'un avec chaque oiseau qui chante, avec les branches qui se balancent dans le vent, avec l'herbe et le ciel, avec chaque atome de l'univers, avec le silence et les murmures qui le peuplent. Un état d'union, si simple, si joyeux et serein. La retraite dans les lieux solitaires nous donne le temps et l'espace de comprendre que le bonheur authentique est un état de plénitude durable.

༄

Comment se déroule une journée type d'un retraitant ? Il se lève bien avant l'aube. Au réveil, il entonne un chant mélodieux qui invoque son maître spirituel :

Espace primordialement pur de la dimension ultime,
Ô maître bienveillant, tournez votre esprit vers moi ! [...]

> Loin de mon pays natal, tranchant l'attachement au moi au sein de la nature absolue,
> Puissé-je promptement atteindre l'état de bouddha.

Il suscite ainsi en lui une profonde ferveur qui, souvent, lui fait venir les larmes aux yeux. Ensuite, il ravive sa diligence en pensant à l'impermanence de toute chose, à la fragilité de la vie humaine et à la nécessité de lui donner un sens. Les êtres vivants se comptent par milliards, mais combien prennent seulement conscience de la valeur de leur existence ? Et parmi ceux qui s'engagent dans la pratique, combien persistent et atteignent l'Éveil ? Ces derniers sont aussi peu nombreux que les étoiles à l'aube. Le méditant réfléchit alors à l'importance des lois de causalité – ce qu'il convient d'accomplir et d'éviter pour remédier à la souffrance – et aux imperfections du samsara, la ronde des existences. Puis il se consacre aux diverses étapes des Préliminaires que j'ai déjà décrites : la prise du Refuge, le vœu altruiste d'atteindre l'Éveil pour le bien des êtres (la *bodhicitta*), la purification par la méditation sur Vajrasattva, l'offrande du mandala de l'univers et le Gourou Yoga, l'union avec l'esprit du maître. Ces pratiques sont alors répétées jusqu'à ce qu'elles imprègnent profondément l'esprit.

Ensuite le méditant se livre aux exercices quotidiens liés aux principaux enseignements et transmissions qu'il a reçus. Enfin, il entame la pratique principale sur laquelle, selon les conseils de son guide spirituel, il va concentrer ses efforts durant les jours, semaines ou mois que durera sa retraite. Pour conclure, il dédie les bienfaits de sa méditation à tous les êtres.

C'est alors le moment du petit déjeuner. Dans mon cas, je prends une tasse de thé et un bol de müesli népalais ou de *tsampa* sur le balcon de mon ermitage. Cette simple plateforme sans rambarde surplombe une pente abrupte au pied de laquelle s'étend une forêt de pins, prolongée de vallons embrumés et, dans le lointain, de majestueuses montagnes enneigées.

Durant la matinée, selon les instructions reçues pour chaque retraite, je me consacre généralement aux visualisations de déités symbolisant les divers aspects de l'Éveil et à la récitation de mantras. J'apprends ainsi à développer une vision pure du monde et des êtres. Chaque forme devient déité, chaque son celui d'un mantra et chaque pensée un reflet de la sagesse.

Après le repas de midi, je lis des textes inspirants, j'écris parfois un peu ou avance dans une traduction en cours. Une ligne électrique fut amenée au centre de retraite il y a quelques années, mais les coupures sont fréquentes, souvent des heures durant, ce qui m'oblige à m'adapter aux caprices de la technique. Par la suite, je me consacre à l'observation de la nature de l'esprit, c'est-à-dire la présence éveillée, limpide et lumineuse, qui se manifeste dès lors que le brouillard des pensées discursives se dissipe et s'évanouit dans le ciel de la simplicité. Le soir venu, je récite des prières pour le bien de tous les êtres, puis je m'endors en unissant mon esprit à celui de Kangyour Rinpoché ou de Dilgo Khyentsé Rinpoché, qui ne font qu'un sur le plan ultime. Ce dernier écrivait :

> Ainsi, peu à peu, au fil des jours et des mois, ton esprit deviendra plus clair et plus stable. Il ne sera plus emporté comme auparavant par les vagues des pensées négatives qui sapent ta paix intérieure. Il deviendra libre des flux de pensées qui nous entraînent, impuissants, vers l'avidité, la haine et la souffrance.

Un jour, je contemplais longuement un papillon posé sur une fleur qui oscillait doucement sous la brise. Il butinait, puis, sans raison apparente, s'envolait, voletait de-ci de-là et revenait déployer ses belles ailes bleues sur le pistil orange. Ce manège, répété à plusieurs reprises, évoqua en moi les instructions sur la façon de stabiliser l'esprit : « Lorsque tu t'aperçois que tu es distrait par des pensées nouvelles, reviens encore et encore vers l'objet de ta concentration. Si ton esprit se fatigue et que ta concentration se relâche, laisse-le simplement reposer dans son état naturel, préservant cette liberté intérieure, sans encourager les pensées ni tenter de les supprimer. Contemple la nature même de l'esprit. A-t-il une forme, une couleur, une localisation ? N'y trouvant rien, demeure à l'aise, détendu, dans cet "introuvable". Laisse les pensées se défaire à mesure qu'elles se forment, comme un dessin tracé du doigt à la surface de l'eau[2]. »

Je ne suis guère poète, mais un jour j'écrivis ces lignes reflétant les divagations de mon esprit :

> Las de combattre mes pensées, je leur demandai :
> « N'allez-vous pas me laisser tranquille ? »
> Comme une bande de gamines gouailleuses,

Elles éclatèrent de rire.
J'essayai de m'enfuir,
Elles me poursuivirent en se moquant de plus belle.

Fatigué, je m'assis au flanc d'une colline.
«Vais-je jamais leur échapper?»
Je regardai pensivement le ciel.
Soudain une idée me vint:
«Il suffirait que je devienne invisible:
Un morceau de ciel par exemple!»
Mais je ne trouvai nulle part où accrocher
Mon petit bout de ciel dans le grand ciel.

À mesure, que, désarmé, je contemplais l'espace,
Mon esprit commença à se fondre en lui.
«Nous y sommes!» me dis-je,
Riant de bon cœur à l'idée de la tête de mes pensées déconfites.
Mais, bientôt, je ne riais plus,
Car je n'étais plus là.

Si je fais le bilan de ces années de retraite passées à Darjeeling puis à Namo Buddha, chacune d'entre elles constitua une étape de mûrissement et d'approfondissement de la compassion comme de la compréhension de l'état naturel de l'esprit. Ainsi, lorsque je vivais à Darjeeling, après la mort de Kangyour Rinpoché en 1975, je restai quatre ans dans mon ermitage, au-dessus du monastère, dont certaines périodes en retraite stricte, ne rencontrant que Péma Wangyal Rinpoché qui me donnait des instructions. Ensuite, à partir de 1979, j'eus le privilège de vivre durant treize ans auprès de Dilgo Khyentsé Rinpoché. Après qu'il eut à son tour quitté le monde en 1991, je revins régulièrement dans mon ermitage de Namo Buddha au Népal où je restai une année entière en 2006. En tout, j'ai passé plus de cinq années en retraite solitaire à Darjeeling et à Namo Buddha qui furent sans conteste parmi les plus fertiles de mon existence.

En 2014, je retournai au monastère d'Orgyèn Kunsang Chökhorling, à Darjeeling. Je passai de longs et émouvants moments dans la chambre de Kangyour Rinpoché. Je retrouvai aussi mon ermitage, quarante-deux ans après sa construction. Le bois avait bien noirci et le balcon avait été fermé pour agrandir la pièce minuscule. Trois moinillons y habitaient. Ils semblèrent me prendre pour un fou en m'entendant dire que j'avais habité sept ans en ce lieu.

ଔ

Je me souviens d'une interview à la BBC au cours de laquelle on me demanda en quoi l'ermite contribue au bien de la société. N'est-il pas fondamentalement égoïste ? Mais comment taxer d'égoïsme une pratique dont l'un des buts principaux consiste à éradiquer l'égoïsme ? Les préoccupations égocentrées règnent trop souvent sur notre existence. Entreprendre de les dissoudre représente à l'évidence une démarche altruiste. On peut privilégier l'action sur la contemplation, mais si l'action est pétrie d'égoïsme, il y a fort à parier qu'elle n'engendrera pas grand-chose de bon pour autrui. Comme le dit un écrit bouddhiste : « Ce qui n'est pas accompli pour le bien des êtres ne mérite pas d'être entrepris. »

L'ermite ne se désintéresse donc nullement du sort de l'humanité, mais se rend compte avec lucidité que, dans sa condition présente, non seulement il est incapable d'accomplir le bien d'autrui, mais il est tout aussi impuissant à s'émanciper de ses propres souffrances. S'il choisit, pour un temps, de vivre en solitaire, c'est pour approfondir sa pratique et consacrer les années nécessaires à engendrer les ressources intérieures qui lui permettront de contribuer de manière éclairée au bien-être d'autrui. Le cerf blessé se cache dans la forêt jusqu'à ce qu'il guérisse, puis bondit à nouveau par monts et par vaux. L'ermite est semblable au médecin qui, ayant pris conscience qu'il ne suffit pas d'opérer en urgence dans la rue, entreprend de construire un hôpital qui soignera d'innombrables malades de manière plus efficace, même si, dans l'intervalle, les travaux de maçonnerie et de plomberie ne guérissent personne.

ଔ

L'une des grandes leçons que je tirai de ces années passées en retraite dans des ermitages de montagne, à méditer et à contempler la nature sauvage et, à l'opposé, plongé dans le chaos de la vie moderne, est celle de la simplicité.

Un jour, alors que j'étais assis sur le balcon de mon ermitage, je me fis cette réflexion : « Si une fée me proposait de prononcer trois vœux, uniquement sur le plan matériel, qu'est-ce que je pourrais bien lui demander ? » Vu la taille de mon ermitage, les possibilités étaient limitées : impossible d'y caser une chaîne hi-fi, ni même un ordinateur grand écran. J'ai un autel où sont disposées des statues, une vingtaine de livres, quelques vêtements et objets utiles. Au bout d'un moment, j'éclatai de rire : je ne trouvais rien à souhaiter qui présente un avantage et ne soit pas une simple source d'encombrement. Ainsi s'impose ce mantra qui me procure un immense sentiment de soulagement dès que je le récite une dizaine de fois : « Je n'ai besoin de rien ! je n'ai besoin de rien ! je n'ai besoin de rien ! » Vive la simplicité heureuse !

J'aime beaucoup ces mots de Henry David Thoreau[3] : « Simplifier, simplifier, simplifier... » Simplifier nos pensées, simplifier nos paroles et simplifier nos actes, ce n'est pas diminuer notre créativité ou rétrécir notre existence, c'est apprécier intensément la sérénité sans égale d'un esprit au repos dans son état naturel. C'est déposer le fardeau, si longtemps coltiné, des constructions artificielles et distordues qui ne cessent de foisonner dans notre esprit, de le troubler, de l'agiter en tous sens, de le fragmenter, de le comprimer, de l'enchaîner – en un mot de le tourmenter.

La simplicité, c'est de laisser nos pensées reposer dans la nature de l'esprit, tout comme les feuilles qui se détachent de l'arbre et tombent naturellement sur le sol ; c'est le soleil qui se lève au-dessus d'une mer de nuages ; c'est le miroir d'un lac aux eaux transparentes ; c'est l'air vif et pur de la montagne ; c'est le regard qui se fond dans un ciel sans nuages, ou s'étend au loin sur un enchaînement de collines boisées ; c'est le regard intérieur qui se pose dans la simplicité naturelle de l'esprit.

Je n'ai d'autre souhait que de pouvoir mourir dans mon ermitage à Namo Buddha, ou dans un lieu similaire au Tibet ou ailleurs, et d'avoir la capacité de maintenir jusqu'au dernier moment la lucidité nécessaire pour unir mon esprit à celui de mon maître-racine Kangyour Rinpoché, qui ne fait qu'un avec celui de Khyentsé Rinpoché, et de reposer dans la simplicité immuable de la nature de l'esprit selon les instructions de ce dernier :

> Même si la mort devait frapper aujourd'hui comme un éclair, sois prêt à mourir sans tristesse ni regret, sans le moindre attachement pour ce que tu laisses derrière toi. Reposant dans la reconnaissance de la vue ultime, quitte cette vie comme un aigle qui s'envole dans l'azur.

Épilogue

Au terme de ces souvenirs, deux aspects saillants se cristallisent en mon esprit : sur le plan personnel, depuis l'âge de vingt ans, ma vie fut inspirée par la sagesse et la bienveillance de mes maîtres spirituels et de leurs enseignements. Ils ont éclairé mon cheminement et même si je ne suis qu'un piètre marcheur, chaque pas fut un peu plus léger que le précédent, et toujours joyeux, récompensant tous les efforts. Ces enseignements et la philosophie bouddhiste, d'une profondeur insondable, continuent de susciter en moi une admiration et un émerveillement sans bornes.

Par ailleurs, sur le plan général des idées, après avoir mûri la question pendant toute une vie, l'altruisme m'apparaît comme le concept le plus essentiel pour contribuer au bien des êtres humains et des huit millions d'espèces qui vivent à nos côtés, aujourd'hui et à l'avenir.

« Rien n'est plus puissant qu'une idée dont le temps est venu », écrivait Victor Hugo. Plus que jamais, à l'heure actuelle, l'altruisme me semble être cette force de changement.

La bienveillance, prendre soin de l'autre, ne doit donc pas être reléguée au rang d'une pensée utopiste entretenue par quelques naïfs au grand cœur. Si ce n'était là que les élucubrations d'un moine qui descend de son ermitage himalayen, cette idée serait sans importance. Mais depuis ces vingt dernières années, elle gagne du terrain dans un grand nombre de courants de pensée – de la psychologie aux sciences de l'évolution en passant par le monde des entrepreneurs sociaux et celui des spécialistes de l'environnement. La nécessité d'encourager la coopération, la solidarité, la fraternité, le respect d'autrui, la prise en compte du sort des autres espèces et des générations futures m'encourage à contribuer à l'essor de cette mutation de nos sociétés. Les changements sont plus lents qu'on le souhaiterait, mais ils sont en marche et je suis heureux d'être un participant enthousiaste de ce vaste mouvement qui me fait penser aux premières fleurs du printemps : une fleur éclot, puis deux, puis quatre et bientôt la prairie se tapisse de fleurs multicolores.

À ce jour, il me semble qu'ayant partagé les idées qui m'étaient les plus chères et traduit du tibétain les textes qui m'ont le plus profondément inspiré, le temps est venu de me concentrer sur le chemin spirituel – la raison même qui m'incita à partir pour l'Inde à l'âge de vingt ans. À choisir, je préfère mourir dans mon ermitage, l'esprit clair et serein, plutôt que dans un aéroport.

J'envisage avec joie les jours, les mois ou les années au cours desquels il me sera encore donné de m'immerger dans la pratique spirituelle accompagné de mes maîtres présents en mon esprit. Je pourrai toujours m'appuyer sur l'inspiration de cette prière de Gyalsé Ngulchou Thogmé, l'auteur des *Trente-Sept Pratiques des bodhisattvas*, qui permet d'élargir l'espace de notre équanimité :

> Si je reste en bonne santé,
> J'utiliserai mes forces pour m'adonner à la pratique spirituelle.
> Si je tombe malade,
> J'utiliserai mes maux pour augmenter ma compassion envers
>   ceux qui souffrent.
> Si je vis longtemps,
> J'utiliserai chaque instant pour accomplir le bienfait d'autrui et
>   le mien.
> Si ma vie touche à sa fin,
> Je vivrai au mieux le moment de la mort pour obtenir une renaissance favorable à la quête de l'Éveil.

Il me reste à parcourir la majeure partie du chemin vers la libération et l'Éveil, mais celui déjà accompli me conforte dans l'idée qu'il est possible de changer. De fait, mes modestes progrès m'ont déjà permis de passer de l'état d'un adolescent bougon – un « petit connard », aime à dire mon ami Dédé – à celui d'un moine âgé qui se réjouit à chaque instant d'avancer sur le chemin de la liberté.

J'ai parfois heurté ceux que j'ai côtoyés, par maladresse, négligence, ou, pire encore, sous l'influence d'un manque de bienveillance, de l'irritation, ou de l'attachement. Cela ne serait pas arrivé si j'avais été suffisamment attentif et concerné par leur sort. À tous, je demande pardon du fond du cœur en faisant le vœu de contribuer humblement au bien d'autrui dans cette vie et dans toutes celles à venir. Je n'ai d'autre excuse que mon propre égarement. Puisse-t-il, un jour, s'être entièrement dissipé !

Un dernier aller simple. Dans quelques mois, quelques années peut-être... Qui sait ?

Épilogue

Quelques flocons de neige virevoltent, à 3 800 mètres d'altitude. Le monastère de Shéchèn, au Tibet, s'étage sur la colline verdoyante. Le regard est attiré, plus haut sur le versant, par le petit ermitage où vécut et médita Shéchèn Gyaltsap, le maître de Dilgo Khyentsé Rinpoché. Au terme d'une demi-heure de montée ardue, j'arrive au centre de retraite, une centaine de mètres en contrebas de l'ermitage.

De son large sourire édenté, un vieux moine m'accueille avec la formule consacrée : « Bienvenue ! Te voilà de retour au pays. Puisses-tu vivre cent ans ! »

Aussi longtemps que l'espace durera
Et aussi longtemps qu'il y aura des êtres,
Puissé-je moi aussi demeurer
Pour soulager la souffrance du monde.

Shantidéva, *La Marche vers l'Éveil*

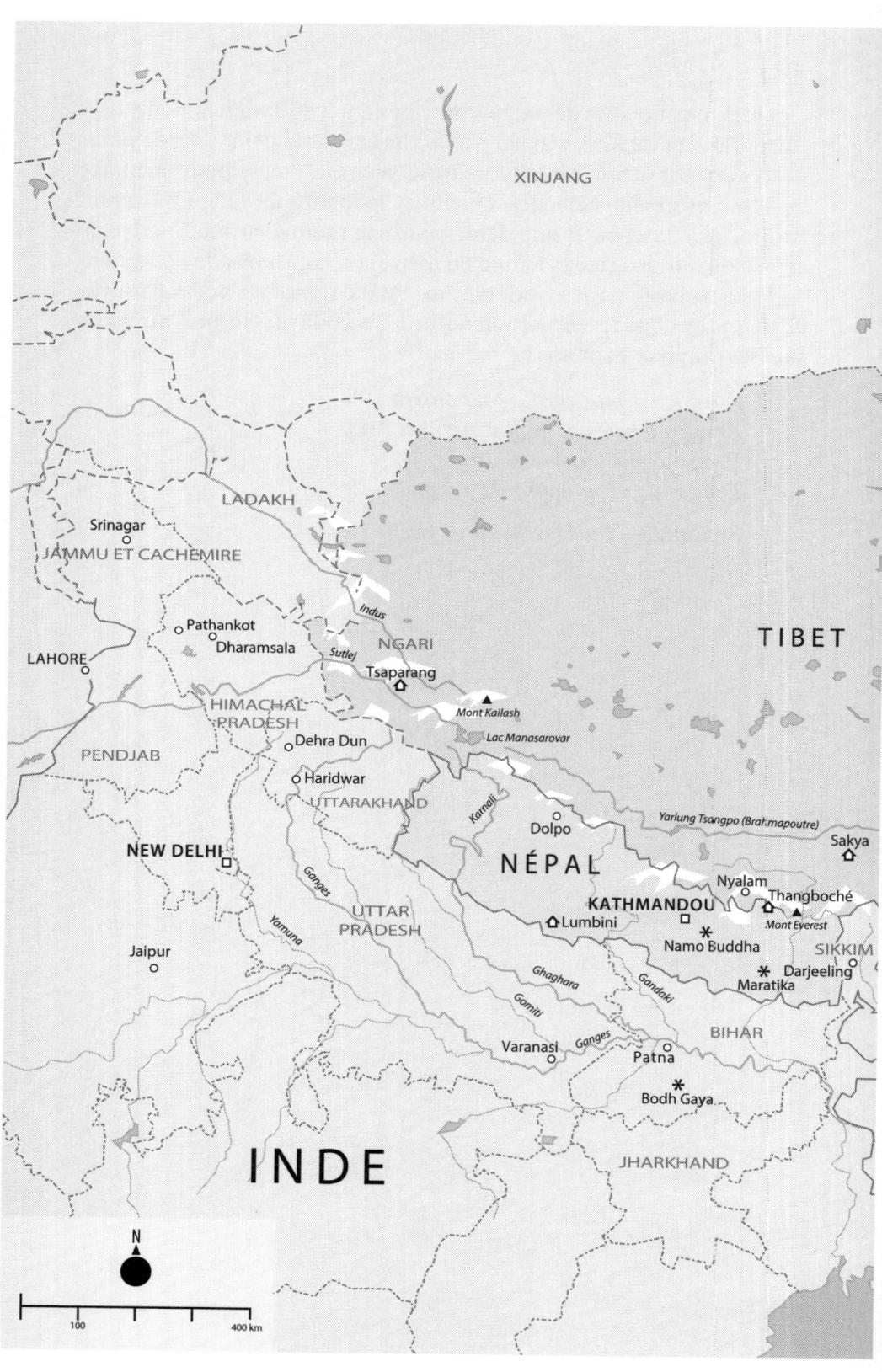

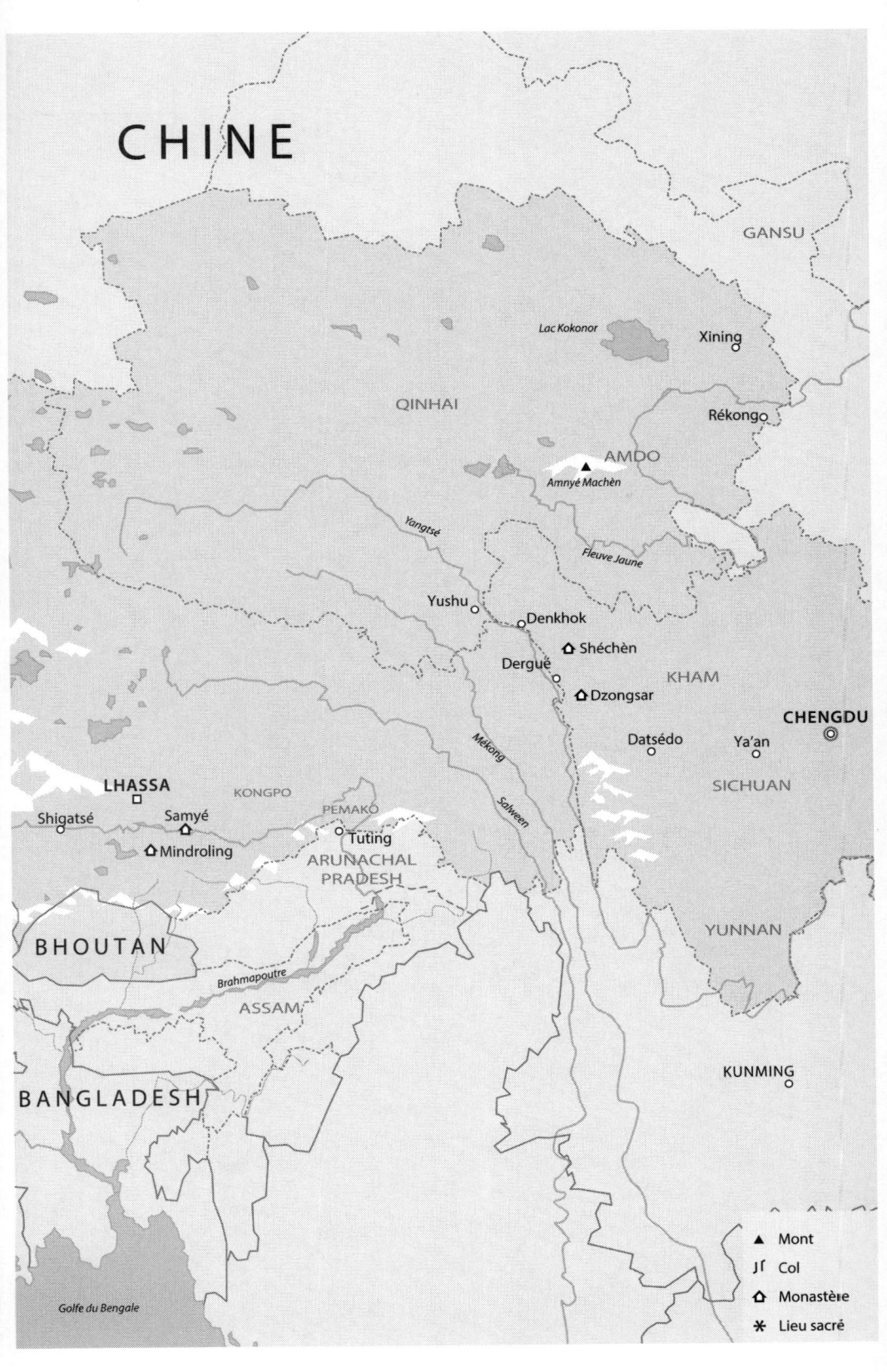

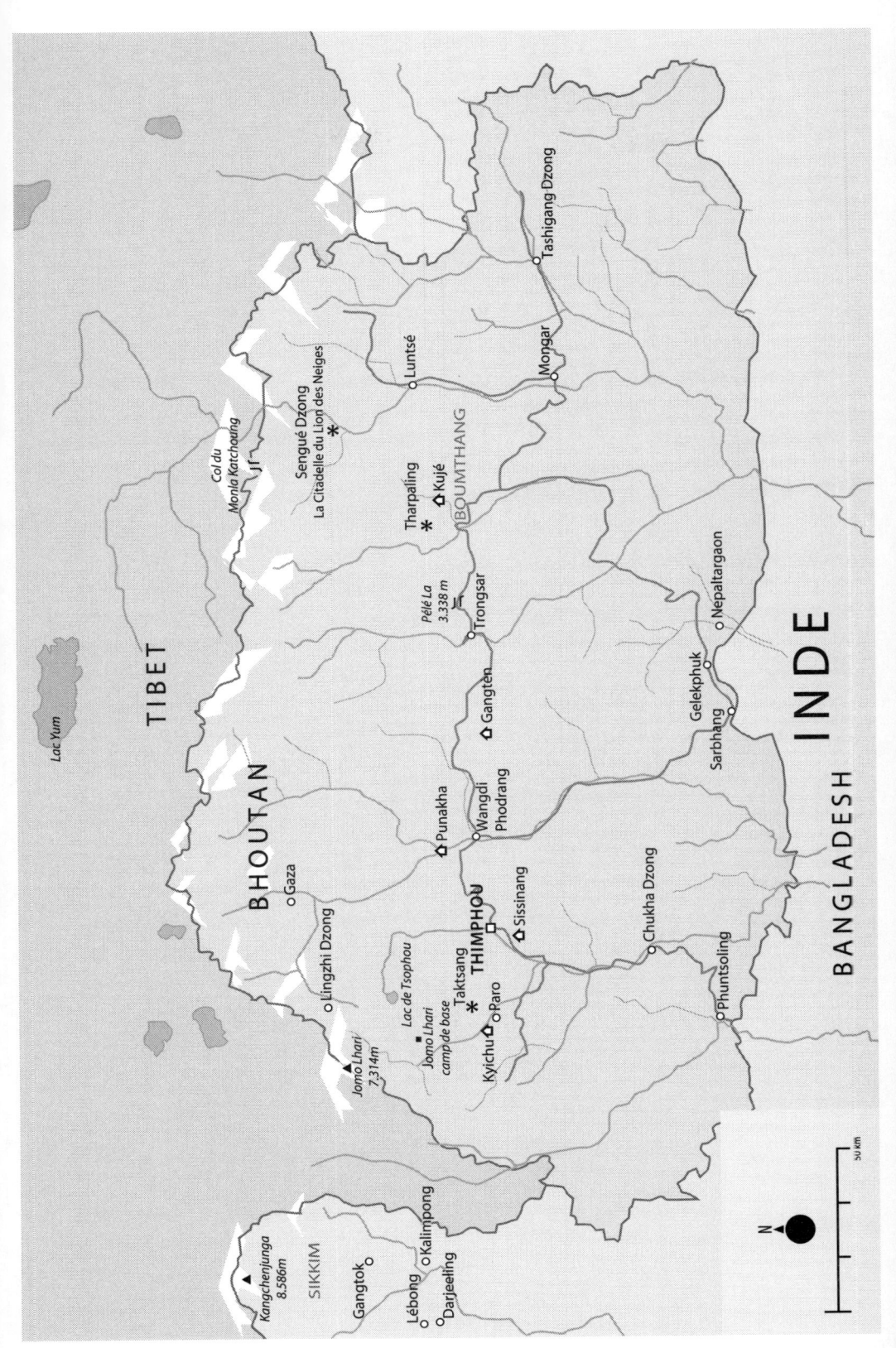

Remerciements

J'éprouve une reconnaissance sans limites envers les maîtres spirituels dont j'évoque la mémoire dans ce livre. Ils inspirent chaque instant de mon existence et lui ont donné tout son sens. Cet ouvrage est un modeste témoignage d'une vie passée en leur présence.

Rabjam Rinpoché, Péma Wangyal Rinpoché et Jigmé Khyentsé Rinpoché m'ont suggéré, à diverses reprises, de mettre un tel témoignage par écrit et je suis très heureux d'avoir pu en accomplir la rédaction, aussi imparfaite soit-elle, avec leur bénédiction.

Je remercie de tout cœur Nicole Lattès de m'avoir encouragé pendant des années à entreprendre l'écriture de ce livre. Je suis rasséréné de m'être finalement mis l'œuvre et d'avoir ainsi pu lui offrir le fruit de mes réminiscences. Ses suggestions et orientations sur le manuscrit de ces *Carnets* m'ont été très précieuses.

Ma profonde gratitude va à Carisse Busquet, ainsi que son regretté mari Gérard, pour avoir relu en profondeur et avec tant de soin l'ensemble du livre, m'aidant à y mettre de l'ordre et à en améliorer le style comme la présentation. Je ne saurai suffisamment remercier Carisse pour l'aide fidèle qu'elle m'a apportée depuis plus de vingt ans, pour la relecture de mes ouvrages et pour la traduction française de textes que j'ai traduits du tibétain en anglais, *La Vie de Shabkar* et *Vagabond de l'Éveil*, du fait que depuis cinquante ans, sur le sous-continent indien, j'utilise principalement l'anglais et le tibétain.

Merci à Guillaume Allary et à Stéphane Desa pour avoir joué un rôle capital dans la mise au point de ce livre par leurs lectures attentives et leurs conseils avisés qui m'ont permis de mieux structurer des souvenirs que j'avais souvent éparpillés au fil de la plume, d'expliciter des points obscurs, de combler des lacunes, d'insérer quelques réflexions rétrospectives sur ce que j'avais vécu et d'améliorer la clarté, le style et la fluidité de mon récit.

Merci de tout cœur à Raphaële Demandre qui relut les chapitres relatant nos aventures partagées au Tibet, raviva ma mémoire sur nombre de points, et m'incita à décrire plus en détail certains événements.

Carnets d'un moine errant

Merci vivement à Witty Wahida Léon, Anne et Gérard Tardy, ainsi que Cécile et Jean-Pierre Devorsine, qui ont connu mes maîtres et partagé certaines de mes aventures, en Dordogne ou en Asie, d'avoir eu la bonté de relire le manuscrit et d'offrir des suggestions fort pertinentes. Merci enfin à Patricia Christin, Christophe André et Jean Timsit d'avoir lu le livre d'une traite et de m'avoir donné de précieux conseils sur son orientation générale.

Ma reconnaissance va pour sûr à Laurence d'Aboville, Élisabeth Trétiack-Franck et toute l'équipe d'Allary Éditions pour avoir mené à bien la production et la promotion de cet ouvrage, ainsi qu'à Luciana Chiaravalli-Benson, pour avoir préparé les cartes avec tant de gentillesse et d'expertise.

Merci aussi à mes bons amis qui m'ont suggéré de fort beaux titres, tels que «Jamais sans mon bol», «Bye-bye samsara», «Une abeille dans le jardin des bouddhas», «Le soleil de la dévotion» et «Un moine gyrovague», pour n'en citer que quelques-uns. Têtu comme le Breton que je suis, j'ai préféré conserver le titre qui m'était venu à l'esprit lorsque j'ai conçu l'idée de rédiger ce témoignage, un moine pouvant être errant, c'est-à-dire en chemin, sans attaches particulières, sans être pour autant perdu, et ce grâce aux instructions de ses maîtres bien-aimés. Celui qui, comme le dit un texte tibétain, «en partant, ne laisse derrière lui que la trace de ses pas».

Comme ce fut le cas de tous mes ouvrages, l'intégralité des droits d'auteur de ce livre sont reversés à l'association Karuna-Shechen que j'ai cofondée il y a vingt et un ans, pour venir en aide aux plus démunis en Inde, au Népal, au Tibet et, depuis peu, en Europe.

Glossaire

Absence d'existence propre (tib. *dag med*, skt. *anatman, nairatmya*). Voir *Existence propre*.

Accomplissement (skt. *siddhi*, tib. *dngos grub*). On distingue deux catégories d'accomplissements : les accomplissements ordinaires qui consistent en diverses facultés que le bodhisattva peut exercer pour le bien des êtres ; et l'accomplissement suprême, un autre nom de l'Éveil parfait.

Accumulations (les deux) (tib. *tshogs gnyis*). Les accumulations de mérites et de sagesse sont toutes deux indispensables à la réalisation de l'Éveil. On compare mérites et sagesse aux deux roues du char qui conduit à l'Éveil. On accumule les mérites nécessaires pour progresser sur la voie en accomplissant des actes positifs, et la sagesse en reconnaissant la vacuité de ces mérites et de tous les phénomènes.

Ainsité (skt. *tathata*, tib. *de bzhin nyid*). La nature véritable des choses, la vacuité, l'espace absolu libre d'élaborations.

Amdo (tib. *A mdo*), l'une des cinq provinces du Tibet historique, située au Nord-Est, et assimilée aujourd'hui à la province chinoise du Qinghai.

Amnyé Matchèn est l'une des grandes montagnes sacrées du Tibet oriental, située dans la province du Golok. Bien qu'elle ne culmine qu'à 6 280 mètres, on pensa un temps qu'elle était plus haute que l'Everest. Il faut cinq jours pour en faire le tour à pied, un pèlerinage qu'accomplissent de nombreux fidèles de la région.

Apparences, perceptions (tib. *snang ba*), ce qui apparaît aux yeux de chacun en fonction de ses dispositions ou de son développement intérieur. Les pratiquants qui ont réalisé le mode d'être de tous les phénomènes – les êtres, l'univers et leur propre esprit – perçoivent le monde phénoménal comme le pur déploiement des corps et des sagesses.

Apparences, voir *Phénomènes*.

Arhat, ce terme sanskrit signifie « méritant, de bon aloi », tandis que l'équivalent tibétain *dgra bcom pa* signifie « celui qui a vaincu l'ennemi », à savoir les émotions perturbatrices. Ce terme désigne un pratiquant du Véhicule fondamental, le Theravada, qui a atteint la cessation de la souffrance, le nirvana limité, qui n'est pas encore la bouddhéité parfaite atteinte en parcourant les dix niveaux, ou *bhumis*, du Grand Véhicule.

Avalokiteshvara (tib. *spyan ras gzigs*). Le bodhisattva de la compassion.

Bardo (tib. *bar do*), litt. « entre-deux » ; état intermédiaire. On distingue plusieurs bardos, dont le nombre varie selon les tantras, mais le plus souvent, ce terme désigne simplement l'état intermédiaire entre la mort et la renaissance suivante.

Bodhicitta, voir *Esprit d'Éveil*.

Bodhisattva (tib. *byang chub sems dpa'*), litt. «Héros de l'esprit d'Éveil». Pratiquant du Grand Véhicule dont le but est de libérer tous les êtres du samsara et de les mener à l'Éveil.

Bonheur, le concept bouddhiste de *soukha* se réfère non pas à une succession de sensations plaisantes, mais à une manière d'être qui se construit en cultivant des qualités humaines fondamentales, telles que la bienveillance, la paix et la liberté intérieure, la force d'âme et la sagesse. On pourrait encore le définir comme un état d'esprit sain et optimal qui perdure au travers des aléas de l'existence.

Bouddha (tib. *sangs rgyas*). Celui qui s'est «affranchi» ou «purifié» (*sangs*) des voiles émotionnels et cognitifs, et en lequel se sont épanouies (*rgyas*) toutes les qualités d'accomplissement. Parmi celles-ci prédominent les deux aspects de la connaissance, à savoir connaître à la fois la nature essentielle des phénomènes et leur infinie variété, ce qui caractérise l'Éveil parfait.

Boudhanath, stoupa de (tib. *bya rung kha shor*), l'un des trois principaux stoupas de la vallée de Katmandou et de ses environs immédiats, avec ceux de Swayambunath et de Namo Buddha. Son histoire liée à l'avènement du bouddhisme au Tibet est relatée dans *Liberation Upon Hearing: The History of the Great Jarung Kashor Stupa* (*La Libération par l'écoute: Histoire du grand stoupa de Jaroung Kashor*), un trésor spirituel découvert par Sakya Zangpo (traduit en anglais).

Calme mental (skt. *shamatha*, tib. *zhi gnas*). La base de toutes les concentrations: un état de concentration stable, à la fois calme, clair et sans distraction. L'agitation de l'esprit ayant été apaisée (*zhi*), l'esprit demeure (*gnas*) sans vaciller dans la concentration qu'il a choisie.

Cinq agrégats (skt. *pancha skandha*, tib. *phung po lnga*). Composants psychosensoriels qui constituent l'individu et d'où résulte l'illusion du soi. Les cinq agrégats sont le corps physique, les sensations, les perceptions, sentiments, les compositions karmiques ou automatismes habituels de pensée et de perception, et enfin les consciences.

Cinq Grands Trésors (tib. *mdzod chen rnam pa lnga*), vaste recueil d'enseignements, de *sadhanas*, de textes d'initiations, de manuels de pratique et d'explications de la philosophie et de la pratique bouddhistes, rédigés par Jamgön Kongtrul (1813-1899). Dans son autobiographie, Jamgön Kongtrul confia que la pensée de rédiger ces ouvrages ne lui était jamais venue et qu'il les compila à la demande de son maître Jamyang Khyentsé Wangpo. Alors qu'il dispensait des enseignements à Jamgön Kongtrul, Khyentsé Wangpo eut une vision prophétique dans laquelle il vit un immense et magnifique stoupa à cinq portes, quatre étant placées à chaque direction cardinale et la cinquième coiffant la partie supérieure de l'édifice. Le stoupa contenait de splendides statues et de précieux textes. Lorsque Khyentsé Wangpo posa des questions sur la nature de ces textes, il s'entendit répondre qu'il s'agissait des «Cinq Grands Trésors». Khyentsé Wangpo expliqua à Jamgön Kongtrul que ce rêve indiquait que lui, Kongtrul, était destiné à révéler et à propager ces «Cinq Grands Trésors». Il fournit également à Kongtrul des

Glossaire

indications sur le contenu de chaque trésor. En effet, Jamgön Kongtrul consacra de nombreuses années à rassembler, mettre au point et rédiger (1) le « Trésor des Enseignements tantriques de l'école Kagyu » (*bka 'brgyud sngags mdzod*, 3 à 8 volumes selon les éditions) ; (2) le « Grand Trésor des Précieux Enseignements Redécouverts » (tib. *rin chen gter mdzod chen mo*, en 63 volumes au Tibet et en 71 volumes dans la récente édition de Shechen Publications), qui regroupe les plus importants enseignements redécouverts (*termas*) de la tradition nyingma et qui comprend le « Trésor Extraordinaire » (tib. *thun mong ma yin pa'i mdzod*), les propres *termas* de Jamgön Kongtrul ; (3) le « Trésor du Connaissable » (tib. *shes bya kun la khyab pa'i mdzod*, en 4 volumes), qui constitue une encyclopédie de la connaissance bouddhiste et des sciences traditionnelles ; (4) le « Vaste Trésor des Enseignements » (tib. *rgya chen bka'i mdzod*, en 16 volumes), qui regroupe les autres textes de Jamgön Kongtrul lui-même ; enfin (5) le « Trésor des Précieuses Instructions » (*gdams ngag mdzod*, 18 volumes), qui rassemble les instructions cruciales des « Huit Chars » majeurs des lignées de pratique (*sgrub brgyud shing rta brgyad*). C'est grâce à ces cinq recueils de textes (qui ont été réédités et imprimés au XXe siècle sous la direction de Dilgo Khyentsé Rinpoché et publiés par Shechen Publications) que d'innombrables transmissions essentielles et rares subsistent encore de nos jours. Jamgön Kongtrul passa également plusieurs années en retraite dans deux ermitages : Tsadra Rinchèn Trag (tib. *tsa 'dra rin chen brag*), au-dessus du monastère de Palpoung et Dzongshö Deshek Déshèk Dupa (tib. *rdzong shod bde gshegs 'dus pa*) qui consiste en un ensemble de grottes situées entre Dzongsar et Kathog, dans le Kham, au Tibet oriental. C'est à Dzongshö, en 1867, que Khyentsé Wangpo et Chogyour Lingpa intronisèrent officiellement Jamgön Kongtrul en tant que tertön sous le nom de Chimé Tennyi Youngdroung Lingpa (tib. *'chi med bstan gnyis g.yung drung gling pa*) et l'exhortèrent à révéler les *termas* qui lui avaient été confiés par Gourou Padmasambhava, ce qu'il fit lors des années suivantes.

- Cinq sagesses primordiales (tib. *ye shes lnga*). Cinq aspects de la sagesse primordiale ou de la conscience éveillée qui se manifestent quand on a réalisé l'état de bouddha : la sagesse pareille au miroir qui correspond à la nature ultime et purifiée de la colère ; la sagesse de l'égalité qui correspond à la nature ultime et purifiée de l'orgueil ; la sagesse du parfait discernement qui correspond à la nature ultime et purifiée du désir-attachement ; la sagesse tout accomplissante qui correspond à la nature ultime et purifiée de la jalousie ; et la sagesse de la dimension absolue qui correspond à la nature ultime et purifiée de l'ignorance.
- Circumambulation (tib. *skor ra*), acte de vénération qui consiste à tourner autour d'un lieu ou d'un objet sacré en les gardant à sa droite, c'est-à-dire en tournant dans le sens des aiguilles d'une montre.
- Compassion, le mot tibétain *nyingjé* (*rnying rje*) signifie « Seigneur du Cœur ». Selon le bouddhisme, la compassion est le désir et la détermination de remédier à la souffrance d'autrui. La compassion est un aspect de l'amour altruiste (le souhait que les êtres trouvent le bonheur et les causes du bonheur) qui se manifeste lorsque l'on est confronté à la souffrance des autres. Si l'empathie – l'effet que

la souffrance de l'autre a sur soi – est tournée vers soi, la compassion est tournée vers l'autre et va de pair avec le courage.

Conscience (tib. *rnam shes*) L'aspect le plus fondamental de nos facultés cognitives, la faculté première d'être conscient, la qualité «lumineuse» de l'esprit qui éclaire notre perception du monde extérieur et de notre univers mental. En dehors de cet aspect fondamental, le bouddhisme distingue également huit aspects de la conscience (tib. *rnam shes tshogs brgyad*), littéralement: les huit «réunions de conscience», réunion signifiant la rencontre quasi simultanée d'un objet des sens, d'un organe sensoriel et d'une conscience. Il s'agit de la conscience de base, qui prend simplement conscience que le monde «existe», puis des aspects de la conscience liés aux cinq facultés sensorielles – visuelle, olfactive, auditive, gustative, tactile et mentale – ainsi que la conscience liée aux états mentaux afflictifs.

Conscience éveillée (tib. *rig pa*), voir *Présence éveillée*.

Corps, trois (skt. *trikaya*, tib. *sku gsum*), aspects de la bouddhéité. Le corps absolu *dharmakaya* (tib. *chos sku*) désigne le plan ultime de la bouddhéité, l'espace de la vacuité à partir duquel tout surgit. Le corps de parfaite jouissance, *sambhogakaya* (tib. *longs sku*), se manifeste spontanément à partir du corps absolu et se déploie en cinq sagesses primordiales qui sont l'aspect purifié des cinq poisons mentaux (haine, désir, ignorance, orgueil et jalousie). Le corps de manifestation, *nirmanakaya* (tib. *sprul sku*), désigne toutes les formes sous lesquelles se manifeste un bouddha ou un bodhisattva pour guider les êtres selon leurs dispositions et leurs besoins.

Dakini (tib. *mkha' 'gro*), litt. «Celle qui parcourt l'espace»; il s'agit ici de «l'espace de la vérité absolue». Principe féminin associé à la sagesse.

Déité, de méditation, de sagesse (tib. *ye shes kyi lha*, ou *yi dam*), déités masculines ou féminines représentant divers aspects de l'Éveil, qui constituent le support de la méditation.

Délivrance, ou libération individuelle (skt. *pratimoksha*, tib. *sor thar pa*), engagement spirituel qui a pour but de s'affranchir non seulement du samsara, mais aussi de l'attachement à la notion d'individu. Les vœux de *Pratimoksha*, qui concernent la conduite extérieure, peuvent être pris par un pratiquant laïque pour une durée de vingt-quatre heures et s'appliquent également aux moines et moniales (en plus des nombreux vœux monastiques) qui s'engagent pour la vie, selon les règles définies par le *Vinaya*, le code de conduite édicté par le Bouddha.

Démon (skt. *mara*, tib. *bdud*). Dans le cadre de la pratique et de la méditation bouddhistes, on appelle «démon» tout ce qui fait obstacle à l'Éveil, l'attachement à l'ego, la distraction, l'orgueil, etc.

Dévotion, voir *Ferveur*.

Dharma (tib. *chos*). On attribue à ce mot dix sens principaux, notamment ceux de «phénomènes» et d'«objets de la connaissance». Quand il désigne la doctrine du Bouddha, on distingue les enseignements transmis par les écritures (Dharma de transmission) et les qualités de réalisation obtenues par leur pratique (Dharma de réalisation). Vasubandhu, philosophe indien du IVe siècle, définit le Dharma

Glossaire

comme une protection (*chos skyobs*) : « Le Dharma combat nos adversaires (les émotions perturbatrices) et nous protège des destinées inférieures du samsara. » Prendre refuge dans le Dharma exige que l'on renonce à nuire sciemment à autrui.

Dharmakaya (tib. *chos sku*), « Corps absolu ». Désigne ici l'essence vide de toutes choses, en dépit du fait que les apparences semblent dotées d'une existence réelle.

Dilgo Khyentsé Rinpoché, Tashi Paljor (tib. *dil mgo mkhyen brtse rin po che bkra shis dpal 'byor*, 1910-1991) fut l'un des plus grands maîtres du bouddhisme tibétain du XXe siècle. Son voyage intérieur l'avait conduit à une compréhension d'une rare profondeur et il était une source d'amour, de sagesse et de compassion pour tous ceux qui le rencontraient. Ermite, érudit, poète et artiste, il était l'un des principaux dépositaires de la culture spirituelle du Tibet. Outre les trente années passées en retraite contemplative, il œuvra sans relâche à la transmission des enseignements du bouddhisme tibétain et fut l'un des principaux maîtres spirituels du XIVe Dalaï-lama. Sa vie était l'exemple vivant de ce qu'il enseignait. Il laissa vingt-cinq volumes d'enseignements sur la philosophie et la pratique du bouddhisme et eut d'innombrables disciples dans les quatre écoles du bouddhisme tibétain. Il fonda le monastère de Shéchèn au Népal.

Divinité, voir *Déité de sagesse*.

Droupchèn (tib. *grub chen*), litt. « grand accomplissement », désigne des cérémonies élaborées, centrées sur une ou plusieurs déités du bouddhisme tibétain. Elles consistent principalement en méditations guidées par le texte utilisé, qui se poursuivent sans interruption, jour et nuit, pendant neuf jours. À l'aide de poudres de couleurs, des moines dessinent des mandalas aux significations multiples qui servent de supports de visualisation aux participants. Les pratiquants se réunissent de sept heures du matin à sept heures du soir et se répartissent la nuit en trois groupes qui, à tour de rôle, trois heures chacun, maintiennent la continuité de la pratique rituelle et méditative. Ces cérémonies, remarquables par leur majesté, s'accompagnent de musique sacrée, de danses, de rituels et de *moudras*, gestes symboliques d'offrande.

Dzogchèn, voir *Grande Perfection*.

Émotions afflictives (skt. *klesa*, tib. *nyon mongs*), aussi appelées émotions perturbatrices, nuisibles ou négatives. Phénomène mental qui perturbe autant les pensées que les actions, et dont le résultat est la souffrance. On dénombre cinq émotions négatives principales : le désir-attachement, l'aversion ou la colère, la confusion ou l'ignorance, la jalousie et l'orgueil. Ces états mentaux troublent et obscurcissent l'esprit, entraînant des distorsions de la réalité. Synonyme de poison mental (tib. *dug*).

Empathie, différentes formes. L'empathie émotionnelle consiste à entrer en résonance affective avec les sentiments d'autrui, quels qu'ils soient (joie, colère ou souffrance). L'empathie cognitive consiste à se représenter les sentiments et la situation d'autrui, sans pour autant la ressentir soi-même affectivement.

L'empathie émotionnelle est tournée vers soi, dans la mesure où les sentiments d'autrui provoquent une forte résonance affective en soi-même. Une résonance affective répétée avec la souffrance d'autrui débouche souvent sur la détresse empathique et le burnout. L'amour altruiste et la compassion, états mentaux constructifs tournés vers l'autre, constituent des antidotes à la détresse empathique.

Entraînement de l'esprit (tib. *blo sbyong*). Apprentissage qui, dans le contexte de l'esprit d'Éveil, vise à renverser l'habitude de ne considérer que son intérêt personnel pour accorder la plus grande importance au bien-être et au bonheur des autres.

Équanimité, outre le sens ordinaire d'une égalité d'âme, d'humeur et de sérénité face aux aléas de l'existence, aux circonstances bonnes ou mauvaises, selon le bouddhisme cette qualité se réfère aussi à un état méditatif (tib. *snyams bzhag*) au sein duquel le sentiment de dualité entre soi et le monde, le sujet et l'objet, s'apaise lorsque l'esprit repose dans son état naturel, libre de fabrications mentales. Voir également *Impartialité*

Esprit d'Éveil, *bodhicitta* (tib. *byang chub kyi sems*). L'esprit d'Éveil relatif est le vœu ou la détermination d'atteindre l'Éveil parfait pour le bien de tous les êtres, associé à la mise en œuvre concrète de l'amour, de la compassion et des six vertus transcendantes (générosité, discipline, patience, diligence, concentration et sagesse) qui permettent d'atteindre ce but. L'esprit d'Éveil absolu est la sagesse non duelle, l'essence de l'esprit, le mode d'être réel de tous les phénomènes.

Éveil parfait, voir également *Bouddha*. L'élimination totale des voiles créés par les états mentaux afflictifs, ou émotions perturbatrices, ainsi que par les voiles engendrés par la dualité et l'attachement à l'existence intrinsèque des phénomènes. Ces deux formes de voiles, afflictif et cognitif, obscurcissent la juste connaissance de la nature ultime des choses.

Existence intrinsèque, absence de (skt. *anatman*, tib. *bden med, rang bzhin med pa, bdag med*). On considère deux formes d'«inexistences»: l'inexistence de l'individu (*gang zag gi bdag med*) et l'inexistence des phénomènes (*chos kyi bdag med*). Il ne s'agit pas d'une vision nihiliste des choses, car le déploiement du monde phénoménal ne saurait être nié, mais de reconnaître que les phénomènes apparaissent, tout en étant dénués d'existence autonome et permanente.

Existence propre (skt., *atman*, tib. *bdag*), litt. «soi», désigne la perception erronée, selon le bouddhisme, et fait référence, d'une part, au fait de percevoir toutes les entités personnelles, les individus et tous les êtres sensibles, comme étant dotées d'une existence indépendante et intrinsèque et, d'autre part, au fait d'appréhender également le monde des phénomènes comme autant d'entités autonomes et permanentes.

Ferveur, ou dévotion (tib. *mos gus*), le respect et l'admiration qui naissent de la prise de conscience des qualités spirituelles et humaines du Bouddha, d'un bodhisattva ou d'un maître spirituel, associés à l'ardent désir de les actualiser soi-même pour le bien d'autrui.

Glossaire

Golok (tib. *mgo log*), litt. « tête à l'envers », est une province du Tibet oriental située entre le Kham et l'Amdo. Elle est ainsi dénommée en raison de la rudesse présumée de ses habitants. Elle fait aujourd'hui partie du Qinghai.

Gourou Padmasambhava, le « Maître Né-du-Lotus ». Dans un texte intitulé *Parinirvana sutra*, le Bouddha Shakyamouni prophétisa qu'il serait le maître qui propagerait les enseignements du Vajrayana. Invité au Tibet par le roi Trisong Détsèn au VIIIe siècle, il y établit les enseignements des soutras et des tantras du bouddhisme. Il cacha également d'innombrables trésors spirituels (tib. *termas*) afin qu'ils soient révélés au moment opportun pour le bien des générations futures.

Grand Véhicule (skt. *mahayana*, tib. *theg pa chen po*) a pour caractéristique principale l'ampleur de sa compassion qui va jusqu'au vœu de libérer tous les êtres de la souffrance et de ses causes, et la profondeur de sa vue philosophique qui perçoit la vacuité du moi et des phénomènes. Le Véhicule de Diamant, ou Vajrayana, est une branche du Grand Véhicule.

Grande Perfection, *Dzogchèn* (tib. *rdzogs pa chen po*), aussi appelée Atiyoga, est considérée dans la tradition Nyingmapa comme l'apogée des neuf véhicules. « Perfection » signifie que l'esprit, dans sa nature fondamentale, contient spontanément toutes les qualités des trois corps : sa nature de vacuité est le corps absolu ; son expression lumineuse est le corps de parfaite jouissance ; sa compassion, omniprésente, est le corps de manifestation. « Grande » signifie que cette perfection embrasse l'infinité de phénomènes et est le mode d'être de toutes choses.

Guélouk (tib. *dge lugs*). L'une des quatre écoles principales du bouddhisme tibétain. Son chef spirituel est le détenteur du trône du monastère de Gandèn, et son représentant le plus illustre est Sa Sainteté le Dalaï-lama.

Guéshé (tib. *dge bshes*), à l'origine forme abrégée de *dge ba'i bshes gnyen* (ami de bien), ce terme désigne le titre de docteur en philosophie dans l'école Guélouk.

Huit préoccupations mondaines (tib. *'jig rten chos brgyad*) sont le gain et la perte, le plaisir et la souffrance, le renom et l'infamie, la louange et la critique.

Ignorance (skt. *avidya*, tib. *ma rig pa*). Dans le bouddhisme, l'ignorance n'est pas tant un manque d'information qu'une méprise. Elle fait référence à la compréhension erronée ou l'incapacité de reconnaître la nature véritable des choses, comme d'attribuer une existence réelle et ultime à l'individu et aux phénomènes. L'ignorance comprend : 1) l'ignorance fondamentale (tib. *ma rig pa*), qui est la non-reconnaissance de la nature de la conscience primordiale et de la vacuité des phénomènes ; 2) un état mental obscurci (tib. *gti mug*), qui consiste essentiellement en un manque de discernement quant à ce qu'il convient d'accomplir et de rejeter pour se libérer du samsara ; 3) le doute (tib. *the tshom*), portant notamment sur la loi de causalité karmique et l'existence des vies passées et futures ; 4) les vues erronées (tib. *lta ba nyon mong can*), qui consistent à croire que les agrégats forment le soi individuel, et que les phénomènes existent en soi et par soi.

Impartialité (tib. *gtang snyoms*). Le souhait que tous les êtres soient délivrés de la souffrance et de ses causes doit concerner tous les vivants sans exception et ne pas dépendre de nos préférences ou de la façon dont les autres nous traitent. L'impartialité est pareille au soleil qui brille de façon égale sur tous. Lorsque, par exemple, la compassion impartiale se porte sur une personne malfaisante, elle ne consiste pas à tolérer, encore moins à encourager par l'inaction ses actes nuisibles, mais à considérer cette personne comme atteinte de folie, et à souhaiter qu'elle soit libérée de l'ignorance et de l'hostilité qui l'animent. Autrement dit, il ne s'agit pas de contempler les actes nuisibles avec équanimité, voire avec indifférence, mais de comprendre qu'il est possible d'éradiquer leurs causes, de même que l'on peut éliminer les causes d'une maladie.

Initiation (skt. *abhiseka*, tib. *dbang*). Conférée par un maître qualifié, l'initiation donne au disciple l'accès aux enseignements et aux pratiques du Véhicule de Diamant, le Vajrayana.

Interdépendance (skt. *pratitya samutpada*, tib. *rten 'brel* ou *rten cing 'brel bar byung*) signifie « être par coémergence » et peut s'interpréter de deux façons complémentaires : « Ceci surgit parce que cela est », ce qui revient à dire que rien n'existe en soi ; et « Ceci, ayant été produit, produit cela », ce qui implique que rien ne peut être sa propre cause. Lorsque l'on dit qu'un phénomène « surgit en dépendance de... », on élimine ainsi les deux extrêmes conceptuels que sont le nihilisme et le réalisme matérialiste. En effet, puisque les phénomènes surgissent, ils ne sont pas non existants, et puisqu'ils surgissent « en dépendance d'une autre chose », ils ne recouvrent pas une réalité douée d'existence autonome. Il faut donc comprendre que la production en interdépendance n'implique aucun des extrêmes que désignent des notions telles que éternité, néant, naissance, disparition, existence et inexistence de quelque chose qui existerait en soi. Une chose ne peut surgir que si elle est reliée, conditionnée et conditionnante, coprésente et coopérante, et en transformation continuelle. L'interdépendance est intimement liée à l'impermanence des phénomènes et fournit un modèle de transformation qui n'implique pas l'intervention d'une entité organisatrice. Bref, il est impossible qu'une chose existe ou naisse par elle-même. Pour ce faire, elle devrait surgir du néant, mais, comme disent les textes : « Un milliard de causes ne pourraient faire exister ce qui n'existe pas. » Le néant ne sera jamais le substrat de quoi que ce soit.

Jamgön Kongtrul Lodrö Thayé (tib. *'jam mgon kong sprul blo gros mtha'yas*, 1813-1899), également connu sous le nom de Kongtrul Yönten Gyatso (tib. *kong sprul yon tan rgya mtsho*), naquit dans le Kham, au sein d'une famille appartenant à la tradition Bön, l'ancienne tradition spirituelle du Tibet empreinte de chamanisme. Dès son plus jeune âge, il manifesta des capacités hors du commun. Il passa quatre ans au monastère de Shéchèn auprès de Mahapandita Öntrul Thoutop Namgyal et prit les vœux monastiques. Au monastère de Palpoung il rencontra l'un de ses principaux maîtres, le IXe Tai Sitou, Péma Nyingché Wangpo (1775-1853). Au monastère de Karma Gön, le XIVe Karmapa, Thegchog Dorjé (tib. *karma pa theg mchog rdo rje*, 1798-1868), lui conféra les vœux de bodhisattva et

Glossaire

lui donna le nom de Lodrö Thayé. Il reçut de nombreux enseignements de la tradition Nyingma de Dzogchèn Mingyour Namkhai Dorjé et d'autres maîtres. Toutefois, son principal maître spirituel fut Jamyang Khyentsé Wangpo, auquel il faisant référence en l'appelant « Précieux Maître Omniscient » (*Kunkhyen Lama Rinpoché*). Au cours des soixante années suivantes, la plupart de ses activités et de ses écrits furent inspirés par Khyentsé Wangpo, ou accomplis avec lui. Ensemble, ils œuvrèrent à ouvrir des sites sacrés, à révéler des trésors spirituels, à composer et mettre en forme des compilations de textes, ainsi qu'à promouvoir le mouvement non sectaire Rimé (*tib. ris med*), qui contribua grandement au renouveau du bouddhisme tibétain dans le Tibet oriental. Jamgön Kongtrul devint également très proche de Chogyour Déchèn Lingpa, au point que ces trois lamas en vinrent à être connus sous le nom de « Trio de Khyen, Kong et Chok » (tib. *mkhyen kong mchog gsum*). L'une des contributions inestimables de Jamgön Kongtrul au bouddhisme tibétain fut la compilation des « Cinq Grands Trésors ».

Jamyang Khyentsé Wangpo (tib. *'jam dbyangs mkhyen brtse'i dbang po*, 1820-1892). Très jeune, il reçut d'innombrables enseignements de la tradition Sakya, puis à l'âge de dix-huit ans, il étudia la tradition Nyingma auprès de Shéchèn Öntrul Thoutob Namgyal et au monastère de Dzogchèn avec Mingyour Namkhai Dorjé et Khenpo Péma Dorjé. Mais celui qu'il considérait comme son maître le plus précieux était Jigmé Gyalwai Nyougou, qui vint à Terloung, le lieu de naissance de Khyentsé Wangpo, alors que ce dernier avait dix-neuf ans. Il est dit que cette rencontre fut pareille à celle d'un père qui retrouve son fils. Gyalwai Nyougou transmit de très nombreux enseignements à Khyentsé Wangpo, dont ceux de « L'Essence du Cœur de l'immensité », le *Longchèn Nyingthig*. Dans une vision, Gourou Padmasambhava prophétisa que Khyentsé Wangpo serait le détenteur des sept types de transmission (tib. *bka 'babs bdun*) : (1) les enseignements transmis de maître à disciple, ou transmission longue, selon une lignée orale ininterrompue (*bka' ma*) ; (2) les trésors matériels (*sa gter*) ; (3) les profonds trésors de l'esprit (*dgongs gter*) ; (4) les trésors redécouverts (*yang gter*) ; (5) les remémorations, ou enseignements recueillis à partir d'une vie antérieure (*rjes dran*) ; (6) les enseignements reçus lors de « visions pures » (*dag snang*) ; et (7) les transmissions orales, ou enseignements de Padmasambhava et d'autres maîtres qui apparurent en personne au tertön (*snyan brgyud*). À Mindroling, il étudia avec le grand maître féminin Minling Jetsün Thrinlé Chödrön (tib. *smin gling rje btsun 'phrin las chos sgron*, début du XIXᵉ siècle). Pendant plus de treize ans, il voyagea à pied, comme un simple pèlerin, se rendant dans des centaines de lieux saints, monastères, temples, grottes et ermitages, recevant en chacun de ces endroits des initiations, des transmissions scripturaires et des explications. C'est ainsi qu'il reçut des enseignements de plus de cent cinquante maîtres. En tant qu'incarnation du roi Trisong Détsèn, il révéla de nombreux trésors ; il est considéré comme le « sceau de tous les tertöns ». Ses œuvres complètes comprennent treize volumes. À partir de l'âge de quarante-trois ans, il resta continuellement en retraite au monastère de Dzongsar, ne passant jamais le pas de sa porte et recevant quelques rares visiteurs. Avant qu'il ne quitte ce monde en 1892, il prophétisa qu'il réapparaîtrait sous la forme de cinq incarnations différentes (corps, parole, esprit, qualités et activités). Deux d'entre elles furent des figures prééminentes : Dzongsar Khyentsé Chökyi Lodrö (1894-1959), l'incarnation de ses activités, et Dilgo Khyentsé Rinpoché (1910-1991), l'incarnation de son esprit.

Jigmé Lingpa (tib. *'jigs med gling pa*, 1729-1798). L'un des maîtres les plus importants de la lignée Nyingma, reconnu comme une manifestation de Vimalamitra, grand maître indien du VIIIe siècle. Il eut à plusieurs reprises des visions de Gourou Padmasambhava, de sa parèdre spirituelle Yéshé Tsogyal et de l'omniscient Longchen Rabjam. Grâce aux bénédictions de ce dernier, il atteignit la parfaite réalisation des enseignements du Longchèn Nyingthig, «l'Essence du Cœur de l'immensité» (tib. *klong chen snyint thig*), qu'il révéla et qui reste, encore aujourd'hui, l'un des traités les plus importants et les plus pratiqués de l'école Nyingma. Ses écrits comprennent neuf volumes.

Jowo Rinpoché (tib. *jo bo rin po che*), statue du «Bouddha Couronné», représentant le Bouddha Shakyamouni à l'âge de douze ans, qui se trouve dans le temple du Jokhang à Lhassa.

Kagyu (tib. *bka' brgyud*). L'une des principales écoles de la Nouvelle Traduction, fondée par Marpa le Traducteur (1012-1099), disciple du grand pandit indien Naropa et maître spirituel du célèbre ermite tibétain Jétsun Milarépa. Ce courant se divise en plusieurs branches dont les plus connues de nos jours sont les lignées Karma ou Dhakpo Kagyu, Drigoung, Droukpa et Shangpa.

Kailash, mont, la «Montagne d'Argent», appelée Kangkar Tisé par les Tibétains (tib. *khang dkar ti sé*) est l'une des montagnes les plus sacrées du Tibet, vénérée par les bouddhistes, les hindous et les jaïns. Elle s'élève au milieu du vaste plateau du Tibet occidental, dans la province de Ngari. À ses pieds s'étendent les deux grands lacs de Manasarovar et de Rakshatal.

Kalachakra, tantra de (tib. *dus 'khor gyi rgyud*). «Tantra de la Roue du temps» qui fut enseigné par le Bouddha Shakyamouni à Candrabhadra (tib. *zla ba bzang po*), roi de Shambhala. Les enseignements du Kalachakra sont pratiqués par toutes les écoles du bouddhisme tibétain. Sa Sainteté le Dalaï-lama a conféré plus de trente fois la grande initiation du Kalachakra, qui dure quatre jours et est habituellement précédée d'un enseignement général sur le bouddhisme, le plus souvent l'explication de «L'Entrée dans la pratique des bodhisattvas», ou *Bodhicaryavatara*.

Kangyour (tib. *bka' 'gyur*), «Traduction des paroles du Bouddha». Recueil de soutras et de tantras traduits en tibétain (103 volumes) qui forme, avec le Tengyour (les traités et commentaires, 213 volumes), le canon bouddhiste tibétain.

Kangyour Rinpoché, Longchèn Yéshé Dorjé (tib. *bka' 'gyur rin po che klong chen ye shes rdo rje*, 1897-1975). Grand maître spirituel tibétain, qui vécut de nombreuses années en retraite puis parcourut le Tibet en dispensant des enseignements bouddhistes à tous ceux qui le désiraient. Pressentant l'invasion chinoise, il quitta le Tibet en 1956, sauvegardant un trésor de textes précieux. Il fut mon premier maître spirituel, celui que l'on appelle dans la tradition tibétaine un « maître-racine » ; il me guida sur le chemin de la libération de la souffrance et me montra la nature de mon propre esprit.

Karma (tib. *las*), « action ». Désigne les lois de la causalité karmique, l'acte et son effet, le principe de causalité selon lequel chaque acte physique, verbal ou mental laisse une empreinte dans le continuum de la conscience jusqu'à ce que, au contact de circonstances et de conditions particulières, cette empreinte « mûrisse » et se traduise par une expérience heureuse ou malheureuse selon la qualité de l'acte initial. Le karma obéit à deux lois essentielles : 1) on ne subit jamais les conséquences d'un acte que l'on n'a pas accompli ; 2) le pouvoir d'un acte ne s'épuise pas tant qu'il n'a pas produit tous ses effets, à moins qu'il ne soit neutralisé par l'antidote approprié. Ainsi, tout ce que l'on vit à présent est l'effet d'actes antérieurs (incluant les actes commis dans des existences passées) et tous les actes présents sont les graines des situations à venir.

Kham (tib. *khams*), l'une des cinq grandes provinces du Tibet historique, située au Tibet oriental et aujourd'hui intégrée dans la grande province chinoise du Sichuan.

Khénpo (tib. *mkhan po*), abbé ; ce terme désigne soit une personne qui confère les vœux monastiques (en général le moine le plus ancien), soit un érudit qui enseigne le Dharma. Un khénpo particulièrement érudit et respecté est appelé khénchèn, « grand khénpo ».

Lama (tib. *bla ma*), équivalent du mot sanskrit gourou, qui signifie « lourd » ou « chargé » (de qualités, de compassion). Le mot tibétain est la contraction de *bla na med pa*, « insurpassable ». Dans le langage courant, au Tibet, il désigne un maître spirituel, mais aussi un moine âgé et respectable ou un méditant laïc expérimenté.

Libération (skt. *moksa*, tib. *thar pa*), la délivrance du samsara qui se produit lorsque le pratiquant atteint soit l'état d'arhat, soit celui de bouddha parfait.

Longchènpa, ou Longchèn Rabjam Drimé Öser (tib. *klong chen rab 'byams dri med 'od zer*, 1308-1364). Surnommé « Omniscient souverain du Dharma », ce maître de la tradition Nyingma était d'une incomparable érudition. On lui doit de nombreux traités d'une valeur inestimable. Après avoir reçu d'innombrables initiations et instructions de différents maîtres, Longchènpa décida de s'établir dans des lieux solitaires. À vingt-sept ans, il rencontra Rigdzin Koumaradza, éprouva une dévotion illimitée et acquit la certitude qu'il avait enfin rencontré son maître-racine. Koumaradza se déplaçait sans cesse afin d'éviter de s'attacher à un lieu particulier. Longchènpa n'avait que très peu de nourriture et se servait d'un sac élimé en guise de matelas et de couverture pour se protéger des rigueurs de l'hiver. Après avoir conféré tous les enseignements du cycle de « l'Essence du Cœur » (*snying thig*) à Longchènpa, Koumaradza déclara que celui-ci était son successeur spirituel. Longchènpa passa les six années suivantes en retraite dans différentes grottes aux alentours de Chimphou, au-dessus du monastère de Samyé. Il eut de nombreuses visions et expériences méditatives. Il revenait régulièrement trouver Koumaradza pour solliciter ses conseils. À cinq reprises, et alors même qu'il ne possédait que fort peu de choses, Longchènpa offrait à son maître les maigres ressources dont il disposait, en signe de renoncement et de dévotion. À trente et un ans, alors qu'il était toujours en retraite, Longchènpa commença à dispenser des initiations et des instructions sur «l'Essence du Cœur de Vima» à ses disciples. Longchènpa demeura longtemps dans une grotte à Kangri Thökar, au sud de Lhassa. C'est en ce lieu qu'il accomplit la réalisation ultime de la Grande Perfection et composa la plupart de ses traités majeurs, dont certains volumes des célèbres «Sept Trésors». Longchènpa voyagea également au Bhoutan où il établit huit ermitages et monastères. Au monastère de Tharpa Ling, sa résidence principale dans la province de Boumthang, il écrivit une partie des «Sept Trésors». Il revint ensuite au Tibet, à l'ermitage de Chimphou, puis il enseigna à Samyé. Après avoir annoncé qu'il allait quitter ce monde, le 24 janvier 1364, Longchènpa s'assit en posture de méditation et son esprit se fondit dans l'espace absolu. Ses principaux écrits sont rassemblés dans plusieurs recueils : les «Sept Trésors» (tib. *mdzod bdun*), qui exposent l'intégralité de la philosophie et de la pratique bouddhistes; la «Trilogie du Repos» (tib. *ngal gso skor gsum*), qui présente la voie graduelle de la pratique; la «Trilogie de la libération spontanée» (tib. *rang grol skor gsum*), axée sur la pratique de la Grande Perfection; la «Trilogie de la Dissipation des Ténèbres» (*mun sel skor gsum*), qui sont des commentaires sur le tantra de «la Matrice secrète» (*Guhyagarbhatantra*); et les «Quatre Essences du Cœur» (tib. *snying thig ya bzhi*), une présentation approfondie et complète de la pratique de la Grande Perfection. Longchènpa eut d'innombrables disciples; il est dit qu'il s'est réincarné à différentes périodes de l'histoire, notamment au Bhoutan sous la forme du grand tertön bhoutanais Péma Lingpa (tib. *padma gling pa*, 1450-1521).

Mahasiddha (tib. *grub chen*), yogi ayant atteint l'accomplissement suprême.

Maître Né du Lotus (tib. *padma 'byung gnas*). Voir *Padmasambhava*.

Maître-racine, ou maître principal (tib. *rtsa ba'i bla ma*), désigne le maître particulier qui confère au disciple initiations, explications et instructions cruciales et, tout particulièrement, celui qui nous introduit à la nature de l'esprit.

Mandala (tib. *dkyil 'khor*), litt. «centre et circonférence». Le centre est la sagesse primordiale et ce qui l'entoure représente la voie et le fruit, sous la forme symbolique du palais d'une déité de sagesse. La pratique de méditation centrée sur le mandala permet de reconnaître la pureté primordiale des phénomènes.

Mandarava, fille du roi du Zahor, en Inde, l'une des cinq épouses mystiques de Padmasambhava.

Manjoushri (tib. *'jam dpal dbyangs*). Bouddha personnifiant la connaissance et la sagesse de tous les bouddhas.

Mantra (skt. *man*: esprit, *tra*: protéger), syllabes qui, dans les pratiques du Véhicule de Diamant, protègent l'esprit du pratiquant contre les perceptions ordinaires,

Glossaire

invoquent la déité de sagesse et représentent la purification des sons ordinaires appréhendés en tant que manifestations sonores de l'Éveil.

Méditation, *bhavana*, en sanskrit, signifie « cultiver »; et *sgom* en tibétain « se familiariser ». Il s'agit donc de cultiver des qualités fondamentales comme l'attention, l'altruisme, la compassion, le calme mental, la paix intérieure, etc., en entraînant l'esprit afin qu'il les intègre dans le flux mental jusqu'à ce qu'elles deviennent des habitudes naturelles. Aux qualités que le pratiquant veut développer correspondent des formes de méditations spécifiques. Il s'agit également de se familiariser avec la nature fondamentale de la conscience.

Milarépa (tib. *mi la ras pa*, 1040-1123). L'un des plus grands ermites et poètes du Tibet, disciple de Marpa le Traducteur.

Moi (le) (skt *aham*, tib. *nga*) désigne l'individu qui se perçoit comme étant le « propriétaire » présumé de ses agrégats, de son corps et de son esprit. Ce terme désigne également le sentiment inné du moi (tib. *nga tsam*) ainsi que l'idée philosophique d'un moi essentiel, d'une subjectivité transcendantale, le « soi individuel » (skt. *pudgalatma*, tib. *gang zag gi bdag*).

Nagarjuna (tib. *klu grub*) (Ier et IIe siècles). Grand maître indien qui systématisa les enseignements de la Voie médiane (skt. *madhyamika*, tib. *dbu ma*), système philosophique étroitement associé aux soutras de la *Prajnaparamita* ou « Connaissance transcendante ».

Nature de bouddha (skt., *tathagatagarbha*, tib. *bde gshegs snying po*), continuité de la nature fondamentale qui demeure en chaque être depuis toujours. Elle possède trois caractéristiques : essence vide, nature lumineuse et compassion omniprésente.

Nirvana (tib. *mya ngan las 'das pa*). Litt. « au-delà de la souffrance ». Chaque véhicule a une définition différente du nirvana (l'opposé du samsara), qui demeure néanmoins le but de la pratique bouddhiste. Selon le véhicule fondamental, le nirvana est la paix de la cessation atteinte par l'arhat. Selon le Grand Véhicule, le nirvana, l'illumination parfaite d'un bouddha, transcende la souffrance du samsara et la paix du « petit » nirvana, et porte alors le nom de « nirvana sans fixation » (tib. *mi gnas myang 'das*), notion qui signifie que le méditant éveillé ne s'engage plus dans les activités pernicieuses du samsara, mais, du fait de sa compassion, refuse de s'absorber dans une paix inaltérable afin d'œuvrer au bien d'autrui.

Nyingma (tib. *rnying ma*), « Ancien ». La plus ancienne des écoles du bouddhisme tibétain. Ses disciples étudient et pratiquent les soutras, tantras et enseignements issus de la première diffusion du bouddhisme au Tibet, qui se déroula sous l'égide de Padmasambhava et de l'abbé Shantarakshita, du VIIIe siècle jusqu'aux nouvelles traductions inaugurées par Rinchèn Zangpo (958-1051).

Patrul Rinpoché (tib. *dpal sprul o rgyan 'jigs med chos kyi dbang po* – 1808-1887). Maître hautement accompli de la tradition Nyingma, originaire de l'est du Tibet. Réputé pour son approche non sectaire, sa compassion et la simplicité hors du commun de son mode de vie, il est l'auteur de nombreux ouvrages dont

Le Chemin de la Grande Perfection (tib. *kun bzang bla ma'i zhal lung*). Excepté quelques années où il vécut à Shri Singha, le collège philosophique du monastère de Dzogchèn dans le Kham, il passa l'essentiel de sa vie dans des grottes, des forêts et des ermitages reculés, se rendant au hasard d'un endroit à l'autre. Il voyageait la plupart du temps de façon anonyme, revêtant les habits d'un nomade laïc. Dans sa jeunesse, il apprit par cœur la plupart des œuvres fondamentales comme *Les Sept Trésors* de Longchènpa. Il pouvait ainsi enseigner durant des mois, comme il le fit au collège de Shri Singha, les sujets les plus complexes sans recourir au moindre livre. Il ne possédait à sa mort qu'un exemplaire de *La Marche vers l'Éveil* (*Bodhicaryavatara*), son bol d'aumône et sa petite théière. Il fut le disciple de Jigmé Gyalwai Nyougou, Gyalsé Shenphèn Thayé, Dzogchèn Mingyour Namkhai Dorjé. Il eut comme disciples principaux Lama Mipham, Nyoshul Lhoungthok, Önpo Tenga, parmi les plus connus. Voir sa biographie, *Le Vagabond de l'Éveil : la Vie et les enseignements de Patrul Rinpoché*, Padmakara, 2019.

Perceptions pures, voir *Vision pure*.

Phénomènes (tib. *snang ba*), tout ce qui apparaît dans les champs de la conscience, que ce soit par l'intermédiaire des cinq sens ou par l'expérience intérieure, et par extension tous les éléments de l'existence qui relèvent du connaissable (ce qui est l'un des dix sens du mot *Dharma,* tib. *chos*).

Pratimoksha, voir *Délivrance individuelle*.

Pratique préliminaires (tib. *sgnon 'gro*), les cinq pratiques préliminaires traditionnelles : 1) prise de refuge, 2) engendrement de l'esprit d'Éveil, la bodhicitta, 3) purification par la méditation sur Vajrasattva, 4) offrande du mandala de l'univers, et 5) yoga du maître. Le pratiquant effectue cent mille fois chacune de ces cinq pratiques.

Présence éveillée (tib. *rig pa*), un état méditatif de conscience pure dans lequel l'esprit est vaste et clair comme le ciel, sans être peuplé de constructions mentales et de pensées discursives. L'esprit n'est concentré sur rien de particulier tout en étant parfaitement lucide et présent. Dans cet état, le contemplatif ne fait aucune tentative pour bloquer ou empêcher les pensées de se manifester, mais il ne les poursuit pas non plus. De ce fait, les pensées traversent le champ de la conscience comme un oiseau vole dans le ciel sans laisser de traces.

Quatre activités (tib. *'phrin las bzhi*), quatre types d'activité pratiquées par les êtres réalisés pour aider les autres et éliminer les circonstances adverses au Dharma et à l'Éveil : pacification (*zhi*), développement (*rgyas*), maîtrise (*dbang*) et subjugation (*drag*).

Quatre Nobles Vérités (tib. *'phags pa'i bden pa bzhi*) : la vérité de la souffrance, la vérité de la cause de la souffrance, la vérité de la cessation de la souffrance et la vérité de la voie menant à cette cessation, soit respectivement : (1) la souffrance dont on doit reconnaître l'omniprésence dans le cercle des morts et des renaissances ; (2) l'origine de la souffrance, c'est-à-dire les émotions négatives et l'ignorance fondamentale qu'il convient d'éliminer ; (3) la cessation de la

Glossaire

souffrance, ou fruit de l'entraînement qui mène à l'Éveil qui peut être accompli ; (4) la voie ou l'entraînement spirituel que le pratiquant parcourt afin d'atteindre la libération. Ces Quatre Nobles Vérités constituent la base de la doctrine du Bouddha Shakyamouni et le premier enseignement qu'il donna quarante-neuf jours après son Éveil, à Sarnath, près de Varanasi.

Réaliser, réalisation (tib. *rtogs pa*), assimiler totalement, intégrer, rendre manifeste en soi, appréhender par l'expérience directe au-delà des concepts.

Réalité absolue, ou ultime (tib. *don dam bden pa*), équivalent de l'ainsité (skt. *dharmata*, tib. *chos nyid*), la nature véritable, les choses telles qu'elles sont en réalité, par opposition à la vérité apparente, ou trompeuse (tib. *kun rdzob kyi bden pa*).

Réel (le) (skt. *dharmata*, tib. *chos nyid*), litt. l'ainsité des phénomènes, exempte de la superposition des constructions mentales.

Sadhana (skt. tib. *sgrubs thabs*), pratique de base dans le bouddhisme du véhicule de Diamant. Tout sadhana comporte en général trois partie : les préliminaires, qui comprennent toujours la prise de Refuge et le vœu de cultiver l'esprit d'Éveil ; la partie principale, comportant la visualisation d'une déité et la récitation de son mantra, ou d'autres pratiques plus élaborées ; enfin, la conclusion, qui consiste principalement à dédier les mérites de la méditation au bien des êtres.

Sagesse primordiale (skt. *jnana*, tib. *ye shes*), la conscience éveillée qui est l'aspect fondamental du courant mental de tous les êtres. Voir également *Cinq sagesses primordiales*.

Saisie mentale, fixation (tib. *'dzin pa*), concept, croyance. Saisir mentalement un objet revient à l'appréhender comme étant réel. Ce concept de réalité solide est la base de l'attachement et de la répulsion qui, à leur tour, engendrent les états mentaux afflictifs et, en fin de compte, la souffrance.

Samsara (Tib. *'khor ba*). Le « cercle des existences », la succession des naissances et des morts dans laquelle tous les êtres souffrent tant que leur esprit est asservi par les trois poisons du désir, de la colère et de l'ignorance, passant sans contrôle d'une existence à l'autre. Le samsara comporte six mondes, ou dimensions de souffrance, qui correspondent à des états mentaux où celle-ci est plus ou moins intense : les mondes (1) des enfers ; (2) des êtres affamés ; (3) des animaux ; (4) des humains ; (5) des demi-dieux et (6) des dieux. Il est dit que, parmi ces différents mondes, la condition humaine est le seul état d'existence où la souffrance a une intensité suffisante pour que l'on désire s'en affranchir, sauf si la détresse est trop intense pour permettre l'engagement spirituel qui mène à la libération.

Sangha (tib. *dge 'dun*). Au sens le plus large, ce terme désigne la communauté des pratiquants bouddhistes, religieux et laïcs. Selon le contexte, il peut avoir une signification plus restreinte et désigner seulement la communauté monastique ou encore la communauté idéale des êtres réalisés. Le Sangha est l'un des « Trois Joyaux » ou objets de Refuge du bouddhisme.

Shabkar Tsogdrouk Rangdröl (tib. *zhabs dkar tshogs drug rang grol*, 1771-1851), grand maître spirituel, érudit et poète, il naquit parmi les yogis Nyingmapa de la région de Rékong, dans l'Amdo, au Tibet oriental. Dès son plus jeune âge, il manifesta une forte inclination pour la vie contemplative. Il reçut la pleine ordination monastique à l'âge de vingt ans. Son maître principal fut le roi du Dharma, Chögyal Ngakyi Wangpo (*chos rgyal ngag gi dbang po*, 1736-1807). Après avoir reçu des instructions complètes de son maître, Shabkar partit les mettre en pratique pendant de nombreuses années dans divers lieux solitaires, de la petite île de Tsonying («Le Cœur du Lac») au centre du lac Kokonor, jusqu'au mont Kailash à l'extrême ouest du Tibet. Il mena la vie d'un yogi itinérant, enseignant à tous, des brigands jusqu'aux animaux sauvages. Célèbre pour sa compassion, partout où il allait, il rachetait des animaux domestiques, les libérait, et persuadait les gens des environs de ne plus chasser et de s'abstenir de tuer. Lui-même fit vœu devant la célèbre statue de Jowo Rinpoché à Lhassa de ne plus manger de viande, ce qui était rare chez les Tibétains. En 1828, à l'âge de quarante-sept ans, Shabkar revint dans l'Amdo et passa les vingt dernières années de sa vie à enseigner, à rétablir la paix dans cette région et à méditer dans son ermitage de Yama Tashikhyil, au-dessus du village de Shophong. Il composa de nombreux textes et poèmes appelés «chants de réalisation» et rédigea une célèbre autobiographie intitulée *Shabkar, autobiographie d'un yogi tibétain* (éditions Padmakara).

Shéchèn Gyaltsap, Gyourmé Péma Namgyal (tib. *zhe chen rgyal tshab 'gyur med padma rnam rgyal*), fut l'un des principaux maîtres spirituels et auteurs de la fin du XIXe et du début du XXe siècle. Il est considéré comme le principal disciple de Lama Mipham Rinpoché. Il eut pour maîtres Patrul Rinpoché, Jamyang Khyentsé Wangpo et Jamgön Kongtrul Lodrö Thayé. Il fut le guide spirituel de maîtres éminents du XXe siècle tels que Dilgo Khyentsé Rinpoché et Jamyang Khyentsé Chökyi. Il passa la plus grande partie de sa vie dans l'ermitage de Péma Ösel Ling au-dessus du monastère de Shéchèn, dans l'est du Tibet. Ses œuvres complètes comprennent treize grands volumes, qui constituent l'une des sommes d'écrits les plus riches et les plus variés de la littérature tibétaine des XIXe et XXe siècles.

Shantidéva, grand maître indien de la Voie médiane, naquit à la fin du VIIe ou du VIIIe siècle. Il composa trois textes majeurs qui exposent l'idéal et la pratique des bodhisattvas, à savoir *La Marche vers l'Éveil* (skt. *bodhicaryavatara*, tib. *byang chub sems dpa'i spyod pa la 'jug pa*), *Le Compendium des instructions* (skt. *shiksha-samuccaya*, tib. *bslab pa kun las btus pa*) et *Le Compendium des soutras* (skt. *sutra-samuccaya*), qui a été perdu.

Soi (skt. *atman*, tib. *bdag*). Essence éternelle, immuable et inhérente à l'individu et aux choses. Pour les adeptes du Grand Véhicule, la croyance en la réalité d'un soi constitue la base de la croyance à l'existence réelle de toute chose. Cette croyance, appelée «ignorance», est la cause même de la souffrance à l'œuvre dans le samsara.

Soutra (tib. *mdo*), corpus de textes bouddhistes rassemblant les enseignements oraux majeurs du Bouddha.

Stoupa (tib. *mchod rten*), litt. «support d'offrande». Un stoupa est essentiellement un monument-reliquaire qui renfermait les reliques du Bouddha et, plus tard, celles des grands maîtres et saints du passé. Selon les civilisations où le bouddhisme s'est implanté, il existe de multiples formes architecturales qui répondent à un symbolisme complexe. D'une façon générale, un stoupa se compose de cinq éléments principaux qui symbolisent les cinq éléments (terre, eau, feu, air et éther) auxquels correspondent les cinq poisons mentaux de base et les cinq sagesses. Le sommet d'un stoupa est coiffé d'une ombrelle qui symbolise l'atteinte de l'Éveil. Au centre du stoupa, invisible à l'œil nu, se trouvent le reliquaire et l'axe central, un grand mât taillé dans un bois sacré, symbole du mont Meru. Enfin, en tant que monument à lui seul, il symbolise l'esprit du Bouddha.

Tantra (tib. *rgyud*), «Continuum» ou «continuité», fait référence à la continuité de la nature ultime, ou nature de bouddha, qui est présente sans discontinuer chez les êtres et les bouddhas. Il désigne donc la continuité de la «base», c'est-à-dire la nature de bouddha qui est également présente en chaque être comme l'huile dans chaque grain de sésame, de la «voie» qui expose les méthodes permettant de dissiper les voiles qui masquent cette nature primordiale, et du «fruit», qui n'est autre que l'actualisation de la base. On distingue divers types de tantras selon la profondeur de leur «vue». Tantra se réfère également à une catégorie de textes appartenant au Vajrayana, ou Véhicule du Diamant.

Tengyour (tib. *bstan 'gyur*), corpus comprenant deux cent treize volumes, en traduction tibétaine, de commentaires écrits par de grands maîtres indiens sur les enseignements du Bouddha, et qui constituent, avec le Kangyour, le canon bouddhiste tibétain.

Tertön (tib. *gter ston*), ou «découvreurs de trésors spirituels», désigne des êtres hautement réalisés qui ont la capacité de révéler des enseignements cachés aux VIIIe et IXe siècles par Gourou Padmasambhava qui prophétisa leur renaissance. La tradition des découvreurs d'enseignements secrets est propre à l'école Nyingmapa.

Terre Pure (tib. *dag pa'i zhing*) désigne un lieu ou un monde manifesté par un bouddha grâce aux vertus spontanées de sa réalisation. Les êtres peuvent y progresser vers l'Éveil sans retomber dans les mondes inférieurs.

Trésor des Précieux Enseignements Redécouverts» (tib. *rin chen gter mdzod chen mo*), voir *Cinq Trésors*.

Trésor spirituel (tib. *gter ma*). La tradition Nyingma divise les enseignements en Écritures canoniques (tib. *bka' ma*), qui sont les enseignements transmis, depuis l'époque du Bouddha, de maître à disciple, et en enseignements redécouverts, les termas (tib. *gter ma*). Gourou Padmasambhava cacha ces derniers pour le bien des générations futures afin qu'ils soient découverts, selon ses prédictions, au moment opportun par des sages accomplis que l'on appelle des découvreurs de trésors ou tertön (tib. *gter ston*).

Trois Corbeilles (skt. *tripitaka*, tib. *sde snod gsum*). Les enseignements du Bouddha sont généralement répartis en trois «Corbeilles»: les Soutras, qui traitent de l'entraînement à la concentration, le Vinaya, qui édicte les règles de l'entraînement à la discipline, et l'Abhidharma, qui expose les notions de la philosophie bouddhiste qui constituent l'entraînement à la sagesse. L'appellation de « corbeille » est liée au fait que ces textes étaient originellement consignés sur des feuilles de palmier que l'on rangeait dans des corbeilles.

Trois corps, voir *Corps*.

Trois Joyaux (skt. *triratna*, tib. *dkon mchog gsum*). Le Bouddha, le Dharma et le Sangha. Selon l'usage le plus courant, le Bouddha désigne celui qui montre la voie de la délivrance ; le Dharma est son enseignement, et le Sangha, la communauté des pratiquants accomplis. Les Trois Joyaux sont un refuge destiné à protéger les pratiquants de l'égarement et des souffrances du samsara.

Trois vœux (tib. *sdom pa gsum*), ils comprennent : (1) les vœux de délivrance ou libération individuelle du Véhicule fondamental ; (2) les préceptes des bodhisattvas du Grand Véhicule et (3) les samayas du Véhicule de Diamant (Vajrayana).

Trulshik Rinpoché, Ngawang Chökyi Lodrö (tib. *'khrul zhig ngag dbang chos kyi blo*, 1924-2011), fut l'un des derniers grands maîtres à avoir effectué des études, une formation et une pratique spirituelles approfondies dans l'environnement extraordinaire du Tibet, avant qu'il ne soit envahi par les troupes du régime communiste chinois. À l'âge de quatre ans, Trulshik Rinpoché se rendit au monastère de Dzarong Phu, au pied de la face nord de l'Everest, auprès de celui qui devint son maître-racine, Dzatrul Rinpoché. Trulshik Rinpoché étudia également au célèbre monastère Nyingmapa de Mindroling. Il fut aussi disciple de la grande maître spirituelle féminine Shouksép Jétsun Rinpoché. Lorsque le Tibet fut envahi dans les années 1950, Trulshik Rinpoché quitta son pays natal pour le Népal où il établit le monastère de Thoubtèn Chöling dans la région isolée de Shar Khumbou, qui accueillit des centaines de nonnes et de moines. Il fut le principal détenteur de la lignée monastique dans la tradition Nyingma et ordonna près de dix mille moines et nonnes tout au long de sa vie. Il passa plus de quarante ans en retraite contemplative et fut l'héritier spirituel de Dudjom Rinpoché et de Dilgo Khyentsé Rinpoché, ainsi que l'un des maîtres respectés de Sa Sainteté le Dalaï-lama. Après la mort de Dilgo Khyentsé Rinpoché et de Pénor Rinpoché, il fut, jusqu'à sa disparition, le patriarche de la tradition Nyingmapa. L'activité éclairée de Trulshik Rinpoché se poursuivit sans relâche jusqu'à ses quatre-vingts ans. Dans les dernières années de sa vie, malgré sa santé défaillante, il participa aux célébrations du centenaire de Dilgo Khyentsé Rinpoché au monastère de Shéchèn, au Népal. Il enseigna également en Occident, au Centre d'études de Chanteloube en Dordogne et aux États-Unis. En septembre 2011, à l'âge de quatre-vingt-sept ans, il décéda paisiblement dans son nouveau monastère situé au-dessus de Sitapaila, près du stoupa de Swayambunath, dans la vallée de Katmandou.

Vacuité (skt. *shunyata*, tib. *stong pa nyid*). Insubstantialité ou absence d'existence propre de l'individu et des phénomènes. La vacuité n'est pas un néant, mais définit la nature même des phénomènes, qui se déploient à l'infini tout en étant dénués d'existence autonome et intrinsèque.

Glossaire

Vajra, terme sanskrit (tib. *rdo rje*, « reine des pierres » ou diamant) riche en symboles. Dans son ensemble, il symbolise les moyens habiles (*upāya*) qui détruisent l'ignorance. Dans les rituels, le vajra est employé de concert avec la cloche qui symbolise la sagesse liée à la compréhension de la vacuité des phénomènes. Un vajra est constitué d'une petite sphère centrale symbolisant l'union des apparences et de la vacuité, traversée par un axe qui symbolise le continuum de la nature de bouddha présente en chaque être, de pétales de lotus symétriques, d'où jaillissent deux groupes de cinq flammes (l'axe central et quatre branches latérales qui se ferment sur l'extrémité de l'axe) symbolisant, pour la partie inférieure, les cinq poisons mentaux (haine, attachement, ignorance, orgueil et jalousie) et, pour la partie supérieure, les cinq sagesses primordiales, qui sont la nature ultime de ces cinq poisons. Dans les cas d'un vajra à neuf branches, celles-ci symbolisent les neuf véhicules, selon le vajrayana.

Vajrayana (tib. *rdo rje theg pa*), Véhicule de Diamant, ou Véhicule adamantin. Ensemble des enseignements et des pratiques fondés sur les tantras.

Véhicule (skt. *yana*, tib. *theg pa*). Système pédagogique qui fournit des méthodes pour parvenir à l'Éveil. On utilise le terme « véhicule » parce que ce système constitue un moyen de progresser sur la voie qui conduit à l'Éveil.

Vérité absolue (tib. *don dam bden pa*), vérité perçue par la sagesse, exempte de toutes élaborations ou concepts mentaux. Sa caractéristique principale est d'être « au-delà du mental, impensable, inexprimable » (Patrul Rinpoché). Voir aussi *Interdépendance*.

Vérité relative (tib. *kun rdzob bden pa*), vérité perçue par l'esprit trompé qui conçoit l'individu et tous les phénomènes, c'est-à-dire les apparences, comme dotés d'une existence réelle et tangible.

Vision pure, ou perception pure (tib. *dag snang*). Elle permet de reconnaître la pureté fondamentale des phénomènes. Par « pureté » on entend le fait que tous les phénomènes – formes, sons et pensées – sont également dénués d'existence propre. En ce sens, ils sont « purs » des distorsions que nos fabrications mentales superposent à la réalité. Dans le cadre de la vision pure, toutes les formes sont perçues comme ayant la nature du corps du Bouddha, tous les sons ordinaires comme étant la résonance des mantras, et toutes les pensées comme la manifestation de la sagesse primordiale.

Visualisation (tib. *bdag bskyed*), méthode de méditation qui consiste à intérioriser l'image mentale d'une déité de sagesse au point de ne faire qu'un avec celle-ci, afin de s'imprégner des qualités qu'elle incarne. Chaque visualisation correspond à un ou plusieurs aspects de l'Éveil qu'il convient de développer.

Voie du milieu, Voie médiane (skt. *madhyamika*, tib. *dbu ma'i lam*), désigne la doctrine philosophique exposée par Nagarjuna et ses successeurs. La Voie médiane transcende les extrêmes de l'existence et de l'inexistence, du nihilisme et du réalisme naïf ou matérialisme. Cet enseignement sur la vacuité fut systématisé d'abord par Nagarjuna et constitue la base des enseignements des mantras secrets.

Voie, les diverses étapes du chemin qui mène de l'asservissement au samsara à la liberté, de la confusion à la connaissance et de la souffrance à la libération de la souffrance. Le point culminant de la voie est le parfait Éveil, l'état de Bouddha.

Vue (tib. *lta ba*), fait référence à la connaissance non conceptuelle de la nature absolue de l'esprit et des phénomènes, et qui sert de base aux pratiques supérieures de la méditation (plus particulièrement les pratiques de la Grande Perfection) et de l'action.

Vue, méditation, action (tib. *lta ba sgom pa spyod pa*). La vue fait référence à la façon de percevoir la réalité. Fondée sur l'analyse et la contemplation, elle permet de comprendre avec certitude que les choses n'ont pas la réalité solide qu'on leur prête d'ordinaire. Tout est interdépendant, impermanent et dénué d'existence propre. La vue ne tombe ni dans le nihilisme, car les phénomènes se déploient à l'infini, ni dans le réalisme naïf, puisque ces phénomènes sont dénués d'existence propre. Concernant la nature de l'esprit, la vue consiste à reconnaître la présence éveillée, la nature fondamentale de la conscience pure, qui n'est pas modifiée par les élaborations mentales, les concepts et les distorsions perceptuelles et notionnelles liées à l'égarement. La méditation est la méthode permettant d'intégrer peu à peu la vue par un processus de familiarisation et d'entraînement, jusqu'à ce qu'elle ne fasse plus qu'un avec notre manière d'être. L'action est la façon dont on se relie au monde en mettant en œuvre, par son comportement, l'expérience de la vue acquise par la méditation. L'un des fondements de cette action consiste à ne jamais nuire à autrui et, dans la mesure du possible, à accomplir son bien.

Notes

Partie I
La rencontre du maître

Chapitre 1 : 12 juin 1967

1. Kangchenjunga, l'orthographe usitée en Inde est une déformation des mots tibétains Khang Chen Dzö Nga (Wylie : *khangs chen mdzod lnga*).
2. « Mantra » est un mot sanskrit qui signifie « ce qui protège l'esprit ». En effet, la récitation d'un mantra protège l'esprit de la distraction et de l'égarement et lui permet de reposer dans la présence éveillée qui est toujours présente derrière le tourbillon des pensées.

Chapitre 2 : De Bénarès au Cachemire

1. Il y eut cinq documentaires en tout : « Le Message des Tibétains » en deux parties, « Le Lac des yogis consacrés », « Les Enfants de la sagesse », et un film tourné au Bhoutan, intitulé « Au royaume du Bhoutan ».
2. L'équivalent de 75 dollars de l'époque, soit environ 400 euros d'aujourd'hui.
3. Un ghat est un ensemble de marches ou de gradins construits le long des rives des fleuves qui permettent de descendre jusqu'à l'eau, le plus souvent un fleuve sacré, comme le Gange à Haridwar et Varanasi (Bénarès).
4. Dans la tradition hindoue, le mot *darshan*, terme sanskrit qui signifie « vue, vision », a deux sens différents. Dans le premier sens, il s'agit pour le fidèle de « voir » le visage d'un sage ou d'une divinité dans le but de s'imprégner de ses qualités et de sa sainteté. Dans le second sens, il désigne un courant philosophique de l'hindouisme.
5. L. Silburn, *Le Vijnana Bhairava*, Éditions E. de Boccard, 1961.
6. Le Vedanta, terme qui signifie « fin » ou « conclusion des Védas », est un courant philosophique hindou comprenant différents courants dont celui de l'*Advaita Vedanta*, qui expose la non-dualité du soi individuel (*atman*) et de la réalité ultime indifférenciée (*Brahman*).
7. Jeu de mot en anglais sur l'homonymie entre le mot anglais *sick*, qui signifie « malade », et les « Sikhs », une communauté de l'Inde du Nord dont la religion monothéiste, le sikkhisme, fut fondée au XVe siècle par Gourou Nanak. Entre autres signes distinctifs, les membres de cette communauté portent la barbe et se laissent pousser les cheveux.

Chapitre 4 : Une enfance nomade

1. La « valise mexicaine » contenait les 4 500 négatifs de photos prises par Robert Capa, David Seymour et Gerda Taro couvrant toute la guerre d'Espagne. Elle fut dont sauvée par Csiki Weisz qui, avant de fuir pour le Mexique, l'avait

confiée à un employé de l'ambassade du Chili. Considérés comme perdus depuis 1939, ces précieux négatifs réapparurent à Mexico en 2007 chez l'héritière d'un général mexicain qui avait été ambassadeur à Vichy.

2. Éditions de La Martinière, Paris, 2001.

Chapitre 6 : Sept allers-retours et un aller simple

1. Parmi les traités sur la voie graduelle qui ont été traduits en français, citons *Le Trésor de précieuses qualités* en deux volumes et *L'Essence de la sagesse primordiale* en quatre volumes, aux éditions Padmakara.

2. La notion de nature de bouddha (*tathagatagarbha* en sanskrit) désigne le fait que tous les êtres vivants ont le potentiel, ou la capacité, d'atteindre le plein Éveil.

3. Jédroung Rinpoché, du monastère de Riwoché, aussi connu sous le nom de Trinlé Jampa Joungné (1856-1922).

4. Parmi ces disciples figuraient Trogawa Rinpoché, un lama médecin, qui fonda par la suite un centre de médecine traditionnelle tibétaine à Darjeeling, Khenpo Paldèn Shérab, un érudit venu lui aussi de Riwoché qui enseignait à l'Institut des hautes études tibétaines de Sarnath, accompagné de son père et son frère, Lama Gyourdrak, un yogi que Kangyour Rinpoché aimait particulièrement, la famille de Kangyour Rinpoché, et Anne Benson.

5. Parmi eux Frédérick Leboyer, Olivier et Varenka Marc, Gyurme Dorje, ma mère Yahne Le Toumelin, Laurent et Sylvie Tremblay, Etienne et Georgina De Swarte, Pema Yeshey (Michal Abrams), Martin Watten, Dharmadipo, Keith Downman, Bernard Benson, sa femme Maryse, et ceux de ses dix enfants qui sont venus à Darjeeling – Peter, Anne, Juanita, Kit et Jenny –, Helena Blankleder, Jill Heald, John Canti, Charles Hastings, Steve et Larry Gethin, Ronald Crossley, Loren et Ziska Stanlee, Sabina et Gerald von Minden, John Giorno, Craig Musser, Kim et Mary-Ann Hegan, Christophe Bureau, Vivian Kurz, Patrice Collet, et Patrick Planquette.

6. Le professeur Gérard Buttin était aussi membre du jury.

Partie II
Sept ans à Darjeeling

Chapitre 7 : À demeure auprès du maître

1. À la différence des lits dont nous avons l'habitude, dans l'Himalaya les « lits » sont généralement des banquettes, sans sommier, composées de deux grands coussins plats durs et carrés, rembourrés de son (qui peuvent se replier l'un sur l'autre de façon à pouvoir les transporter) et recouverts d'un tapis de laine. Les couvertures sont pliées à la tête du lit, ou roulées contre le mur auquel le « lit-banquette » est généralement adossé.

Chapitre 8 : Vie de Kangyour Rinpoché

1. Le mouvement non sectaire, appelé *rimé* en tibétain (*ris med*), fut présent tout au long de l'histoire du Tibet, mais prit toute son ampleur au XIXe siècle au

Tibet. Placé sous l'égide de grands maîtres spirituels tels que Jamgön Kongtrul Lodrö Thayé et Jamyang Khyentsé Wangpo, il avait pour but de combattre le sectarisme qui sévissait entre les différentes écoles philosophiques et d'amorcer un renouveau spirituel. Voir *Jam gon Kong sprul and the Nonsectarian Movement*, chapitre 17, p. 235-270, dans Smith (E. G.), *Among Tibetan Texts: History and Literature of the Himalayan Plateau*, Wisdom Publications, 2001.

2. Les termes sanskrits *siddha* ou *mahasiddha* (signifiant littéralement «grands accomplis») désignent des maîtres hautement réalisés qui furent des ascètes, parfois des moines, des yogis mais aussi des laïcs pratiquant différents métiers. Ce terme s'applique aussi bien aux ascètes de certaines écoles philosophiques hindoues, du jaïnisme et du bouddhisme tibétain.

Chapitre 9 : Qu'est-ce qu'un maître authentique ?

1. Dudjom Rinpoché et Pawo Rinpoché, ainsi que l'année suivante le XIVe Karmapa, Dodroup Chèn Rinpoché, Nono Rinpoché et Kalou Rinpoché.

2. *Le Trésor de précieuses qualités*, vol. 1, chap. 5. En ce qui concerne les extraits condensés présentés dans cet ouvrage, je me suis inspiré des traductions anglaise et française ainsi que du texte tibétain.

3. «Temps de décadence» se réfère aux «cinq dégénérescences» ou «âge des cinq résidus» (en tibétain *snyigs ma lnga*) 1) de la longévité, 2) des états mentaux afflictifs (les cinq poisons se développent), 3) des êtres (il est difficile de les aider), 4) des temps (guerres et famines se multiplient), 5) des croyances erronées (les fausses croyances se propagent).

4. Jamgön Kongtrul Lodrö Thayé (1813-1899). Extrait de Ricard (M.), *Chemins spirituels : Petite anthologie des plus beaux textes tibétains*, NiL, 2001. Traduit de *bla med nang rgyud sde gsum gyi rgyab chos padma'i zhal gdams lam rim ye snying 'grel pa ye shes snang ba* (publié intégralement en français sous le titre *L'Essence de la sagesse primordiale*)

5. Drigoung Kyopa, Jigtèen Gonpo (1143-1217). Cité dans de nombreux ouvrages, dont le *rdzogs pa chen po klong chen snying thig gi sngon 'gro'i khrid yig kun bzang bla ma'i zhal lung* de Patrul Rinpoché, traduit en français sous le titre *Le Chemin de la Grande Perfection*, Éditions Padmakara, 2e édition, 1997.

6. Ce commentaire de Khénpo Yönten Gyatso (*mkhan po yon tan rgya mtsho*), un grand érudit du monastère de Guémang au Tibet oriental (qui vécut dans le deuxième partie du XIXe siècle et au début du XXe, et fut disciple de Patrul Rinpoché), fut composé en deux volumes (*yon tan rin po che mdzod kyi 'grel ba zla ba'i sgron me* (pour la section sur les soutras) et *nyi ma'i 'od zer* (pour la section sur le Vajrayana) et fut enseigné par Dilgo Khyentsé Rinpoché au Bhoutan, puis par Rabjam Rinpoché et Khénpo Péma Shérab en France, sur treize années consécutives. Le passage présenté est résumé et paraphrasé.

Chapitre 10 : En ermitage

1. Bruckner (P.), *L'Euphorie perpétuelle*, Librairie générale française, 2002. p. 107.

2. C'est le philosophe anglais Herbert Spencer qui écrivit dans *Definitions*: «Time: that which man is always trying to kill, but which ends in killing him.»
3. Victor Cousin, *Œuvres complètes*, 1841.
4. Victor Cousin, *Nouvelle revue encyclopédique*, 1847, Firmin-Didot frères libraires, p. 33.
5. À ce sujet, voir Csikszentmihalyi (M.), *Vivre, la psychologie du bonheur*, Robert Laffont, 2004.

Chapitre 11 : Imprimeur à Delhi

1. Bien que l'on considère que ces trois courants majeurs du bouddhisme ne font qu'un (*ekayana*), il existe des différences sensibles entre eux. Le Theravada, ou voie des Anciens, se définit comme étant le représentant orthodoxe du bouddhisme originel tel qu'il fut enseigné par le Bouddha Shakyamouni aux Ve et IVe siècles avant J.-C. L'accent y est mis sur la stricte observance de la discipline (*vinaya*) et la libération individuelle (*pratimoksha*) de la souffrance. Le Mayahana, ou Grand Véhicule, insiste sur la notion de compassion. Tout en s'appuyant sur les paroles du Bouddha (*soutra*), le bodhisattva, ou «héros de l'Éveil», fait le vœu d'atteindre l'état de bouddha dans le but d'acquérir ainsi la capacité de libérer tous les êtres de la souffrance. Enfin, le Vajrayana («véhicule de diamant»), ou véhicule de Diamant, qui se développa en Inde et de manière plus vaste au Tibet aux VIIIe et IXe siècle sous l'égide du grand maître Gourou Padmasambhava, intègre les conceptions philosophiques et les textes sacrés des deux courants précédents en y ajoutant une multiplicité de méthodes méditatives permettant de parcourir rapidement le chemin vers l'Éveil. Le Theravada est fondé sur la renonciation, le Mahayana sur la compassion et le Vajrayana sur la vision pure.
2. Pour être plus précis, selon le bouddhisme tibétain, la vision pure (*dag snang* en tibétain) consiste essentiellement à reconnaître que tous les phénomènes apparaissent, mais sont dénués d'existence propre, et que cela s'applique à tous les phénomènes sans exception. Il s'agit donc de reconnaître l'union des apparences et de la vacuité, puis de percevoir toutes les formes, les sons et les pensées comme la manifestation du corps du Bouddha ou du maître, de sa voix, ou du son de mantras, et les pensées comme étant les mouvements du *dharmata*, la nature ultime de l'esprit. Enfin, il s'agit de reconnaître la nature de bouddha en chaque être et de percevoir les agrégats du corps comme les cinq *dhyani bouddhas*, les cinq éléments comme les cinq bouddhas féminins, les huit aspects de la conscience comme les huit bodhisattvas et leurs objets comme les huit déesses d'offrandes.
3. Les *termas* de Ratna Lingpa, en 19 volumes, les 13 volumes du *Nyingthig Yashi* de Gyalwa Longchèn Rabjam, les œuvres complètes de Jédroung Trinlé en 8 volumes, les 7 volumes des *termas* et textes annexes de Rigdzin Jatshön Nyingpo, et une demi-douzaine d'autres volumes.

Chapitre 12 : Dans la vallée de Katmandou

1. L'un des trois bouddhas qui ont précédé le quatrième, le Bouddha Shakyamouni. Selon la cosmologie bouddhiste du Grand Véhicule et notamment selon le *bhadra-kalpika-sutra*, nous vivons dans une «ère fortunée», c'est-à-dire

un *kalpa* durant lequel un bouddha est survenu et a enseigné. Un *kalpa*, ou éon, couvre la durée de formation, d'existence et de destruction ou disparition d'un univers particulier. Le bouddhisme parle d'une succession d'innombrables *kalpas*. Il est également dit que durant le *kalpa* qui est le nôtre, mille et deux bouddhas apparaîtront, atteindront l'Éveil parfait et tourneront la roue de la loi. Shakyamouni est le quatrième Bouddha de notre ère, le précédent étant Kashyapa, et celui à venir Maitreya.

2. Dowman, (K.), *The Legend of the Great Stupa and The Life Story of the Lotus Born Guru*, Dharma Publishing, 1973, p. 24.

3. Qui plus est, dans le cas des enseignements de Dudjom Lingpa et de Dudjom Rinpoché, la plupart de ces cycles sont des *termas* qui, nous l'avons vu, sont des enseignements conférés par Gourou Padmasambhava à ses proches disciples, puis dissimulés de différentes manières afin d'être plus tard redécouverts au fil des siècles par des Lamas *tertöns* (lamas «découvreurs» de ces enseignements) au moment où ces pratiques seront le plus utile aux êtres. Ces *termas* (trésors d'enseignement) sont centrés sur diverses déités de sagesse – Gourou Padmasambhava, Amitayus (bouddha de la vie infinie), Vajra Kilaya (une déité dont la pratique permet, entre autres, de dissoudre tous les obstacles extérieurs, intérieurs et secrets sur la voie de l'Éveil), Manjoushri, le bouddha de la connaissance, Yéshé Tsogyal, qui symbolise l'aspect féminin de la sagesse, et bien d'autres.

4. Padmasambhava et Jamgön Kongtrul Lodrö Thayé (commentaires), *L'Essence de sagesse primordiale*, 4 volumes, Éditions Padmakara, 2011.

5. Khyentsé Rinpoché conféra également la transmission des initiations liées à la Grande Perfection, des treize volumes du *Nyingthig Yashi* (*snying thig ya bzhi*) de Gyalwa Longchèn Rabjam Drimé Öser (*rgyal ba klong chen rab 'byams dri med 'od zer*, 1308-1364).

Partie III
Un deuxième soleil

Chapitre 13 : Enseignements et prise des vœux monastiques

1. Dans les années 1960, au monastère de Bhutia Basti à Darjeeling, Dilgo Khyentsé Rinpoché avait reçu de Kangyour Rinpoché la transmission du Nyingma Gyuboum (les *Cent mille tantras de la tradition Nyingma*), ainsi que des volumes des trésors spirituels révélés par Taksham Nudèn Dorjé (*stag sham nus ldan rdo rje*), aussi connu comme Samtèn Lingpa (*bsam gtan gling pa*), né au XVIIe siècle. Il demanda en retour à Khyentsé Rinpoché la transmission du *Nyingthig Yazhi* de Gyalwa Longchèn Rabjam (*rgyal ba klong chen rab 'byams dri med 'od zer*, 1308-1364).

2. Gourou Padmasambhava fut aux VIIIe et IXe siècles le grand maître indien qui, avec l'abbé Shantarakshita, introduisit le bouddhisme au Tibet.

3. Le lac de Lait d'Or de Gyalgyam se trouve au pied de la montagne de Dothi Kangkar, dans le Tibet oriental, à six heures de route de la vallée Patang, près de Yushu. C'est un lieu sacré pour les pratiques de longévité. Alors qu'il priait avec

ferveur pour la longue vie de son maître Khyentsé Chökyi Lodrö et effectuait une cérémonie d'offrande centrée sur le bouddha de la vie infinie, Amitayus, son mandala apparut en toute clarté à la surface du lac. Peu après, dans un rêve, il vit un texte écrit de la main du premier Khyentsé, Jamyang Khyentsé Wangpo. Ce texte lui apparut à la manière d'un «trésor visionnaire» et il le coucha par écrit.

Chapitre 14 : Dilgo Khyentsé Rinpoché, maître parmi les maîtres

1. Ces cinq régions sont le Tibet central (l'actuelle «Région autonome du Tibet»), le Kham, le Qinhai, le Qansu et le Yunnan.

2. Jamyang Khyentsé Wangpo (*'jam dbyangs mkhyen brtse'i dbang po, padma 'od gsal mdo sngags gling pa, rdo rje gzi brjid*, 1820-1892) fut un grand érudit et découvreur de trésors (*tertön*) ; il fut également l'un des principaux acteurs du mouvement «non sectaire» (*Rimé*) qui prônait le respect des principales écoles du bouddhisme tibétain.

3. *Le Précieux Trésor des Instructions* (*gdams ngag rin po che'i mdzoa*). 18 volumes, Shechen Publications, 1999.

4. Ce dernier eut en effet cinq émanations correspondant respectivement à son corps, sa parole, son esprit, ses qualités et son activité pour le bien des êtres. La notion de réincarnation est déjà déroutante dans la culture occidentale, *a fortiori* l'idée qu'il puisse y avoir plusieurs incarnations ou émanations d'une même «personne». L'idée de réincarnation évoque en effet la perpétuation d'une «entité individuelle» alors que du point de vue du bouddhisme il s'agit de la continuité d'un flux de conscience, dénué de toute forme d'entité unitaire et autonome. Lorsque, comme cela est arrivé plusieurs fois dans l'histoire du Tibet, on identifie plusieurs incarnations, il s'agit encore moins d'une entité individuelle qui se diviserait en cinq sous-entités, mais plutôt de la continuation de divers aspects de l'Éveil et de la manifestations des diverses façons de propager le bien des êtres, à la manière d'une lune unique – dans ce cas la conscience éveillée d'un maître spirituel qui a transcendé la notion d'individualité – qui se reflèterait sur un grand nombre de surfaces d'eau, spontanément et sans effort. À l'occasion de cette cérémonie d'intronisation, Shéchèn Gyaltsap Rinpoché conféra à Rabsel Dawa un nom supplémentaire, «Gyourmé Thékchog Tenpai Gyaltsèn», «Immuable bannière de victoire de la voie suprême.».

5. La plupart des enseignements de Gourou Padmasambhava, qui furent cachés comme «trésors spirituels» pour être redécouverts dans les siècles suivants, au moment le plus utile pour les êtres, furent presque tous dissimulés par Yéshé Tsogyal, la principale disciple et épouse spirituelle de Padmasambhava. C'est donc pour établir les liens de bon augure qui permettent au *tertön* de révéler le trésor qui lui incombe, en accord avec la prophétie de Gourou Padmasambhava, qu'il est censé prendre une compagne spirituelle. Dans certains cas, le seul fait de la voir, même à distance sans le moindre contact physique, suffit à établir ces liens de bon augure, et certains *tertöns*, comme Jatshön Nyingpo et Jamyang Khyentsé Wangpo, sont restés moines.

6. Le bouddhisme tibétain compte plusieurs «lignées» de maîtres qui sont les détenteurs des textes majeurs des différentes écoles du bouddhisme tibétain.

Notes p. 170 à 193

Historiquement, la lignée des Khyentsé commence avec Rigzin Jigmé Lingpa (*rig 'dzin 'jigs med gling pa*, 1730-1798), qui révéla notamment le *Longchèn Nyingthig (klong chen snying thig)*, la *Sphère du cœur du vaste espace*.

7. « Selga » est une contraction familière de Rabsel Dawa formée en ajoutant le suffixe « ga » à une partie du nom de la personne, une façon de faire qui est courante chez les Khampa.

Chapitre 15 : Voyage en France – Le centre de retraite de Chanteloube

1. Il s'agit donc du Centre d'études de Chanteloube fondé par Tulkou Péma Wangyal, du centre Urgyen Samyé Chöling, fondé sous l'inspiration de Dudjom Rinpoché, de Dagpo Kagyour Ling, fondé par le XIVe Karmapa et par Lama Guendun, et de Néhnang Samtèn Chöling, fondé par Pawo Rinpoché.

2. Dilgo Khyentsé Rinpoché, *Au cœur de la compassion*, Padmakara, 2008. Je fis la traduction initiale en anglais (Shechen Publications en Inde et Shambhala Publications pour le reste du monde anglophone) sous le titre *The Heart of Compassion*, 2007.

Chapitre 17 : Au pays du Dragon Tonnerre

1.

2. Dans le bouddhisme tibétain, les formes dites « terribles », ou encore « courroucées », qu'assument certaines représentations ou déités de sagesse n'indiquent nullement une quelconque colère ou malveillance, mais une forme exacerbée de la compassion, ainsi que la puissance qui écarte les obstacles extérieurs et intérieurs qui pourraient se dresser sur le chemin de la libération de la souffrance et de l'ignorance.

3. Machik Labdrön (*ma gcig lab sgron*, 1055-1153). Elle est considérée comme une dakini, une femme pleinement réalisée spirituellement. Elle est à la source de la pratique du Chöd, ou Tcheu, ce qui signifie littéralement « couper », dans le sens de couper l'attachement à l'ego et à la solidité des phénomènes, afin de trancher par là même la souffrance à sa racine et de réaliser la véritable nature de l'esprit, union de la vacuité et de la luminosité. Cette tradition et ses enseignements se retrouvent dans toutes les écoles du bouddhisme tibétain.

4. La tradition Droukpa Kagyu est une branche de l'école Kagyupa, l'un des principaux courants du bouddhisme tibétain. On considère que cette tradition fut fondée par le grand yogi et poète Milarépa au XIe siècle. La branche Droukpa fut fondée par Tsangpa Gyaré (*gtsang pa rgya ras ye shes rdo rje*, 1161-1211), un disciple de Lingjé Répa (*gling rje ras pa, padma rdo rje*, 1128-1188) et

maître de Gyalwa Götsangpa Gönpo Dorjé (*rgyal ba rgod tshang pa mgon po rdo rje*, 1189-1258).

5. Un *mala* est un chapelet tibétain qui est traditionnellement constitué de cent huit grains taillés dans différents bois (rudraksha ou *Elaeocarpus angustifolius*, santal, longanier, etc.), ou bien de perles de cristal ou autres pierres semi-précieuses.

Chapitre 18 : En retraite avec Dilgo Khyentsé Rinpoché

1. Les quatre branches principales de la lignée Kagyu du bouddhisme tibétain sont celles établies par les disciples de Gampopa (1079-1153), lui-même disciple de Milarépa. La lignée Drigung Kagyu est l'un des huit «rameaux» fondés par les disciples de Phagmo Droupa (1110-1170). Le fondateur de cette lignée fut Kyobpa Jigtèn Sumgön Rinchèn Pal (1143-1217), qui érigea, en 1179, le monastère de Drikung Thil à une centaine de kilomètres de Lhassa. Le 7e Drikung Kyabgön Chetsang (*'bri gung skyabs mgon*, né en 1946) est l'actuel patriarche de cette lignée.

2. *Les Huit Grands Chars de la Lignée de la Pratique* désignent les huit traditions principales des écoles anciennes et nouvelles qui ont transmis les enseignements bouddhistes de l'Inde au Tibet. Elles comportent nommément les traditions Nyingma, Kadam, Sakya, Kagyu, Shangpa Kagyu, Kalachakra, Chö + Shidjé, et Orgyèn Nyéngyu.

Chapitre 19 : Le Palais de grande félicité

1. Tib. *ro snyoms*, ou saveur unique, désigne la faculté de considérer tout événement avec impartialité, sans éprouver de mouvements d'attirance ni de rejet.

2. Plus de dix mille de ces images ont également été mises à la disposition du site www.himalayanart.org.

Chapitre 20 : Une courte séparation

1. Conseil tiré du volume 3 (GA) de *The Collected writings of skyabs rje dil mgo mkhyen brtse rin po che*, 25 volumes, Shechen Publications, 1994, p. 192.

2. Roland Barraux, *Histoire des Dalaï-lamas – Quatorze reflets sur le Lac des Visions*, Albin Michel, 1993.

Chapitre 21 : La transmission des Trois Corbeilles

1. *Les Trois Corbeilles* sont respectivement constituées des soutras (les sermons du Bouddha), du *Vinaya* (les règles de la discipline monastique) et de l'*Abhidharma* (les catégories des événements mentaux, la constitution de l'univers, la cosmologie, etc.).

Chapitre 22 : Le lama du roc du Lion

1. Voir note 4 du chapitre 17.

2. Gyalwa Götsangpa Gonpo Dorjé (*rgod tshang pa mgon po rdo rje*, 1189-1258) était un grand yogi de la lignée Droukpa Kagyu. Il vécut de nombreuses années dans des grottes, notamment autour du mont Kailash, et devint renommé pour

son renoncement total. Au fil des ans, il fit douze promesses pour s'encourager à maintenir une pratique spirituelle authentique et un comportement compatissant. L'un de ces engagements était de montrer le plus grand respect à tous ceux qu'il rencontrait. En conséquence, partout où il allait en étant accompagné de disciples ou pèlerins, il offrait aux autres le meilleur endroit pour dormir, la nourriture et la boisson les plus savoureuses. Comme il l'explique dans son autobiographie : « Je ne me suis pas contenté de laisser ces engagements en théorie, mais je les ai mis en pratique, et quiconque apparaissait, chiens, mendiants, animaux sauvages, et ainsi de suite, je le considérais comme ma divinité de méditation. Ainsi, les cornes de mon orgueil furent radicalement brisées. »

Chapitre 23 : Au quotidien auprès de mon maître

1. Il s'agit d'un volume de sept cent pages sur les pratiques fondamentales du Vajrayana, *rdo rje thegs pa'i thun mong gi sngon 'gro spyi la sbyar chog pa'i khrid kyi rgyab yig kun mkhyen zhal lung rnam grol shing rta*, vol. 6, *The Collected Works of Ze chen Rgyal tshab Padma rnam rgyal*. Shechen Publications, 1975-1994. Traduit en anglais sous le titre : *A Chariot to Freedom, Oral instructions of the omniscient ones, a universally applicable guide to the common preliminaries of the Diamond Vehicle*, Shechen Gyaltsap Pema Gyurme Namgyal, Padmakara Translation Group, Shambhala Publications, 2021. Ce volume sera également publié en français par les éditions Padmakara.

2. Dilgo Khyentsé Rinpoché, *Le Trésor du coeur des êtres éveillés*. Traduction Matthieu Ricard, « Points Sagesses », Le Seuil, 1996.

Chapitre 24 : Quelques manifestations de l'Éveil

1. L'institut Mind and Life, association fondée en 1990 par le neuroscientifique Francisco Varela, se donne pour but de favoriser les rencontres et les échanges entre le bouddhisme et la science. De ce dialogue, naît une meilleure compréhension de la nature de la réalité et de l'esprit afin d'initier un changement positif du monde.

2. Sa Sainteté le Dalaï-lama et Paul Ekman, *La Voie des émotions*, City Éditions, 2008.

3. Les bouddhistes chinois et vietnamiens, quant à eux, sont strictement végétariens. Si les textes bouddhistes ne condamnent pas unanimement la consommation de viande, certains soutras du Grand Véhicule, le Mahayana, sont cependant sans équivoque. Dans le soutra du Grand Parinirvana, notamment, le Bouddha dit : « Manger de la viande détruit la grande compassion » et conseille à ses disciples de « s'éloigner de la consommation de viande tout comme ils s'écarteraient de la chair de leurs propres enfants ». De nombreux maîtres tibétains ont également condamné la consommation de chair animale.

4. L'activité de l'amygdale et du cortex insulaire antérieur est nettement plus faible chez les méditants que chez les novices.

5. Lutz, A., McFarlin, D. R., Perlman, D. M., Salomons, T. V. & Davidson, R. J. (2012), « Altered anterior insula activation during anticipation and experience of painful stimuli in expert meditators », *NeuroImage* ; Perlman, D. M., Salomons,

T. V., Davidson, R. J. & Lutz, A. (2010), «Differential effects on pain intensity and unpleasantness of two meditation practices», *Emotion*, *10*(1), 65.

Chapitre 26 : Premier voyage au Tibet – Lhassa et le Tibet Central

1. La Région autonome du Tibet, créée en 1965 par le gouvernement de Pékin, et qui ne constitue qu'un tiers du territoire du Tibet d'avant l'invasion chinoise de 1959, comprend actuellement les régions centrales et occidentales d'Ü-Tsang et Ngari, incluant la capitale Lhassa. Le Grand Tibet, ou Tibet historique, a donc été amputé des provinces de l'Amdo rattachée au Qinghai, du Kham rattaché au Sichuan, ainsi qu'à une partie du Yunnan et du Gansu.

2. Une nouvelle traduction est en cours de publication aux éditions Padmakara.

Chapitre 27 : Le Tibet oriental

1. Le nom a été modifié pour protéger cette personne, toujours en vie.

2. Les biographies de ces deux maîtres ont été traduites en français : *Le Vagabond de l'Éveil, la vie et les enseignements de Patrul Rinpoché*, et *Le Lion de la parole*, qui relate la vie de Lama Mipham. Éditions Padmakara, 2019.

3. Khyentsé Rinpoché écrivit une courte biographie de Kunga Paldèn, qui figure dans le volume 1 de ses *Œuvres complètes*. Il fut disciple de Patrul Rinpoché et de Jamyang Khyentsé Wangpo et, principalement, de Onpo Tendzin Norbou (1851-1900).

4. Le grand corbeau (*corvus corax*) est très répandu au Tibet, alors qu'il est devenu très rare en France où l'on n'observe généralement que des corbeaux freux ou des corneilles, de plus petite taille.

5. Ce livre fut d'abord publié en 1996 aux États-Unis par les éditions Aperture, sous le titre *Journey to Enlightenment*.

Chapitre 29 : La Roue du Temps – Kalachakra

1. L'empereur Ashoka régna entre 265 et 238 av. J.-C. ou 273 et 232 av. J.-C.

2. Shabkar, *Autobiographie d'un yogi tibétain*, trad. Matthieu Ricard et Carisse Busquet, Albin Michel, 1999, et Padmakara, 2013, p. 321.

Chapitre 30 : Deuxième voyage au Tibet oriental

1. La lignée des panchen-lamas remonte au XVIIe siècle et fut instituée par le Ve Dalaï-lama (1617-1682) ; il s'agit d'un titre donné aux incarnations successives des abbés du grand monastère de Tashilhunpo, appartenant à l'école guélougpa.

2. À la différence du Dalaï-lama, qui réussit à s'enfuir vers l'Inde et échappa à l'emprisonnement, le Panchen-lama resta au Tibet. En 1960, après le saccage de son monastère de Tashilhunpo, la mise à mort de plusieurs moines et l'emprisonnement d'un plus grand nombre, il déclara son allégeance au Dalaï-lama et, en 1962, adressa au Premier ministre chinois Zhou Enlai sa célèbre *Pétition en 70 000 caractères,* dans laquelle il faisait état de «la misère et la désolation» créées par l'invasion chinoise.

En 1966, il fut enlevé avec toute sa famille par les gardes rouges, emmené à Pékin et roué de coups. Lors de son procès, il fut battu toute une journée avec une ceinture, mais garda à chaque instant les lèvres scellées. Il fut incarcéré de 1968 à 1977 dans une prison non loin de Pékin. Placé en confinement solitaire dans une minuscule cellule, c'est là qu'il écrivit tous les jours une lettre au gouvernement pour protester contre les exactions commises au Tibet. À intervalles réguliers, on le sortait de prison pour lui faire subir des humiliations publiques dans des stades de Pékin, devant des milliers de spectateurs.

Durant la dernière année de sa vie, le Panchen-lama chercha à rétablir l'usage de la langue tibétaine dans l'administration et dans les écoles. Lors d'un voyage en Australie, en tant que membre d'une délégation officielle chinoise, avec l'aide de quelques personnes dévouées à la cause du Tibet, il put, à l'insu de ses gardes, s'entretenir plus d'une heure au téléphone avec le Dalaï-lama, leur premier échange de vive voix depuis 1959. Dans le discours prononcé quelques jours avant sa mort, il avait déclaré que « le progrès apporté au Tibet par la Chine ne saurait compenser la somme de destructions et de souffrances infligées au peuple tibétain ». Au Tibet, le Panchen-lama reste un puissant symbole des aspirations des Tibétains et son portrait, dont la présence, contrairement à celle de photographies du Dalaï-lama, est tolérée, figure en bonne place dans la plupart des maisons tibétaines.

3. Les *Trois Sections de la Grande Perfection* (*rdzogs chen sde gsum*) constitue le volume 62 de la nouvelle édition du *Trésor des enseignements révélés*, le *Rinchèn Terdzö*, publié sous le titre *The Great Treasury of Rediscovered Teachings*, *rin chen gter mdzod chen mo*, Shechen Publications. 2007-2018.

Chapitre 31 : Deux érudits

1. Le mot *khénpo* (*mkhan po*) est un titre attribué à un moine qui a étudié la philosophie bouddhiste dans un collège monastique, ou *shé dra* (*shes grwa*), pendant neuf à douze années au terme desquelles il est apte à enseigner dans les communautés monastiques et laïques.

2. Ils étaient des disciples du célèbre Khénpo Thouptèn Chöphel (plus connu sous le nom de Khénpo Thoupga) (*mkhen po thub sten chos dpal*, 1886-1956), auprès duquel Khyentsé Rinpoché avait lui-même étudié dans sa jeunesse.

3. https://fr.wikipedia.org/wiki/Université_de_Nalanda

4. Un texte racine désigne le texte originel écrit par un auteur et qui fait la plupart du temps l'objet d'un ou de plusieurs commentaires rédigés par l'auteur lui-même ou d'autres érudits.

5. En tibétain *sems kyi chos nyid*, littéralement « l'ainsité ultime de l'esprit ».

Chapitre 32 : En exil à Darjeeling

1. Ce poème fait partie des *Œuvres Complètes* de Khyentsé Rinpoché, volume 3 (GA) pages 192b 6 à 193b 2 et 195a.

2. Le « maître » fait référence à Kangyour Rinpoché ; Orgyen Kunsang Chökhorling est le nom de son monastère. Kunsang fait référence au bouddha primordial, Kuntouzangpo (Samantabhadra en sanskrit).

Notes p. 360 à 382

3. Je traduisais l'autobiographie de Shabkar à cette époque.
4. L'un des principaux noms de Khyentsé Rinpoché.

Chapitre 33 : Retrouvailles et adieux

1. Certains de ces textes ont déjà été traduits ; citons parmi ceux-ci :
– Shechen Gyalts ab, *Zurchungpa's Testament : A Commentary on Zurchung Sherab Trakpa's Eighty Pieces of Advice, with commentary by Dilgo Khyentse*, Padmakara Translation Group, Shambhala publication, 2007.
– Shechen Gyaltsap, in *Vajra Wisdom : Deity Practice in Tibetan Buddhism*, Dharmachakra Translation Committee, Snow Lion, 2013.
– Shé chen, avec un commentaire de Shéchèn Rabjam Rinpoché, *Le puissant remède qui éradique l'attachement au soi : étapes de la méditation sur l'esprit d'éveil*, Padmakara, 2018.
– Shechen Gyaltsap, *Practicing the Great Perfection : Instructions on the Crucial Points*, Padmakara Translation Group, Shambhala, 2020.
À la demande du jeune Khamtrul Rinpoché, l'incarnation d'un maître qui fut très proche de Khyentsé Rinpoché, ce dernier conféra également la transmission des six volumes de Jatshön Nyingpo, *Essence de l'arc-en-ciel*, un maître éminent des XVIe et XVIIe siècles, dont j'imprimai les sept volumes d'enseignements à Delhi à la fin des années 1970.

2. Les cérémonies de longue vie, propres au Vajrayana, sont destinées à accroître la longévité d'un maître ou de toute autre personne menacée par la maladie ou d'autres obstacles. Plusieurs déités sont principalement invoquées lors de ces rituels et, plus particulièrement, Amitayus, le bouddha de la vie infinie et la Tara blanche.

Partie IV
Préserver l'héritage

Chapitre 34 : Archiviste

1. Parmi ces volumes, figurent les *Cinq Grands Trésors,* en plus de 90 volumes que Jamgön Kongtrul Lodrö Thayé, au XIXe siècle, rassembla et édita tout au long de sa vie, ainsi que les *Tantras de la tradition Nyingma* (32 volumes), le corpus du *Lama Gongdu* de Sangyé Lingpa (13 volumes), les trois principaux cycles du *Kagyé* (17 volumes), les *Œuvres complètes* de Rigzin Jigmé Lingpa en 13 volumes, les œuvres de Lama Mipham en 27 volumes, de Shéchèn Gyaltsap en 13 volumes, de Shabkar en 14 volumes, et bien d'autres encore.

2. https://rtz.tsadra.org/index.php/Main_Page ainsi que https://www.tbrc.org/#!footer/about/newhome

3. La rédaction du *Rinchèn Terdzö* fut réalisée par Jamgön Kongtrul au monastère-ermitage de Dzongshö Déeshèk Dupa, une retraite de montagne située entre Dzongsar et Kathok dans l'est du Tibet. Des planches de bois furent ensuite gravées (xylographies) au monastère de Palpoung, en 60 volumes. Plus tard, un nouvel ensemble de xylographies en 64 volumes fut gravé au monastère de Tsurphou par le

Notes p. 383 à 407

XVᵉ Karmapa, Khakhyap Dorjé. Nous avons finalement publié deux éditions à Shéchèn. Le dernière en date, une version définitive en 71 volumes, s'intitule *The Great Treasury of Rediscovered Teachings (rin chen gter mdzod chen mo)*, Shechen Publications, 2005-2018, et fut réalisée avec le généreux soutien de la Fondation Tsadra.

4. Csikszentmihalyi, M., *Vivre* (Réponses Robert Laffont), Pocket, 2006.

5. Pour plus de cent *yantras* (diagrammes sacrés) et *chakras* (diagrammes circulaires en forme de roues, *chakra* en sanskrit) destinés à accomplir diverses activités pour le bien des êtres – pacifications des maladies, des obstacles, des conflits, etc., augmentation de la prospérité et des qualités spirituelles, attraction des conditions favorables pour la vie quotidienne, mais surtout pour la progression vers l'Éveil, et subjugation des obstacles intérieurs et extérieurs.

6. www.himalayanart.org

Chapitre 35 : Perpétuation des arts sacrés

1. Ricard (M.), *Moines danseurs du Tibet*, Albin Michel, 1999.
2. *Moines danseurs du Tibet*, film de 52' de Jean-Pierre et Cécile Devorsine. Via Découvertes.

Chapitre 36 : À la recherche de la réincarnation de Dilgo Khyentsé Rinpoché

1. Parmi eux, Pénor Rinpoché et Mindroling Trichèn Rinpoché, patriarches de la lignée Nyingma, Chogyé Trichèn Rinpoché, un éminent lama Sakyapa, Drigoung Khyabgön, patriarche de la lignée Drigoung Kagyu, ainsi que les réincarnations des deux principaux maîtres de Dilgo Khyentsé Rinpoché, Shéchèn Gyaltsap Rinpoché (qui venait du monastère de Shéchèn au Tibet) et Dzongsar Khyentsé Rinpoché (incarnation de Jamyang Khyentse Chökyi Lodrö).

2. Trulshik Rinpoché conféra toutes les initiations et explications, tandis que la transmission par la lecture fut assurée par Dzongsar Khyentsé Rinpoché et Rabjam Rinpoché.

3. Au cœur du monde bouddhiste s'élève à Bodh Gaya le « Trône de diamant de l'Inde », où le prince Siddhartha atteignit l'Éveil sous l'arbre de la *bodhi*, devenant le Bouddha Shakyamouni. Trois autres lieux sont aussi considérés comme des destinations majeures pour les pèlerins : Lumbini, où naquit le Bouddha, au Népal ; Sarnath, près de Varanasi, où il dispensa son premier enseignement ; et Kushinagar, où il expira pour entrer dans le *maha-parinirvana*, la « grande transcendance, cessation complète de la souffrance ».

Quatre autres sites sont également considérés comme d'importants lieux saints : Shravasti, Rajgir, Sankasya et Vaishali. C'est à Shravasti que le Bouddha vécut le plus longtemps. Il y dirigea notamment vingt-deux fois la retraite annuelle de la saison des pluies. C'est également en ce lieu qu'il accomplit une série de miracles afin de convaincre les sceptiques. À Rajgir, le Bouddha enseigna la *Perfection de la sagesse transcendante* (la *Prajnaparamita*), qui démontre que tous les phénomènes sont vides d'existence propre.

À Sankasya, le Bouddha redescendit du paradis de Tushita après y avoir conféré des enseignements à sa mère défunte, durant les trois mois de la retraite d'été.

À Vaishali, le Bouddha ordonna la première moniale, Mahaprajapati Gautami, sa tante et mère adoptive, ainsi que de nombreuses autres femmes. C'est en ce même lieu qu'un singe lui fit une offrande de miel.

Chapitre 38 : Un cœur immense : le Dalaï-lama

1. Paul Ekman, communication personnelle. Voir aussi Dalaï-lama et Daniel Goleman, *Émotions destructrices*, Robert Laffont, 2003.
2. Disponible sur Youtube : https://www.youtube.com/watch?v=ZZiQ2dGNVgE
3. *Le Monde*, 31 octobre 1993, « La visite du Dalaï-lama en France – Un moine tibétain chez les Chartreux ».
4. Dalaï-lama, Desmond Tutu et Douglas Abrams (2006), *Le Livre de la joie*, Flammarion, p. 86.
5. À l'occasion d'un dialogue-interview mené à Paris par Claudine Vernier-Palliez pour un article publié par *Paris Match* en 2017, Henri Cartier-Bresson vint nous rejoindre et fit les portraits. Je revis une autre fois encore Pierre Ceyrac chez Henri Cartier-Bresson et Martine Franck, toujours avec Claudine.

Partie V
Vingt et une fois au Pays des Neiges

Chapitre 39 : Aventures sur le Toit du monde

1. Il est aussi connu sous le nom de Barjung Khénpo, c'est-à-dire « maître en philosophie du monastère de Barjung ».

Chapitre 40 : La Montagne d'Argent et le Lac de l'Éternelle Fraîcheur

1. En tibétain, ce lac est appelé *lag ngar mtsho*, littéralement le « lac en forme d'avant-bras », en raison de sa forme allongée.
2. Shabkar (T. R.), *Autobiographie d'un yogi tibétain*. Trad. M. Ricard et C. Busquet, Albin Michel, 1999, et Éditions Padmakara, 2013.
3. J'ai traduit quelques-uns de ces textes qui sont en cours de publication (Shambhala Publications et Éditions Padmakara).
4. Les Parsis sont une communauté dont les membres pratiquent le zoroastrisme, ou mazdéisme, prônant un dualisme entre le bien incarné par Ahura Mazda et le mal, ou Ahriman. Originellement établis en Perse (Iran), ils durent émigrer lors de la conquête arabe du VIe au VIIIe siècle. Ils sont principalement établis en Inde dans l'État du Gujerat et à Mumbai (Bombay).

Chapitre 41 : Sur les traces de Shabkar

1. Constance Wilkinson édita avec beaucoup d'élégance le texte anglais et contribua considérablement à sa qualité poétique, tandis que Carisse Busquet traduisit la version anglaise en français.
2. Ricard (M.) *et al.*, *The Life of Shabkar, The Autobiography of a Tibetan Yogin*, State University of New York Press, 1994.

3. *Le Vol du Garouda*, une traduction française avec un commentaire de Dilgo Khyentsé Rinpoché a été publiée aux Éditions Padmakara, 2021.

4. Ce n'est pas son vrai nom, car, pour leur sécurité, nous devons protéger l'identité des personnes avec qui nous menons à bien des projets au Tibet.

5. Extraits résumés de *Shabkar, autobiographie d'un yogi tibétain, op. cit.*, p. 144.

6. Shabkar écrivit plusieurs vibrantes apologies du végétarisme dont deux – The Wonderous Emanated Scripture» (SH 54, *rmad byung sprul pa'i glegs bam*) in *Collected Writings of Shabkar Tsogdruk Rangdrol*, Shechen Publications, vol. 8 (Nya), et «The Nectar of Immortality» (SH 65, *legs bshad bdud rtsi'i chu rgyun*), vol. 12 (Na) – furent traduites en anglais et en français, sous le titre *Les Larmes du bodhisalattva*, aux Éditions Padmakara, 2006.

7. *The Collected Works of Zhabs dkar thsogs drug rang drol*, 14 vol., Shechen Publications, New Delhi, 2003. J'ai également préparé un catalogue raisonné de l'ensemble des œuvres de Shabkar, Ricard (M.), *The Writings of Shabkar, A Descriptive Catalogue*, Shechen Publications, 2003.

Chapitre 42 : Plus haut que l'Everest ? L'Amnyé Matchèn

1. Ce chant et les deux suivants sont des versions abrégées de ceux que l'on trouve dans la version anglaise intégrale de l'autobiographie de Shabkar, Ricard (M.) *et al.*, *The Life of Shabkar, op. cit.*, p. 166-167.

2. Il est préférable, pour leur sécurité, de ne pas nommer ces deux moines.

Chapitre 44 : Retour d'un maître dans la Vallée de la Renaissance

1. Dzongsar Jamyang Khyentsé, *N'est pas bouddhiste qui veut*, NiL, 2008.

2. Dzongsar Jamyang Khyentsé, *Pas pour le bonheur*, Padmakara, 2014.

Chapitre 45 : Le vagabond de l'Éveil

1. Ces histoires, relatées dans Ricard (M.), et Busquet (C.), *Le Vagabond de l'Éveil : la vie et les enseignements de Patrul Rinpoché*, Padmakara, 2018, ont été ici quelque peu écourtées.

Partie VI
Au cœur du maelstrom

Chapitre 48 : D'un livre à l'autre

1. Le temps de Planck est le temps qu'il faudrait à un photon dans le vide pour parcourir une distance égale à la «longueur de Planck», une unité de longueur déterminée à l'aide des constantes fondamentales de la relativité, de la gravitation et de la mécanique quantique.

2. Sur cette notion de «fait premier», qu'il serait trop long de développe ici, on pourra consulter Bitbol, M. (2008), «Is Consciousness Primary?», *NeuroQuantology*, vol. 6, n° 1, p. 53-72, Bitbol, M. (2014), *La conscience a-t-elle une origine?* Flammarion, ainsi que le chapitre 6 du dialogue avec Wolf Singer, *Cerveau et méditation* (Allary, 2017), qui est consacré à ce sujet.

3. Gisin, N. (2012), *L'Impensable Hasard : non-localité, téléportation et autres merveilles quantiques*, Odile Jacob.
4. Voir par exemple Pettit, J. W., *Mipham's Beacon of Certainty*, Boston, Shambhala Publications, 1999.
5. André Comte-Sponville, *Le Bonheur, désespérément*, Nantes, Pleins Feux, 2000.
6. Pascal Bruckner, *L'Express Magazine*, 23 mai 2002 et *L'Euphorie perpétuelle*, Paris, Grasset, 2000.
7. Bergson, H., «Les deux sources de la morale et de la religion» *in Remarques finales*, PUF, 7ᵉ éd., 1997, p. 319.
8. Aristote, *Éthique à Nicomaque*, trad. Voilquin, Garnier-Flammarion, 1961 (1, 4).
9. Cette citation est habituellement attribuée à Barbey d'Aurevilly et extraite de son *Journal*, p. 127, mais le Chevalier de Boufflers écrivit quasiment la même chose dans un poème quelques décennies plus tôt : «Plaisir est le bonheur des fous, Bonheur est le plaisir des sages.»
10. Matthieu Ricard, *Le Vagabond de l'Éveil, op. cit.*, Padmakara, 2018.
11. L'épigénétique est la discipline de la biologie qui étudie la nature des mécanismes modifiant de manière réversible, transmissible et adaptative l'expression des gènes sans en changer la séquence nucléotidique.
12. Stephen Forbes, déclaration lors d'un débat sur FOX News, 18 octobre 2009.
13. Christian Bruyat, Marie Haeling et Carisse Busquet, ainsi que Françoise Delivet qui a accompli le travail de mise au point pour l'éditeur.
14. Sylvie Gilman et Thierry de l'Estrade. Le documentaire, produit par Via Découvertes, fut diffusé sur Arte en 2015, puis par d'autres chaînes par la suite.
15. La dernière sorcière fut brûlée en France dans le Lot-et-Garonne en 1826. Des présumés sorciers et sorcières ont été récemment exécutés en Arabie saoudite.
16. *Le Figaro*, 6 novembre 2014.
17. Traduit de l'anglais par l'auteur d'un article et d'une interview du *National Geographic*, «The Woman Who Redefined Mankind», https://www.bbc.com/future/article/20140331-the-woman-who-redefined-mankind
18. Christophe André, *Vivre heureux : psychologie du bonheur*, Odile Jacob, 2003.
19. Hermann Hesse (1877-1962), romancier, poète, peintre et essayiste allemand puis suisse. Son roman philosophique, *Siddhartha*, une fois publié aux États-Unis, en 1951, connut une renommée mondiale, en particulier au cours de l'exploration des spiritualités orientales dans les années 1960.

Chapitre 49 : Un retour imprévu à la science

1. *Pouvoir et altruisme*, sous la direction de Ricard, M. et Singer, T., Allary Éditions, 2018.
2. Le compte rendu de ces rencontres a donné lieu à un livre de Daniel Goleman, intitulé *Surmonter les émotions destructrices*, Robert Laffont, 2003.

3. Voir notamment Varela, F. J. (1996), « Neurophenomenology : A Methodological Remedy for the Hard Problem », *Journal of Consciousness Studies*, 3(4), p. 330-349.
Lutz, A., & Thompson, E. (2003), « Neurophenomenology Integrating Subjective Experience and Brain Dynamics in the Neuroscience of Consciousness », *Journal of Consciousness Studies*, 10, 9(10), p. 31-52.
Thompson, E. (2004), « Life and Mind: From Autopoiesis to Neurophenome‑nology. A Tribute to Francisco Varela », *Phenomenology and the Cognitive Sciences*, 3(4), p. 381-398.
4. Levenson, R. W., Ekman, P., & Ricard, M., (1998), « Meditation and the Startle Response: A Case Study », *Emotion*, 12(3), p. 650.
5. Ekman, P., Davidson, R. J., Ricard, M., & Wallace, B. A. (2005), « Buddhist and Psychological Perspectives on Emotions and Well-Being », *Current Directions in Psychological Science*, 14(2), p. 59-63.
6. Felton, J. S. (1998), « Burnout as a Clinical Entity – its Importance in Health Care Workers, *Occupational medicine*, 48(4), p. 237-250.
7. Plus précisément, deux aires du cerveau, l'insula antérieure et le cortex cingulaire, sont fortement activées lors de cette réaction empathique et leur activité est corrélée à une expérience affective négative de la douleur. Pour une synthèse des trente-deux études portant sur l'empathie à l'égard de la douleur, voir Lamm, C., Decety, J., & Singer, T. (2011), « Meta-Analytic Evidence for Common and Distinct Neural Networks Associated With Directly Experienced Pain and Empathy for Pain », in *Neuroimage*, 54(3), p. 2492-2502.
8. L'augmentation d'une réaction positive en faisant appel à la compassion est associée à une activation d'un réseau cérébral qui inclut les aires du cortex orbitofrontal médian, du striatum ventral, de l'aire tegmentale ventrale, du noyau du tronc cérébral, du noyau accumbens, de l'insula médiane, du pallidum et du putamen, autant d'aires du cerveau qui ont été antérieurement associées à l'amour (notamment l'amour maternel), et aux sentiments d'affiliation et de gratification. Dans le cas de l'empathie, ce sont l'insula antérieure et le cortex cingulaire moyen qui sont concernés. Klimecki, O. M., Leiberg, S., Lamm, C., & Singer, T. (2012), « Functional Neural Plasticity and Associated Changes in Positive Affect After Compassion Training », *Cerebral Cortex*, 23(7), p. 1552-1561; Klimecki, O., Ricard, M., & Singer, T. (2013), *op. cit.* Klimecki, O. M., Leiberg, S., Ricard, M., & Singer, T. (2013), « Differential Pattern of Functional Brain Plasticity after Compassion and Empathy Training », *Social Cognitive and Affective Neuroscience*. Pour une distinction neuronale entre la compassion et la fatigue de l'empathie, voir Klimecki, O., & Singer, T. (2011), « Empathic Distress Fatigue Rather Than Compassion Fatigue? Integrating Findings From Empathy Research in Psychology and Social Neuroscience, *in* Oakley, B., Knafo, A., Madhavan, G., & Wilson, D. S. (2011), *Pathological altruism*, Oxford University Press, p. 368-383.
9. Bornemann, B., & Singer, T. (2013), « The ReSource Study Training Protocol », *in* T. Singer, & M. Bolz (éd.), *Compassion: Bridging Practice and Science - A Multimedia Book* [E-book].
10. Klimecki, O. M., *et al.* (2012), *op. cit.*

11. Au niveau neuronal, les chercheurs ont observé que l'entraînement à la résonance empathique augmente l'activité dans un réseau qui est impliqué aussi bien dans l'empathie pour la douleur de l'autre que dans l'expérience de la douleur personnelle. Ce réseau comprend l'insula antérieure et le cortex cingulaire antérieur médian (MCC). Singer, T. & Bolz, M. (éd.) (2013), *op. cit.*

12. Plus précisément, ces régions comprennent le cortex orbitofrontal, le striatum ventral et le cortex cingulaire antérieur. Quant à l'entraînement, nos participants ont reçu des cours sur la notion de *metta*, mot qui signifie «amour altruiste» en pali. Les instructions que les participants ont reçues étaient surtout concentrées sur l'aspect de la bienveillance et des souhaits bienveillants («Puissiez-vous être heureux, en bonne santé, etc.»). L'entraînement incluait une journée entière passée avec un enseignant, suivie de pratiques journalières en groupe, une heure chaque soir. Les participants ont été aussi encouragés à pratiquer chez eux.

13. Klimecki, O. M., *et al.* (2012), *op. cit.*

14. Les lettres PET sont les initiales anglaises de TEP en français, ce qui signifie tomographie par émission de positrons. Le PET scan repose, dans un premier temps, sur l'injection (dans une veine) d'un produit légèrement radioactif.

15. Bodart, O., Fecchio, M., Massimini, M., Wannez, S., Virgillito, A., Casarotto, S., Rosanova, M., Lutz, A., Ricard, M., Laureys, S., & Gosseries, O. (2018), «Meditation-Induced Modulation of Brain Response to Transcranial Magnetic Stimulation», *Brain Stimulation: Basic, Translational, and Clinical Research in Neuromodulation*, 11(6), p. 1397-1400.

16. Chételat, G., Mézenge, F., Tomadesso, C., Landeau, B., Arenaza-Urquijo, E., Rauchs, G., André, C., Flores, R. de, Egret, S., Gonneaud, J., Poisnel, G., Chocat, A., Quillard, A., Desgranges, B., Bloch, J.-G., Ricard, M., & Lutz, A. (2017), «Reduced Age-Associated Brain Changes in Expert Meditators: A Multimodal Neuroimaging Pilot Study», *Scientific Reports*, 7(1), p. 10160.

17. MBSR, *Mindfulness-Based Stress Reduction*, est un entraînement séculier à la méditation sur la pleine conscience, fondé sur une méditation bouddhiste, qui a été développé dans le système hospitalier aux États-Unis au cours des trente dernières années par Jon Kabat-Zinn et qui est maintenant utilisé avec succès dans des centaines d'hôpitaux pour diminuer les douleurs postopératoires et celles associées au cancer et autres maladies graves. Voir Kabat-Zinn, J. *et al.* (1985), «The Clinical Use of Mindfulness Meditation for the Self-Regulation of Chronic Pain», in *Journal of Behavioral Medicine*, 8, p. 163-190.

18. Segal, Z., Williams, M., Teasdale, J., & Michaux, C. (n.d.), *La Thérapie cognitive basée sur la pleine conscience pour la dépression : Prévenir la rechute*, Deboeck, 2019.

19. Lutz, A., Dunne, J. D. et Davidson, R. J., « Meditation and the Neuroscience of Consciousness : An Introduction », in *The Cambridge Handbook of Consciousness*, chap. 19, p. 497-549, 2007.

20. Yongey Mingyur Rinpoche, *Le bonheur de la méditation*, Fayard, 2008.

Notes p. 614 à 660

Chapitre 50 : Au service des plus démunis – Karuna-Shechen

1. Karuna USA fut fondée par Vivian Kurz et est aujourd'hui présidée par Alexandre Lippens. Karuna Asia est présidée par Ingrid Kwok. Karuna Canada fut fondée par Charles-Mathieu Brunelle et Pascale Demers. Karuna Monaco fut portée un temps par Barend Von der Vorn, qui vit désormais au Canada et fait partie de notre Conseil international. Anne et Gérard Tardy s'occupèrent des projets de Karuna-Shechen en Angleterre. En Suisse, les projets de Karuna-Shechen ont d'abord été menés sous l'égide de la Fondation Tashi Paljor, créée par Ursula et Daniel Vollenweider avec Rabjam Rinpoché, et en 2016 nous y avons créé une nouvelle branche de Karuna-Shechen présidée par Delphine Oltramare. L'association Émergences est notre alliée en Belgique.

2. Après Patricia Christin, Marc Jelensperger prit les commandes, puis de nouveau moi-même. Karuna-Shechen a maintenant un Conseil international, un président, Jean Timsit, et un directeur exécutif, Quentin Durand, qui sont réélus tous les ans.

3. Les membres actifs à ce jour au sein des différentes branches de Karuna-Shechen peuvent être trouvés sur notre site Internet et je les prie de me pardonner de ne pouvoir les citer tous ici. Mentionnons simplement quelques-uns des acteurs principaux d'aujourd'hui, outre ceux déjà cités : Sébastien Pais de Figueredo, Philippe Ricard, Pauline Bechet, Catherine Lalive, Javed Miri, Christophe Grigri, Manon Le Signor, ainsi que pour la Suisse, Delphine Oltramare, et Jon Schmidt, pour l'international Barend Von der Vorn et Anne Tardy. À Hong Kong Ingrid Kwok et David Baverez, sans oublier le regretté Jean-Pierre Brun.

4. Séminaire qui fut co-organisé par Tania Singer, Diégo Hangartner et moi-même. Les transcriptions éditées de cette rencontre furent publiées dans un livre, T. Singer et M. Ricard, *Vers une société plus altruiste,* Allary Éditions, 2015.

Chapitre 52 : Les trompettes de la renommée

1. Le bouddhisme Theravada, encore appelé bouddhisme du véhicule fondamental, se définit comme le bouddhisme originel, orthodoxe, et prône la délivrance personnelle du pratiquant par opposition au courant Mahayana qui, profondément imprégné des notions d'amour et de compassion, insiste sur le fait de se libérer de la souffrance dans le but de permettre à tous les êtres d'atteindre la cessation de la souffrance.

Chapitre 53 : La Dordogne, quarante ans plus tard

1. Dans les années qui suivirent, il enseigna également des textes fondamentaux de Gyalwa Longchenpa, *Le Précieux Trésor semblable à la Gemme des Souhaits* pendant quatre ans et, depuis 2018 et pour deux ans encore, *Le Trésor des instructions essentielles,* également de Gyalwa Longchenpa, à l'aide d'un commentaire de 750 pages.

2. Ces traducteurs incluent notamment Anne Benson, Helena Blankleder, Christian Bruyat (décédé en 2018), Christophe Bureau, John Canti, Patrick Carré, Étienne Horeau, Luciana Chiaravalli-Benson, Drupchen (Hélios Hildt),

Wulstan Fletcher, Steve et Christine Gethin, Charles Hastings, Witty Léon, Sabina von Minden et moi-même. De plus jeunes traducteurs sont en formation pour prendre la relève, Ananda, Coralie, Pem, Rigzin et quelques autres !

3. Le catalogue des excellentes traduction présentées par les Éditions Padmakara peut être consulté sur https://www.padmakara.com/fr/

4. Ricard (E.), *Parkinson Blues,* Editions Arléa, 2004. Ève publia également *La Dame des mots,* NiL Éditions, 2012, retraçant sa carrière d'orthophoniste, *Une étoile qui danse sur le chaos,* Albin Michel, 2015, ainsi qu'un recueil de poèmes, *Éclats de vie,* Éditions Jouvence, 2021, avec une préface de Christian Bobin.

Partie VII
Retour aux sources

Chapitre 54 : La Citadelle du Lion des Neiges

1. Ricard, M., *La Citadelle des Neiges,* Nil Éditions, 2005.

Chapitre 55 : Pemakö – Le lieu en forme de Lotus

1. Voir, Baker I, *The Heart of the World,* Penguin Press, 2004.

Chapitre 56 : L'ermitage des matins calmes

1. Cacioppo, S., & Cacioppo, J. T. (2020), *Introduction to Social Neuroscience,* chapitre 2 : « Social Connections Matter », Princeton University Press ; Hawkley, L. C., & Cacioppo, J. T. (2010), « Loneliness Matters: A Theoretical and Empirical Review of Consequences and Mechanisms », *Annals of Behavioral Medicine,* 40(2), p. 218-227.

2. Traduit du tibétain d'après un enseignement oral de Dilgo Khyentsé Rinpoché.

3. Henry David Thoreau (1817-1862) est un philosophe, artiste, écrivain, essayiste et poète américain. Il tenait à marcher tous les jours trois ou quatre heures dans la nature. Voir son ouvrage le plus connu sur la vie simple, *Walden ou la vie dans les bois* [1854], Gallimard, 1921.

Table des matières

PARTIE I
LA RENCONTRE DU MAÎTRE

Chapitre 1. 12 juin 1967 13

Chapitre 2. De Bénarès au Cachemire 24

Chapitre 3. De Damas à Paris 36

Chapitre 4. Une enfance nomade 39

Chapitre 5. À l'Institut Pasteur 54

Chapitre 6. Sept allers-retours et un aller simple 60

PARTIE II
SEPT ANS À DARJEELING

Chapitre 7. À demeure auprès du maître 77

Chapitre 8. Vie de Kangyour Rinpoché 95

Chapitre 9. Qu'est-ce qu'un maître authentique ? 108

Chapitre 10. En ermitage 117

Chapitre 11. Imprimeur à Delhi 127

Chapitre 12. Dans la vallée de Katmandou 140

PARTIE III
UN DEUXIÈME SOLEIL

Chapitre 13. Enseignements et prise des voeux monastiques 153

Chapitre 14. Dilgo Khyentsé Rinpoché, maître parmi les maîtres . . 161

Chapitre 15. Voyage en France 174

Chapitre 16. Première rencontre avec le Dalaï-lama 180

Chapitre 17. Au pays du Dragon Tonnerre 184

Chapitre 18. En retraite avec Dilgo Khyentsé Rinpoché 197

Chapitre 19. Le Palais de grande félicité 204

Chapitre 20. Une courte séparation 211

Chapitre 21. La transmission des Trois Corbeilles 217

Chapitre 22. Le Lama du Roc du Lion 222

Chapitre 23. Au quotidien auprès de mon maître 228

Chapitre 24. Quelques manifestations de l'Éveil 243

Chapitre 25. Le monastère de Shéchèn au Népal 257

Chapitre 26. Premier voyage au Tibet 275

Chapitre 27. Le Tibet oriental 289

Chapitre 28. Un maître caché 315

Chapitre 29. Initiation de la Roue du Temps 320

Chapitre 30. Deuxième voyage au Tibet oriental 330

Chapitre 31. Deux érudits 346

Chapitre 32. En exil à Darjeeling 356

Chapitre 33. Retrouvailles et adieux 364

PARTIE IV
PRÉSERVER L'HÉRITAGE

Chapitre 34. Archiviste 379

Chapitre 35. Perpétuation des arts sacrés 387

Chapitre 36. À la recherche de la réincarnation
de Dilgo Khyentsé Rinpoché 396

Chapitre 37. Moine photographe 409

Chapitre 38. Un cœur immense : le Dalaï-lama 418

PARTIE V
VINGT ET UNE FOIS AU PAYS DES NEIGES

Chapitre 39. Aventures sur le Toit du Monde 451

Chapitre 40. La Montagne d'Argent
et le Lac de l'Éternelle Fraîcheur 463

Chapitre 41. Sur les traces de Shabkar 477

Chapitre 42. Plus haut que l'Everest ? 493

Chapitre 43. Les cavaliers du Toit du Monde. 504

Chapitre 44. Retour d'un maître
dans la Vallée de la Renaissance 508

Chapitre 45. Le vagabond de l'Éveil 514

Chapitre 46. Une ville dédiée à la philosophie 527

PARTIE VI
AU CŒUR DU MAELSTROM

Chapitre 47. *Le Moine et le Philosophe* 535

Chapitre 48. D'un livre à l'autre. 544

Chapitre 49. Un retour imprévu à la science 574

Chapitre 50. Au service des plus démunis 608

Chapitre 51. Diplomate amateur. 629

Chapitre 52. Les trompettes de la renommée. 636

Chapitre 53. La Dordogne, quarante ans plus tard. 651

PARTIE VII
RETOUR AUX SOURCES

Chapitre 54. La Citadelle du Lion des Neiges 673

Chapitre 55. Pemakö – Le lieu en forme de Lotus 681

Chapitre 56. L'ermitage des matins calmes 691

Épilogue. 705

Remerciements. 713

Glossaire 715

Notes 735

Crédits photographiques
– par ordre d'apparition –

Bandeau de couverture © Raphaële Demandre

Premier cahier photo :
1 page 1 © Matthieu Ricard
2 (haut gauche) page 2 © Frederick Leboyer
3 (haut droit) © Arnaud Desjardins
4 et 5 page 2 © Matthieu Ricard
6 et 7 page 3 © Matthieu Ricard
8 et 9 page 4 © Collection privée Matthieu Ricard
10 et 11 page 5 © Collection famille Le Toumelin
12 et 13 page 6 © Collection privée Matthieu Ricard
14 page 7 © Matthieu Ricard
15 page 8 © Shechen Archives
16 page 8 © Marilyn Silverstone / Magnum Photos
17 et 18 page 9 © Matthieu Ricard
19 page 10 © Shechen Archives (photo Marilyn Silverstone)
20 et 21 page 10 © Matthieu Ricard
22 à 32 page 11 à 16 © Matthieu Ricard

Second cahier photo :
33 à 36 page 17 à 19 © Matthieu Ricard
37 page 19 © Raphaële Demandre
38 à 43 pages 20-21 © Matthieu Ricard
44 page 22 © Matthieu Ricard
45 page 22 © Raphaële Demandre
46 page 23 © Matthieu Ricard
47 (bas gauche) page 23 © Raphaële Demandre
48 (bas droit) page 23 © Shechen Archives (photo Greg Rabolt)
49 page 24 © Raphaële Demandre
50 page 25 © Marilyn Silverstone / Magnum Photos
51 et 52 pages 25-26 © Raphaële Demandre
53 page 26 © Yeshe Philipe Danais
54 page 27 © Jean-Pierre Devorsine
55 (bas gauche) page 27 © Collection André Fatras
56 (bas droit) page 27 © Yves Lanceau
57 page 28 © Mind and Life Institute
58 page 28 © Antoine Lutz
59 page 29 © Manuel Bauer
60 page 29 © Tenzin Choejor
61 (haut gauche) page 30 © Matthieu Ricard
62 (haut centre) page 30 © Sue Greenop
63 (haut droit) page 30 © Raphaële Demandre
64 (bas gauche) page 30 © Martine Franck / Magnum photos
65 (bas droit) à 70 pages 30 à 32 © Matthieu Ricard

Chapitre 17, note 1 : © Matthieu Ricard

Du même auteur

ESSAIS

Plaidoyer pour les animaux,
Allary Éditions, 2014.

Plaidoyer pour l'altruisme,
NiL Éditions, 2013.

L'Art de la méditation,
NiL Éditions, 2008.

La Citadelle des neiges,
NiL Éditions, 2005.

Plaidoyer pour le bonheur,
NiL Éditions, 2003.

Les Migrations animales,
Robert Laffont, « Collection Jeune Science », 1968.

ŒUVRES COLLABORATIVES

Nos Amis les animaux, avec Jason Gruhl,
Allary Éditions, 2021.

Les Folles Histoires du sage Nasredin, avec Ilios Kotsou,
Allary Éditions et L'Iconoclaste, 2021.

L'Abécédaire de la sagesse, avec Christophe André et Alexandre Jollien,
Allary Éditions et L'Iconoclaste, 2020.

À nous la liberté !, avec Christophe André et Alexandre Jollien,
Allary Éditions et L'Iconoclaste, 2019.

Pouvoir et altruisme, avec Tania Singer,
Allary Éditions, 2018.

Cerveau et méditation, avec Wolf Singer,
Allary Éditions, 2017.

Trois amis en quête de sagesse, avec Christophe André et Alexandre Jollien,
Allary Éditions et L'Iconoclaste, 2016.

Vers une société altruiste, avec Tania Singer,
Allary Éditions, 2015.

Se changer, changer le monde, avec Christophe André,
Jon Kabat-Zinn et Pierre Rabhi, L'Iconoclaste, 2013.

L'Infini dans la paume de la main, avec Trinh Xuan Thuan,
NiL Éditions, 2000.

Le Moine et le Philosophe, avec Jean-François Revel,
NiL Éditions, 1997.

PHOTOGRAPHIES

Un voyage immobile. L'Himalaya vu d'un ermitage (2007),
édition augmentée, Éditions de la Martinière, 2021.

Contemplations,
Éditions de la Martinière, 2019.

Émerveillement,
Éditions de la Martinière, 2019.

Un demi-siècle dans l'Himalaya,
Éditions de la Martinière/Yellow Korner, 2017.

Hymne à la beauté,
Éditions de la Martinière/Yellow Korner, 2015.

Visages de paix / Terres de sérénité,
Éditions de la Martinière, 2015.

108 Sourires,
Éditions de la Martinière, 2011.

L'Esprit du Tibet. La vie et le monde de Dilgo Khyentsé Rinpoché (1996),
réédition, Éditions de la Martinière, 2011.

Bhoutan. Terre de sérénité,
Éditions de la Martinière, 2008.

Tibet. Regards de compassion,
Éditions de la Martinière, 2002.

Himalaya bouddhiste, avec Olivier et Danielle Föllmi,
Éditions de la Martinière, 2002.

Moines danseurs du Tibet,
Albin Michel, 1999.

Du même auteur

TRADUCTIONS DU TIBÉTAIN

Le Vagabond de l'Éveil, La vie et les enseignements de Patrul Rinpoché, Padmakara, 2018.

Shabkar, autobiographie d'un yogi tibétain, avec Carisse Busquet, (Albin Michel, 1999), réédition Padmakara, 2014.

Chemins spirituels. Petite anthologie des plus beaux textes tibétains, NiL Éditions, 2010.

Dilgo Khyentsé Rinpoché, *Au cœur de la compassion*, Padmakara, 2008.

Dilgo Khyentsé Rinpoché, *Les Cent Conseils de Padampa Sangyé*, Padmakara, 2003.

Dilgo Khyentsé Rinpoché, *La Fontaine de grâce*, Padmakara, 1997.

Dilgo Khyentsé Rinpoché, *Le Trésor du cœur des êtres éveillés*, Le Seuil, coll. « Points Sagesses », 1996.

Dilgo Khyentsé Rinpoché, *Au seuil de l'Éveil*, Padmakara, 1995.

Dilgo Khyentsé Rinpoché, *Audace et compassion*, Padmakara, 1993.

PUBLICATIONS SCIENTIFIQUES

Adler, A., Unanue, W., Osin, E., Ricard, M., Alkire, S., & Seligman, M. (2017), « Psychological Wellbeing », *Happiness*, p. 118.

Ahuvia, A., Thin, N., Haybron, D., Biswas-Diener, R., Ricard, M., & Timsit, J. (2015), « Happiness: An Interactionist Perspective », *International Journal of Wellbeing*, 5(1).

Bodart, O., Fecchio, M., Massimini, M., Wannez, S., Virgillito, A., Casarotto, S., Rosanova, M., Lutz, A., Ricard, M., Laureys, S., & Gosseries, O. (2018), « Meditation-Induced Modulation of Brain Response to Transcranial Magnetic Stimulation », *Brain Stimulation: Basic, Translational, and Clinical Research in Neuromodulation*, 11(6), p. 1397-1400.

Chételat, G., Mézenge, F., Tomadesso, C., Landeau, B., Arenaza-Urquijo, E., Rauchs, G., André, C., Flores, R. de, Egret, S., Gonneaud, J., Poisnel, G., Chocat, A., Quillard, A., Desgranges, B., Bloch, J.-G., Ricard, M., & Lutz, A (2017a), « Reduced Age-Associated Brain Changes in Expert Meditators: A Multimodal Neuroimaging Pilot Study », *Scientific Reports*, 7(1), p. 10160.

Dambrun, M., & Ricard, M. (2011), «Self-Centeredness and Selflessness: A Theory of Self-Based Psychological Functioning and its Consequences for Happiness», *Review of General Psychology*, 15(2), p. 138.

Dambrun, M., & Ricard, M. (2012a), «La transcendance de soi et le bonheur : une mise à l'épreuve du modèle du bonheur basé sur le soi centré-décentré», *Les Cahiers Internationaux de Psychologie Sociale*, 1, p. 89-102.

Dambrun, M., Ricard, M., Després, G., Drelon, E., Gibelin, E., Gibelin, M., Loubeyre, M., Py, D., Delpy, A., Garibbo, C., & others. (2012), «Measuring Happiness: From Fluctuating Happiness to Authentic–Durable Happiness», *Frontiers in Psychology*, 3.

Ekman, P., Davidson, R. J., Ricard, M., & Wallace, B. A. (2005), «Buddhist and Psychological Perspectives on Emotions and Well-Being», *Current Directions in Psychological Science*, 14(2), p. 59-63.

Engen, H. G., Bernhardt, B. C., Skottnik, L., Ricard, M., & Singer, T. (2018), «Structural Changes in Socio-Affective Networks: Multi-Modal MRI Findings in Long-Term Meditation Practitioners», *Neuropsychologia*, 116, p. 26-33.

Fucci, E., Abdoun, O., Caclin, A., Francis, A., Dunne, J. D., Ricard, M., Davidson, R. J., & Lutz, A. (2018), «Differential Effects of Non-Dual and Focused Attention Meditations on the Formation of Automatic Perceptual Habits in Expert Practitioners», *Neuropsychologia*, 119, p. 92-100.

Hirota, Y., & Ricard, M. (1972), «Production of DNA-less bacteria», In *Biology and Radiobiology of Anucleate Systems*, Elsevier, p. 29-50.

Hirota, Y., Ricard, M., & Shapiro, B. (1971), «The Use of Thermosensitive Mutants of E. Coli in the Analysis of Cell Division», In *Biomembranes*, Springer, p. 13-31.

Hirota, Y., Ryter, A., & Ricard, M. (2012), «Role of the Sacculus in Shape Maintenance», *Mechanism and Regulation of DNA Replication*, p. 407.

Hirota, Y., Ryter, A., Ricard, M., & Schwarz, U. (1974), «Growth of the Cell Envelope in the E. Coli Cell Cycle», In *Mechanism and Regulation of DNA Replication*, Springer, p. 407-430.

Juneau, C., Pellerin, N., Trives, E., Ricard, M., Shankland, R., & Dambrun, M. (2020), «Reliability and Validity of an Equanimity Questionnaire: The Two-factor Equanimity Scale (EQUA-S)», *PeerJ*, 8, e9405.

Du même auteur

Klimecki, O. M., Leiberg, S., Ricard, M., & Singer, T. (2014), « Differential Pattern of Functional Brain Plasticity after Compassion and Empathy Training », *Social Cognitive and Affective Neuroscience*, 9(6), p. 873-879.

Levenson, R. W., Ekman, P., & Ricard, M. (2012), « Meditation and the Startle Response: A Case Study », *Emotion*, 12(3), p. 650.

Lutz, A., Greischar, L. L., Rawlings, N. B., Ricard, M., & Davidson, R. J. (2004), « Long-Term Meditators Self-Induce High-Amplitude Gamma Synchrony During Mental Practice », *Proceedings of the National Academy of Sciences of the United States of America*, 101(46), 16369-16373.

McCall, C., Steinbeis, N., Ricard, M., & Singer, T. (2014), « Compassion Meditators Show Less Anger, Less Punishment, and More Compensation of Victims in Response to Fairness Violations », *Frontiers in Behavioral Neuroscience*, 8, p. 424.

Ricard, M. (2003), « On the Relevance of a Contemplative Science », *Buddhism and Science: Breaking New Grounds*, p. 261-279.

Ricard, M., & Hirota, Y. (1969), « Effet des sels sur le processus de division cellulaire d'E. coli », *CR Acad Sci Hebd Seances Acad Sci D*, 268(9), p. 1335-1338.

Ricard, M., & Hirota, Y. (1973), « Process of Cellular Division in Escherichia Coli: Physiological Study on Thermosensitive Mutants Defective in Cell Division », *Journal of Bacteriology*, 116(1), p. 314-322.

Ricard, M., Lutz, A., & Davidson, R. J. (2014), « Mind of the Meditator », *Scientific American*, 311(5), p. 38-45.

Pour retrouver l'ensemble des références bibliographiques, y compris les préfaces et les éditions étrangères : https://www.idref.fr/030325072

Matthieu Ricard reverse l'intégralité de ses revenus – droits d'auteur de tous ses livres, photographies et conférences – aux projets de solidarité menés par l'association Karuna-Shechen qu'il a cofondée il y a vingt ans pour apaiser la souffrance des plus démunis en Inde, au Népal et au Tibet.

Dans un idéal d'«altruisme en action», Karuna-Shechen a soutenu plus de 400 000 personnes en 2020 à travers des actions dans les domaines de la santé, de l'éducation, de la sécurité alimentaire, de la formation et de la préservation de l'environnement.

Concrètement, le livre que vous tenez entre vos mains permet donc à un enfant au Népal d'être scolarisé pendant une semaine, à deux personnes en situation de handicap de recevoir un acte médical ou à une famille de bénéficier d'un potager biologique pendant une saison.

Merci !

Karuna-Shechen
20 bis, rue Louis-Philippe
92200 Neuilly-sur-Seine
contact@karuna-shechen.org
www.karuna-shechen.org

La famille Karuna-Shechen : quelques-uns des bénévoles, acteurs sur le terrain, travailleurs à plein temps et bienfaiteurs qui œuvrent pour Karuna-Shechen.

Création graphique de la couverture : Raphaëlle Faguer
Photographie de couverture : Raphaëlle Demandre

Ouvrage composé en Plantin par Soft Office

www.allary-editions.fr

Cet ouvrage a été imprimé sur du papier issu
de forêts gérées de manière responsable.

ISBN : 978-2-37073-386-3

Achevé d'imprimer en France
par Normandie Roto Impression s.a.s.
61250 Lonrai

--

N° d'impression : 2102559

Dépôt légal : octobre 2021